Migration in Europa

Heinz Fassmann, Rainer Münz (Hg.)

Migration in Europa

Historische Entwicklung, aktuelle Trends und politische Reaktionen

Campus Verlag
Frankfurt/New York

Die englische Ausgabe erschien 1994 unter dem Titel *European Migration in the Late Twentieth Century. Historical Patterns, Actual trends, and Social Implications* bei Edward Elgar Publishing Ltd.,
Hants/England.
Die deutsche Ausgabe ist grundlegend revidiert und aktualisiert.
ISBN 3-593-35609-0

Die Deutsche Bibliothek – CIP-Einheitsaufnahme

Migration in Europa: historische Entwicklung, aktuelle Trends und politische Reaktionen / Heiner Fassmann; Rainer Münz (Hg.). –Frankfurt/Main; New York: Campus Verlag, 1996
  Einheitssacht.: European migration in the late twentieth century <dt.>
  ISBN 3-593-35609-0
NE: Fassmann, Heinz [Hrsg.]; EST

Das Werk einschließlich aller seiner Teile ist urheberrechtlich geschützt. Jede Verwertung ist ohne Zustimmung des Verlags unzulässig. Das gilt insbesondere für Vervielfältigungen, Übersetzungen, Mikroverfilmungen und die Einspeicherung und Verarbeitung in elektronischen Systemen.
Copyright © 1996 Campus Verlag GmbH, Frankfurt/Main
Umschlaggestaltung: Atelier Warminski, Büdingen
Druck und Bindung: Druck Partner Rübelmann, Hemsbach
Gedruckt auf säurefreiem und chlorfrei gebleichtem Papier.
Printed in Germany

Inhaltsverzeichnis

Vorwort 9

1. Europäische Migration – ein Überblick

   Heinz Fassmann und Rainer Münz 13

2. Großbritannien und die internationale Migration: Die Bilanz hat sich geändert

   David Coleman 53

3. Die Zuwanderung von Ausländern nach Frankreich

   Michèle Tribalat 89

4. Italien – vom Auswanderungsland zum Einwanderungsland

   Natale Losi 119

5. Veränderte Grundlagen: Die niederländische Sicht der Einwanderung

   Han Entzinger 139

6. Die Dynamik der Einwanderung im Nichteinwanderungsland Deutschland

   Hedwig Rudolph 161

7. Einwanderung in die Schweiz – ein polit-ökonomisches Lehrstück

   Peter A. Fischer und Thomas Straubhaar 183

8. Österreich – Einwanderungsland wider Willen

   Heinz Fassmann und Rainer Münz 209

9. Arbeitsmigration aus Ex-Jugoslawien

   Janez Malačič 231

10. Die polnische Auswanderung seit 1945

    Piotr Korcelli 245

11. Ungarn und die internationale Migration

    Zoltán Dövényi und Gabriella Vukovich 263

12. Vom Vielvölkerstaat zum Nationalstaat – Migration aus und nach Rumänien im 20. Jahrhundert

    Rainer Ohliger 285

13. Migration aus und nach Bulgarien in Vergangenheit, Gegenwart und Zukunft

    Daniela Bobeva 303

14. Migration von und nach Rußland seit Mitte der 80er Jahre

    Christian Dornis 323

15. Auswanderung aus der früheren Sowjetunion und den GUS-Staaten

    Anatoli Vishnevsky und Zhanna Zayonchkovskaya 365

16. Migration aus der früheren UdSSR nach Israel
   Eitan F. Sabatello 391

Literatur 407
Verzeichnisse 431
Autorenverzeichnis 437

Vorwort

Thema dieses Buches ist die internationale Migration innerhalb Europas, aber auch die Zuwanderung nach Europa. Dabei geht es um historische und aktuelle Muster dieser Migration, um typische Formen, politische wie sozioökonomische Ursachen und Folgen, schließlich um die geographische Dimension europäischer Wanderungen. Das Einleitungskapitel der Herausgeber vermittelt einen räumlichen, historischen und typologischen Überblick über die europäische Migration. Nähere Details enthalten insgesamt 15 Länderkapitel. Die meisten dieser Kapitel wurden von namhaften Expertinnen und Experten aus den jeweils analysierten Ländern verfaßt. Sie behandeln, soweit dies aufgrund der Situation des jeweiligen Landes und der Datenlage sinnvoll erschien, analoge Fragestellungen. Die Länderkapitel informieren über alle wichtigen europäischen Ziel- und Herkunftsstaaten.

Bemerkenswert sind nicht nur die nationalen Unterschiede, sondern auch die Gemeinsamkeiten. Europa war bis zur Mitte des 20. Jahrhunderts ein Auswanderungskontinent. Heute sind die meisten Staaten Europas De-facto-Einwanderungsländer. Dies geschah nicht aufgrund politischer, wirtschaftlicher oder demographischer Überlegungen, sondern ist Resultat ungeplanter Prozesse, die über längere Zeit von der Öffentlichkeit gar nicht wahrgenommen wurden. Deshalb ist es gerechtfertigt, das Europa der zweiten Hälfte des 20. Jahrhunderts als „Einwanderungskontinent wider Willen" zu bezeichnen. Selbst „klassische" Auswanderungsländer wie Italien, Portugal oder Spanien stehen heute vor der Notwendigkeit, mit einer erheblichen Zahl von Zuwanderern umgehen zu müssen. Aber auch Herkunftsländer der Ost-West-Wanderung sind heute mit Immigration konfrontiert. Dies gilt für Polen, die Tschechische Republik und Ungarn, ganz besonders aber für Rußland. Die (Re-)Migration ethnischer Russen aus den Nachfolgestaaten der

Sowjetunion stellt derzeit einen der quantitativ bedeutendsten Wanderungsströme in Europa dar. Rußland selbst wurde dadurch in den 90er Jahren hinter Deutschland zum zweitwichtigsten Einwanderungsland unseres Kontinents.

Den ersten Anstoß zu diesem Buch gab eine internationale Konferenz, die vom IIASA (International Institute for Applied System Analysis) und anderen Institutionen 1992 in Laxenburg bei Wien veranstaltet wurde. Dort kamen die hier vertretenen Wissenschaftlerinnen und Wissenschaftler miteinander ins Gespräch. Die Ausarbeitung der Länderkapitel erfolgte im Rahmen des Forschungsprojekts „Zukunft der Ost-West-Wanderung", das in den Jahren 1992–1995 mit finanzieller Unterstützung der Österreichischen Bundesministerien für Arbeit und Soziales, für Inneres sowie für Wissenschaft, Verkehr und Kunst durchgeführt wurde. Erstes Ergebnis war ein Buch, das 1994 unter dem Titel „European Migration in the Late Twentieth Century" im Verlag Edward Elgar in den USA und in Großbritannien erschien. Das vorliegende Buch enthält einige aktualisierte und zum Teil wesentlich veränderte Beiträge aus jener Publikation, aber auch neue Beiträge, die in der Zwischenzeit entstanden sind.

Ins Deutsche übersetzt wurden die Beiträge zu diesem Buch von Carmen Nemeth (Lehrstuhl Bevölkerungswissenschaft der Humboldt-Universität, Berlin), von Ursula Reeger und Walter Rohn (beide Institut für Stadt- und Regionalforschung der Österreichischen Akademie der Wissenschaften) sowie von Ulrike Stadler (Institut für Demographie der Österreichischen Akademie der Wissenschaften). Alle Graphiken und Karten dieses Sammelbandes wurden von Andreas Andiel (Institut für Stadt- und Regionalforschung) erstellt, aktualisiert oder neu gezeichnet. Die Texte wurden nach Überarbeitung durch die Herausgeber von Rose-Elisabeth Herden (Lehrstuhl Bevölkerungswissenschaft der Humboldt-Universität) und Josef Kohlbacher (Institut für Stadt- und Regionalforschung) lektoriert. Ursula Reeger richtete das umfangreiche Manuskripts ein und erstellte die Druckvorlagen.

Das Projekt „Zukunft der Ost-West-Wanderung" wurde von Helmuth Höpflinger (Österreichisches Bundesministerium für Arbeit und Soziales), Sonja Skopalik (Bundesministerium für Inneres) und Klarissa Guzei (Bundesministerium für Wissenschaft, Verkehr und Kunst) betreut. Seitens des Verlages wurde das Buch von Adalbert Hepp bearbeitet. Ihnen, den Autorinnen und Autoren, sowie allen, die an der Erfassung, Einrichtung und Lektorierung des Manuskripts beteiligt waren, gilt unser Dank.

Heinz Fassmann   Rainer Münz
                Berlin und Wien, im Juli 1996

1. Europäische Migration – ein Überblick

Heinz Fassmann und Rainer Münz

Bis in die 30er Jahre des 20 Jahrhunderts dominierte in Europa die Auswanderung nach Übersee. Zwischen 1815 und 1939 wanderten mehr als 50 Mio. Europäer nach Übersee aus, darunter fast 30 Mio. in die USA (Hoerder 1985). Nord- und Südamerika blieben allerdings nicht die einzigen Ziele. Im selben Zeitraum kamen Hunderttausende polnische und ukrainische Arbeiter in die neu entstehenden Zentren der Kohle-, Eisen- und Stahlindustrie Frankreichs, Deutschlands und Englands. Andere slawische Migranten kamen in großer Zahl nach Berlin und Wien. Mehrere Hunderttausend Iren zogen auf Arbeitssuche nach England und Schottland. Italiener ließen sich zu Zehntausenden in Frankreich, der Schweiz und dem heutigen Westösterreich nieder. Mehrere Hunderttausend osteuropäische Juden flohen vor Antisemitismus, vor Pogromen und materieller Not aus der Ukraine, aus Ostgalizien und dem Baltikum.

Die quantitativ bedeutendste Form der Migration bildeten in der ersten Hälfte des 20. Jahrhunderts ethnische Säuberungen bzw. Vertreibung und Umsiedlung ethnischer Gruppen nach dem Ersten Weltkrieg sowie während und nach dem Zweiten Weltkrieg. Davon betroffen waren zwischen 1918 und 1950 in Summe weit mehr als 20 Mio. Menschen (Fassmann/Münz 1994b). Erst nach 1950 gewannen die Arbeitsmigration und in der Folge auch der Nachzug von Familienangehörigen dieser Arbeitsmigranten ihre zentrale Bedeutung für das europäische Migrationsgeschehen. Damit ist nicht gesagt, daß alle anderen Typen von Migration völlig an Bedeutung verloren hätten. Das Gegenteil ist der Fall.

Wie heute allgemein bekannt, löste das Ende der politischen Spaltung Europas eine Migrationswelle von unerwarteter Größe aus. Zwischen 1989 und 1992 verließen mehr als 4 Mio. Mittel- und Osteuropäer ihre Heimatländer, darunter überproportional viele Volksdeutsche, Juden und Angehörige anderer diskriminierter Minderheiten. Erstere fanden privilegierte Aufnahme in Deutschland oder in Israel; letztere wurden nach dem Ende des kalten Krieges vielfach nicht mehr als Flüchtlinge anerkannt, sondern bestenfalls geduldet. Dies gilt auch für jene 700.000 Kriegsflüchtlinge aus dem ehemaligen Jugoslawien, die in einem westlichen Land Zuflucht fanden.

Weitere 5–6 Mio. verloren zwischen 1991/92 und 1995 durch Krieg und ethnische Säuberungen auf dem Gebiet des ehemaligen Jugoslawien – vor allem in Bosnien-Herzegowina und in Kroatien – und im Kaukasus ihre Heimat. Schließlich bewog der Zerfall der Sowjetunion seit Ende 1990 mehrere Millionen Menschen – vor allem ethnische Russen und Ukrainer – zur Rückkehr aus der ehemaligen sowjetischen Peripherie nach Rußland und in die Ukraine. Seit den Massenvertreibungen während und unmittelbar nach Ende des Zweiten Weltkriegs hat es auf unserem Kontinent keine Migration von vergleichbarer Größe mehr gegeben.

Die Migrationswelle der Jahre 1988/89–1993 führte dazu, daß internationale Wanderungen für einige Zeit ins Zentrum öffentlicher Aufmerksamkeit rückten. Im Vordergrund standen in der Regel Ängste und Abwehrreflexe. Von manchen wurde Europa sogar als „weiße Festung" (Chesnais 1995; Ruffin 1993) und als Kontinent im Belagerungszustand (Coleman 1994c) bezeichnet. Dabei wird häufig übersehen, daß Massenmigration weder ein neues Phänomen ist, noch den historischen Ausnahmefall darstellt. Seit Beginn der industriellen Revolution in Europa und der europäischen Siedlungskolonisation in Übersee ist räumliche Mobilität ein Charakteristikum moderner Gesellschaften. Allerdings haben sich die Gewichte verschoben. Europa, einst ein Auswanderungskontinent (Bade 1992, Hoerder 1985), besteht heute mehrheitlich aus Ländern mit einer positiven Wanderungsbilanz (Chesnais 1995; Europarat 1995; Muus 1993).

1.1 Historische Entwicklung seit 1945

Die Analyse internationaler Migration in und nach Europa wird durch das Fehlen einer einheitlichen und damit vergleichbaren Datengrundlage erschwert. Wer in Europa woher ein- bzw. wohin auswanderte, ist im nachhinein nicht mehr genau festzustellen. Das beginnt bei grundsätzlichen Fragen. Nicht immer ist klar, welche Personen aus Sicht der administrativen Statistik eines Landes als Migranten gelten. Die UNO-Empfehlung zur einheitlichen Definition von Migration wurde zwar von allen europäischen Staaten zur Kenntnis genommen, die wenigsten konnten oder wollten diese Definition jedoch bis jetzt anwenden. Wie lange jemand, der eine internationale Grenze überschritten hat, im (potentiellen) Zielland wohnen muß, um dort als Einwanderer gezählt zu werden, bleibt von Land zu Land verschieden. Überdies sind viele nationale Statistiken nicht in der Lage, genaue Angaben über den Zeitpunkt der Einreise und die Dauer des Aufenthaltes von grenzüberschreitenden Migranten zu machen.

In den meisten westeuropäischen Ländern ist die Staatsangehörigkeit ein wesentliches Kriterium für die Unterscheidung zwischen „Einheimischen" und „Ausländern". Darüber hinaus werden letztere, je nach Freizügigkeit, in verschiedene Kategorien eingeteilt. Die meisten Länder unterscheiden zwischen EU-Staatsangehörigen, anderen privilegierten Ausländern und „sonstigen" ausländischen Einwohnern. Großbritannien trennt zwischen Immigranten mit „British Dependent Territory Citizenship" oder „British Overseas Citizenship", Immigranten mit der Staatsangehörigkeit eines zum Commonwealth gehörenden Landes und „sonstigen" Gruppen der ausländischen Wohnbevölkerung. Darüber hinaus werden in Großbritannien Daten erhoben, die zwischen Briten „weißer" und „farbiger" Herkunft unterscheiden. Schweden unterscheidet zwischen Ausländern und im Ausland geborenen schwedischen Staatsangehörigen und die Niederlande zwischen „einheimischen" Staatsangehörigen, früheren Einwohnern Surinams, der Niederländischen Antillen, Arubas und Indonesiens bzw. deren Nachkommen (d.h. anerkannten Minderheiten) und anderen ausländischen Staatsangehörigen (vgl. Coleman und Entzinger in diesem Buch).

Andere Länder, deren Grenzen sich im Verlauf des 20. Jahrhunderts deutlich verschoben und die Staatsangehörige aus ehemaligen Staats- und Siedlungsgebieten bei der Einwanderung bevorzugten oder sie sogar systematisch wiederansiedelten, beschritten häufig den entgegengesetzten Weg. Sie bemühten sich, diese Bürger nach ihrer Eingliederung möglichst nicht als Immigranten zu registrieren. Dies gilt für Frankreich, das im Verlauf der Dekolonisation rund 2 Mio. Personen repatriierte, aber auch für Deutschland, das nicht nur den Vertriebenen der Jahre 1945–1947, sondern auch volksdeutschen Aussiedlern aus Polen, Rumänien, Rußland und Zentralasien bis 1992 relativ problemlos die Staatsbürgerschaft gewährte und die Aufnahme von

Volksdeutschen, die auf dem Gebiet der früheren Sowjetunion leben, weiterhin ermöglicht.[1]

Die Staatsangehörigkeit einer Person gibt nicht notwendigerweise darüber Auskunft, ob jemand Migrant ist oder nicht. Nur soviel ist klar: Seit 1945 war die Zahl der Migranten in Europa in Summe deutlich größer, als es die jeweiligen Ausländerzahlen vermuten ließen. Denn zu berücksichtigen sind auch eingebürgerte Vertriebene, Flüchtlinge und Arbeitsmigranten, ferner ehemalige Siedler, Soldaten, Beamte und andere Ein- bzw. Rückwanderer aus früheren Kolonien, die bereits als britische, französische, niederländische, belgische oder portugiesische Staatsangehörige geboren wurden. Trotz dieser Einschränkungen vermittelt die Größe der ausländischen Wohnbevölkerungen in Westeuropa eine Vorstellung von der Bedeutung, die internationale Migration für die einzelnen Zielländer hatte und hat.

Verfügbare Statistiken[2] zeigen in fast allen westeuropäischen Ländern von den 50er bis in die frühen 70er Jahre eine starke Zunahme der ausländischen Wohnbevölkerungen. Dagegen gab es in den 80er Jahren, als Beschränkung und Kontrolle der Einwanderung zu einem wichtigen politischen Thema wurden, nur geringfügige oder gar keine Steigerungen. Anfang der 90er Jahre nahmen Zahl und Anteil der Ausländer schließlich wieder zu.

Von 1950 bis in die frühen 70er Jahre verdreifachte sich die Zahl der Ausländer in der westlichen Hälfte Europas (heutige 15 EU-Mitgliedstaaten, Liechtenstein, Norwegen und die Schweiz). 1950 lebten in diesen 18 westeuropäischen Ländern nur 4 Mio. Ausländer. Bis 1970/71 stieg diese Zahl auf fast 11 Mio. Zehn Jahre später, also 1982,[3] lebten in der Westhälfte Europas rund 15 Mio. Ausländer. 1992/93 waren es bereits 19 Mio. Dieser Trend zeigt deutlich die zunehmende Internationalisierung westeuropäischer Bevölkerungen, Arbeitsmärkte und Gesellschaften. Trotzdem wäre es falsch zu behaupten, daß Westeuropa einen wohlhabenden Subkontinent bildet, der von Ausländern überrannt wird. Von den 383 Mio. Menschen, die in dieser Region leben, sind nur 5% nicht Staatsbürger ihres jeweiligen Aufenthaltslandes, darunter ein Drittel Staatsangehörige eines anderen westeuropäischen Landes.

Kleinstaaten wie Liechtenstein (21,4% der Gesamtbevölkerung) und Luxemburg (9,8%) sowie die Schweiz (6,1%), Österreich (4,7%),[4] Belgien (4,3%) und Frankreich (4,1%) hatten um 1950 die höchsten Anteile ausländischer Einwohner. Gleichzeitig war der Anteil in Schweden (1,8%), in der

Tabelle 1.1: Ausländische Wohnbevölkerung in 18 westeuropäischen Staaten, 1950–1992/93 (ausl. Wohnbevölkerung in 1.000 und Anteil an der Bevölkerung)

Land	1950 in 1.000	%	1970/71 in 1.000	%	1982 in 1.000	%	1990 in 1.000	%	1992/93 in 1.000	%
Deutschland (1)	568	1,1	2.976	4,9	4.667	7,6	5.338	8,4	6.878	8,5
Frankreich	1.765	4,2	2.621	5,1	3.660	6,7	3.607	6,3	3.790	6,6
Großbritannien	*	*	2.000	3,6	2.137	3,8	1.904	3,3	2.001	3,5
Schweiz (2)	285	6,1	1.080	17,4	926	14,4	1.127	16,7	1.260	18,1
Belgien	368	4,3	696	7,2	886	9,0	903	9,0	987	9,1
Niederlande	104	1,0	255	1,9	547	3,8	692	4,6	920	5,1
Österreich	323	4,7	212	2,8	303	4,0	482	6,2	779	8,6
Italien	47	0,1	*	*	312	0,6	469	0,8	689	1,7
Schweden	124	1,8	411	5,1	406	4,9	484	5,6	507	5,8
Spanien	93	0,3	148	0,4	183	0,5	279	0,7	430	1,1
Griechenland	31	0,4	15	0,2	60	0,6	173	1,7	204	2,0
Dänemark	*	*	*	*	102	2,0	161	3,1	189	3,6
Norwegen	16	0,5	76	2,0	91	2,2	143	3,4	162	3,8
Portugal	21	0,2	32	0,4	64	0,6	108	1,1	124	1,2
Luxemburg	29	9,8	63	18,5	96	26,3	109	28,2	122	31,1
Irland	*	*	137	4,6	232	6,6	80	2,3	95	2,7
Finnland	11	0,3	6	0,1	13	0,3	26	0,5	55	1,1
Liechtenstein	3	21,4	7	33,3	9	34,1	11	38,1	11	37,5
Westeuropa (3)	3.785	1,3	10.728	3,2	14.685	4,2	16.085	4,5	19.208	5,2

Anmerkungen: (1) 1950–1990: Westdeutschland, seit 1991: Ost- und Westdeutschland. (2) Ohne Saisonniers. (3) Summiert sind nur die aufgeführten Länder mit verfügbaren Daten.
* Keine Daten verfügbar.
Quelle: Europarat 1995, OECD 1995.

Bundesrepublik Deutschland (1,1%)[5] und in den Niederlanden (1,0%) fast zu vernachlässigen. In absoluten Zahlen hatte Frankreich in den frühen 50er Jahren die größte ausländische Bevölkerung (1,8 Mio.), weitaus mehr als Westdeutschland (1950: 568.000), Belgien (368.000) und Österreich (323.000).

1970 war die Bundesrepublik Deutschland innerhalb Europas bereits das Land mit der größten Zahl wohnhafter Ausländer (3 Mio. = 4,9% der Gesamtbevölkerung). Danach folgten Frankreich (2,6 Mio. Ausländer = 5,3% der Gesamtbevölkerung), die Schweiz (1,1 Mio. = 17,4%), Belgien (700.000 = 7,2%), Schweden (410.000 = 5,1%), die Niederlande (260.000 = 1,9%) und Österreich (210.000 = 2,8%).[6] Die Mehrheit dieser Ausländer waren Arbeitsmigranten.

Quantitativ am stärksten fallen Ausländer und Zuwanderer auch derzeit in den Zwergstaaten Europas ins Gewicht (1993 Monaco: 60%, Liechtenstein: 39%, Luxemburg: 30%). Von den Flächenstaaten Europas hat die Schweiz mit Abstand den höchsten Ausländeranteil, nämlich 18%, mit Saisonniers und Beamten internationaler Organisationen sogar über 19%. In Deutschland liegt der Gesamtanteil der Zuwanderer aufgrund früherer und aktueller Zuwanderung von Volksdeutschen aus dem Osten und zahlreicher Arbeitsmigranten bei ca. 14%. Die Gruppe der in Deutschland lebenden Ausländer ist mit 7 Mio. (= 8,6%) bei weitem die größte in Europa. Wichtigste Nationalität sind die 2 Mio. in Deutschland lebenden Türken, die 2,5% der deutschen Wohnbevölkerung ausmachen. Die zweitgrößte ausländische Bevölkerung hat Frankreich (3,8 Mio. = 6,6%), gefolgt von Großbritannien (2 Mio. = 3,5%), der Schweiz (1,2 Mio. = 18%) und Belgien (0,9 Mio. = 10%). In allen genannten Ländern liegt der Anteil der Ausländer unter dem Prozentsatz der Zuwanderer, weil etliche Migranten schon als „Inländer" ins Land kamen oder inzwischen eingebürgert wurden. Nur die Schweiz bildet da eine Ausnahme. Zugleich ist klar, daß nicht alle in Europa lebenden Ausländer selber eingewandert sind. Eine wachsende Minderheit wurde als Kinder ausländischer Eltern im Inland geboren. Das gilt insbesondere für Länder, in denen es keine automatische oder erleichterte Einbürgerung der sogenannten „zweiten Generation" von Immigranten gibt.

1.2 Typen von Zuwanderung in und nach Europa

Als „Zuwanderer" oder „Ausländer" können mindestens fünf Gruppen von Migranten gelten, die in einzelnen Staaten Europas unterschiedlich stark ins Gewicht fallen:

1. Koloniale und postkoloniale Wanderer (Zuwanderer gleicher und anderer Nationalität aus ehemaligen Kolonien),[7]
2. Ethnische Wanderer (Zuwanderer gleicher ethnischer Zugehörigkeit),[8]
3. Arbeitsmigranten und deren Angehörige,
4. Flüchtlingswanderung (anerkannte Flüchtlinge, de-facto-Flüchtlinge, geduldete Kriegsopfer),
5. „sonstige" Zuwanderer.[9]

1.2.1 Koloniale und postkoloniale Wanderer

Bis zur Mitte des 20. Jahrhunderts dominierten in Europa die Auswanderungsgesellschaften. Mit Ende des Kolonialzeitalters und dem Wirtschaftsboom nach dem Zweiten Weltkrieg änderte sich dies in Westeuropa relativ rasch. Im Zuge der Entkolonialisierung kehrte eine große Zahl „weißer" Siedler, Soldaten und Verwaltungsbeamter samt „farbiger" Hilfstruppen in die ehemaligen Mutterländer zurück. Während der 50er und 60er Jahre wanderten Kolonisten aus Übersee nach Belgien, Frankreich, Italien, in die Niederlande und nach Großbritannien zu oder zurück. Gleiches galt in den 70er Jahren für die Rückwanderung aus dem südlichen Afrika nach Portugal.

Auf den Spuren der Kolonisten kamen seit den 50er Jahren in Summe mehrere Millionen Menschen außereuropäischer Herkunft aus Asien, Afrika und der Karibik zuerst nach Großbritannien, Frankreich und in die Benelux-Staaten, später auch nach Portugal und Spanien. Schlechte Lebensbedingungen in den Herkunftsländern der Dritten Welt und die Nachfrage nach billigen Arbeitskräften in Europa setzten diesen Wanderungsstrom in Gang, das koloniale Erbe kanalisierte ihn. Dabei spielten die kulturelle Orientierung an London, Paris oder Lissabon, die Kenntnis einer westeuropäischen Sprache, etablierte Verkehrsverbindungen zwischen ehemaligen Kolonien und Mutterländern, in etlichen Fällen auch eine gemeinsame Staatsbürgerschaft oder die bevorzugte Behandlung ehemaliger Kolonien bei der Erteilung von Aufenthaltsgenehmigungen eine Rolle. All dies erleichterte Iren, Pakistanis, Bengalen aus Bangladesch und Anglo-Karibiern die Zuwanderung nach Großbritannien, Nordafrikanern aus dem Maghreb die Zuwanderung nach Frankreich, Molukkern und Surinamern die Einwanderung in die Niederlande.

Dieser Typus von Migration hat die Großstädte Westeuropas in multikulturelle Inseln innerhalb etablierter Nationalstaaten verwandelt, neue ethnische Netzwerke erzeugt und sichtbare „farbige" Minderheiten (z.B. Pakistanis in Großbritannien, Schwarzafrikaner in Frankreich) entstehen lassen. Die Existenz solcher ethnischer Gruppen und Netzwerke erklärt auch, warum die Zuwanderung aus Asien, Afrika und der Karibik trotz zunehmender Arbeitslosigkeit und Anwerbestopp sowie verschärfter Anti-Immigrationspolitik in Europa nie völlig zum Stillstand kam.

Die kolonialen Wanderungen verloren nach der Entkolonialisierung der Dritten Welt an Bedeutung. Der Höhepunkt der Auswanderung von „weißen" Kolonisten aus den Mutterländern lag in der ersten Hälfte des 20.

Jahrhunderts, jener der Rückwanderung in die ehemaligen Mutterländer in den 60er und 70er Jahren. Dieser Typ kolonialer Wanderung ist mit der Rückgabe von Hongkong und Macao an China weitgehend abgeschlossen. Was jedoch weiter bestehen bleibt, sind die durch die Kolonialgeschichte im 19. und 20. Jahrhundert geschaffenen wirtschaftlichen und kulturellen Beziehungen, die nach wie vor eine spezifische Verflechtung von Herkunfts- und Zielgebieten bewirken.

1.2.2 „Ethnische" Migration

„Ethnische" Migration repräsentiert den zweiten wichtigen Typus europäischer Wanderungen. Ein Großteil der europäischen Ost-West-Migration entfällt auf diese Kategorie. Die Klassifikation ist jedoch nicht immer präzise. Viele „ethnische" Migranten nahmen die sich bietende Möglichkeit wahr, ihr Herkunftsland aus wirtschaftlichen oder politischen Gründen zu verlassen. Ob sie dies durften, hing bis 1989 von bilateralen Verhandlungen und dem generellen Stand der Ost-West-Beziehungen ab. Vielfach war diese Migration weniger ein Ausdruck ökonomischer Disparitäten als das Resultat politischer Tauschgeschäfte zwischen Herkunfts- und Ziellländern.

Aus diesem Grund beschränkte sich die Ost-West-Migration in Europa bis 1989 fast ausschließlich auf Angehörige ethnischer oder religiöser Minderheiten, die von einem westlichen Land oder einer gut organisierten Lobby unterstützt wurden bzw. werden. Die zwei augenfälligsten Beispiele sind jüdische und volksdeutsche Emigranten. Israel garantiert allen Personen jüdischer Herkunft das Recht auf Einwanderung („Rückkehr"). Mit Hilfe der USA gelang es jüdischen Organisationen, die ehemalige Sowjetunion in diesem Punkt zu Zugeständnissen zu zwingen. Geredet wurde von Reisefreiheit und Menschenrechten. Das Interesse des Westens galt damals jedoch fast ausschließlich der Emigration von Personen jüdischer und armenischer Herkunft. Davon profitierten zwischen 1973 und 1992 rund 850.000 Emigranten aus diesen beiden Gruppen.

Auch Deutschland kannte bis 1992 ein relativ uneingeschränktes Einwanderungsrecht für Volksdeutsche aus der östlichen Hälfte Europas und aus Zentralasien. Das Grundgesetz der Bundesrepublik definiert sie (im Gegensatz zu den ebenfalls deutschsprachigen Elsässern, Österreichern, Luxemburgern und Deutschschweizern) als Deutsche. Sie können somit die deutsche

Staatsbürgerschaft erwerben und einreisen („Aussiedler"). Für sie gibt es in Deutschland eine Reihe von Integrationsmaßnahmen. Die große Zahl der Anträge hat Deutschland allerdings dazu bewogen, das Verfahren stärker zu reglementieren, ab 1991 nur noch rund 220.000 Aussiedler pro Jahr ins Land zu lassen und die Anspruchsberechtigung seit 1993 im wesentlichen auf Volksdeutsche aus den GUS-Staaten zu beschränken.

Zwischen 1950 und 1995 wanderten ungefähr 3,4 Mio. Volksdeutsche nach Deutschland ein. Die meisten kamen aus Polen (1,4 Mio.), aus der früheren UdSSR bzw. den GUS-Staaten (1,4 Mio.), ein geringerer Teil aus Rumänien (0,4 Mio.; Leciejewski 1990; Münz/Ulrich 1996). Auch die Migration zwischen beiden deutschen Staaten, die eng mit der Geschichte des kalten Krieges zusammenhängt, paßt in dieses Muster. Zwischen 1949 und 1990 gingen ungefähr 5,3 Mio. DDR-Bürger in die Bundesrepublik, etwa 0,5 Mio. migrierten (vor allem während der 50er Jahre) aus der Bundesrepublik in die DDR (Rudolph in diesem Buch). Seit Oktober 1990 ist dieser spezielle Typ der Ost-West-Migration Teil der deutschen Binnenwanderung. In den Jahren 1989 bis 1992 erreichte die Migration zwischen Ost- und Westdeutschland ihren jüngsten Höhepunkt (Grundmann 1994; Hullen/Schulz 1994; Münz/Ulrich 1996). Inzwischen hat sich das Tempo der Abwanderung aus den neuen Bundesländern erheblich verlangsamt.

Zwischen 1950 und 1994 verließen ungefähr 2,5 Mio. Menschen die UdSSR bzw. ihre Nachfolgestaaten, darunter über 1,6 Mio. alleine in den Jahren 1990–1994[10] (Chesnais 1991a; Shevtsova 1992; Vishnevski/Zayonchkovskaya in diesem Buch). Fast alle gehörten einer ethnischen oder religiösen Minderheit an oder waren mit Angehörigen von Minderheiten verheiratet. Fast die Hälfte (1,2 Mio.) waren volksdeutsche Aussiedler (bzw. deren nichtdeutsche Familienmitglieder), die in die Bundesrepublik Deutschland auswanderten. Fast gleich groß (1,1 Mio.) war die jüdische Auswanderung. Von den auswandernden Juden und ihren nichtjüdischen Angehörigen wählten etwas über 50% Israel als Zielland, rund ein Drittel die USA und der Rest andere Länder, darunter viele auch Deutschland (1991–1995: 48.000). Unter den übrigen Auswanderern aus der UdSSR bzw. deren Nachfolgestaaten ins westliche Ausland waren Armenier, Griechen und Angehörige kleiner protestantischer Glaubensgemeinschaften stark vertreten (Chesnais 1992; Heitmann 1991). Seit 1992 sinkt die Zahl der offiziell registrierten Auswanderer aus Rußland und anderen GUS-Staaten nach Israel (Dornis bzw. Vishnevsky/

Zayonchkovskaya in diesem Buch), nicht jedoch nach Deutschland und in die USA. Die Zahl der volksdeutschen Aussiedler stieg auf das von Deutschland festgesetzte Limit von 200.000 pro Jahr.

Die massive Migration anderer europäischer Minderheiten, z.b. von Türken aus Bulgarien und dem ehemaligen Jugoslawien, slawischen Moslems (Pomaken, Bosniaken) und von Ungarn aus Siebenbürgen und der Vojvodina fand wesentlich weniger Aufmerksamkeit. Dennoch folgt die Auswanderung dieser Gruppen ganz ähnlichen Mustern (Bobeva und Dövényi/Vukovich in diesem Buch; Vasileva 1992; Centar za demografska istraživanja 1971).

1.2.3 Arbeitsmigration

Nach der Integration von Flüchtlingen, Vertriebenen und Kriegsheimkehrern begannen einige Staaten Westeuropas Mitte der 50er Jahre, ihren zusätzlichen Bedarf an billigen, wenig qualifizierten Arbeitskräften durch Zuwanderung aus ehemaligen oder damals noch bestehenden Kolonien und Überseegebieten zu decken. Andere Länder holten Gastarbeiter aus dem Mittelmeerraum: zuerst aus Italien, Spanien, Portugal und Griechenland, später aus Marokko, Algerien, Tunesien, der Türkei und dem früheren Jugoslawien (Böhning 1972; Castles/Miller 1993; Stark 1989). In den meisten Fällen wurde die Rekrutierung durch bilaterale Abkommen zwischen den Herkunft- und Zielländern geregelt. Anfang der 70er Jahre erreichte die Beschäftigung ausländischer Arbeitskräfte in den Ländern Westeuropas ihren vorläufigen Höhepunkt (Gordon 1989; OECD 1995; Stalker 1994).

Mitte der 70er Jahre reagierten die westeuropäischen Regierungen und Arbeitgeber auf die wirtschaftliche Rezession und die geschrumpfte Aufnahmekapazität des Arbeitsmarktes im Gefolge des ersten Ölpreisschocks von 1973 mit einem Anwerbestopp für ausländische Arbeitskräfte sowie mit restriktiven Einwanderungsbestimmungen für die Einwohner früherer Kolonien und Überseegebiete (Hollifield 1992). In einigen westeuropäischen Ländern – besonders in Großbritannien und Frankreich – führte die sich verschlechternde wirtschaftliche Situation der „sichtbaren" Immigrantengruppen und von Teilen der einheimischen Unterschichten zu sozialen Spannungen (Angenendt 1992; Booth 1992; Coleman 1994d).

In der zweiten Hälfte der 70er Jahre bewirkten Anwerbestopp und Einwanderungsbeschränkungen in einigen Ländern eine Verkleinerung der ausländischen Wohnbevölkerungen. Am stärksten sank der Anteil der ausländischen Wohnbevölkerungen in der Schweiz. Dort gab es schon damals eine einflußreiche fremdenfeindliche Lobby. Einige ihrer Vertreter wurden in das Parlament gewählt. Zusätzlich übten mehrere landesweite Volksabstimmungen über Maßnahmen zur Beschränkung der Zahl der Ausländer politischen Druck aus. Denn obwohl die genannten Vorschläge keine Mehrheit bekamen, verstärkten sie bereits bestehende xenophobe Tendenzen und bewirkten, daß die Schweizer Regierung von sich aus restriktive Maßnahmen vorschlug (Fischer/Straubhaar in diesem Buch). Eine Reduktion ausländischer Arbeitskräfte wurde vor allem dadurch erreicht, daß befristete Aufenthaltsgenehmigungen und Arbeitserlaubnisse nicht mehr verlängert wurden (Haug 1980). Ähnliche Maßnahmen wurden auch in Österreich, Deutschland und Schweden ergriffen (Fassmann/Münz und Rudolph in diesem Buch). Dagegen gab es im selben Zeitraum in anderen westeuropäischen Ländern, z.B. in Frankreich, den Beneluxländern und in Großbritannien keine Abnahme der ausländischen Wohnbevölkerung. Obwohl in einigen Fällen mit Nachdruck zur Rückkehr der Ausländer aufgefordert und Rückkehrbeihilfen ausbezahlt wurden (z.B. 1983/84 in der Bundesrepublik Deutschland), führten die neuen Beschränkungen in den meisten Ländern nur zu einer Verlangsamung, aber zu keinem Ende der Einwanderung.

In vielen Ländern machten Zuwanderung im Rahmen der Familienzusammenführung und steigende Geburtenzahlen unter der ausländischen Wohnbevölkerung den Stopp der Arbeitsmigration wieder wett. Beides hatte nachhaltige Auswirkungen auf die Zusammensetzung der ausländischen Bevölkerung, die zuvor hauptsächlich aus Männern im arbeitsfähigen Alter bestanden hatte. Durch Familiennachzug und Geburten im Zielland wuchs nun der Anteil der Frauen sowie jener der Kinder und Jugendlichen.[11] Die Folgen waren nicht nur demographischer Art (Stalker 1994). Da feststand, daß Rückwanderer aus ihrer Heimat später nicht wieder nach Westeuropa kommen konnten, bremste der Anwerbestopp nach 1973 die Rückkehr in die Herkunftsländer – ein unerwarteter Nebeneffekt, der zu einer merklichen Verlängerung der Aufenthaltsdauer der in Westeuropa lebenden Ausländer führte (Kuijsten 1994; Münz/Ulrich 1996).

Insgesamt hat die Internationalisierung europäischer Arbeitsmärkte weit über 20 Mio. Menschen nach Westeuropa oder aus peripheren Regionen Westeuropas (z.B. Irland, Portugal, Süditalien) in die industriellen Zentren und Großstädte in Bewegung gesetzt. Derzeit leben rund 19 Mio. Menschen als Ausländer in einem der Staaten Westeuropas, die meisten am unteren Ende der sozialen und beruflichen Hierarchien. Diese neuen Unterschichten werden von den traditionellen Gewerkschaften schlecht und von den politischen Parteien in der Regel gar nicht vertreten. Denn im Gegensatz zu den USA oder Kanada werden in Europa Migranten mehrheitlich nicht eingebürgert. Sie bleiben damit vom Wahlrecht und von anderen Bürgerrechten ausgeschlossen und können weder politisch einflußreiche Lobbies noch ethnische Wählerblocks bilden (Hammar 1990; Bauböck 1994). In Ländern wie Deutschland, der Schweiz und Österreich gilt dieser Ausschluß vom Wahlrecht und anderen Bürgerrechten auch für die zweite und dritte Generation. Weder die im Inland geborenen Kinder von Zuwanderern noch die Enkel erhalten automatisch die Staatsbürgerschaft dieser westeuropäischen Länder.

Daneben führte die Öffnung der Grenzen zwischen Ost und West zu einer wachsenden Zahl irregulärer Migranten. Die Existenz informeller ethnischer Netzwerke und die Möglichkeit, als Tourist, Student oder mit einem kurzfristigen Arbeitsvertrag nach Westeuropa einzureisen, bildeten die wichtigsten Grundlagen für diesen Migrationstyp. Es liegen keine genauen Daten über irreguläre Migranten vor, und wir können über die Größenordnung des Phänomens nur spekulieren. Möglicherweise gibt es mehr als 2 Mio. irreguläre Migranten in West- und Südeuropa (Böhning zitiert in Coleman 1994c). Die meisten von ihnen bleiben nicht für immer, sondern nur für wenige Wochen oder Monate. Dadurch entstanden in den letzten Jahren neue Muster von Saisonarbeit und Pendelwanderungen über große Entfernungen.

1.2.4 Flüchtlinge und Asylbewerber

Eine dritte Migrantengruppe, die Ausmaß und Struktur des europäischen Wanderungsgeschehens entscheidend beinflußt, sind Flüchtlinge und Asylbewerber. Zumeist hingen diese Migrationsströme mit politischen Krisen oder ethnischen Konflikten in den Herkunftsländern zusammen.

– 194.000 Ungarn verließen ihre Heimat kurz bevor das Kádár-Regime mit Hilfe sowjetischer Truppen den Eisernen Vorhang zwischen Ungarn und Österreich wieder errichtete (Dövényi/Vukovich 1994).

- Ungefähr 160.000 Tschechen und Slowaken verließen ihr Land während des „Prager Frühlings" oder kurz nach seiner Unterdrückung durch die Staaten des Warschauer Paktes (Chesnais 1992; Fassmann/Münz 1992).
- Eine große Welle polnischer Flüchtlinge (Schätzung: 250.000 Personen) flüchtete vor der Verhängung des Kriegsrechts und dem Beginn politischer Repressionen gegen die Solidarność-Bewegung nach Westeuropa (Chesnais 1992; Fassmann/Münz 1992).

Bis 1989 reduzierten administrative Schikanen, Mauer und Eiserner Vorhang die Mobilität zwischen Ost und West auf ein Minimum. Für den Westen war eine Politik der „offenen Tür" gegenüber Ostmitteleuropa somit risikolos, aber von großer symbolischer Bedeutung. Die wenigen, die es trotz Stacheldraht und Schießbefehl schafften, Mittel- und Osteuropa zu verlassen, wurden im Westen gerne aufgenommen. Im Wettstreit der Systeme demonstrierten diese Migranten die höhere Attraktivität des Westens.

Die Logik des kalten Krieges unterstellte all jenen, die ein kommunistisch regiertes Land verließen oder von dort freigekauft wurden, edle Motive. Folglich wurden fast alle Zuwanderer aus der östlichen Hälfte Europas – unabhängig von ihren individuellen Migrationsgründen – im Westen auf der Basis der Genfer Konvention als Flüchtlinge anerkannt. Zugleich forderten die Staaten Westeuropas im Rahmen der KSZE-Verhandlungen für alle Bürger kommunistisch regierter Staaten nicht nur Reisefreiheit, sondern auch das Recht auf Auswanderung.

Dazu kam in den westeuropäischen Staaten angesichts der prosperierenden Volkswirtschaften ein tendenzieller Nachfrageüberhang nach Arbeitskräften. Die in Summe relativ wenigen Flüchtlinge aus der östlichen Hälfte Europas waren problemlos in das Beschäftigungssystem Westeuropas zu integrieren.

Neben der seit 1989/90 geänderten politischen Lage ist auch die verminderte Aufnahmefähigkeit westeuropäischer Arbeitsmärkte von erheblicher Bedeutung. Die Volkswirtschaften Westeuropas sind Mitte der 90er Jahre im Unterschied zur Situation in den 50er und 60er Jahren von struktureller Arbeitslosigkeit gekennzeichnet. Die Zahl der Arbeitslosen blieb trotz guter konjunktureller Entwicklung beachtlich hoch. Zuwanderer, gleichgültig ob diese als Asylbewerber, Aussiedler oder im Zuge des Familiennachzugs nach Westeuropa kommen, werden nun in erster Linie als Konkurrenten auf dem Arbeitsmarkt oder als zusätzliche Belastung für den Wohlfahrtsstaat gesehen.

Die Möglichkeiten, die hohe Arbeitslosigkeit abzubauen und gleichzeitig eine große Zahl von Asylbewerbern und anderen Neuzuwanderern aufzunehmen, sind gering. Die europaweite Tendenz zur Verschärfung des Asylrechts und die tagtäglich geübte restriktive Praxis im Umgang mit Asylbewerbern muß auch vor diesem strukturellen Hintergrund gesehen werden.

Zwischen 1985 und 1995 beantragten rund 3,4 Mio. Menschen in den heutigen 15 EU-Staaten politisches Asyl. Dazu kamen 0,25 Mio. Asylsuchende in Norwegen und der Schweiz (Eurostat 1996). Dies war in der europäischen Nachkriegsgeschichte außergewöhnlich, wenngleich nicht einmalig. Die Entwicklung seit 1980 war durch drei unterschiedliche Phasen gekennzeichnet:

– Anfang der 80er Jahre (erste Periode) blieb die Zahl der Asylbewerber konstant und betrug nur wenige Zehntausend pro Jahr.
– 1987 begann eine zweite Periode, die durch einen Take-off der Asylsuchenden in Europa gekennzeichnet war. Innerhalb von fünf Jahren verdreifachte sich die Zahl der Asylbewerber. 1992 wurden in den 15 EU-Staaten über 674.000 Asylanträge gestellt; davon zwei Drittel in Deutschland. Der Anstieg der Asylbewerber zwischen 1987 und 1992 war im wesentlichen eine Konsequenz des Wegfalls des Eisernen Vorhangs, der politischen und ökonomischen Instabilität in vielen postsozialistischen Ländern sowie der Kriege und ethnischen Konflikte im ehemaligen Jugoslawien, in der Türkei und im Mittleren Osten. Die Gesamtzahl der Vertriebenen und Flüchtlinge innerhalb und außerhalb Ex-Jugoslawiens betrug Mitte 1993 etwa 3,5 Mio. und Ende 1995 bereits 4,6 Mio., von denen sich an die 2,7 Mio. auf dem Gebiet Bosnien-Herzegowinas, rund eine halbe Mio. in Kroatien und ca. 600.000 in Serbien aufhielten. Nur etwa 700.000 Personen befanden sich in westeuropäischen Aufnahmeländern. Fast 80% dieser letzten Gruppe flüchteten dabei nach Deutschland (344.000), Österreich (80.000) und in die Schweiz (87.000). Kriegsflüchtlinge aus dem ehemaligen Jugoslawien wurden dabei in allen drei Staaten vorwiegend außerhalb des Asylverfahrens aufgenommen. Die meisten von ihnen bekamen staatliche Unterstützung und ein vorübergehendes Bleiberecht für die Dauer der Kriegshandlungen, aber nicht den Status anerkannter Flüchtlinge.
– Trotz Fortgang der militärischen Auseinandersetzungen und der ethnischen Säuberungen in Bosnien-Herzegowina und in Kroatien kam es in

Europa ab 1992 zu einer deutlichen Verringerung der Zahl der Asylbewerber. 1993 gab es 520.000 Asylanträge, 1994 nur mehr 305.000. 1995/96 setzte sich die rückläufige Tendenz in den Ländern der Europäischen Union fort. Innerhalb von nur zwei Jahren reduzierte sich die Zahl der Asylbewerber somit um mehr als die Hälfte.

Die Gründe für die Reduktion der Zahl der Asylbewerber liegen weniger im Wegfall der Fluchtursachen, sondern eher in der Implementierung neuer Asylprozeduren und der verstärkten Kontrolle der Wanderungswege. Fast alle Länder Europas gelten heute als sichere Herkunftsländer, in denen es eigentlich keine Fluchtgründe geben dürfte, und sie gelten als sichere Transitstaaten, in denen potentielle Asylbewerber aus den GUS-Staaten, der Türkei oder der Dritten Welt auf ihrem Weg nach Westeuropa ihren Antrag stellen sollten, statt dies in Deutschland, Österreich oder Skandinavien zu tun. Diese Regelungen, verschärfte Visabestimmungen, Strafen für Luftlinien, die Personen ohne gültige Papiere auf Flügen nach Westeuropa an Bord lassen, aber auch niedrige Anerkennungsraten, die Verkürzung der Verfahrensdauer, die Abschiebung abgewiesener Asylbewerber und schließlich der Wegfall bestimmter Begünstigungen (Unterbringung, Unterstützungen, manchmal auch Zugang zum Arbeitsmarkt) für abgelehnte Asylbewerber führten zu einer deutlichen Senkung der Zahl der Anträge und zu einer Abschreckung potentiell zuwanderungsbereiter Personen. Die Erhöhung der Zahl der mit der Prüfung der Asylanträge befaßten Personen, die EDV-unterstützte Erfassung der Asylbewerber, die Beschleunigung der Verfahren und die Reduktion der Unterstützung auf Sachleistungen wirkten auf potentielle Asylbewerber ebenfalls abschreckend.

1.2.5 Elitenwanderung

Ein fünfter Typ von Massenmigration bleibt in der Regel unbeachtet oder wird zumindest unterschätzt. Es handelt sich um die Wanderungen von Managern und hochqualifizierten Technikern international operierender Konzerne, von Wissenschaftlern, Diplomaten, Künstlern und von Beamten internationaler Organisationen. Auch sie konkurrieren in vielen Fällen mit Einheimischen um begehrte Wohnlagen und Arbeitsplätze. Dennoch wurden sie bemerkenswerterweise kaum je zur Zielscheibe von Fremdenfeindlichkeit und

Gewaltakten. Auch diese Elitenwanderung hat inzwischen Massencharakter angenommen. Dennoch gilt sie als unproblematisch, obwohl die betroffenen Manager, Wissenschaftler und internationalen Beamten meist noch viel weniger Assimilationsbereitschaft zeigen als die nicht priviligierten Arbeitsmigranten.

In den letzten Jahren stieß allerdings die Auswanderung hochqualifizierter Personen aus der östlichen Hälfte Europas und den Ländern der GUS im Westen unter dem Stichwort „Brain-Drain" auf wissenschaftliches und politisches Interesse (Rhode 1991; Salt 1992). Dabei spielte zweierlei eine Rolle: zum einen die Sorge, daß einige Experten in Dritte-Welt-Länder gehen und dort an der Entwicklung nuklearer, chemischer oder biologischer Waffen mitarbeiten könnten, zum anderen die Befürchtung, daß die wirtschaftlichen und gesellschaftlichen Reformen nach dem Zusammenbruch des Kommunismus durch die Abwanderung der Eliten gebremst werden könnten.

Weniger unbemerkt blieb die internationale Wanderung wohlhabender Rentner vor allem aus Großbritannien und Deutschland. Sie haben sich in großer Zahl in Südportugal, an den spanischen und französischen Mittelmeerküsten sowie am Südrand der Alpen (Italien, Schweiz, Österreich) niedergelassen. Im Gegensatz zu den Business-Eliten lösten diese Alterswanderer an etlichen Orten bei der einheimischen Bevölkerung erhebliche Ressentiments, Angst vor Überfremdung und Widerstände gegen den „Ausverkauf der Heimat" aus.

1.3 Die geographische Perspektive

Zwischen 1945 und 1949 verliefen die Migrationsströme in Europa hauptsächlich zwischen Ost und West. Nach 1950 reduzierte sich diese Ost-West-Migration auf den (bis 1961 beachtlich großen) Migrationsstrom zwischen beiden Teilen Deutschlands, auf die Migration von Angehörigen ethnischer Minderheiten und auf einige wenige spektakuläre Flüchtlingswellen. Per Saldo verloren die (ehemals) kommunistischen Länder Mittel- und Osteuropas (ohne UdSSR) zwischen 1950 und 1969 durch Auswanderung fast 6 Mio. Einwohner und zwischen 1970 und 1993 weitere 5,7 Mio.

Innerhalb Europas gewann seit Mitte der 50er Jahre die Süd-Nord-Migration an Bedeutung. Es erhöhte sich die Zuwanderung sowohl aus Italien,

Spanien, Portugal und Griechenland als auch aus der Türkei, der Karibik und Teilen der „Dritten Welt" nach Westeuropa. Während der gesamten Nachkriegszeit war der Migrationssaldo Westeuropas positiv. Zwischen 1950 und 1969 betrug der Wanderungsgewinn +9,4 Mio., 1970–1993 fast ebensoviel (+8,9 Mio.).

Die Migration nach Westeuropa war und ist keine „Einbahnstraße". Viele Arbeitsmigranten kehrten später wieder in ihre Herkunftsländer zurück. Zugleich wurden die europäischen Mittelmeerländer von Auswanderungsländern (Wanderungssaldo 1950–1969: –6 Mio.) zu Einwanderungsländern (1970–1993: +2,9 Mio.). Traditionelle Auswanderungsländer wie Griechenland, Italien und Spanien sind nun selbst Ziel von Zuwanderung aus der östlichen Hälfte Europas sowie aus Nord- bzw. Westafrika.

Tabelle 1.2: Migrationssalden der Hauptregionen Europas 1950–1993 (in Mio.)

	1950–59	1960–69	1970–79	1980–89	1990–93	1950–93
Mittel- u. Osteuropa	–4,0	–1,9	–1,1	–2,3	–2,3	–11,6
UdSSR/GUS	0,1	0,1	–0,4	–0,4	–1,4	–2,0
Skandinavien	–0,1	0,1	0,2	0,2	0,2	0,7
Südeuropa	–2,9	–3,1	0,6	1,6	0,7	–3,1
Westeuropa	4,3	5,1	2,5	2,5	3,9	18,2
Europa insgesamt	–2,7	0,3	1,9	1,6	1,1	2,2

Anmerkungen: Mittel- und Osteuropa: die (früheren) sozialistischen Länder (einschließlich Albanien und früheres Jugoslawien), ab 1991 ohne Ostdeutschland; UdSSR/GUS (einschließlich Estland, Lettland, Litauen); Skandinavien: Dänemark, Finnland, Norwegen, Schweden; Südeuropa: Griechenland, Italien, Portugal, Spanien; Westeuropa: restliche Länder Europas, ab 1991 das wiedervereinte Deutschland als Teil Westeuropas
Quellen: Chesnais 1995; Europarat 1994; Fassmann/Münz 1994b; Rallu/Blum 1991.

Bemerkenswert ist schließlich, daß internationale Migration seit den 50er Jahren zum größten Teil zwischen einzelnen europäischen Ländern stattfindet. Immigration aus Süd- und Westasien (mit Ausnahme der Türkei) sowie aus Afrika (mit Ausnahme des Maghreb) spielt in Europa insgesamt eine relativ geringe, Immigration aus Ostasien und Lateinamerika fast gar keine Rolle. Bis Mitte der 60er Jahre war die Zahl nach Übersee emigrierender Europäer höher als die Zahl der neuen Immigranten aus der Türkei, Asien, Afrika, der Karibik und Südamerika. Es überwog die Emigration in die USA, nach Kanada, Israel und in andere Zielländer außerhalb Europas. Zwischen 1950 und 1959 verlor Europa dadurch netto 2,7 Mio. Einwohner (Tabelle 1.2). Zwischen 1960 und 1969 war die Migrationsbilanz gegenüber dem Rest der Welt nur geringfügig positiv (+250.000). Erst nach 1970 wurde Europa als ganzes zu einem Einwanderungskontinent. Der europäische Wanderungssaldo betrug 1970–1979: +1,9 Mio., 1980–1989: +1,6 Mio. und 1990–1993: +1,1 Mio. Es gab also deutlich mehr Zuwanderer aus anderen Kontinenten als Aus- und Rückwanderer dorthin.

Für den gesamten analysierten Zeitraum war die Auswirkung der internationalen Migration (Saldo 1950–1993: +2,2 Mio. Personen; Tabelle 1.2) auf die Gesamtbevölkerung Europas unterm Strich eher gering. Gleichwohl gewann sie ab 1970 an Bedeutung.

Die Migration innerhalb Europas ist sowohl durch Kontinuitäten als auch durch Brüche gekennzeichnet. Zwischen einigen Regionen und Staaten Europas existieren seit längerer Zeit relativ stabile Muster von Zu- und Abwanderungen. Manche Staaten haben fest zuordenbare „Hinterländer", aus denen sie Arbeitskräfte und andere Migranten rekrutieren. Daneben lassen sich aber auch klare Veränderungen über die Zeit beobachten. Einige Staaten verloren durch politische oder wirtschaftliche Entwicklungen ihr traditionelles Hinterland, andere dehnten ihr Rekrutierungsgebiet aus. 28 Jahre Berliner Mauer, 40 Jahre Eiserner Vorhang zwischen Österreich und Ungarn oder der während 50 Jahren weitgehend unterbrochene Personenverkehr zwischen Skandinavien und dem Baltikum sind deutliche Beispiele hiefür. In diesen Fällen machte das Ende der Spaltung Europas die Grenzen durchlässiger oder brachte sie im Fall Deutschlands sogar zum Verschwinden. Andernorts geschieht das Gegenteil. Am einst relativ durchlässigen Mittelmeer entstehen neue Barrieren gegen den ökonomisch krisengeschüttelten und z.T. vom islamischen Fundamentalismus geprägten Norden Afrikas. In etlichen Fällen änderte die Migration ihr Vorzeichen: Frühere Auswanderungsländer wurden zu Einwanderungsländern.

1.3.1 Einwanderungsländer in Westeuropa

Vier Länder Westeuropas hatten zu Beginn der 90er Jahre eine ausländische Wohnbevölkerung von mehr als einer Million Menschen. Es waren dies die Bundesrepublik Deutschland, Frankreich, Großbritannien und die Schweiz. Für sie soll die Verflechtung von Herkunfts- und Zielgebieten der Migration graphisch dargestellt und kurz beschrieben werden.[14] Im Detail geben die entsprechenden Länderkapitel in diesem Buch Auskunft.

Tabelle 1.3: Ausländische Wohnbevölkerung in den 10 wichtigsten Staaten Westeuropas 1990/94 (nach Herkunftsland)

Herkunftsland	Deutschland 1994 %	Frankreich 1990 %	Großbrit. 1992 %	Schweiz 1993 %	Belgien 1994 %	Zielland Niederlande 1994 %	Österreich 1993 %	Italien 1993 %	Schweden 1994 %	Spanien 1993 %	ausl. Wohnbev. in 1.000	%
Türkei	28,1	5,6	1,4	6,0	9,6	26,1	18,5	0,5	4,7	0,0	2.704	15,3
Ex-Jugoslawien	18,3	1,5	*	12,7	0,6	1,9	48,3	*	8,5	0,0	1.858	10,5
Italien	8,2	7,0	3,7	30,1	23,5	2,2	1,3		0,8	3,5	1.534	8,7
Marokko	1,2	15,9	*	*	16,7	23,8	*	16,0	*	34,8	1.221	6,9
Portugal	1,7	17,9	0,9	9,1	2,4	1,2	0,0	0,5	0,3	7,3	959	5,4
Algerien	0,0	17,0	*	*	1,3	*	*	*	*	*	626	3,5
Spanien	1,9	6,0	1,9	8,9	5,4	2,2	0,0	1,3	0,6		573	3,2
Griechenland	5,1	0,2	1,1	0,7	2,2	0,7	0,1	1,9	1,0	0,1	437	2,5
Polen	3,8	1,3	1,4	0,4	0,5	0,8	2,9	1,4	3,2	0,8	400	2,3
Tunesien	0,0	5,7	*	*	0,7	0,4	*	10,7	*		276	1,6
USA	1,5	0,7	5,8	0,9	1,3	1,7	*	2,9	3,6	3,6	318	1,8
Österreich	2,6	0,0	0,2	2,3	0,1	0,4		0,8	0,5	0,4	235	1,3
Finnland	0,0	0,0	0,3	0,1	0,1	0,1	0,0	0,1	20,0	0,5	116	0,7
sonst. Europa	9,7	6,4	36,2	21,1	27,3	20,9	20,2	27,0	26,8	37,5	2.875	16,3
sonst. Länder	17,8	14,7	46,9	7,6	8,4	17,6	8,8	36,9	33,7	11,4	3.509	19,9
total	100,0	100,0	100,0	100,0	100,0	100,0	100,0	100,0	100,0	100,0		100,0
ausl. Wohnbev. in 1.000	6.991	3.607	2.008	1.243	921	779	625	566	508	393	17.642	

Anmerkung: Den Daten über die ausländische Wohnbevölkerung liegt die Staatsangehörigkeit zugrunde, nicht der Geburtsort.
*keine Daten verfügbar.
Quelle: Europarat 1995, OECD/SOPEMI 1995, Fassmann/Münz 1994a

Deutschland

Deutschland ist heute das wichtigste Einwanderungsland in Europa. Rund zwei Drittel der gesamten Zuwanderung nach Westeuropa entfiel in den 80er und 90er Jahren auf Deutschland. 1995 betrug die Zahl der Ausländer in Deutschland bereits 7 Mio., darunter rund 1,2 Mio. im Inland geborene Kinder mit ausländischem Paß (Ausländeranteil: 8,6%). 28% der Ausländer besitzen die türkische Staatsbürgerschaft, 18% sind Bürger eines der Nachfolgestaaten Jugoslawiens. Weitere wichtige Gruppen sind die Italiener (8%), die Griechen (5%) und die Polen (4%, vgl. Tabelle 1.3). Zwei Drittel aller Ausländer in Deutschland stammen aus diesen fünf Herkunftsstaaten. Der Anteil der Zuwanderer aus außereuropäischen Staaten ist gering. Deutsch-

Abbildung 1.1: Herkunft der ausländischen Wohnbevölkerung in der Bundesrepublik Deutschland

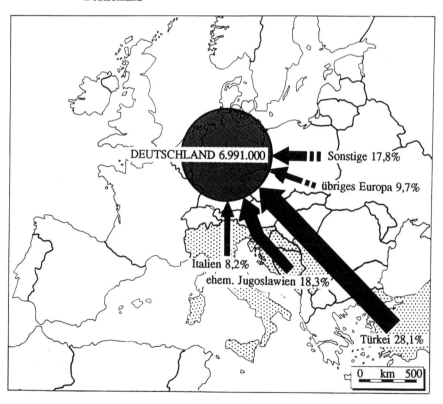

land ist das Zielland von Migration über relativ geringe Distanz. Der Typus „postkoloniale Wanderung" ist hier kaum von Bedeutung.
Zur ausländischen Wohnbevölkerung von 7 Mio. kommen mehr als 3 Mio. Aussiedler volksdeutscher Abstammung (3,9% der Bevölkerung). Die meisten von ihnen immigrierten nach 1985. Hauptherkunftsländer waren Polen, Rumänien und die UdSSR bzw. ihre Nachfolgestaaten. Obwohl Aussiedler automatisch Anspruch auf die deutsche Staatsbürgerschaft haben, ist ihre Situation mit jener der ausländischen Immigranten durchaus vergleichbar.

Frankreich

Frankreich ist nach Deutschland das zweitwichtigste Aufnahmeland Europas. Derzeit leben in Frankreich rund 3,6 Mio. ausländische Staatsbürger, der Ausländeranteil beträgt 6,6%. Hinzu kommt eine größere Zahl noch lebender Kolonialheimkehrer der 50er und 60er Jahre, darunter die größte Gruppe aus Algerien („pieds noirs"). Während die Herkunftsgebiete der westdeutschen Zuwanderung fast ausschließlich im Osten und Südosten Europas sowie in der Türkei liegen, erstreckt sich das Rekrutierungsgebiet der französischen Zuwanderung auf den gesamten westlichen Mittelmeerraum: Portugal, Spanien, Marokko, Algerien, Tunesien sowie Italien. Die Zuwanderung von Arbeitsmigranten oder Flüchtlingen aus Ex-Jugoslawien und der Türkei war und ist dagegen gering. Die Herkunftsstruktur der Ausländer in Frankreich hat sich in den letzten Jahrzehnten kaum verändert.[12] Die Herkunftsgebiete der Immigranten in Frankreich und Deutschland sind somit komplementär, „Überschneidungen" gibt es kaum.

Rund 18% der Ausländer in Frankreich besitzen die portugiesische Staatsbürgerschaft. Aus der ehemaligen französischen Kolonie Algerien stammen 17% der in Frankreich lebenden ausländischen Staatsbürger, aus Marokko 16% und aus dem kleineren Tunesien fast 6%. Fast 40% der in Frankreich lebenden Ausländer und rund zwei Drittel aller noch lebenden Kolonialheimkehrer stammen somit aus Nordafrika.

Typologisch ist die Zuwanderung nach Frankreich durch „koloniale und postkoloniale Wanderungen" geprägt. Im Zuge der Entkolonisierung und des raschen Wirtschaftswachstums kamen nach dem Krieg einerseits Übersee-Franzosen ins Land, die in der Bevölkerungsstatistik nicht als Ausländer aufschienen, andererseits wurden Bewohner ehemaliger Kolonien und angrenzender lateineuropäischer Länder nach Frankreich geholt, die in der Statistik und rechtlich als Ausländer galten. Entscheidend ist in diesem Zusammenhang auch das Staatsbürgerschaftsrecht: Da Frankreich Immigranten der sog. „zweiten Generation" relativ problemlos einbürgert, hat das Land einen geringeren Ausländeranteil als vergleichbare andere Länder.

Abbildung 1.2: Herkunft der ausländischen Wohnbevölkerung in Frankreich

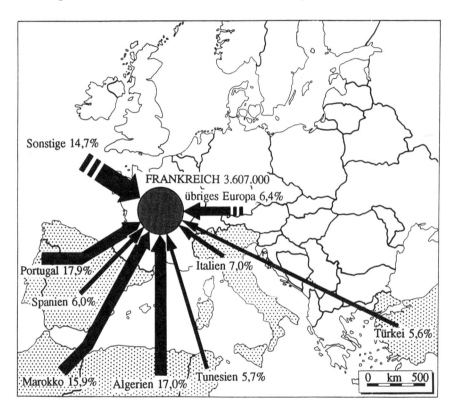

Großbritannien

Die Zuwanderung nach Großbritannien beruht in besonders hohem Maße auf „privilegierten" Beziehungen. Der Typus „koloniale und postkoloniale Wanderung" besitzt für Großbritannien zentrale Bedeutung. Von den rund 2 Mio. Ausländern in Großbritannien stammt fast die Hälfte aus außereuropäischen, meist afrikanischen oder asiatischen Staaten. In den meisten Fällen strukturieren koloniale Beziehungen die Migrationsverflechtungen. Der Ausländeranteil ist mit 3,5% gering. Würden jedoch Kolonialrückkehrer und Angehörige ethnischer Minderheiten mit britischer Staatsangehörigkeit dazugezählt, dann wäre dieser Wert fast doppelt so hoch.

Abbildung 1.3: Herkunft der ausländischen Wohnbevölkerung in Großbritannien

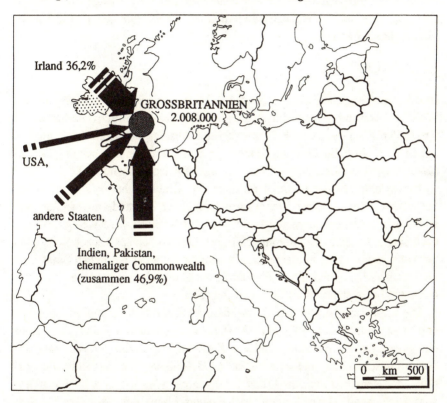

2 Mio. Ausländer in Großbritannien sind irische Staatsbürger. Damit stammen fast drei Viertel aller „europäischen" Zuwanderer aus diesem sozioökonomischen und demographischen „Hinterhof", der bis 1920 zum Vereinten Königreich gehörte.

Eine Arbeits- oder Flüchtlingswanderung aus Jugoslawien und der Türkei bzw. aus dem westlichen Mittelmeerraum gab es nicht. Stattdessen dominierte seit den 50er Jahren die Zuwanderung aus Südasien (bzw. von Indern aus Ostafrika), aus der Karibik und aus einigen anderen englischsprachigen Ländern (z.B. USA). Geographische „Überschneidungen" dieser Herkunftsgebiete mit jenen von Deutschland und Frankreich gibt es nicht. Wichtig ist noch ein weiterer Unterschied. Da alle in Großbritannien geborenen Kinder automatisch britische Staatsbürger sind, gibt es keine Ausländer der „zweiten Generation". Im Gegensatz zu vielen anderen Ländern Westeuropas gab es bis in die 70er Jahre mehr Auswanderung aus Großbritannien als Einwanderung in dieses Land.

Schweiz

In der Schweiz leben derzeit rund 1,2 Mio. Ausländer. Gemessen an der Wohnbevölkerung beträgt der Ausländeranteil 18%. Die Schweiz hat damit unter allen Flächenstaaten Europas den mit Abstand höchsten Ausländeranteil an ihrer Wohnbevölkerung. Höher ist dieser Prozentsatz nur in „Zwergstaaten" wie Liechtenstein, Luxemburg und Monaco (Tabelle 1.1).

Dieser hohe Ausländeranteil ist nicht das Ergebnis hoher Zuwanderung der letzten Jahre, sondern weiter zurückliegender Zuwanderungswellen und einer restriktiven Einbürgerungspolitik. In der Schweiz wird wenig und erst nach langer Aufenthaltsdauer eingebürgert. Die Zahl ausländischer Staatsbürger nahm daher in dem Ausmaß zu, in dem die Zahl der jährlichen Staatsbürgerschaftsverleihungen hinter der jährlichen Zuwanderung und der Zahl der Geburten bei ausländischen Eltern zurückblieb.

Die Herkunftsstruktur der Zuwanderung in die Schweiz weist ebenfalls eine Besonderheit auf. 30% aller Ausländer stammen aus Italien, das damit ein „privilegiertes" Herkunftsland von Zuwanderung in die Schweiz darstellt. Geographische Nähe und eine bis ins 19. Jahrhundert zurückreichende Tradition der Rekrutierung von Arbeitskräften aus Italien waren dafür zweifellos ausschlaggebend. Hinzu kommt, daß Italienisch eine der offiziellen Landessprachen ist. Relativ hoch ist auch der Anteil der Bürger eines der Nachfolgestaaten Jugoslawiens (13%), der Portugiesen (9%) und der Spanier (9%). Vergleichsweise gering ist dagegen der Anteil türkischer Staatsbürger. Hoch ist schließlich der Anteil der ausländischen Wohnbevölkerung aus den Nachbarstaaten Österreich und Deutschland. Relativ wenig Zuwanderung gibt es bis heute aus außereuropäischen Staaten.

Abbildung 1.4: Herkunft der ausländischen Wohnbevölkerung in der Schweiz

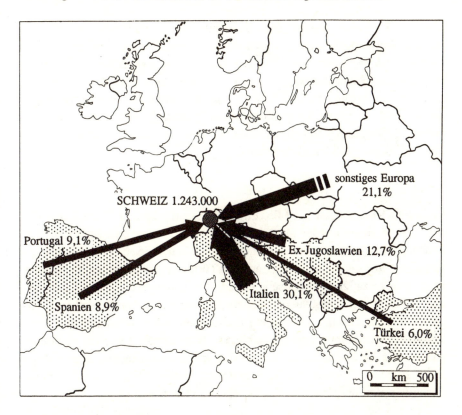

Andere Zielländer

Andere wichtige Zielländer in Europa sind Belgien (0,9 Mio. bzw. 10% Ausländeranteil), die Niederlande (0,8 Mio. bzw. 5,3%), Österreich (0,7 Mio. bzw. 9%), Italien (0,6 Mio. bzw. 1%) und Schweden (0,5 Mio. bzw. 5,8%). Außerdem hat sich Rußland während der 90er Jahre durch die massive Rückwanderung ethnischer Russen aus anderen Nachfolgestaaten der UdSSR zu einem der wichtigsten Zielländer Europas entwickelt. Angesichts eines Potentials von fast 25 Mio. in den anderen GUS-Staaten und im Baltikum lebender Russen dürfte Rußland entgegen allen Erwartungen auf absehbare Zeit ein Netto-Einwanderungsland bleiben (siehe Dornis in diesem Buch).

1.3.2 Auswanderungsländer

Von den 17,6 Mio. ausländischen Staatsbürgern in den 10 wichtigsten Zielländern Westeuropas stammen über 40% aus lediglich vier Staaten: Türkei, Ex-Jugoslawien, Italien und Marokko. Für diese Auswanderungsländer werden die Zielgebiete der Migration im folgenden kurz analysiert. Trotz der nicht ganz so großen Zahl im Ausland lebender polnischer Staatsangehöriger gehört Polen aufgrund der großen Zahl in Polen geborener Migranten ohne polnische Staatsbürgerschaft ebenfalls zu den Hauptauswanderungsländern und wird daher auch kurz beschrieben.

Türkei

Insgesamt leben derzeit 2,7 Mio. türkische Staatsbürger in Westeuropa. Die meisten von ihnen wurden als Arbeitskräfte angeworben oder kamen als Familienangehörige (Ehegatten, minderjährige Kinder). Seit 1979/80 erhöhte sich der Anteil der Asylbewerber aus der Türkei an der gesamten Auswanderung. Dies betraf zuerst politische Dissidenten und später in erster Linie kurdische Flüchtlinge. Die fehlende Bereitschaft der türkischen Regierung zu einer politischen Lösung der von kurdischer Seite erhobenen Forderung nach kultureller Autonomie und der erbitterte Bürgerkrieg zwischen türkischer Armee und kurdischer Guerilla bewirkte in den vergangenen Jahren einen konstant hohen Zustrom von Asylbewerbern. Heute ist die Türkei das zweitwichtigste Herkunftsland von Asylbewerbern in Westeuropa.

Die aus der Türkei stammende türkische und kurdische Bevölkerung in Westeuropa ist räumlich stark konzentriert. 73% der „Auslandstürken" leben in Deutschland, fast 8% in Frankreich und ebenso viele in den Niederlanden. Diese Konzentration der türkischen Bevölkerung auf nur drei Zielländer hat zwei Ursachen: die „Initialzündung" der Gastarbeiterrekrutierung und die anschließende Bildung ethnischer Netzwerke, die die Wanderung strukturierten. Vorhandene türkische und kurdische „Gemeinden" stellen seit dem Anwerbestopp Kristallisationskerne weiterer Zuwanderung auf der Basis von Familiennachzug, Einheirat und Neugründung von Familien sowie Flucht und Asyl dar. Dies ist für die Zuwanderung aus geographisch und kulturell entfernteren Herkunftsgebieten wie der Türkei wichtiger als für Wanderungen aus unmittelbaren Nachbarstaaten von Zielländern.

Tabelle 1.4: Ausländische Wohnbevölkerung in den 10 wichtigsten Staaten Westeuropas 1990/94 (nach Zielland)

Herkunftsland	Deutsch-land 1994 %	Frank-reich 1990 %	Groß-britan. 1992 %	Schweiz 1993 %	Belgien 1994 %	Nieder-lande 1994 %	Öster-reich 1991 %	Italien 1993 %	Schwe-den 1994 %	Spanien 1993 %		in 1.000
Türkei	72,7	7,6	1,1	2,8	3,3	7,6	4,4	0,1	0,9	0,0	100,0	2.704
Ex-Jugoslawien	69,0	2,9	*	8,8	0,3	0,8	16,8	*	2,4	0,0	100,0	1.858
Italien	37,3	16,6	4,9	24,6	14,2	1,1	0,5		0,3	0,9	100,0	1.534
Marokko	6,7	46,9	*	*	12,5	15,2	*	7,4	*	11,2	100,0	1.221
Portugal	12,3	68,2	1,9	12,0	2,3	1,0	0,0	0,3	0,1	3,0	100,0	959
Algerien	0,0	96,6	*	*	1,8	*	*	*	*	*	100,0	626
Spanien	23,1	37,6	6,6	19,2	8,6	2,9	0,0	1,3	0,5		100,0	573
Griechenland	81,4	1,5	5,3	1,9	4,7	1,3	0,2	2,5	1,2	0,1	100,0	437
Polen	65,8	11,0	6,9	1,3	1,2	1,4	4,3	1,9	3,8	0,8	100,0	400
Tunesien	0,0	67,7	*	*	2,2	1,0	*	19,9	*	*	100,0	276
USA	34,1	7,9	36,9	3,7	3,7	4,2	*	5,2	*	4,5	100,0	318
Österreich	78,8	1,4	2,1	12,3	0,5	1,2		1,8	1,1	0,6	100,0	235
Finnland	0,0	1,4	5,2	1,6	0,8	1,0	0,0	0,7	87,8	1,6	100,0	116
sonst. Europa	23,6	7,7	24,2	8,7	8,4	5,4	0,7	5,1	4,5	4,9	100,0	2.875
sonst. Länder	35,6	16,7	29,6	3,0	2,4	4,3	0,2	6,6	5,4	1,4	100,0	3.509
ausl. Wohnbev. in 1.000	6.991	3.607	2.008	1.243	921	779	625	566	508	393		17.642
Verteilung in %	39,6	20,6	11,5	7,1	5,3	4,4	3,6	3,2	2,9	2,2	100,0	

Anmerkung: Den Daten über die ausländische Wohnbevölkerung liegt die Staatsangehörigkeit zugrunde, nicht der Geburtsort.
*keine Daten verfügbar
Quellen: Europarat 1995; OECD 1995; Fassmann/Münz 1994a.

Abbildung 1.5: Verteilung der türkischen Staatsbürger in Westeuropa

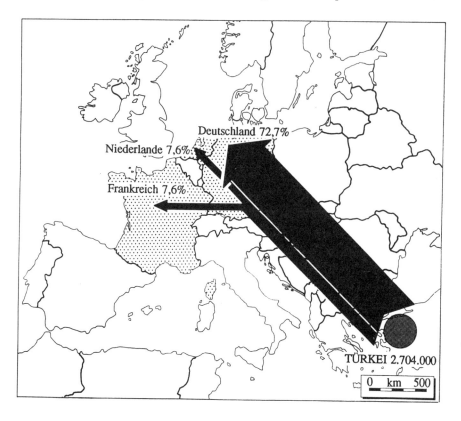

Früheres Jugoslawien

Von allen Ausländern, die in den zehn wichtigsten Zielländern Westeuropas leben, stammen rund 1,9 Mio. aus dem ehemaligen Jugoslawien. Von ihnen wurde ein größerer Teil als Arbeitskräfte angeworben. Im Unterschied zu der türkischen „Gastarbeiterwanderung", die erst in den 70er Jahren einsetzte, begann die durch zwischenstaatliche Abkommen geregelte Zuwanderung aus dem ehemaligen Jugoslawien bereits Mitte der 60er Jahre. Jugoslawien war das erste kommunistische Land, das fast allen seinen Bürgern die Emigration erlaubte. In der Folge warben die Bundesrepublik Deutschland, Österreich, die Schweiz und Skandinavien mindestens 0,5 Mio. Arbeitsmigranten an, denen eine unbekannte Anzahl von Familienangehörigen folgte.

Abbildung 1.6: Verteilung der ehemals jugoslawischen Staatsbürger in Westeuropa

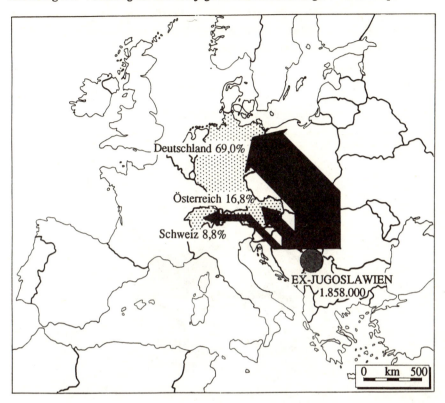

In der Zahl von 1,9 Mio. im Ausland lebenden Staatsbürgern aus dem ehemaligen Jugoslawien sind zumindest teilweise Asylbewerber und Kriegsflüchtlinge enthalten. Der Ausbruch offener Feindseligkeiten und kriegerischer Auseinandersetzungen ließ die Zahl der Asylbewerber aus dem ehemaligen Jugoslawien in Westeuropa von 27.000 (1990) auf 101.000 (1991) und 226.000 (1992) hinaufschnellen. Die wichtigsten Zielstaaten der Asylbewerber und auf Zeit geduldeten Kriegsvertriebenen waren jene mit einem hohen Anteil an Arbeitskräften und Familienangehörigen aus dem ehemaligen Jugoslawien: Deutschland, Schweden, Österreich und die Schweiz.

Durch Kriege und ethnische Säuberungen ist das ehemalige Jugoslawien seit 1990/91 zur zweitwichtigsten Herkunftsregion der europäischen Migration geworden. 69% der innerhalb Europas emigrierten Bürger des ehemaligen Jugoslawien leben in Deutschland, 17% im benachbarten Österreich, 9% in der Schweiz und 3% in Frankreich. Zugleich lebt eine viel größere Anzahl Menschen als Kriegsopfer, ethnische Flüchtlinge oder Vertriebene auf dem Gebiet des früheren Jugoslawien (fast 4 Mio.).

Italien

Abbildung 1.7: Verteilung der italienischen Staatsbürger in Westeuropa

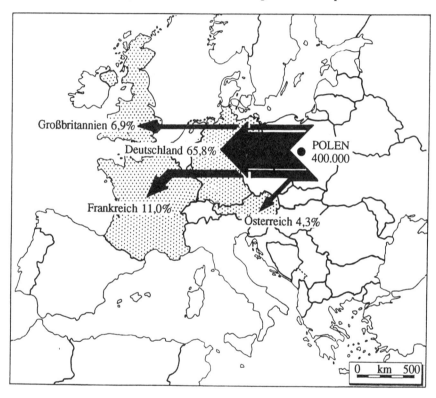

Italien zählte seit dem 19. Jahrhundert zu den typischen Auswanderungsländern Europas. Die Emigration nach Übersee, die am Beginn des 20. Jahrhunderts quantitativ sehr bedeutend war, wurde nach dem Zweiten Weltkrieg von der Auswanderung in wirtschaftlich prosperierende Länder Westeuropas abgelöst. Mit dem ökonomischen Aufstieg Italiens wurde die Auswanderung zunehmend durch Binnenwanderung in den Norden des Landes abgelöst. Italien wurde für Zuwanderer aus Marokko, Tunesien, Albanien und einigen westafrikanischen Staaten attraktiv. Gleichzeitig setzte eine Rückwanderung von seinerzeit ausgewanderten italienischen „Gastarbeitern" ein. Mitte der 90er Jahre lebten noch rund 1,5 Mio. Italiener in einem der anderen Länder Westeuropas. Das regionale Muster weist jedoch keine Dominanz eines spezifischen Ziellandes auf. 38% der „Auslandsitaliener" leben in Deutschland, 25% in der Schweiz, 17% in Frankreich und 14% in Belgien. Die geringe Wanderungsdistanz und die grundsätzliche Niederlassungsfreiheit im Rahmen der EWG und später der EU hat die Bedeutung einzelner ethnischer „Brückenköpfe" reduziert und für eine größere räumliche Verteilung bei gleichzeitig sinkendem Auswanderungsdruck gesorgt.

Marokko

Abbildung 1.8: Verteilung der marokkanischen Staatsbürger in Westeuropa

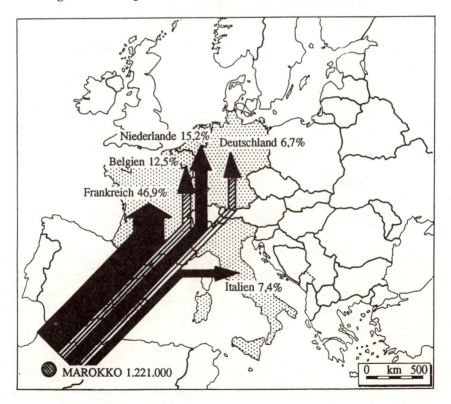

Das viertwichtigste Herkunftsland von Migranten in Europa ist Marokko. Rund 1,2 Mio. Marokkaner lebten Mitte der 90er Jahre in Westeuropa. Fast die Hälfte davon in Frankreich (47%), 15% in den Niederlanden, 13% in Belgien und 11% in Spanien.

Die Zuwanderung aus Marokko entspricht fast ausschließlich dem Typus einer „postkolonialen Arbeitskräftewanderung". Die Bedeutung von Flucht und Asyl ist gering. Die Arbeitskräftewanderung aus Marokko setzte deutlich später ein als jene aus Italien oder Jugoslawien. Sie ist Ausdruck einer geographischen Expansion westeuropäischer Arbeitsmärkte zu Beginn der 70er Jahre. Die Türkei wurde damals zu einem wichtigen Rekrutierungsgebiet für den westdeutschen Arbeitsmarkt, Marokko für den französischen, niederländischen und belgischen Arbeitsmarkt.

Polen

Abbildung 1.9: Verteilung der polnischen Staatsbürger in Westeuropa

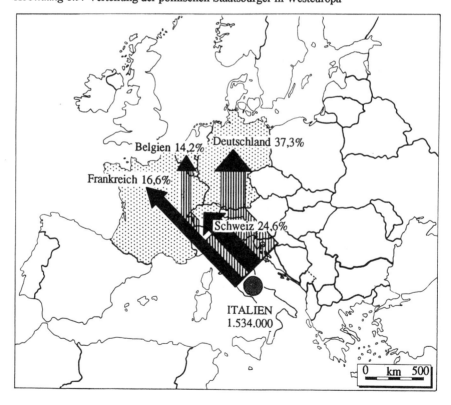

Andere Auswanderungsländer

Weitere wichtige Herkunftsländer von Migranten in Europa sind Portugal (1 Mio.), Algerien (0,6 Mio.), Spanien (0,6 Mio.) und Griechenland (0,4 Mio.). Aufgrund der Abwanderung von ethnischen Russen und Angehörigen anderer Minderheiten wurden inzwischen auch viele GUS-Staaten zu Auswanderungsländern. Am bemerkenswertesten ist jedoch Albanien, das zwischen 1991 und 1994/95 rund 10% seiner Bevölkerung durch Auswanderung in Richtung Griechenland, Italien und andere Länder verloren haben dürfte.

1.4 Strukturmuster europäischer Wanderungen

Ausmaß, Intensität und Verlauf der europäischen Migration lassen sich nicht im Rahmen einer geschlossenen Theorie erklären. Die Vielfalt europäischer Wanderungen macht es nötig, verschiedene Erklärungsansätze heranzuziehen.

1.4.1 Geographische Distanz

Ein Teil der Migration läßt sich als Resultat der räumlichen Distanz zwischen Herkunfts- und Zielgebiet begreifen. Wanderungen zwischen Nachbarstaaten sind demnach häufiger, solche zwischen weiter entfernten Ländern seltener. Die Ursachen liegen auf der Hand. Die Nähe von Herkunfts- und Zielgebiet erleichtert den Entschluß zur Auswanderung, erleichtert die Rückkehr, reduziert das Risiko und „verbilligt" somit die Wanderungen. Wenn benachbarte Herkunfts- und Zielgebiete überdies dem gleichen Sprachraum angehören, dann sinken nicht nur die Transportkosten, sondern auch die „sozialen" Kosten von Aufnahme und Integration. Ein Teil der europäischen Wanderungen läßt sich damit erklären: Die Migrationsbeziehungen zwischen Finnland und Schweden, Irland und Großbritannien, dem ehemaligen Jugoslawien und Österreich sowie zwischen Österreich und Deutschland oder zwischen Albanien und Griechenland werden durch geringe Distanzen gefördert. Auch bei der Arbeitsmigration von Italien in die Schweiz und von Portugal nach Frankreich dürfte die relative Nähe eine Rolle gespielt haben.

Es gibt allerdings zahllose Gegenbeispiele. Viele der „großen" Migrationsströme in Europa lassen sich mit dem Argument geringer Distanz nicht erklären.

1.4.2 Ökonomische und politische Disparitäten

Ein Teil der Migrationsströme wird von politischen und ökonomischen Faktoren bestimmt. Staaten mit prosperierender Wirtschaft, hoher Nachfrage nach Arbeitskräften, hohem Lohnniveau sowie demokratischen und rechtsstaatlichen Verhältnissen entwickeln Anziehungskräfte (Pull-Faktoren). Sie werden damit für Migranten aus Staaten mit Unterbeschäftigung, geringem Lohnniveau, stagnierender Wirtschaft, krisenanfälligem politischem System und ethnischer oder religiöser Unterdrückung (Push-Faktoren) attraktiv.

Mit Hilfe solcher Disparitäten lassen sich generelle Migrationsmuster erklären. Es ist davon auszugehen, daß Migration von den instabileren und ärmeren Staaten der europäischen Peripherien bzw. der Dritten Welt ausgeht und in Richtung der reichen Zentralräume erfolgt. Auf der einen Seite wirkt die Nachfrage auf den westeuropäischen Arbeitsmärkten oder die erhoffte Sicherheit vor Verfolgung, auf der anderen Seite das ökonomische Gefälle zwischen östlicher und westlicher Hälfte Europas sowie zwischen Nordafrika bzw. dem Nahen Osten und Europa sowie politische Repression und andauernde Mißachtung grundlegender Menschen- bzw. Bürgerrechte in etlichen Herkunftsstaaten wanderungsauslösend. Angesichts der Verringerung der bisherigen räumlichen Disparitäten innerhalb der Europäischen Union dehnt sich das Einzugsgebiet der europäischen Wanderungen auf neue Peripherien aus. Weltweit wächst derzeit das Gefälle zwischen Zentren und Peripherien und motiviert sogar zur Migration in Regionen mit relativ gesättigten Arbeitsmärkten bzw. mit Arbeitslosigkeit.[13]

In der hier formulierten Allgemeinheit ist das Push- und Pull-Modell sicherlich zutreffend. Dieser Ansatz erklärt, wieso Migrationsprozesse in Gang kommen und gibt auch eine ungefähre Richtung und Stärke der Wanderungen an. Im Detail ist dieser Ansatz jedoch nicht in der Lage, zu begründen oder zu prognostizieren, warum bestimmte Wanderungen tatsächlich stattfinden und andere trotz erheblicher Disparitäten nicht in Gang kommen.

Ginge es allein nach der ökonomischen Logik, dann müßten mehr Portugiesen in Deutschland als in Frankreich Arbeit suchen. Die Chance auf legalen Zugang zum Arbeitsmarkt haben sie als EU-Bürger in beiden Staaten. Trotz eines deutlich höheren Lohnniveaus leben aber nur 10% aller Auslandsportugiesen in Deutschland. Wie sich zeigt, wird die europäische Migrationsverflechtung erheblich durch kulturelle, politische und historische Verbindungen zwischen bestimmten Herkunfts- und Zielregionen überformt.

1.4.3 Historische und kulturelle Beziehungen

Von großem Einfluß ist ein Diffusionsprozeß von Informationen über tatsächlich stattfindende Migration, erfolgreiche Migranten sowie über existierende Probleme und Chancen auf den Arbeits- und Wohnungsmärkten potentieller Zielländer. Um welche Informationen es sich dabei handelt, wird im Bewußtsein potentieller Migranten sehr wesentlich durch historische, sprachliche und kulturelle Verbindungen strukturiert werden. Die Informationen über Wanderungen werden über Kontaktträger (Rückkehrer, Migranten auf Heimaturlaub, Medien) in geographisch und sozial entfernte Regionen getragen. Sprachkenntnisse und Bildungshintergründe können – vor allem als Erbe der Kolonialzeit – die Migration in ehemalige europäische Kolonialmächte erheblich begünstigen. Solche Informationen breiten sich aus und machen immer mehr Menschen zu potentiellen Migranten. Zugleich helfen bereits bestehende ethnische und soziale Netzwerke entscheidend bei der Integration von Neuzuwanderern in „traditionellen" Zielländern.

Als Ergebnis dieser historisch-kulturellen Beziehungen ergibt sich ein Strukturmuster europäischer Wanderungen mit „privilegierten" Beziehungen zwischen einzelnen Herkunfts- und Zielländern. Am klarsten erkennbar ist dies an der Monopolstellung, die einzelne europäische Zielländer im Migrationsgeschehen haben. Auch nach Ende des Kolonialzeitalters spielten die Kolonialbeziehungen von einst für das Migrationsgeschehen von heute eine zentrale Rolle. Die Dominanz des Englischen, Französischen, Niederländischen (Afrikaans) oder Portugiesischen als Lingua franca in den zahlreichen Ländern der Dritten Welt und die dort verbreitete ökonomische und kulturelle Orientierung an London, Paris, Amsterdam oder Lissabon begünstigten und steuerten die Einwanderung in die ehemaligen Kolonialmächte. Damit importierte Europa nicht bloß Arbeitskräfte oder Flüchtlinge, sondern auch einen Teil der zuvor räumlich ausgelagerten ethnischen bzw. sozialen Konflikte und Asymmetrien.

Analog zu Großbritannien und Frankreich, die die Nachfahren „weißer" Überseeauswanderer als Rückwanderer akzeptieren, spielte und spielt Deutschland, das schon seit 1918 keine Überseekolonien mehr hat, als Auswanderungsziel für Millionen von Volksdeutschen in Polen, Rumänien und der ehemaligen Sowjetunion die Rolle eines Quasi-Mutterlandes. Eine ähnliche Funktion erfüllt Ungarn für Angehörige ungarischer Minderheiten in Ostmitteleuropa, Griechenland für die griechische Diaspora in den GUS-Staaten und Israel für die emigrationswilligen jüdischen Bürger in der östlichen Hälfte Europas und anderswo.

Frankreich hat „privilegierte" Migrationsbeziehungen zu Portugal und zu einer Reihe von Überseestaaten. Es ist nicht nur erstes Ziel der Zuwanderung aus seinen noch vorhandenen Überseegebieten,[14] auch fast alle in Europa lebenden Algerier haben ihren Wohnsitz in Frankreich. Zwei Drittel aller im europäischen Ausland registrierten Portugiesen und Tunesier und fast die Hälfte aller Marokkaner leben in Frankreich. Ähnliches gilt für Deutschland, wo fast alle deutschstämmigen Aussiedler, acht von zehn Auslandsgriechen, vier von fünf Auslandsösterreichern und zwei Drittel aller Ex-Jugoslawen mit Wohnsitz in Westeuropa leben. In Großbritannien herrschen ähnliche Muster vor. Dort hält sich ein Großteil der Auslandsiren auf,[15] ferner haben dort fast alle in Europa lebenden Inder, Pakistanis, Bangladeschis und Auswanderer aus den anglophonen Staaten Westindiens ihren Wohnsitz.

1.4.4 Politische Regulative

Als weiterer entscheidender Faktor, der die europäische Migration strukturiert, sind politische Regulative zu nennen. Unabhängig von der Funktion der Distanz, der regionalökonomischen Disparitäten und der historisch-kulturellen Verflechtungen prägen rechtliche Regelungen und politische Maßnahmen die europäische Migration.

Die europäische Ost-West-Wanderung, deren Dynamik durch die Spaltung Europas zwar 40 Jahre lang gebremst, aber keineswegs gestoppt war, wurde durch administrative Reisebeschränkungen für Bürger kommunistischer Staaten einerseits und durch bilaterale Ausreisevereinbarungen andererseits kanalisiert. Dies bestimmte bis 1989 die Höhe und Richtung der Migration. Die Tatsache, daß nur ein kleiner Teil der Ost-West-Wanderung spontan erfolgte, änderte sich Ende der 80er Jahre sehr rasch. Inzwischen sind jedoch neue Restriktionen an die Stelle der alten getreten. Heute sorgen verschärfte Asylgesetze in Westeuropa, harmonisierte Visabestimmungen und Kontrollen der EU-Außengrenzen für eine Beschränkung potentieller wie aktueller europäischer Migrationsströme.

1.5 Ausblick

Internationale Migration in und nach Europa wird es auch in Zukunft geben. Dies läßt sich heute schon vorhersagen. Dafür sorgt zum einen die Anwesenheit von rund 19 Mio. Ausländern in Westeuropa. Dafür sorgt zum anderen die berechtigte Erwartung, daß sich an den zentralen Wanderungsursachen der letzten Jahre in absehbarer Zeit kaum etwas ändern wird. Ein Ende der ethnischen Konflikte und Vertreibungen, der religiösen Fundamentalismen, der Kriege um Land und Ressourcen und der politischen Gewalt gegen Andersdenkende in unserer Nachbarschaft ist nicht absehbar. In der südlichen und östlichen Nachbarschaft Europas ist das Bevölkerungswachstum ungebrochen. Die wirtschaftliche Entwicklung dieser Regionen kann mit der demographischen nicht Schritt halten. Allein in den Maghrebstaaten wird sich die Bevölkerung in den nächsten 30 Jahren verdoppeln. In der östlichen Hälfte Europas gibt es zwar keine Überbevölkerung, doch dort ist seit 1990 sowohl die Zahl der wirtschaftlich und sozial marginalisierten Bürger als auch die Zahl der Ambitionierten mit höherer Qualifikation gewachsen, die in ihrem Land für sich und ihre Kinder keine Zukunft sehen.

Die politische Antwort Europas besteht derzeit eher in einer Verschärfung der Eintrittsbarrieren als in einer energischen Bekämpfung von Flucht- und Migrationsursachen. Die oft zitierte „Festung Europa" ist längst in Bau, während Mechanismen der gerechten Verteilung von Aufgaben und Lasten – z.B. bei der Aufnahme von Bürgerkriegsflüchtlingen – auf europäischer Ebene nach wie vor fehlen.

Die restriktive Migrations- und Asylpolitik der Staaten Westeuropas zeigt bereits Wirkung. Gegenüber 1991/92 ist die Zahl der Asylbewerber fast überall in Europa wieder gesunken, obwohl sich die Verhältnisse in einigen Konfliktregionen (z.B. Algerien, Kosovo, Türkei, Irak) keineswegs verbessert haben. Größer geworden ist auch die Skepsis gegenüber ethnisch privilegierten Zuwanderern. Dies bekommen heute sowohl Aussiedler in Deutschland als auch jüdische Zuwanderer in Israel zu spüren.

Die seit 1993 reduzierten Migrantenzahlen sprechen für die Wirksamkeit all jener Restriktionen und Kontrollen, die in den Staaten West- und Mitteleuropas aufgebaut wurden. Verschärfte Einreisebestimmungen, Fokussierung der Asylgewährung auf Kerngruppen und Plafondierung der Ausländerbeschäftigung ließen den Migrantenstrom aus Ostmitteleuropa nicht allzu stark anschwellen. Österreich erfüllte hier mit neuen Asyl-, Fremden- und Aufenthaltsgesetzen eine gewisse Vorreiterrolle.

Trotz aller Abschottungsversuche wird das Wohlstandsgefälle zwischen Westeuropa und den benachbarten Weltregionen weiterhin für ein gewisses Maß an Migration in die reichen Industriestaaten sorgen. Die Grenze, die Westeuropa von seinen östlichen Nachbarn und von den südlichen Mittelmeeranrainern trennt, wird nie völlig kontrollierbar sein. Die Grenze zwischen den USA und Mexiko belegt das sehr gut. Bewaffnete Grenzposten, Zäune und eine rigide Asylpolitik sind weder die einzige, noch die beste Lösung für den Migrationsdruck auf Westeuropa. Bloße Abschottung kann kein Ersatz für Migrationspolitik sein, denn sie löst keines der Probleme, die die Menschen auf dem Balkan, in der östlichen Hälfte Europas, in den GUS-Staaten und anderswo heute dazu zwingen, ihre Heimat zu verlassen.

Anmerkungen

1 Die Migration von Ost- nach Westdeutschland wurde zwischen 1949 und 1990 von den bundesdeutschen Behörden nicht einmal als grenzüberschreitende Migration registriert, da die frühere DDR nach der Rechtsauffassung der Bundesrepublik kein „Ausland" darstellte.

2 Die Tabellen 1.1, 1.3 und 1.4 basieren auf Auswertungen der aktuellen SOPEMI-Statistiken der OECD (1995), auf vom Europarat (1995) veröffentlichten Daten, UN- und Eurostat-Bevölkerungsstatistiken sowie auf offiziellen Statistiken der von uns analysierten Länder. Die SOPEMI-Datenbasis, die uns als wichtigste Informationsquelle diente, ist ein von der OECD eingerichtetes System zur kontinuierlichen Berichterstattung über Migration. In den meisten OECD-Ländern und einigen Ländern Ostmitteleuropas sammeln und interpretieren nationale Berichterstatter vor Ort die vorhandenen Daten über internationale Migration. Das Ziel von SOPEMI ist es, vorhandene nationale Daten zu publizieren. Es wird jedoch nicht der Versuch unternommen, Änderungen an den Verfahren zur Datensammlung vorzunehmen bzw. amtliche Statistiken zu korrigieren. Die SOPEMI-Daten sowie die von Eurostat und vom Europarat veröffent-

lichten Daten hängen weitgehend von der Qualität nationaler Verfahren zur Datensammlung ab. Generell können wir davon ausgehen, daß in Ländern wie Deutschland und der Schweiz, die ein Melderegister für Ausländer führen, die Qualität der Daten besser ist als in Ländern wie Großbritannien oder Irland, wo mangels Melderegister Schätzungen auf Basis besonderer Erhebungen vorgenommen werden müssen (s. OECD 1995, Europarat 1995). Zur Diskussion über die Vergleichbarkeit von Daten über internationale Migration siehe Poulain (1990).

3 1982 wurde (statt 1980/81) wegen der besseren Qualität der für dieses Jahr vorliegenden Daten als Bezugsjahr gewählt.
4 Zur gleichen Zeit lebten annähernd 350.000 Flüchtlinge und Vertriebene aus Mittel- und Osteuropa in Österreich. Die Mehrheit von ihnen wurde bis dahin nicht eingebürgert, sondern war staatenlos oder besaß noch die Staatsangehörigkeit des Herkunftslandes (Fassmann/Münz 1995). Nicht berücksichtigt sind alliierte Truppen, die bis 1955 in Österreich stationiert waren, sowie deren ziviles Personal und Familienangehörige.
5 Im Gegensatz zu Österreich hatte Westdeutschland zu jener Zeit die heimatvertriebenen Volksdeutschen sowie die meisten anderen innerhalb des Staatsgebiets lebenden Flüchtlinge aus dem Osten bereits eingebürgert. Nicht berücksichtigt sind alliierte und andere ausländische in Deutschland stationierte Truppen und deren ziviles Personal sowie ausländische Familienangehörige der Soldaten.
6 Österreich war das einzige westeuropäische Land, in dem die Zahl der Ausländer zwischen 1950 und 1970 deutlich abnahm. Im Gegensatz zur Situation im Jahre 1950 waren bis 1970 alle Vertriebenen und Flüchtlinge der Nachkriegszeit sowie die ungarischen Flüchtlinge der Jahre 1956/57, die noch in Österreich lebten, eingebürgert worden (siehe Fassmann/Münz in diesem Buch).
7 Dies betraf Belgien, Frankreich, Großbritannien, Italien, die Niederlande, Portugal und Spanien.
8 Dies betrifft vor allem die Bundesrepublik Deutschland (Ost- und Volksdeutsche), Finnland (Karelier), Griechenland (Griechen aus der Türkei und den GUS-Staaten), Italien (Italiener aus Istrien und Dalmatien), Polen (Polen aus Litauen, Weißrußland und der Ukraine), die Tschechische Republik (Tschechen aus Wolhynien und Serbien), die Slowakei (Slowaken aus Ungarn und der Karpato-Ukraine) und Ungarn (Ungarn aus der Slowakei, Siebenbürgen und der Karpato-Ukraine).
9 Hierunter fällt erstens die beträchtliche europäische Nord-Süd-Wanderung älterer Menschen (z.B. Briten nach Spanien, Deutsche nach Spanien, in die Schweiz und nach Italien), zweitens die internationale Elitenwanderung (multinationale Konzerne, Hochschul- und Forschungsbereich, internationale Organisationen), drittens die Rückkehr der Nachfahren von Überseeauswanderern (was z.B. in Spanien, Italien und Griechenland quantitativ eine Rolle spielt) und viertens die Rückkehr von Arbeitsmigranten innerhalb Europas (z.B. Portugiesen nach Portugal), was nur zum Teil als Altenwanderung nach Erreichen des Rentenalters erklärbar ist. Üblicherweise nicht registriert und mitgezählt werden stationierte ausländische Truppen samt Zivilpersonal und Angehörigen.
10 Wanderungen zwischen den GUS-Staaten sind in diesen Zahlen nicht enthalten (vgl. dazu Dornis in diesem Buch).

11 Darunter waren im Ausland geborene Kinder, die ihren eingewanderten Eltern zu einem späteren Zeitpunkt des familiären Lebenszyklus folgten, sowie Immigranten der „zweiten Generation", d.h. die im Aufnahmeland geborenen Kinder ausländischer Eltern. Aufgrund des in den meisten europäischen Ländern geltenden Abstammungsprinzip (jus sanguinis) bleiben diese Kinder, obwohl nicht im Ausland geboren, ausländische Staatsangehörige.

12 Aus datentechnischen Gründen wurde nicht die Dekade 1955–1965, sondern 1965–1975 für den Zeitvergleich herangezogen.

13 Bestes Beispiel dafür ist Griechenland, wo in den letzten Jahren (trotz hoher Sockelarbeitslosigkeit) ca. 200.000 Albaner und mehrere 10.000 Polen in irgendeiner Form erwerbstätig waren.

14 Z.B. Französische Antillen, Guyana, Tahiti.

15 Iren werden in Großbritannien in bestimmten Bereichen administrativ nicht als „Ausländer" behandelt.

2. Großbritannien und die internationale Migration: Die Bilanz hat sich geändert

David Coleman

2.1 Die britische Migrationsgeschichte

Großbritannien war in der Vergangenheit vor allem ein „Auswanderungsland". Bis in jüngere Zeit emigrierten Briten vor allem in englischsprachige Länder: die Vereinigten Staaten und die Republik Südafrika sowie nach Kanada, Australien und Neuseeland. Die Auswanderung in die britischen Überseegebiete wurde im 19. Jahrhundert anfangs gefördert, um die Zahl der Armen zu verringern, und später, um das britische Empire als multinationale englischsprachige Einflußzone und damit die Rolle als Weltmacht zu stärken (Tabelle 2.1). Diese Wanderungsbewegung fand 1913 ihren Höhepunkt. Sie wurde später durch die Regierungspolitik, wie z.B. das Gesetz über die Niederlassung im Empire aus dem Jahr 1922 und andere, anfangs nur für ehemalige Empire-Beamte gültige Maßnahmen, unterstützt, um „die ökonomische Stärke und den Wohlstand des Empire als Ganzes und Großbritanniens im besonderen zu fördern". Das Emigrationsförderungsgesetz von 1922 war über 30 Jahre lang die Basis der britischen Emigrationspolitik. Erst 1952 wurde es neu gefaßt. Damals wurde die Migrationskommission für Übersee geschaffen (Oversea Migration Board 1954).

Mit einer Ausnahme gab es nie eine offizielle Politik, mit der Einwanderer angeworben oder ermutigt wurden. Ziel der Politik war es vielmehr, potentielle Migranten draußen zu halten, was mit dem Fremdengesetz des Jahres 1905 begann. Nur ein einziges Mal warb Großbritannien offiziell Arbeitskräfte für spezielle wirtschaftliche Zwecke an. Zwischen 1947 und 1950 wurden 75.000 „freiwillige europäische Arbeitskräfte" ins Land geholt, um in Sanatorien und Spitälern sowie in der Baumwollindustrie und anderen Industriebranchen zu arbeiten. Anfangs waren dies vor allem Baltinnen aus Lagern für Displaced persons, später ukrainische Kriegsgefangene sowie Deutsche, Österreicher und Italiener. Einige blieben und wurden eingebürgert, andere kehrten mit britischer Hilfe in ihre Heimat zurück (Tannahill 1958). Die Arbeitsmigranten jener Zeit und ihre Nachkommen können heute kaum mehr als eigene soziale Gruppe wahrgenommen werden. Die weitere Anwerbung besorgten später private Firmen sowie die Eisenbahngesellschaft British Railways und der nationale Gesundheitsdienst. Dies betraf eine relativ geringe Zahl Menschen vor allem aus Barbados 1950 bis 1962. Weniger als 10% der nicht-weißen Einwanderer aus dem Commonwealth, die bis 1962 kamen, waren direkt angeworben worden (Jones/Smith 1979; Peach 1991). Für Großbritannien war die Einwanderung seit dem Zweiten Weltkrieg etwas qualitativ Neues. Mit Ausnahme des Zuzugs aus Irland (das bis 1922 zu Großbritannien gehörte) und der ostjüdischen Flüchtlinge nach 1880 hatte es bis 1945 wenig Einwanderung gegeben.

Tabelle 2.1: Britische Bevölkerung in Übersee nach Zielländern

Zielland	Jahr	zugewanderte Bev. (in 1.000)			im UK Geb. in % aller Zugewand.	im UK Geb. in % der Gesamtbev.
		Briten bzw. im UK Geb.	alle Zugewanderten	insg.		
Australien	1986	1.030,0	3.491,7	15.602,2	29,5	6,6
Belgien	1989	21,8	868,8	9.937,7	2,5	0,2
Dänemark	1989	10,0	142,0	5.131,6	7,0	0,2
Deutschland	1989	85,7	4.845,9	62.104,1	1,8	0,1
Frankreich	1982	34,2	3.680,1	54.480,4	0,9	0,1
Griechenland	1989	17,3	225,6	10.033,0	7,7	0,2
Irland	1989	51,7	79,3	3.515,0	65,2	1,5
Italien	1989	19,1	433,6	57.540,6	4,4	0,0
Kanada	1986	793,1	3.908,2	25.022,0	20,3	3,2
Neuseeland	1991	235,2	527,3	3.373,9	44,6	7,0
Niederlande	1990	37,4	623,7	14.848,8	6,0	0,3
Portugal	1989	7,8	101,0	10.320,8	7,7	0,1
Spanien	1989	73,5	398,1	38.888,3	18,5	0,2
Südafrika	1991	217,9	1.796,1	30.040,5	12,1	0,7
USA	1980	584,5	14.079,9	226.546,0	4,2	0,3
insgesamt		3.219,2	3.5201,3	567.384,9	9,1	0,6

Anmerkungen: In dieser Tabelle ist in Belgien, Dänemark, Frankreich, Deutschland, Griechenland, Irland, Italien, den Niederlanden, Portugal und Spanien wird die ausländische Bevölkerung über ihre Staatsbürgerschaft und nicht über den Geburtsort definiert.
Quellen: EUROSTAT 1991: Tabellen B-19, H-1; Statistische Jahrbücher aus: Kanada: Volkszählung 1986; Frankreich: Volkszählung 1982; USA: Volkszählung 1980; Australien: Volkszählung 1986; Südafrika: Volkszählung 1991; Neuseeland: Volkszählung 1991.

Die Migration seit dem Zweiten Weltkrieg kann nicht nur im Zusammenhang mit dem Bedarf an Arbeitskräften erklärt werden. Der ökonomische Wiederaufschwung war, obwohl er etwas früher stattfand als im restlichen, vom Krieg zerstörten Europa, in Großbritannien weniger ausgeprägt. Trotzdem gab es in den 50er Jahren einen allgemeinen Arbeitskräftemangel. Die Einwanderer halfen, diese Lücke zu schließen (Peach 1979), doch der Bedarf entsprach in seiner Größenordnung keineswegs dem durch das raschere wirtschaftliche Wachstum in Deutschland und Frankreich nach 1950 entstandenen.

In Großbritannien fanden die zum Großteil ungelernten Migranten Arbeit im Gewerbe sowie im Dienstleistungs- und Transportsektor. Im Gewerbe handelte es sich vor allem um die unrentablen Mühlen und Gießereien Nordenglands, die kurz vor der Schließung standen. Es gab keine Konzentration auf Fließbandarbeit, wie dies z.B. in Deutschland beobachtet werden konnte (Jones/Smith 1979; Salt/Clout 1976). Es bestand eine Art von Übereinkunft darüber, daß diese Einwanderer vor allem eine „Ersatzbevölkerung" wären, die von den Einheimischen abgelehnte, wenig attraktive Jobs übernahmen. Im Gegensatz zu Deutschland waren die Arbeitslosenraten bei Einwanderern stets höher als die der angestammten britischen Bevölkerung. Die Einwanderung begann früher als etwa in Deutschland, und auch die diesbezüglichen Kontrollmaßnahmen setzten viel früher ein. Sie wurden nicht erst durch den Ölpreisschock von 1973 ausgelöst. Die Reduktion der Zuwanderung wurde trotz der Einwände der Wirtschaft, die einen Arbeitskräftemangel fürchtete, durchgesetzt. Die Beschränkung erfolgte auf Basis des Einwanderergesetzes für Commonwealthbürger aus dem Jahr 1962 und noch stärker durch das Einwanderungsgesetz von 1971. Dafür wurden soziale Gründe angegeben, z.B., daß Konflikte zwischen Einheimischen und Immigranten vermieden werden sollten. Man ging von der Annahme aus, letztere wären wegen Unterschieden der Hautfarbe, Religion, Sprache oder der Sitten schwer zu integrieren. Die Konzentration der Zuwanderer in bestimmten städtischen Ballungsgebieten beeinflußte die öffentliche Meinung. Manche glaubten, die Einwanderer könnten einen nicht zu bewältigenden Druck auf den Wohnungs- und Arbeitsmarkt ausüben (Peach 1968; Jones 1977).

Die meisten britischen Einwanderer kamen nicht aus Kontinentaleuropa. Dies steht im Gegensatz zu den Erfahrungen der meisten anderen westeuropäischen Länder. Stattdessen kamen und kommen Einwanderer vor allem aus

Irland und in noch größerer Zahl aus dem „Neuen Commonwealth", also aus ehemaligen Kolonien Großbritanniens in der Dritten Welt, die im Gegensatz zur Türkei oder dem Maghreb nicht einmal in der Nachbarschaft Europas liegen.

Dieses Migrationsmuster ist ein Resultat der historischen Bindungen Großbritanniens an seine früheren Territorien einschließlich Irlands und der früheren Überseekolonien. Seit dem Mittelalter war Irland mit Großbritannien in der einen oder anderen Form assoziiert. Endgültig erfolgte die Eroberung und Unterwerfung durch die Briten in den Jahren 1648/49. Erst 1801 wurde Irland formal Mitglied des Vereinigten Königreichs. Was blieb war der Wunsch der mehrheitlich katholischen Bevölkerung nach Eigenstaatlichkeit. 1922 verließen 26 von 32 Provinzen Großbritannien und bildeten den Freistaat Irland, der bis 1948 im Commonwealth verblieb. Vor 1922 gab es für die Iren als britische Staatsbürger keinerlei Einwanderungskontrollen. Aber auch nach 1922 behielten die Bürger des neuen irischen Staates freien Zugang nach Großbritannien, obwohl sie seither rechtlich gesehen „Ausländer" sind. Diese Reisefreiheit betrifft jetzt auch alle aus Irland kommenden Personen. Großbritannien kontrolliert Reisende an seinen Land- und Seegrenzen mit Irland im Prinzip nicht.

Eine gewisse Einreisefreiheit genießen alle Angehörigen des ehemaligen britischen Empire und des Commonwealth. Das Recht auf Einreise und andere Privilegien haben nach dem britischen Staatsbürgerschafts- und Fremdengesetz aus dem Jahr 1914 alle „Untertanen" der Krone, die in Großbritannien, einem Dominion oder einer Kolonie zur Welt kamen. Diese Regelungen galten auch nach dem Zweiten Weltkrieg, als die „imperiale" Vorstellung eines multinationalen, dezentralisierten Weltstaates mit gemeinsamer Staatsbürgerschaft, wie er bis in die 30er Jahren diskutiert worden war, einer realistischen Sicht der Rolle Großbritanniens und des Commonwealth weichen mußte. Besonders das britische Staatsbürgerschaftsgesetz des Jahres 1948 garantierte weiterhin die Privilegien der freien Einreise nach Großbritannien (und später auch das Wahlrecht) für die Bürger der nun unabhängig gewordenen früheren Kolonien. Dies galt auch für Bürger jener Staaten, die Republiken geworden waren (z.B. Indien, Pakistan 1947), außer wenn sie das Commonwealth verlassen hatten (z.B. Burma 1948, Südafrika 1964). Das Gesetz von 1948 privilegierte sowohl britische Staatsbürger als auch „Bürger des Commonwealth" gegenüber anderen Ausländern. Dieses Gesetz schuf weiters eine „Staatsbürgerschaft Großbritanniens und der Kolonien" als neuen Status innerhalb der Gruppe britischer Staatsbürger. 1977 erstreckten sich diese Privilegien theoretisch auf ungefähr 950 Mio. Menschen (Home Office 1977a). Das bedeutete, daß die Push-Faktoren der Armut und des Bevölkerungswachstums in den Sendeländern sowie lokale Konflikte, die Menschen zum Wandern bewegen, Migranten aus ehemals britischen Teilen der dritten Welt am ehesten auf die britischen Inseln führten. Die räumliche Mobilität dieser Bevölkerungsschichten wurde durch die kurzzeitige Kriegsdiensterfahrung in Großbritannien selbst, durch billige Seereisen und billige Flüge seit 1950 erheblich erleichtert. Ein Teil der Emigration von den westindischen Inseln wurde durch das US-amerikanische „McCarran-Walter"-Einwanderungsgesetz (1952), das die Einwanderungsquote von Westindern in die USA bis 1965 auf 100 Personen pro Jahr reduzierte, Richtung Großbritannien gelenkt (Coleman/Salt 1992).

2.2 Eigenheiten der britischen Migrationsdaten

2.2.1 Aufnahme in die Niederlassungsstatistik

Da keine Restriktionen bestanden, wurden und werden keine statistischen Daten über Einwanderer aus der Irischen Republik gesammelt. Bis 1962 galt dies auch für die Zuwanderung aus jedem anderen Commonwealthland. Alle anderen Zuwanderergruppen werden seit 1914 nach ihrem Einreisegrund in das Vereinte Königreich gefragt und können nicht ohne Erlaubnis eines Einwanderungsbeamten einreisen. Das Recht auf Niederlassung, de facto also die Einwanderung und Niederlassung, kann entweder sofort bei der Ankunft oder nach Ablauf einer Frist oder bei Vorliegen bestimmter Umstände gewährt werden (z.B. vier Jahre legale Beschäftigung, Heirat). Die Einreise mit dem Ziel der Arbeitsaufnahme alleine bedeutet noch kein Recht auf „Niederlassung". Dazu bedarf es einer Arbeitserlaubnis, die früher von der Handelskommission ausgestellt wurde und nun vom Arbeitsministerium, das deren Kompetenzen übernahm. Personen, die als Arbeitsmigranten, als Familienangehörige, zwecks Eheschließung oder als Kind in das Land einreisen, erhalten eine zeitlich begrenzte Aufenthaltsgenehmigung („limited leave to enter"). Damit ist keine dauerhafte Aufenthaltsgenehmigung („accepted for settlement") verbunden. Diese Regelungen waren für alle Ausländer und seit 1962 auch für alle Commonwealthbürger gültig. Seit der Mitgliedschaft Großbritanniens in der Europäischen Gemeinschaft (1973) besteht allerdings Freizügigkeit für EU-Bürger. Da es keine Ausreisekontrollen gibt, erfassen die Statistiken über die „Zulassung zur Niederlassung" und die begrenzte Aufenthaltsgenehmigung nur den Bruttozuzug (Home Office 1995). Die Kontrollen und die darüber angelegten Statistiken betrafen anfangs (1962) nur Bürger des Commonwealth und später (ab 1971) auch andere Ausländer, aber nie die Zuwanderer aus Irland.

2.2.2 Die Schätzung der internationalen Ein- und Ausreisen („International Passenger Survey")

Zusätzlich rundeten Daten über die Ein- und Ausreisebewegung, die zuerst über Schiffspassagiere und später auch über Flugzeugpassagiere erhoben wurden, das Bild der Bruttozuströme ab. Darin enthalten waren und sind auch Reisen nach Irland. Keine Information beinhalten diese Daten über die Reisegründe und über Merkmale der Ein- oder Ausreisenden (Carrier/Jeffery 1953). Dieses Datenerfassungssystem wurde vom Wachstum der Schätzung der internationalen Ein- und Ausreisen („International Passenger Survey" = IPS) periodisch überfordert. Heute werden die Angaben nur mehr in ab- oder aufgerundeten Zahlen gemacht (1990 reisten 48,2 Mio. Personen aller Nationalitäten nach Großbritannien ein, irische Reisende nicht mitgezählt). Zusätzlich registrierten Einwanderungsbeamte die Zahl der Ein- und Ausreisenden an den Grenzstationen, wodurch sowohl eine theoretische Gesamtzahl des Bruttostroms als auch der Nettozahlen zur Verfügung stand. Im Jahr 1976 war klar, daß diese Prozedur nicht mehr funktionstüchtig war. Zugleich artikulierte sich politischer Protest wegen angeblich zu lascher Einwanderungskontrollen. Statt das bestehende System zu reformieren, schaffte man es einfach ab. Um genauere Ergebnisse zu erhalten, wurde die Passagierstatistik durch eine Stichprobe der internationalen Reisenden (IPS) ersetzt. Dabei werden die Daten von 0,2% der Ein- und Ausreisenden aller Nationen (mit Ausnahme Irlands) genau erfaßt und dann hochgerechnet.[1]

Obwohl diese Statistiken mit einer Reihe von Problemen behaftet sind, erfüllen sie die international akzeptierten Definitionen zur Erfassung der internationalen Migration und werden in Großbritannien für demographische

Analysen, darunter auch für Bevölkerungsprognosen verwendet. Dennoch bleibt zu vermerken, daß diese Datenquelle die Einwanderung und damit auch die Migrationsbilanzen unterschätzt. Man rechnet mit einer Unterschätzung des Migrationssaldos von rund 20.000 Personen pro Jahr. Die Ursache hierfür liegt in der großen Zahl von Personen, die einen kurzfristigen, legalen Aufenthalt planen, dann jedoch aufgrund einer Heirat oder eines Asylansuchens längerfristig im Land bleiben (OPCS 1995: IX).

2.2.3 Staatsbürgerschaftsstatistik

Infolge der eigentümlichen Geschichte bestehen auch Probleme bei der Zählung der Menschen in Großbritannien, die nicht britischen Ursprungs sind. Die Schaffung einer „Staatsbürgerschaft Großbritanniens und der Kolonien" zusammen mit der größeren Kategorie des „Commonwealthbürgers" und der massiven Einwanderung aus dem Commonwealth machten es unmöglich, den Terminus „Staatsbürgerschaft" zur Unterscheidung zwischen in Großbritannien lebenden Personen britischen Ursprungs und den vielen Einwanderern nichtbritischen Ursprungs heranzuziehen.

Die Kategorie „Ausländer" unterschätzt den Anteil derjenigen Personen, die aus Übersee stammen, da sie in Großbritannien auf alle EU-Staatsbürger, Amerikaner, Japaner etc. angewendet wird, aber nur auf eine Minderheit von 1,3 Mio. in Großbritannien niedergelassenen Personen aus dem New Commonwealth,[2] während 3,1 Mio. (1992) ihrer ethnischen Herkunft nach aus diesem Raum stammen. Hinzu kommt das Problem, daß die Zahl der Staatsbürgerschaftverleihungen an Iren nur indirekt geschätzt werden kann (OPCS 1995).

Die britische Gesetzgebung erlaubt die Doppelstaatsbürgerschaft. Der Begriff „citizenship", also Staatsbürgerschaft, hat vielfältige Bedeutungen, so daß ab 1961 in den Volkszählungen nicht mehr danach gefragt wurde. Die einzige ständig benutzte Datenquelle für die Staatsbürgerschaft der in Großbritannien lebenden Bevölkerung ist die Arbeitskräfteerhebung („Labour Force Survey"), die auf einer Stichprobe von 60.000 Haushalten basiert. Für 1991 wurde z.B. geschätzt, daß 262.000 Staatsangehörige Indiens, Pakistans oder Bangladeschs in Großbritannien ansässig waren (Salt 1992: Tabelle 20).

Tabelle 2.2: Zuerkennung der britischen Staatsbürgerschaft 1979–1994 (in 1.000)

vorherige Staatsbürgerschaft oder Nationalität	Staatsbürgerschaft Großbritanniens und der Kolonien				Britische Staatsbürgerschaft											
	1979	1980	1981	1982	1983	1984	1985	1986	1987	1988	1989	1990	1991	1992	1993	1994
insgesamt	24,6	27,5	48,6	76,3	60,7	74,0	53,8	45,9	64,9	64,6	117,1	57,3	58,6	42,2	45,8	44,0
Republik Irland	0,3	0,2	0,3	0,5	0,4	0,4	0,4	0,3	0,4	0,9	8,8	4,1	0,5	0,2	0,1	0,1
Commonw. insg.	17,4	15,6	29,8	58,6	47,3	56,2	37,7	31,0	47,2	51,6	91,1	38,4	37,9	56,0	28,2	27,1
Altes Commonw.	0,3	0,4	0,6	0,9	0,8	1,6	1,4	1,1	1,7	1,2	3,5	1,6	3,7	3,8	3,9	3,6
Australien	0,1	0,2	0,2	0,3	0,3	0,6	0,5	0,4	0,4	0,3	0,9	0,6	0,6	0,7	0,7	0,8
Kanada	0,1	0,1	0,2	0,3	0,3	0,6	0,5	0,4	0,7	0,5	1,6	0,6	0,9	1,1	1,0	0,9
Neuseeland	0,1	0,1	0,2	0,3	0,3	0,6	0,5	0,3	0,5	0,4	1,0	0,5	0,6	0,7	0,7	0,7
Neues Commonw.	16,9	15,2	29,1	57,7	39,6	52,5	33,3	27,7	43,0	47,4	82,6	32,7	34,2	22,1	24,4	23,5
Afrika	2,3	2,1	2,9	5,1	4,3	5,7	3,8	2,7	3,1	3,3	5,3	3,7	4,2	3,0	3,7	4,2
Bangladesch, Indien und Sri Lanka	3,5	3,2	6,1	15,9	10,6	17,4	10,0	7,7	9,5	11,8	26,0	15,7	19,9	11,5	13,2	12,2
Pakistan	5,4	4,3	9,0	10,8	7,7	10,3	6,9	4,9	5,6	4,8	7,5	5,4				
Westind. Inseln	4,1	4,1	9,1	22,2	14,7	15,6	9,6	10,0	22,0	25,0	38,1	4,9	3,1	1,9	1,9	1,8
Sonst. Commonw.	1,8	1,6	3,1	3,8	2,3	3,6	3,0	2,5	2,7	2,4	5,7	3,0	2,7	1,4	1,4	1,1
Brit. Überseebev. u. Bev. aus abhängigen Gebieten	*	*	*	*	6,9	2,1	2,9	2,1	2,5	3,0	5,0	4,1	4,3	4,3	4,2	4,2
Ausländer insg.	6,9	11,7	18,5	17,2	13,0	17,2	15,7	14,6	17,3	12,1	17,3	14,7	20,3	16,0	17,4	16,8
EU	1,0	2,0	4,1	3,0	2,1	2,6	1,9	2,0	2,0	1,0	2,0	1,4	1,5	1,2	1,1	1,2
sonstiges Europa	1,7	2,7	4,0	3,4	2,5	3,0	2,7	1,6	2,7	1,4	2,1	2,3	3,4	2,6	2,9	2,8
USA	0,2	0,3	0,8	0,7	0,5	0,7	0,7	0,6	0,6	0,4	0,7	0,7	0,7	0,9	1,1	1,1
sonstiges Amerika	0,3	0,4	0,6	0,6	0,5	0,6	0,6	0,5	0,5	0,4	0,6	0,4	0,7	0,7	0,7	0,7
Südafrika	0,9	1,3	2,3	1,9	1,3	2,1	2,3	3,3	3,7	1,8	2,7	2,6	3,9	3,8	4,3	4,3
sonst. Ausländer	2,8	5,0	6,7	7,6	6,3	8,3	7,4	6,5	7,9	7,1	9,2	7,3	10,0	6,9	7,3	6,7

Anmerkung: Seit 1991 wird Pakistan gemeinsam mit Bangladesch, Indien und Sri Lanka ausgewiesen.
Quelle: Home Office Statistical Bulletin 6/91, 15. April 1991; Salt 1995, Tabelle 3.2.

Tabelle 2.3: Geburtsorte der Bevölkerung von England und Wales nach Herkunftsländern 1901–1991 (in 1.000)

Land	1901	1911	1921	1931	1951	1961	1971	1981	1991
Großbritannien	32.048	35.048	35.161	38.929	41.836	43.642	45.585	45.303	45.619
Nordirland				70	135	188	216	209	212
Südirland/Irland	427	375	365	451	492	683	676	580	552
Altes Commonwealth		49	64	70	88	89	129	137	158
Neues Commonwealth	136	162	204	226	202	571	1.121	1.292	1.620
Karibik		11	11	10	16	172	302	294	260
Indien		63	74	87	111	157	313	383	326
Pakistan, Bangladesh				11	31	136	230		326
im Ausland Geborene	339	374	306	308	914	760	929	1.209	1.737
Ausländer*	248	285	228	180	378	417	228	-	1.791
Frankreich	31	39	33	29	30	30	35	37	
Deutschland	65	65	22	28	99	121	148	169	
Italien	20	22	21	20	33	81	103	93	
Polen	21	37	42	44	152	120	104	88	
Rußland/UdSSR	72	71	62	36	76	53	46	34	
insgesamt	32.528	36.070	37.887	39.952	43.758	47.105	48.750	48.522	49.135

Anmerkungen: Bis 1921 Großbritannien inklusive Südirland; das Neue Commonwealth beinhaltet das gesamte Empire und 1901 auch das Alte Commonwealth. Bis 1951 waren fast alle diese Personen Weiße; Pakistan, Bangladesch ursprünglich bei Indien; Polen meint bis 1911 das russische Polen. Die Zahlen für das Neue Commonwealth sind viel zu niedrig. Seit 1981 wird bei britischen Volkszählungen nicht mehr nach der Staatsbürgerschaft gefragt.

* Die Daten aus dem Labour Force Survey 1991 beziehen sich auf Großbritannien und nicht auf England und Wales und beinhalten die Bürger aus dem Commonwealth. Überall sonst ist das Commonwealth nicht inkludiert.

Quellen: Volkszählungen von England und Wales; 1991: Census Report for Great Britain, Teil I, Band III, Tabelle 51.

Commonwealthbürger, die nicht frühere Staatsbürger Großbritanniens oder seiner Kolonien waren, hatten bis 1987 die Möglichkeit, die britische Staatsbürgerschaft durch einfache Registrierung zu erwerben. Es genügte, nach einem einjährigen Aufenthalt ein Ansuchen zu stellen. Dies war ein Pendant zum sogenannten „Naturalisierungsverfahren", das nachweisbare Englischkenntnisse und andere Eignungstests verlangt. Ab dem Jahr 1981 versuchte die Regierung, zu einer klaren Abgrenzung der britischen Staatsbürgerschaft und des Anspruchs auf Einwanderung zu gelangen. Es wurde ein enger gefaßter Staatsbürgerschaftsbegriff beschlossen, der eine familiäre Verbindung durch Vorfahren oder mit naturalisierten oder adoptierten Bürgern der britischen Inseln voraussetzt. Während der Übergangszeit bis 1987 gab es einen Ansturm auf das auslaufende Registrierungsverfahren (Tabelle 2.2).

2.2.4 Die Daten über den Geburtsort

Der Geburtsort in Großbritannien ansässiger Personen wird seit 1841 alle zehn Jahre im Rahmen der Volkszählung erhoben. Er findet sich seit 1969 zusammen mit den Daten der Mutter auch im Geburts- sowie im Sterberegister. Die jährliche Arbeitskräfteerhebung („Labour Force Survey") beinhaltet ebenfalls Informationen über Geburtsort und Staatsbürgerschaft.

2.2.5 Die Daten über die ethnische Zugehörigkeit („Labour Force Survey" und Volkszählung 1991)

Seit 1981 wird in der Arbeitskräfteerhebung auch nach ethnischer Zugehörigkeit gefragt. Die Befragten können sich dabei auf einer kurzen Liste der wichtigsten ethnischen Kategorien selbst zuordnen (Tabelle 2.4). Diese Erhebung erfolgt, weil Einwanderer aus dem New Commonwealth und ihre Kinder, sofern sie keine Ausländer sind, statistisch völlig unsichtbar blieben, aber eine spezifische Gruppe mit Problemen bilden. Dabei geht es um Fragen des Bildungssystems, des Arbeitsmarktes, der Arbeitslosigkeit und der nötigen Ausgaben auf lokaler Ebene.

Zu bemerken war auch eine Ethnisierung der Politik. Seit den 70er Jahren konzentrierte sich die britische „Integrationspolitik" stärker auf die offiziell als „Minderheiten" definierten Gruppen. Dies geschah analog zu ähnlichen Tendenzen in den USA und den Niederlanden. Ziel ist die gesellschaftliche

Gleichstellung dieser Gruppen und ihrer Mitglieder. Dadurch erhalten die Daten über Minderheiten einen höheren Stellenwert. Das Sammeln solcher Daten unterbleibt in den meisten anderen Ländern Europas. Was auch immer der ursprüngliche Zweck dieser Vorgangsweisen war (Coleman 1994a), die in Großbritannien verwendeten ethnischen Kategorien sind soziologisch sinnvoll und decken sich mit den Hauptherkunftsländern außereuropäischer Migranten in Großbritannien (Coleman/Salt 1996).

Tabelle 2.4: Ethnische Minderheiten in Großbritannien nach Geburtsländern bzw. ethnischer Zugehörigkeit 1987

ethnische Gruppe, Herkunft	absolut (in 1.000)	in %	in Großbritannien geb. in %	im Ausland geb. in %
Karibik	495	19,2	53	47
Afrika	112	4,3	38	62
Indien	787	30,5	37	63
Pakistan	428	16,6	46	54
Bangladesch	108	4,2	32	68
China	125	4,9	26	74
arabische Länder	73	2,8	14	86
sonstige	163	6,3	36	64
gemischt	287	11,1	77	23
Minderh. zusammen	2.577	100,0	45	55
Weiße	51.470	–	96	4
insgesamt	54.519	–	93	7

Quelle: Haskey 1990.

Wichtigster Nachteil ist, daß die britischen Daten über die Einwanderer aus der Dritten Welt schwerer mit denen der anderen europäischen Länder vergleichbar sind, die am Kriterium der Staatsbürgerschaft orientierte Analysen durchführen. Obwohl die britischen Kategorien ein Jahrzehnt lang erfolgreich und ohne größeren Widerspruch benutzt wurden, ersetzte man die ethnische Klassifikation bei der Volkszählung 1991 und im Rahmen des „Labour Force Survey" 1991. Dabei wurden die Kategorien „schwarz-karibisch", „schwarz-afrikanisch" und „andere Schwarze" sowie eine „gemischte" Kategorie eingeführt (vgl. Sillitoe/White 1992). Diese neue Einteilung reflektiert die Präferenzen vieler aktiver Vertreter der Immigranten und der ethnischen Minderheiten sowie der Bevölkerung im allgemeinen.

2.3 Die vier Arten von „Migrationssystemen"

Aus den verfügbaren Daten geht klar hervor, daß Großbritannien heute Schnittpunkt vier verschiedener Migrationssysteme ist, die sich nach Herkunft und Motivation der Migranten unterscheiden.

1. Das erste ist ein legales „Ansiedlungssystem", das die alten kolonialen Verbindungen besonders betont und sein Zentrum auf dem indischen Subkontinent hat. Parallel zum Anstieg der Asylbewerber konzentrierte sich die öffentliche Aufmerksamkeit sehr auf diesen Strom, der aus niedrig qualifizierten Menschen nicht-weißer Herkunft aus bäuerlichen Regionen besteht, wo Sprachen gesprochen und Religionen ausgeübt werden, die sich von denen des Ziellandes deutlich unterscheiden.
2. Eine zweite, zahlenmäßig weniger bedeutende Arbeitskräftewanderung, die auf Arbeitsgenehmigungen für Migranten von außerhalb der EU bzw. des EWR basiert, besteht seit 1920 und wird inzwischen von der Mobilität hochqualifizierter Arbeitskräfte, die zwischen den entwickelten Industrienationen (EU, USA, Japan) pendeln, bestimmt.
3. Der dritte Typus besteht aus Asylbewerbern und Flüchtlingen. Deren Zahl war früher unbedeutend, stieg aber zu Beginn der 90er Jahre. Die meisten stammen aus ganz wenigen Ländern, aus denen Asylsuchende vorrangig nach Großbritannien kommen.
4. Der letzte Typus, der sich teilweise mit dem ersten und dem dritten deckt, umfaßt illegale Migranten. Manche von ihnen reisen illegal ein. Bei anderen fiel die Rechtsgrundlage für den legalen Aufenthalt in Großbritannien weg. Bei diesem Personenkreis handelt es sich sowohl um Bürger des New Commonwealth als auch um solche aus Ländern, die nicht zum Commonwealth gehören (z.B. Sudan und Zaire). Statistisch „verschwinden" diese Personen, wenn sie die Erlaubnis bekommen, im Lande zu bleiben (siehe Coleman/Salt 1992).

Anhand dieser Klassifikation lassen sich seit 1945 folgende Trends identifizieren:

- Auffallend ist, daß in Großbritannien bis in die frühen 80er Jahre die Auswanderungen überwogen. Erst seit 1983 gibt es einen Wanderungsgewinn gegenüber dem Ausland (Abbildung 2.1).

Abbildung 2.1: Einwanderung, Auswanderung und Nettozuwanderung in Großbritannien 1966–1990, alle ausländischen Staatsbürger (ausgenommen jene aus Irland)

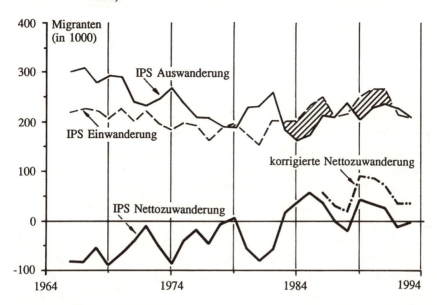

Quelle: OPCS 1992, Tabellen 2.2, 2.3 etc., basierend auf der Schätzung der grenzüberschreitenden Ein- und Ausreisen (IPS).

- Von den 60er Jahren bis Mitte der 80er Jahre erfolgte eine leichte Verminderung des Bruttozustroms ausländischer Migranten. Seitdem hat sich die Auswanderung quantitativ wenig verändert, die Einwanderung aber wieder zugenommen, was sich jedoch in den IPS-Daten nur teilweise widerspiegelt.
- Durch die negative Migrationsbilanz sank die Einwohnerzahl Großbritanniens nach 1945 trotz der Einwanderung aus dem New Commonwealth, der starken Zuwanderung Anfang der 60er Jahre (Abbildung 2.1) und des Exodus asiatischer Flüchtlinge aus Uganda und anderen Ländern Ostafrikas zu Beginn der 70er Jahre. In all den Jahren gab es eine Abnahme der britischen Staatsbürger und eine nicht ganz so große Zunahme der nichtbritischen Einwohner Großbritanniens.
- In den meisten Jahren seit der Mitte der 80er war der Wanderungssaldo positiv. Der „International Passenger Survey" (Beobachtung grenzüber-

schreitender Ein- und Ausreisen) zeigt einen generell ansteigenden Trend der Nettozuwanderung seit 1960 an (OPCS 1995: Tabelle 1.1). Es kann sein, daß Großbritanniens Rolle als klassisches Auswanderungsland seit den 80er Jahren beendet ist.

2.3.1 Das Niederlassungssystem

Zu den Zuwanderern aus den Kolonien sowie später jenem aus dem „Alten" und dem „Neuen" Commonwealth kamen auch Migranten aus anderen Ländern ohne historische Verbindungen zu Großbritannien. 1992 umfaßte die Migration aus diesen Staaten rund 30% aller Wanderungen. Zugleich ist die Nettoauswanderung in die ehemaligen Dominions substantiell gesunken. In den 80er Jahren umfaßte sie nur mehr 30.000 Migranten pro Jahr gegenüber mehr als 100.000 in den 50er Jahren (Abbildung 2.2). Deutlicher Hinweis auf diese Veränderung ist z.B., daß Großbritannien seit den späten 80er Jahren gegenüber Neuseeland einen Einwanderungsüberschuß aufweist. Dabei geht es vorwiegend um Personen britischer Abstammung. Die Auswanderung der Briten in die Dominions hatte fast zwei Jahrhunderte angedauert. In den frühen 80er Jahren waren davon jedoch nur noch etwa 20.000 Personen pro Jahr betroffen. Gegenwärtig scheint die Auswanderung in ihre letzte Phase eingetreten zu sein. Kanada hatte die freie Zuwanderung für britische Siedler schon 1948 beendet. Das australische System zur Förderung von Zuwanderung gab es bis 1983. Seit Jahrzehnten sind diese Länder Ziel von Zuwanderern aus einer viel breiteren Palette von Ländern; über die Hälfte der Neuzuwanderer kommt aus der Dritten Welt. Im Zusammenhang mit diesen Einwanderungsströmen wurden in Kanada und Australien auch politisch ambitionierte multikulturelle Strategien entwickelt. Zum Teil ging es dabei auch darum, eine neue nicht-britische Identität zu schaffen. Dagegen formierte sich allerdings eine zum Teil erhebliche innenpolitische Opposition (siehe Citizen's Forum 1991; Birrell/Birrell 1990; Castles u.a. 1990).

Auch die Auswanderung in die USA, die ebenfalls als Teil des Emigrationsstroms in hochentwickelte anglophone Länder gesehen werden kann, setzte sich nach 1945 fort; allerdings auf wesentlich niedrigerem Niveau. Während der Phase am Ende des Vietnamkriegs, als etliche amerikanische Bürger der Wehrpflicht entgehen wollten, sowie während der starken US-Rezession zu Beginn der 80er Jahre, als hochqualifizierte US-Bürger einwanderten, hatte Großbritannien sogar leichte Wanderungsgewinne zu verzeichnen.

Abbildung 2.2: Nettowanderung nach Großbritannien 1962–1992

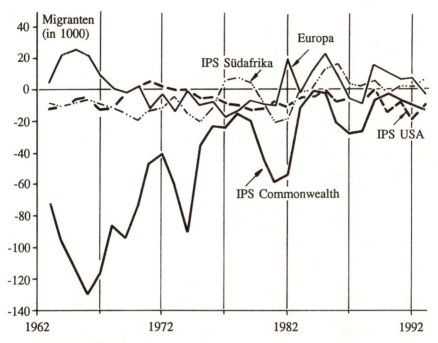

Quelle: OPCS 1992, Tabellen 2.2, 2.3 etc., basierend auf der Schätzung der grenzüberschreitenden Ein- und Ausreisen (IPS); ausgewählte Herkunfts- und Zielgebiete.

Früher war auch Südafrika ein beliebtes Ziel für englischsprachige Migranten. Bis in die frühen 90er Jahre warb die südafrikanische Regierung sogar um Einwanderer aus Großbritannien. Doch durch die Erschütterungen des Apartheid-Regimes und die langanhaltende Rezession kam es seit den späten 70er Jahren zu einer vermehrten Rückwanderung von im Schnitt ungefähr 10.000 Personen pro Jahr. Ähnliches gilt auch für Simbabwe, das frühere (Süd-)Rhodesien.

Aus Kontinentaleuropa kamen im 19. und 20. Jahrhundert kaum Menschen in das Vereinigte Königreich. Eine Ausnahme bildeten 100.000 osteuropäische Juden, die zwischen 1880 und 1905 einwanderten und die Vorfahren eines Großteils der heutigen britisch-jüdischen Bevölkerung bilden. Im

20. Jahrhundert war die Wanderungsbilanz mit Kontinentaleuropa stets leicht negativ, ein Zeichen der relativen ökonomischen Schwäche Großbritanniens. Konstante Wanderungsgewinne gab es jedoch gegenüber Irland, das als traditionelles „demographisches Hinterland" gelten kann.

Erst in den 80er Jahren entstand ein neues Muster, das sich in Wanderungsgewinnen auch gegenüber den EU-Mitgliedsländern manifestiert.[3] Dies hängt mit dem Wiedererstarken der britischen Wirtschaft und dem Mangel an qualifizierten Arbeitskräften im Südosten Englands zusammen, wo sich diese Migranten zumeist ansiedelten. Für die 80er Jahre machte die Bruttozuwanderung aus dem Rest der EU rund 60.000 Personen pro Jahr aus. Die gestiegene Migrationsbewegung aus und nach Japan sowie die geringer werdende aus und nach den USA wird ebenfalls von Migranten mit hoher Qualifikation bestimmt.

Trotz der Klagen über die angebliche „Arabisierung" des Londoner Stadtteils Knightsbridge gab es seit Beginn der 80er Jahre mehr Auswanderung in arabische Länder als Zuwanderung von dort. Bei den Immigranten handelt es sich zumeist um Personen mit relativ kurzem Aufenthalt und hoher Qualifikation. Die ständige Niederlassung ist hier wie dort relativ gering, obwohl bei Arabern eine gewisse Tendenz zu Ehen mit britischen Staatsbürgerinnen feststellbar ist (Coleman 1985). Die britischen Arbeitskräfte in der Golfregion, die zumeist hochqualifizierte manuelle, technische oder Führungspositionen auf der Basis relativ kurzer Verträge bekleiden, wurden von manchen als die „neuen Nomaden" bezeichnet (Findlay/Stewart 1985).

Der seit langem bestehende beträchtliche Zustrom aus der irischen Republik kann immer noch nicht eindeutig beziffert werden. Diese Zuwanderung ist für Behörden und Statistiken „unsichtbar", weil sie völliger Freizügigkeit unterliegt. Da es so gut wie keine Daten und auch keine politischen Kontroversen über dieses Thema gibt, gehört das Phänomen der irischen Einwanderung immer noch zu den unerforschten Bereichen der britischen Migrationsentwicklung. Diese Einwanderung hat historische Ursachen, kann aber auch mit der Gastarbeitereinwanderung der 60er Jahre in andere westeuropäische Länder verglichen werden. Viele der irischen Einwanderer würden keine Einwanderungserlaubnis erhalten, wenn sie darum ansuchen müßten. Auf alle Fälle stellen die Iren die größte Einwanderergruppe Großbritanniens dar. Sie leben zwar über das ganze Land verteilt, aber mit etwas höherer Konzentration im Süden Großbritanniens.[4]

Die Daten der britischen und der irischen Volkszählungen, die Arbeitskräfteerhebung („Labour Force Survey"), die nationalen Versicherungsdaten sowie andere Quellen ergeben eindeutig einen positiven und beträchtlichen Migrationsstrom aus Irland, der vor allem in den 50er und 60er Jahren des 20. Jahrhunderts besonders groß war. 1966 wurde ein Maximum erreicht, als die in Gesamtirland geborene Bevölkerung von England und Wales 880.000 Personen betrug – das entsprach 2% der Bevölkerung und einer größeren Zahl als aus allen Ländern des New Commonwealth zusammen (O'Grada 1985). Die Einwanderung aus Irland war in den 60er Jahren auch deshalb besonders stark, weil die Zuwanderung aus dem New Commonwealth beschränkt wurde.

Gegen Ende der 70er Jahre kehrte sich der Trend infolge des Wachstums der irischen Wirtschaft aufgrund des irischen EU-Beitritts und steuerlicher Anreize um, während in Großbritannien eine tiefe ökonomische Krise einsetzte (Kirwan/Nairn 1983). Zwischen 1974 und 1979 verließen jährlich rund 11.000 Iren das Vereinigte Königreich. Diese Irlandauswanderung betraf eher Rückwanderer als Personen, die bereits die britische Staatsbürgerschaft besaßen. In den 80er Jahren fand diese Wanderung ein Ende. Die Integration der jungen und wachsenden Bevölkerung Irlands in den lokalen Arbeitsmarkt wurde erneut zu einem Problem. Die traditionelle Auswanderung in andere Industrieländer, nach Großbritannien, in andere EU-Länder und in die USA setzte wieder ein. 1988 und 1989 betrug der Migrationssaldo von der Republik Irland nach Großbritannien +22.000 Personen. Allerdings dürfte sich der Trend in den 90er Jahren aufgrund der günstigen ökonomischen Entwicklung Irlands abermals umgekehrt haben (OPCS 1995: Tabelle 1.2; Sexton 1994).

Die Zuwanderung aus dem New Commonwealth ist eine Fortsetzung des früheren Systems kolonialer Wanderungen. Der Wanderungssaldo war während des gesamten untersuchten Zeitraums positiv, die Einwanderung etwa doppelt so groß wie die Auswanderung (Abbildung 2.3).[5]

Großbritannien ist trotz restriktiverer Gesetzeslage weiter dem Prinzip der Familienzusammenführung verpflichtet. Auch nach den Versuchen 1962 und 1971, die Einwanderungskontrollen zu verstärken, kam ein erheblicher Strom von Familienangehörigen ins Land (Eversley/Sukdeo 1969; Coleman 1995a).

Wenn man einzelne Herkunftsregionen separat analysiert, so ergibt sich, daß nur die Nettowanderung aus der Karibik und aus Afrika jemals für wenige Jahre negativ war. Die Liste der wichtigsten Herkunftsländer hat sich sehr geändert. Zuerst waren es die karibischen Inseln, dann Pakistan und Indien, in den 70er Jahren Ostafrika, wobei von dort in erster Linie Personen asiatischer Abstammung kamen, schließlich zunehmend Asylbewerber aus Bangladesch und Afrika, die sich zur am schnellsten wachsenden Einwanderergruppe aus dem New Commonwealth entwickelten.

Abbildung 2.3: Einwanderung aus dem New Commonwealth 1962–1993

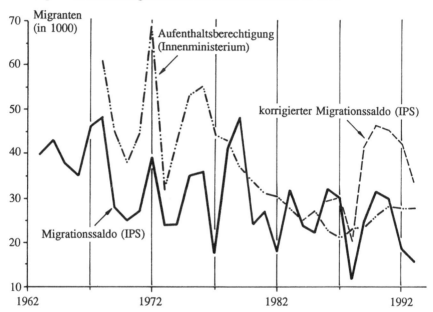

Quellen: OPCS 1992, Tabellen 2.2, 2.3 etc.; Home Office 1991, 1993.

Auch die Arbeitsmigration setzte sich nach den Restriktionen von 1962 fort. In begrenzter Zahl wurden weiterhin Arbeitserlaubnisse, die nicht an bestimmte Jobs gebunden waren, vergeben. Seit dem Einwanderungsgesetz 1971 wird von zukünftigen Arbeitsmigranten allerdings verlangt, klar definierten Anforderungen der Arbeitgeber, die das Arbeitsministerium übermittelt, zu entsprechen und vor der Einreise um eine Arbeitserlaubnis anzusuchen. Jetzt gibt es nur mehr ganz wenige frei zugängliche Berufsgruppen (z.B. Priester und Entertainer); 1985 wurde der freie Zugang für Zahnärzte und sonstige Mediziner abgeschafft. Viele Zuwanderer aus dem New Commonwealth, die sich illegal in Großbritannien aufhalten, gehen trotzdem einer Arbeit nach.

Wie im Rest Europas, das die Anwerbung ausländischer Arbeitskräfte 1973 beendete, trat auch in Großbritannien Einwanderung von Familienmitgliedern und eine stärker werdende Immigration von Ehegatten an die Stelle von Arbeitsmigration größeren Ausmaßes. Die Regierung kann für sich beanspruchen, daß durch die Praxis der Erteilung von Arbeitsgenehmigungen für Zuwanderer aus dem New Commonwealth kein zusätzlicher Druck auf den britischen Arbeitsmarkt entstehen kann. Unter besonderer Betonung der Tatsache, daß die Zuwanderung von Personen ohne vorherige familiäre Beziehung zu Großbritannien („primary migrants") beschränkt wurde, kann sie auch darauf verweisen, daß die Einwanderung aus dem New Commonwealth beschränkt wurde.

Tatsächlich war die restriktive Einwanderungspolitik jedoch nur zum Teil erfolgreich. Es gibt etliche Schlupflöcher und Ausnahmebestimmungen. Seit Anfang der 70er Jahre ist die Einwanderung insgesamt nicht zurückgegangen. Die meisten Einwanderer aus dem New Commonwealth, vor allem die vom indischen Subkontinent und fast alle Afrikaner und Chinesen, kamen nach dem Inkrafttreten des Gesetzes von 1962, das wenig wirksame Kontrollen, den Zugang zum Arbeitsmarkt und eine relativ weit gefaßte Definition des Begriffs „Verwandtschaft" beinhaltete. Seit dem Gesetz des Jahres 1971 wurden 600.000 Niederlassungsansuchen genehmigt (die meisten Zuwanderer aus Bangladesch und Afrika fallen in diese Kategorie), die vor allem auf Basis der Regelungen für die Familienzusammenführung und der Ausnahmeregelungen für Flüchtlinge zustandekamen. In Summe ergibt sich eine Nettozuwanderung von 500.000, die vom „International Passenger Survey" für die Jahre 1971–1987 hochgerechnet wurde; das wäre ein Drittel der gesamten im New Commonwealth geborenen Bevölkerung. Diese Zahl wird durch die Erhebungen des „Labour Force Survey" bestätigt, die zeigen, daß ca. 900.000 der 1,3 Mio. im New Commonwealth geborenen Menschen nach der Einführung der Einwanderungskontrolle im Jahr 1962 ins Vereinigte Königreich eingereist sind, davon über 450.000 sogar nach 1971.[6]

2.3.2 Arbeitsmigration

Nur einer von sieben der jährlich ca. 200.000 (Brutto-)Einwanderer nach Großbritannien, also ca. 30.000 Personen, immigriert mit der Aussicht auf einen ganz bestimmten Arbeitsplatz. Arbeitnehmer aus der EU und dem EWR, die keine Arbeitsbewilligungen benötigen, werden dabei nicht mitgezählt. Das entspricht, gemessen an der Gesamtbevölkerung, dem niedrigsten Anteil organisierter Arbeitsmigration in der ganzen EU, aber es ist auch die spezialisierteste dieser Arbeitsmigrationen, da die darin involvierten Migranten mehr als in anderen OECD-Ländern vor allem höhere Positionen, zum Beispiel im Management, bekleiden (Salt 1991). Ab 1962 wurde im Prinzip eine Arbeitserlaubnis erforderlich, vor 1971 wurden allerdings keine Arbeitsbewilligungen von Einwanderern aus dem Commonwealth verlangt. Ab dem Beitritt Großbritanniens zur EU 1973 waren für Migranten aus dem EU-Raum keine Arbeitsbewilligungen mehr notwendig.

Tabelle 2.5: Dauerarbeitsgenehmigungen und befristete Genehmigungen 1984–1990 nach wichtigen Herkunftsländern

	1984	1985	1986	1987	1988	1989	1990
USA	2.493	2.504	2.414	2.639	3.432	4.187	4.998
Japan	1.028	1.246	1.402	1.490	2.053	2.190	2.583
Australien	342	361	359	400	620	878	1.007
Malaysia	35	354	126	94	531	680	678
Hongkong	429	416	287	263	495	656	840
Indien	250	332	293	272	541	635	816
Schweden	283	274	293	260	418	454	473
China	42	42	53	108	207	453	616
Kanada	271	234	302	268	392	408	511
Dauerarbeitsgen. insg.	6.800	7.100	7.900	8.100	10.400	13.300	16.100
Kurzeitverträge	6.200	6.600	8.000	9.400	11.800	12.200	13.800
Trainees	2.700	2.900	2.800	2.900	3.800	4.200	4.800
insgesamt	15.700	16.600	18.700	20.400	26.000	29.700	34.700

Quelle: Salt 1991, Tabelle 28.

1969, als die Daten zum ersten Mal veröffentlicht wurden, hatten die Behörden 75.405 Arbeitsbewilligungen erteilt, 1972 waren es nur mehr 52.699. Eine Änderung der Vorgangsweise war für den Rückgang auf 36.536 im Jahr 1973 verantwortlich. Die Anzahl der Arbeitsbewilligungen erreichte 1982 den Tiefststand von 15.454, wonach bis 1987 ein Anstieg auf 20.348 zu verzeichnen war. Danach stieg die Zahl bis 1990 auf 34.627 (Tabelle 2.5). In den frühen 90er Jahren wurden jährlich etwa 30.000 Genehmigungen erteilt. 1994 betrafen 13.425 Arbeitsbewilligungen langfristige Anstellungen, 12.876 Kurzverträge und 3.791 Traineestellen. Bei über 80% handelte es sich um Manager oder andere hochqualifizierte Personen. 1994 wurden die meisten dieser Stellen an im Versicherungsbereich, im Bank- und im Finanzwesen tätige Personen vergeben (23%), 27% an höhere Angestellte und 14% an Arbeitnehmer des metallverarbeitenden Sektors. Dies stellt die spezialisierteste Verteilung von Arbeitsmigranten in Westeuropa dar. In diese Kategorie der Migration fällt vor allem die Arbeitsmigration zwischen Tochterunternehmen internationaler Konzerne. Nur 10% der Kurzverträge fallen in die Klasse „Management". Die Mehrheit (78%) betrifft literarische, künstlerische oder sportliche Betätigung. Von diesem Personenkreis kamen die meisten aus Ländern, die nicht zum Commonwealth gehören, etwa die Hälfte aus den USA und Japan (Salt 1995).[7]

Tabelle 2.6: Berufsverteilung von Ein- und Auswanderern, Großbritannien 1992 (in 1.000)

	Einwanderer	Auswanderer	Bilanz
insgesamt	215,9	227,0	–11,1
Hochqualifizierte, Manager	62,6	81,9	–19,3
Arbeiter, sonstige Angestellte	44,4	46,9	–2,5
Studenten	38,6	39,8	–1,2
Hausfrauen	29,1	14,7	+14,3
sonstige	7,4	6,5	+0,9
Kinder	33,8	37,1	–3,3

Quelle: OPCS 1994, Tabelle 3.12 („International Passenger Survey").
Anmerkung: Der „International Passenger Survey" unterschätzt die Zuwanderung und den Migrationssaldo seit 1983. Im Jahr 1992 betrug diese Unterschätzung rund 50.000 Personen. Deren berufliche Zuordnung ist daher unbekannt.

In den frühen 90er Jahren verlor Großbritannien mehr Hochqualifizierte und Managementarbeitskräfte durch Auswanderung als es durch Einwanderung gewann (Tabelle 2.6). Infolge der Heterogenität der Kategorien ist die Realbilanz allerdings nicht ganz eindeutig: Die oberste Kategorie enthält Wissenschaftler, höhere Angestellte, Lehrer und Manager. Es besteht jedenfalls die Befürchtung, daß im Zuge des Brain-Drain Wissenschaftler und Ingenieure Großbritannien verlassen, weil sie im Ausland besser bezahlte Jobs finden (Royal Society 1995). Durch die Einwanderung kommen vermehrt Studenten, Hausfrauen und Kinder ins Land. Die meisten Gattinnen, Kinder und ungelernten Arbeitskräfte kommen aus dem New Commonwealth, sie reisen als nahe Angehörige ein. Im Gegensatz dazu kommt der zahlenmäßig schwächere Strom von Höchstqualifizierten aus den USA, Japan und der EU. Für Einwanderer aus dem New Commonwealth werden kaum Arbeitserlaubnisse ausgestellt (Tabelle 2.5). Sie werden auch von den EU-Bürgern oder anderen EWR-Bewohnern nicht verlangt, die mit der Absicht der Arbeitssuche oder aus anderen Gründen einreisen.

2.3.3 Flüchtlinge und Asylbewerber

Hinsichtlich der Zahl der Asylanträge fand eine beträchtliche Steigerung statt. Diesem Zuwachs standen wesentlich niedrigere Anerkennungsziffern gegenüber. 1979 wurden insgesamt nur 1.563 Anträge in Großbritannien gestellt, 1985 waren es bereits 5.444, 1990 26.205, Verwandte mitgerechnet 30.000 (Salt 1991). Die Zahl für 1991 betrug 44.860 (Home Office 1991; Salt 1992).[8] 1995 wurden mehr als 40.000 Anträge gestellt.

Tabelle 2.7: Anträge um Flüchtlingsstatus oder Asyl 1988–1994, ausgewählte Länder

Land	1988	1989	1990	1991	1992	1993	1994
Angola	47	235	1.685	5.780	245	320	605
Bulgarien	4	30	135	375	180	100	235
Elfenbeinküste u. Togo	0	20	180	1.910	345	370	755
Äthiopien	227	560	2.340	1.685	680	615	730
Ghana	172	330	1.330	2.405	1.600	1.785	2.035
Indien	293	630	1.530	2.075	1.450	1.275	2.030
Iran	393	350	455	530	405	365	520
Irak	163	215	985	915	700	495	550
Libanon	148	180	1.110	755	380	285	215
Nigeria	10	20	135	335	615	1.665	4.340
Uganda	414	1.235	2.125	1.450	295	595	360
Pakistan	328	250	1.475	3.245	1.700	1.125	1.810
Polen	70	45	20	20	90	155	
Rumänien	12	20	305	555	305	370	355
Somalia	305	1.850	2.250	1.995	1.575	1.465	1.840
Sudan	22	110	340	1.150	560	300	330
Sri Lanka	402	1.790	3.330	3.765	2.085	1.965	2.350
Türkei	337	2.415	1.590	2.110	1.865	1.480	2.045
UdSSR/GUS	5	30	100	245	270	385	595
Zaire	157	525	2.590	7.010	880	635	775
alle Nationalitäten	3.998	11.640	26.205	44.840	24.605	22.370	32.830
Verwandte	1.715	5.070	11.990	28.600	7.700	5.600	
insgesamt	5.713	16.710	38.195	73.440	32.305	27.970	

Quelle: Home Office 1994, Tabellen 4.1, 4.2, 7.1 und 1995, Tabelle 4.2.

Angehörige verschiedener Staaten dominierten je nach Jahr die Asylansuchen in Großbritannien. Einige Zuwächse hängen mit spezifischen politischen Ereignissen zusammen: 2.280 Ansuchen wurden 1982 – nach der islamischen Revolution – von iranischen Staatsbürgern gestellt, 1985 kamen 2.306 Ansuchen vor allem von Tamilen aus Sri Lanka. Nach der Verhängung des Kriegsrechts in ihrer Heimat suchten 1982 494 Polen um Asyl an.

Eine noch größere Zunahme gab es bei den Asylbewerbern aus anderen Ländern, wie z.B. Ghana, Indien und Pakistan, ohne daß sich dort das Ausmaß politischer und sozialer Konflikte im Vergleichszeitraum entscheidend verändert hätte. Größere Gruppen kamen 1991 aus Zaire (7.010 Ansuchen) und Angola (5.780), beides Länder, die wenig Beziehungen zu Großbritannien haben. Im Vergleich dazu stellten 1988, als der angolanische Bürgerkrieg noch tobte, nur 47 Angolaner einen Asylantrag (Tabelle 2.7). Die Zuwanderung von Flüchtlingen und deren Familienangehörigen umfaßt etwa ein Drittel der gesamten Bruttozuwanderung nach Großbritannien.

Die meisten Asylansuchen werden von den Behörden abgelehnt. 1979 wurde der Flüchtlingsstatus in 525 Fällen zuerkannt, 1982 in 1.727 Fällen (zumeist Iraner). 1989 gab es 2.210 Anerkennungen, 1993 waren es 1.590. Außerdem wurden 1992 15.325 „Sonderaufenthaltsgenehmigungen" erteilt, eine erhebliche Steigerung verglichen mit 3.860 im Jahr 1989. Obwohl die Mehrzahl der Antragsteller nicht als Flüchtlinge anerkannt werden, erhalten sie einen befristeten Aufenthaltsstatus („exceptional leave to remain") und bleiben im Land. Rund 60% der Anträge werden von Personen gestellt, die sich bereits einige Zeit legal im Land aufgehalten haben.

Ein Sonderstatus wird auch denjenigen gewährt, die zwar nicht als Flüchtlinge anerkannt wurden, für die eine Rückkehr in das Heimatland jedoch eine außergewöhnliche Härte bedeuten würde („non refoulement"). Es ist sehr unwahrscheinlich, daß diese Personen Großbritannien je wieder verlassen werden. Außerdem werden nur ganz wenige derjenigen, denen weder Asyl noch Aufenthaltsrecht zugestanden wird, zwangsweise repatriiert. 1993 wurden lediglich 633 abgelehnte Asylbewerber abgeschoben (Home Office 1994a).

2.3.4 Verwandte, Verlobte und Ehegatten vom indischen Subkontinent

Frühere Voraussagen über das Ausmaß der Einwanderung von Familienangehörigen, wie sie Eversley und Sukdeo 1969 gemacht hatten, wurden von der Realität weit übertroffen.[9] Die sinkende Zahl an Indern und Pakistanis, und dabei besonders der Kinder, die um eine Einreisegenehmigung ansuchen, verleitet zur Annahme, daß das Reservoir an Familienangehörigen langsam erschöpft ist (Abbildung 2.4). Die Zahl der Kinder aus dem New Commonwealth, denen das Aufenthaltsrecht gewährt wurde, ist in den letzten Jahren tatsächlich gesunken. Diese Entwicklung war vorauszusehen, weil die Zahl der Arbeitsgenehmigungen, die Commonwealthbürgern neu erteilt wurden, bis in die frühen 80er Jahre auf ein paar Hundert gefallen war: 1980 waren es 627 Genehmigungen für Personen vom indischen Subkontinent (Home Affairs Committee 1982). Allerdings geht die Familienzusammenführung bei den Erwachsenen weiter, weil neue Ehen geschlossen werden, bei denen ein Ehepartner (häufiger die Frau) zuvor im Ausland lebte und erst als Verlobte/-r einreist.[10]

Abbildung 2.4: Einreisegenehmigungen für vom indischen Subkontinent stammende Personen 1977–1994 (in 1.000)

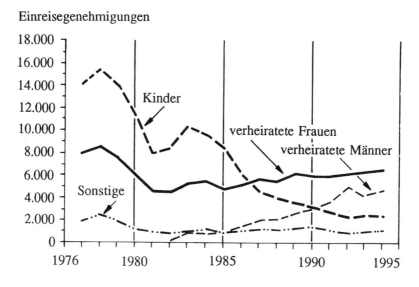

Quelle: Home Office 1991.

Die Geschlechts- und Altersverteilung der Bevölkerung aus dem New Commonwealth zeigt nach den Daten des „Labour Force Survey" bei den Bangladeschis ein Verhältnis von 138 Männern zu 100 Frauen, bei Ostasiaten eines von 126 zu 100 und bei Pakistanis eines von 122 zu 100. Solange Angehörige dieser ethnischen Gruppen vor allem Partner gleicher ethnischer Herkunft heiraten, kann ein ausgeglichenes Geschlechterverhältnis nur durch weitere Einwanderung erreicht werden.

Abbildung 2.5: Verlobte und Ehepartner aus dem New Commonwealth, vorläufige Einreisegenehmigungen 1974–1993

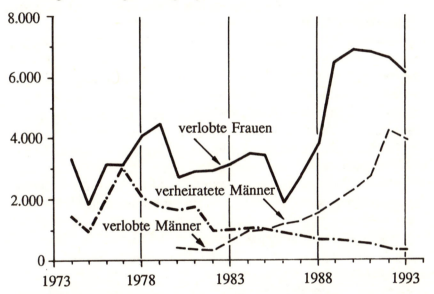

Quelle: Home Office 1991.

Bis zum Anstieg der Zahl der Asylsuchenden in den späten 80ern wurde das Heiratsverhalten der vom indischen Subkontinent stammenden Bevölkerung Großbritanniens als wichtigstes neues „Einfallstor" für außereuropäische Migranten gesehen. In asiatischen Gesellschaften sind arrangierte Heiraten an der Tagesordnung. Eltern asiatischer Herkunft, die in Großbritannien leben, legen Wert darauf, daß sich ihre Kinder Ehegatten der „richtigen" Religion, Sprache und Kaste suchen (Jones/Shah 1980). Pakistanische Moslems bevorzugen sogar eine Eheschließung unter Cousins und Cousinen. Viele asiatische Eltern lehnen die britische Gesellschaft als unmoralisch ab. Sie suchen daher Ehepartner für ihre Kinder im Land oder sogar im Dorf ihrer Herkunft. In vielen dieser Regionen besteht Interesse an Ehepartnern, die sich schon in Großbritannien niedergelassen haben, da eine solche Heirat die Auswanderung nach Europa ermöglicht. Durch solche Eheschließungen hat sich die Zahl der Ersteinwanderungen junger Männer vergrößert (Jones 1982; Coleman 1995a). Anfang der 90er Jahre lebten in Großbritannien 40.000 vom indischen Subkontinent stammende Frauen im Alter zwischen 20 und 25 Jahren, aber nur 10.000 bereits in Großbritannien geborene Südasiatinnen. In 20 Jahren wird sich ihre Zahl auf etwa 80.000 erhöhen. Damit vergrößert sich die Grundlage für Eheschließungen auf ethnischer Basis mit zu diesem Zwecke einreisenden Partnern aus dem Herkunftsland.[11]

Änderungen der Einwanderungsgesetze liberalisierten die Bestimmungen hinsichtlich der Zuwanderung bei Gründung neuer Familien. Zuerst wurde Ehegatten von Britinnen ungeachtet ihres Herkunftslandes das Niederlassungsrecht eingeräumt (1983). Zwei Jahre später (1985) kamen auch Ehegatten aller in Großbritannien niedergelassenen Frauen, ungeachtet ihrer Staatsbürgerschaft, in den Genuß dieser Regelung. Die Einreisen von Ehegatten und Verlobten nahmen seither auf etwa 10.000 pro Jahr zu. Die Einführung eines verpflichtenden „Probejahres" nach der Einreise, bevor ein endgültiges Niederlassungsrecht gewährt wird, vergrößerte die Kategorie der vorläufigen Einreisegenehmigungen (Abbildung 2.5). Vorher hatte man diesem Personenkreis die Niederlassung sofort nach der Einreise gestattet, so daß diese Kategorie nun entsprechend zurückgegangen ist. Es ist auch für Frauen jetzt sinnvoller, als Ehegattin statt als Verlobte einzureisen, da dies als „vorrangiger Einreisegrund" gilt.[12]

Daten des „Labour Force Survey" zeigen allerdings auch, daß sich in den 80er Jahren viele in Großbritannien geborene Asiaten mit Asiaten britischer Herkunft verehelichten. 20% heirateten hingegen einen nichtasiatischen Partner (Coleman 1992b). Die Zahl der interethnischen Ehen blieb somit relativ gering. Gleichzeitig nahm die „Heiratsmigration" aus anderen Weltregionen zu. Ein wachsender Anteil von Personen, die zum Zwecke der Heirat einreisen, kommt aus Afrika, besonders aus Westafrika. Dabei spielen auch professionelle „Heiratsagenturen" eine Rolle.

2.4 Die britische Einwanderungspolitik

Die britische Einwanderungspolitik läßt sich auf einen einfachen Nenner bringen. Seit über zwanzig Jahren gilt programmatisch die Forderung der konservativen Partei (Tories) aus dem Jahr 1974: „Die Neueinwanderung soll auf das unausweichliche Minimum reduziert werden. Dieses Minimum wird durch die Rechte nachziehender Familienangehöriger und den mittels Arbeitsgenehmigungsverfahren geregelten Arbeitskräftebedarf der britischen Wirtschaft definiert" (Home Office 1994b)[13].

Die Verringerung der Einwanderung wird als wesentliches Element verstärkter Integration und der Entwicklung harmonischerer Beziehungen zwischen den ethnischen Gruppen verstanden. Weder Konservative noch die Labour Party wollen daran ernstlich etwas ändern. Schon im Jahr 1950 plante die Labour-Regierung von C. Attlee, die Einwanderung aus der Karibik wegen unerwünschter sozialer Konsequenzen zu stoppen. Ähnliche Vorschläge kamen auch von den Konservativen, die 1951 auf die Labour-Regierung folgten. Bis zu den scharfen Kontroversen zwischen den Parteien und in den Reihen der Konservativen im Jahr 1962 erfolgte keinerlei Veränderung (Roberts 1994). Parlamentarische Hinterbänkler berichteten von starken Widerständen gegen die fortgesetzte Einwanderung aus ihren Wahlkreisen; andere führten dagegen an, daß Kontrollen rassistisch seien und dem Ideal der Bewegungsfreiheit im multiethnischen Commonwealth widersprächen. Diese Bewegungsfreiheit gab es damals jedoch auch für Briten, die sich in anderen Commonwealthländern ansiedeln wollten, nicht mehr.

Der Druck der öffentlichen Meinung war schließlich so stark, daß die Labour Party, die 1962 gegen die neuen Gesetze gestimmt hatte, diese Regelungen noch restriktiver faßte, als sie 1964 an die Macht kam. 1968 führte die Labour-Regierung zusätzliche Kontrollen für Ostafrikaner und Asiaten mit britischen Pässen ein.[14] Ab 1969 wurde von indischen Einreisewilligen, die ihre Verwandten besuchen wollten, verlangt, sich nicht erst nach ihrer Ankunft, sondern schon im Heimatland einer von britischen Beamten durchgeführten Kontrolle („entry clearance") zu unterziehen.

Gleichsam als Kompensation erließ die Labour-Regierung unter H. Wilson 1965 und 1976 eine Reihe von Bestimmungen, die die Rassendiskriminierung verboten und den Weg zu einer „multikulturellen" Minderheitenpolitik bahnten. Dies wurde schließlich auch von den Konservativen akzeptiert, obwohl sie sowohl Antidiskriminierungsgesetze als auch den institutionellen Multikulturalismus ursprünglich ablehnten. Bis heute gibt es auf der Seite der Linken – aber nicht in der Labour Party insgesamt – weiterhin Gegner der bestehenden Einwanderungskontrollen. Auch Labour bezeichnet einige Teile der geltenden Gesetze und ihre Durchführung als diskriminierend.

Die britische Einwanderungspolitik wird immer noch vom Einwanderungsgesetz des Jahres 1971 bestimmt.[15] Seit damals wird sie von den seither amtierenden Regierungen als „strenge aber faire" Politik bezeichnet, die die Absicht verfolgt, „die Einwanderung von überall her in gleicher Weise zu kontrollieren". Dies gilt bis heute als „Voraussetzung für zufriedenstellende Beziehungen zwischen den ethnischen Gruppen". Diese Einwanderungspolitik verfährt mit allen Arbeitsmigranten, aus welchem Land sie auch kommen, in gleicher Weise, außer sie stammen aus einem EU-Mitgliedsland. Charakteristisch für die derzeitige Rechtslage ist auch ein der angelsächsischen Tradition eher fremdes Element des Abstammungsprinzips. Seit 1968 kann das Aufenthaltsrecht von Personen mit persönlicher Beziehung zu Großbritannien (sogenannte „patrials") automatisch in Anspruch genommen werden. Erst 1981, als die britische Staatsbürgerschaft neu definiert wurde, konnten schließlich die Regelungen zum Erwerb der Staatsbürgerschaft und die Praxis der Einwanderungskontrolle unter einen Hut gebracht werden.

Die Labour-Regierungen der Jahre 1974–1979 (H. Wilson, J. Callaghan), änderten unter anderem die Bestimmungen über männliche Verlobte (1974) und die administrativen Durchführungsbestimmungen. Dadurch wurde das Verfahren im Herkunftsland („entry clearance"), das die Einreise überhaupt erst erlaubt, zeitlich verkürzt. Personen, die sich ab 1. 1. 1973 fünf Jahre lang ständig im Land aufgehalten hatten, bekamen 1978 einen verfestigten Aufenthaltsstatus. Schließlich wurde die Einwanderungsquote für Inhaber britischer Pässe von 3.500 auf 5.000 pro Jahr erhöht. Dadurch wurde die Einreise von verlobten Männern sowie Ehegatten erleichtert. In der Folge stieg die Zahl der Einreisegenehmigungen, allerdings erhielten frisch verheiratete Männer nach ihrer Ankunft keine Aufenthaltsgenehmigung mehr, sondern nur noch eine bedingte Einreisebewilligung. Mit dieser Maßnahme wollte man die illegale Einwanderung über Scheinehen reduzieren.

Die Einwanderungspolitik geht von der Voraussetzung aus, daß ein starker Wanderungsdruck von der Dritten Welt nach Großbritannien existiert. Die Regierung hält ihre derzeitige Politik für im großen und ganzen richtig und glaubt auch, daß sie populär ist. Sie will diese sicherlich nicht grundsätzlich ändern, sondern höchstens neue Bestimmungen erlassen, um den Status quo vor neuen „Bedrohungen" zu bewahren.[16]

Auffällig ist allerdings, daß keine Regierung bisher ernstliche Anstrengungen unternahm, um die Repatriierungsbestimmungen von 1971 umzusetzen. Diese sehen vor, daß bestimmte Rückwanderer eine an diverse Bedingungen geknüpfte Transferzahlung erhalten, wenn sie in ihr Herkunftsland zurückkehren wollen. Diese Aufgabe wurde einer privaten Institution übertragen, die sie fast unter Ausschluß der Öffentlichkeit erledigt. Jegliche erhöhte Aufmerksamkeit für diese Aktivität könnte nach herrschender Auffassung die „guten Beziehungen zwischen den ethnischen Gruppen" belasten. Es existiert daher in Großbritannien de facto kein Remigrationsprogramm.

Es gibt derzeit keine nennenswerte öffentliche Unterstützung für eine etwaige Erhöhung der Einwandererzahlen, eher eine allgemeine Haltung, die sich für eine Verringerung der Zuwanderung ausspricht, obwohl von seiten der Kirchen, linker Gruppierungen und diverser Einwandererorganisationen Kundgebungen zugunsten von Asylbewerbern abgehalten werden. Im Rahmen der Studie zum Wertewandel (1984) befürworteten 65% die Senkung der Neuniederlassungen für Zuwanderer aus dem New Commonwealth. Sogar 45% der Befragten aus ethnischen Minderheiten teilten diese Ansicht (Airey 1984). Die meisten, die liberalere Regelungen befürworten, sind moralische oder intellektuelle Kritiker aus kirchlichen und linken Kreisen, aber auch schwarze und asiatische Labour-Wähler. Ihrer Ansicht nach ist die britische Einwanderungspolitik rassistisch. De facto gelten deren Vorschriften für alle Einwanderer, die Mehrzahl der Abgewiesenen aber sind Menschen nichtweißer Hautfarbe aus der Dritten Welt. Und von dort macht sich der größte Einwanderungsdruck bemerkbar. Die Regierungen der letzten Jahrzehnte behaupteten dagegen, eine neutrale Position einzunehmen und vertreten eine Politik, die mehr reagiert, als daß sie Teil einer nationalen Migrationsstrategie wäre. Besucher aus den Vereinigten Staaten oder Australien, die daran gewöhnt sind, in einem „Einwanderungsland" zu leben, sind darüber stets erstaunt.

Während der 80er Jahre verschwand das Thema Einwanderung fast völlig aus der öffentlichen Debatte. Weder spielte es bei der Parlamentswahl von 1983 noch bei der von 1987 eine Rolle, obwohl die konservative Partei in ihrem Wahlprogramm versprochen hatte, die existierenden Einwanderungsgesetze zu verschärfen, und dieses Versprechen während des Wahlkampfs sogar noch erweitert hatte. Auch während des Wahlkampfs von 1992 war Immigration kein Thema. Erleichtert wurde diese Nichtthematisierung dadurch, daß die rechtsextreme Nationale Front keine Kandidaten aufstellte.[17]

Die Novelle zum Einwanderungsgesetz 1988, die erste größere seit 1971, fand außerhalb der mit multiethnischen Fragen befaßten Kreise wenig Interesse. Die meisten größeren Einwände kamen aus Immigrantengruppen und von einer Reihe an ethnischen oder bürgerrechtlichen Fragen interessierten Bürgern. Bis Ende der 80er Jahre konnte die Regierung auf die gesunkene Zahl der aus dem New Commonwealth zugelassenen Einwanderer verweisen. Sie legte besonderen Wert auf die Reduktion der „primary migrants", vermied aber den Hinweis auf andere quantitativ bedeutende Gruppen von Migranten. Die Unterschätzung des Migrationssaldos im Rahmen des IPS war nie Gegenstand öffentlicher Debatten. Auch die revidierten Zahlen hatten keinen Einfluß auf die Politik. Hinzu kam, daß alle angesehenen britischen Medien nur sehr selten von „Immigration" oder „Ausländern" berichteten, sondern eher von „ethnischen Minderheiten" sprachen.

Seit den späten 80er Jahren hat sich die Situation etwas geändert. Auslöser waren steigende Zahlen von Flüchtlingen und Asylbewerbern, aber auch eine offenbar größere Zahl illegaler Einwanderer vor allem aus Afrika sowie die neuerlich gestiegene Einwanderung aus dem New Commonwealth. Das Asyl- und Immigrationsgesetz („Asylum and Immigration Appeals Act") von 1993 war die erste Antwort auf den verschärften Druck. Dieses Gesetz war sehr umstritten, weil viele einflußreiche Gruppen auf einem uneingeschränkten Asylrecht bestanden. Während der Beschlußfassung durch das Parlament wurden weitreichende Berufungsmöglichkeiten gegen negative Asylbescheide in das Gesetz aufgenommen, um die Opposition zur Zustimmung zu bewegen. Dies hatte nicht intendierte Folgen. Die Zahl der Asylbewerber stieg nach Inkrafttreten des Gesetzes deutlich an. Großbritannien ist, neben den Niederlanden, das einzige größere europäische Land, das 1992–1994 steigende Asylbewerberzahlen verzeichnete. Auch deshalb wurde 1996 ein neues Asyl- und Einwanderungsgesetz im Parlament diskutiert. Es sieht eine Modifizierung der Berufung gegen negative Asylbescheide sowie eine Formalisierung des Begriffes „sichere Drittstaaten" vor und verbietet zum ersten Mal die Beschäftigung von Personen, die illegal in Großbritannien leben.

Presseberichte von Gerichtsverhandlungen behaupten, daß die illegale Einwanderung aus Nigeria und anderen afrikanischen Staaten mittels gefälschter Pässe, Scheinehen oder durch illegalen Aufenthalt im Land organisiert würde und in großem Stil vor sich gehe. Doch bis jetzt wurden keine offiziellen Schätzungen über die Zahl der illegalen Zuwanderer und Personen, die sich trotz abgelaufener Aufenthaltsgenehmigungen weiter im Land aufhalten, veröffentlicht. Eine Untergrenze von 100.000 Personen wird fallweise zitiert. Die reale Größenordnung scheint jedoch um einiges höher zu sein. Dies bewirkte eine Diskussion pro und kontra Einführung von Personalausweisen für alle In- und Ausländer sowie über Maßnahmen zur Abschreckung illegaler Einwanderung. Diese Diskussion ist nur zu verstehen, wenn man bedenkt, daß es in Großbritannien bis heute keine offiziellen Identitätsdokumente für alle Bürger gibt. Solche Dokumente werden nur auf Antrag ausgestellt.

Bis vor kurzem schien Übereinkunft über folgende Vorschläge zu herrschen: Großbritannien hat keinen Bedarf an weiteren Einwanderern, dennoch besteht ein Einwanderungsdruck aus Ländern mit niedrigem Lohnniveau und geringerem Lebensstandard. Die hohe Arbeitslosigkeit verunmöglicht die Existenz eines offenen Arbeitsmarktes für Neuankommende aus Niedriglohnländern. Ein eventueller Extrabedarf an Arbeitskräften kann leicht mit Hilfe des Systems der Arbeitsgenehmigungen gedeckt werden, eine Einwanderung größerer Dimension aber wäre den Briten nicht zumutbar und außerdem schlecht für die interethnischen Beziehungen. Daher sollte sich die Ansiedlung auf diejenigen beschränken, deren Vorfahren aus Großbritannien stammten oder die kommen, um klar definierte Arbeitsaufträge zu erledigen, schließlich auf Personen, die aus familiären Gründen wie Heirat oder Familienzusammenführung einreisen wollen. Aus ökonomischen Gründen wird jedoch sehr häufig für eine weniger restriktive Immigrationspolitik plädiert (Spencer 1994).

2.5 Ausblick

Vor allem die restriktive Asylpolitik der Regierung rief vehemente Kritik der politischen Gegner und der Kirchen hervor. Um ihren Standpunkt zu verteidigen, führte die Regierung regelmäßig jene 20.000 „boat people" an, die seit 1979 aufgenommen wurden. Sie verwies auch auf das Scheitern des Nachweises, daß Tamilen nach ihrer Rückkehr nach Sri Lanka wirklich gefährdet seien. Entgegen früheren Versprechungen erweiterte die Regierung das Niederlassungsrecht für Hongkong-Chinesen auf 50.000 Haushaltsvorstände, die zu jenen ca. 15.000 Personen in Hongkong hinzugezählt werden müssen, die bereits einen britischen Paß mit dem Recht auf Einreise nach Großbritannien besitzen. Sie stellen ein zukünftiges Migrationspotential dar. Ernstere politische Schwierigkeiten in Südafrika würden ebenfalls den Zustrom auf die Britischen Inseln erhöhen. Die Zahl der in Südafrika lebenden Menschen, die ein Anrecht auf einen britischen Paß besitzen, wird auf mindestens 800.000 geschätzt.

Wegen seines nur mäßigen ökonomischen Wachstums und eines vergleichsweise niedrigen Lohnniveaus war Großbritannien bisher nicht attraktiv für Migranten aus anderen EU-Ländern. Eine Ausnahme bilden nur die Iren. Schon relativ lange wandern jedoch Italiener, Portugiesen und Spanier ein, um im Tourismus und in Restaurants zu arbeiten. Wenn der derzeitige Unterschied im Lohnniveau bestehen bleibt, wird die irische Emigration nach Großbritannien und in andere Länder auf einem moderaten Niveau anhalten. Hier gibt es bislang keine Kontrollen, und es ist unwahrscheinlich, daß es sie je geben wird.

Ein stark gestiegener Zuzug aus anderen ärmeren EU-Ländern nach Großbritannien ist dagegen unwahrscheinlich. Die britischen Löhne sind immer noch wesentlich niedriger als z.B. die deutschen oder niederländischen. Der stärkste Bedarf herrscht an Arbeitskräften im Management und an Facharbeitern; und die sind nicht nur in Großbritannien, sondern überall in Europa knapp. Daher werden weder die Errichtung des Gemeinsamen Marktes noch die Maßnahmen zur Europäischen Integration einen großen Unterschied in der Mobilität der EU-Bürger bewirken, da die Grenzen für diese Arbeitskräfte ohnehin schon relativ offen sind. Aber durch die Vereinheitlichung der Qualifikationen und die Erhöhung des Wirtschaftswachstums wird höchstwahrscheinlich der Transfer hochqualifizierter Arbeitskräfte erleichtert werden. Diese haben schon jetzt Vorrang unter den in Großbritannien nach Arbeit suchenden Migranten. Der fragliche Punkt ist jedoch der Geltungsbereich der Niederlassungsfreiheit. Erstreckt sie sich innerhalb der EU auch auf Angehörige von Nicht-EU-Staaten, und erlaubt die Einreise in ein EU-Land automatisch die in alle anderen EU-Länder?

Trotz des Drucks von seiten der Europäischen Kommission will die britische Regierung ihre Grenzkontrollen weiterhin beibehalten, insbesondere im Hinblick auf die illegale Einwanderung in die südlichen EU-Länder und den Migrationsdruck aus osteuropäischen und exsowjetischen Ländern. Bisher gab es allerdings kaum Einwanderung oder Asylansuchen von Osteuropäern und GUS-Bürgern.

Es wurde vorgeschlagen, wieder zu höheren Einwanderungsquoten überzugehen, um die niedrige Zahl Jugendlicher auszugleichen und die jüngere arbeitende Bevölkerung bei der Versorgung des wachsenden Anteils an Senioren zu unterstützen. Dies scheint jedoch keine nachhaltige Problemlösung zu sein. Erstens bezieht sich der Vergleich des jetzigen Geburtendefizits auf die überdurchschnittlich starken Jahrgänge des Babybooms. Zweitens gibt es seitens der Wirtschaft wenig Bedarf für die zumeist niedrigen Qualifikationen der Einwanderer aus der Dritten Welt. Um das altersbedingte Ungleichgewicht aber auszugleichen, müßte das Einwanderungsniveau um ein Beträchtliches höher sein, als dies in der Vergangenheit der Fall war. Außerdem sind noch genügend Kapazitäten vorhanden, um die Beschäftigtenzahl in Großbritannien selbst und in den anderen EU-Ländern zu erhöhen, falls dies überhaupt angestrebt wird. In Großbritannien, wo es derzeit 2,4 Mio. Arbeitslose und eine der höchsten Geburtenraten Europas gibt, ist der unmittelbare Bedarf an derartigen Maßnahmen relativ gering. Dessen ungeachtet werden von liberaler Seite die zitierten Argumente für eine Lockerung der Einwanderungskontrollen gerne angeführt (siehe z.B. „The Economist" vom 15. 2. 1992: 17–20). Trotzdem befürworten Politiker und Meinungsmacher die Kontrolle und Minimierung von alter und neuer Einwanderung, ohne die Türen für Migranten völlig schließen zu wollen.

Anmerkungen

1 Bereits kurz nach seiner Einführung wurde das IPS-System auf alle Commonwealthbürger angewandt, deren Einreisen ab 1962 kontrolliert wurden. Die meisten der 200.000 interviewten Reisenden in jeder Richtung sind Touristen und Geschäftsleute, 1990 fanden sich darunter auch 1.510 Einwanderungs- und 864 Auswanderungswillige. Dabei hielt man sich an die internationale Definition des Begriffes „Migration", nämlich daß Migranten Personen sind, die in einem anderen Land seit mindestens einem Jahr leben oder mit der Absicht einreisen, sich zumindest ein Jahr im Zielland

aufzuhalten. Diese Daten sind mit denen, die das britische Innenministerium aufgrund der Einwanderungsverfahren erhebt, nicht kompatibel. Die willkürliche Samplegröße und der freiwillige Charakter der Untersuchung wurden vielfach kritisiert, weil sie zu systematischen Fehlern führen (Peach 1981). Zum Beispiel wurden 1990 die 35 Interviews mit karibischen Einwanderungswilligen und die 19 Interviews mit Auswanderungswilligen zu einer geschätzten Einwanderungszahl von 7.600 und zu einer geschätzten Auswanderungszahl von 3.800 hochgerechnet, mit einem Saldo von 3.800 und einer Standardabweichung von 2.500 (OPCS 1992, Tabelle 3.17). Die Schätzungen der Einwanderungszahl aus dem ganzen EU-Raum basierten auf 127 Interviews, die hochgerechnet 65.900 Personen ergaben. Eine wesentliche Fehlerquelle ergibt sich aus den Angaben über die beabsichtigte Aufenthaltsdauer von Personen mit kurzfristiger Aufenthaltsberechtigung.

2   Unter New Commonwealth versteht man Großbritanniens ehemalige Kolonien und Dominions in der Dritten Welt, soweit sie heute Mitglieder des Commonwealth sind.
3   Die Daten in Abbildung 2.2 enthalten keine Wanderung aus Irland.
4   Es hat schon immer Iren in Großbritannien gegeben, ihre Zahl stieg jedoch wegen der Hungersnot von 1845/46 beträchtlich an. Danach entwickelte sich eine regelrechte Massenauswanderung aus diesem Land. Die meisten der 5 Mio. britischen Katholiken haben irische Vorfahren.
5   Die Daten des britischen Innenministeriums über die Niederlassung und die Daten des „International Passenger Survey" werden hier gesondert präsentiert.
6   Die Regierung kann sicherlich nicht mehr wie früher behaupten, daß die Einwanderung aus dem New Commonwealth stark nachgelassen hat. Sogar Mitte der 80er Jahre stützte sich diese Behauptung auf verschiedene Quellen, je nachdem, ob britische Innenministeriums- oder „International Passenger Survey"-Daten benutzt wurden. Die Zahlen des Innenministeriums, auf die sich die offiziellen Reden ausschließlich beriefen, zeigten eine stete Abnahme der Einwanderung zwischen 1975 und 1985, aber seitdem eine Zunahme. Die Nettoziffern des IPS zeigten keinen Trend zur Abnahme seit den späten 60er Jahren, stattdessen aber auch einen starken Aufwärtstrend seit den späten 80ern, sogar ohne Berücksichtigung der statistischen Unterschätzungen. Den IPS-Daten gemäß sind ungefähr 40% des jährlichen fünfprozentigen Zuwachses der Bevölkerung aus den Ländern des New Commonwealth der Einwanderung zuzuschreiben. Das Ansteigen der Nettozuwanderung, die das IPS gemessen hat, und einige der Kategorien der Daten des Innenministeriums sind auf Veränderungen der Einwanderungsmaßnahmen seit 1985 zurückzuführen, die vom Europäischen Gerichtshof für Menschenrechte angeordnet wurden. Dadurch wurde die Einreise von Ehepartnern, besonders indischen Männern, erleichtert. Auf diese potentielle Quelle weiterer Ersteinwanderung wird in diesem Kapitel weiter unten eingegangen.
7   Die Charakteristika der durch Migration gewonnenen oder verlorenen Erwerbsbevölkerung sind kaum bekannt. Dies ist eine Folge der sehr kleinen Zahl von Migranten im Sample des IPS, die keine genaue Berufsunterteilung zuläßt, der kaum vorhandenen offiziellen Auswertungen der Daten des Innenministeriums und des Fehlens eines Auswanderungspendants zur Arbeitsgenehmigung. Diese Daten beziehen sich natürlich nur auf gut ausgebildete Einwanderer. Das bedeutet, daß es fast unmöglich ist, die immer wiederkehrende Frage zu beantworten, inwieweit Großbritannien ein ernsthaftes Brain-Drain-Problem hat. Inoffizielle Quellen (Royal Society 1987, 1995) gehen davon

aus, obwohl sich diese Vermutungen auf ältere Personen auf dem Höhepunkt ihrer Karriere beziehen. Diese stellen einen Migrationsstrom dar, der niemals klar aus offiziellen Statistiken erkennbar ist. Das vom IPS verwendete und publizierte grobe Berufsschema faßt alle Arbeitenden in solche mit einer Fachausbildung und solche in Leitungsfunktionen beschäftigte (einschließlich Ärzte, Ladenbesitzer und Kleinbauern) bzw. Angestellte und Handwerker (ungelernte Arbeiter und kleine Angestellte) zusammen.

8   Verglichen mit 1991 256.000 und 1995 127.000 Anträgen in der Bundesrepublik Deutschland sind dies jedoch relativ geringe Zahlen.

9   In der Vergangenheit haben Berichte des Komitees für Innere Angelegenheiten die Einführung eines Registers für Familienangehörige (Home Office 1977b) oder eines Quotensystems angeregt. Das Wahlprogramm der Konservativen von 1979 kündigte die Einführung des einen wie des anderen an. Dies ist seitdem weder geschehen, noch wurde dieser Vorschlag jemals wiederholt.

10 Des weiteren beantragen seit dem Fall Kessori Khatun 1986 bestimmte Personengruppen, die vielleicht ein Bleiberecht hätten und früher um Einreisegenehmigungen ansuchten, nun formell dieses Bleiberecht und scheinen nicht mehr in den Annahmestatistiken auf, da es hierüber keine Kontrollen gibt. Ein Teil der erhöhten Zahlen seit 1985 ist eventuell auf die neuen Vorschriften bezüglich der Einreisegenehmigungen für „neue" Ehefrauen zurückzuführen.

11 Es war den Behörden bisher nicht möglich, dem Komitee für interethnische Beziehungen und Einwanderung (SCORRI) Zahlen zu verschaffen. Tatsächlich stieg die Zahl weiblicher Verlobter aus Südasien in den Jahren 1975–1985 nicht übermäßig. Das Gegenteil war bei männlichen Verlobten der Fall. Der Zwang, ein Probejahr zu absolvieren und den sog. „Hauptzweck"-Test zu bestehen, ließ es geraten erscheinen, erst nach der Heirat einen Antrag zu stellen. Dadurch wird es leichter, die Bedingung zu erfüllen, daß sich das Paar vor der Ehe kennen muß, obwohl ihnen immer noch eine „begrenzte Einreisegenehmigung", später eine „unbegrenzte Aufenthaltsgenehmigung" erteilt wird. 1992 wurde 4.690 männlichen Verlobten und Verheirateten, 540 weiblichen Verlobten und 6.290 Ehefrauen aus dem New Commonwealth eine „begrenzte Einreisegenehmigung" gewährt. Überdies bekamen 20 Ehemänner und 430 Ehefrauen 1992 als Familienmitglieder das „Niederlassungsrecht" und 5.980 Ehemänner und 9.120 Ehefrauen im selben Jahr „unbegrenzte Aufenthaltsgenehmigungen", nachdem sie schon vorher zum Zwecke der Eheschließung eingereist waren. Die meisten Partner kommen aus dem südasiatischen Raum. Jedoch sind auch zunehmend Eheschließungen mit Personen aus afrikanischen Commonwealth-Ländern festzustellen.

12 Anträge von Verlobten sind stark zurückgegangen: um ca. 2.000 pro Jahr. Stattdessen ist die Zahl der Anträge erst kürzlich verheirateter Frauen gestiegen, vermutlich als direkter Ausgleich zu den Verlobtenzahlen. Seit 1985 gilt die Bedingung, daß weibliche wie auch männliche Verlobte vor der Ankunft eine Einreisegenehmigung erhalten müssen. Dadurch hat sich die Prozedur verlängert, und die genehmigten Anträge dieser Art sind von 4.200 für weibliche Verlobte im Jahre 1985 auf 1.000 1986 und 540 1992 gesunken.

13 Detaillierter stellt sich das wie folgt dar:
    (1) „Echten Besuchern und Studenten wird die Einreise nach Großbritannien erlaubt."
    (2) „Die Bestimmungen der Bewegungsfreiheit nach EG-Recht werden verwirklicht."

(3) „Den oben genannten Regeln folgend wird die Zahl der Zuwandernden, die sich in diesem Land niederlassen und arbeiten wollen, streng beschränkt. Fortgesetzt wird aber die Zulassung von Ehepartnern und minderjährigen Kindern von bereits hier Ansässigen unter der Bedingung, daß sie die Einwanderungsgesetze erfüllen."
(4) „Ein effektives und effizientes System zur Behandlung der Staatsbürgerschaftsansuchen wird beibehalten" (Britisches Innenministerium 1991).

14 Es handelt sich hier um ursprünglich in Kenia und in anderen ostafrikanischen Commonwealth-Staaten ansässige Asiaten, die bei der Entlassung der jeweiligen Länder in die Unabhängigkeit britische Pässe erhielten. Als aufgrund massiver Diskriminierung dieser Asiaten in Ostafrika Befürchtungen über eine mögliche Einwanderungswelle laut wurden, sah sich die 1968 an der Regierung befindliche Labour-Partei gezwungen, Jahresquoten für die Einreise dieser Personen nach Großbritannien festzulegen.

15 Das Britische Innenministerium ist der Ansicht, daß „die Gesetzgebung von 1971 die erste umfassende Einwanderungspolitik darstellte und eine Einwanderungskontrolle für Commonwealth- und nicht dem Commonwealth angehörende Bürger ermöglichte. Es diente dazu, die Ersteinwanderung von Haushaltsvorständen auf ein Maß zu verringern, das mit dem begrenzten Platz auf unserer überfüllten Insel in Einklang zu bringen ist. Diese Gesetze werden in dem Glauben erlassen, daß eine Gesellschaft keiner unbegrenzten Zahl von Menschen anderer Kulturen die Einreise erlauben kann, ohne daß dies zu ernsten sozialen Spannungen führt. Dieser Ansicht sind wir auch heute noch." (Douglas Hurd, britisches Unterhaus, 16. 11. 1987).

16 Zum Beispiel sprach der Abgeordnete Tim Renton, ehemaliger Staatssekretär im Innenministerium, in einer Parlamentsrede vom 15. 4. 1988 davon, daß „die Regierung sich auch der neuen Herausforderung durch den Mißbrauch der internationalen Bestimmungen zum Schutz der Flüchtlinge stellen muß. Fernsehen, Radio und Reisebüros informieren die Menschen des Mittleren und Fernen Ostens darüber, daß es andere Gegenden in Westeuropa und Nordamerika gibt, wo es ein geordneteres Leben in größerem Wohlstand gibt. Billige Flüge machen es diesen 'Wirtschaftsflüchtlingen' möglich, nach Deutschland, Kanada oder Großbritannien zu kommen. Wir werden uns nie vor unseren internationalen Verpflichtungen drücken, wirkliche Flüchtlinge aufzunehmen, die ins Ausland mußten, weil sie wohlbegründete Furcht vor Verfolgung hatten. Aber weder wir noch unsere europäischen Nachbarn werden Menschen hereinlassen, die wegen ihres Wunsches nach einem Leben in mehr Sicherheit und Wohlstand, als es ihr Heimatland bieten kann, einfach hierherkommen. Dieser Wunsch ist sicherlich sehr verständlich; er alleine garantiert jedoch nicht die Ansiedlung in Westeuropa."

17 Schon seit vielen Jahren wird die Einwanderungspolitik Großbritanniens von politischen Zeitschriften wie „Public Policy" fast gänzlich ignoriert. Auch in den auf Demographie und Geographie spezialisierten Zeitschriften findet das Thema kaum Erwähnung, nicht einmal in denjenigen, die sich (wie z.B. „International Migration Review") speziell mit Einwanderung befassen.

3. Die Zuwanderung von Ausländern nach Frankreich

Michèle Tribalat

In Frankreich spielt die Zuwanderung von Ausländern schon seit der zweiten Hälfte des 19. Jahrhunderts eine größere Rolle. Im Gegensatz zum restlichen Europa fand die industrielle Revolution in diesem Land unter den Bedingungen eines nur sehr geringen Bevölkerungswachstums statt (Mauco 1932; Chesnais 1986). Von kurzen Unterbrechungen am Ende des 19. Jahrhunderts und in den Jahren 1930 bis 1940 abgesehen, gab es seit 1850 immer mehr Zuwanderung als Abwanderung. Seit Mitte der 60er Jahre hat sich die Zuwanderung allerdings beträchtlich verringert.

Angesichts niedriger Geburtenraten erkannte Frankreich bereits sehr früh die Bedeutung von Zuwanderung für die Bevölkerungsentwicklung. Dies führte zu einer sehr liberalen Gesetzgebung über den Erwerb der Staatsbürgerschaft, die das Jus sanguinis mit dem Jus soli kombiniert. Kinder von eingewanderten Ausländern haben dadurch Zugang zur französischen Staatsbürgerschaft. Diese erleichterte Einbürgerung vergrößert die Zahl der Franzosen und bremst zugleich das Wachstum der Wohnbevölkerung mit ausländischer Nationalität.

Erst nach und nach wurden politische Rahmenbedingungen und Regelungen für die Niederlassung von Ausländern in Frankreich und für deren Aufenthalt geschaffen. Durch eine Reihe von Verordnungen aus dem Jahr 1945 entstand so etwas wie staatliche Migrationspolitik (Weil 1991, 1995a). Damals ging es darum, die Zuwanderung nach Frankreich zu fördern. Seit Mitte der 70er Jahre wird hingegen versucht, die Zahl der Zuwanderer soweit irgend möglich zu verringern.

Die zunehmend restriktivere Migrationspolitik erklärt sich vor dem Hintergrund hoher Arbeitslosigkeit, wirtschaftlicher Transformationskrisen und einer ablehnenden Haltung der Bevölkerung in Fragen der Immigration. Obwohl die Politik auf eine Nullzuwanderung abzielt, ist dies angesichts des den Migranten auf internationaler Ebene zugestandenen Rechts zur Familienzusammenführung in der Praxis nicht möglich (Weil 1995b). Die Diskrepanz zwischen Realität und deklarierter Zielsetzung verstärkt unweigerlich das Mißtrauen in der öffentlichen Meinung. Die Schwächen der statistischen Erfassung von Migranten und der darauf basierenden Analysen tragen nicht zu einer Verbesserung der Situation bei. Was bleibt, ist das Bild von Ohnmacht der Politik und mangelhafter Daten, die den Umfang der Migration in Frankreich verharmlosen. Neue Formen der Aufbereitung und Präsentation von Daten über Migration von und nach Frankreich wären notwendig, um die Diskrepanz zwischen dem Diskurs der Experten über die Zuwanderung und der öffentlichen Meinung zu diesem Thema zu verkleinern. Eine 1992 vom Nationalen Demographischen Institut (INED) in Zusammenarbeit mit dem Nationalen Institut für Statistik und Ökonomische Studien (INSEE) durchgeführte Erhebung, die bisher noch nicht veröffentlichte Informationen über Migranten in Frankreich enthält, bedeutet einen ersten Schritt in diese Richtung.

3.1 Die Unzulänglichkeit des Kriteriums der Nationalität

Die Unzulänglichkeit der in Frankreich angewendeten statistischen Verfahren ist evident, ohne daß Frankreich ein europäischer Ausnahmefall wäre (siehe Einleitung von Fassmann/Münz in diesem Buch). Wie auch in anderen Ländern sind die statistischen Kategorien stark mit der politischen Definition des Problems verknüpft. Wenn z.B. in den Niederlanden häufig der Begriff ethnische Minderheiten gebraucht wird, dann deshalb, weil sich ein größerer Teil der eingewanderten Bevölkerung in der Rolle einer Minorität sieht (Rath 1993). In ähnlicher Weise reflektiert die häufige Verwendung von rassischen und ethnischen Kriterien in Großbritannien die in diesem Land dominierende primäre Fixierung auf die Hautfarbe als soziale Kategorie (Todd 1994). Die in Frankreich vorherrschende egalitäre und universelle republikanische Ideologie betrachtet die Zugehörigkeit zur Nation als wichtigstes Prinzip, das eigentlich keinen Rückgriff auf die ursprüngliche ethnische Herkunft zuläßt. Die verfügbaren Daten stützen sich demzufolge primär auf das Kriterium der Staatsbürgerschaft. Aufgrund des großzügigen Charakters der französischen Einbürgerungsregelungen erhalten viele Zuwanderer die französische Staatsbürgerschaft. Deren in Frankreich geborene Kinder besitzen diese in der Regel ab der Volljährigkeit, manche schon vorher, einige bereits ab der Geburt.[1] Die auf der Nationalität basierenden Statistiken sind demzufolge auf den ersten Blick irreführend, weil sie die zugewanderte Bevölkerung beträchtlich und in selektiver Weise kleiner erscheinen lassen, als sie tatsächlich ist.[2] Derartige Statistiken erschweren die Untersuchung von Zahl, Verhaltensweisen und Einstellungen der Zuwanderer.

Bei der letzten Volkszählung im Jahr 1990 wurden in Frankreich rund 3,6 Mio. Ausländer erfaßt, von denen ungefähr 740.000 ihren Geburtsort in Frankreich und etwa 2,9 Mio. einen Geburtsort außer Landes hatten. Insgesamt wird die Zahl jener in Frankreich geborenen Personen, bei denen zumindest ein Elternteil während der letzten 100 Jahre eingewandert ist, auf etwas mehr als 5 Mio. geschätzt (Tribalat 1991). Von diesen Einwandererkindern sind lediglich 15% keine französischen Staatsbürger. Bei dieser „zweiten Generation" von Zuwanderern besitzt das Kriterium der Staatsbürgerschaft – im Gegensatz zu Deutschland – kaum noch Aussagekraft.

3.1.1 Die Bevölkerung in Haushalten mit zugewandertem Haushaltsvorstand

Die Anzahl der Personen, die in Haushalten mit eingewandertem Haushaltsvorstand leben,[3] ermöglicht als Indikator eine bessere Annäherung an die durch Immigration und Ansiedelung entstandene Bevölkerungsgruppe als der Anteil der Zuwanderer oder der bloße Prozentsatz der Ausländer. Je nach gewähltem Kriterium gibt es in Frankreich derzeit 3,4 Mio. ausländische Staatsbürger, 4,0 Mio. im Ausland Geborene und 6,1 Mio. Personen in Privathaushalten, in denen zumindest der Haushaltsvorstand Einwanderer ist (Tabelle 3.1). Die Unterschiede zwischen diesen drei Gruppen variieren je nach Herkunft der Migranten.

Migranten europäischer Herkunft erhielten in der Regel irgendwann die französische Staatsbürgerschaft. Ehen zwischen Partnern unterschiedlicher nationaler Herkunft waren häufig, viele in Frankreich geborene Kinder aus diesen Ehen besitzen seit ihrer Geburt die französische Staatsbürgerschaft. Das ist bei der Zuwanderung aus Italien der Fall: 688.012 Personen leben in Haushalten mit immigriertem Haushaltsvorstand (davon sind 125.656 jünger als 20 Jahre), während 513.088 in Italien geborene Zuwanderer (davon 5.380 unter 20 Jahren) und 246.184 Italiener (davon 21.656 unter 20 Jahren) in Privathaushalten erfaßt sind.

Im Fall der Zuwanderung aus Algerien leben fast doppelt so viele Personen in Haushalten mit zugewandertem Haushaltsvorstand (982.796, davon 422.444 unter 20 Jahren), als es Zuwanderer in Privathaushalten gibt (494.496, 61.336 unter 20 Jahren). Insgesamt leben 2 Mio. Menschen in Haushalten mit einem aus den Maghrebstaaten stammenden Haushaltsvorstand, 46% davon sind jünger als 20 Jahre. Im Vergleich dazu beträgt der Anteil der unter 20jährigen in Frankreich landesweit nur 28%.

Tabelle 3.1: Personen in Normalhaushalten nach dem Alter sowie nach den Kategorien Ausländer, Zuwanderer und in einem Haushalt mit zugewandertem Haushaltsvorstand wohnhafte Personen

	Ausländer	Zuwanderer	zugewanderter Haushaltsvorstand
alle Herkunftsstaaten des Haushaltsvorstandes			
insgesamt	3.408.692	3.964.868	6.067.020
0–19 Jahre	1.010.396	410.280	2.093.484
in Italien geborener Haushaltsvorstand			
insgesamt	246.184	513.088	688.012
0–19 Jahre	21.656	5.380	125.656
in Algerien geborener Haushaltsvorstand			
insgesamt	566.948	494.496	982.796
0–19 Jahre	163.908	61.336	422.444

Quelle: INED auf Basis der Daten des INSEE.

3.1.2 Die Bevölkerung unter 17 Jahren – ein guter Indikator lokaler Konzentrationen

Der Anteil der Kinder von 0 bis 16 Jahren, die Familien mit einem zugewanderten Familienoberhaupt angehören, stellt einen guten Gradmesser für den Anteil der Kinder ausländischer Herkunft dar, auch wenn sich durch die Ausklammerung der Kinder mit immigrierter Mutter und in Frankreich geborenem Vater eine gewisse Unterschätzung der Größenordnung ergibt. Die angesprochene Proportion bezieht sich auf eine Altersgruppe, deren Angehörige praktisch alle noch eine Schule besuchen. Im Vergleich zu dem Anteil der Ausländer gleichen Alters bietet der genannte Indikator eine bessere Schätzgrundlage. Die Zahl der Ausländer unter 17 Jahren repräsentiert lediglich 50% aller Jugendlichen, die in Familien mit immigriertem Familienoberhaupt leben.

Die Bedeutung einer Analyse auf der Grundlage dieser Definition von Zuwanderern erster und zweiter Generation zeigt sich v.a. bei Betrachtung kleiner räumlicher Einheiten. Der Anteil der Jugendlichen unter 17 Jahren, die in einer Familie mit zugewandertem Familienoberhaupt leben, ermöglicht es, lokale Konzentrationen viel präziser zu bestimmen, als der Anteil der Ausländer. Über dem nationalen Durchschnitt von 14% liegt der erstgenannte Anteil in 31 Departements. An der Spitze rangieren die Departements der Île de France, angeführt von Seine-Saint-Denis mit fast 4 von 10 Jugendlichen unter 17 Jahren aus Familien mit immigriertem Haushaltsvorstand (38% bei bloß 19% Ausländeranteil), gefolgt von Paris mit einem Drittel sowie Val de Marne und Hauts de Seine mit jeweils etwas mehr als 27%. In dieser Region lebt insgesamt mehr als ein Viertel aller Kinder im Alter von 0 bis 16 Jahren in Familien mit zugewandertem Familienoberhaupt (26,5%). Einige Departements im Süden Frankreichs sind ebenfalls durch einen sehr hohen derartigen Anteil charakterisiert: 24,6% im Departement Alpes maritimes, fast 20% auf Korsika und in der Vaucluse. Demgegenüber leben im Westen Frankreichs (Bretagne, Vendée) kaum Jugendliche in Familien mit immigriertem Familienoberhaupt (weniger als 2% in den Departements Vendée, Côte d'Amor und Morbihan).

3.2 Zuwanderung von Ausländern im 20. Jahrhundert

3.2.1 Die Zuwanderung aus europäischen Staaten

Von Zuwanderung größeren Ausmaßes läßt sich in Frankreich erst ab der zweiten Hälfte des 19. Jahrhunderts sprechen. Bei der Volkszählung des Jahres 1851 wurden 380.000 Ausländer gezählt; in den Jahren 1901 und 1906 war es jeweils bereits etwas mehr als eine Million. 1906 betrug der Anteil der Ausländer an der Gesamtbevölkerung 2,7% (Tabelle 3.2). Bis zum Ende des 19. Jahrhunderts erfolgte die Immigration v.a. aus geographisch benachbarten Regionen: 90% der Ausländer stammten aus fünf Nachbarstaaten, zwei Drittel allein aus Belgien und Italien. Mit der Rekrutierung von polnischen Minenarbeitern und von Arbeitskräften für die Eisen- und Stahlindustrie begann schon vor dem Ersten Weltkrieg eine organisierte Zuwanderung (Bunle 1943) über größere Distanz. Ab 1915 rekrutierte Frankreich systematisch

Arbeitskräfte aus den Kolonien (Maghreb, Indochina und Madagaskar), aus China und aus europäischen Staaten (Portugal, Griechenland, Spanien und Italien). Am Ende des Krieges wurde der Großteil der Arbeitskräfte aus den Kolonien wieder dorthin zurückgeschickt. Zugleich rekrutierte Frankreich 1919/20 im Ruhrgebiet dort lebende polnische Arbeitskräfte. 1921 wurden 1,53 Mio. Ausländer gezählt. Das waren 4% der Gesamtbevölkerung. Neu im Vergleich zur Situation am Beginn des 20. Jahrhunderts war nun eine Zuwanderung aus Spanien. Durch den Wiederaufbau nach 1918/19 und die Kriegsverluste entstand eine beträchtliche Lücke auf dem französischen Arbeitsmarkt. In der Folge erlebte Frankreich während der 20er Jahre die stärkste Zuwanderung seiner Geschichte. Binnen zehn Jahren stieg die Zahl der Ausländer um fast 80% und erreichte 1931 rund 2,7 Mio. Für die Jahre 1921 bis 1926 wird der Migrationssaldo auf +750.000 und für die fünf folgenden Jahre auf +655.000 Personen geschätzt (Tribalat 1991). Der Großteil der neuen Zuwanderer stammte aus Italien und Polen (1,3 Mio. für beide Staaten im Jahr 1931 gegenüber 500.000 im Jahr 1921).

Tabelle 3.2: Entwicklung der ausländischen Bevölkerung nach Herkunftsstaaten 1906–1946 (in 1.000)

		1906	1911	1921	1926	1931	1936	1946
insgesamt		1.047	1.160	1.532	2.409	2.715	2.198	1.722
davon	Belgien	310	287	349	327	254	195	153
	Spanien	81	106	255	323	352	254	302
	Italien	378	419	451	760	808	721	451
	Polen	–	–	46	309	508	423	423
	Portugal	–	–	11	29	49	28	22
	Jugoslawien	–	–	–	–	–	–	21
	sonst. Europa	157	175	166	192	170	137	175
Anteil der Europäer (in %)		88	85	83	81	79	80	89
Ausländeranteil (in %)		2,70	2,96	3,95	5,99	6,58	5,34	4,32

Quelle: Volkszählungen, INSEE.

Zu den ökonomisch bedingten Wanderungsströmen kam seit dem Ende des Ersten Weltkrieges eine quantitativ bedeutende politische Migration (Russen und Armenier aus der Sowjetunion, später Italiener auf der Flucht vor dem faschistischen Regime, schließlich Deutsche auf der Flucht vor dem Nationalsozialismus). Trotzdem betrug der geschätzte Migrationssaldo für die Jahre 1931 bis 1936 infolge der Wirtschaftskrise der 30er Jahre –250.000 Personen. Am Vorabend des Zweiten Weltkrieges wuchs mit dem Zustrom von politischen Flüchtlingen schließlich die Zahl der Zuwanderer aus Spanien an. Auch nach dem Zweiten Weltkrieg setzte Frankreich auf eine aktive Migrationspolitik, um die Kriegsverluste auszugleichen (Tapinos 1975).[4] Die Verordnungen aus dem Jahr 1945 legten die Bedingungen für die Zuwanderung und den Aufenthalt von Ausländern fest. Die 1946 gegründete Nationale Zuwanderungsbehörde (ONI) wurde mit der Rekrutierung von Einwanderern beauftragt.

3.2.2 Starke Zuwanderung und Ausdehnung der Herkunftsgebiete in den Jahren 1946 bis 1975

Unter Einschluß der aus Algerien stammenden „muslimischen Franzosen"[5] gab es in der Nachkriegszeit nur einen geringen Anstieg der Zahl der Zuwanderer, also der Ausländer oder der im Ausland geborenen Personen, die die französische Staatsbürgerschaft erhielten. Eine Ausnahme bildet die Zuwanderung aus Algerien (Tabelle 3.3). 1946 erhielten die dortigen Moslems das Recht, frei nach Frankreich ein- und wieder ausreisen zu können. Im Gegensatz dazu hatten die im französischen Maghreb lebenden Christen und Juden schon zuvor volle Bürgerrechte besessen. Zwischen 1946 (22.000) und 1954 (209.000) verzehnfachte sich die Zahl der moslemischen Algerier in Frankreich. Im selben Zeitraum erhöhte sich die Zahl der zugewanderten Bevölkerung von 2,01 (1946) auf 2,36 Mio. (1954). Von geringen Rückgängen in wirtschaftlichen Krisenjahren abgesehen, wuchs die eingewanderte Bevölkerung bis Mitte der 60er Jahre beträchtlich. Die Zuwanderung erfolgte eher spontan als organisiert, wobei das ONI die Entwicklung bloß überwachte. In dieser Periode verstärkte sich erneut die Zuwanderung aus Italien und Spanien. Parallel dazu setzte sich die Zuwanderung aus Algerien fort. Schließlich kam es zu einer aktiven Anwerbung von Immigranten aus Portugal, mit deren Hilfe die französischen Behörden die Zuwanderung aus Algerien drosseln wollten (Weil 1991). Die Zahl der Portugiesen in Frankreich stieg von 50.000 im Jahr 1962 auf 759.000 im Jahr 1975. In der zweiten Hälfte der 60er Jahre setzte die Zuwanderung aus Marokko und der Türkei sowie etwas später auch jene aus Südostasien und Schwarzafrika ein. Die Zuwanderung aus Südostasien war eine Nebenfolge des Abzugs der amerikanischen Truppen aus Vietnam und der Errichtung kommunistischer Regimes in Südvietnam, Laos und Kambodscha. Im Jahr 1975, knapp nach dem 1974 beschlossenen Stopp der Rekrutierung von Arbeitskräften,[6] erreichte die Gesamtzahl der Zuwanderer 3,9 Mio. Trotz der größeren Zahl von Herkunftsländern stammte 1975 immer noch die Hälfte der Zuwanderer aus Südeuropa (Spanien, Italien und Portugal), an vierter Stelle lag jedoch mit fast 600.000 Personen bereits Algerien.

Tabelle 3.3: Entwicklung der zugewanderten Bevölkerung 1946–1968 nach Staatsbürgerschaft (französisch oder ausländisch)

	1946	1954	1962	1968
Ausländer				
Männer	821.929	762.700	926.240	1.408.300
Frauen	569.706	545.000	674.040	853.620
zusammen	1.391.635	1.307.700	1.600.280	2.261.920
eingebürgerte Personen				
Männer	261.190	384.090	405.180	443.040
Frauen	337.630	456.900	525.940	586.620
zusammen	598.820	840.990	931.120	1.029.660
*„muslimische Franzosen"**				
Männer	21.605	193.620	275.280	54.460
Frauen	509	14.920	55.280	31.060
zusammen	22.114	208.540	330.560	85.520
insgesamt				
Männer	1.104.724	1.340.410	1.606.700	1.905.800
Frauen	907.845	1.016.820	1.255.260	1.471.300
zusammen	2.012.569	2.357.230	2.861.960	3.377.100

Quelle: INED auf Basis der Daten des INSEE.
* Bezeichnung des INSEE für die während der Kolonialzeit in Algerien geborenen und durch einen besonderen zivilrechtlichen Status gekennzeichneten Personen.
Anmerkung: 1968 wurden 471.000 erfaßte Personen algerischer Herkunft der ausländischen Bevölkerung zugezählt.

Die Periode bis 1975 war durch eine Zuwanderung aus den ländlichen Räumen der jeweiligen Herkunftsländer gekennzeichnet. Ländlicher Herkunft waren mehr als 70% jener Migranten aus der Türkei und aus Portugal, die vor 1975 eingewandert und 1992 noch in Frankreich ansässig waren. Etwas geringer war der Prozentsatz bei Personen aus anderen Staaten.[7] Diese Zuwanderer besaßen und besitzen im Regelfall nur eine geringe oder gar keine Schulbildung. Ohne Schulabschluß waren mehr als 40% der Männer und 50% der Frauen aus Algerien und Marokko. Dagegen hatten fast alle Zuwanderer aus Südeuropa die Schule besucht, wenn auch in vielen Fällen nur für kurze Zeit. Fehlende Schulbildung variiert besonders bei Zuwanderern aus der Türkei stark mit dem Geschlecht (nur 11% der Männer, aber 31% der Frauen).

3.2.3 Neue Formen der Migration nach 1974

Ab 1974 begann in Frankreich eine neue Phase der Migration. Diese war einerseits durch eine drastische Reduktion der Wanderungsströme und andererseits durch eine qualitative Veränderung des Profils der Zuwanderer charakterisiert.

Nach einem jährlichen Zuwachs von 2,3% zwischen 1968 und 1974 wuchs die eingewanderte Bevölkerung[8] zwischen 1975 und 1982 nur noch um 0,5% pro Jahr, insgesamt um 150.000 Personen (Tabelle 3.4). In den folgenden acht Jahren lag die Wachstumsrate bloß bei 0,4% (1982–90). Die letzte Volkszählung ergab 1990 4,2 Mio. in Frankreich wohnhafte Zuwanderer. Nach dem Ende der Rekrutierung ausländischer Arbeitskräfte verschob sich der Schwerpunkt der Zuwanderung auf die Familienzusammenführung, was sich in der Änderung der Geschlechterproportion niederschlug. Im Jahr 1975 waren 44% aller Zuwanderer Frauen, 1990 bereits 48%.

Trotz des seit 1975 nur noch schwachen Anstiegs der Gesamtzahl der Zuwanderer kam es zu bedeutenden Verschiebungen bei den Herkunftsstaaten. Der Anteil der aus Südeuropa stammenden Immigranten verringerte sich bis 1990 auf 37% (1975: 51%). Trotz der Diversifizierung der Herkunftsstaaten stammte immer noch mehr als die Hälfte der Zuwanderer aus Europa. Die Zahl der marokkanischen Zuwanderer verdoppelte sich durch die sich in der genannten Periode ausweitende Familienzusammenführung beinahe (Tabelle 3.4). Demgegenüber kam es zu keinem Wachstum der aus Algerien stammenden Bevölkerung Frankreichs, denn bei dieser Gruppe handelt es sich um eine alternde Population, bei der die Sterbefälle inzwischen die Zugänge übertreffen, während die Kinder fast alle französische Staatsbürger werden.

Nach 1974 stieg die Zuwanderung aus asiatischen und afrikanischen Staaten beträchtlich an. Die stark auf die Jahre 1975 bis 1985 konzentrierte Zuwanderung aus Südostasien schwächte sich in der Folge erheblich ab. Die Zuwanderungsströme dehnten sich auf andere Staaten wie den Libanon, China, den Iran usw. aus. 1990 lebten 159.000 aus diesen Staaten kommende Personen in Frankreich, 1982 waren es nur 90.000.

Tabelle 3.4: Entwicklung der Zahl der Zuwanderer nach Herkunftsland und Staatsbürgerschaft 1975–1990

	1975	1982	1990
insgesamt	3.920.430	4.071.109	4.195.952
Ausländer	2.775.720	2.869.956	2.858.026
eingebürgerte Personen	1.144.710	1.201.153	1.337.926
französische Staatsbürger (in %)	29,2	29,5	31,9
davon aus			
Spanien	609.605	485.764	412.785
Ausländer	403.325	267.448	190.086
eingebürgerte Personen	206.280	218.316	222.699
französische Staatsbürger (in %)	33,8	44,9	54,0
Italien	714.650	606.972	523.080
Ausländer	363.300	281.712	222.895
eingebürgerte Personen	351.350	325.260	300.185
französische Staatsbürger (in %)	49,2	53,6	57,4
Portugal	659.800	644.428	605.986
Ausländer	632.170	587.192	504.540
eingebürgerte Personen	27.630	57.236	101.446
französische Staatsbürger (in %)	4,2	8,9	16,7
Algerien	571.925	617.993	571.997
Ausländer	484.175	524.308	473.328
eingebürgerte Personen	87.750	93.685	98.669
französische Staatsbürger (in %)	15,3	15,2	17,2
Marokko	244.945	358.296	446.872
Ausländer	225.925	328.980	396.406
eingebürgerte Personen	19.020	29.316	50.466
französische Staatsbürger (in %)	7,8	8,2	11,3
Tunesien	151.125	177.544	182.478
Ausländer	114.990	134.264	135.484
eingebürgerte Personen	36.135	43.280	46.994
französische Staatsbürger (in %)	23,9	24,4	25,8
Türkei	59.515	108.708	158.907
Ausländer	48.145	97.348	146.643
eingebürgerte Personen	11.370	11.360	12.264
französische Staatsbürger (in %)	19,1	10,5	7,7
Schwarzafrika	–	123.392	182.479
Ausländer	–	108.104	147.974
eingebürgerte Personen	–	14.288	34.505
französische Staatsbürger (in %)	–	11,6	18,9
Kambodscha/Laos/Vietnam	–	124.420	158.075
Ausländer	–	94.832	91.629
eingebürgerte Personen	–	28.588	66.446
französische Staatsbürger (in %)	–	23,0	42,0

Quelle: INED auf Basis der Daten des INSEE (Volkszählungen).

Ein starkes Wachstum erreichte die Zuwanderung aus Schwarzafrika, wobei eine zunehmende Ausdehnung auf Staaten zu beobachten war, die außerhalb des früheren französischen Kolonialgebietes liegen. Die Zahl der aus diesen Staaten stammenden Immigranten verdoppelte sich von 37.928 (1982) auf 78.474 Personen im Jahr 1990.

Die gegenwärtige Situation unterscheidet sich deutlich von der zu Beginn des 20. Jahrhunderts. Die Zuwanderer stammen aus einer wachsenden Zahl von Ländern mit größerer räumlicher Distanz zu Frankreich. Bei rückläufiger Immigration aus Marokko oder Algerien, bei der die Zuwanderer v.a. aus ländlichen Räumen stammten und einen niedrigen Alphabetisierungsgrad hatten, war nach 1974 ein Anstieg des schulischen und sozialen Niveaus der männlichen Zuwanderer, die nun häufiger aus den Städten kamen, zu verzeichnen. Das läßt sich am Beispiel der männlichen Immigranten aus Marokko zeigen. 40% der vor 1975 zugewanderten Marokkaner hatten keine Schulbildung. Die Zahl derjenigen, die bis zum 20. Lebensjahr eine Bildungseinrichtung besucht hatten, war sehr gering. Demgegenüber wies der Großteil der später Zugewanderten einen Schulabschluß auf, die Hälfte dieser Immigranten stand bis zum 20. Lebensjahr in Ausbildung. Diese Entwicklung zeigte sich jedoch nicht bei türkischen und portugiesischen Zuwanderern. Der Grund dafür liegt möglicherweise im Fortwirken der auf dörflichen Strukturen basierenden Migrationsnetzwerke.

Der 1974 verfügte Rekrutierungsstopp erhöhte die Selektivität der seither stattfindenden Migration und dadurch das schulische und soziale Niveau der Zuwanderer. Trotz allem behielt der französische Arbeitsmarkt seine Attraktivität für Immigranten. Der Zugang vollzog sich nun über Umwege. Dazu gehörten das Asylverfahren, die Aufnahme eines Studiums und die Heirat mit anschließender Familienzusammenführung (Tribalat 1995b). Der Bruch von 1973[9] bewirkte v.a. eine bedeutende Reduktion der Arbeitsmigration von algerischen Männern – eine Tendenz, die sich bis in die Gegenwart fortsetzt. Im Kontext einer verringerten Zuwanderung erreichte der Zugang ausländischer Studenten quantitativ jenen der Arbeitskräfte. Immer häufiger verbanden männliche Zuwanderer aus Algerien berufliche mit familiären Motiven. Ähnliches gilt für die Zuwanderung aus Marokko.

Im Fall der portugiesischen Zuwanderer waren die kulturellen Gemeinsamkeiten mit Frankreich nicht so ausgeprägt, daß eine quantitativ bedeutende Immigration von Studenten hätte entstehen können. Arbeit und Familiennachzug blieben die wichtigsten Gründe der Zuwanderung.

Auch bei türkischen Männern fiel der Anteil jener, die die Arbeitsaufnahme als Grund für ihre Einreise angaben, von 92% in den Jahren 1970–1974 auf 11% Ende der 80er Jahre. Die Zuwanderer aus der Türkei nutzten die noch verfügbaren Zutrittsmöglichkeiten: politisches Asyl oder Familienzusammenführung. Mehr als zwei Drittel der nach 1974 zugewanderten Männer hatten eine Ehegattin oder Eltern in Frankreich. Die Zuwanderung von Frauen blieb noch stärker von den familiären Beziehungen zu bereits in Frankreich wohnhaften Personen bestimmt.

Bei den männlichen Zuwanderern aus den Staaten Schwarzafrikas war die Aufnahme einer Erwerbstätigkeit nicht der vorherrschende Wanderungsgrund. Selbst in den Fällen, in denen diese als Grund der Immigration angegeben wurde, erfolgte die Zuwanderung spontan, also ohne Vorbereitung der Arbeitsaufnahme vom Herkunftsland aus. Wichtigster Wanderungsgrund war seit 1974 die Aufnahme eines Studiums in Frankreich. Den Asylanträgen kam ebenfalls eine große Bedeutung zu: 30% der nach 1985 zugewanderten Schwarzafrikaner hatten einen Asylantrag gestellt. Bei weiblichen Zuwanderern aus Schwarzafrika dominierte die Familienzusammenführung. An zweiter Stelle folgte die Aufnahme eines Studiums.

Die Zuwanderung aus Asien wies sehr starke Besonderheiten auf. Es überwogen Asylanträge und Familienzusammenführungen. Der Großteil der asiatischen Asylbewerber wurde im Rahmen der mit dem UNHCR ausgehandelten Quoten als Kontingentflüchtlinge aufgenommen. Etwas mehr als 80% erklärten, daß sie anschließend einen Antrag beim Amt für den Schutz von Flüchtlingen und Staatenlosen (OFPRA) gestellt hatten und in der Folge als Flüchtlinge anerkannt worden waren.

3.2.4 Die Entwicklung neuer Migrationsmuster nach 1974

Im Laufe der 70er und 80er Jahre bildeten sich neue Migrationsmuster heraus. Vor 1974 emigrierten meist zuerst die Männer; später folgten ihnen die Ehefrauen nach. Oder die Männer suchten sich Frauen in ihrem Heimatland (bzw. die Eltern suchten Frauen für ihre Söhne aus), die dann nach Frankreich geholt wurden. Nach 1974 nahm die Zahl jener Fälle zu, in denen Männer ihren Frauen nachfolgten. Dazu sind auch jene Fälle zu zählen, in denen die Zuwanderung des Mannes im Anschluß an eine Heirat mit einer in Frankreich lebenden Frau erfolgte. Auch eine solche Heirat gestattet die Zuwanderung oder die Legalisierung des Aufenthaltes.

Jene Gruppen, bei denen die von den Familien arrangierte Ehe die Regel ist und die die Eheschließung innerhalb des weiteren Verwandtenkreises praktizieren, bieten auswanderungswilligen jungen Menschen aus dem Herkunftsland die Chance zur Migration. Innerhalb dieser Gruppen existieren transnationale Heiratsmärkte mit Angebot, starker Nachfrage und Marktpreisen in Form von Mitgiften bzw. Brautpreisen. Im Vergleich zu den Gepflogenheiten im Herkunftsstaat können diese Beträge exorbitant hoch sein.[10]

Bei Zuwanderern, deren in Frankreich geborene Töchter das heiratsfähige Alter erreichen, verbleibt ein Teil der jungen Frauen im Rahmen des ethnischen Heiratsmarktes. Das ist bei den in Frankreich geborenen Frauen algerischer Abstammung der Fall. Bei anderen Zuwanderergruppen ist das „Angebot" an in Frankreich geborenen jungen Frauen geringer. Die Vermählungen finden deshalb eher im Kreis derer statt, die während ihrer Kindheit nach Frankreich eingewandert sind. Dies ändert jedoch wenig an dem oben beschriebenen Schema. Die Zuwanderung aus Marokko und aus der Türkei belegt dies.

Dazu kommt ein anderer Typ von Eheschließung. Einige der unverheiratet nach Frankreich einreisenden Männer schaffen es, in Frankreich bleiben zu können, indem sie eine gebürtige Französin ehelichen. Dabei handelt es sich v.a. um junge Männer aus Marokko oder Algerien. Das ist möglicherweise eine der Erklärungen für den gegenwärtigen Boom von Ehen zwischen Partnern unterschiedlicher nationaler Herkunft. Bei Zuwanderern aus Marokko ist jedenfalls die Erlangung der Staatsbürgerschaft auf dem Wege der Eheschließung häufiger zu beobachten.

Die starke Instrumentalisierung der Ehe kommt zu den traditionellen Gepflogenheiten hinzu und läßt wenig Spielraum für eine freie Wahl des Ehepartners. Dennoch handelt es sich keineswegs um Scheinehen. Und selbst in jenen Fällen, in denen eine „Vernunftehe" mit einer gebürtigen Französin bzw. einem Franzosen zur rascheren Erlangung der Staatsbürgerschaft geführt hat, muß dies für die Beteiligten und ihr Familienleben nicht unbedingt von Nachteil sein. Der negative Effekt der restriktiven Migrationspolitik besteht viel eher in der Verstärkung von Eheformen, die unter anderen Umständen stark rückläufig wären. Die restriktive Zuwanderungspolitik, die gerade junge Frauen zu „Gefangenen" eines ethnischen Heiratsmarktes macht, wirkt sich jedenfalls nachteilig auf die Assimilierung dieser Frauen in Frankreich aus.

3.3 Zuwachs an Asylbewerbern und Regulierung des Zustroms

Im Jahr 1972 verzeichnete das OFPRA 2.000 Asylanträge.[11] Damals wurde das Asylverfahren von manchen Zuwanderern in Anspruch genommen, um nachträglich von den Vorteilen des Flüchtlingsstatus zu profitieren[12], außerdem wurde es von den Behörden genützt, um Immigranten aus kommunistischen Staaten unterstützen zu können (Legoux 1995). Die von der Migrationspolitik im Jahr 1974 eingeschlagene restriktivere Richtung erhöhte die Bedeutung des politischen Asyls beträchtlich. In der zweiten Hälfte der 70er Jahre wuchs die Zahl der Asylbewerber stark an und überschritt am Beginn der 80er Jahre die Marke von 20.000. Gegen Ende der 80er Jahre war erneut eine deutliche Steigerung zu verzeichnen. Mit 61.372 Asylansuchen wurde 1989 das bisher höchste Niveau erreicht (Tabelle 3.5).

Diese Entwicklung ist sowohl Resultat verschiedener politischer Konflikte und Katastrophen in der Welt[13] als auch ein Indiz für den Migrationsdruck auf Frankreich und andere europäische Staaten. 1989 erreichte die Zahl der von Türken und türkischen Kurden gestellten Asylanträge die Rekordmarke von 17.355; acht Jahre vorher waren es weniger als 300. Die Zahl der Asylanträge von Afrikanern lag 1989 bei 23.456 gegenüber 3.583 im Jahr 1981.

Gegen Ende der 80er Jahre erreichten die Arbeitsbelastung und die Verzögerung der Verfahren am OFPRA ein derartiges Ausmaß, daß nur eine beträchtliche Aufstockung der Personalmittel Abhilfe schaffen konnte. Dies bedeutete beinahe eine Verdreifachung des Budgets im Jahr 1990. Parallel dazu wurde eine Reihe von Maßnahmen ergriffen, um die Zahl der Asylanträge zu senken. 1991 führten die Behörden ein Verfahren der außerordentlichen Anerkennung von zuvor abgewiesenen Asylanträgen durch. Ab 1992 näherte sich die Zahl der Asylansuchen wieder dem Niveau der mittleren 80er Jahre (ca. 29.000 pro Jahr). Dieser Rückgang setzte sich in den folgenden Jahren fort. 1994 wurden nur noch 25.000 Asylanträge gestellt.

Tabelle 3.5: Asylanträge und Entscheidungen 1981–1994

	1981	1982	1983	1984	1985	1986	1987	1988	1989	1990	1991	1992	1993	1994
Asylanträge	19.770	22.471	22.285	21.624	28.809	26.196	27.568	34.253	61.372	54.707	46.784	28.873	27.564	25.964
Europa	2.660	3.628	3.195	2.866	3.579	4.636	6.909	8.915	20.614	17.542	14.622	7.159	7.524	8.269
Asien	11.842	13.857	12.816	13.197	14.136	9.795	8.934	8.377	13.950	13.335	14.663	11.092	7.960	6.898
Afrika	3.583	3.734	4.590	4.043	9.984	10.708	10.478	14.725	23.456	22.119	16.172	9.392	11.145	10.009
Amerika	1.685	1.252	1.684	1.518	1.110	1.057	1.247	2.236	3.352	1.711	1.088	923	679	616
Entscheidungen	18.670	21.154	20.816	21.243	26.614	27.185	26.559	25.363	30.199	85.369	81.926	37.202	35.489	29.710
Europa	2.386	3.583	3.074	2.829	2.806	3.592	4.559	6.548	8.263	29.490	24.879	8.685	9.771	8.627
Asien	11.718	13.514	12.514	14.142	16.316	13.752	11.400	8.729	10.341	16.952	19.234	13.450	10.264	8.725
Afrika	2.974	2.811	3.880	3.085	5.781	8.173	9.332	8.450	10.174	35.526	35.485	12.268	13.208	10.776
Amerika	1.592	1.246	1.348	1.187	1.711	1.668	1.268	1.636	1.421	3.401	2.198	2.701	1.754	1.343
Anerkannte Anträge	14.489	15.614	14.564	13.629	11.491	10.556	8.635	8.732	8.711	13.443	16.112	10.819	9.914	7.025
Europa	1.913	3.204	2.508	2.084	1.662	1.716	1.671	2.166	1.999	2.944	3.787	2.071	3.040	2.271
Asien	10.294	10.545	10.241	10.352	8.062	7.206	5.545	5.037	5.466	8.396	9.389	6.111	4.747	3.322
Afrika	1.063	783	860	841	957	837	877	887	819	1.516	2.258	1.820	1.487	983
Amerika	1.219	1.082	955	352	810	797	542	642	427	587	550	740	537	369

Quelle: OFPRA.

3.3.1 Ausgang der Asylverfahren

Deutliche Veränderungen der Zahl der Asylbewerber und unterschiedlich lange Verfahren nehmen dem Anteil der positiven Bescheide an der Gesamtzahl der Anträge eines Jahres einiges von seiner Aussagekraft.[14] Gegliedert nach den Herkunftskontinenten, ist die Analyse gegenwärtig nur für die Jahre 1990 bis 1993 möglich. Daß die Erfolgschancen von der geographischen Herkunft der Asylbewerber bestimmt werden, ist jedoch für diesen Zeitraum deutlich zu erkennen.[15]

Tabelle 3.6: Vergleich der Quote der in der ersten Instanz (OFPRA) anerkannten Asylanträge mit der auf Basis des Bearbeitungsstandes vom Jänner 1994 kalkulierten Quote (in %)*

	1990	1991	1992
Anerkennung von Europäern	26,6	21,3	29,6
davon Anerkennung von Europäern in 1. Instanz	20,2	15,2	23,3
Anerkennung von Asiaten	56,1	45,7	46,2
davon Anerkennung von Asiaten in 1. Instanz	51,5	39,6	39,1
Anerkennung von Afrikanern	6,8	7,5	12,1
davon Anerkennung von Afrikanern in 1. Instanz	3,7	4,1	8,7
Anerkennung von Lateinamerikanern	25,9	31,8	56,2
davon Anerkennung von Lateinamerikanern in 1. Instanz	15,4	24,3	48,1
Anerkennungen insgesamt	26,8	25,0	31,0
davon Anerkennungen in 1. Instanz insgesamt	21,2	19,1	25,5

* Unter Einschluß von Einsprüchen und erneuten Überprüfungen.
Quelle: INED auf Basis der Daten des OFPRA.

Die größten Erfolgschancen hatten in den frühen 90er Jahren Anträge aus Asien und Lateinamerika (etwa 50%), die niedrigsten jene aus Afrika (7%). Mit ca. 25% positiven Bescheiden bewegten sich die Asylbewerber aus Europa im Durchschnitt. Im Jahr 1990 wurden mehr als 80% der negativen Entscheidungen des OFPRA von den Asylbewerbern beeinsprucht. In den folgenden Jahren dürfte dieser Prozentsatz etwa gleichgeblieben sein. Besonders günstig waren die Entscheidungen der Berufungsinstanz für Europäer und Asiaten: Ungefähr 15% der 1992 eingereichten Einsprüche führten zu einer Aufhebung der Entscheidung des OFPRA. Demgegenüber wurde den Einsprüchen von Afrikanern oder Lateinamerikanern nur in 5% der Fälle stattgegeben. Die Asylanträge von Afrikanern hatten sowohl bei der ersten Überprüfung als auch in der Berufungsinstanz die geringsten Chancen. Im allgemeinen erhöhte die Spruchpraxis der Berufungsinstanz die Anerkennungsrate um 5 bis 6 Prozentpunkte (z.B. von 19% auf 25% der gesamten 1991 eingereichten Anträge; vgl. dazu Tabelle 3.6).

Die Analyse ergibt, daß die Aufarbeitung des Rückstandes und die vermehrte Zurückweisung bereits vor längerer Zeit gestellter Asylanträge zu einer Unterschätzung der aktuellen Anerkennungsrate führten.

Die Tabelle 3.5 zeigt, daß der bei den lateinamerikanischen Anträgen gegen Ende der 80er Jahre aufgetretene Rückstand nicht so schnell aufgeholt werden konnte: 1994 erfolgte in 1.343 Fällen eine Entscheidung, obwohl in diesem Jahr nur 616 Asylanträge gestellt wurden. Ähnliches zeigt sich bei Anträgen von Bürgern europäischer und afrikanischer Staaten, wobei jedoch eine geringe Diskrepanz besteht. Lediglich bei den asiatischen Asylbewerbern ist die Differenz zwischen aktuellen Asylbegehren und Entscheidungen relativ gering. Die Aufarbeitung der älteren Antragsfälle erhöhte den Anteil der pro Jahr gefaßten negativen Beschlüsse nicht wesentlich.

Der geringe Anteil der älteren Fälle an den Entscheidungen der Jahre 1990 bis 1993 belegt, daß das OFPRA ab 1990 bemüht war, den bei der Behandlung der älteren Anträge aufgetretenen Rückstand nach und nach aufzuholen und eine Ansammlung neuer „Altfälle" zu vermeiden. Solange diese Überprüfung nicht abgeschlossen ist, ist es schwierig, den Anteil der positiven Bescheide als Gradmessser der Anerkennung von Asylanträgen heranzuziehen. Jede stärkere Schwankung der Zahl der Asylanträge hätte den gleichen Effekt.

3.3.2 Weitere Maßnahmen zur Sicherstellung des humanitären Schutzes

Zusätzlich zu den durch das Asylrecht bestimmten Verfahren einer normalen oder außerordentlichen Regelung entwickelte sich in Frankreich – wie auch in vielen anderen Staaten – eine Praxis der Duldung. Diese Regelung gewährt jenen Personen Schutz, die zwar in ihren Herkunftsstaaten tatsächlich bedroht sind, aber nach einer strengen Auslegung der Genfer Flüchtlingskonvention keinen Anspruch auf politisches Asyl haben. Im Gefolge des Krieges im ehemaligen Jugoslawien und aufgrund der dramatischen Situation in Algerien gewährte Frankreich Bürgern dieser Staaten ein temporäres Aufenthaltsrecht. Dieser Status schließt auch eine Arbeitsgenehmigung ein. Das Innenministerium war bisher nur zur Bekanntgabe weniger Informationen über die Zahl der davon betroffenen Personen bereit. Diese Zurückhaltung beruht auf der Angst davor, dieser Möglichkeit einen offiziellen Charakter zu verleihen und damit einen Anreiz für weitere Zuwanderung zu schaffen. Per 31. 12. 1993 nahmen fast 4.500 Personen aus dem früheren Jugoslawien die Möglichkeit temporären Schutzes in Anspruch.

3.4 Die Entwicklung der Migrationspolitik seit 1981

Nach dem offiziellen Ende der Rekrutierung von Arbeitskräften und der folgenden ambivalenten Politik („Eingliederung plus Hoffnung auf Rückkehr") wurden im Jahr 1977 sehr harte politische Maßnahmen gesetzt, die die Rückwanderung als Instrument zur Bekämpfung von Arbeitslosigkeit vorsahen (Weil 1991). Diese Politik zielte besonders auf jene algerischen Staatsbürger, deren 1969 ausgestellte Aufenthaltsgenehmigungen[16] vor dem Auslaufen standen. Wegen des starken Widerstandes der algerischen Regierung und verschiedener Instanzen in Frankreich gelang es der französischen Regierung jedoch nicht, diese Politik durchzusetzen.

1981 wurde erstmals in der V. Republik ein Sozialist zum Staatspräsidenten gewählt. In den folgenden Jahren waren gleichermaßen liberale wie restriktive Zielsetzungen der Migrationspolitik zu beobachten. Zwei Ziele wurden verfolgt:

– die Verbesserung der Lebensbedingungen und die Integration der ausländischen Bevölkerung bzw. der Kinder aus der sogenannten „zweiten Generation";
– die Verhinderung einer weiteren Zuwanderung und die Zurückdrängung von illegalem Aufenthalt und illegaler Beschäftigung.

Bald wurde die Betonung auf den einen, bald auf den anderen Aspekt gelegt. Auf die argumentative Verbindung der beiden Zielsetzungen folgte die Behauptung eines ursächlichen Zusammenhangs zwischen Integration und Begrenzung oder sogar Verhinderung von Zuwanderung. Letzteres wurde als notwendige Vorbedingung für die Integration dargestellt.

Die Einführung einer Politik der geschlossenen Grenzen durch die sozialistische Regierung versuchte den Eindruck zu erwecken, daß die Frage des illegalen Aufenthaltes von Ausländern in Frankreich durch eine Bereinigung der zuvor entstandenen Situation geregelt werden könnte. Das war die Zielsetzung der im Rahmen einer rigoroseren Kontrolle der Zuwanderung erfolgten Amnestie der Jahre 1981 und 1982. Vom Verfahren zur außerordentlichen Legalisierung ihres Aufenthaltes machten 140.000 Personen Gebrauch. Eine Reihe weiterer Schritte folgte. Einige dieser Maßnahmen, vor allem die speziellen Aufenthaltsberechtigungen für Bürger der Maghrebstaaten, ließen sich in der Praxis kaum administrieren. Deshalb traf die sozialistische Regierung Vorkehrungen, um den Zuzug zu verringern und die Rückkehr zu fördern. Dazu zählten Abkommen mit den Unternehmen und ein Übereinkommen zwischen Frankreich und Algerien über die Wiedereingliederung von Arbeitskräften in ihrer Heimat. Diese Maßnahmen führten jedoch nur zur Rückkehr von knapp 150.000 Personen.

1984 wurden zwei weitere Maßnahmen getroffen. Die erste sollte die Einreise von Ausländern begrenzen, indem in Fällen geplanter Familienzusammenführung eine vor der Einreise zu beantragende Bewilligung vorgeschrieben wurde. Eine zweite Maßnahme konsolidierte die Lage der Zuwanderer durch die Schaffung eines einheitlichen Rechtstitels für Aufenthalt und Zugang zum Arbeitsmarkt sowie durch Einführung einer Aufenthaltsgenehmigung mit zehn Jahren Gültigkeit. Dies bedeutet für Personen, die einen vollen Rechtsanspruch besitzen, auch weitgehenden Schutz vor einer Ausweisung.

1987 folgte ein Gesetz, das die Inanspruchnahme von Kindergeld an die Vorlage eines Gesundheitszeugnisses der Kinder (und damit an die legale Einreise derselben) knüpfte. Im Gegensatz zu den Erwartungen verringerte sich die Zahl ausländischer Familienangehöriger dadurch nicht. Stattdessen reisten die bereits im Land ansässigen Familien während des Urlaubs in ihre Heimatstaaten, um Anträge für die Kinder zu stellen und anschließend nach Frankreich zurückzukehren.

Trotz wechselnder Mehrheiten im Parlament ließen die innenpolitischen Kräfteverhältnisse keinen Spielraum für wirkliche Richtungsänderungen in der französischen Migrationspolitik. Zum einen wurden alle amtierenden Regierungen zunehmend durch bindende europäische Abkommen (Schengener und Dubliner Abkommen, Vertrag von Maastricht) eingeschränkt. Zum anderen waren die Konservativen, die 1986–1988 im Parlament über eine Mehrheit verfügten, bestrebt, die Rechte der in Frankreich lebenden Ausländer einzuschränken. Diese Maßnahmen hatten dabei besonders jene Zuwanderer im Auge, die nur eine zehnjährige Aufenthaltsgenehmigung besaßen oder als minderjährige Kinder von Zuwanderern noch keine französischen Staatsbürger waren. Dadurch sollte die Zahl jener Personen, die ausgewiesen werden konnten, vergrößert werden. Ein weiteres Ziel bestand in einer stärkeren Reglementierung der Einreise nach Frankreich (Einführung der Visumpflicht für Bürger aus Nicht-EU-Staaten, Restriktionen beim Kindergeld). Als sie 1988 wieder an die Regierung kamen, hielten die Sozialisten die restriktive Politik gegenüber der Zuwanderung im Prinzip aufrecht, lockerten jedoch einige Bestimmungen des Aufenthaltsrechts und stärkten die Aufsichtsfunktion der Justiz beim Vollzug des Ausländerrechts. Aufgrund dessen änderten sich die Strategien eines Teils der Zuwanderer. Der Zugang zu einer unbeschränkten Aufenthaltsgenehmigung, den die Heirat mit einer Französin ermöglicht, brachte eine Instrumentalisierung der Ehe durch die Zuwanderer aus den Maghrebstaaten, Schwarzafrika und der Türkei mit sich.

Die Rückkehr der Konservativen an die Regierung im Jahr 1993 führte zu einer deutlich restriktiveren Zuwanderungspolitik. Die grundlegende Verordnung aus dem Jahr 1945 wurde stark verändert. Das Asylrecht wurde in die rechtlichen Bestimmungen über Einreise und Aufenthalt von Ausländern „integriert". Gleichzeitig wurde eine Änderung des Staatsbürgerschaftsrechtes beschlossen, die die Nationalität in einem restriktiveren Sinn auffaßt. In Frankreich lebende Kinder von Zuwanderern werden seither nicht mehr automatisch mit Erreichen der Volljährigkeit Franzosen, sondern müssen ihre Unbescholtenheit nachweisen und die Staatsbürgerschaft zwischen dem 16. und dem 21. Lebensjahr beantragen. Die neue Regierung unterscheidet sich bezüglich ihrer Migrationspolitik jedoch nicht wesentlich von denjenigen anderer europäischer Staaten. Schließlich zeigte der Wahlkampf des Jahres 1995, wie sehr die Diskussion über eine andere Migrationspolitik tabu ist.

3.5 Die jüngste Entwicklung der Zuwanderung

Frankreich besitzt kein Bevölkerungsregister. Deshalb besteht ein Mangel an Daten über Zu- und Abwanderungsströme. Die Migrationsstatistik ist ein bloßes Nebenprodukt anderer Zulassungs- bzw. Regelungsverfahren. Zu den Unzulänglichkeiten zählen die mangelnde Vergleichbarkeit der Quellen, die zu geringe Ausschöpfung der Daten sowie zeitliche Diskontinuitäten der Registrierung. Die Vergleichbarkeit leidet auch unter der relativ späten amtlichen Definition des Begriffes „Zuwanderer", die erst in den 80er Jahren erfolgte.[17]

3.5.1 Die statistischen Quellen

Seit 1990 wurde eine Schätzung der Zuwanderung ermöglicht, die von der Erfassung durch die Behörde für Internationale Migration (OMI, früher ONI) und durch das Asylamt OFPRA ausgeht. Grundlage dafür war die Erweiterung der Aufgaben des OMI im Jahr 1987 durch die Ausweitung der Gesundheitskontrollen von den dauernd anwesenden Arbeitskräften und deren Familien auf andere Kategorien von Ausländern. Die Modalitäten der Durchführung dieser neuen Gesundheitskontrollen und der Verwendung der dabei erhobenen Daten gestatteten vor 1990 keine zuverlässige Schätzung der Zahl der nach Frankreich zugewanderten Ausländer. Obwohl die Evaluierung der Zuwanderung von Ausländern strikt auf der erfaßten Immigration basiert, wird diese als Schätzung eingestuft, weil die verwendeten Quellen die Zahl der Zuwanderer nicht zur Gänze erfassen. Als Zuwanderer werden Personen definiert, die zu einem mindestens einjährigen Aufenthalt in Frankreich berechtigt sind, wobei diese Dauer in der Aufenthaltsgenehmigung festgehalten ist.[18] Der derzeitige Erhebungsmodus wird noch vor Ende der 90er Jahre durch eine Auswertung von Informationen aus der zentralen Datei des Innenministeriums[19] über ausgestellte Aufenthaltsgenehmigungen mit mindestens einjähriger Gültigkeit ersetzt werden.

Gegenwärtig ist die Schätzung mit Mängeln behaftet. Die Erfassung durch das OMI ist nicht vollständig, weil bestimmte Kategorien von nach Frankreich kommenden Ausländern nicht unter die Zuständigkeit des Amtes fallen. Das betrifft nicht erwerbstätige Bürger von EU- und EWR-Staaten, Selbständige aus den genannten Staaten, nachziehende Familienangehörige aus bestimmten afrikanischen Staaten (Burkina Faso, Zentralafrikanische Republik, Gabun, Mauretanien und Togo)[20] sowie Arbeitskräfte aus Zentralafrika. Außerdem besteht das Problem, daß bei verschiedenen Verfahren die Erfassung der Einreise von Ausländern nicht mit der tatsächlichen Ankunft übereinstimmt. Etliche der als Zuwanderer eingestuften Ausländer mit einer einjährigen Aufenthaltsgenehmigung reisen bereits früher ein, ohne daß das Ausmaß des dazwischenliegenden Zeitraumes bekannt ist.

3.5.2 Die Zuwanderung in den Jahren 1990 bis 1994

Auf Basis der verfügbaren Daten bewegte sich die Bruttozuwanderung von Ausländern zu Beginn der 90er Jahre auf dem Niveau von etwa 100.000 Personen pro Jahr. 1993 begann eine Verringerung der Zuwanderung auf 94.000 und schließlich auf 64.000 Zugänge im Jahr 1994 (Tabelle 3.7). Diese Entwicklung ist nur zum Teil auf die neuen Gesetze von 1993 zurückzuführen, weil der Großteil der damals beschlossenen Maßnahmen erst später in Kraft trat. Möglicherweise verringerte jedoch die Aussicht auf die Veränderungen bereits die Zahl der Einreiseanträge. Der freie Verkehr von Personen innerhalb der EU, der in Frankreich vor allem die Immigration aus Spanien und Portugal betrifft, war 1992 quantitativ bedeutend, wurde in der Folge aber wieder geringer. Die Zuwanderung von permanenten Arbeitskräften aus Portugal verringerte sich 1993 um die Hälfte und 1994 erneut um 40%. Zur Erklärung der Verringerung der Gesamtzahl der Zuwanderer im Jahr 1993 muß ein weiterer Aspekt hinzugefügt werden: die im Vergleich zu 1992 geringere Zahl der Anerkennungen in 1. Instanz abgewiesener Asylanträge.[21] Die Statistiken schließen die Zuwanderung in die französischen Überseegebiete mit ein (1994 fast 4.000 Personen). In den Zahlen für 1993 ist auch die außerordentliche Legalisierung des Aufenthaltes von Personen auf der Karibikinsel Saint Martin enthalten, die hauptsächlich Flüchtlinge aus Haiti betraf.

1994 betraf der Rückgang alle Verfahren, insbesondere auch den Zuzug von Familienangehörigen, bei denen die Verringerung mehr als ein Drittel betrug. Der Anteil der Familienzusammenführung an der Zuwanderung betrug 1993 60% und 1994 58%. Insgesamt zeigt sich trotz Zuwanderung der letzten Jahre für 1994/95 eine Zahl nicht aus der EU stammende permanent anwesender Arbeitskräfte, die heute etwa der Größenordnung von 1988 entspricht.

Etwas mehr als 40% der Zuwanderer der 90er Jahre kamen aus Afrika. Von ihnen stammten mehr als zwei Drittel aus den Maghrebstaaten. Der über die Familienzusammenführung erfolgte Zustrom von Familien aus den Maghrebstaaten verringerte sich seit 1990. Diese Tendenz beruht auf der geringeren Zuwanderung aus Marokko und Tunesien im Jahr 1993. 1994 war auch der Zustrom aus Algerien „optisch" geringer. 2.885 im Jahr 1994 registrierten Zuzügen standen 5.331 für 1993 gegenüber. Dies hatte allerdings bloß administrative Ursachen. Bei diesem Personenkreis hatte das OMI Ende

Tabelle 3.7: Zuwanderung von Ausländern nach Herkunftskontinent und -staat sowie Typ des Verfahrens 1990–1994

	perma-nente Arbeits-kraft	Famili-enzusam-menfüh-rung (1)	Ehepart-ner von Franzo-sen	Eltern von französ. Kindern	Flücht-linge	Angehöri-ge von Flücht-lingen	Selbstän-dige (2)	andere Pers. mit vollem Aufent-halts-recht	1994	1993	zusammen 1992	1991	1990
Europa insgesamt	12.092	4.802	1.758	138	2.271	351	79	135	21.626	30.002	35.902	26.972	24.231
davon EU	11.305	–	–	–	–	–	–	–	11.305	14.388	24.194	9.333	9.514
davon Portugal	4.589	–	–	–	–	–	–	–	4.589	7.536	15.241	1.091	1.152
Osteuropa u. GUS (3)	424	699	931	70	179	45	17	60	2.425	4.190	3.613	5.516	4.964
Türkei	152	3.265	261	12	687	243	2	33	4.655	6.761	9.306	9.423	7.285
ehem. Jugoslawien	97	734	191	28	1.368	61	4	34	2.517	3.910	1.151	1.094	1.155
Asien insgesamt	1.726	2.230	1.288	66	3.322	233	39	228	9.132	11.936	14.795	20.822	21.455
davon Libanon	420	257	105	15	12	4	5	42	860	1.331	1.625	3.504	4.579
Sri Lanka	30	96	35	3	1.477	63	1	3	1.708	2.505	–	–	–
Kambodscha/Laos/Vietnam	105	62	145	15	1.423	100	18	77	1.945	2.478	2.862	5.263	6.975
Afrika insgesamt	2.064	12.027	8.553	1.124	983	121	981	821	26.674	42.711	48.675	46.858	44.705
davon Maghrebstaaten	1.078	9.804	6.349	199	43	14	795	489	18.771	29.918	31.304	33.631	34.329
davon Algerien	527	2.885	4.240	0	28	10	762	245	8.697	12.253	11.362	11.776	12.703
Marokko	407	5.737	1.361	145	11	2	24	196	7.883	14.218	16.108	17.778	17.761
Tunesien	144	1.182	748	54	4	2	9	48	2.191	3.447	3.834	4.077	3.865
Afrika ohne Maghrebstaaten	986	2.223	2.204	925	940	107	186	332	7.903	12.793	17.371	13.227	10.466
Amerika insgesamt	2.414	1.558	1.439	377	369	52	263	79	6.551	9.107	7.554	7.392	6.095
alle Staaten 1994	18.349	20.646	13.145	1.749	7.025	776	1.204	1.208	64.102				
alle Staaten 1993	24.381	32.421	20.062	2.834	9.914	1.217	1.778	1.491		94.098			
alle Staaten 1992	42.255	32.665	19.045	2.986	10.819	1.065	1.282	1.105			111.222		
alle Staaten 1991	25.607	35.625	18.763	3.146	15.467	1.246	1.442	1.187				102.483	
alle Staaten 1990 (4)	22.393	36.949	15.254	3.080	13.486	3.200	1.439	1.196					96.997

Quelle: INED auf Basis der Daten des OMI und des OFPRA.
Anmerkungen: (1) Familienangehörige von EU-Bürgern werden nicht erfaßt. (2) Die Selbständigen aus der EU werden ebenfalls nicht erfaßt. (3) GUS, Albanien, Bulgarien, Ungarn, Polen, Rumänien, Tschechien und Slowakei. (4) Schätzung, die den Zugang unter dem Titel „Familienangehörige von Flüchtlingen" zu hoch ansetzt.

1994 noch nicht mit der Erfassung von Zuwanderern aus der Periode August bis November 1994 begonnen. Dieses Argument gilt jedoch nicht für die Zuwanderungsströme aus Marokko und Tunesien, bei denen der Rückgang mit 42% (46% bei den Algeriern) etwa gleich hoch war.

Im allgemeinen scheint die nunmehr bestehende Voraussetzung eines zweijährigen Aufenthalts[22] für einen Antrag auf Familienzusammenführung nicht geeignet, den beobachteten Rückgang zu erklären, weil die meisten potentiellen Antragsteller eine erheblich längere Aufenthaltsdauer aufweisen. Diese Entwicklung basierte auch nicht primär auf einer stärkeren Ablehnung der Anträge auf Famililienzusammenführung. 1994 fielen 36% der diesbezüglichen Entscheidungen des OMI negativ aus, 1993 waren es 31%.[23] 1994 waren bei 51% der negativen Entscheidungen des OMI mangelndes Einkommen bzw. fehlende finanzielle Ressourcen und bei 42% schlechte Wohnverhältnisse der Ablehnungsgrund. In den Jahren davor entfielen die negativen Entscheidungen etwa zu gleichen Teilen auf diese beiden Gründe. In 7% der Fälle wurden 1994 beide Gründe angegeben.

Die mit dem Erlaß vom 23.7.1991 eingeleitete außerordentliche Anerkennung zuvor abgelehnter Asylanträge geht zu Ende. Unter Ausklammerung der Maghrebstaaten war die Zahl der durch diese Regelung zu permanenten Arbeitsmigranten gewordenen Afrikaner innerhalb von zwei Jahren auf das Sechsfache angestiegen (6.990 im Jahr 1992 gegenüber 1.115 im Jahr 1990).

Unter Einschluß der Türkei entfiel ein Drittel der seit 1992 erfolgten Zuwanderung auf Europäer. Dieser immer noch hohe Anteil beruht unmittelbar auf der Ausdehnung des freien Personenverkehrs auf Portugal. Die Zuwanderung aus Portugal ging zwar seit 1992 stark zurück. Dieser Rückgang vollzog sich jedoch im Rahmen einer allgemeinen Verringerung der Zuwanderung, die besonders 1994 zu beobachten war. Seit 1992 reduzierte sich die Zahl der Zuwanderer aus der Türkei um 50%. Der Rückgang der Familienzusammenführung um 29% erfolgte nach einer Phase der relativen Stabilität der Zahl dieser Immigranten. Der Anteil der Immigration aus Mittel- und Osteuropa, vom Balkan und aus den GUS-Staaten an der gesamten europäischen Zuwanderung war in den Jahren 1993 und 1994 mit etwas mehr als 10% gering. Insgesamt entfielen weniger als 5% der gesamten Zuwanderung auf die genannten Staaten. Von etwas mehr als 1.000 Zuwanderern stieg die Zahl der aus dem früheren Jugoslawien neu zuwandernden Personen 1993 auf das Dreifache an. 1994 war die Zahl dieser Personen etwas geringer. Diese Entwicklung steht in einem direkten Zusammenhang mit dem Krieg im ehemaligen Jugoslawien: 1993 wurde ungefähr 2.000 und 1994 1.368 Personen der Flüchtlingsstatus gewährt. Die weitere Zuwanderung von Personen aus dieser Region vollzog sich im Rahmen der Familienzusammenführung.

Die 1993 verzeichnete Zunahme der Zuwanderung aus Mittel- und Südamerika basierte auf der außerordentlichen Legalisierung der irregulär erfolgten Zuwanderung aus Haiti nach Saint Martin. 1994 entsprach die Zuwanderung aus Amerika ungefähr wieder dem Stand von 1990.

Der relativ hohe Stellenwert der Zuwanderung aus Asien verringerte sich seit 1990 stark. 1990 stammten 22% der Immigranten aus Asien, 1994 nur noch 14%. Unter Ausklammerung der Türkei ging die Zahl der Zuwanderer aus Asien um mehr 50% von 21.455 (1990) auf 9.132 (1994) zurück. Ursachen dieser Entwicklung waren die Verringerung der libanesischen Arbeitskräfte und die Reduktion der Zahl der Asylanträge aus dem südostasiatischen Raum. Zu letzterer trug besonders die „Normalisierung" der politischen Lage in Vietnam bei. Seit 1992 kam ein bedeutender Rückgang der Asylanträge, die von Bürgern Sri Lankas gestellt wurden, hinzu. Dies hatte auch Auswirkungen auf die Zahl der anerkannten Flüchtlinge.

Im allgemeinen verringerte sich die Zuwanderung im Jahr 1994 gegenüber jener der Jahre 1992 und 1993. Diese Tendenz zur Verringerung der legalen Zuwanderung wird sich durch das vollständige Inkrafttreten der restriktiven Gesetze von 1993 weiter verstärken. Vor allem wird sich die Bewertung der über Sozialtransfers (v.a. Kindergeld) hinausgehenden Einkünfte als Bedingung der Familienzusammenführung auswirken. In diesem Zusammenhang besteht kein Zweifel daran, daß die erheblichen Auswirkungen auf die reguläre Immigration von einer zunehmenden illegalen Zuwanderung und einer steigenden rechtlichen Unsicherheit der Familien begleitet sein werden.

3.6 Die französische und die europäische Migrationspolitik in der Sackgasse?

Selbst wenn Frankreich ein De-facto-Einwanderungsland bleibt, wird es von Wanderungsströmen aus der östlichen Hälfte Europas auch in Zukunft weitgehend verschont bleiben. Frankreich besitzt jedoch eine spezielle Beziehung zu Algerien. Frankreich ist beinahe das einzige Emigrationsziel der Algerier, die auswandern, um der dramatischen Situation in ihrem Heimatland zu entfliehen. Auch wenn manche Algerier versuchen, in anderen Staaten Europas (besonders in Deutschland) Zuflucht zu suchen, bleibt Frankreich aufgrund der europaweiten Einschränkung des Zugangs zu politischem Asyl Hauptzufluchtsland. Unabhängig davon erfolgt gegenwärtig eine Verständigung zwischen den Staaten über die Verringerung der Aufgaben und Lasten bei der Bewältigung unerwünschter Wanderungsströme (Hollifield 1994). Auch wenn dies auf fast alle westlichen Demokratien zutrifft, so wirkt es sich dennoch in Staaten wie Frankreich besonders deutlich aus. Denn eigentlich möchte Frankreich nur zwei Gruppen von Personen Zutritt gewähren: hochqualifizierten Personen, die im Rahmen von multinationalen Konzernen oder in der Forschung tätig sind, und jenen Personen, die ihr Aufenthaltsrecht als EU-Bürger bzw. als Familienangehörige früher Zugewanderter oder niedergelassener Personen geltend machen können. Für Herkunftsländer, in denen das Migrationssystem der Vergangenheit primär auf der Rekrutierung von Arbeitskräften basierte, sind diese Veränderungen jedenfalls tiefgreifend (Moulier Boutang/Papademetriou 1994).

Im Sinne einer Steuerung und Begrenzung der Migrationsströme entwickelte die französische Gesetzgebung die Tendenz, Rechte von Immigranten einzuschränken oder einer restriktiveren Auslegung zu unterziehen. Ein Teil der 1993 beschlossenen Gesetze[24] schränkte dabei erstmals auch die Rechte französischer Staatsbürger ein.

Gemeinsam mit der Familienzusammenführung bleibt das politische Asyl eine der verbliebenen Möglichkeiten des Zugangs nach Westeuropa. Dennoch scheint das Ausmaß unserer Bereitschaft zur Aufnahme von Kriegsopfern und politisch Verfolgten, und das ist keine französische Besonderheit, umgekehrt proportional zur zahlenmäßigen Größenordnung der Asylanträge zu sein (Münz 1995). Die Logik des kalten Krieges und die damit verbundene Einstellung gegenüber den Flüchtlingen brach mit dem Eisernen Vorhang zusammen, obwohl diese Veränderungen ein beträchtliches Migrationspotential freisetzten.

Die Gesetzgebung der Staaten West- und Mitteleuropas tendiert zu einer Harmonisierung von Visa-, Reise- und Asylbestimmungen auf möglichst niedrigem Niveau (Hovy/Zlotnik 1994; OECD 1994). Europa transformierte das Asylverfahren bereits in ein Instrument zur Verhinderung unerwünschter Wanderungsströme. Dieses Instrument wurde durch das Schengener Abkommen bzw. den Beschluß der EU-Staaten über Grenzübertritte aus Drittstaaten geschaffen.[25] Die angesprochene Harmonisierung zielt v.a. auf eine Verringerung der Asylanträge und der Einreisen aus Krisengebieten ab, wobei nach wie vor bestehende Unterschiede zwischen einzelnen europäischen Staaten im Detail unterschiedliche Anreize schaffen. Sowohl die EU-Staaten, darunter auch Frankreich, als auch einige Staaten Ostmitteleuropas haben bereits Maßnahmen zur Unterbindung des Zustroms von Asylbewerbern ergriffen. Zu diesen Maßnahmen zählen eine beschleunigte Bearbeitung der Anträge zur Abschreckung von „falschen Flüchtlingen" sowie die Einführung von Zugangskriterien, wobei die Konzepte von sicheren Herkunftsstaaten, sicheren Drittländern und „offensichtlich unbegründeten Anträgen" die Basis von Schnellverfahren bilden. Mit dem Ende der Überprüfung der Asylanträge von Bewerbern, die bereits in einem anderen Staat „sicher" waren, geben die EU-Staaten Verantwortung an ihre Nachbarn ab. Ähnliches gilt angesichts des Visumzwangs auch gegenüber den Transportunternehmen, die von sich aus Maßnahmen zur Entmutigung potentieller Migranten ergreifen müssen. Die Transformation der Asylverfahren in Instrumente zur Verhinderung von Zuwanderungsströmen hat die Zuständigkeit für diese Regulierung sehr weit nach außen bzw. auf Dritte verschoben. Man könnte daher sagen: Die „falschen Flüchtlinge" sind nicht die einzigen, die das politische Asyl mißbrauchen.

Die Zahl der Asylanträge läßt sich durch einen restriktiven Zugang zum Asylverfahren reduzieren. Das Ziel eines völligen Zuwanderungsstopps ist jedoch unrealistisch, solange das Recht auf Familienleben im Zielland und der damit legitimierte Familiennachzug nicht abgeschafft werden. Zur Bewältigung dieser Situation ist nach Auffassung vieler Experten ein Richtungswechsel notwendig. Die längst zu De-facto-Einwanderungsländern gewordenen Staaten Westeuropas sollten die Initiative zum Wechsel von ihrer fast ausschließlich defensiven Migrationspolitik zu einer aktiven Politik ergreifen, die gleichzeitig von der Unvermeidbarkeit und der Notwendigkeit eines gewissen Maßes an Zuwanderung aus dem Ausland ausgeht (Weil 1995b). Dies hätte auch den Vorteil, daß nationale Regierungen in dieser Frage Gestaltungswillen und Kompetenz statt den Eindruck von Überforderung, bloßem Krisenmanagement oder verbaler Kraftmeierei vermitteln könnten.

Anmerkungen

1 Bis zu der 1993 erfolgten Gesetzesänderung erhielten in Frankreich geborene Kinder ausländischer Eltern – falls sie dies nicht audrücklich ablehnten – mit ihrer Volljährigkeit automatisch die französische Staatsbürgerschaft. Darüber hinaus konnten sie die Nationalität durch die Einbürgerung ihrer Eltern oder durch eine einfache Deklaration zu Staatsbürgern erlangen. Nach dem neuen Gesetz ist dies nicht mehr möglich. Um die französische Staatsbürgerschaft zu erlangen, müssen die Jugendlichen zwischen ihrem 16. und 21. Lebensjahr eine diesbezügliche Absichtserklärung unterschreiben. Kinder, deren algerische Eltern noch in der Kolonialzeit (bis 1962) geboren wurden, sind bereits ab der Geburt französische Staatsbürger. Seit 1993 muß allerdings der Nachweis erbracht werden, daß zum Zeitpunkt der Geburt des Kindes zumindest ein Elternteil seit fünf Jahren in Frankreich ansässig war.
2 Eine weiterführende Argumentation findet sich in Tribalat 1989, 1991, 1994 und 1995a.
3 Dabei handelt es sich um Normalhaushalte. Der Prozentsatz der außerhalb derartiger Haushalte lebenden Personen ist mit 2% für die gesamte Bevölkerung Frankreichs und 5% für die Zuwanderer sehr gering. In Gemeinschaftshaushalten leben im allgemeinen Personen ohne Familie und ohne familiäre Bindung an den Vorstand solcher Haushalte (falls ein solcher überhaupt existiert).
4 Die Zuwanderung sollte in erster Linie spontan sein und die Regulierung derselben primär im Land erfolgen.
5 Das war der zu dieser Zeit gebräuchliche Ausdruck für die in Algerien geborenen Franzosen, die eine besondere zivilrechtliche Stellung (Status Ibadite, allgemeiner Status Kabyle) hatten.
6 Mit der 1973 (nach einer Serie von rassistischen Zwischenfällen) getroffenen Entscheidung, keine Arbeitskräfte mehr nach Frankreich zu entsenden, nahm Algerien diese Veränderung vorweg. Seit den Abkommen von 1968 wurden gemäß den jährlich mit Frankreich vereinbarten Quoten vom Algerischen Nationalen Amt für Arbeitskräfte (ONAMO) Arbeitskräfte für Frankreich ausgewählt.
7 Die statistischen Angaben stammen aus der von INED und INSEE durchgeführten Untersuchung über räumliche Mobilität und soziale Eingliederung (MGIS).
8 Das sind Ausländer und im Ausland geborene Personen mit französischer Staatsbürgerschaft.
9 Wie bereits erwähnt, basierte dieser auf der einseitig getroffenen Entscheidung der algerischen Regierung, die Entsendung von Arbeitskräften nach Frankreich einzustellen.
10 Bei der aus der Türkei zugewanderten Bevölkerung entrichtet im allgemeinen die Familie des zukünftigen Ehemannes einen Brautpreis an die Familie der Braut. Die restriktive Zuwanderungspolitik ermöglicht es den Eltern der Braut, unter noch günstigeren Umständen über den Brautpreis zu verhandeln und ihre Tochter u.U. mit einem jungen Mann aus der Türkei zu verheiraten (d.s. mehr als zwei Drittel der Fälle). Diese Gepflogenheiten führen zu einer Unausgewogenheit des ethnischen Heiratsmarktes in Frankreich. Dieses Ungleichgewicht hat zur Folge, daß die jungen Männer aus türkischen Zuwandererfamilien ihre Braut ebenfalls im Herkunftsstaat suchen. Fast drei Viertel heiraten ein Mädchen aus der Türkei (Gokalp 1989).

11 Das OFPRA behandelt die Asylanträge auf Basis der vorliegenden Akten. Ein persönliches Gespräch wird nur in der Hälfte der Fälle geführt. Ausländer, deren Asylanträge abgelehnt wurden, haben einen Monat Zeit, um bei der Berufungskommission Einspruch zu erheben. Diese hat innerhalb von vier Monaten zu entscheiden. Im Falle einer Bestätigung der Ablehnung kann der Antragsteller beim Staatsrat Widerspruch einlegen. Lediglich im Falle des Auftretens von neuen Elementen kann eine erneute Überprüfung stattfinden. Ausländer, denen der Flüchtlingsstatus zuerkannt wurde, erhalten eine Aufenthaltsgenehmigung für die Dauer von zehn Jahren.
12 Das war bei den politischen Flüchtlingen aus Spanien und später in einem gewissen Umfang bei denjenigen aus Jugoslawien der Fall.
13 Das betraf oder betrifft seit Mitte der 70er Jahre z.B. die südostasiatischen Staaten, Polen, den Iran, am Beginn der 80er Jahre verschiedene afrikanische Staaten wie Angola und Zaire, daneben Sri Lanka, Haiti, China und in der jüngsten Zeit Algerien.
14 Der Weg zu einer definitiven Entscheidung kann die Prüfung durch das OFPRA, Verfahren vor der Berufungskommission und des Staatsrates sowie einen Antrag auf eine erneute Überprüfung einschließen.
15 Die Ausführungen basieren auf einer im Auftrag des Hohen Integrationsrates (HCI) durchgeführten INED-Studie, die nach den Kontinenten der Herkunft differenziert (Haut conseil à l'intégration 1995).
16 Diese Aufenthaltsgenehmigungen wurden im Zuge eines im Dezember 1968 unterzeichneten Abkommens zwischen Frankreich und Algerien erteilt.
17 Diese Definition erfolgte auf der Grundlage von Überlegungen, die am INED angestellt und später im Rahmen des Hohen Integrationsrates fortgeführt wurden.
18 Die Definition und die Schätzungsmethode wurden vom Hohen Integrationsrat festgelegt. Vorläufig müssen z.B. Studenten und Besucher mit einer begrenzten Aufenthaltsgenehmigung ausgenommen werden, um Doppelzählungen zu vermeiden.
19 Die Präfekturen wurden nach und nach auf eine Verarbeitung der Daten mittels EDV umgestellt.
20 Ab November 1994 bleiben nur die Staatsbürger von Togo von der Erfassung ausgeschlossen.
21 1992 erfolgten 50% der Zuwanderung unter dem Titel von „Arbeitskräften", 1993 nur 14%.
22 Früher betrug diese Frist ein Jahr.
23 Nach der Entscheidung des OMI intervenieren die Sozialämter der Departements und die Präfekte, wobei am Ende des Verfahrens eine Zunahme der negativen Entscheidungen steht.
24 Dieses beinhaltet z.B. Restriktionen bei der Familienzusammenführung und bei Ehen von Partnern verschiedener Nationalität.
25 Letzteres betrifft jene Staaten, die nicht zu den Unterzeichnern des Schengener Abkommens zählen.

4. Italien – vom Auswanderungsland zum Einwanderungsland

Natale Losi

Italien war im späten 19. und im 20. Jahrhundert das bedeutendste europäische Auswanderungsland. Zwischen 1875 und 1975 verließen rund 26 Mio. Italiener das Land. Dies entspricht etwa der Hälfte der heutigen Wohnbevölkerung. Vor der Jahrhundertwende waren es vor allem venezianische, lombardische, sizilianische und kalabrische Bauern und Landarbeiter, die sowohl nach Nord- als auch nach Südamerika emigrierten. Nach 1900 wurden auch Frankreich, Belgien, die Schweiz und Deutschland zu wichtigen Zielländern. Die Auswanderung nach Übersee spielt seit 1950 kaum noch eine Rolle.

Betrachtet man die Binnenwanderung innerhalb Italiens, so ist festzustellen, daß im Zeitraum von 1955 bis 1970 ebenfalls 25 Mio. Menschen ihren Wohnsitz wechselten: entweder von einer Gemeinde in eine andere oder zwischen verschiedenen Regionen. Die Binnenwanderung betrug mehr als 1,5 Mio. Personen pro Jahr. Die dominante Wanderungsrichtung war von Süden nach Norden. Vor allem in den 60er Jahren wanderten viele Süditaliener in das „industrielle Dreieck" Piemont – Lombardei – Ligurien. Zwischen 1951 und 1965 vergrößerte sich die Bevölkerungszahl in diesem Gebiet aufgrund der Zuwanderung im Schnitt 113.000 Personen pro Jahr. Das Entstehen von Arbeitsplätzen im Norden bremste die Abwanderung ins Ausland.

Im letzten Drittel des 20. Jahrhunderts wurde Italien zum Einwanderungsland. Für Italien stellte dies eine völlig neue Situation dar. Die „Wende" erfolgte nach demographischen Schätzungen der UNO Mitte der 70er Jahre. 1974 nahm Italien erstmals mehr Migranten auf, als es abgab. Mit 55.000 Personen pro Jahr ist die Auswanderung aus Italien seit der zweiten Hälfte der 80er Jahre recht stabil, während die Zu- und Rückwanderung nach Italien aus dem Ausland beständig anwächst (z.B. 1990: 166.574 Personen). Die

Remigration betrifft vor allem Arbeitsmigranten der Jahre 1950–1973, die sich nun im Rentenalter befinden.

4.1 Einwanderung nach Italien

Bei der ausländischen Bevölkerung Italiens (siehe Tabelle 4.1 und Abbildung 4.1) dominieren bis heute Einwanderer aus Europa. Seit der zweiten Hälfte der 80er Jahre gewinnen jedoch Immigranten aus Afrika, Asien und Lateinamerika an Bedeutung.[1] Ihre Anwesenheit wurde zum Auslöser für die Formulierung einer restriktiveren Einwanderungspolitik.

Abbildung 4.1: Ausländer in Italien nach Herkunftskontinent 1970–1993

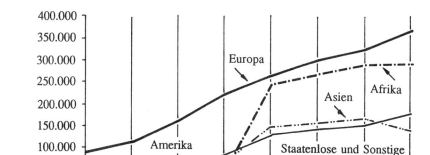

Quelle: ISMU nach Daten des Außen- und Innenministeriums.

Betrachtet man die Gegenüberstellung von Zuwanderern aus der EU und aus dem restlichen Europa (vgl. Abbildung 4.2), so bleibt festzustellen, daß die Zahl der Nicht-EU-Bürger in Italien erst in den letzten Jahren erheblich zugenommen hat. Die Gründe hierfür waren zum einen der Fall des Eisernen Vorhanges und zum anderen Kriege und ethnische Säuberungen im benachbarten Ex-Jugoslawien.

Tabelle 4.1: Ausländer in Italien nach Herkunftskontinent 1970–1993

Jahr	Europa abs.	in %	Afrika abs.	in %	Asien abs.	in %	Amerika abs.	in %	Ozeanien u.a. abs.	in %	staatenlos abs.	in %	insg. abs.
1970	88.215	61,0	4.756	3,0	11.177	8,0	37.006	26,0	2.684	2,0	–	–	143.838
1975	112.856	60,5	8.679	4,5	15.056	8,0	45.389	24,5	3.288	1,5	1.147	1,0	186.415
1980	159.107	54,0	29.754	9,0	41.989	13,0	62.630	22,0	4.167	1,5	1.102	0,5	298.749
1985	220.504	52,0	44.569	11,0	65.158	16,0	82.371	20,0	5.846	1,0	4.556	–	423.004
1990	261.851	33,5	238.130	30,5	145.812	18,7	128.362	16,4	5.907	0,8	1.076	0,1	781.138
1991	297.682	34,3	265.521	31,6	153.639	17,1	140.147	16,4	4.941	0,5	1.047	0,1	862.977
1992	321.400	34,7	284.735	30,8	163.783	17,7	148.881	16,1	5.129	0,6	1.244	0,1	925.172
1993	363.859	36,9	287.606	29,1	136.406	13,8	174.196	17,6	–	–	–	–	987.406

Quelle: ISMU nach Daten des Innenministeriums.

Abbildung 4.2: Zuwanderung aus Europa: Gegenüberstellung von EU- und Nicht-EU-Bürgern 1970–1993

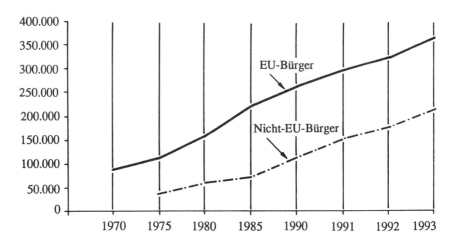

Quelle: ISMU nach Daten des Innenministeriums.

Von den europäischen „Nicht-EU-Bürgern" mit Aufenthaltsgenehmigung in Italien kamen Ende 1993 72.377 aus Ex-Jugoslawien. Ihre Zahl hatte sich damit seit Ende 1991 mehr als verdoppelt (33.928). Das mittlere jährliche Wachstum betrug fast 80%.

Tabelle 4.2: Aufenthaltsgenehmigungen von Europäern aus Nicht-EU-Staaten 1993

Herkunftsland	absolut	in % aller Ausländer aus Nicht-EU-Staaten	in % aller Ausländer
Ex-Jugoslawien	72.377	34,3	7,3
Albanien	30.847	14,6	3,1
Polen	21.075	10,0	2,1
Rumänien	19.385	9,2	2,0
Schweiz	18.187	8,6	1,8
GUS	11.947	5,8	1,2
Österreich	7.809	3,7	0,8
Bulgarien	6.228	3,0	0,7
Tschech. Rep.	5.592	2,6	0,6
Ungarn	4.917	2,3	0,5
Schweden	3.460	1,6	0,3
Finnland	1.705	0,8	0,2
sonstige	7.376	3,5	0,8
insgesamt	211.905	100,0	21,4

Quelle: ISMU nach Daten des Innenministeriums.

Tabelle 4.3: Ausländer mit Aufenthaltsgenehmigung nach Herkunftsregion 1990–1993

	1990		1991		1992		1993		Veränderung in %		
	abs.	in %	abs.	in %	abs.	in %	abs.	in %	90–91	91–92	92–93
Europa	266.546	34,1	302.533	35,1	325.946	35,3	363.859	36,9	13,5	7,7	11,6
EU	148.611	19,0	145.428	16,9	146.795	15,9	152.954	15,5	-1,2	0,9	4,2
Nicht-EU	117.935	15,1	157.107	18,2	179.161	19,4	210.905	21,4	33,2	14,0	17,7
Afrika	239.130	30,5	264.999	30,7	288.836	30,7	312.034	31,6	10,8	9,0	8,0
Mittelmeerafrika	145.664	18,7	164.432	19,0	175.911	19,0	198.331	20,1	12,9	7,0	12,7
andere Staaten	92.466	11,8	100.561	11,7	107.925	11,7	113.703	11,5	8,8	7,3	5,4
Asien	141.117	18,1	148.788	17,3	158.481	17,2	14.029	14,6	5,4	6,5	-9,1
Mittlerer Osten	36.719	4,7	31.553	3,7	29.739	3,2			-14,1	-5,7	
andere Staaten	104.398	13,4	117.235	13,6	128.742	14,0			12,3	9,8	
Amerika	128.362	16,4	140.144	16,2	148.680	16,1	157.459	16,0	9,3	6,1	5,9
Nordamerika	62.946	8,0	64.479	7,5	66.754	7,2	68.505	7,0	2,4	3,5	2,6
andere Staaten	65.414	8,4	75.665	8,7	81.926	8,9	88.954	9,0	15,7	8,3	8,6
Ozeanien	4.908	0,8	5.468	0,6	5.666	0,6			11,4	3,7	
Staatenlose und sonstige (1)	1.076	0,1	1.050	0,1	1.016	0,1	10.028	0,9	-0,6	-3,2	886
insgesamt	781.139	100,0	862.982	100,0	927.609	100,0	987.405	100,0	12,8	7,0	6,9
davon											
außereurop. Länder	513.516	65,8	569.894	64,8	596.663	64,6	623.546	63,1	11,0	6,7	4,5
Nicht-EU-Staaten	631.451	80,8	716.501	83,0	775.814	84,0	834.451	84,5	13,5	8,8	7,6

Anmerkung: (1) Der große Unterschied zwischen 1993 und früheren Jahren kommt durch die Zusammenfassung von „Ozeanien" und „staatenlos" zustande.
Quelle: ISMU nach Daten des Innenministeriums.

Die wieder gestiegene Präsenz europäischer Zuwanderer ist im wesentlichen auf die verstärkte Zuwanderung aus Osteuropa und vom Balkan zurückzuführen. Zu dem von vielen erwarteten Massenzustrom kam es allerdings nicht. Bemerkenswert ist auch, daß Zuwanderer aus Nord- und Westafrika, die auch schon vor 1989 eine wichtige Rolle spielten, nach den Europäern die zweitstärkste Gruppe bilden (vgl. Abbildung 4.1). Die Tendenz ist hier allerdings fallend (vgl. Tabelle 4.3).

Tabelle 4.4: Die 20 wichtigsten außereuropäischen Zuwanderergruppen in Italien (ohne Länder mit hohem Entwicklungsniveau) 1991, 1992 und 1993

Land	1991 abs.	in % der Zuwanderer	1992 abs.	in % der Zuwanderer	1993 abs.	in % der Zuwanderer	Veränderung 1992–93 in %
Marokko	89.005	10,3	95.741	10,4	97.604	9,9	2,0
Ex-Jugosl.	33.928	3,9	44.650	4,8	72.377	7,3	62,0
Philippinen	40.965	4,7	44.155	4,8	46.332	4,7	4,9
Tunesien	46.393	5,4	50.405	5,4	44.505	4,5	-11,7
Albanien	26.381	3,0	28.628	3,1	30.847	3,1	1,1
Senegal	27.119	3,1	27.572	3,0	26.368	2,7	-4,4
Ägypten	22.406	2,9	23.515	2,5	24.555	2,5	4,4
China	20.632	2,4	21.417	2,3	22.875	2,3	6,8
Polen	19.098	2,2	21.221	2,3	21.075	2,1	-0,7
Brasilien	16.939	2,0	18.751	2,0	21.075	2,1	12,4
Sri Lanka	14.545	1,7	17.242	1,9	19.722	2,0	14,4
Somalia	11.853	1,4	14.973	1,6	19.553	1,9	30,6
Rumänien	13.548	1,6	16.443	1,8	19.385	2,0	17,9
Indien	12.115	1,4	13.382	1,5	14.303	1,4	6,9
Ghana	12.782	1,5	14.216	1,6	14.021	1,4	-1,4
Äthiopien	12.566	1,5	13.001	1,4	14.016	1,4	7,8
Argentinien	14.837	1,7	14.871	1,6	13.978	1,4	-6,0
GUS	9.245	1,1	7.632	0,8	11.947	1,2	56,5
Iran	12.633	1,5	11.139	1,2	10.743	1,1	-3,6
Peru	6.396	0,6	7.439	0,8	8.879	1,0	18,5
zusammen	463.386	100,0	506.393	100,0	554.160	100,0	

Quelle: ISMU nach Daten des Innenministeriums.

Einige Zuwanderergruppen aus Afrika wuchsen während der 80er Jahre stark an und konnten ihre Präsenz konsolidieren, so zum Beispiel Senegalesen, Äthiopier und Ghanesen. Sie ziehen offenbar keine neuen Einwanderer nach, sondern bleiben zahlenmäßig auf konstantem Niveau, während die Zuwanderung aus dem Maghreb weiter ansteigt (vgl. Tabelle 4.4).

4.2 Charakteristik der Zuwanderer

Ende 1993 betrug die Zahl der in Italien legal anwesenden Ausländer knapp 1 Mio. 834.451 waren Bürger von Nicht-EU-Staaten, 152.954 kamen aus einem anderen EU-Mitgliedsland. Die Mehrheit der Ausländer hält sich in Italien auf, um einer Beschäftigung nachzugehen (über 50%). Am zweitwichtigsten ist der Familiennachzug, gefolgt von Personen, die sich zum Studium in Italien aufhalten.

Innerhalb der Zuwanderer aus Nicht-EU-Staaten ist zwischen solchen, die aus Entwicklungsländern, Schwellenländern oder ehemals kommunistischen Reformstaaten kommen, und jenen aus anderen Ländern (z.B. USA) zu unterscheiden. Zu ersteren zählen beispielsweise Brasilien, Argentinien und osteuropäische Länder. Das sozioökonomische Niveau, die berufliche Qualifikation und das Migrationsmuster differieren zwischen diesen Gruppen. Wichtig ist dabei die Unterscheidung zwischen den Immigranten, die sich erst seit kurzer Zeit in Italien aufhalten, und Gruppen von Migranten, die eine längere Geschichte der Ansiedlung haben (z.B. Chinesen oder Ägypter).

Tabelle 4.5: Aufenthaltsgenehmigungen in Italien nach Aufenthaltsgründen 1993

Aufenthaltsgrund	EU-Länder abs.	in %	Nicht-EU-Länder abs.	in %	insgesamt abs.	in %
Arbeit	61.876	40,4	470.801	56,4	532.677	54,0
Familie	26.841	17,5	117.569	14,1	144.410	14,6
Tourismus	8.450	5,6	55.908	6,7	64.358	6,5
Studium	19.857	13,0	45.528	5,5	65.385	6,6
Religion	13.644	8,9	38.695	4,6	52.339	5,3
politisches Asyl	3	0,0	13.415	1,6	13.418	1,4
sonstige	22.283	14,6	92.535	11,1	114.818	11,6
insgesamt	152.954	100,0	834.451	100,0	987.405	100,0

Anmerkung: Zur Definition der Aufenthaltsgründe siehe Tabelle 4.8.
Quelle: ISMU nach Daten des Innenministeriums.

Mit Blick auf die hier analysierten Daten und neuere Studien (z.B. Palidda/Reyneri 1995) kann man die Migrationsphänomene in Italien folgendermaßen beschreiben:

– Die Einwanderung nach Italien entspricht derzeit der ersten Phase einer Kettenwanderung, in der zum Großteil alleinstehende Arbeitskräfte ins Land kommen, die nur kurzfristig im Ausland arbeiten wollen, stark segregiert wohnen und kaum Anspruch auf Sozialleistungen haben.

- Im Vergleich zu europäischen Ländern mit längerer Einwanderungsgeschichte ist die Immigration nach Italien quantitativ noch als eher gering zu bezeichnen. Der Anteil aller registrierten Ausländer an der Gesamtbevölkerung betrug 1993 nur 1,7%. Die Zuwanderer aus Entwicklungsländern machten sogar nur 0,9% aus.
- Im Vergleich zu Deutschland, Frankreich oder Großbritannien verteilt sich die Herkunft der Zuwanderer auf eine größere Zahl von Ländern.
- Aus den nordafrikanischen Staaten kommen sehr viele junge Leute, die bereit sind, illegale und prekäre Arbeit anzunehmen.
- Eine große Zahl lediger Frauen aus Übersee, aber auch aus Osteuropa und vom Balkan arbeitet in Privathaushalten.

4.2.1 Mittel- und Osteuropäer

Italien ist – entgegen so manchen Erwartungen – nicht zu einem Hauptziel der Zuwanderung aus Osteuropa oder vom Balkan geworden. Selbst die Zuwanderung aus Ex-Jugoslawien blieb im Vergleich zu anderen europäischen Ländern eher gering. Zuwanderung aus Osteuropa findet zu einem großen Teil im Rahmen von Pendelwanderung statt. Personen aus den „Reformländern" reisen oft mehrere Male mit einem Touristenvisum ein und halten sich zum Teil nur für kurze Zeit in Italien auf. Die meisten kehren danach in ihre Heimatländer oder in andere Länder Mittel- und Osteuropas zurück.

Aus demographischer Sicht zeigt sich bei dieser Gruppe, daß die Mehrheit der polnischen Immigranten Frauen sind, die wiederum zum Großteil im Haushaltssektor eine Beschäftigung suchen. Im Gegensatz dazu kommen aus Albanien hauptsächlich Männer.

4.2.2 Afrikaner

Die Immigration aus Afrika zeichnet sich durch eine ausgeprägte Heterogenität aus. Marokkaner und Tunesier machen den Großteil der nordafrikanischen Zuwanderer aus. Viele von ihnen sind „Saisonpendler". Nachdem Italien von Marokko und Tunesien aus relativ leicht erreichbar ist, reisen sie während der Sommermonate oft mehrmals zwischen ihrem Heimatland und Mittel- bzw. Süditalien hin und her, um einer Saisonarbeit in der Landwirtschaft oder in der Fischerei nachzugehen. Am Ende der Saison kehrt ein Teil wieder nach Hause zurück, andere versuchen in Norditalien ihr Glück, wo die Chancen auf einen festen Arbeitsplatz größer sind. Diese internen Wanderungsbewegungen waren bis Ende 1989, als das sogenannte „Entschädigungsgesetz" in Kraft trat, von großer Bedeutung.

Von allen Zuwanderergruppen aus Nordafrika weisen die Ägypter die längste Aufenthaltsdauer auf. Einreise und Aufenthalt zum Zweck der Familienzusammenführung ist bei ihnen mit 13,4% relativ am häufigsten. Im Vergleich dazu spielt dieser Zuwanderungsgrund bei den Marokkanern und Tunesiern mit 5,4 bzw. 5,5% eine untergeordnetere Rolle. Ihre Zuwanderung ist eher zeitlich begrenzt und wird durch saisonales Pendeln geprägt.

Auch bei den Zuwanderern aus Schwarzafrika ist die Familienzusammenführung als Grund für die Einreise von geringerer Bedeutung. Dies ist deshalb verwunderlich, da Senegalesen, Ghanesen und Somalier zu den ersten außereuropäischen Einwanderern nach Italien gehörten, aber gleichzeitig ist es ein klarer Beweis für die geringe Integration in die sozialen Strukturen und ein Verharren in der ersten Phase der Kettenwanderung.

4.2.3 Lateinamerikaner

Tabelle 4.6: Aufenthaltsgenehmigungen nach Herkunftsland: Lateinamerika 1993

Herkunftsland	abs.	in % d. Zuwanderer aus Lateinam.	in % d. Zuwanderer insgesamt
Brasilien	21.075	23,7	2,1
Argentinien	13.978	15,7	1,4
Peru	8.879	9,9	1,0
Kolumbien	8.287	9,3	0,8
Dominikan. Republik	8.122	9,1	0,8
Venezuela	4.896	5,5	0,5
Chile	4.695	5,3	0,5
Mexiko	4.687	5,3	0,5
El Salvador	3.067	3,4	0,3
Ecuador	2.192	2,5	0,2
Uruguay	1.837	2,1	0,2
Kuba	1.404	1,6	0,1
Bolivien	1.049	1,2	0,1
sonstige	4.786	5,4	0,5
insgesamt	88.964	100,0	9,0

Quelle: ISMU nach Daten des Innenministeriums.

Ausreichende Informationen über die Zuwanderung aus Lateinamerika liegen nur für Brasilien und Argentinien vor. Ansonsten ist die Datenlage sehr mangelhaft. Dieses Defizit an Informationen mag daran liegen, daß es im Rahmen der Zuwanderung aus Lateinamerika ein hohes Maß an Illegalität gibt, das kaum zu quantifizieren ist (vgl. CENSIS 1993; OECD 1993).

Dies trifft besonders auf Zuwanderer aus Peru zu, die nach Brasilianern und Argentiniern die drittstärkste Gruppierung aus Lateinamerika repräsentieren (vgl. Tabelle 4.6). Frauen sind hier stark überrepräsentiert. Sie haben gute Chancen, als Haushaltshilfen oder Krankenschwestern eine Anstellung zu finden, auch deshalb, weil sie eine romanische Sprache sprechen. In ähnlichen Positionen sind allerdings auch viele philippinische Immigrantinnen beschäftigt.

4.2.4 Asiaten

Rund 15% der Zuwanderer in Italien kommen aus Asien (vgl. Tabelle 4.7). Bei der Zuwanderung aus Asien können nach der Herkunft vier Hauptgruppen unterschieden werden. Sie kommen

- vom indischen Subkontinent, also aus Indien, Pakistan, Bangladesch und Sri Lanka: 48.320 Personen,
- von den Philippinen (hauptsächlich Frauen): 46.332 Personen,
- aus China: 22.875 Personen,
- schließlich aus den industrialisierten Ländern Japan (7.623 Personen) und Israel (4.346 Personen).

Die demographische Struktur der Zuwanderer aus Asien ist sehr unterschiedlich. Von den Philippinen kommen hauptsächlich alleinstehende Frauen, im Gegensatz dazu wandern aus Indien, Pakistan, Bangladesch und Sri Lanka fast ausschließlich Männer zu. Diese Migrationsbewegung umfaßt sehr junge Menschen. Die Gruppe der Chinesen zeichnet sich durch hohe Stabilität und Wanderung im Familienverband aus. Aus wirtschaftlicher Sicht ist bemerkenswert, daß die philippinischen Frauen, was die Überweisung von Geld in die Heimat betrifft, nur von den Schweizern übertroffen werden (vgl. CENSIS, OECD 1993).

Tabelle 4.7: Aufenthaltsgenehmigungen nach Herkunftsland: Asien 1993

Herkunftsland	absolut	in % d. Zuwanderer aus Asien	in % d. Zuwanderer insgesamt
Philippinen	46.332	31,2	4,7
China	22.875	15,4	2,3
Sri Lanka	19.722	13,3	2,0
Indien	14.303	9,6	1,4
Pakistan	8.159	5,5	0,9
Japan	7.623	5,1	0,8
Bangladesch	6.136	4,1	0,6
Türkei	5.411	3,6	0,5
Israel	4.346	2,9	0,4
Korea	3.805	2,6	0,4
Thailand	2.683	1,9	0,3
Vietnam,	2.089	1,5	0,2
Indonesien	1.159	0,8	0,1
Taiwan	1.107	0,7	0,1
sonstige	2.625	1,8	0,3
insgesamt	148.375	100,0	15,0

Quelle: ISMU nach Daten des Innenministeriums.

4.3 Zuwanderung und Arbeitsmarkt

Grundsätzlich besteht ein enger Konnex zwischen Zuwanderung und Arbeitsmarkt. Bei der Interpretation steht man vor der Problematik zu entscheiden, ob die berufliche Tätigkeit der Immigranten das Resultat der Nachfrage auf dem Arbeitsmarkt oder die Folge des bestehenden Angebots an Arbeitskräften ist. Im ersten Fall wären die ausländischen Arbeitskräfte eine Ergänzung zum bestehenden Arbeitskräfteangebot, im zweiten Fall würde eine Konkurrenzsituation zu den bereits anwesenden Arbeitskräften entstehen.

In Italien variiert die Zuwanderungssituation von Region zu Region sehr stark. Dies gilt für die Zahl der Immigranten, für die Herkunftsländer, aber auch für die Charakteristika der aufnehmenden Arbeitsmärkte. Im Süden überwiegen saisonale Beschäftigungsmuster und temporäre Arbeitsmöglichkeiten in der Landwirtschaft oder im Dienstleistungssektor. Im Norden überwiegen Jobs in der Industrie. In städtischen Regionen dominiert die Beschäftigung in privaten Haushalten. Die Hausangestellten, in der Regel Frauen, werden oft von katholischen Organisationen vermittelt. Sie kommen vorwiegend von den Philippinen, aus Eritrea, Äthiopien, Indien, den Kapverden,

Somalia und Mittelamerika (vor allem aus El Salvador). Sri Lanka bildet hier eine Ausnahme: von dort stammen auch männliche Hausangestellte.

Auf der anderen Seite trifft man auf selbständige Kleinhändler, in der Mehrzahl männliche Moslems. Die Hauptherkunftsländer sind Marokko und der Senegal. Bei den Marokkanern findet man viele Akademiker, die ihre Tätigkeit als Kleinhändler nur für relativ kurze Zeit ausüben wollen. Die Senegalesen, die wie viele andere Immigranten aus dem subsaharischen Afrika ein hohes Bildungsniveau aufweisen, sehen den Kleinhandel nur als Zwischenstation und erhoffen sich reguläre Arbeit und eine festere Etablierung auf dem italienischen Arbeitsmarkt.

Andere Betätigungsfelder für Immigranten, besonders in metropolitanen Regionen, konzentrieren sich auf den Dienstleistungssektor. Zuwanderer betreiben dort Garagen, Reparaturwerkstätten, Putzereien oder Tankstellen.

Besonders in Mittel- und Süditalien findet ein Gutteil der Migranten Saisonarbeit in der Landwirtschaft. Die ausländischen Arbeitskräfte in diesem Gebiet kommen vor allem aus Schwarz- und Nordafrika. Verträge werden zumeist nur auf einer saisonalen Basis angeboten. Die Anwesenheit der Immigranten und deren Bereitschaft, auch zu sehr niedrigen Löhnen zu arbeiten, veranlassen junge italienische Landarbeiter zum Rückzug aus diesem Segment des Arbeitsmarktes. Eine Verschlechterung der Arbeitsbedingungen in der Landwirtschaft ist die Folge des erhöhten Angebots an eingewanderten Arbeitskräften. In Süditalien betrifft das Migrationsgeschehen auch die Fischerei: In Sizilien dominieren mittlerweile tunesische Fischer.

Ein relativ neues Betätigungsfeld für Immigranten ist das Baugewerbe, ein Sektor, in dem ebenfalls kaum Dauerstellen angeboten werden. Regional konzentriert sich dieses Phänomen bislang auf Norditalien. „Neue" Zuwanderer werden eher vom Dienstleistungssektor als von der Industrie absorbiert, die legale Basis für die Beschäftigung fehlt häufig. Eine Entwicklung, die sich in anderen europäischen Ländern bereits seit längerem vollzieht, greift jetzt auch in Italien: die Entstehung von ethnischen Kleinunternehmen, in denen der Eigentümer und seine Mitarbeiter ein und derselben Zuwanderergruppe angehören. Beispiele hierfür sind Chinesen in der Lederverarbeitung und Ägypter im Gastgewerbe und Kleinhandel.

Die Einwanderung nach Italien ist der in anderen südeuropäischen Ländern sehr ähnlich. Sie alle sind erst seit kurzer Zeit mit dem Phänomen der Einwanderung konfrontiert und in allen diesen Ländern funktioniert die Integration der Zuwanderer nach demselben Muster. Der erste Einstieg erfolgt in einer zeitlich befristeten, oft saisonalen Beschäftigung, z.B. in der Landwirtschaft, auf illegaler Basis in der Bauwirtschaft oder im Haushalt. Der große Anteil an alleinstehenden Frauen, die hohe Mobilität der Migranten innerhalb des Landes (hauptsächlich von Süden nach Norden), die Suche nach gesicherter Arbeit, hohe Flexibilität und die Bereitschaft, auch noch so kurz andauernde Arbeit anzunehmen, sind die Gründe, warum die Arbeitslosenquote der Zuwanderer von 21% im Jahre 1990 auf 15% Ende 1993 gesunken ist, und das trotz anhaltender Stagnation.

Zusammenfassend kann man folgende Bereiche festlegen, in denen die Immigranten in Italien Beschäftigungsmöglichkeiten finden:

- Haushaltsarbeit, hauptsächlich in städtischen Regionen und für weibliche Zuwanderer;
- saisonale Arbeit in der Landwirtschaft, in Süditalien oft auf illegaler Basis, im Norden eher als fixe, reguläre Arbeit;
- Tätigkeit als Handwerker oder im Baugewerbe, sehr verbreitet im Norden Italiens, mit einem hohen Anteil legaler Beschäftigungsverhältnisse. Hierzu zählen auch Dienstleistungen aller Art;
- reguläre Arbeit in der Industrie, fast immer in kleineren Firmen und im Norden des Landes bzw. in Mittelitalien;
- seit Beginn der 90er Jahre Beschäftigung als Krankenschwestern;
- selbständige Arbeit, die derzeit von 5 bis 6% der zugewanderten Bevölkerung ausgeübt wird: auf der einen Seite im Straßenhandel, andererseits Herausbildung ethnischer Kleinunternehmen im Handwerk und im Dienstleistungssektor.

Insgesamt nehmen Zuwanderer eine komplementäre Position auf dem Arbeitsmarkt ein. Eine Konkurrenzsituation mit den ansässigen italienischen Arbeitskräften besteht eher selten.

4.4 Politische und rechtliche Behandlung von Einwanderern und deren Umsetzung

Bis in die frühen 80er Jahre dominierte in Italien die Rückwanderung von Arbeitsmigranten aus Deutschland, der Schweiz und Frankreich sowie die Zuwanderung wohlhabender Rentner und anderer nicht auf Erwerbstätigkeit angewiesener Gruppen. Erst in der zweiten Hälfte der 80er Jahre gewann die Einwanderung aus außereuropäischen Ländern mit niedrigem Entwicklungsniveau an Bedeutung. Aufgrund dieser Entwicklung haben sich die rechtliche Situation und der praktische Umgang mit ausländischen Staatsbürgern in Italien geändert.

4.4.1 Die Situation bis Mitte der 80er Jahre

Bis zum Dezember 1986 wurde das Phänomen Einwanderung von Behörden und Institutionen weitgehend ignoriert. Bis dahin gab es nur administrative Rundschreiben zur Kontrolle und Einschränkung der Zuwanderung ohne jegliche Überlegungen in Hinblick auf Integration und Aufnahme derer, die sich bereits in Italien aufhielten. Es existierten bis dahin keine Aufenthaltsgenehmigungen. Aufgrund bürokratischen und öffentlichen Drucks wurden sie außerhalb eines gesetzlichen Rahmens eingeführt und erst 1990 per Gesetz legistisch verankert.

Im Dezember 1963 gab das Arbeitsministerium ein Rundschreiben heraus, das gewisse Direktiven bezüglich der Behandlung ausländischer Arbeitskräfte festlegte. Dieses hatte bis 1990 Gültigkeit. Diese Direktiven führten einen Mechanismus zur Anwerbung ausländischer Arbeitskräfte und zur Regulierung des Arbeitsmarktes ein:

- eine spezielle Erlaubnis für den zeitlich begrenzten Zugang zum Arbeitsmarkt;
- Mobilitätsrestriktionen;
- eine unteilbare Verbindung zwischen Arbeits- und Aufenthaltsbewilligung;
- die Arbeitserlaubnis wurde nicht erteilt, wenn sich die Person schon aus einem anderen Grund im Land aufgehalten hatte;
- die Auflage, daß diejenigen, die Italien verlassen, um in ihre Heimat zurückzukehren, erst nach drei Jahren wieder eine offizielle Tätigkeit im Land aufnehmen können (betraf vor allem Hausangestellte).

Diese Vorgaben waren so konzipiert, daß auf längere Sicht die illegale Einwanderung eingeschränkt werden sollte. Auch administrative Prozesse und Regeln, die die Legalität nur formal schützten, sollten effizienter gestaltet werden.

Die damals aufgestellten Vorgaben beeinflussen bis heute die Aufnahmebedingungen von ausländischen Arbeitskräften in die italienische Gesellschaft. Dieser Ansatz entwickelte sich in den 60er und 70er Jahren in allen Bereichen der öffentlichen Verwaltung und hatte nachhaltigen Einfluß auf alle weiteren Vorgänge und Prozesse.

1982 bis 1986 verhinderten neue Verordnungen definitiv die mögliche neue, legale Zuwanderung von Ausländern auf den italienischen Arbeitsmarkt. Da der illegale Aufenthalt von Zuwanderern weit verbreitet war, begann eine Diskussion um die Reform der vorliegenden Verordnungen. Daß Ausländer, die schon vor 1982 in Italien ansässig waren, wieder einreisen durften, wenn sie eine Aufenthaltsgenehmigung und einen Arbeitsplatz vorweisen konnten, während sie damit gleichzeitig die Einreisegesetze verletzten und sich illegal im Land aufhielten, wenn sie arbeitslos waren, erschien reformbedürftig.

Dieses Einreiseverbot und die Unmöglichkeit für die, die nach 1982 nach Italien immigrierten, die gleichen Rechte zu erlangen wie diejenigen, die vor ihnen gekommen waren, sowie die ständige Anwendung widersprüchlicher Regeln führten zu einer wachsenden Zahl von Migranten, die sich in einer illegalen oder zumindest irregulären Situation befanden.

4.4.2 Neue Gesetze seit Mitte der 80er Jahre

Das Gesetz Nr. 943 vom 30. 12. 1986 sanktionierte die Gleichbehandlung von Nicht-EU-Einwanderern und Italienern auf dem Arbeitsmarkt. Diese Gleichbehandlung bezieht sich auch auf soziale Rechte. Mit dem Inkrafttreten dieses Gesetzes erhielten Nicht-EU-Zuwanderer und ihre Familien mehr Sicherheit in bezug auf den Aufenthalt in Italien, mehr Aufmerksamkeit in der Politik der lokalen Institutionen und bessere Chancen auf Integration. Obwohl, wie vielfach betont wird, Einwanderung ein soziales Phänomen ist, das die Aufnahmefähigkeit einer Gesellschaft widerspiegelt, reflektiert es in Italien – wie in anderen Ländern auch – den Widerspruch zwischen der formalen Definition von Rechten und ihrer Anwendung. Die Interpretation des Gesetzes Nr. 943/1986 führte in der Praxis nicht zu einer Gleichbehandlung von Italienern und Ausländern. So gab es beispielsweise auf der Ebene der Anwendung dieses Gesetzes für ausländische Arbeitskräfte bei den Arbeitsämtern andere Verfahren als für inländische Arbeitskräfte.

Das Gesetz Nr. 39 vom 28. 2. 1990 (das sogenannte Martelli-Gesetz) beinhaltet alle Maßnahmen, die sich auf die Zahl der Zuwanderer und ihre Integration beziehen. Weiters behandelt dieses Gesetz auch die Finanzierung des Aufenthaltes von politischen Flüchtlingen. Jedes Jahr werden Sozial- und Wirtschaftsprogramme zur sozioökonomischen Integration von Immigranten erarbeitet, die sich auch auf Schulbildung und das Recht auf Wohnraum beziehen. „Reguläre" Einwanderer können die staatlichen Gesundheitsdienste kostenfrei benützen. In den ersten drei Jahren nach dem Inkrafttreten dieses Gesetzes wurden für die Umsetzung 30 bis 40 Billionen Lire pro Jahr aufgewendet. Die Aktivitäten werden auf der Ebene der Regionen koordiniert. Das Gesetz Nr. 39/1990 stellt in jedem Fall einen Wendepunkt hin zur Regulierung der Immigration dar.

Aus institutioneller und organisatorischer Sicht sehen sowohl das Gesetz von 1986 als auch jenes von 1990 die Einsetzung eines nationalen Rates vor, der ständig die Entwicklung des Wohnungsproblems innerhalb des Rahmens von Bund und Regionen beobachten soll. Während die Regierung auf nationaler Ebene die Einwanderung plant, finanziert und kontrolliert, sind die einzelnen Regionen für die Durchsetzung der Gesetze verantwortlich.

4.4.3 Die Umsetzung der Gesetze

Trotz der bestehenden Gegensätze zwischen den einzelnen Regionen haben viele von ihnen sowohl Fachbeiräte und regionale „Beobachtungstellen", als auch direkte Maßnahmen im Bereich der Absorption von Immigranten, der Gesundheitsvorsorge, der Schul- und Berufsausildung, des Wohnbaus und der Adaptierung bestehender Bausubstanz ins Leben gerufen. Außerdem gibt es diverse Hilfestellungen für Zuwandererorganisationen.

Obwohl die Gesetze von der Prämisse der Gleichheit von Einwanderern und italienischen Staatsbürgern ausgehen, beinhalten sie keine Aussagen über das Wahlrecht von Zuwanderern. Außerdem besteht ein großer Gegensatz zwischen dem Wortlaut der Gesetze und ihrer faktischen Anwendung. Viele Aktivitäten für die konkrete Integration von Zuwanderern werden von privaten Organisationen und nicht von den Regierungen der Regionen initiiert. Die Umsetzung des Martelli-Gesetzes wird von den Regionen nur sehr schleppend durchgeführt. Obwohl die einzelnen Regionen 18 Monate Zeit haben, um das Geld auszugeben, das sie aus den staatlichen Fonds zur Förderung von Immigranten erhalten, bleiben durchschnittlich 10% der Mittel ungenützt.

Einer weit verbreiteten Meinung zufolge wird das Gesetz von 1990 nur teilweise angewendet. In erster Linie war in diesem Gesetz vorgesehen, daß den Regionen Geldmittel zur eigenständigen Verfügung gestellt werden, und zwar für die Jahre 1990 bis 1992 und in weiterer Folge für 1993, um „Einwandereraufnahmezentren und Servicestellen ins Leben zu rufen". Die Maßnahmen zur Aufnahme von Immigranten sind dringend notwendig und müssen rasch wirksam werden, um ihnen vor allem in der ersten Phase ihres Aufenthaltes eine autonome Existenz zu ermöglichen, allerdings für nicht länger als 60 Tage. Dies gilt sowohl für reguläre Immigranten als auch für Asylbewerber. Die politischen Maßnahmen müssen weiters darauf ausgerichtet sein, den Zuwanderern, die im Besitz einer regulären Aufenthaltsgenehmigung sind, und ihren Familien rasch Wohnraum und Lebensmittel zur Verfügung zu stellen. Personen mit Flüchtlingsstatus erhalten eine gewisse Zeit lang Tagsätze oder werden, als Alternative dazu, in einem Flüchtlingslager aufgenommen.

Im Artikel 2 des Gesetzes Nr. 39/90 ist neben der Herausgabe von Erlässen bezüglich der Planung der jährlichen Einwandererzahl auch Näheres über die soziokulturelle Aufnahme der ausländischen Arbeitskräfte ausgeführt. Bis jetzt hat die Regierung keine Erlässe bezüglich der Integration und Aufnahme von Immigranten herausgegeben, sondern nur mit Aktionismus und Krisenmanagement auf unkontrollierte Einwanderung reagiert.

Der Artikel 11 sieht die Einführung von Maßnahmen vor, die den Informationsfluß und die Publizität verbessern und Einwanderung transparenter machen sollen. Diese Aktivitäten werden in der Präsidentschaftskanzlei in enger Zusammenarbeit mit Flüchtlings- und Einwandererorganisationen, sozialen Institutionen und freiwilligen Hilfsorganisationen koordiniert, um „die Positionierung der Nicht-EU-Arbeitskräfte zu unterstützen".

4.4.4 Einwandereraufnahmezentren

Einwandereraufnahmezentren, die aus Mitteln des Martelli-Gesetzes finanziert werden, gibt es heute in den meisten norditalienischen Städten, in denen Einwanderung eine Rolle spielt. Sie fehlen in Süditalien und in Rom, wo man mit dem aus den Fonds zur Verfügung stehenden Geld Hotelzimmer für die

Einwanderer bezahlt. In Norditalien sind diese Zentren im wesentlichen große Schlafstätten für alleinstehende Männer, Unterkünfte mit einem etwas menschlicheren Ambiente wurden kaum eingerichtet, und wenn, dann wiederum nur für alleinstehende Männer. Überall dort, wo es keine Einwandereraufnahmezentren gibt, delegiert man das Problem an freiwillige Hilfsorganisationen.

Eine etwas genauere Vorstellung von den durchgeführten Hilfsaktivitäten gibt das Beispiel der Lombardei, in der zwischen 1990 und 1992 76 Einwandereraufnahmezentren mit insgesamt 2.161 Schlafstellen eröffnet wurden, und das für 149.338 Nicht-EU-Einwanderer aus Entwicklungsländern.

4.4.5 Sonstige Aktivitäten

Weitere Maßnahmen, die in bezug auf Zuwanderung gesetzt wurden und die entweder Teil des Martelli-Gesetzes oder regionaler Verordnungen sind, können zu diesem Zeitpunkt nur schwer beurteilt werden. In diesem Rahmen sollen nur die wichtigsten und verläßlichsten angeführt werden:

1. Grenzkontrollen: Im Sinne des Gesetzes soll die Einwanderung zahlenmäßig dahingehend kontrolliert werden, daß den bereits anwesenden Immigranten bessere Lebensumstände und die Chance auf Integration geboten werden. 1990 wurden 61.813 Nicht-EU-Bürger zurückgewiesen, 1991 waren es 56.000 (vgl. Forti 1992).
2. Regulierung der Aufenthaltsgenehmigungen: Ausländer, die sich schon in Italien befanden, als das Martelli-Gesetz in Kraft trat (31. 12. 1989), mußten sich melden, um ihren Aufenthaltsstatus zu regeln. Im ersten Halbjahr 1990 fanden sich daraufhin 240.087 Nicht-EU-Einwanderer bei den Polizeistationen ein, fast 221.000 erhielten eine reguläre Aufenthaltsgenehmigung, 14.500 Anträge wurden abgewiesen. In weiterer Folge meldeten sich 180.000 Personen bei den Arbeitsämtern, 21.000 bekamen offizielle Arbeit vermittelt. Nur 13.000 meldeten eine freiberufliche Tätigkeit an. Ein Erlaß zur Durchführung des Martelli-Gesetzes vom 12. 2. 1991 gibt den ansässigen Einwanderern die Möglichkeit der automatischen Verlängerung der Aufenthaltsgenehmigung um zwei Jahre.
3. Regelung der Zuwandererzahl: Im Jahre 1993 wanderten insgesamt 60.000 Personen aus Nicht-EU-Ländern legal nach Italien ein. Von ihnen

erhielt rund ein Drittel eine Aufenthaltsgenehmigung zur Arbeitsaufnahme, der Rest wurde im Rahmen von Familienzusammenführung, aus humanitären Gründen oder als politische Flüchtlinge aufgenommen. Im Jahr 1994 war die Größenordnung ähnlich.

Grundsätzlich erwartet man in Italien eine Stabilisierung der Einwanderungszahlen und geht davon aus, daß der Höhepunkt der Welle der 90er Jahre überschritten ist. Eine ad hoc eingesetzte Kommission zur Klärung der Migrationsproblematik, die vom Präsidentschaftsrat nominiert wurde, hat im wesentlichen die Aufgabe, neue Richtlinien für eine Einwanderungspolitik zu erarbeiten, die sich vor allem an der Integration von Immigranten orientieren soll.

4. Familienzusammenführung: Im Jahre 1992 wurden 13.407 Einreiseanträge im Rahmen der Familienzusammenführung gestellt, 58,8% wurden bewilligt (7.845). In räumlicher Hinsicht erfolgte die Erteilung folgendermaßen: 56,4% für den Norden, 27,1% für Mittelitalien und 16,3% für den Süden und Sardinien. Diese Verteilung entsprach beinahe derjenigen der Nicht-EU-Einwanderer aus Entwicklungsländern in Italien, die sich zu 49% im Norden, zu 34,5% in Mittel- und zu 16,5% in Süditalien und auf Sardinien aufhalten.

5. Legalisierungsaktion: Zwischen November 1995 und Juni 1996 lief in Italien wieder eine „Amnestie", über die illegal anwesende Ausländer ihren Status legalisieren konnten.

4.5 Schlußbemerkung

Unzählige Initiativen und Maßnahmen zielen auf eine bessere Eingliederung der Einwanderer ab. Sie alle arbeiten vor allem im Gebiet der Gesundheitsdienste, der schulischen Integration und der Berufsausbildung. Dennoch verfolgt Italien eigentlich einen sehr pluralistischen Integrationsansatz. Assimilation zählt nicht zu den erklärten Zielen der italienischen Eingliederungspolitik. Dieser pluralistische Standpunkt wird auch durch die mangelnde Durchsetzung staatlicher Maßnahmen gefördert. Illegale Einwanderung und gesellschaftliche Marginalität von Zuwanderern aus der östlichen Hälfte Europas und aus der Dritten Welt zählen zur italienischen Normalität.

Tabelle 4.8: Definition der Aufenthaltsgünde

Gründe	Personenkreis	Voraussetzungen	Dauer
Tourismus	Personen, die sich länger als zwei Monate in Italien aufhalten wollen	legale Einreise, Nachweis touristischer Aktivitäten, Nachweis des Lebensunterhaltes	3 Monate
Studium	Personen, die eine Schule oder Universität besuchen wollen	legale Einreise, Immatrikulation, tatsächlicher Besuch der Bildungseinrichtung, Prüfungsnachweise (nur für Studenten), Unterhaltsnachweis	von der Kursdauer abhängig (grundsätzl. ein akadem. Jahr)
Arbeit	Pers., die einer unselb. Beschäftigung nachgehen wollen	legale Einreise, Arbeitsgenehmigung, die bereits im Ausland erteilt wurde	3 Monate
Prov. Aufenthaltsgenehmigung bis zur Erlangung d. Arbeitsbew.	bereits in Italien befindliche Pers., nur in bes. Fällen möglich	Arbeitgeber muß vorhanden sein und besonders berücksichtigungswürdige Fälle liegen vor	
Sonstige	Familie, Pflege etc.	von Fall zu Fall versch.	

Anmerkung

1 Sofern nicht anders angegeben, stammen alle verwendeten Daten vom italienischen Innenministerium (31. 12. 1993). Diese Daten haben ihre Grenzen, auch wenn sie die vollständigsten sind, die zu erhalten sind. Aufgrund diverser Beschränkungen der zugrundeliegenden Erhebungen ist es nicht möglich, die räumliche Dynamik der Migration abzubilden. Auf zwei Mängel sei nachdrücklich hingewiesen: 1. Aufgrund der Tatsache, daß die Zuwanderer ihren Wohnort innerhalb einer Region wechseln können, kann es für mehrere Monate zum Besitz zweier Aufenthaltsgenehmigungen kommen. Daraus resultiert eine Überrepräsentation von Zuwanderern mit Aufenthaltsgenehmigung. 2. Es ist nicht Pflicht, daß sich Migranten bei der Ausreise abmelden, was zu systematischen Überschätzungen führt. Schätzungen über die Zahl der illegalen Zuwanderer sind auch problematisch.

5. Veränderte Grundlagen: Die niederländische Sicht der Einwanderung

Han Entzinger

5.1 Kurzer Überblick über Geschichte und Gegenwart der Einwanderung in die Niederlande

Die Niederlande haben eine lange Tradition der Ein- und Auswanderung. Sowohl die geographische Lage dieses Landes, als auch seine Tradition als Seefahrernation und seine koloniale Vergangenheit haben die Migrationsgeschichte geprägt. Darüberhinaus bot das Land Flüchtlingen aus ganz Europa, die wegen ihres Glaubens verfolgt wurden, seit dem 17. Jahrhundert Schutz. Aber auch Produzenten und Kaufleute wurden integriert. Im Jahr 1700 waren 40% der Bevölkerung von Amsterdam nicht in dieser Stadt geboren. Dies übertrifft den heutigen Anteil von 25% recht deutlich.[1]

Im 18. und 19. Jahrhundert war die Auswanderung in die niederländischen Kolonien und in andere Überseeregionen quantitativ bedeutender als die Zuwanderung. In der ersten Hälfte des 20. Jahrhunderts war sowohl die Zahl der Einwanderer als auch die der Auswanderer relativ gering. Daher betrachtet die niederländische Öffentlichkeit Ein- und Auswanderung heute eher als historische Ausnahmeerscheinung. Allerdings nahm die Migration nach dem Zweiten Weltkrieg deutlich zu. Der vierjährige blutige Krieg zwischen den Niederlanden und der indonesischen Unabhängigkeitsbewegung endete 1949 mit der Entlassung dieser bis dahin wichtigsten niederländischen Kolonie in die Unabhängigkeit. Unmittelbare Konsequenz war die Einwanderung von 250.000 bis 300.000 Personen überwiegend europäischer Herkunft in die Niederlande. Dazu kamen Personen, die aus gemischten Familien stammten, sowie Einheimische (u.a. Molukker), die die Niederländer im Kampf gegen die Unabhängigkeitsbewegung unterstützt hatten. Diese Einwanderer kamen zwar ins „Mutterland", aber für die meisten von ihnen war dies ein Land, das sie noch nie gesehen hatten. Gleichzeitig verließen zwischen 1946 und 1960 ungefähr 400.000 Niederländer ihr Land, um sich in den klassischen Einwanderungsländern USA, Kanada und Australien niederzulassen. 1961 wurde die niederländische Wanderungsbilanz erstmals positiv, wesentlich später als in den meisten anderen westeuropäischen Ländern. Seit damals gab es (mit Ausnahme des Jahres 1967) durchwegs Wanderungsgewinne.

Tabelle 5.1: Ausländische Bevölkerung in den Niederlanden, absolut und in % der Gesamtbevölkerung, 1899–1994

	Wohnbevölkerung insgesamt	ausländische Wohnbevölkerung	Anteil der ausländischen Wohnbevölkerung in %
1899	5.104.100	53.000	1,0
1930	7.935.600	175.200	2,2
1947	9.625.500	103.900	1,1
1960	11.462.000	117.600	1,0
1971	13.060.100	254.800	2,0
1976	13.733.600	350.500	2,6
1981	14.208.600	520.900	3,7
1986	14.529.400	552.500	3,8
1987	14.615.100	568.000	3,9
1988	14.714.900	591.800	4,0
1989	14.804.300	623.700	4,2
1990	14.891.900	640.600	4,3
1991	15.010.400	692.400	4,6
1992	15.138.100	732.900	4,8
1993	15.239.200	757.400	5,0
1994	15.341.600	779.800	5,1

Quelle: Central Bureau of Statistics, Niederlande.

Wie andere europäische Länder rekrutierten auch die Niederlande in den 60er und 70er Jahren ungelernte ausländische Arbeitskräfte. Die Niederlande begannen damit relativ spät. Dies erklärt, warum nur relativ wenige „Gastarbeiter" aus Südeuropa kamen, relativ viele aber aus etwas entfernteren Ländern, vor allem aus der Türkei und Marokko. Trotzdem war der Anteil der ausländischen Arbeitskräfte nie so hoch wie etwa in Deutschland oder Belgien. Das ist vor allem auf die geringe Bedeutung der Schwerindustrie und das Fehlen von Kohlevorkommen in den Niederlanden zurückzuführen. Zugleich hielten die relativ hohen Geburtenraten der Nachkriegszeit den Anteil der heimischen Arbeitskräfte auf einem befriedigenden Niveau. Wie in anderen europäischen Ländern – und entgegen der ursprünglichen Vorstellung – kehrten die Gastarbeiter nicht in ihre Heimat zurück, sondern blieben in den Niederlanden. Viele holten später ihre Familienmitglieder nach.

Tabelle 5.2: Ausländische Wohnbevölkerung der Niederlande nach ausgewählten Herkunftsländern, 1976–1994

	insg.	EU abs.	in %	Türkei abs.	in %	Marokko abs.	in %
1976	350.500	112.700	32,2	76.500	21,8	42.200	12,0
1981	520.900	134.000	25,7	138.500	26,6	83.400	16,0
1986	552.500	135.000	24,4	156.400	28,3	116.400	21,1
1991	692.400	168.400	24,3	203.500	29,4	156.900	22,7
1992	732.900	176.200	24,0	214.800	29,3	163.700	22,3
1993	757.400	183.000	24,2	212.500	28,1	168.100	21,8
1994	779.800	187.700	24,1	202.600	26,0	164.600	21,1

Anmerkungen: EU-Mitgliedstaaten: Belgien, Dänemark, Deutschland, Frankreich, Griechenland (ab 1981), Großbritannien, Irland, Italien, Luxemburg, Portugal (ab 1986), Spanien (ab 1986).
Quelle: Central Bureau of Statistics, Niederlande.

Der durch die Rekrutierung ausländischer Arbeitskräfte ausgelöste Zuwanderungsstrom ist bis heute nicht ganz versiegt. Hauptursache dafür ist, daß etliche Angehörige der sogenannten „zweiten Generation" bis heute Ehepartner aus dem Herkunftsland ihrer Eltern heiraten. Dieses Phänomen ist besonders bei Familien aus der Türkei und Marokko weit verbreitet, die mit 250.000 bzw. 190.000 die zwei größten Einwanderergruppen der Niederlande stellen.[2] Allein 1991 ließen sich 22.000 Türken und Marokkaner in den Niederlanden nieder, was allerdings in jüngerer Zeit den Höhepunkt der türkischen und marokkanischen Zuwanderung darstellte. Seit 1991 reduzierte sich die Immigration aus diesen beiden Ländern auf etwa die Hälfte und erreicht nun gerade das Niveau der Rückwanderung in die Türkei bzw. nach Marokko, die über die Jahre hinweg ziemlich konstant blieb. Da der Erwerb der niederländische Staatsbürgerschaft inzwischen relativ häufig erfolgt, sinkt derzeit die Zahl der türkischen und marokkanischen Staatsbürger, die in den Niederlanden ansässig sind (Tabelle 5.2), obwohl die Zahl derer, die aus diesen Ländern stammen, immer noch wächst.

Die dritte große Einwanderergruppe der letzten zwei Jahrzehnte stammt aus der Karibik. Lange Zeit hatte es nur sehr wenig Migration zwischen den Niederlanden und seinen Überseegebieten in der Neuen Welt – Surinam und die Niederländischen Antillen – gegeben. In den letzten zwei Jahrzehnten wanderte jedoch ein Drittel der Bevölkerung Surinams, das 1975 unabhängig wurde, in die Niederlande aus. Mitte der 90er Jahre wurde die Zahl der aus Surinam stammenden Einwohner der Niederlande auf 300.000 geschätzt. Weiters lebten 100.000 Personen aus den Niederländischen Antillen (Curaçao und einige kleinere Inseln), Aruba und St. Martin in den Niederlanden. Diese kleinen Staaten sind autonome Teile des niederländischen Königreichs. Ihre Einwohner sind niederländische Staatsbürger und dürfen sich frei in den Niederlanden ansiedeln.

5.2 Aktuelle Situation

In den frühen 80er Jahren stagnierte die Einwanderung kurzfristig, wahrscheinlich aufgrund der wirtschaftlichen Lage. In der zweiten Hälfte der 80er Jahre erhöhte sich die Zahl der Immigranten wieder und erreichte 1993 mit 87.500 ausländischen Einwanderern einen Spitzenwert (vgl. Tabelle 5.3). Danach reduzierte sich das Niveau der Einwanderung wieder. Die Gründe hierfür liegen zum einen in der ökonomischen und demographischen Entwicklung, vor allem der rückläufigen Familienwanderung, und zum anderen in der restriktiveren Einwanderungspolitik. Ein Hauptunterschied zu früheren Einwanderungsmustern ist die größere Heterogenität der Ursprungsländer. In den letzten Jahren kam nur mehr ein Viertel aller Immigranten aus den drei Ländern mit den größten etablierten Einwanderergruppen: der Türkei, Marokko und Surinam. Eine andere wichtige Unterscheidung zu früher ist die Tatsache, daß nur ein sehr kleiner Teil der Einwanderer schon bald nach der Ankunft eine Anstellung findet. Viele der neuen Einwanderer sind Familienmitglieder von schon länger Ansässigen. Etlichen fehlt eine für den niederländischen Arbeitsmarkt nötige berufliche Qualifikation.

Wie in anderen europäischen Ländern stieg die Zahl der Asylbewerber in den frühen 90er Jahren stark an. Im Jahr 1994 wurde mit 55.000 Asylbewerbern ein Spitzenwert erreicht, seither hat sich die jährliche Zahl auf etwa die Hälfte eingependelt. Nur ein kleiner Prozentsatz bekommt schließlich den Flüchtlingsstatus nach der Genfer Konvention zuerkannt. Einem Teil der abgelehnten Asylbewerber gelingt es, einen anderen Niederlassungsstatus zu erhalten. Es wird geschätzt, daß es ungefähr der Hälfte aller Asylbewerber gelingt, ihren Status zu legalisieren und in der Folge in den Niederlanden zu bleiben. Von der anderen Hälfte bleiben etliche eine zeitlang illegal im Land. Jüngste Schätzungen sprechen von ca. 50.000 bis 100.000 irregulären Einwanderern in den Niederlanden. Die meisten von ihnen sind erwerbstätig. Sie konzentrieren sich auf wenige Wirtschaftsbereiche (Gartenbau, Restaurantküchen, Reinigungsgewerbe, Textilindustrie), wo sie die am wenigsten attraktive Arbeit verrichten; meist Arbeiten, für die keine anderen Arbeitskräfte zu finden sind. Viele von ihnen bleiben nur für einen begrenzten Zeitraum im Land. Die neue Gesetzgebung macht es für diese Zuwanderer allerdings schwieriger, ohne gültige Papiere ihren Lebensunterhalt zu verdienen.

Tabelle 5.3: Ein- und Auswanderung von Ausländern 1980–1993

	Einwanderung	Auswanderung	Wanderungsbilanz	korr. Wanderungsbilanz (1)
1980	79.820	23.633	56.187	+50.600
1981	50.416	24.979	25.437	+14.200
1982	40.930	28.094	12.836	–1.100
1983	36.441	27.974	8.467	+2.600
1984	37.291	27.030	10.261	+4.600
1985	46.166	24.206	21.960	+20.200
1986	52.802	23.563	29.239	+26.500
1987	60.855	20.872	39.983	+35.400
1988	58.262	21.388	36.874	+27.800
1989	65.385	21.489	43.896	+17.300
1990	81.264	20.595	60.669	+48.700
1991	84.337	21.330	63.007	+50.000
1992	83.022	22.733	60.209	-
1993	87.573	22.203	65.370	-

Anmerkung: (1) Diese Spalte beinhaltet die Wanderungsbilanz abzüglich der für die ausländische Bevölkerung vorgenommenen amtlichen Korrekturen (betrifft Personen, die auswanderten, ohne sich offiziell abzumelden).
Quelle: Central Bureau of Statistics, Niederlande.

Am oberen Ende der beruflichen und sozialen Hierarchie ist ein langsamer aber stetiger Anstieg der Einwandererzahlen aus anderen EU-Mitgliedsländern zu beobachten. Mitte der 90er Jahre wohnten fast 200.000 Bürger anderer EU-Staaten in den Niederlanden. Diese Gruppe mit freiem Zugang zum Arbeitsmarkt umfaßt ein Viertel (1994: 24%) aller legal anwesenden Ausländer. Die größten Einzelgruppen stellen die Deutschen (52.000) und die Briten (45.000). In der Regel handelt es sich um Personen mit hohen Qualifikationen, viele davon höhere Angestellte oder Freiberufler, die mit ihren Familien kommen. Die öffentliche Meinung betrachtet diese Einwanderer, so wie die aus anderen westlichen Ländern, mit ganz anderen Augen als jene aus Osteuropa, der Türkei oder Übersee. Ihre soziale Situation und ihr kultureller Hintergrund ist jenem der einheimischen niederländischen Bevölkerung viel ähnlicher.

5.3 Einige terminologische Fragen

In den Niederlanden bezeichnet man die Einwanderer seltener als in Deutschland, der Schweiz und Österreich als „Ausländer" oder „ausländische Staatsbürger". Ein Hauptgrund dafür ist die koloniale Vergangenheit des Landes. Seit den späten 40er Jahren kamen viele Zuwanderer bereits als niederländische Bürger aus Übersee ins Land. Auch der Terminus „Einwanderer" bzw. „Immigrant" wird im Alltag eher selten gebraucht. Dies ist ein Unterschied z.B. zu Frankreich. In den Niederlanden werden eingewanderte Personen, die aus einem anderen Kulturkreis stammen, als Angehörige „ethnischer Minderheiten" bezeichnet. Dies entspricht dem angloamerikanischen Gebrauch dieses Wortes. Das Konzept der ethnischen Minderheit spiegelt nicht nur die numerische oder soziale Minderheitensituation vieler Einwanderer wieder, es bezieht sich auch auf den ethnischen Ursprung dieser Personen. Mehr als in anderen kontinentaleuropäischen Ländern nimmt die breite Öffentlichkeit Einwanderer aufgrund ihrer sozialen, wirtschaftlichen, kulturellen und religiösen Eigenschaften wahr, und weniger aufgrund ihres legalen Status oder ihrer Staatsbürgerschaft.

Die Bedeutung dieses unterschiedlichen Ansatzes kann mithilfe einiger statistischer Daten erläutert werden (siehe auch Tabelle 5.4). Am 1. 1. 1990 lebten in den Niederlanden 642.000 Ausländer. Gleichzeitig aber waren 1,2 Mio. Einwohner im Ausland geboren. Viele waren ausländische Staatsbürger, die sich einbürgern ließen, andere waren seit Geburt niederländische Bürger, stammten aber aus einem der (früheren) Überseeterritorien. Schließlich waren ungefähr 2,25 Mio. Einwohner entweder ausländische Staatsbürger bzw. waren selbst außerhalb der Niederlande zur Welt gekommen oder hatten wenigsten einen Elternteil, bei dem das der Fall war. Angesichts des Trends bei der Einwanderungsstatistik kann man annehmen, daß zur Zeit ungefähr jede sechste in den Niederlanden lebende Person (rund 18%) direkte Wurzeln in einem anderen Land hat. Wer könnte also sagen, die Niederlande seien kein Einwanderungsland?

Tabelle 5.4: Haupteinwanderergruppen und ethnische Minderheiten (1) in den Niederlanden nach Herkunftsländern

Staatsbürgerschaft/ Geburtsland	im Ausland geborene niederländ. Staatsbürger	ausländ. Wohnbev.	ausländ. Wohnbev. oder im Ausland Geborene	Niederländer, deren Eltern (Elternteile) im Ausland zur Welt kamen	insg.
Belgien	26.415	23.300	49.715	82.685	132.400
Deutschland	92.403	41.900	134.303	309.697	444.000
Indonesien	180.149	7.900	188.049	284.551	472.600
Marokko	8.663	143.700	152.363	16.237	168.600
Ndl. Antillen/ Aruba (2)	55.941	122	56.063	28.337	84.400
Surinam	143.249	16.200	159.449	84.751	244.200
Türkei	6.872	185.500	192.372	14.628	207.000
andere Staaten	159.546	223.296	382.842	95.958	478.800
insgesamt	673.238	641.918	1.315.156	916.844	2.232.000

Anmerkungen: (1) Die „ethnische Minderheit" umfaßt Ausländer und niederländische Staatsbürger aus dem jeweiligen Herkunftsland sowie deren Kinder (sog. „zweite Generation"). (2) Die Niederländischen Antillen und Aruba sind autonome Teile des Niederländischen Königreichs. Ihre Einwohner besitzen die niederländische Staatsbürgerschaft. *Quelle:* Prins 1991.

5.4 Der multikulturelle Ansatz der Immigration „auf Zeit"

Trotz der beträchtlichen Zahl von Immigranten betrachteten sich die Niederlande auf jeden Fall bis 1980 nicht als Einwanderungsland. Das Hauptargument war die ohnedies schon dichte Besiedelung des Landes. Außerdem waren viele Migranten, vor allem Marokkaner und Türken, selbst davon überzeugt, daß sie eines Tages nach Hause zurückkehren würden. Hinter der „Gastarbeiter"-Politik stand das Rotationsprinzip, das in den Niederlanden wie in anderen westeuropäischen Ländern eine zeitlang angewendet wurde. Auch für Migranten aus früheren Kolonien – mit Ausnahme der Einwanderer aus Indonesien –, galt dieses Rotationsprinzip. Oft wurde die Rückkehr ins „Mutterland" für die Zeit nach Beendigung der Grundschule oder einer Ausbildung geplant. Tatsächlich aber verschoben viele später ihre Rückkehr immer weiter in die Zukunft. Es brauchte eine ganze Weile, bis die Niederländer und ihre Regierung begriffen, daß der Rückkehrmythos zwar vielleicht eine wichtige ideologische Funktion innerhalb der Migrantengemeinden hatte, die Rückkehr aber viel seltener stattfand als geplant.

Obwohl sich die Niederlande bis 1980 nicht als Einwanderungsland betrachteten, wurden politische Maßnahmen zur Erhöhung des Wohlbefindens der „Gäste" getroffen. Wie in vielen anderen Ländern waren die 60er und 70er Jahre eine Zeit der rapiden Expansion des sozialen Sicherungssystems und der Professionalisierung der Sozialarbeit und der Sozialdienste. Beratungsstellen, die gänzlich vom Staat gezahlt wurden, spielten eine sehr wichtige Rolle bei der Aufnahme und Unterstützung der Einwanderer. Der Idee der zeitweiligen Zuwanderung führte zu einer Politik, diese Migranten nach den Regeln und Gewohnheiten ihrer eigenen Kultur leben zu lassen. Man erwartete, daß das nach der Rückkehr ihre Wiedereingliederung erleichtern werde. Aus dem gleichen Grund wurde 1974 ein muttersprachlicher Zusatzunterricht in den Volksschulen eingeführt, nachdem Familienzusammenführungen häufiger wurden.

Diese Anstrengungen, das kulturelle Erbe der Migranten zu erhalten, spiegeln die Tradition der Niederlande als multikulturelle Gesellschaft mit ihrer institutionalisierten sozialen und religiösen Verschiedenheit wieder. Seit dem späten 19. Jahrhundert war das ein wichtiges Charakteristikum der Niederlande. Alle bedeutenden kulturellen und religiösen Gruppen hatten ihre eigenen Vereine, Gewerkschaften, politischen Parteien, Schulen und andere Institutionen, wie Spitäler, Wohngenossenschaften, Sozialstellen und sogar Massenmedien. Die Vielfalt dieser Institutionen befähigte die Mitglieder jeder Gemeinde, vor allem unter sich zu leben. Zusammenarbeit fand nur auf der öffentlichen Ebene statt. Keine der wichtigsten Gruppen, weder die Katholiken noch die diversen protestantischen Religionsgemeinschaften oder die Sozialisten, konnte je die Mehrheit bilden. Für den demokratischen Entscheidungsprozeß waren sie somit aufeinander angewiesen.

Zur Beschreibung dieses typisch niederländischen Systems wird oft das Bild eines klassischen griechischen Tempels benutzt. Der öffentliche Sektor ist das Dach, das gemeinsam von den Säulen getragen wird, die wieder die verschiedenen religiösen und kulturellen Gruppierungen darstellen. Obwohl dieses System der „Versäulung" durch die in den 60er Jahren beginnende Säkularisierung einiges von seiner Strenge verloren hat, ist es immer noch leicht, die pluralistischen Strukturen mit ihren Institutionen zu erkennen. Die Niederländer sind es gewohnt, in Kategorien kultureller Verschiedenheit zu denken. Das Phänomen von Minderheiten, die sich selbst organisieren und dann zusammensetzen, um einen Kompromiß auszuhandeln, der die verschiedenen Interessen berücksichtigt, ist für sie nichts Fremdes.[3]

Die niederländischen Anstrengungen, mit der Einwanderung und ihren sozialen Folgen fertig zu werden, müssen vor diesem Hintergrund gesehen werden. Lange glaubten Politik und Öffentlichkeit, daß die Einwanderung zur Errichtung einer weiteren Säule (oder von mehreren schmalen Säulen) in der bereits traditionell multikulturellen Gesellschaft führen würde. Die offizielle Politik ging daher von der Vorstellung aus, daß die kulturelle Identität der sich nur kurzfristig im Land aufhaltenden Einwanderer mittels eigener, relativ geschlossener Institutionen bewahrt werden sollte.

Seit den späten 70er Jahren wurde jedoch immer klarer, daß eine beträchtliche Anzahl der Einwanderer nicht in ihre Herkunftsländer zurückkehren würde. Die politische Debatte über eine mögliche „Zwangsrückführung" wurde sehr schnell mit dem Argument beendet, daß die Arbeitsmigranten beträchtlich zur Entwicklung der niederländischen Wirtschaft beigetragen hätten und es daher unmoralisch wäre, sie gegen ihren eigenen Willen nach Hause zu schicken. Diejenigen, die aus früheren Kolonien gekommen waren, konnten ebenfalls nicht zur Heimreise gezwungen werden: zum einen weil sie niederländische Staatsbürger waren, zum anderen weil viele Niederländer ihnen gegenüber wegen der kolonialen Vergangenheit Schuldgefühle entwickelt hatten. Zur gleichen Zeit stieg die Zahl der Einwanderer vor allem infolge der Familienzusammenführung beträchtlich. Dadurch wurden die Migranten zu einem sichtbaren Teil des täglichen Lebens. Beinahe gleichzeitig verschlechterte sich aber ihre Situation auf dem Arbeitsmarkt. Als Ergebnis des wirtschaftlichen Strukturwandels und der selektiven Entlassungen stieg die Arbeitslosigkeit unter den Einwanderern viel stärker als unter den Einheimischen. Außerdem zwangen einige spektakuläre politische Aktionen, darunter zwei Zugentführungen von jungen Molukkern,[4] die Einwanderung und ihre sozialen Konsequenzen ernster zu nehmen.

1979 veröffentlichte der Wissenschaftsrat für Regierungspolitik (WRR)[5] einen Bericht, in dem vorgeschlagen wurde, die Fiktion des nur zeitweiligen Verbleibs der Einwanderer im Land aufzugeben und eine aktive Integrationspolitik zu entwickeln (WRR 1979). Ziel dieser Politik sollte es sein, sowohl die Teilnahme der Migranten am wirtschaftlichen und sozialen Leben zu fördern, als auch gute interethnische Beziehungen zu entwickeln. Der Rat war der Meinung, daß die Förderung der Chancengleichheit und die Vermeidung von Diskriminierung die Basis für jede Integrationspolitik sein sollten. Dies stieß auf keine fundamentale Opposition, denn in der niederländischen Geschichte spielte das Gleichheitsprinzip immer wieder eine dominierende Rolle für das Konzept weltanschaulicher Multikulturalität, obwohl diese manchmal im Gegensatz zur Idee der Gleichheit zu stehen scheint.

5.5 Niederländische Minderheitenpolitik

Der Bericht des Wissenschaftsrates bewirkte eine wichtige Änderung der öffentlichen Meinung in Einwanderungsfragen. 1980 gab die Regierung offiziell bekannt, daß das Ziel einer späteren Heimkehr des Großteils der Einwanderer fallengelassen werden sollte. Außerdem wurde eine strengere Aufnahmepolitik angekündigt. Des weiteren beschloß die Regierung Förderungsmaßnahmen für die ethnischen Minderheiten. Damals wurde dieses Konzept sofort zu einem Bestandteil zumindest von Sonntagsreden, während die neue „Minderheitenpolitik" erst nach 1983 eingeführt wurde. Der Innenminister erhielt die Koordinationskompetenz für diese politischen Maßnahmen, obwohl alle Fachminister weiterhin für die Anwendung in ihrem Kompetenzbereich verantwortlich blieben (Minderhedennota 1983).

Hier muß klargestellt werden, daß das Konzept der ethnischen Minderheit im offiziellen Gebrauch weder synonym mit der von „Einwanderern" noch mit der von „Ausländern" oder „Fremden" ist. Nach offizieller Lesart der niederländischen Regierung sind die minderheitenpolitischen Maßnahmen für jene Gruppen gedacht, „die in einer Minderheitensituation leben" und „für deren Anwesenheit die Regierung eine gewisse Verantwortung hat, entweder aufgrund der kolonialen Vergangenheit oder weil sie von den Behörden gerufen wurden" (Minderhedennota 1983: 12). Diese Maßnahmen waren also für Surinamer, Migranten aus den Antillen, Aruba und Indonesien, Türken, Marokkaner, Italiener, Spanier, Portugiesen, Griechen, Jugoslawen, Tunesier, ehemalige Bewohner der Kapverden, anerkannte politische Flüchtlinge, Roma und die sogenannten Kesselflicker (eine halbnomadische Gruppe, die schon lange Gegenstand spezieller Regierungsmaßnahmen war) gedacht.

Zum Zeitpunkt der Planung der Maßnahmen für die Minderheiten (1980) gehörten den genannten Gruppen 450.000 Personen an. Seit damals hat sich ihre Zahl mehr als verdoppelt.

Die wesentlichen Elemente der Minderheitenpolitik folgen nur zum Teil den Empfehlungen des Wissenschaftsrates. Sie sind eher eine Mischung aus den Vorstellungen des Rates und dem multikulturellen Ansatz der 70er Jahre. Die drei Hauptelemente sind:

- die Förderung der Multikulturalität und die Selbstverwaltung der ethnischen Gruppen;
- die Förderung der Gleichheit vor dem Gesetz;
- die Überwindung der sozialen Benachteiligung durch die Verbesserung der ökonomischen und sozialen Lage der Minderheiten.

Die Situation der ethnischen Minderheiten wird somit in sozialen, ökonomischen, kulturellen und rechtlichen Kategorien definiert. Die Verbesserung ihrer Lage sollte alle diese Aspekte berücksichtigen und zwar eher auf Gruppenebene als auf individueller Ebene. Die Maßnahmen der Minderheitenpolitik finden auf Migranten, die nicht zu einer dieser Gruppen gehören, keine Anwendung. Ausnahmen betreffen einige rechtliche Maßnahmen, die sich auf alle niedergelassenen Ausländer in den Niederlanden beziehen.

5.5.1 Multikulturalität

Adressat der niederländischen Minderheitenpolitik sind in erster Linie Gruppen, nicht Individuen. Zuerst wurde die Politik der 70er Jahre fortgesetzt, die auf Erhalt und Entwicklung der Immigrantenkultur abzielte. So bekam z.B. der muttersprachliche Unterricht eine legale Basis und wurde sowohl in privaten als auch in öffentlichen Schulen intensiviert. Da in jüngster Zeit Zweifel an der Effektivität und Sinnhaftigkeit dieser Maßnahme geäußert wurden, ist dieser Unterricht jetzt etwas reduziert (Lucassen/Köbben 1992)

Ganz unabhängig von jeder Minderheitenpolitik erlaubt das niederländische Schulgesetz die Einrichtung privater Schulen jeglicher religiöser Orientierung, die zur Gänze von der öffentlichen Hand finanziert werden. Seit Mitte der 80er Jahre wurden auf der Grundlage dieses Gesetzes ca. 30 moslemische sowie einige hinduistische Schulen eingerichtet. Ihr Status ist der gleiche wie der katholischer, protestantischer oder jüdischer Schulen. In diesen Schulen, es handelt sich durchwegs um Grundschulen, wird auf Niederländisch unterrichtet, ihr Lehrplan folgt dem offiziellen. Es muß allerdings betont werden, daß nur ein sehr kleiner Teil der moslemischen und hinduistischen Einwanderer[6] ihre Kinder in solche Schulen schickt.

Eine andere sehr wirksame Maßnahme war die Einrichtung konsultativer Räte für jede größere ethnische Minderheit. Diese Räte wurden auf nationalem und lokalem Niveau (besonders in den Städten mit lokaler Konzentration eingewanderter Bevölkerung) vom Innenministerium eingerichtet. Wie überall in Europa finden sich die größten Konzentrationen von Einwanderern in den Großstadtagglomerationen. 45% aller Angehörigen der ethnischen Minderheiten der Niederlande leben in den vier größten Städten (Amsterdam, Rotterdam, Den Haag und Utrecht). Deren Einwohnerzahl macht aber nur 13% der Gesamtbevölkerung aus (Muus 1995; siehe auch Tabelle 5.5). Mitglieder dieser konsultativen Räte sind auch Delegierte der großen Einwandererorganisationen. Die Behörden sind verpflichtet, sie bei jeder die Minderheiten betreffenden Angelegenheit zu konsultieren.

Über diese Räte hinaus versuchten die Behörden also, die Bildung von ethnischen Vereinen und Organisationen auf lokalem, regionalem und nationalem Niveau zu fördern. Diese Vereine können die verschiedensten Ziele verfolgen, von sportlichen Aktivitäten, Sozialberatung, Sprachkursen für Niederländisch oder ihre Muttersprache bis zur Produktion von Radio- und Fernsehprogrammen. Die direkte Subvention religiöser Aktivitäten ist aber verboten. Einige öffentlich bezahlte Aktivitäten, wie z.B. Sprachkurse, können jedoch in Moscheen stattfinden.

Tabelle 5.5: Ethnische Zusammensetzung der Bevölkerung der vier größten Städte der Niederlande (Stand 1. 1. 1994)

	Amsterdam	Rotterdam	Den Haag	Utrecht
Wohnbevölkerung insg. (A)	724.195	598.694	444.011	234.403
Türken	25.332	28.036	15.452	8.029
Marokkaner	36.061	18.470	13.039	13.595
alle Ausländer (B)	123.265	79.305	55.795	29.837
Surinam/Ndl. Ant./Aruba (C)	78.431	57.122	40.767	8.877
B in % der Wohnbevölkerung	17,0	13,3	12,6	12,7
B+C in % der Wohnbevölk.	26,9	22,1	20,9	16,2

Quelle: Muus 1995: 51.

5.5.2 Gleichheit vor dem Gesetz

Ein wichtiger Teil der Minderheitenpolitik ist der Kampf gegen Rassismus und Diskriminierung. Dafür wurde das Strafgesetz novelliert und um neue Straftatbestände erweitert. Im Gegensatz zu Großbritannien, den Vereinigten Staaten und anderen Ländern gibt es in den Niederlanden kein eigenes Gesetz zur Förderung interethnischer Beziehungen. Die Niederländer sind der Ansicht, daß die existierenden Antidiskriminierungs-Bestimmungen ausreichen, obwohl sie im Einzelfall nicht immer leicht anwendbar sind.

Ein Charakteristikum der niederländischen Minderheitenpolitik mit dem Ziel der Herstellung von Gleichheit vor dem Gesetz ist es, ausländischen Staatsbürgern nach einer gewissen Niederlassungszeit alle Rechte und Pflichten zuzugestehen, die auch für niederländische Staatsbürger gelten. In den 80er Jahren wurde die Zahl der Rechte für „Nicht-Niederländer" schrittweise erweitert. Zuerst wurden einige Teile der Gesetzgebung geändert, die kulturelle und religiöse Praktiken betreffen. Seither sind auch nicht-christliche bzw. nicht-jüdische Riten, z.B. bei Begräbnissen und bei der Schlachtung von Tieren zulässig. Ausländische Einwohner bekamen auch das Recht, im öffentlichen Dienst (mit einigen wenigen Ausnahmen wie Polizei und Militär) zu arbeiten.

Das vielleicht interessanteste Beispiel ist die Zuerkennung von aktivem und passivem Wahlrecht für Ausländer, die seit mindestens fünf Jahren in den Niederlanden leben. Das Recht zu wählen und gewählt zu werden ist jedoch auf die kommunale Ebene beschränkt; in einigen größeren Städten gilt es auch auf der Bezirksebene. Die Teilnahme an regionalen und nationalen Wahlen bleibt weiterhin den niederländischen Staatsbürgern vorbehalten. Bei den Wahlen, die seit der Einführung des lokalen Wahlrechts im Jahr 1985 stattgefunden haben, wurden einige Dutzend Ausländer in die Stadträte gewählt, vor allem in den größeren Städten und in den Grenzregionen. Die Beteiligungsrate der Ausländer blieb allerdings unter dem Durchschnitt. Außerdem zeigte sich: Die große Mehrheit der ausländischen Wähler stimmt für eine der etablierten niederländischen Parteien und nicht für Einwandererlisten.

Es ist wichtig zu sehen, daß trotz der weitgehenden Gleichbehandlung von Niederländern und ausländischen Staatsbürgern die Anzahl der Einbürgerungen während der letzten paar Jahre stark gestiegen ist. 1993 erhielten beispielsweise 43.000 ausländische Bürger die niederländische Staatsbürgerschaft. Das waren 6% der gesamten ausländischen Bevölkerung des Landes. Viele Ausländer hatten für ihr Ansuchen einen sehr praktischen Grund: Ein niederländischer Paß garantiert in der Regel unkompliziertes Reisen innerhalb Europas und in andere Teile der Welt. Die Einbürgerung ist ein relativ unkompliziertes Verfahren. Die Haupterfordernis sind fünf Jahre ununterbrochenen Aufenthalts in den Niederlanden. Für Ehegatten und Lebenspartner von niederländischen Staatsbürgern gelten noch kürzere Fristen. Seit den frühen 90er Jahren tolerieren die Behörden auch die doppelte Staatsbürgerschaft. Ausländer, die die niederländische Staatsbürgerschaft annehmen, müssen ihre alte nicht mehr aufgeben.

5.5.3 Die Verbesserung der ökonomischen und sozialen Situation

Das dritte Element der Minderheitenpolitik ist der Kampf gegen die soziale und ökonomische Benachteiligung. In diesem Bereich war staatliche Politik wesentlich weniger erfolgreich als in den beiden anderen. Hier ist das Ziel, die Beteiligung der Minderheiten in den wichtigsten gesellschaftlichen Gebieten und Institutionen zu fördern, bis ihre Repräsentation ihrem Anteil an der Gesamtbevölkerung entspricht. Dieser Gedanke der proportionalen Vertretung entspricht der typisch niederländischen Idee, daß ethnische Abstammung, Kultur oder Religion die Möglichkeit, am wirtschaftlichen und sozialen Leben teilzunehmen, nicht beeinflussen sollten. Das Postulat der Multikulturalität und der Gleichheitsgrundsatz sind hierbei also vereint.

In der Praxis unterschieden sich die Entwicklungen nach Sektor und nach Minderheitengruppe. Auf dem Wohnungssektor z.B. verbesserte sich die Lage der meisten Einwanderer während der 80er Jahre beträchtlich. Die Qualität der Wohnungen von Zuwanderern ist heute fast dieselbe wie für die niederländische Bevölkerung vergleichbarer sozialer Herkunft. Diese Verbesserung wurde vor allem durch das nicht-diskriminierende System der Verteilung von Sozialwohnungen ermöglicht: In den größeren Städten stellen diese Bauten den Hauptteil der Neubauten dar.

Bei der Erziehung und auf dem Arbeitsmarkt ist die Situation weit weniger positiv einzuschätzen. Obwohl die Bildungsabschlüsse der zweiten Generation wesentlich besser sind als die der ersten – besonders die der Surinamer, der Migranten von den Antillen und der Molukker – bleibt die Kluft zwischen den Kindern aus Minderheitenfamilien und den Kindern der Mehrheit immer noch groß. Eine hohe Zahl von Schulabgängern ohne Abschluß, ungenügende Kenntnisse der niederländischen Sprache sowie diskriminierende Praktiken auf Unternehmerseite sind die wichtigsten Hindernisse für den erfolgreichen Eintritt dieser jungen Menschen in die Arbeitswelt. Auf dem Arbeitsmarkt ist die Situation der Minderheiten daher am schlechtesten. Die Arbeitslosigkeit unter Türken und Marokkanern beträgt bis zu 33%. Für die Surinamer liegt sie bei 19%, während 1994 nur 6% der einheimisch-niederländischen Bevölkerung arbeitslos waren. In den letzten Jahren ist die einheimische Arbeitslosigkeit gesunken, während die Prozentsätze für die Minderheiten hoch blieben; und dies trotz zahlreicher Anstrengungen, ihre Integration in den Arbeitsmarkt zu fördern.

Offensichtlich erklärt sich dieser Unterschied zwischen Minderheiten und Mehrheit zum Teil durch das unterschiedliche Ausbildungsniveau. Der Aspekt der unterschiedlichen Startpositionen wird interessanterweise gerade von den Behörden oft übersehen, wenn sie die soziale Lage der verschiedenen ethnischen Gruppen miteinander vergleichen (Delcroix 1991). Doch auch wenn die Statistiken um diese Unterschiede bereinigt werden, haben Angehörige der ethnischen Minderheiten auf dem Arbeitsmarkt deutlich geringere Chancen als Niederländer mit gleichem Ausbildungsniveau. Mehr als zehn Jahre Minderheitenpolitik haben in diesem Bereich zu keiner Verbesserung geführt. Dies ist nur zum Teil auf die fortgesetzte Einwanderung zurückführen, die für ein zusätzliches „Angebot" ungenügend qualifizierter Personen auf dem niederländischen Arbeitsmarkt sorgte. Das aber heißt: Instrumente wie die Verbesserung der Berufsausbildung, intensivere Unterstützung bei der Arbeitssuche, spezielle Job-Programme etc. waren nicht sehr erfolgreich. Außerdem sank seit den 80er Jahren die Zahl der Jobs für Unqualifizierte. Dies ist das Resultat einer grundlegenden Umstrukturierung der niederländischen Wirtschaft. Die meisten Minderheitenangehörigen sind mit dieser tiefen Kluft zwischen Angebot und Nachfrage auf dem Arbeitsmarkt konfrontiert. Ihre Chancen, eine dauerhafte Anstellung zu finden, sind nicht sehr aussichtsreich.

5.6 Die Wende: Integration als Schwerpunkt

Von vielen wurden die negativen sozialen Langzeiteffekte andauernder hoher Arbeitslosigkeit unter Angehörigen der ethnischen Minderheiten nur ungenügend beachtet. Als akzeptable Alternative zur Erwerbsarbeit galt die volle Gleichberechtigung der Minderheiten und das Recht, Sozialleistungen in Anspruch zu nehmen, die ein halbwegs erträgliches Leben ermöglichten. In der Folge betrachteten viele Niederländer die Minderheiten mehr als Sozialhilfeempfänger denn als Arbeitskräftepotential. Erst in jüngster Zeit beginnt sich die Sicht durchzusetzen, daß dieser Ansatz nicht nur paternalistisch ist, sondern auch zur Marginalisierung der ethnischen Minderheiten beiträgt. Immer noch spricht ein gewisser Teil der Einwanderer nicht Niederländisch, darunter auch solche, die schon zwanzig Jahre oder länger im Land sind. Viele haben kaum soziale Kontakte zu Niederländern und leben weitgehend innerhalb ihrer eigenen Gemeinschaften. Viele schaffen es nicht, ihr Leben in einer für die moderne Industrie- und Dienstleistungsgesellschaft nötigen Weise zu organisieren, weil sie keinen durch regelmäßige Arbeit vorstrukturierten Tagesrhythmus haben. Unter solchen Umständen werden manche junge Immigranten anfällig für fundamentalistische Ideologien, andere gleiten in die Kriminalität ab.

In den Niederlanden wird kaum thematisiert, daß Angehörige ethnischer Minderheiten trotz formaler Gleichstellung vielfach strukturell diskriminiert werden. Dies hat damit zu tun, daß das Schulsystem, der Arbeitsmarkt, aber auch soziale und kulturelle Einrichtungen dazu tendieren, jene Mitglieder der Gesellschaft zu benachteiligen, die mit bestimmten Regeln und dem Funktionieren dieser Institutionen weniger vertraut sind. Man muß dabei einen Unterschied zur absichtlichen Diskriminierung machen, bei der die Benachteiligung verschiedener Gruppen und Individuen ein explizites Ziel ist. Im Gegensatz dazu ist die unterschiedliche Behandlung bei struktureller Diskriminierung kein Ziel, sondern die Folge der Anwendung expliziter oder impliziter Regeln. In der niederländischen Gesellschaft wächst das Bewußtsein, daß die kumulierenden Effekte unbeabsichtigter Diskriminierung gegen ethnische Minderheiten recht ausgeprägt sein können. Sie könnte in gewissem Ausmaß für die andauernd hohe Arbeitslosigkeit mitverantwortlich sein. Daher wird nach sozialpolitischen Maßnahmen gesucht, die diesen Effekten begegnen könnten.

Die ziemlich pessimistische Analyse der Lage ethnischer Minderheiten beruht zum Großteil auf dem zweiten Bericht des Wissenschaftsrates für Regierungspolitik WRR (1989) aus dem Jahr 1989, zehn Jahre nach dem ersten Bericht desselben Rates (WRR 1979). In diesem zweiten Bericht unterstrich der Rat noch einmal seine Diagnose aus den späten 70er Jahren: Statt mit Zuwanderern auf Zeit ist die niederländische Gesellschaft mit permanenter Einwanderung konfrontiert. Und diese ist nun ein Charakteristikum westeuropäischer Gesellschaften. Die Einwanderung, so der Rat, wird andauern, solange die Kluft zwischen Arm und Reich auf Weltniveau weiterbesteht. Außerdem wird die Einwanderung durch das Bestehen großer ethnischer Gruppen in Europa gefördert. Aus der Sicht des Rats hätte die Einführung von weiteren Restriktionen in der Einwanderungspolitik nur marginale Auswirkungen auf die zukünftige Zahl der Migranten.

Was die zukünftige Migrationspolitik betrifft, schlug der Wissenschaftsrat 1989 vor, die ökonomische und soziale Integration besonders auf dem Arbeitsmarkt durch Ausbildungs- und Berufsbildungsmaßnahmen zu verstärken. Aus der Sicht des Rats muß ein Land, das Einwanderer aufnimmt, diesen auch Gelegenheit geben, ihren Lebensunterhalt selbst zu verdienen, damit sie nicht für den Rest ihres potentiellen Arbeitslebens auf Sozialleistungen angewiesen sind. Um dieses Ziel zu erreichen, schlug der Rat eine Reihe von Maßnahmen vor, z.B. eine wesentliche Verbesserung des Sprachtrainings, darunter auch verpflichtende Maßnahmen sowie eine Verbesserung der Unterrichtsmethoden für Niederländisch als Zweitsprache in den Grundschulen.

Der Rat befürwortete auch die Einführung bestimmter positiver Aktivitäten, darunter die gesetzlich verankerte öffentliche Berichtspflicht größerer Unternehmungen über ihre Anstrengungen zur Einstellung von Angehörigen der ethnischen Minderheiten. Dieses Gesetz orientierte sich am kanadischen Employment Equity Law (Gesetz über die Gleichheit bei der Anstellung), das dort seit der Mitte der 80er Jahre existiert. Das niederländische Gesetz schreibt keine Quoten vor. Es will die Unternehmer dazu bringen, sich der negativen Auswirkungen ihrer traditionellen Anstellungsmechanismen und Personalpolitiken für ethnische Minderheiten bewußt zu werden. Der Rat schlug auch zusätzliche Anstrengungen vor, um den Einwanderern einen besseren Zugang zum Arbeitsmarkt zu ermöglichen. Wenn dies vernachläßigt würde, so das Argument, dürfte sich die Situation besonders in Großstädten mit hohem Anteil junger Zuwanderer verschlechtern.

Es kann kein Zweifel darüber bestehen, daß sich die Einschätzung des Phänomens Einwanderung sowie der öffentliche Diskurs darüber seit den frühen 90er Jahren gravierend verändert haben (Nederlands Gesprek Centrum 1992). Die meisten der vom Rat vorgeschlagenen Maßnahmen sind inzwischen implementiert. Im Jahr 1993 wurde trotz heftiger Opposition von seiten der Arbeitgeberorganisationen ein „Arbeitsgleichheitsgesetz" (Law on Employment Equity) beschlossen. Die seit 1994 amtierende Regierung beschloß eine relativ aufwendige Integrationspolitik für Neuzuwanderer, die auch Sprachkurse umfaßt. Für einige Immigrantengruppen ist die Teilnahme an diesen Programmen verpflichtend.

Eine Durchsicht der drei Elemente der Minderheitenpolitik ergibt, daß sich der Schwerpunkt auf das dritte Element, also auf die Förderung der sozialen und wirtschaftlichen Integration verlagert hat. Alle wesentlichen Maßnahmen zur Verbesserung der rechtlichen Situation der Einwanderer sind längst verwirklicht. Der multikulturelle Aspekt der öffentlichen Maßnahmen aber hat seit den 80er Jahren viel von seiner Bedeutung verloren. Tatsächlich wurden Subventionen für soziale und kulturelle Aktivitäten der ethnischen Minderheiten reduziert oder gestrichen. Überdies gibt es eine neue Diskussion über Sinn und Zweck des muttersprachlichen Unterrichts, der nun erheblich reduziert wurde. Die Gründung von Organisationen und die Ermutigung zu Initiativen der ethnischen Minderheiten werden heute weitgehend als Aufgabe der Betroffenen selbst und nicht mehr als Aufgabe der Behörden betrachtet.

In den letzten Jahren hat sich die öffentliche Debatte über die Einwanderung und die Zukunft der ethnischen Minderheiten verstärkt. In der Politik werden diese Angelegenheiten viel öfter als früher diskutiert. Diese Debatte wurde von Frits Bolkestein, dem parlamentarischen Führer der konservativen Partei VVD angezettelt (Bolkestein 1991). Seinen Kommentaren fehlte die auf diesem tabureichen Gebiet sonst übliche Zurückhaltung. Seit damals scheint die Einstellung gewisser Bevölkerungsschichten zur Einwanderung und zu den Minderheitenkulturen härter geworden zu sein. Einige würden ihre Position auch als realistischer bezeichnen. Der Ton der Diskussion über illegale Einwanderer, die durch den Absturz eines israelischen Frachtflugzeugs auf einen mehrheitlich von Immigranten bewohnten Gebäudekomplex[7] in Amsterdam im Oktober 1992 ausgebrochen war, spiegelte ein Ausmaß an Fremdenfeindlichkeit wider, das zuvor in den Niederlanden unbekannt war.

Trotzdem wäre es übertrieben zu behaupten, daß der Ton der öffentlichen Debatten dem in Frankreich, Deutschland oder Belgien ähnelte. In jenen drei Länder gibt es durchwegs starke rechtsgerichtete Anti-Einwanderer-Bewegungen. Zwar entstand auch in den Niederlanden eine Anti-Einwandererpartei, die sog. Zentrumsdemokraten, die 1994 drei von 150 Sitzen in der Zweiten Kammer des Parlaments gewann und in den Stadträten der größten Städte vertreten ist. Trotzdem kam es – mit Ausnahme einiger kleiner Attacken gegen Asylbewerberheime und islamische Zentren – kaum zu Gewaltakten zwischen Mehrheit und Minderheiten.

Das Thema Einwanderung und vor allem die Zukunft der Multiethnizität werden seit Beginn der 90er Jahre unter neuen Vorzeichen diskutiert. Für die meisten Beobachter und Politiker ist es heute klar, daß die Strategie zur Erreichung der Gleichheit vor dem Gesetz und der Respekt für die Herkunftskulturen von Einwanderern deren soziale Marginalisierung nicht verhindern konnte. Aber die sozialstaatlichen Einrichtungen, die in den Niederlanden traditionell gut ausgestattet sind, konnten die Ghettobildung und die Verarmung weiter Schichten der Einwanderer verhindern. Gleichzeitig stieg damit die Abhängigkeit vieler Immigranten und ihrer Kinder von diesen Einrichtungen. Zugleich wurde die mangelnde Bereitschaft etlicher Migranten, sich den Anforderungen der modernen niederländischen Gesellschaft zu stellen, noch verstärkt. Heute sind die Niederlande mit einer Veränderung der „Integrationsphilosophie" konfrontiert. Wie es scheint, wird das „Minderheitenmodell" langsam vom „Integrationsmodell" abgelöst, wenigstens bei den vom Staat getroffenen Maßnahmen. Zweifellos wird die ethnische und religiöse Vielfalt, soweit sie sich innerhalb des gesetzlichen Rahmens bewegt, auch in Zukunft anerkannt sein. Aus historischen Gründen ist der niederländische Pluralismus z.B. im Erziehungswesen oder im Bereich der Massenmedien vielfältiger und tiefgehender als in anderen europäischen Ländern. Höchstwahrscheinlich aber werden die ethnischen Gruppen in Zukunft ihre Anliegen zur Institutionalisierung dieses Pluralismus selbst formulieren müssen, und sich nicht wie bisher auf Anregung und Hilfestellung durch die Behörden verlassen können.

5.7 Zusammenfassung

Bis in die 70er Jahre herrschte in den Niederlanden die Meinung vor, daß die Zuwanderung nur temporärer Natur sei. Erst seit den 80er Jahren basiert die offizielle Politik nicht mehr auf der Vorstellung, daß die meisten Einwanderer früher oder später in ihre Heimatländer zurückkehren werden. Trotz eines seit 1961 positiven Migrationssaldos, der sich heute in einer Größenordnung von rund 60.000 Personen pro Jahr bewegt, möchten die Niederlande nicht wirklich ein Einwanderungsland sein. Daher sind die aktuellen Maßnahmen der niederländischen Einwanderungspolitik durchaus mit dem restriktiveren Kurs Deutschlands, Österreichs und der Schweiz vergleichbar.

Ein zweites Merkmal des niederländischen Ansatzes ist das Vertrauen auf sozialstaatliche Maßnahmen zur Lösung von Problemen der Einwanderer. Das muß auch als Versuch zur Herstellung gleicher Chancen gesehen werden, unabhängig von der rechtlichen Situation und dem tatsächlichen Beitrag des jeweiligen Individuums zur Gesellschaft. Die Idee war, Einwanderer nicht als Menschen zweiter Klasse zu behandeln, ein Problemzugang, der auch für die skandinavischen Staaten, vor allem für Schweden, typisch ist. In jüngster Zeit wird dieses Lösungsmodell jedoch zunehmend negativ bewertet, vor allem weil vom Staat eine geringere Rolle im sozialen und wirtschaftlichen Leben erwartet wird.

Das dritte Merkmal der niederländischen Einwandererpolitik ist der kulturelle Pluralismus, der in scharfem Gegensatz zur französischen Assimilierungspolitik steht, mit den britischen und schwedischen Maßnahmen aber einiges gemeinsam hat. Die Niederlande haben allerdings eine stärker pluralistische Tradition als die beiden letztgenannten Länder. Man muß den niederländischen Multikulturalismus und das Konzept der „ethnischen Minderheiten" daher vor diesem Hintergrund verstehen. In der Öffentlichkeit setzt sich nur langsam die Einsicht durch, daß Multikulturalität und Chancengleichheit nicht immer mit denselben Mitteln angestrebt werden können.

Bedeuten diese jüngsten Veränderungen also das Ende des Konzepts der „ethnischen Minderheiten"? Die Antwort darauf heißt sowohl „Ja" als auch „Nein": Nein, weil jede Politik, die darauf abzielt, Einwanderer in eine neue Gesellschaft zu integrieren, scheitern muß, wenn sie die verschiedenen kulturellen, rechtlichen, sprachlichen und anderen Gegebenheiten nicht ausreichend berücksichtigt. Bei den neuen Integrationsmaßnahmen für Neuzuwanderer wird darauf Rücksicht genommen. Andererseits wird die Durchsetzung von multikulturellen Maßnahmen schwieriger, wenn nicht sogar sinnlos, je weiter der Integrationsprozeß in wichtige gesellschaftliche Bereiche fortgeschritten ist. Es ist nicht immer leicht zu verstehen, was ein Surinamer der dritten Generation mit einem gerade angekommenen Zuwanderer gemeinsam hat. Die offizielle Politik verneinte bisher die Bedeutung dieser Unterschiede. So bekommen z.B. Schulen für alle Schüler, die einer der anerkannten Minderheiten gehören, einen finanziellen Zuschuß, ohne daß individuelle oder gruppenspezifische Unterschiede berücksichtigt würden. Mit einer solchen Vorgangsweise bleiben die z.T. ziemlich schnellen Veränderungen innerhalb der Gruppen von Einwanderern unberücksichtigt. Sogar unter den niederländischen Bedingungen der vollen Anerkennung von Kulturen der Einwanderer hat die dritte Generation wenig mit der ersten gemeinsam. Analoges läßt sich aus der Einwanderungsgeschichte der USA ablesen. Außerdem erschwert es die steigende Zahl der Eheschließungen zwischen Minderheiten und Mehrheit, an sich ein klassischer Indikator für Integration, die Kriterien der Zugehörigkeit zu einer Minderheit klar zu definieren.

Aus soziologischer Sicht ist klar, daß die Gesamtheit der Zuwanderer schon zum Zeitpunkt ihrer Ankunft viel heterogener ist, als dies im Zielland wahrgenommen wird. Die aufnehmende Gesellschaft als Ganzes, insbesondere aber die Behörden neigen dazu, vor allem die Gemeinsamkeiten der Zuwanderer und den Unterschied zum Rest der Bevölkerung wahrzunehmen. Das ist vor allem ihr Einwandererstatus, die Tatsache, daß sie mit dem neuen Land und seiner Sprache nicht vertraut sind, manchmal auch ihre Religion. Daher werden sie oft als eine einzige ethnische oder nationale Gruppe betrachtet. Sie selbst sehen sich oft gezwungen, alte politische, regionale oder andere Widersprüche hintanzustellen, die sie aus ihrem Heimatland mitbringen. Im Laufe der Zeit wird die eingewanderte Bevölkerung eher heterogener als gleicher, besonders in der zweiten und dritten Generation. Die gemeinsame elterliche Herkunft wird weniger wichtig, wohingegen andere Kriterien, etwa die berufliche oder soziale Stellung wichtiger werden können. Es ist immer noch unklar, ob das eben Gesagte auch für die Rolle der Religion gilt. Für einige Mitglieder der zweiten Generation in den Niederlanden und im übrigen Westeuropa ersetzt die religiöse Zugehörigkeit mit der Zeit die ethnische oder nationale Identifikation. Es ist interessant, daß sogar in den Niederlanden, wo die Minderheiten traditionell nach dem Herkunftsland eingeteilt werden, die Rolle des Islam wichtiger wird, und zwar nicht nur bei der Institutionalisierung bestimmter Initiativen von Einwanderern, sondern auch in der öffentlichen Debatte über die Einwanderung. Andere Angehörige der zweiten Generation aber machen einen Säkularisierungsprozeß durch. Sie distanzieren sich zunehmend vom Glauben ihrer Eltern.

Wir können aus all dem schließen, daß die derzeitige Änderung der niederländischen Minderheitenpolitik der Multikulturalität in Zukunft weniger Raum geben wird und sich mehr auf die soziale und wirtschaftliche Integration konzentrieren wird. Die dominante Rolle, die das Konzept der „ethnischen Minderheiten" in der niederländischen Einwanderungspolitik der letzten zwei Jahrzehnte spielte, wird langsam schwinden. Angesichts der langen multikulturellen Tradition und des weitgehend institutionalisierten Pluralismus der niederländischen Gesellschaft ist aber zu erwarten, daß die assimilatorische Kraft der Gesellschaft der Niederlande weniger stark sein wird als in anderen Ländern Westeuropas.

Anmerkungen

1 Eine Übersicht über alte und neue Immigration in die Niederlande bieten Entzinger (1985), Social and Cultural Planning Office (1986), Entzinger/Stijnen (1990) und Lucassen/Penninx (1993).
2 Die Zahl umfaßt türkische bzw. marokkanische Staatsbürger sowie eingebürgerte Niederländer dieser Herkunft.
3 Vgl. dazu die klassische Studie über Polarisierung und Kooperation von Lijphart 1975.
4 Die Molukker sind eine ethnische Gruppe aus dem früheren Ostindien, denen ursprünglich ein eigener Staat zugesagt worden war. Nach der Unabhängigkeit Indonesiens wanderten viele von ihnen in die Niederlande aus.
5 Der WRR ist ein unabhängiges Beratungsgremium des niederländischen Premierministers.
6 Hindus in den Niederlanden stammen vor allem aus Surinam.
7 In dem Gebäude dürften sich auch illegale Einwanderer aufgehalten haben. Bis heute ist unbekannt, wieviele Opfer der Absturz forderte.

6. Die Dynamik der Einwanderung im Nichteinwanderungsland Deutschland

Hedwig Rudolph

6.1 Deutschland als Einwanderungsland?

Deutschland hat eine lange Geschichte der Zuwanderung von Ausländern und im Ausland geborenen Personen deutscher Volkszugehörigkeit. In den politischen und den meisten wissenschaftlichen Diskussionen wird zwischen ausländischen Arbeitskräften, Flüchtlingen, Asylbewerbern und Personen volksdeutscher Herkunft (Vertriebene, Aussiedler) unterschieden. In der Regel werden letztere nicht offiziell als Migranten bezeichnet. Seit dem Ende des Zweiten Weltkriegs stellt jedoch die Gruppe der Zuwanderer mit deutscher Volkszugehörigkeit bzw. Staatsangehörigkeit jedoch alle anderen Migranten zahlenmäßig in den Schatten.

Obwohl seit 1945 weit mehr als 20 Mio. Menschen[1] nach Deutschland kamen, insistiert das Land weiterhin auf der Selbstdefinition als Nichteinwanderungsland. Es gibt kein Einwanderungsgesetz. Das Grundmuster des deutschen politischen Diskurses enthält die Verteidigung des Nationalstaates auf ethnischer Basis und ein Staatsbürgerschaftskonzept, das auf dem Jus sanguinis beruht. Der Widerspruch zwischen Arbeitskräftemigration aus ökonomischer Rationalität, der Aufnahme von Aussiedlern und der ideologischen Position, kein Einwanderungsland zu sein, ist und bleibt ein Charakteristikum Deutschlands.

Schon 1880 wurden in Deutschland politische Regelungsmechanismen zur Rekrutierung von Arbeitskräften in den Nachbarländern eingeführt und Behörden zur Überwachung dieser Migration geschaffen (Herbert 1986). Während der darauffolgenden Jahrzehnte spiegelten die Zahlen und die Struktur ausländischer Arbeitskräfte klar die Schwierigkeiten einzelner Wirtschaftszweige wider, adäquate Arbeitskräfte zu den herrschenden Bedingungen – besonders zu bestimmten Lohnkosten – zu bekommen.

Im Laufe der Zeit wurde ein Set von Regeln und Instrumenten entwickelt, das einen relativ flexiblen Einsatz ausländischer Arbeitskräfte sicherstellen sollte. Die wesentliche „Innovation" war die rechtliche Definition des „Ausländers". Als solcher wird ein Mensch bezeichnet, der sich in Deutschland nur auf beschränkte bürgerliche Rechte berufen kann und dessen Aufenthaltsrecht und Zugang zum Arbeitsmarkt beschränkt sind (Dohse 1981). Die wichtigsten Charakteristika der schwächeren Position von Ausländern sind heute:

- das Prinzip der Priorität für Deutsche gegenüber Nicht-EU-Ausländern auf dem Arbeitsmarkt;
- zeitlich beschränkte Arbeitserlaubnis für einen Teil der in Deutschland lebenden Ausländer;
- die beschränkte regionale Mobilität für Ausländer und schließlich
- eine zusätzliche Diskriminierung ausländischer Frauen.

Es ist offensichtlich, daß der Aktionsradius der Arbeitsmarktbehörden beträchtlich steigt, wenn ein Teil der Arbeitskraft einen marginalen Status, wie er durch diese Einschränkungen definiert wird, akzeptieren muß. Die Existenz einer Art Reservearmee verbessert das Funktionieren des Arbeitsmarktes, ohne die Einkommensverteilung – besonders das Lohnniveau und die Lohnstruktur – wesentlich zu verschieben.

Diese Situation wird noch komplexer, weil das Land auch den Normen einer zivilisierten Gesellschaft entsprechen will. Dazu gehört die Suche nach einem Ausgleich zwischen nationalen Wirtschaftsinteressen einerseits und bürgerlichen wie sozialen Rechten für ausländische Arbeitskräfte andererseits (Hollifield 1992). Die westdeutsche Politik erreichte dies durch rechtliche Verbesserungen des Aufenthaltsstatus für ausländische Arbeitskräfte in den frühen 70er Jahren.

Jahrzehntelang profitierte der deutsche Arbeitsmarkt von der Tatsache, daß die Einkommenschancen in benachbarten Ländern niedriger war. Dieses Differential bewirkte, daß Migranten auch zur Übernahme schwerer, schlecht bezahlter, kontingentierter Arbeit bereit waren. Während des Zweiten Weltkriegs traten repressive Maßnahmen und Gewalt an die Stelle der ökonomischen Anreize. Millionen von Menschen aus den von der deutschen Wehrmacht okkupierten Ländern wurden gezwungen, in der deutschen Industrie und Landwirtschaft zu arbeiten. Im Sommer des Jahres 1944 erreichte die

Zahl der ausländischen Fremd- und Zwangsarbeiter die 5,7-Mio.-Grenze, KZ-Häftlinge und Kriegsgefangene nicht mit eingerechnet. Davon waren ein Drittel Frauen. Es muß nicht besonders betont werden, daß niemand je daran dachte, sie als Migranten zu bezeichnen.

6.2 Deutsche Flüchtlinge, Übersiedler, Aussiedler

Nach 1945 wurde durch die großen Migrationsströme nach Deutschland und innerhalb des Landes offensichtlich, wie sehr der Krieg auch die demographischen Verhältnisse verändert hatte. Die große Mehrheit der Vertriebenen waren deutsche Staatsbürger, die die früheren Ostgebiete des Landes verlassen mußten, sowie Volksdeutsche aus den Ländern Mittel- und Osteuropas. Die Alliierten hatten diesen erzwungenen Exodus von Millionen Deutschen aus den polnisch bzw. sowjetisch verwalteten und später annektierten Ostgebieten sowie aus der wieder errichteten Tschechoslowakei gebilligt. Es handelte sich dabei zweifellos um eine Form der ethnischen Säuberung. In Polen, der Tschechoslowakei und Jugoslawien wurde diese Maßnahme nicht nur mit dem Verdacht legitimiert, es handle sich überwiegend um NS-Sympathisanten, die Vertreibung sollte auch die Nationalitätenkonflikte zwischen Volksdeutschen und Slawen ein für allemal beenden. Je nach Periode können drei Hauptgruppen von Nachkriegsmigranten unterschieden werden.

Zwischen 1945 und 1950 kamen 12,5 Mio. Vertriebene in das Gebiet des heutigen Deutschland. 60% bzw. fast 8 Mio. Flüchtlinge wurden im westlichen Teil Deutschlands (der späteren BRD) angesiedelt, 37% (oder 3,6 Mio.) in der sowjetischen Zone (der späteren DDR). Im darauffolgenden Jahrzehnt wanderte eine unbekannte Zahl von Vertriebenen aus der DDR in die BRD weiter. Zwischen 1950 und 1961 waren die Migrationsströme zwischen der BRD und der DDR sehr asymmetrisch: 3,6 Mio. gingen in den Westen. Sie wurden in Westdeutschland „Übersiedler"[2] genannt. 0,5 Mio. wanderten von West nach Ost. Nach dem Bau der Berliner Mauer ging die Auswanderung aus der DDR drastisch zurück. Aber der Strom der Übersiedler versiegte nicht völlig. Zwischen 1961 und 1988 emigrierten immerhin rund 600.000 Personen aus der DDR in die Bundesrepublik.

Tabelle 6.1 zeigt, daß die Zahl der Deutschen aus der DDR die der Flüchtlinge aus Osteuropa zwischen 1950 und 1960 überstieg. Am Ende die-

Tabelle 6.1: Migration zwischen der BRD und der DDR 1950 bis 1990 (in 1.000)

Jahr	DDR → BRD	BRD → DDR	Saldo
1950	302,8	40,0	262,8
1951	251,3	29,3	222,0
1952	214,4	25,3	189,2
1953	518,9	22,1	496,8
1954	334,3	43,3	291,0
1955	439,5	42,5	397,0
1956	448,1	40,4	407,7
1957	418,6	47,0	371,6
1958	259,8	33,1	226,7
1959	182,7	32,1	150,6
1960	247,8	25,4	222,3
1961	236,4	19,7	216,7
1962	21,5	8,8	12,7
1963	47,1	4,7	42,4
1964	39,3	4,9	34,4
1965	29,5	5,6	23,9
1966	24,3	4,3	20,1
1967	20,7	3,6	17,0
1968	18,6	2,9	15,7
1969	20,6	2,5	18,1
1970	20,7	2,1	18,6
1971	19,9	1,8	18,0
1972	19,7	1,8	18,0
1973	17,3	1,7	15,6
1974	16,2	1,5	14,6
1975	20,3	1,4	18,9
1976	17,1	1,3	15,8
1977	13,9	1,2	12,7
1978	14,4	1,2	13,2
1979	15,4	1,4	14,0
1980	15,8	1,6	14,2
1981	18,3	1,7	16,5
1982	15,5	1,5	14,0
1983	13,4	1,3	12,1
1984	42,3	1,6	40,7
1985	28,4	2,0	26,4
1986	29,5	2,6	26,8
1987	22,8	2,4	20,4
1988	43,3	2,5	40,8
1989	399,4	5,1	383,3
1990	395,4	36,2	359,2
1950-1990	*5.275,2*	*511,4*	*4.752,5*

Anmerkung: Die Zahlen der Migranten zwischen 1950 und 1956 beinhalten nicht die Migration aus und in das Saarland. Die Angaben für die Jahre 1950 und 1951 berücksichtigen nicht die Wanderungsströme zwischen den beiden Hälften Berlins. Aufgrund von Rundungsfehlern können Unterschiede zwischen der ausgewiesenen Nettowanderung und der Differenz von Einwanderung und Auswanderung auftreten.
Quellen: Statistisches Bundesamt, Bundesverwaltungsamt, Bundesinstitut für Bevölkerungsforschung.

ser Periode war fast einer von vier Einwohnern im Westteil des Landes ein Flüchtling oder Vertriebener. Zwischen 1950 und 1994 wurden rund 3,2 Mio. Menschen deutscher Abstammung (Aussiedler) nach Deutschland geholt. Von ihnen kamen 44% aus Polen, 36% aus der (ehemaligen) UdSSR und knapp 13% aus Rumänien.

In den frühen 70er Jahren wurden zwischen der deutschen Bundesregierung sowie einigen zentral- und osteuropäischen Ländern bilaterale Verträge als Teil der „Neuen Ostpolitik" abgeschlossen. Ein wichtiges Ziel war dabei, die Ausreisefreiheit für Angehörige volksdeutscher Minderheiten zu erreichen. Dieser Personenkreis konnte in Deutschland mit spezieller Unterstützung, z.B. Anerkennung von Rentenansprüchen, bevorzugter Behandlung bei der Wohnungssuche, (Um-)Schulungsmaßnahmen und Sprachkursen rechnen. Trotz dieser Verträge blieb die Zahl der Aussiedler bis zur Mitte der 70er Jahre sehr klein. Erst in den späten 80er Jahren kam es zu einem Massenexodus. Zwischen 1988 und 1994 kamen 1,9 Mio. Aussiedler nach Deutschland. Die Tabelle 6.2 belegt den Zusammenhang zwischen der Zahl der volksdeutschen Zuwanderer und den politischen Krisenperioden im jeweiligen Herkunftsland.

In den frühen 90er Jahren kam es zu einer Reorientierung der Aussiedlerpolitik. Seither wird der Verbesserung der ökonomischen, sozialen und politischen Situation der deutschen Minderheiten in Polen und der ehemaligen Sowjetunion neue Priorität eingeräumt. Die politische Absicht war, die Zahl der Aussiedler zu begrenzen und die Übersiedelung nach Deutschland weniger attraktiv zu machen bzw. die verbliebenen Minderheitenangehörigen zum Bleiben zu „überreden". Zu den getroffenen Maßnahmen gehören der Nachweis der Volkszugehörigkeit, die Antragstellung vom Herkunftsland aus und die Einführung einer Aufnahmeobergrenze (220.000 pro Jahr). Diese politische Umorientierung hatte auch mit zunehmenden Schwierigkeiten bei der wirtschaftlichen und sozialen Integration volksdeutscher Aussiedler im vereinigten Deutschland zu tun. Immer häufiger manifestierte sich eine soziale und ökonomische Kluft zwischen ansässigen Deutschen und den zugewanderten Volksdeutschen (Malchov u.a. 1990; Elzner u.a. 1992). Als Deutsche wurden neu ankommende Aussiedler nicht einfach in unattraktive Jobs in den untersten Segmenten des Arbeitsmarktes vermittelt, obwohl es in diesem Bereich auch nach 1990 Vakanzen gab. Zugleich stellten das Qualifikationsniveau und die zum Teil schlechten Deutschkenntnisse der Aussiedler ein be-

Tabelle 6.2: Volksdeutsche Aussiedler nach Herkunftsland 1950 bis 1994 (in 1.000)

Jahr	insges.	(ehem.) UdSSR	Polen	(ehem.) CSFR	Ungarn	Rumänien	Ex-Jugoslawien
1950	47,2	0,0	31,8	13,3	0,0	0,0	0,2
1951	21,1	1,7	10,8	3,5	0,2	1,0	3,7
1952	4,0	0,1	0,2	0,1	0,0	0,0	3,4
1953	8,3	0,0	0,1	0,1	0,0	0,0	8,0
1954	10,4	0,0	0,7	0,1	0,0	0,0	9,5
1955	13,2	0,2	0,9	0,2	0,1	0,0	11,8
1956	25,3	1,0	15,7	1,0	0,2	0,2	7,3
1957	107,7	0,9	98,3	0,8	2,2	0,4	5,1
1958	129,7	4,1	117,6	0,7	1,2	1,4	4,7
1959	27,1	5,6	16,3	0,6	0,5	0,4	3,8
1960	18,2	3,3	7,7	1,4	0,3	2,1	3,3
1961	16,4	0,3	9,3	1,2	0,2	3,3	2,1
1962	15,7	0,9	9,7	1,2	0,3	1,7	2,0
1963	14,9	0,2	9,5	1,0	0,3	1,3	2,5
1964	20,1	0,2	13,6	2,7	0,4	0,8	2,3
1965	23,9	0,4	14,6	3,2	0,7	2,7	2,2
1966	27,8	1,3	17,3	5,9	0,6	0,6	2,1
1967	26,2	1,1	10,9	11,6	0,3	0,4	1,9
1968	23,2	0,6	8,4	11,9	0,3	0,6	1,4
1969	29,9	0,3	9,5	15,6	0,4	2,7	1,3
1970	19,1	0,3	5,6	4,7	0,5	6,5	1,4
1971	33,2	1,1	25,2	2,3	0,5	2,8	1,2
1972	23,6	3,4	13,5	0,9	0,5	4,4	0,9
1973	22,7	4,5	8,9	0,5	0,4	7,6	0,9
1974	24,3	6,5	7,8	0,4	0,4	8,5	0,6
1975	19,3	6,0	7,0	0,5	0,3	5,1	0,4
1976	44,2	9,7	29,4	0,8	0,2	3,8	0,3
1977	54,2	9,3	32,9	0,6	0,2	11,0	0,3
1978	58,1	8,5	36,1	0,9	0,3	12,1	0,2
1979	54,8	7,2	36,3	1,1	0,4	9,7	0,2
1980	52,0	7,0	26,6	1,7	0,6	15,8	0,3
1981	69,3	3,8	51,0	1,6	0,7	12,0	0,2
1982	48,0	2,1	30,4	1,8	0,6	13,0	0,2
1983	37,8	1,4	19,1	1,2	0,5	15,5	0,1
1984	36,4	0,9	17,5	1,0	0,3	16,5	0,2
1985	38,9	0,5	22,1	0,8	0,5	14,9	0,2
1986	42,7	0,8	27,2	0,9	0,6	13,1	0,2
1987	78,5	14,5	48,4	0,8	0,6	14,0	0,2
1988	202,6	47,6	140,2	0,9	0,8	12,9	0,2
1989	377,0	98,1	250,3	2,0	1,6	23,4	1,5
1990	397,1	148,0	133,9	1,7	1,3	111,2	1,0
1991	222,0	147,3	40,1	0,9	1,0	32,2	0,5
1992	230,5	195,6	17,7	0,5	0,4	16,1	0,2
1993	218,9	207,3	5,4	0,1	0,0	5,8	0,1
1994	222,6	213,2	2,4	0,1	0,0	6,6	0,2
1950–1994	*3.328,3*	*1.166,7*	*1.437,8*	*104,9*	*21,3*	*414,2*	*90,0*
in %	100,0	36,0	44,4	3,2	0,6	12,8	2,8

Anmerkung: Zwischen 1950 und 1991 kamen 3.036 Aussiedler aus anderen Herkunftsländern, 52.550 Aussiedler gelangten über Drittstaaten nach Deutschland.
Quellen: Bundesverwaltungsamt Köln (versch. Jahre); Statist. Jahrbuch für die BRD 1995.

trächtliches Hindernis für ihre berufliche Integration dar. Das für die Aussiedler entscheidende und ihre Lage nachhaltig verändernde Ereignis war die deutsche Wiedervereinigung. Denn die Umstrukturierung der ostdeutschen Wirtschaft schuf eine beträchtliche interne „Reservearmee" und hohe Arbeitslosigkeit. Zugleich fiel mit der Demokratisierung von Ländern wie Polen und Ungarn das Argument des Vertreibungsdrucks weg. Seit 1993 können folglich nur noch Volksdeutsche aus den GUS-Staaten einen Antrag auf Aufnahme in Deutschland stellen. Die Revision der juridischen Bestimmung der „deutschen Abstammung" und der davon abhängigen Privilegien belegt, daß das Konzept der Zugehörigkeit zum deutschen Volk je nach politischen und ökonomischen Bedingungen unterschiedlich gefaßt werden kann.

Die erfolgreiche Integration von Millionen Flüchtlingen und Vertriebenen aus dem Osten in der ersten Dekade nach dem Zweiten Weltkrieg wird manchmal als das eigentliche deutsche Wirtschaftswunder bezeichnet. Tatsächlich existierte damals eine Reihe von Bedingungen, Arbeitsmöglichkeiten und ökonomischen Anreizen einerseits, Fähigkeiten und Einstellungen der betroffenen Individuen andererseits, die diese Integration begünstigten. Im Gegensatz zur vielfach geäußerten Meinung wurden die Produktionskapazitäten der westdeutschen Industrie, die während des Krieges enorm vergrößert worden waren, durch die Bombardements der Alliierten keineswegs total zerstört. Bedingt durch die Kriegsverluste, herrschte in den ersten Nachkriegsjahren ein Engpaß bei den Arbeitskräften. In dieser Situation waren die deutschen Flüchtlinge eine wichtige ökonomische Ressource. Da sie den größten Teil ihres Vermögens verloren hatten – viele von ihnen waren im Osten Bauern oder Landarbeiter gewesen – gab es für sie in der Regel keine Alternative, als sich den Lebensunterhalt als Arbeiter oder Angestellte zu verdienen.

Obwohl zeitgenössische Quellen von sozialen Spannungen und Konflikten berichten, wurden die Flüchtlinge der Jahre 1945–1948 sehr schnell integriert. Sie hatten am ökonomischen Aufschwung, der nicht zuletzt durch sie ermöglicht wurde, regen Anteil. Trotz Lastenausgleich mußten sie eine bloß partielle Entschädigung für den Verlust ihres Vermögens akzeptieren (im Durchschnitt waren es 22%; siehe Neuhoff 1979). Sie waren auch bereit, Jobs unter ihrem Qualifikationsniveau anzunehmen und in die Gegenden zu ziehen, in denen Arbeitsmöglichkeiten bestanden (Körner 1976). Für die weiblichen Vertriebenen war der Zugang zu attraktiven Jobs noch stärker limitiert als für die Männer. Sowohl die Kriegserfahrung als nationale und individuelle Katastrophe wie auch das Schicksal der Vertreibung hatten diese Menschen zur Bescheidenheit gezwungen und die deutschen Füchtlinge aus dem Osten zu „harten" Arbeitern gemacht.

6.3 Gastarbeiter

Schon 1955, als die Arbeitslosigkeit noch bei 5,9% lag, ergriff das bundesdeutsche Handelsministerium eine erste Initiative zur Rekrutierung von Arbeitskräften im Ausland. Die politische Präferenz für diese Art der flexiblen Angebotsausweitung auf dem Arbeitsmarkt wurde von den Gewerkschaften mitgetragen. Die Alternative zur Anwerbung ausländischer Arbeitskräfte wäre die verstärkte Integration inländischer Frauen ins Erwerbsleben gewesen. Dies galt jedoch als kostspielig und stand überdies im Konflikt mit traditionellen Rollenbildern und der damaligen Ausrichtung westdeutscher Familienpolitik (Dohse 1981: 56; Herbert 1986: 192).

Bilaterale Verträge mit Italien (1955), Spanien und Griechenland (1960), der Türkei (1961), Marokko (1963), Tunesien (1965), Portugal (1964) und Jugoslawien (1968) bildeten die Grundlage für die Rekrutierung von „Gastarbeitern". Deren Zahl wuchs ab 1960 schnell, aber nicht stetig. Tabelle 6.3 zeigt die wachsende Zahl ausländischer Arbeitskräfte, aber auch den Rückgang während der Wirtschaftskrise 1967/68 sowie stärkere Einschnitte nach dem Anwerbestopp 1973 und als Folge finanzielle Anreize zur Förderung der Rückkehr von „Gastarbeitern" und Angehörigen in ihre Heimatländer in den Jahren 1983/84.

Die zwischenstaatlichen Verträge waren mit einer Reihe bürokratischer Regelungsmechanismen verbunden. Kein Ausländer konnte einfach nach Deutschland kommen und sich nach Arbeit umschauen. Deutsche Unternehmer mußten die Initiative ergreifen und sich offizieller Kanäle in Kooperation mit bundesdeutschen Arbeitsmarktbehörden bedienen, um ausländische Arbeitnehmer anzustellen. Da es damals keinen generellen Mangel an Arbeitskräften, sondern strukturelle Defizite auf dem Arbeitsmarkt gab, erfolgte die Anheuerung ausländischer Arbeitnehmer ziemlich selektiv. Obwohl Firmen versuchten, Personen mit spezifischen Qualifikationen zu bekommen, waren für die deutschen Behörden die zu erwartende Produktivität, Gesundheit und

Tabelle 6.3: Ausländer und ausländische Arbeitskräfte in Westdeutschland (einschließlich West-Berlin) nach ausgewählter Staatsbürgerschaft 1954–1994 (in 1.000)

Jahr	ausländische Wohnbev.	Arbeits-kräfte	beschäftigte Personen Italiener	Spanier	Griechen	Türken	Ex-Jugo-slawen
1954	481,9	72,9	6,5	0,4	0,5	–	1,8
1955	484,8	79,6	7,5	0,5	0,6	–	2,1
1956	–	98,8	18,6	0,7	1,0	–	2,3
1957	–	108,2	19,1	1,0	1,8	–	2,8
1958	–	127,1	25,6	1,5	2,8	–	4,8
1959	–	166,8	48,8	2,2	4,1	–	7,3
1960	–	329,4	144,2	16,5	20,8	2,5	8,8
1961	686,1	548,9	224,6	61,8	52,3	–	–
1962	–	711,5	276,8	94,0	80,7	18,6	23,6
1963	–	828,7	287,0	119,6	116,9	33,0	44,4
1964	–	985,6	296,1	151,1	154,8	85,2	53,1
1965	–	1.216,8	372,2	182,8	187,2	132,8	64,1
1966	–	1.313,5	391,3	178,2	194,6	161,0	96,7
1967	1.806,7	991,3	266,8	118,0	140,3	131,3	95,7
1968	1.924,2	1.089,9	304,0	115,9	144,7	152,9	119,1
1969	2.381,1	1.501,4	349,0	143,1	191,2	244,3	265,0
1970	2.976,5	1.949,0	381,8	171,7	242,2	353,9	423,2
1971	3.438,7	2.240,8	408,0	186,6	268,7	453,1	478,3
1972	3.526,6	2.352,4	426,4	184,2	270,1	511,1	474,9
1973	3.966,2	2.595,0	450,0	190,0	250,0	605,0	535,0
1974	4.127,4	2.286,6	331,5	149,7	229,2	606,8	466,7
1975	4.089,6	2.038,8	292,4	124,5	196,2	543,3	415,9
1976	3.948,3	1.920,9	279,1	107,6	173,1	521,0	387,2
1977	3.948,3	1.888,6	281,2	100,3	162,5	517,5	377,2
1978	3.981,1	1.869,3	288,6	92,6	146,8	514,7	369,5
1979	4.143,8	1.933,6	300,4	89,9	140,1	540,4	367,3
1980	4.450,0	2.070,0	309,2	86,5	132,9	591,8	357,4
1981	4.629,7	1.929,7	291,1	81,8	123,8	580,9	340,6
1982	4.666,9	1.809,0	261,0	76,8	116,4	564,6	320,3
1983	4.534,9	1.713,6	238,9	72,3	108,8	540,5	305,9
1984	4.363,6	1.592,6	214,1	67,4	98,0	499,9	288,8
1985	4.378,9	1.583,9	202,4	67,4	102,9	499,3	293,5
1986	4.512,7	1.591,5	193,4	65,9	101,6	513,1	294,8
1987	4.240,5	1.588,9	181,7	64,0	100,9	518,4	292,1
1988	4.489,1	1.624,1	178,0	63,1	98,8	533,8	295,5
1989	4.845,9	1.689,3	178,9	61,6	101,7	561,8	300,9
1990	5.241,8	1.782,6	175,2	61,3	105,5	594,6	313,0
1991	5.882,3	1.898,5	171,8	60,7	105,2	632,3	325,3
1992	6.495,8	2.036,2	165,0	54,9	102,8	652,1	375,1
1993	6.878,1	2.183,6	194,4	55,3	120,3	631,8	417,5
1994	6.990,5	2.140,5	202,5	52,6	118,6	605,1	420,9

Quellen: Herbert 1986: 188f. (Tabelle 16); Statistisches Bundesamt: Bevölkerung und Erwerbstätigkeit, Fachserie 1, Reihe 4.2.1: Struktur der Arbeitnehmer (1993: 49 und 1994: 24 und 53) und Reihe 2: Ausländer (1994: 11); Bundesanstalt für Arbeit: Jahresberichte.

politische Zuverlässigkeit der rekrutierten Ausländer entscheidend (Dohse 1981: 188f.).

In der Regel wurde die Arbeits- und Aufenthaltserlaubnis nur für ein Jahr erteilt und auf einen bestimmten Arbeitsplatz in einer bestimmten Gemeinde beschränkt. Die deutschen Behörden hatten beträchtliche Entscheidungsgewalt, da sie über die Verlängerung oder Nichtverlängerung dieser Erlaubnisse bestimmen konnten. Die zeitlichen Beschränkungen – obwohl als Instrument zur Sicherung der Flexibilität geplant – wurden mit der Zeit lockerer gehandhabt: Das Prinzip der automatischen Rotation nach höchstens zweijährigem Aufenthalt, das noch 1961 im Vertrag mit der Türkei festgeschrieben war, wurde schon 1964 aufgegeben. Ausländer, die länger als fünf Jahre in Deutschland gearbeitet hatten, konnten ab 1971 eine spezielle Arbeitsbewilligung beantragen, die weitere fünf Jahre gültig war. Diese Maßnahmen verminderten die Regulierungsmöglichkeiten auf Basis des ursprünglichen „Gastarbeiter"-Konzepts. Sie können als politischer Kompromiß gelten, der sowohl die sich ändernden Erwartungen der ausländischen Arbeitnehmer als auch das Interesse vieler Arbeitgeber an einer geringen Fluktuation berücksichtigte (Dohse 1981: 305). Trotzdem zeigt sich im Rückblick, daß vor 1973 die Mehrzahl der angeworbenen Arbeitskräfte wieder ins Herkunftsland zurückkehrte (Münz/Ulrich 1996).

Der Aufnahmestopp für ausländische Arbeitnehmer, der 1973 angesichts steigender Arbeitslosigkeit in Deutschland verfügt wurde, führte zwar zu einem Rückgang, aber nicht zu einem kompletten Exodus der „Gastarbeiter", wie die Zahlen in Tabelle 6.3 belegen. Es ist aus heutiger Sicht nicht überraschend, daß damals die Mehrzahl der ausländischen Arbeitnehmer nicht wieder nach Hause ging, obwohl 1983/84 sogar finanzielle Prämien dafür angeboten wurden. Die ökonomischen und sozialen Perspektiven waren in einem Teil der Heimatländer nicht besonders aussichtsreich. Tatsächlich trug der Rekrutierungsstopp jedoch zur Klärung der biographischen Perspektiven der ausländischen Arbeitnehmer in Deutschland bei: Viele – vor allem Türken – entschlossen sich, auch ihre Familienmitglieder aus ihrem Heimatland nachzuholen.

Aus ökonomischer Sicht sind die Vorteile der „Gastarbeiter"-Politik keineswegs eindeutig. Die Existenz „williger" und billiger Arbeitskräfte aus dem Ausland hielt das deutsche Lohnniveau in einigen Branchen relativ niedrig und reduzierte damit die Notwendigkeit zur Anpassung der Produktions- und

Lohnstrukturen. Die Beschäftigung ausländischer Arbeitskräfte erlaubte das Weiterbestehen schlechter Arbeitsbedingungen, in einigen Fällen sogar deren Verschlechterung, z.B. durch Einführung von Fließbandarbeit, Akkordarbeit, Schichtarbeit oder Nachtarbeit (Dohse 1981: 226).

Tabelle 6.4: Berufliche Stellung von ausländischen und deutschen Beschäftigten 1984 – 1994 (in %)

Stellung im Beruf	Ausländer 1990	Ausländer 1994	Deutsche (1) 1990	Deutsche (1) 1994
Fallzahlen (n)	1.106	1.148	2.833	2.867
insgesamt				
ungelernte Arbeiter	22	16	4	3
angelernte Arbeiter	37	44	11	9
Facharbeiter/Meister	27	22	19	17
einfache Angestellte	5	6	9	12
mittlere/gehobene Angestellte	5	6	37	39
Selbständige	5	6	10	10
zweite Generation (2)				
ungelernte Arbeiter	13	7	4	2
angelernte Arbeiter	29	27	9	4
Facharbeiter/Meister	37	28	31	28
einfache Angestellte	13	20	16	16
mittlere/gehobene Angestellte	9	16	31	37
Selbständige	0	2	3	4
Frauen				
ungelernte Arbeiter	38	25	8	5
angelernte Arbeiter	35	39	13	11
Facharbeiter/Meister	9	5	5	4
einfache Angestellte	10	17	19	24
mittlere/gehobene Angestellte	7	11	43	41
Selbständige	2	3	7	9
türkische Zuwanderer				
ungelernte Arbeiter	26	19		
angelernte Arbeiter	37	40		
Facharbeiter/Meister	24	21		
einfache Angestellte	3	7		
mittlere/gehobene Angestellte	3	5		
Selbständige	6	8		

Anmerkungen: (1) Der zu 100% fehlende Wert entspricht dem Beamtenanteil. (2) Für Deutsche: gleiche Altersgruppe (16 bis 25 Jahre).
Datenbasis: Sozio-ökonomisches Panel, Längsschnittdatensatz der Jahre 1990–1994.
Quelle: Seifert 1996, Tabelle 2.

Mit anderen Worten: Die „Gastarbeiter"-Politik war zwar wachstumsfördernd, aber modernisierungsverzögernd. Sie konservierte bestehende Strukturen in der Industrie und verzögerte die Entwicklung zur Dienstleistungsgesellschaft. Gleichzeitig trugen die ausländischen Arbeitskräfte, die in der Regel die untersten Plätze beruflicher und betrieblicher Hierarchien belegten, zur Aufwärtsmobilität ihrer deutschen Arbeitskollegen bei. Trotz des späteren beruflichen Aufstiegs einiger Ausländer spiegelte sich der segmentierte Arbeitsmarkt deutlich in den Statistiken der späten 80er Jahre wider. Dies läßt sich auch für die Gegenwart belegen (Tabellen 6.4 und 6.5).

Tabelle 6.5: Deutsche(1) und ausländische Arbeitnehmer nach Branchen (in %)

Branche	beschäftigte Deutsche		beschäftigte Ausländer	
	1989	1994	1990	1994
Landwirtschaft	1,0	0,9	0,9	1,3
Bergbau, Energiewirtschaft	2,1	1,8	1,9	1,2
Industrie, prod. Gewerbe	37,3	32,9	52,4	41,1
Bauwirtschaft	6,4	6,8	8,3	10,0
Handel	14,1	14,8	7,4	10,1
Transport, Kommunikation	4,9	5,1	4,0	4,7
Finanzdienste	4,3	4,6	0,8	1,1
andere Dienstleistungen	20,5	23,6	20,2	26,5
Vereine, private Haushalte	2,3	2,7	1,2	1,5
öffentlicher Dienst (2)	7,0	6,8	2,9	2,5
insgesamt	100,0	100,0	100,0	100,0
n (in 1.000)	19.930	20.615	1.689	2.140

Anmerkungen: (1) Aus Vergleichsgründen werden nur Werte für Westdeutschland verglichen. (2) Schulen, Hochschulen, öffentliche Gesundheitsdienste u.ä. wurden anderen Dienstleistungen und nicht dem öffentlichen Dienst zugerechnet.
Quelle: Seifert 1996.

Deutsche Männer profitierten von der Unterschichtung des Arbeitsmarktes mehr als deutsche Frauen, da die Beschäftigung ausländischer Arbeitskräfte den Anstieg der weiblichen Erwerbsquoten bremste. Damit wurde auch die Aufrechterhaltung bestehender Formen geschlechtsspezifischer Arbeitsteilung innerhalb der Familien unterstützt.

Mehr als 30 Jahre nach dem Beginn der „Gastarbeiter"-Politik kann die Gruppe der ausländischen Arbeitskräfte als ökonomisch und sozial integriert gelten. Rund 25% der ausländischen Beschäftigten und ihrer Angehörigen kommen aus Ländern, die inzwischen Mitglieder der Europäischen Union sind (Spanien, Italien, Griechenland, Österreich etc.), was bedeutet, daß ihnen jetzt ein Bleibe- und Arbeitsrecht zusteht. Die Position der zwei größten Gruppen, nämlich der Arbeitsmigranten aus der Türkei (28%) und dem früheren Jugoslawien (20%) ist dagegen weniger gut abgesichert, obwohl die Mehrzahl von ihnen schon lange genug in Deutschland wohnt, um ein dauerndes Aufenthaltsrecht oder sogar die deutsche Staatsbürgerschaft beantragen zu können.

6.4 Asylsuchende

Eine der hitzigsten öffentlichen Debatten der vergangenen Jahre betraf in Deutschland die Asylsuchenden. Auslöser dafür war, daß die Zahl der Asylsuchenden ab den späten 80er Jahren von 103.000 (1988) auf 438.000 (1992) explodierte. Die Gründe für diese Entwicklung sind komplex:

- In der bundesdeutschen Verfassung von 1949 wurde das Recht auf Asyl sehr liberal formuliert (Art. 16 GG).
- Deutschland ist generell attraktiv, weil es eines der reichsten Länder Europas ist.
- Nach dem Ende der „Gastarbeiter"-Politik 1973 gab es für Ausländer lange Zeit kaum Möglichkeiten des Neuzutritts zum deutschen Arbeitsmarkt.
- Einige politische Konfliktherde liegen so nahe an Deutschland, daß dieses Land mehr als andere von Flucht und Vertreibung direkt betroffen ist. Es ist daher kein Zufall, daß 30% der Asylsuchenden des Jahres 1991 aus dem ehemaligen Jugoslawien kamen.

Bis in die frühen 80er Jahre wurde die Mehrzahl der Asylbewerber in Deutschland als politische Flüchtlinge anerkannt. Trotz gleicher rechtlicher Voraussetzungen war die Praxis der Asylgewährung zu Beginn der 90er Jahre bereits wesentlich restriktiver. 1990 wurden nicht einmal 10% der Asylansuchen positiv entschieden. Personen mit noch laufenden Asylverfahren sowie die Mehrheit der Abgewiesenen konnten als tolerierte De-facto-Flüchtlinge im Lande bleiben, durften aber bis zur Gesetzesänderung 1991 lange Zeit keine bezahlte Arbeit annehmen. Dieser Ausschluß vom Arbeitsmarkt sollte sowohl der Entmutigung sogenannter Wirtschaftsflüchtlinge als auch dem Schutz des deutschen Arbeitsmarktes dienen. In der Folge war dieser

Personenkreis von Sozialhilfe abhängig. Dies belastete die Budgets der Kommunen, die die dafür notwendigen Mittel aufbringen mußten und müssen. Außerdem verstärkte diese Regelung – neben anderen Faktoren – die negative Einstellung der ansässigen Deutschen gegenüber Asylsuchenden und anderen Ausländern.

Angesichts der hohen Aussiedlerzahlen und der seit 1990 aktiv angeworbenen neuen „Gastarbeiter" aus Mittel- und Osteuropa (siehe Abschnitt „Neue Gastarbeiter) befaßte sich die aufgeheizte öffentliche Diskussion über das Asylrecht bloß mit einem Teilaspekt des Themas „Zuwanderung nach Deutschland". Zugleich machte die Entwicklung der frühen 90er Jahre klar, daß es an einem europäischen Lastenausgleich fehlt. Zwei Drittel aller europäischen Asylanträge wurden 1992 in Deutschland gestellt. Damit hatte dieses Land einen im Vergleich zu allen anderen Staaten der EU überdurchschnittlich hohen Anteil an der Aufnahme von Asylsuchenden zu tragen. Dies und der wachsende öffentliche Druck führten 1993 zu einer Verfassungsänderung, die die Möglichkeit zur Stellung eines Asylantrages erheblich einschränkte. Nun gilt, daß diejenigen, die auf dem Landweg einreisen, de facto nicht mehr unter die Gruppe der Asylberechtigten fallen, weil sie vorher jedenfalls eines der Nachbarländer Deutschlands durchquert haben müssen. Diese sind inzwischen alle der Genfer Konvention beigetreten und gelten als „sichere Drittstaaten". Aus deutscher Sicht besteht daher kein Grund, daß potentielle Asylbewerber ihren Antrag nicht schon in einem der Nachbarländer stellen. Außerdem wurde eine „Positivliste" sogenannter „Nichtverfolgerstaaten" aufgestellt, auf der alle Länder genannt werden, in denen die Menschenrechte nach Meinung der Bonner Regierung respektiert werden. In der Praxis heißt das, daß möglichen Flüchtlingen, die aus einem Nichtverfolgerstaat kommen oder schon in einem anderen Land „sicher" waren, der formale Zugang zum Asylverfahren in Deutschland verwehrt wird. Tatsächlich verringerte sich die Zahl der Asylanträge auf ca. 130.000 pro Jahr (1994/95). Nicht in der Asylstatistik enthalten ist allerdings die Aufnahme und temporäre Duldung bosnischer Kriegsflüchtlinge. Von ihnen lebten 1995 ca. 320.000 ohne verfestigtes Aufenthaltsrecht in Deutschland. Eine mindestens ebenso große Zahl war seit dem Zerfall Jugoslawiens im Wege der Familienzusammenführung zu bereits in Deutschland ansässigen Arbeitsmigranten gezogen.

Wesentlich weniger öffentliche Beachtung als das restriktivere Asylrecht selbst fand eine andere Statusänderung. Asylbewerber können jetzt gleich nach ihrer Ankunft um eine Arbeitserlaubnis ansuchen. Diese Änderung basiert auf der Erfahrung, daß ein völlig blockierter Zugang zum offiziellen Arbeitsmarkt die Zahl der illegalen Beschäftigungsverhältnisse anwachsen läßt. Außerdem dürften die strukturellen Ungleichheiten des Arbeitsmarktes so gravierend sein, daß man zusätzliche Arbeitskräfte mit nur geringen Ansprüchen zulassen kann, ohne damit automatisch eine Konkurrenz für einheimische Erwerbstätige zu erzeugen.

6.5 Neue Gastarbeiter

Ein weiterer Hinweis auf die vermehrte Beschäftigung neuer, flexibler Arbeitskräfte findet sich in der „neuen" Gastarbeiterpolitik.[3] Ende der 80er Jahre und noch systematischer seit 1990 schlossen die deutschen Arbeitsbehörden mit mittel- und osteuropäischen Ländern Verträge über die Zulassung einer beschränkten Anzahl ausländischer Arbeitnehmer in Deutschland ab. Die neuen Regulierungen basieren auf dem Prinzip der Zwangsrotation, haben aber verschiedene Zielgruppen. Zwei der Verträge legen Quoten fest.

Werkvertragsarbeitnehmer: Ausländische Firmen, die mit deutschen Unternehmen zusammenarbeiten, können Arbeiten in Deutschland in bestimmtem Umfang durch eigene Arbeitnehmer durchführen lassen. Im Falle von Arbeitnehmern und Firmen aus dem EU-Raum ist der Zugang im Prinzip frei, die in Deutschland einzuhaltenden Mindeststandards und Mindestlöhne aber heftig umstritten (siehe die Kontroversen um die sogenannte „Entsenderichtlinie"). Bei Firmen und Arbeitskräften aus dem Nicht-EU-Raum müssen Arbeitserlaubnisse beantragt werden. Diese werden für bis zu zwei Jahre gewährt. Zugleich besteht die Möglichkeit einer Verlängerung um ein Jahr. Die Zahl der Arbeitserlaubnisse pro Jahr und Land ist kontingentiert, wobei die Kontingente der deutschen Arbeitsmarktentwicklung angepaßt werden. Die Entlohnung muß deutschem Niveau entsprechen. Dennoch sind diese Werkvertragsarbeiter billiger, weil keine Sozialabgaben anfallen. Die Zahl der durchschnittlich im Deutschland beschäftigten Werkvertragsarbeitnehmer (auf Jahresbasis) ist von 93.592 im Jahr 1992 auf 47.565 im Jahr 1995 gesunken (vgl. Tabelle 6.6); dabei reduzierte sich der Anteil der Polen von 54% auf 33%, während der der Ungarn von 14% auf 22% stieg. Mehrere wirtschaftliche und politische Faktoren waren für diese stark rückläufige Entwicklung verantwortlich (Bundesanstalt für Arbeit 1995: 103):

- eine seit 1993 verschlechterte Arbeitsmarktsituation in Deutschland, die zur Reduzierung von Kontingenten und zur Nichtverlängerung befristeter Beschäftigungsverhältnisse führte sowie den Anstoß zu einer „Arbeitsmarktschutzklausel" gab;
- die Überziehung einzelner nationaler Kontingente, was zum (befristeten) Aussetzen der Nutzungsrechte führte;
- die Einführung von Gebühren für die Erteilung der Arbeitserlaubnis (Höhe gestaffelt nach Dauer) und von Sanktionen bei illegaler Arbeitnehmerüberlassung;
- eine Verdrängung der Mittel- und Osteuropäer durch billigere (weil nach ausländischen Tarifverträgen bezahlte) Iren, Portugiesen und andere EU-Vertragsarbeiter.

Gastarbeitnehmer: Zielgruppe sind (in der Regel jüngere) Fachkräfte aus Ostmitteleuropa, die bei einem Arbeitsaufenthalt in Deutschland ihre beruflichen und sprachlichen Kompetenzen erweitern sollen. Auch hier existieren (relativ niedrige) länderspezifische Kontingente. Die Arbeitserlaubnis wird für 12 Monate erteilt (mit der Möglichkeit der Verlängerung um ein weiteres halbes Jahr) und ist nicht an eine Prüfung der Arbeitsmarktlage gebunden. Der aufnehmende Betrieb muß für die Unterkunft der Ostmitteleuropäer sorgen. Daß die Zahl der Vermittlungen solcher Gastarbeitnehmer 1995 mit 5.400 gering war (1993: 5.200), ist nicht in erster Linie auf die Einführung einer Vermittlungsgebühr (seit Mai 1993: DM 400,– pro Person) oder auf ein mangelndes Angebot aus Ostmitteleuropa zurückzuführen. Limitierender Faktor war vielmehr das gedämpfte Interesse deutscher Betriebe an dieser Form der Rekrutierung ausländischer Fachkräfte. Die größte Gruppe bildeten (mit 27%) die Ungarn, gefolgt von Tschechen (22%) und Polen (18%). Etwa ein Viertel der Arbeitserlaubnisse entfielen auf das Hotel- und Gaststättengewerbe. Die Nutzung analoger Gastarbeitnehmerregelungen in der Gegenrichtung ist bislang nur in einem geringen Ausmaß erfolgt.

Ebenfalls unter die Anwerbung „neuer Gastarbeiter" fällt die Erteilung von Arbeitserlaubnissen an ausgebildete Krankenschwestern aus Mittel- und Osteuropa (1993: 506, 1995: 367).

Saisonarbeit: Ausländische Arbeitskräfte können seit Anfang 1991 auf Anforderung eines deutschen Unternehmens Arbeitserlaubnisse für bis zu drei Monate erhalten. Es müssen die gleichen Lohn- und Arbeitsbedingungen geboten werden wie für deutsche Beschäftigte, was jedoch kaum zu kontrollieren ist. Die Zahl der Vermittlungen lag 1995 mit 176.590 über der des Jahres 1994 (155.200), und dies trotz der strengeren Arbeitsmarktprüfung und des seit September 1993 geltenden Beschäftigungsverbots von Saisonkräften in der Bauwirtschaft. Die Einführung einer Vermittlungsgebühr im März 1993 (DM 100,- pro angeforderter Kraft) dürfte dagegen kaum dämpfend gewirkt haben. Wie schon zuvor kamen die Saisonkräfte 1994/95 ganz überwiegend (92%) auf der Basis individueller Anforderung; neun von zehn waren Polen. Nach dem Ausschluß des Baugewerbes stellten Land- und Forstwirtschaft sowie Weinbau 92% der Nachfrage (Amtliche Nachrichten 1995: 104).

Tabelle 6.6: „Neue Gastarbeiter" aus Mittel- und Osteuropa 1991-1995

	1991	1992	1993	1994	1995
projektgebundene Arbeiter (1) (2)	51.770	93.592	67.270	39.070	47.565
Saisonarbeiter (3)	90.000	212.000	164.377	140.656	176.590
Saisonarbeiter auf Jahresbasis	18.375	43.283	35.341	28.717	36.054
Grenzgänger (1)	7.000	12.400	11.200	8.000	8.500
„neue Gastarbeiter"	2.234	5.057	5.771	5.529	5.478
Krankenschwestern		1.455	506	412	367
insgesamt	151.004	324.504	249.124	193.667	238.500

Anmerkungen: (1) Beschäftigte Personen, Jahresdurchschnitt auf monatlicher Basis. (2) Inklusive projektgebundene Arbeiter aus Ex-Jugoslawien. (3) Der Umfang der Beschäftigung auf Jahresbasis beträgt ein Viertel bis ein Fünftel dieser Zahlen (siehe Saisonarbeiter auf Jahresbasis).
Quelle: Hönekopp 1997.

Grenzgänger: Arbeitskräfte aus Polen und der Tschechischen Republik können innerhalb festgelegter Grenzregionen eine von der Entwicklung des lokalen Arbeitsmarktes unabhängige Arbeitserlaubnis erhalten. Sie müssen täglich zwischen Wohn- und Arbeitsort pendeln und im Rahmen derselben Lohn- und Arbeitsbedingungen beschäftigt werden wie deutsche Arbeitnehmer. Es bestehen keine Kontingente, allerdings gilt eine Priorität für „bevorrechtigte" Arbeitnehmer. Statistisch erfaßt wird die Zahl der Arbeitserlaubnisse pro Jahr. Ein Grenzgänger kann jedoch im Laufe eines Jahres mehrere Arbeitserlaubnisse erhalten. 1993 wurden knapp 15.000 Arbeitserlaubnisse für

Tschechen in Bayern erteilt, und zwar vor allem im Baugewerbe, in der Holzverarbeitung sowie im Hotel- und Gaststättengewerbe (Rudolph/ Hillmann 1995: 6). Insgesamt waren 1995 auf Jahresbasis ca. 8.500 „Grenzgänger" in Bayern, Brandenburg und Sachsen beschäftigt (Tabelle 6.6).

Tabelle 6.7: Rücküberweisungen ausländischer Arbeitskräfte aus Deutschland nach Mittel- und Osteuropa (in Tsd. DM)

Herkunftsländer	1991	1992	1993	1994	1995	1991–1995
Bulgarien	3.533	19.407	40.299	28.181	23.671	115.091
Ex-Jugosl. insg.	162.148	192.157	112.577	88.964	77.848	633.694
Serbien		7.349	25.736	145	0	33.231
Bosnien		474	12.313	11.345	9.574	33.706
Kroatien		10.088	63.879	71.109	63.183	208.259
Mazedonien		0	4.569	6.457	6.892	17.918
Slowenien		4.016	19.592	14.837	13.194	51.639
Lettland		32	2.677	2.544	1.527	6.780
Polen	503.583	880.457	569.041	496.871	693.342	3.143.294
Rumänien	17.288	86.020	145.927	35.210	20.628	305.073
ehem. CSFR	130.790	329.622	214.994	157.373	180.989	1.013.769
Tschech. Rep.			27.221	34.604	46.103	107.929
Slowakei			187.773	122.769	134.886	445.428
Ungarn	124.330	172.552	167.994	115.356	116.531	696.763
insgesamt	941.673	1.680.247	1.253.508	924.500	1.114.535	5.914.465

Quelle: Hönekopp 1997.

Auf Basis der genannten vier Regelungen strömten 1995 insgesamt fast 240.000 ausländische Arbeitnehmer (1992: 325.000) für kurze Zeit auf den deutschen Arbeitsmarkt. Der Hintergrund, vor dem sich diese neue Gastarbeiterpolitik abspielt, unterscheidet sich sehr von dem früherer Jahrzehnte. Das betrifft nicht nur das Prinzip der Zwangsrotation. Die Veränderung ist viel tiefgehender, da sich die politische und ökonomische Landschaft deutlich verändert hat. Nach dem Kollaps der kommunistischen Regime und dem Abbau des Eisernen Vorhanges erschienen größere Wanderungsbewegungen aufgrund einschneidender wirtschaftlicher Restrukturierungsmaßnahmen in Mittel- und Osteuropa denkbar, für manche sogar wahrscheinlich. Das kontrollierte Öffnen kleiner Türchen zum deutschen Arbeitsmarkt scheint in vieler Hinsicht eine gute Taktik gewesen zu sein, um diesen Wanderungsdruck zu bremsen. Zum einen konnten die getroffenen Regelungen als positives Signal gegenüber den ostmitteleuropäischen Reformstaaten gewertet werden. Im Falle Polens stand die Regelung auch in einem – zumindest zeitlichen –

Zusammenhang mit der Zustimmung Warschaus zur deutschen Einheit. Und Ungarn wurde für sein Verhalten gegenüber ausreisewilligen DDR-Bürgern im Jahr 1989 „prämiert". Zum anderen überstiegen die Rücküberweisungen der kurzfristig beschäftigten Arbeitskräfte die Wirtschaftshilfe des Westens an die jeweiligen Herkunftsländer. Nach einer Schätzung von E. Hönekopp (1997) beliefen sich die Rücküberweisungen legal in Deutschland beschäftigter mittel- und osteuropäischer Arbeitskräfte in die Herkunftsländer zwischen 1991 und 1995 auf rund 6 Mrd. DM. Nach innen schließlich signalisierten die mit Warschau, Prag und Budapest geschlossenen Abkommen, daß man grundlegenden internationalen Veränderungen auch mit Hilfe relativ geringfügiger Maßnahmen erfolgreich begegnen kann.

6.6 Transformationsprobleme, Strategien der Kontrolle, Ausländerfeindlichkeit

In den Jahren nach 1990 kam es in Deutschland sowohl in den „alten" als auch in den „neuen" Bundesländern zu einer Welle rassistischer Gewalttaten. Immer wieder wurde in der Folge behauptet, es bestünde eine direkte Korrelation zwischen der Zahl der Ausländer und dem Ausmaß der Ausländerfeindlichkeit. Für einen solchen direkten Zusammenhang fehlen allerdings empirische Belege. Rassismus entwickelt sich auch, wenn es wenig oder keine Fremden im Land gibt. Die Ausländerfeindlichkeit ist ein soziales Phänomen, das nicht zuletzt in Zeiten sozialer und/oder politischer Krisen entsteht. Gerade dann wollen viele Betroffene möglichst einfache Ursache- und Wirkungszusammenhänge herstellen. Auf der Basis solcher Stereotype identifiziert die Mehrheit eine Underdog-Gruppe und erzeugt zugleich die Illusion, Konflikte und Krisen ließen sich durch eine repressive Kontrolle von Zuwanderung (Ausländer, Asylbewerber, Aussiedler) bewältigen.

Tatsächlich sieht sich Deutschland zur Zeit mit einer Reihe ungelöster politischer, wirtschaftlicher und sozialer Probleme konfrontiert. Auch nach der Wiedervereinigung bestehen nach wie vor zwei Gesellschaften nebeneinander. Der Prozeß der sozialen Integration erweist sich als unerwartet schwierig. Ein Teil der Spannungen wird auf „die anderen" projiziert: auf Ausländer, Asylsuchende und Aussiedler aus Rußland und Zentralasien.

Vertreter aller Parteien haben die Aggressionen gegen Ausländer und Aussiedler verurteilt. Trotzdem muß die lange und scharfe öffentliche Debatte über die Einschränkung des Verfassungsrechts auf Asyl und die faktische Beschränkung der Aufnahme von Volksdeutschen aus dem Osten den Fremdenhaß geschürt haben.

Die Manifestationen gewalttätiger Fremdenfeindlichkeit waren ein wichtiger Auslöser für die seit Mitte 1994 laufende politische Diskussion um ein Einwanderungsgesetz. Forciert wurde diese Diskussion von Teilen der Grünen (Bündnis 90/Die Grünen), den auf Bundesebene oppositionellen Sozialdemokraten und der regierenden FDP. Dabei geht es nicht nur um Obergrenzen, sondern auch um die Präzisierung möglicher Regulierungskriterien und Auswahlverfahren. Wie konfliktträchtig eine gesetzliche Kodifizierung ist, zeigten die Auseinandersetzungen zwischen den Regierungsparteien sowie innerhalb der Führungsgremien der SPD. Unterschiedliche Einschätzungen bestehen vor allem in der Frage, ob nationalstaatliche Regelungen im europäischen Binnenmarkt überhaupt greifen und ob es angesichts von 4,5 Mio. Arbeitslosen in Deutschland politisch opportun ist, heute Vorsorge für die Regelung zukünftiger Einwanderung zu treffen.

Grundlegender sind dagegen die Widerstände der regierenden Christdemokraten gegen ein solches Gesetz. Es würde das politische Credo, Deutschland sei kein Einwanderungsland, relativieren und eine politische Auseinandersetzung mit den Implikationen von Zuwanderungen, insbesondere mit notwendigen Integrationsmaßnahmen und Änderungen des Staatsbürgerschaftsrechts, unumgänglich machen.

In den lautstarken öffentlichen Kontroversen ging weitgehend unter, daß sich mittlerweile eine parteiübergreifende Mehrheit für die Akzeptanz doppelter Staatsangehörigkeiten ausspricht. Dem folgt langsam auch die Verwaltungspraxis. Mehr als ein Drittel aller Einbürgerungen von Ausländern erfolgt derzeit schon unter Hinnahme doppelter Staatsangehörigkeit. Unklar ist allerdings, wann und wie eine Konstellation politischer Kräfte herstellbar ist, die die Vorzüge eines erleichterten Zugangs zur Staatsbürgerschaft für die Integration formulieren und legistisch umsetzen kann.

Deutschland hat innerhalb von fünf Jahrzehnten seit Ende des Zweiten Weltkriegs mehr als 20 Mio. Zuwanderer – Ost- und Volksdeutsche, Arbeitsmigranten und deren Angehörige, Aussiedler und Flüchtlinge unterschiedlicher Herkunft – überwiegend gut integriert. Deutsche Politik und deutsche

Behörden haben Instrumente und Regelungen zur raschen Absorption eines Teils dieser Einwanderer (Übersiedler, Aussiedler) sowie zum Einsatz eines anderen Teils der Neuankömmlinge als flexible Reserve auf dem Arbeitsmarkt geschaffen, die politische, ökonomische und soziale Spannungen verhindern oder zumindest verringern konnten. Dabei griff Deutschland auf eine lange Tradition von Arbeitsmarktrichtlinien zurück, auf denen die unterschiedliche Behandlung und der mindere Rechtsstatus ausländischer „Fremd- bzw. Gastarbeiter" beruhen. Zugleich erfolgte eine klare Privilegierung von Zuwanderern eigener Volkszugehörigkeit, für die der Terminus „Einwanderer" niemals verwendet wurde. Die regierungsamtliche These, daß Deutschland kein Einwanderungsland ist und auch keines werden soll, steht dazu nur partiell in einem Widerspruch. Sie ist auch als normative Aussage zu verstehen. Dennoch erleichtert es gerade diese These, die Augen vor den Anforderungen globaler Veränderungen zu verschließen. Nur auf der Basis der derzeitigen Migrationspolitik und mit restriktiven Kontrollmaßnahmen wird aber Deutschland diesen Herausforderungen in Zukunft nicht in angemessener Form begegnen können.

Anmerkungen

1   Siehe auch die Einleitung von Fassmann und Münz zu diesem Buch.
2   Nach der offiziellen Lesart wurden deutsche Emigranten aus der DDR bis 1990 als „Übersiedler" bezeichnet, während Volksdeutsche aus Ostmitteleuropa, vom Balkan und aus der ehemaligen UdSSR als „Aussiedler" bezeichnet werden. Der Aussiedler-Status wird von der deutschen Verfassung aufgrund historischer und ethnischer Kriterien definiert. Seit 1993 können von den Volksdeutschen in der Regel nur noch jene aus den GUS-Staaten den Aussiedlerstatus und damit die Aufnahme in Deutschland beantragen.
3   Ich möchte Andrea Fischer danken, die detaillierte Informationen und hilfreiche Bemerkungen zum Thema beigesteuert hat.

7. Einwanderung in die Schweiz – ein polit-ökonomisches Lehrstück

Peter A. Fischer und Thomas Straubhaar

7.1 Die Angst vor der Überfremdung – ein Dauerbrenner der Schweizer Nachkriegspolitik

Die Schweiz hat eine historisch lange Erfahrung mit Zuwanderung größeren Umfangs. Die Hugenotten machten nach dem Edikt von Nantes (1598) im 16. und 17. Jahrhundert den Anfang. Seither war die Schweiz immer wieder das Ziel für Menschen auf der Suche nach Schutz oder Arbeit. Heute sind 20% der Wohnbevölkerung und 25% der Arbeitskräfte Ausländer/innen. Kein anderer europäischer Flächenstaat hat ähnlich hohe Ausländeranteile (vgl. dazu eingangs Fassmann/Münz in diesem Buch).

Die Zuwanderer haben entscheidend zur Weiterentwicklung der Schweizer Volkswirtschaft beigetragen. Die Hugenotten förderten maßgebend den Aufschwung des Handels, des Bankwesens und der Textilmanufaktur. Henri Nestlé, Charles Brown und Walter Boveri waren Einwanderer. Mehr als jeder dritte Schweizer Nobelpreisträger wurde als Ausländer geboren. Trotzdem ist die Angst vor Überfremdung ein Dauerbrenner der Nachkriegspolitik. Seit den 60er Jahren hatte das Schweizer Volk immer wieder zu Ausländerinitiativen Stellung zu nehmen. Und weitere Vorstöße werden folgen. So wird über eine „Regelung der Zuwanderung" abzustimmen sein. Sie will den Ausländerbestand bei 18% quantitativ stabilisieren. Anhängig ist auch eine Volksinitiative „Maßhalten bei der Einwanderung" der Schweizer Demokraten. Ein Migrationsgesetz ist in Vorbereitung. Schließlich gilt es, gegenüber der Europäischen Union (EU) eine bilaterale Lösung der geforderten Niederlassungsfreiheit zu finden.

Gerade die Verhandlungen zwischen der Schweiz[1] und der EU veranschaulichen exemplarisch, wie stark die Ausländerpolitik die schweizerische

Nachkriegspolitik prägte und bis heute prägt. Die „Überfremdungsangst" war ein entscheidendes Element für die Ablehnung des EWR-Vertrages in der Volksabstimmung vom 6. 12. 1992 über den Beitritt der Schweiz zum Europäischen Wirtschaftsraum. Eine Mehrheit der Stimmbürger befürchtete, eine gegenseitig gewährte Freizügigkeit würde zu einer überbordenden Zuwanderung von EU-Bürgern/-innen führen. Lieber wurden Isolation und Abschottung in Kauf genommen, als die Grenzen für EU-Arbeitskräfte zu öffnen.

Ihre defensive Position gab die Schweiz auch in den später folgenden bilateralen Verhandlungen nicht preis. Das Thema Freizügigkeit blockierte alle übrigen Verhandlungen mit der EU. Erst zu Jahresbeginn 1996 einigte man sich auf eine neue Formel (vgl. Rist 1996). Die Freizügigkeit soll als Ziel in den bilateralen Vertrag übernommen werden – das wäre neu. Die Schweiz würde sich verpflichten, zu einem späteren Zeitpunkt auch über die Gewährung der vollen Freizügigkeit zu verhandeln – allerdings soll das „Wann" noch offenbleiben. Vor allem aber schwebt der Schweiz kein generelles Recht auf Zuzug vor, sondern eine von Jahr zu Jahr neu festzulegende Obergrenze. Ein Zuwanderungsstopp für EU-Bürger soll jederzeit möglich bleiben.

Die Angst vor „Überfremdung" ist nicht neu. Kundgebungen und Resolutionen gegen die „drohende Überfremdung" finden sich bereits in der Zeit vor dem Ersten Weltkrieg.[2] Während des Ersten Weltkriegs wurden Einreise und Aufenthalt erschwert. Die Zwischenkriegszeit brachte zunächst eine leichte Entspannung. Ab der Weltwirtschaftskrise und vor allem während des Zweiten Weltkriegs dominierte die Angst vor einem Zustrom jüdischer Emigranten und politischer Flüchtlinge. „Überfremdungsbekämpfung" an der Grenze und verschärfte Kontrollen im Innern prägten die schweizerische Ausländerpolitik in der zweiten Hälfte der 30er Jahre und während des Zweiten Weltkriegs. Die damalige „Boot ist voll"-Politik (Häsler 1967) zeigt, wie engherzig Flüchtlingspolitik zwischen 1933 und 1945 betrieben wurde.

Auch die Nachkriegspolitik war durch eine grundsätzliche Abwehrhaltung gegenüber Zuwanderern geprägt. Gleichzeitig beruhigte man sich mit der These, daß es sich beim Zustrom ausländischer Arbeitskräfte nur um eine vorübergehende Erscheinung handle, wobei sich deren Zahl und Aufenthalt nach den Bedürfnissen des schweizerischen Arbeitsmarktes beliebig regulieren und steuern lasse. Aus diesem Grund fehlte die Bereitschaft, ausländische Arbeitsmigranten als Einwanderer zu behandeln. Stattdessen wurden sie als

Konjunkturpuffer betrachtet. Entsprechend streng handhaben die schweizerischen Behörden das Niederlassungsrecht und verfuhren bei der Gewährung des Nachzugsrechts für Familienangehörige restriktiv.

Unter dem Eindruck steigender Einwandererzahlen wurde im März 1963 eine erste staatliche Maßnahme ergriffen, um die Zuwanderung ausländischer Arbeitskräfte zu beschränken. Der Regierungsbeschluß vom 1. 3. 1963 begründet die Begrenzungsmaßnahmen mit der „Abwehr der Überfremdung" und mit „konjunkturpolitischen Gründen" (Art. 1).

Die ersten Begrenzungsmaßnahmen erfolgten auf Betriebsebene. Erst 1970 ging die Schweizer Regierung (= Bundesrat) zum System der Globalplafondierung über. Die Höchstzahl der jährlichen Eintritte von Ausländern/-innen wurde nun landesweit auf Basis der im Vorjahr erfolgten Abgänge (Ausreisen, Einbürgerungen, Heirat mit Schweizern, Sterbefälle) fixiert. Damit sollte der Zugang ausländischer Erwerbstätiger zum schweizerischen Arbeitsmarkt insgesamt kontrolliert und begrenzt werden.

Anfang der 70er Jahre führten diese Maßnahmen kurzfristig zum gewünschten Erfolg. Doch allen Stabilisierungsversuchen zum Trotz stieg der Ausländerbestand in den 80er und 90er Jahren weiter an. Anfang der 90er Jahre sah sich die Regierung schließlich veranlaßt, einen neuen „Bericht des Bundesrates zur Ausländer- und Asylpolitik" zu erstellen und am 15. 5. 1991 zu veröffentlichen (Bundesblatt 1991). Im Zentrum der „Konzeption und Prioritäten der schweizerischen Ausländerpolitik der neunziger Jahre" (BIGA/BFA 1991) stand ein „Modell der drei Kreise". Nach geographisch-politischen Räumen wurden drei Stufen der Einwanderungsberechtigung unterschieden (BIGA/BFA 1991: 78f):

1. „In einem innersten Kreis, beschränkt auf die Staaten der EG und der EFTA, wird der Personenverkehr schrittweise von den bestehenden ausländerpolitischen und arbeitsmarktlichen Beschränkungen befreit. Die umfassendste Form der Liberalisierung wäre die Realisierung des freien Personenverkehrs im Sinne des Rechtes der EG."
2. „Zu einem mittleren Kreis gehören die Länder, die weder der EG noch der EFTA angehören, also nicht Teile des innersten Kreises sein können, aber dennoch die Funktion traditioneller Rekrutierungsgebiete übernehmen sollen. Dazu werden insbesondere die USA und Kanada zu zählen sein, eventuell ... Australien und Neuseeland. Im Vergleich mit der hergebrachten Ausländerpolitik sollen Spitzenkräfte aus diesen Ländern erleichtert

zugelassen werden. Administrative Vereinfachungen, Verbesserungen in der Rechtsstellung, Unterstützung der beruflichen Weiterbildung und der Integration sind möglich. Grundsätzlich soll aber die bisherige Begrenzungspolitik weitergeführt werden."

3. „Im äußersten Kreis befinden sich alle übrigen Staaten. Ihnen gegenüber ist an der bisherigen Ausländerpolitik festzuhalten. Angehörige dieser Staaten sollen weiterhin eine Aufenthalts- und Arbeitsbewilligung in der Schweiz nur in Ausnahmefällen erhalten. ... Lockerungen dieser strengen Praxis sind allenfalls gegenüber hochqualifizierten Spezialisten für einen mehrjährigen, aber zeitlich begrenzten Aufenthalt möglich".

Neu am Modell der drei Kreise war die volle Freizügigkeit für Angehörige bestimmter Staaten. EU- und EFTA-Bürger hätten einen freien Zugang zum schweizerischen Arbeitsmarkt erhalten sollen. Mit dem Nein zum EWR-Beitritt in der Volksabstimmung vom 6.12.1992 wurde die direkte rechtliche Umsetzung des Drei-Kreise-Modells zunächst hinfällig. Zwar will die Regierung das Drei-Kreise-Modell in bilateralen Verhandlungen mit der EU nun schrittweise realisieren, aber die stockenden Verhandlungen machen überdeutlich, wie eingeschränkt der Handlungsspielraum der Schweizer Regierung ist. Zwischen der EU-Forderung nach voller Freizügigkeit und dem Votum des Schweizer Volkes nach einer (zahlenmäßigen) Beschränkung der Zuwanderung sind Kompromisse schwer auszumachen. Dies gilt vor allem auch mit Blick auf die starke Stellung der Interessenverbände in der Schweizer Konkordanzdemokratie.

7.2 Die Dominanz der Interessengruppen – symptomatisch für die direkte Demokratie

Die Schweizer Ausländerpolitik läßt sich ohne Kenntnis des direktdemokratischen Systems nicht verstehen. Anders als in repräsentativen (indirekten) Demokratien haben Interessengruppen in der Schweiz mit dem fakultativen Gesetzesreferendum ein plebiszitäres Instrument, mit dem sie auf den politischen Prozeß ständig direkten Einfluß ausüben können (vgl. hierzu Borner u.a. 1990, 1994). Über den direktdemokratischen Kreislauf wird nämlich von einem Teil der Stimmbürger/-innen und fremdenfeindlichen Parteien ein konstanter Druck in Richtung auf Begrenzung der Zuwanderung ausgeübt. Das Damoklesschwert, eine Initiative oder ein Referendum zu initiieren, ist eine mächtige Waffe im Kampf der Interessen. Es zwingt Regierung und Parlament immer wieder dazu, die „Angst" der Bevölkerung vor der angeblich drohenden „Überfremdung" ernst zu nehmen. Dabei haben Regierung und Parlament als Folge einer zweiten Eigenart der schweizerischen Ausländerpolitik „leichtes Spiel".

Die schweizerische Ausländerpolitik erhält nämlich ihre typische Gestalt erst auf Verordnungsstufe. Bundesverfassung und Bundesgesetze bestimmen lediglich einen sehr weit gefaßten Rahmen. Das Bundesgesetz über Aufenthalt und Niederlassung der Ausländer vom 26. März 1931 (ANAG) legt nur die Pflichten der Ausländer bei Aufenthalt und Erwerbstätigkeit in der Schweiz fest. Nicht explizit formuliert sind Ziele oder Zwecke, die mit dem ANAG zu verfolgen wären. Sie finden sich erst in der Verordnung über die Begrenzung der Zahl der Ausländer vom 6. Oktober 1986 (BVO).[3] Diese spezifiziert Gestalt und Ziele der schweizerischen Ausländerpolitik.

Die schweizerische Ausländerpolitik ist somit eine „Fremdarbeiterregelung über Verordnungen" (Cattacin 1987: 53). Die Öffentlichkeit hat nur begrenzt Einsicht in und Kontrollmöglichkeiten über die Mechanismen einer verordnungsgesteuerten Politik. Vieles bleibt wenig transparent. Exemplarisch läßt sich dies am Vollzug der Stabilisierungspolitik veranschaulichen. Das Stabilisierungsziel gilt nämlich nur für den Bereich der ständigen Wohnbevölkerung. Damit bleibt ein beträchtlicher Teil der erwerbstätigen Ausländer unberücksichtigt. Nicht erfaßt sind insbesondere Saisonarbeiter, Kurzarbeiter und Grenzgänger. Von diesen Kategorien sind nur die Saisonarbeiter und teilweise die Kurzarbeiter der Stabilisierung unterworfen. Die übrigen stehen außerhalb der Begrenzungspolitik. Die Verordnung findet keine Anwendung auf Ausländer, die keiner Erwerbstätigkeit nachgehen (Studenten, Rentner, Personen, die im Rahmen des Familiennachzugs aufgenommen werden) oder auf Ausländer, die zu ausdrücklich ausgenommenen Personengruppen gehören, darunter Ausländer, die mit einer Schweizerin verheiratet sind, Flüchtlinge und Staatenlose, Korrespondenten ausländischer Medien, Personen mit völkerrechtlich anerkanntem Status und Saisonniers mit Anspruch auf Umwandlung ihrer Saisonbewilligung in eine Jahresbewilligung. Die Regelung des Zustroms der von der Stabilisierung ausgenommenen Saisonniers, Grenzgänger und ausländischen Arbeitskräfte mit kurzem Aufenthalt schafft den schweizerischen Ausländerbehörden einen gewissen Handlungsspielraum.

Im allgemeinen und sofern nicht die Grundlagen der Ausländerpolitik zur Debatte stehen – wie etwa 1980, als ein neues Ausländergesetz beraten wurde – übt das Parlament einen eher geringen Einfluß auf die sogenannte schweizerische „Fremdarbeiterpolitik" aus. Die wesentlichen Prozesse dieser Politik spielen sich in einem neokorporativen Kreislauf ab. Sowohl das Zustandekommen wie der Vollzug der jährlichen Begrenzungsverordnungen (BVO) und insbesondere die Verteilung der Kontingente bleiben eine Sache nationaler und kantonaler Behörden, der Wirtschaftsverbände und der betroffenen Unternehmen.

Die schweizerische Ausländerpolitik ist somit das Ergebnis eines komplexen Zusammenspiels von direktdemokratischen, parlamentarischen und neokorporatistischen Prozessen. In welch erdrückendem Würgegriff diverser Interessengruppen die Ausländerpolitik steckt, läßt sich exemplarisch am Revisionsvorschlag der Regierung vom Frühjahr 1995 erkennen: Obwohl die wirtschaftlich, gesellschaftlich und auch sozial negativen Effekte des Saisonnierstatuts eindeutig belegt sind (Schwarz 1988; Dhima 1991), traute sich der Bundesrat nicht, diese Saisonnierregelung mit alljährlichem Zwang zur Ausreise für wenigstens drei Monate wenigstens für EU- und EFTA-Bürger ersatzlos abzuschaffen. Stattdessen wurde ein neuer „Zwitter" – genannt „Kurzaufenthalter" – kreiert, eine Regelung, die keines der alten Probleme lösen, sondern nur neue schaffen wird.

7.3 Die Zielpyramide der Ausländerpolitik – Spiegelbild der Partikularinteressen

Die Ziele der schweizerischen Ausländerpolitik sind in Art. 1 der BVO formuliert: „Diese Verordnung bezweckt: (a) ein ausgewogenes Verhältnis zwischen dem Bestand der schweizerischen und dem der ausländischen Wohnbevölkerung; (b) die Schaffung günstiger Rahmenbedingungen für die Eingliederung der hier wohnenden und arbeitenden Ausländer und (c) die Verbesserung der Arbeitsmarktstruktur und eine möglichst ausgeglichene Beschäftigung." Die Ziele lassen sich in Form einer Pyramide veranschaulichen (Abbildung 7.1).

Abbildung 7.1: Zielpyramide der schweizerischen Ausländerpolitik

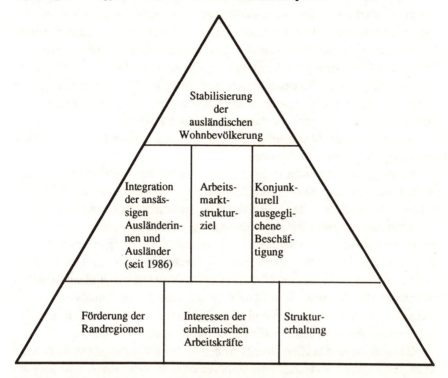

An erster Stelle steht das Stabilisierungsziel. Über die konkrete Interpretation des Stabilisierungsziels besteht Uneinigkeit. Allerdings scheint mit dem „ausgewogenen Verhältnis" eher eine relative als eine absolute Stabilisierung des Ausländerbestandes gemeint zu sein.

Das Integrationsziel wurde erstmals in die 1986er Verordnung aufgenommen. In den vorherigen Verordnungen wurde es nicht ausdrücklich erwähnt. Es bezieht sich im Ergebnis auf isolierte Maßnahmen, die schon vor 1986 getroffen wurden, um die Eingliederungschancen von Zuwanderern zu verbessern.

Das Arbeitsmarktstrukturziel verlangt, daß sich die Ausländerbeschäftigung an den Bedürfnissen des schweizerischen Arbeitsmarktes zu orientieren hat. Darunter fällt vor allem die sektorale und regionale Nachfrage nach bestimmten ausländischen Arbeitskräften und Qualifikationen.

Das Konjunkturziel gehört zu den Konstanten der schweizerischen Fremdarbeiterpolitik. Bereits in der ersten Verordnung von 1963 wurde die Beschränkung der Zulassung ausländischer Arbeitskräfte u.a. „aus konjunkturpolitischen Gründen" festgeschrieben. Damals stand allerdings die konjunkturelle Überhitzung im Vordergrund, die zu drosseln war. Ausländische Arbeitskräfte sollten die Lohnsteigerungen dämpfen. Demgegenüber galt ab Mitte der 70er Jahre die ganze Aufmerksamkeit der Rezessionsbekämpfung. In deren Dienst hatte auch die Ausländerpolitik zu treten.

Neben diesen direkt erkennbaren Zielen lassen sich noch drei weitere Ziele der Ausländerpolitik identifizieren.

Wahrung der Interessen einheimischer Arbeitskräfte: Bereits in der ersten Vollzugsverordnung zum Ausländergesetz von 1949 wurde den einheimischen Arbeitskräften – das sind Schweizer und niedergelassene Ausländer – bei einer Stellenbesetzung der Vorrang vor den Einwanderern eingeräumt. Diese Bestimmung bildet seither eine Konstante der schweizerischen Ausländerpolitik. Sie ist in allen Verordnungen anzutreffen.[4] Sie führt zu umfangreichen arbeitsmarktlichen Prüfverfahren. Der Vorrang der Einheimischen ist Voraussetzung für jede Bewilligung. Er gilt sowohl für Bewilligungen zur Neueinwanderung wie auch für die Bewilligungen zu einem Stellen- und Berufswechsel, die in gewissen Fällen erforderlich sind.

Regionalpolitisches Ziel: Bereits in den ersten Regierungsbeschlüssen der 60er Jahre kamen wirtschaftliche Randregionen in den Genuß von Ausnahmebestimmungen. Regionalpolitische Ziele sind auch in der aktuellen Ausländerregelung implizit enthalten. So werden bei der Berechnung der Zuteilungsschlüssel der kantonalen Jahresaufenthalter- und Saisonarbeiterkontingente die wirtschaftlich schwachen, abwanderungsbedrohten Kantone bevorzugt.

Strukturerhaltungsziel: Die wichtigste strukturerhaltende Wirkung der schweizerischen Ausländerpolitik geht vom Saisonnierstatut aus. Die Saisonnierbewilligung (nicht direkt gleichzusetzen mit Saisonarbeit!) ist eine ausgesprochene Besonderheit der schweizerischen Ausländerpolitik. In Betrieben mit Saisoncharakter (Landwirtschaft, Gastgewerbe, Bauwirtschaft) kann für die Zeit des überdurchschnittlichen Arbeitsanfalls ein Gesuch zur Beschäftigung einer ausländischen Arbeitskraft für höchstens 9 Monate gestellt werden. Dabei ist ein Familiennachzug ausgeschlossen. Die Bewilligung, Saisonniers zu beschäftigen, ist faktisch auf das Baugewerbe, das Gastgewerbe und den Agrarsektor beschränkt. Dank des Privilegs, billige ausländische Saisonarbeiter beschäftigen zu können, waren das Bau- und Gastgewerbe sowie Teile der Landwirtschaft nicht zu einem umfassenden Strukturwandel gezwungen. Veraltete Strukturen blieben überlebensfähig. Dieser Strukturprotektionismus war und ist zugleich ein Regionalprotektionismus. Strukturschwache Branchen dominieren vor allem in Randregionen. Mit dem Saisonnierstatut glaubte man fälschlicherweise, zwei Probleme auf einmal lösen zu können. Doch das Gegenteil war der Fall. Regionen blieben strukturschwach, weil sie strukturschwache Branchen beheimateten. Und aus den strukturschwachen Branchen kamen keine Impulse für einen wirtschaftlichen Aufschwung. Daß hier bei härter werdenden Konkurrenzbedingungen ein labiles Gleichgewicht rasch instabil wurde, überrascht wenig. In den 70er Jahren erfolgte ein Strukturwandel, der sich in den 80er Jahren noch beschleunigte. Ein Ende ist nicht abzusehen. Gerade das Bau- und Gastgewerbe sowie die Landwirtschaft produzieren noch immer zu arbeitsintensiv. Hier sind weitere Rationalisierungen absehbar und auch dringend angezeigt.

Die schweizerische Ausländerpolitik bedient ein Konglomerat unterschiedlicher Interessen. Der direktdemokratische Prozeß macht es möglich, daß unterschiedliche Interessengruppen permanent Einfluß auf Gestalt und Vollzug nehmen. Das Ergebnis ist eine sehr heterogene und wenig transparente Ausländerpolitik. Administrative Regulierungen und Einschränkungen stehen anstelle einfacher Marktmechanismen. Staatliche Eingriffe werden mit jeweils ganz bestimmten struktur- oder regionalpolitischen Interessen legitimiert. Verdrängt wird die Frage nach der Zielkonformität der einzelnen Staatseingriffe. Dabei ist längst bekannt, daß gerade das Saisonnierstatut den proklamierten struktur- und regionalpolitischen Zielen entgegenwirkt. „Die regionale Verteilung der ausländischen Arbeitskräfte ist mit den heute gültigen Fremdarbeiterregelungen nicht nachhaltig beeinflußbar. Entsprechend fragwürdig wird damit der Einsatz der Fremdarbeiterpolitik als regionalpolitisches Instrument" (Schwarz 1988: 204). Auch weist Dhima (1991) die regional- und strukturpolitische Ineffizienz der heutigen Ausländerpolitik nach.

7.4 Die Schweiz – ein Einwanderungsland

Die Entscheidungsträger verstanden die Schweiz zwar nie als klassisches Einwanderungsland, aber die Zahlen sprechen eine deutlich andere Sprache. Vor 150 Jahren allerdings war die Schweiz noch ein Auswanderungsland. „Das 19. Jahrhundert ist die Epoche eigentlicher Massenauswanderungen. Wirtschaftliche und soziale Not waren, wie früher für die Reisläuferei, auch jetzt die Haupttriebfedern. ... Das Hauptkontingent der Auswanderer stellte während des ganzen 19. Jahrhunderts die bäuerliche Bevölkerung. ... Die große Auswanderungswelle, die in den Jahren des Mißwachses 1845–1855 über das Land ging, erreichte im Jahre 1854 mit etwa 18.000 Personen (= 7 Promille der Wohnbevölkerung) ihren Höhepunkt. Das Auswanderungsmittel der folgenden Jahre betrug noch 2.000–3.000 Personen; in den Jahren der großen Landwirtschaftskrise schnellte die Zahl in die Höhe bis zum Maximum von 13.500 im Jahre 1883, um sich nachher bis in die neunziger Jahre hinein auf 6.000–8.000 zu halten" (Lehmann 1949: 69f.). Zwischen 1870 und 1880 verlor die Schweiz im Durchschnitt jährlich „netto" 2.300 Personen (oder 1 Promille der Bevölkerung), in der Periode 1880–1888 sogar knapp 11.000 Personen pro Jahr bzw. während der 1880er Jahre knapp 3,8% der Bevölkerung (Brüschweiler 1939: 252).

Abbildung 7.2: Ausländerbestand in der Schweiz 1850–1995 (in % der Gesamtbevölkerung)

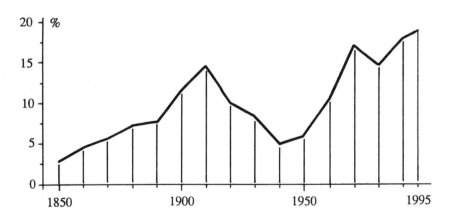

Quelle: Bundesamt für Statistik 1995.

Die rasch voranschreitende Industrialisierung und vor allem der Eisenbahnbau führten zu Beginn des 20. Jahrhunderts zu einer starken Zunahme der Einwanderung (Abbildung 7.3). Gotthard-, Simplon- und Lötschbergtunnel wurden hauptsächlich von italienischen Arbeitskräften gebaut. 1914 waren 15,4% der Gesamtbevölkerung Ausländer (Hoffmann-Nowotny/Killias 1979). Von ihnen besaßen rund drei Viertel die deutsche oder italienische Staatsbürgerschaft (Abbildung 7.3).

Abbildung 7.3: Ausländische Bevölkerung nach Staatsangehörigkeit 1900, 1930, 1960 und 1994

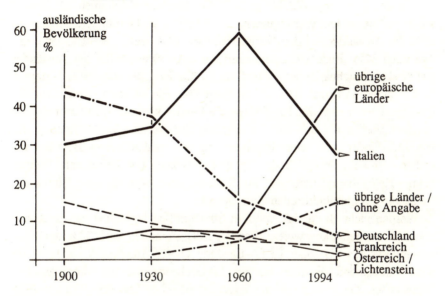

Quellen: Haug 1995: 31 und Bundesamt für Statistik 1995.

Der Ausbruch des Ersten Weltkrieges und die Folgen der restriktiven Zulassungspolitik führten ab 1915 zu einem Rückgang der ausländischen Wohnbevölkerung in der Schweiz. Bis 1941 ging die Zahl der Ausländer auf weniger als 250.000 zurück, ein Minus von rund 5% der Wohnbevölkerung. Seit dem Zweiten Weltkrieg und vor allem im Laufe der 60er Jahre stieg der Ausländeranteil wieder stark an. Als Folge einer relativ liberalen Zulassungspolitik nahm der Anteil der Ausländer an der Wohnbevölkerung bis 1960 auf 10,8% zu. Obwohl in den 60er Jahren eine Kehrtwendung hin zu einer restriktiven Zulassungspolitik erfolgte, lebten 1970 über eine Million Ausländer/-innen als Jahresaufenthalter oder Niedergelassene in der Schweiz. Bedingt durch die wirtschaftliche Rezession sank diese Zahl bis 1980 auf gut 900.000. Seither stieg sie kontinuierlich an, und zwar auf 1,13 Mio. 1990 und auf 1,33 Mio. Ende 1994. Rund ein Fünftel der ständigen Wohnbevölkerung in der Schweiz ist somit ausländischer Herkunft. Abgesehen von Kleinststaaten wie Monaco, Liechtenstein, Luxemburg etc. hat kein anderes Land in Europa einen ähnlich hohen Ausländeranteil.

Ein Blick auf die Herkunftsländer zeigt für das 20. Jahrhundert eine fundamentale Änderung (Abbildung 7.3). Die Ausländer kommen aus immer entfernter liegenden Weltregionen. Zu Beginn des Jahrhunderts stammten 96% der Ausländer aus den Nachbarländern. 1930 waren es 90%, 1960 immer noch 87%. Ende 1994 stammten nur noch zwei Fünftel der Ausländer aus direkten Nachbarländern, das dritte Fünftel kam aus anderen EU-Staaten (insbesondere Portugal 10% und Spanien 8%). Ein weiteres Fünftel war aus Ex-Jugoslawien zugewandert. Das letzte Fünftel kam aus nichteuropäischen Ländern (davon 6% aus der Türkei). Mit der wachsenden Entfernung der Herkunftsländer geht eine Pluralisierung der ausländischen Bevölkerung einher – sowohl bezüglich der Sprachen als auch der Religionen. Werner Haug (1995) diagnostiziert für die Schweiz einen Wandel „vom Einwanderungsland zur multikulturellen Gesellschaft".

Werden nicht Bestands-, sondern Stromgrößen betrachtet, so zeigt sich ebenfalls ein bemerkenswerter Wandel. 1981 stammten noch 30% der Neuzuwanderer aus EU- oder EFTA-Ländern. Dieser Anteil sank bis 1994 auf 13%. Zunehmend wichtiger wurden Asylsuchende und Flüchtlinge aus Ex-Jugoslawien, der Türkei und aus außereuropäischen Ländern. Wurden 1985 knapp 10.000 Asylgesuche gestellt, waren es 1990 bereits 35.800 und im Rekordjahr 1991 sogar 41.600.

7.5 Ausländer auf dem Arbeitsmarkt – vom Konjunkturpuffer zum Daueraufenthalter

Die Schweizer Ausländerpolitik der Nachkriegszeit orientierte sich stark an den Bedürfnissen des Arbeitsmarktes. Ausländer wurden zunächst als willkommene Ergänzung zum inländischen Erwerbspotential gesehen. Zentrale

Elemente der Ausländerpolitik waren das Rotationsprinzip und die daraus folgende Konjunkturpufferfunktion. Durch das Rotationsprinzip ergab sich ein Zuwanderungsstrom vor allem junger, unverheirateter männlicher Arbeitskräfte. Ziel der Einwanderer sollte es sein, rasch möglichst viel Geld zu verdienen und zu sparen. Nach kurzem Aufenthalt in der Schweiz – so die Annahme – würden die „Gast"-Arbeiter in ihr Herkunftsland zurückkehren und sich mit dem Ersparten eine Existenz aufbauen. Ein permanentes Verweilen der Ausländer in der Schweiz wurde nicht beabsichtigt. Entsprechend galten ausländische Arbeitskräfte nicht als Daueraufenthalter. Sie waren „Gastarbeiter", die „Fremde" blieben. Fremdarbeiter, die ihr Ziel erreicht hatten, sollten in ihr Herkunftsland zurückwandern und durch Neueinwanderer ersetzt werden. Entgegen den auf der Rotationsidee beruhenden Erwartungen entpuppte sich der Bedarf der schweizerischen Wirtschaft an ausländischen Arbeitskräften als strukturell und langanhaltend.

Mit dem Rotationsprinzip eng verbunden war die Pufferfunktion der ausländischen Arbeitskräfte. Bei einem Konjunktureinbruch erlaubte die Rotation der Ausländer eine rasche Korrektur auf dem Schweizer Arbeitsmarkt. Rückwandernde Ausländer wurden nicht durch Neueinwanderer ersetzt. Ein Beschäftigungsrückgang bei den einheimischen Arbeitskräften ließ sich damit reduzieren. Entsprechend stark schwankte der Ausländeranteil an den Erwerbstätigen. 1960 waren es 16% der Erwerbstätigen, 1970 bereits 25%. Als Folge der Rezession sank dieser Anteil auf 23% 1975 und 21% 1980. In der ersten Hälfte der 90er Jahre war noch rund jeder vierte Arbeitsplatz in der Schweiz mit einer ausländischen Arbeitskraft besetzt.

Wie stark die Ausländerbeschäftigung vom wirtschaftlichen Verlauf abhängig war, veranschaulicht Abbildung 7.4. Die Veränderungen der Wachstumsrate des realen Bruttoinlandsproduktes (BIP) erklären etwa die Hälfte der Veränderungen der Ausländerbeschäftigung.[5] Die Konjunkturpufferfunktion der Ausländerbeschäftigung trug wesentlich zur „günstigen" Arbeitsmarktentwicklung für die Schweizer Erwerbstätigen bei. Zwischen 1974 und 1976 sank die Beschäftigtenzahl in der Schweiz um insgesamt 250.000 oder 8% der Gesamterwerbstätigkeit. Trotzdem stieg die Arbeitslosigkeit unter Schweizer Arbeitnehmern fast nicht an. Der Beschäftigungsrückgang wurde zu 75% von den nicht niedergelassenen Ausländern getragen, zu 17% von den Einheimischen (Schweizer und Niedergelassene) und lediglich zu 8%

durch eine Zunahme der arbeitslosen Schweizer/innen. Die Arbeitslosigkeit wurde somit größtenteils „exportiert".

Abbildung 7.4: Ausländerbeschäftigung im Konjunkturverlauf 1956-1995

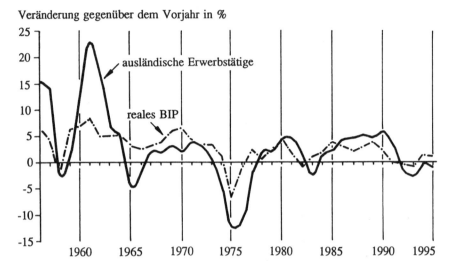

Quellen: eigene Berechnungen aus Bundesamt für Statistik (1995), verschiedene Jahrbücher.

Wie stark sich der Konjunkturpuffereffekt der ausländischen Arbeitskräfte mit der Zeit abschwächte, zeigt die zunehmende Stabilität der Ausländerbeschäftigung. In der Periode 1956-1965 schwankte die jährliche Ausländerbeschäftigung um durchschnittlich 8,5% um den Mittelwert (MW) von 8,7%. 1966-1975 sank die Standardabweichung auf 4,7% (MW -0,2%), 1976-1985 auf 4,4% (MW 0,1%) und 1986-1995 auf 3,0% (MW 2,2%). Der Großteil der ausländischen Erwerbstätigen besitzt nun ein dauerhaftes Aufenthaltsrecht (Abbildung 7.5) und ist den Schweizern arbeitsmarktlich gleichgestellt. Auch haben die meisten ausländischen Arbeitskräfte Ansprüche an die schweizerischen Sozialkassen erworben. Bei Arbeitslosigkeit entfällt somit die unmittelbare Notwendigkeit, in die Heimatländer zurückzukehren. Dieser Effekt wird durch das geltende Ausländerrecht noch verstärkt. Denn Ausländer, die als Saisonarbeitskräfte in die Schweiz kamen und es nach vier Jahren endlich geschafft haben, eine längerfristige Aufenthaltsgenehmigung zu erhalten, haben einen Grund mehr, trotz Arbeitslosigkeit in der Schweiz zu bleiben. Bei einer Rückwanderung würden sie ihren erworbenen Status verlieren. Bei einer erneuten Einwanderung in die Schweiz müßten sie wieder eine vierjährige „Ochsentour" über das Saisonnierstatut absolvieren. Kein Wunder also, daß die Arbeitslosenquote bei den Ausländern im Jahre 1994 mit 8,4% mehr als doppelt so hoch war als bei den Schweizern mit 3,7% (Bundesamt für Statistik 1995: 104).

Abbildung 7.5: Ausländer in der Schweiz 1965–1995 (in Millionen)

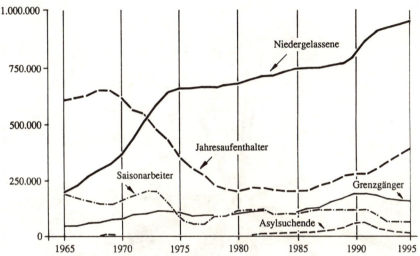

Quellen: eigene Berechnungen aus Bundesamt für Statistik (1995), verschiedene Jahrbücher.

1970 waren lediglich ein Fünftel der ausländischen Arbeitskräfte Niedergelassene, aber die Hälfte Jahresaufenthalter und knapp 20% Saisonarbeiter. 1995 waren bereits knapp drei Fünftel Niedergelassene. Nur noch ein Fünftel waren Jahresaufenthalter und 6% waren Saisonarbeitskräfte (BFA 1995: 9). Der arbeitsmarktliche Handlungsspielraum für eine schweizerische Ausländerpolitik ist somit auf rund 20% der ausländischen Erwerbstätigen zusammengeschrumpft. Noch geringer wird der Handlungsspielraum mit Blick auf die Wohnbevölkerung. Ein Drittel der ausländischen Bevölkerung lebt heute seit Geburt bzw. seit 30 und mehr Jahren in der Schweiz (Haug 1995: 43).

Die Hälfte hält sich seit der Geburt bzw. seit 15 und mehr Jahren in der Schweiz auf. Nur rund ein Viertel der ausländischen Bevölkerung lebt erst weniger als fünf Jahre im Land. Von den 1994 im Jahresdurchschnitt rund 1,36 Mio. in der Schweiz wohnenden Ausländern/-innen besaßen 94,5% das Recht auf einen unbefristeten dauerhaften Aufenthalt in der Schweiz (69% als Niedergelassene, 25% als Jahresaufenthalter; Bundesamt für Statistik 1995: 61).

Abbildung 7.6: Ausländische Arbeitskräfte in der Schweiz nach Staatsbürgerschaft 1995

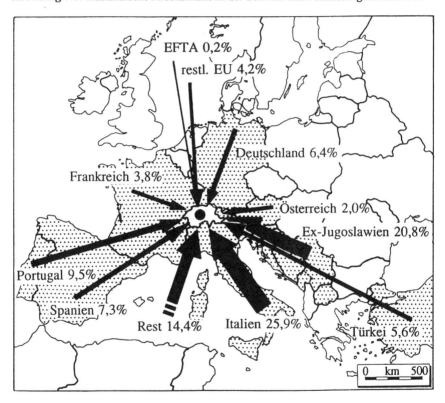

Quelle: Bundesamt für Statistik 1995.

Ende August 1995 waren 940.000 ausländische Arbeitskräfte in der Schweiz selbständig oder unselbständig beschäftigt (BFA 1995: 4; Bundesamt für Statistik 1995: 108). Die meisten waren Angestellte (7,4%), Handlanger

Tabelle 7.1: Erwerbstätige(1) nach Wirtschaftsabteilungen, Alter, Beschäftigungsgrad, Erwerbsstatus, Geschlecht und Heimat (in 1.000 und in % zur Jahresmitte 1994)

	zusammen		Schweizer		Schweizerinnen		Ausländer		Ausländerinnen	
	abs.	%	abs.	%	abs.	%	abs.	%	abs.	%
Wirtschaftsabteilung										
Land-, Forstwirt., Energie	151	4,0	83	5,1	50	4,2	15	2,4	3	0,9
Verarbeitende Produktion	810	21,5	380	23,6	139	11,7	215	33,7	75	22,3
Baugewerbe	283	7,5	143	8,9	32	2,7	105	16,4	3	0,8
Handel, Gast-, Reparaturgew.	815	21,6	266	16,5	302	25,5	141	22,0	107	31,7
Verkehr, Nachrichtenüberm.	233	6,2	145	9,0	48	4,1	28	4,4	11	3,4
Banken, Versich., Beratung	559	14,8	257	15,9	190	16,1	74	11,5	38	11,4
Sonstige Dienstleistungen	751	19,9	223	13,8	373	31,6	59	9,2	96	28,5
Öffentliche Verwaltung	167	4,4	113	7,0	48	4,1	3	0,5	3	0,8
Alter										
15-24 Jahre	535	14,2	199	12,4	190	16,1	79	12,4	66	19,6
25-39 Jahre	1.490	39,5	599	37,2	411	34,8	319	49,9	161	47,7
40-54 Jahre	1.225	32,5	538	33,5	407	34,5	189	29,6	90	26,7
55-61/64 Jahre	403	10,7	217	13,5	122	10,3	49	7,6	16	4,7
62/-65+ Jahre	115	3,1	56	3,5	51	4,3	4	0,6	4	1,3
Beschäftigungsgrad										
Vollzeit (90%)	2.880	76,5	1.488	92,4	559	47,3	612	95,6	221	65,7
Teilzeit (50%-89%)	488	13,0	70	4,4	326	27,6	19	3,0	73	21,6
Teilzeit II (50%)	399	10,6	51	3,2	297	25,1	9	1,4	43	12,8
Erwerbsstatus										
Selbständige	384	10,2	237	14,7	96	8,1	39	6,0	12	3,6
mitarb. Familienmitglieder	100	2,7	28	1,7	69	5,8	2	0,3	1	0,3
Arbeitnehmer	3.284	87,2	1.344	83,5	1.017	86,1	599	93,6	323	96,1
insgesamt	3.767	100,0	1.609	100,0	1.181	100,0	640	100,0	337	100,0

Anmerkung: (1) Erwerbstätige mit mindestens 6 Wochenarbeitsstunden.
Quelle: Bundesamt für Statistik 1995.

(4,2%), Kellner (3,7%), niedriges Hotelpersonal (3,1%), Reinigungspersonal (3,1%), Maurer (3,1%), Verkäufer (3,0%) oder Hausangestellte (2,8%). Etwa zwei Drittel waren Männer. Ein Drittel der Männer arbeitete in der Industrie, 22% im Handel-, Gast- und Reparaturgewerbe und 16% im Baugewerbe. Die Frauen arbeiteten zu zwei Drittel im Bereich einfacher Dienstleistungen (inkl. Gastgewerbe) und zu 22% in der Industrie.

Der Beschäftigungsgrad der ausländischen Arbeitskräfte liegt wesentlich höher als bei den Schweizern. 96% der ausländischen Männer und 66% der ausländischen Frauen arbeiten in „Vollzeitbeschäftigungen", aber nur 92% der Schweizer und 47% der Schweizerinnen. Schließlich sind die Ausländer und vor allem die Ausländerinnen im Schnitt wesentlich jünger als die Schweizer Bevölkerung (vgl. Tabelle 7.1). Von ihnen kommt ein Viertel aus Italien, 20% stammen aus Ex-Jugoslawien und ein Sechstel aus Spanien und Portugal (vgl. Abbildung 7.6).

7.6 Die Schwächen der bisherigen Ausländerpolitik ...

Gemessen an ihren Zielen muß die schweizerische Ausländerpolitik der Nachkriegszeit als Mißerfolg bewertet werden.[6] Sie hat ihre Ziele – allen voran das Stabilisierungsziel – verfehlt. Aller nationalen Souveränität zum Trotz, ohne die EU-Freizügigkeit zu akzeptieren und obwohl eine solche Absicht nie bestanden hatte, ist die Schweiz zu einem Einwanderungsland par excellence geworden.

Das Rotationsprinzip führte zu einer negativen Selektion der „Gastarbeiter". Es wurden vor allem Arbeitskräfte mit geringer Qualifikation rekrutiert (vgl. Dhima 1991). Demgegenüber würde eine aktive Einwanderungspolitik die Chance bieten, die Migration als Bestandteil einer aktiven Bevölkerungspolitik einzusetzen. Die USA, Kanada und Australien, aber auch kleinere Länder wie Bolivien und Paraguay folgen dieser Strategie. Die selektive Migration dient hier dazu, Einwanderer mit hohen beruflichen Qualifikationen oder einer guten Kapitalausstattung zu bevorzugen, Nachfragelücken auf dem Arbeitsmarkt zu schließen und so die Volkswirtschaft weiterzuentwickeln.

Eine dem Konjunkturpufferansatz folgende Ausländerpolitik tendiert hingegen dazu, reaktiv zu sein. Sie ist wenig geeignet, auf die Bedürfnisse des

Arbeitsmarktes rechtzeitig und flexibel zu reagieren. Im modernen industriellen Produktionsprozeß sind angelernte Fließbandarbeiter immer weniger gefragt. Viel dringender gesucht sind hochqualifizierte Spezialisten und Facharbeiter. Es geht somit bei der Arbeitskräftenachfrage nicht mehr um Nationalitäten, sondern um Qualifikationen.

Für die lediglich als „Konjunkturpuffer" eingesetzten Ausländer dominiert die kurzfristige Perspektive. Entsprechend geringer sind die Leistungsmotivation und der Anreiz, sich zu integrieren und auch als Bürger aktiv am gesellschaftlichen Leben des Aufnahmelandes mitzuwirken. Vorgezeichnet ist damit eine Außenseiterstellung, die auf längere Frist sozioökonomische Probleme schafft. Würden Ausländer nicht mehr bloß als „Gast-" oder „Fremdarbeiter", sondern als gleichberechtigte Bürger gesehen, hätten es rassistische und fremdenfeindliche Kampagnen schwerer, ihren zum Teil absurden Argumenten Gehör zu verschaffen. Insbesondere wäre die stärkere Integration der Ausländer in die Schweizer Gesellschaft zu fördern, beispielsweise durch eine raschere Gewährung des Niedergelassenenstatus. Auch die Möglichkeit der Einbürgerung (vor allem der in der Schweiz geborenen Kindergenerationen) sollte erleichtert werden. Verglichen mit anderen europäischen Ländern (beispielsweise den skandinavischen Staaten) ist ein Wechsel der Staatsbürgerschaft in der Schweiz schwierig. Dabei ließe sich gerade durch eine erleichterte Einbürgerungspraxis die Diskussion um die „Überfremdung" abschwächen.

7.7 ... und ihre Ursachen

Der Hauptgrund für das Scheitern der schweizerischen Ausländerpolitik liegt in den erheblichen Mitwirkungs- und Einflußmöglichkeiten der Interessengruppen. Neben der direktdemokratischen Ebene mischen verschiedene kantonale, sektorale oder auch politisch-ideologische Interessengruppen mit, wenn es um den Vollzug der jährlichen Begrenzungsverordnungen (BVO) und um die Verteilung von Einwanderungsbewilligungen (Kontingente) geht. Damit eröffneten sich – in Anlehnung an Olsons „Theorie des kollektiven Handelns" – Möglichkeiten für Interessengruppen, diese Zuteilung zu ihren Gunsten zu beeinflussen (vgl. Olson 1965).

Zentrales Problem bei diesem Verteilungsprozeß ist der Umwandlungsanspruch der Saisonniers. Der Umwandlungsanspruch der Saisonniers ist schlechthin ein zentraler Schlüssel zum Verständnis der schweizerischen Ausländerpolitik. Nach 36 Monaten Beschäftigung während vier aufeinanderfolgenden Jahren kann der Inhaber einer Saisonbewilligung die Umwandlung in eine Jahresaufenthaltsbewilligung beantragen. Als Jahresaufenthalter haben ausländische Arbeitnehmer dann das Recht, den Arbeitgeber und den Kanton zu wechseln. Auch unterstehen sie nicht der bundesrätlichen Begrenzungsverordnung über die Zahl der Ausländer. Wie Dhima (1991) empirisch nachweisen konnte, wanderten rund zwei Drittel aller Personen mit langem Aufenthalt als Saisonniers und etwa ein Drittel als Jahresaufenthalter in die Schweiz ein. Für einen Großteil der Ausländer kommt dem Saisonnierstatut somit eine eigentliche Schleusenfunktion zu.

Das schweizerische Saisongewerbe sucht vor allem ausländische Arbeitskräfte, die bereit sind, wenig qualifizierte Tätigkeiten im Bau- oder Gastgewerbe oder im Gesundheitswesen (Kranken- und Altenpflege) auszuüben. Dadurch erhält die Einwanderung in die Schweiz ein weit unterdurchschnittliches Qualifikationsprofil. Die im politökonomischen Verteilungskampf besonders erfolgreichen Bereiche Gastgewerbe, Baugewerbe und Landwirtschaft ziehen ausländische Arbeitskräfte als Saisonniers an. Nach vier Jahren erzwungener Immobilität suchen die nun in den Genuß der Freizügigkeit kommenden Ausländer wegen der meist unattraktiven Bedingungen an ihrem ersten Arbeitsplatz eine Beschäftigung außerhalb der genannten Branchen und Kantone (vgl. Abbildung 7.7). Die wirtschaftsschwachen Kantone Graubünden und Wallis sowie die Innerschweizer Kantone gehören zu den großen Abwanderungsgebieten. Die wirtschaftlichen Ballungszentren sind die Zuwanderungsgebiete auch für Ausländer.

Ergebnis der einseitig an Partikularinteressen orientierten Schweizer Ausländerpolitik ist, daß bedeutende Teile des binnenorientierten Sektors mit billigen, wenig qualifizierten Arbeitskräften versorgt werden. Es erfolgt eine politikbedingte sektorale Fehlallokation der ausländischen Arbeitskräfte. Einerseits unterbleibt in wirtschaftlich schwachen Sektoren und Regionen der dringend notwendige Strukturwandel. Dadurch sind auch die Vorteile lediglich temporärer und somit kurzfristiger Natur. Dagegen müssen die Allokationsverluste des Branchenprotektionismus von jenen Branchen mit höherer Innovationskraft, Wertschöpfungsintensität und Effizienz getragen werden, die bei der Verteilung der Kontingente regelmäßig zu kurz kommen. Sie können ihre Nachfrage nach ausländischen Arbeitskräften nur indirekt zu decken versuchen. Sie müssen jene Ausländer einstellen, die, nachdem sie vier Jahre in der Schweiz ansässig waren, das Recht erhalten, aus den Saisonbranchen abzuwandern. Das erforderliche Qualifikationsprofil dürften diese Arbeitskräfte allerdings nur in den wenigsten Fällen aufweisen.

Abbildung 7.7: Interkantonale Wanderungstendenzen von Ausländern der Einwanderungskohorte 1981

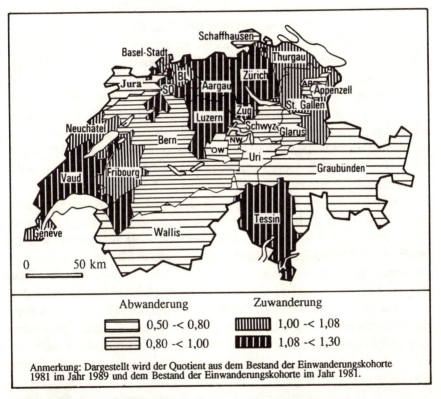

Quelle: Dhima 1991: 103, Tabelle 3.5.2.

Würde die schweizerische Migrationspolitik um den struktur- und regionalpolitischen Ballast erleichtert, würden sich neue Handlungsspielräume öffnen. Sie könnten zugunsten der gesamten Volkswirtschaft genutzt werden. Die schweizerische Migrationspolitik ließe sich dann an gesamtwirtschaftlichen

Zielen orientieren. Wichtiger als eine starke Lobby wäre der Nachweis hoher Grenzproduktivität. Die gesamtwirtschaftliche Effizienzsteigerung würde Raum bieten, struktur- und regionalpolitische Ziele mit anderen (Umverteilungs-)Instrumenten besser und kostengünstiger zu erreichen.

7.8 Ausblick: auf dem Weg zu einem Migrationsgesetz

Am Anfang einer neuen schweizerischen Migrationspolitik müßte ein aktives und offensives Einwanderungsgesetz stehen. Das Parlament hat die Regierung bereits beauftragt, einen Entwurf für ein solches Migrationsgesetz auszuarbeiten (Motion Simmen). Verschiedene, auch amtliche, Berichte zur schweizerischen Migrationspolitik liegen vor (Bericht Arbenz). Wie immer diverse Reformvorschläge auch konkretisiert werden, tragfähige Lösungen müßten von einer zweigleisigen Strategie ausgehen. Einerseits wird es darum gehen, klare, transparente und durchsetzbare Spielregeln für den Eintritt und den Aufenthalt festzulegen (Inklusion). Andererseits werden politisch tragfähige und völkerrechtlich gangbare Wege für jene Fälle zu suchen sein, in denen potentielle Zuwanderer keinen Einlaß in die Schweiz finden sollen (Exklusion). Die Inklusion sollte sich primär an wirtschaftlichen Kriterien orientieren. Dies erfolgt im Interesse der einheimischen Bevölkerung. Richtgröße ist das ökonomische Effizienzziel. Die Exklusion sollte sich primär nach humanitären und moralischen Gesichtspunkten richten. Sie hätte sich an jenen zu orientieren, die einwandern möchten, aber nicht einwandern dürfen. Meßlatte ist hier ein normatives Gerechtigkeitsziel. Effizienz und Gerechtigkeit stehen in einem Spannungsfeld. Das eine kann oft nur auf Kosten des anderen erreicht werden. Somit kann jede Migrationspolitik nur eine Optimierung von „Effizienz" und „Gerechtigkeit" anstreben. Das Effizienzziel ließe sich mit einer Migrationsinnenpolitik, das Gerechtigkeitsziel mit einer Migrationsaußenpolitik verfolgen.

Mit der Migrationsinnenpolitik sollte anerkannt werden, daß die Schweiz ein Einwanderungsland ist. Demzufolge sind klare Einwanderungs- und Integrations-"Spielregeln" festzuschreiben. Innerhalb der Migrationsinnenpolitik ist offenzulegen, wieweit und welchen Ländern gegenüber die Schweiz bereit ist, Einwanderungsschranken abzubauen. Wegen der Schwierigkeit, das individuelle Migrationsverhalten zu lenken, hat die Migrationsinnenpolitik einfach und ohne weitreichende Regulationsabsicht zu bleiben. Mit der Migrationsinnenpolitik sollten keine über die Festlegung der Einwanderungsberechtigung hinausgehenden Eingriffe in die Arbeitsmarktmechanismen angestrebt werden.

Um den nationalstaatlichen Anspruch zu rechtfertigen, weiterhin eine eigenständige Migrationspolitik führen zu können, muß die Migrationsinnenpolitik andererseits um eine Migrationsaußenpolitik ergänzt werden. In dieser Migrationsaußenpolitik geht es darum, die an innenpolitischen Motiven definierte Migrationsinnenpolitik gegen außen abzusichern. Insbesondere ist der Vollzug der Migrationsinnenpolitik sicherzustellen. Dazu muß primär bei den Ursachen der Migration angesetzt werden. Bei der Migrationsaußenpolitik ist zu akzeptieren, daß die Probleme der Massenmigration nicht in den potentiellen Einwanderungsländern gelöst werden können. Dazu ist der globale Migrationsdruck nach Westeuropa zu groß. Jede nach innen gerichtete Lösung der Aufnahmeländer würde hier lediglich eine Symptombekämpfung bedeuten, nicht aber die Ursachen beheben.

Beide Elemente zusammen bieten die Möglichkeit, eine transparente, auch die Eingliederung, die Außen(wirtschafts)- und Sicherheitspolitik einschließende und deshalb ganzheitliche, widerspruchsfreie Ziel-Mittel-konforme schweizerische Migrationspolitik zu gestalten, die weniger von kurzfristigen Notlösungen und kurzsichtigen Interessengruppen als von langfristigen migrationspolitischen Konzepten getragen ist.[7]

7.9 Zusammenfassung

Die Schweiz ist seit Ende des 19. Jahrhunderts ein Einwanderungsland. Trotzdem – oder deswegen – fehlt ein Migrationskonzept aus einem Guß. Die heutige Politik stellt vielmehr ein heterogenes Konglomerat von Einzelinteressen dar. Sie ist der kleinste gemeinsame Nenner, auf den sich die Interessengruppen einigen können. Ergebnis ist eine kurzfristig und kurzsichtig konzipierte Politik. Es fehlen einfache und transparente Aufnahme-, Verhaltens- und Sanktionsregeln. Vor allem fehlen griffige und tragfähige Lösungen für Daueraufenthalter und für deren Integration in die schweizerische Gesellschaft. Noch immer dominiert in der heutigen Politik das falsche Bild der temporären Gast- oder Fremdarbeiter.

Die schweizerische Migrationspolitik steht vor wichtigen Entscheidungen. Es gilt, historische Altlasten einer überlebten Gastarbeiter-, Fremdarbeiter- oder Ausländerpolitik über Bord zu werfen. Bisher dominierten Abwehr und Reaktion. Eine passive, von Interessengruppen bestimmte Ausländerpolitik ist volkswirtschaftlich ineffizient geworden. Auch die Schweiz wird nicht umhinkönnen, eine ganzheitliche, aktive und offensive Migrationspolitik zu formulieren. Eine so verstandene Migrationspolitik würde Platz schaffen für die Einsicht, daß Einwanderung weniger eine Gefahr als vielmehr eine Chance ist.

„Will man eine Migrationspolitik?" (Wehrli 1996). Gegen eine grundsätzliche weitreichende Reform der Ausländerpolitik werden sich die Profiteure des heutigen Systems zu wehren wissen. Der direktdemokratische Prozeß bietet ihnen ein besonders gut ausgebautes Arsenal, Reformen zu verhindern oder zu verzögern. Denn anders als in repräsentativen Demokratien können in der Schweiz Interessengruppen ständig mitbestimmen. Das Damoklesschwert des fakultativen Referendums ist ein wirkungsvolles Drohpotential. Es wird entschärft durch ein institutionalisiertes Anhörungs- und Mitspracherecht (Vernehmlassung). Aber gerade durch diese ständige Mitsprache gewinnen Interessengruppen einen sehr weitgehenden Einfluß auf Gestalt und Vollzug der schweizerischen Ausländerpolitik. Daß dabei die partielle und kurzsichtige eigennutzorientierte Sicht dominiert, ist eine systemimmanente Folge der direkten Demokratie.

Die Ausländerpolitik der Nachkriegszeit ist gescheitert. Eine Reform tut not. Vor allem auch, weil die Zeit drängt, mit der EU einen bilateralen Freizügigkeitsvertrag auszuhandeln. Je offensichtlicher die Ineffizienz des heutigen Systems wird, desto stärker werden die heutigen Profiteure in die Enge getrieben. Nun prallen Interessengruppen gegeneinander. Starre Fronten werden aufgeweicht. Neue Allianzen müssen geschmiedet werden. Damit bietet sich die Chance zu einer grundlegenden Reform der schweizerischen Ausländerpolitik.

Anmerkungen

1 Wenn hier und im folgenden mit den Allerweltsbegriffen „Schweiz" oder „Staat" bzw. „staatlich" argumentiert wird, sind damit immer „staatliche Entscheidungsträger" ge-

meint, welche die rechtliche Kompetenz haben, anstelle von direkt Betroffenen wirtschaftspolitische Entscheidungen zu fällen und zu vollziehen. Dabei anerkennen wir den Ansatz der „Neuen Politischen Ökonomie" (NPÖ oder Public Choice). Demgemäß streben staatliche Entscheidungsträger vorerst einmal danach, ihre ideologischen Ziele und den persönlichen Nutzen zu maximieren, bevor sie an das Wohl der Allgemeinheit bzw. an die Interessen anderer denken.

2 Ausführlicher zur Geschichte der schweizerischen Ausländerpolitik äußern sich Huber (1963), Gnehm (1966), Tuchtfeldt (1978) und Schwarz (1988) aus ökonomischer Sicht sowie Haug (1980) aus politikwissenschaftlicher Sicht.

3 Die Verordnung über die Begrenzung der Zahl der Ausländer wird vom Bundesrat alljährlich den neuen Verhältnissen angepaßt.

4 Zu den arbeitsmarktlichen Vorschriften und zum Vorrang der einheimischen Arbeitskräfte siehe BIGA (1987).

5 Eine einfache lineare Regression mit den Veränderungen des realen BIP als unabhängiger Variable und den Veränderungen der Ausländerbeschäftigung als abhängiger Variable ergibt ein Bestimmtheitsmaß (R^2) von 0,54. Dabei ist der Parameterwert der unabhängigen Variablen (Veränderungen des realen BIP) statistisch hoch signifikant (T = 6,6, was einer Wahrscheinlichkeit, einen Zusammenhang fälschlicherweise als richtig zu erkennen, von < 1% entspricht).

6 Wittmann (1962), Nydegger (1963) und Tuchtfeldt (1965) haben schon früh auf die negativen ökonomischen Folgen der schweizerischen Ausländerpolitik hingewiesen.

7 Eine aktive Einwanderungspolitik sollte auch mit Blick auf die demographischen Prozesse beurteilt werden (vgl. hierzu Straubhaar/Lüthi 1990). Angesichts der schrumpfenden Bevölkerung in Westeuropa gilt nach dem Jahr 2000 möglicherweise, daß nicht mehr ein Zuviel an Ausländern das Problem sein wird, sondern die Frage, wie und woher die Schweizer Volkswirtschaft ihren Einwanderungsbedarf decken kann.

8. Österreich – Einwanderungsland wider Willen

Heinz Fassmann und Rainer Münz

8.1 Einwanderungsland oder nicht?

Österreich ist zum Einwanderungsland geworden – nicht freiwillig, aber faktisch. Das politische System hat darauf anders reagiert als in den benachbarten Ländern. Seit 1992 verfügt Österreich als erstes westeuropäisches Land über ein Einwanderungsgesetz, auch wenn dieses mit Rücksicht auf die öffentliche Meinung bloß „Aufenthaltsgesetz" heißt. Schon daran läßt sich erkennen, daß das Selbstbild dieses Landes mit der Realität, also mit Migration und einer wachsenden ausländischen Bevölkerung bisher nicht Schritt gehalten hat. Der These „Österreich ist kein Einwanderungsland" würden die meisten auch heute noch zustimmen. Dies gilt auch für viele Politiker. Sie betonen lieber die Kontinuität der Siedlungsgeschichte, als die Frage nach der politischen und sozialen Integration der in Österreich lebenden Ausländer zu stellen. Gefeiert wurde daher 1996 das Staatsjubiläum „1000 Jahre Österreich" ganz so, als bestünde die heutige Wohnbevölkerung Österreichs in erster Linie aus Nachfahren jener Menschen, die 996 im Alpenraum lebten.

Gerade in Österreich, das die Erinnerung an bestimmte Phasen seiner Geschichte aus Gründen nationaler Identität stärker in den Vordergrund rückt als andere, läßt sich an den Museen viel über das Selbstverständnis dieses Landes ablesen. Dabei fällt auf, daß es kein Auswanderermuseum gibt, obwohl an einem solchen Ort etliches auszustellen wäre. Um 1900 wanderten aus der Donaumonarchie mehr Menschen in die USA ein als aus jedem anderen Land. 1938–1941 wurden ca. 129.000 Österreicherinnen und Österreicher jüdischer Herkunft zur Emigration gezwungen, darunter große Teile der intellektuellen Elite des Landes. Auch heute lebt fast eine halbe Mio. Österreicher im Ausland. Genausowenig gibt es ein Einwanderermuseum, obwohl derzeit 16% der rund 8 Mio. Einwohner außerhalb der heutigen

Grenzen Österreichs zur Welt gekommen sind und noch viel mehr Personen selber Kinder und Enkel von Zuwanderern sind.

Trotzdem hat schon der Begriff „Einwanderung" für viele einen negativen Beigeschmack. Deshalb heißt Österreichs Einwanderungsgesetz – wie bereits erwähnt – offiziell etwas verschämt „Aufenthaltsgesetz". Ausländische Arbeitsmigranten und deren Kinder werden von vielen nach wie vor als „Gastarbeiter" bezeichnet, was sprachlich einen zeitlich befristeten Aufenthalt unterstellt. Eben das macht es leichter, Arbeitsmigranten als „Manövriermasse" der Arbeitsmarktpolitik zu sehen. Flüchtlingen wird am liebsten der Status von „Durchwanderern" zugebilligt, wenn auch nicht übersehen werden darf, daß Österreich mit der Aufnahme von 80.000 bis 90.000 Kriegsvertriebenen aus Bosnien relativ mehr leistete als die Bundesrepublik Deutschland. Wer jedoch heute einen Asylantrag zu stellen versucht, wird mit hoher Wahrscheinlichkeit postwendend in eines der Nachbarländer zurückgeschickt. Auslandsösterreicherinnen und -österreicher erscheinen dagegen als „verlorene Söhne und Töchter".

8.2 Migration von und nach Österreich – Entwicklungen seit 1945

Die empirischen Fakten dokumentieren, daß in den meisten Jahren der österreichischen Nachkriegsgeschichte die Zuwanderung größer war als die Abwanderung. Im Schnitt der vergangenen dreißig Jahre lag der Wanderungsgewinn bei rund +13.000 Personen pro Jahr, in den 80er Jahren sogar bei +23.000. Die Bruttogröße der Zuwanderung muß daher deutlich größer gewesen sein. Sie dürfte rund 20.000 bis 25.0000 Personen pro Jahr betragen haben.

Derzeit leben in Österreich etwas über 8 Mio. Menschen, darunter mehr als 720.000 Personen mit ausländischer Staatsbürgerschaft (Jahresanfang 1995). Der Anteil der Ausländer beträgt somit fast 9%. Auch von den 91% Inländern sind etwa 7% irgendwann als Zuwanderer nach Österreich gekommen: insgesamt etwa 600.000 Personen, darunter in erster Linie Vertriebene der unmittelbaren Nachkriegszeit, hier ansässig gewordene Flüchtlinge und eingebürgerte Arbeitsmigranten. Ausländer und eingebürgerte Zuwanderer stellen demnach zusammen rund 16% der Wohnbevölkerung.

Österreich ist gleichzeitig auch ein Herkunftsland von Arbeitsmigranten. Deren Abwanderung begann bereits in den 50er Jahren. Den rund 720.000 legal anwesenden Ausländern in Österreich[1] steht eine Zahl von über 430.000 Österreichern im Ausland gegenüber. Die Mehrzahl dieser Auslandsösterreicher lebt und arbeitet in Deutschland (183.000) und in der Schweiz (29.000; vgl. OECD 1992).[2]

Tabelle 8.1: Bevölkerungsentwicklung und Wanderungssalden in Österrreich 1951-1991

Jahr	Bevölkerung	Periode	Gesamt-veränderung	Wanderungs-bilanz	Geburtenbilanz
1951	6.933.905				
1961	7.073.807	1951–1961	140.000	–129.000	269.000
1971	7.491.526	1961–1971	418.000	77.000	341.000
1981	7.555.338	1971–1981	64.000	74.000	–10.000
1991	7.813.000	1981–1991	256.000	233.000	23.000

Quellen: Volkszählungsergebnisse 1951, 1961, 1971, 1981, 1991

Trotz ähnlicher Größe sind beide Gruppen von Migranten nicht direkt vergleichbar. Österreichische Arbeitsmigranten in Westeuropa und Übersee nehmen zum Teil erheblich bessere Positionen auf dem Arbeitsmarkt der Zielländer ein als das Gros der ausländischen Arbeitskräfte in Österreich. Dies hängt einerseits mit einem anderen Qualifikationsspektrum der österreichischen Arbeitsemigranten zusammen, andererseits aber auch mit ihrer bedeutend längeren Aufenthaltsdauer in den Zielländern. Die Abwanderung österreichischer Arbeitskräfte setzte bereits nach dem Zweiten Weltkrieg ein, während mit der Anwerbung ausländischer Arbeitskräfte nach Österreich erst in den frühen 60er Jahren begonnen wurde. Überdies unterliegt die Zahl der Auslandsösterreicher geringeren konjunkturellen Schwankungen. Zu diesen Emigranten, die mit österreichischem Paß in einem anderen Land leben, kommen noch weitere 100.000 ehemalige Österreicher, die inzwischen die Staatsbürgerschaft ihres Gastlandes angenommen haben.

8.2.1 Politische Flüchtlinge, Vertriebene und Wirtschaftsmigranten

Seit Mitte der 40er Jahre war Österreich Ziel einer Reihe von Wanderungsbewegungen, für manche aber auch nur Durchgangsstation. Zu Kriegsende befanden sich auf dem Gebiet Österreichs rund 1,6 Mio. ausländische

Zwangsarbeiter, Kriegsgefangene und KZ-Insassen, von denen die meisten das Land rasch verließen (Albrich 1995). Zwischen 1945 und 1950 kamen rund 1 Mio. Menschen als Flüchtlinge und Vertriebene aus Ostmitteleuropa und vom Balkan nach Österreich, von denen allerdings nur rund 540.000 für längere Zeit im Land blieben. Unter ihnen bildeten 530.000 Volksdeutsche aus der Tschechoslowakei, Ungarn und Jugoslawien die größte Gruppe (Stanek 1985).[3] Auch später folgten spektakuläre Wanderungswellen; z.b. der Exodus von fast 200.000 Ungarn in den Jahren 1956/57, von denen 180.000 einen Asylantrag in Österreich stellten. Ihnen allen wurde in Österreich kollektiv Asyl gewährt, aber nur rund 20.000 blieben auf Dauer im Land. 1968/69 verließen 162.000 Tschechen und Slowaken via Österreich ihre Heimat; von ihnen suchten allerdings nur 12.000 hier um Asyl an. 1981/82 hielten sich zwischen 120.000 und 150.000 Polen in Österreich auf. Rund 33.000 stellten Asylanträge (vgl. Abbildung 8.1). Ab 1972 nahm Österreich auf Basis einer Quotenregelung auch Flüchtlinge aus Überseeländern auf; in der Vergangenheit waren dies z.b. Chilenen, Argentinier, Ugander, Iraner und Bürger Afghanistans.

Nach einigen Jahren mit geringem Flüchtlingszustrom lag die jährliche Zahl der Asylbewerber in den späten 80er und frühen 90er Jahren wieder über 15.000: 1985 erfolgten nur 6.724 Anträge; 1988 waren es 15.790, 1991 bereits 27.306. Dies waren, gemessen an der Größe der Wohnbevölkerung, mehr als in Deutschland. 1988 stellten Polen (6.670 Anträge), Ungarn (2.610) und Rumänen (2.134 Anträge) mehr als die Hälfte aller Flüchtlinge. 1989 stieg die Zahl der Rumänen auf das Vierfache (7.932 Anträge), jene der Tschechen und Slowaken auf das Doppelte (3.307 Anträge) und die Zahl der Türken auf das Fünffache (3.263) der Zahlen von 1988. 1991 verschob sich das Schwergewicht zu den Asylsuchenden aus dem ehemaligen Jugoslawien (6.436), insbesondere aus den Kriegsgebieten Kroatiens. Die Zahl der rumänischen (7.506) und der türkischen (2.252) Asylbewerber blieb hoch, der Strom aus den benachbarten Staaten Ostmitteleuropas nahm deutlich ab. Dagegen gab es 1991 Asylbewerber aus dem Iran, dem Irak und aus Afghanistan sowie aus Bulgarien (1.400) und erstmals auch aus Albanien (1.000).

Als Folge des 1991 beschlossenen restriktiven Asylrechts in Österreich und der stärkeren Abschottung an den Außengrenzen sank die Zahl der Asylbewerber deutlich ab. 1992 stellten nur mehr 16.238 Personen einen Asylantrag, 1993 bloß noch 4.744. Die Zahlen blieben seither auf diesem Niveau (vgl. Tabelle 8.2). Überdies wurde rund 80.000–90.000 Bürgerkriegsopfern aus Bosnien-Herzegowina als De-facto-Flüchtlingen Aufenthalt gewährt. Sie wurden zwar nicht offiziell als Flüchtlinge anerkannt, aber, so sie keine Verwandten hatten, vom Bund finanziell unterstützt. Mitte 1993 betrug die Zahl

Tabelle 8.2: Asylbewerber in Österreich nach dem Herkunftsland (jährl. Neuzugänge)

Jahr	(Ex-) CSFR	Polen	Ungarn	Rumänien	(Ex-)Jugoslaw.	Türkei	Asylanträge insgesamt
1961	52	125	174	19	3.532	–	4.116
1962	53	65	155	13	3.019	–	3.458
1963	89	40	290	5	2.783	1	3.435
1964	434	87	492	15	2.421	2	3.611
1965	552	146	659	21	2.696	–	4.247
1966	636	215	791	45	2.000	–	3.805
1967	886	106	827	53	1.917	–	3.919
1968	4.176	183	812	259	1.742	–	7.362
1969	6.530	206	1.005	575	1.279	2	9.831
1970	1.192	207	1.161	156	151	–	3.085
1971	356	223	1.064	184	87	–	2.075
1972	291	145	968	183	70	–	1.838
1973	123	161	729	213	105	3	1.576
1974	173	202	584	349	156	1	1.712
1975	156	182	471	203	230	1	1.502
1976	194	291	467	203	108	5	1.818
1977	394	538	534	551	81	14	2.566
1978	515	773	525	958	66	49	3.412
1979	1.834	1.095	580	976	49	100	5.627
1980	3.241	2.181	1.043	1.023	45	120	9.259
1981	2.196	29.091	1.225	1.316	40	35	34.557
1982	1.975	1.870	922	737	74	54	6.314
1983	1.651	1.823	961	502	116	39	5.868
1984	1.941	2.466	1.229	501	158	31	7.208
1985	2.333	662	1.642	890	410	56	6.724
1986	2.147	568	2.220	2.329	488	163	8.639
1987	2.705	667	4.689	1.460	402	408	11.406
1988	1.728	6.670	2.610	2.134	477	644	15.790
1989	3.307	2.107	364	7.932	634	3.263	21.882
1990	176	132	46	12.199	768	1.862	22.789
1991	12	19	6	7.506	6.436	2.252	27.306
1992	10	10	0	2.609	7.410	1.251	16.238
1993	16	17	9	293	1.851	342	4.744
1994	7	15	8	157	1.722	362	5.082
1995	9	6	1	91	2.477	509	5.920

Quelle: Statistisches Handbuch der Republik Österreich, Innenministerium.

der staatlich unterstützten Bosnier 47.500, Mitte 1996 nur noch 18.000 (Bauböck 1996), nachdem diesen Kriegsflüchtlingen der Zutritt zum österreichischen Arbeitsmarkt gestattet worden war. Im Gegensatz zu 1991 verwehrten Österreichs Grenzorgane jedoch ab 1992/93 etlichen Deserteuren und Kriegsopfern aus dem ehemaligen Jugoslawien die Ein- bzw. Durchreise.

Nicht aus den offiziellen Asylstatistiken ablesbar ist die Rolle, die Österreich seit den 70er Jahren als Drehscheibe der jüdischen Emigration aus der ehemaligen Sowjetunion spielte.[4] Zwischen 1973 und 1989 kamen rund 250.000 jüdische Emigranten nach Österreich und verließen das Land – bis auf wenige Ausnahmen – auch bald wieder. Rund 65.000 wählten Israel als Auswanderungsziel, die Mehrheit ging aber in die USA (und andere Staaten). Seit 1990 können jüdische Bürger Rußlands und anderer Nachfolgestaaten der Sowjetunion ohne Umweg über Wien direkt nach Israel und Übersee auswandern. Im Jahr 1989 wurde Österreich kurzfristig auch zur Drehscheibe der Migration zwischen Ost- und Westdeutschland. Mehr als 45.000 DDR-Bürger überschritten zwischen Juli und Oktober 1989 die ungarisch-burgenländische Grenze; zuerst illegal, ab September 1989 schließlich mit dem Segen der Budapester Behörden.

Was sich am Migrationsverhalten der sowjetischen Juden in den Jahren vor 1990 ablesen läßt, gilt generell. Von jenen mittel- und osteuropäischen Migranten, die seit den 50er Jahren nach Österreich kamen, wanderte der größere Teil in die USA, nach Kanada, Südafrika, Australien, Israel oder Westdeutschland weiter.[5] Einige kehrten in ihre Herkunftsländer zurück oder haben dies zumindest versucht. Ein kleinerer Teil der aus dem Osten stammenden Migranten blieb in Österreich, wurde nach anfänglichem Zögern eingebürgert und in der Regel politisch wie sozial integriert.

In jüngster Zeit betont das offizielle Österreich zwar immer noch, daß Asylgewährung für Verfolgte zum traditionellen Repertoire österreichischer Politik zählt, das Klima und die tagespolitisch motivierte Praxis haben sich jedoch völlig verändert. Zahllose potentielle Asylbewerber werden an den Grenzen oder auf dem Flughafen Wien abgeschoben bzw. zurückgewiesen. Dies geschieht vielfach, ehe diese Personen überhaupt einen formellen Asylantrag stellen können. Potentielle Zuwanderer sollen offenbar durch die Aufnahmepraxis abgeschreckt, entmutigt, zur Heimreise oder zum Asylantrag in einem der Nachbarländer motiviert werden. Mit geänderten politischen Verhältnissen in Ostmittel- und Osteuropa läßt sich dies nur zum Teil erklären.

Ganz offensichtlich führt die Rücksichtnahme von Politik und Verwaltung auf eine zunehmend ausländerfeindliche Stimmung in Teilen der österreichischen Bevölkerung auch zu einer sehr restriktiven Asylpraxis. Nur so läßt sich erklären, warum Österreich ab 1992/93 seine Grenzen für Kriegsflüchtlinge aus Bosnien-Herzegowina weitgehend sperren konnte, ohne dafür heftige in- und ausländische Kritik zu ernten. Österreichs Behörden vertraten den Standpunkt, viele der Kriegsopfer wären schon auf kroatischem, slowenischem oder ungarischem Boden in Sicherheit gewesen. Dies mag zwar im Prinzip stimmen, „löste" das Flüchtlingsproblem jedoch zu Lasten der jeweiligen Nachbarstaaten von Konfliktgebieten und stand damit in deutlichem Widerspruch zu der von Österreich und Deutschland mehrfach geforderten gleichmäßigeren Verteilung des Flüchtlingsstroms aus den Nachfolgestaaten Jugoslawiens.

Anerkannte Flüchtlinge im Sinne der Genfer Konvention sind in Österreich – vom Wahlrecht einmal abgesehen – den Inländern weitgehend gleichgestellt. Sie haben einen gleichberechtigten Zugang zum österreichischen Arbeitsmarkt und erhalten – falls notwendig – finanzielle Unterstützung aus öffentlichen Mitteln.

Über die Anerkennung als Flüchtling wird in einem Verwaltungsverfahren entschieden, das sich über mehrere Monate hinziehen kann. Während dieser Zeit wird ein (immer geringer werdender) Teil der Asylbewerber in Regie des Innenministeriums untergebracht und verpflegt (Bundesbetreuung). Ein subjektiver Rechtsanspruch auf Unterstützung besteht allerdings nicht.

Um das Verwaltungsverfahren zu vereinfachen, wurde ein „beschleunigtes Verfahren" eingeführt, bei dem potentielle Asylbewerber in „offensichtlich unbegründeten Fällen" erst gar nicht im Detail auf ihre Fluchtgründe hin überprüft werden. Dies betrifft einerseits Personen aus Mittel- und Osteuropa und aus anderen Teilen der Welt, in denen nach Auffassung der österreichischen Behörden keine Menschenrechtsverletzungen anzunehmen sind („safe country status"), es betrifft andererseits auch potentielle Asylbewerber und Flüchtlinge, die nicht direkt auf dem Luftweg und mit gültigen Papieren nach Österreich einreisen. Wer auf seiner Reise auf einem „sicheren" Flughafen umsteigt oder auf dem Landweg nach Österreich kommt, befand sich aus Sicht der Behörden bereits in einem sicheren Drittland und hätte dort um Asyl ansuchen müssen. Es ist daher nicht überraschend, daß sowohl die Zahl der Asylbewerber als auch die Zahl der anerkannten politischen Flüchtlinge deutlich gesunken sind. Die Anerkennungsquote liegt derzeit unter 10%.

8.2.2 Ausländische Arbeitskräfte in Österreich

Die quantitativ wichtigsten Komponenten der österreichischen Migrationsbilanz sind seit Anfang der 50er Jahre die österreichische Arbeitsmigranten in Deutschland, der Schweiz und Übersee sowie seit 1961/62 die Anwerbung ausländischer Arbeitskräfte und die nachfolgende Einwanderung von deren Familienangehörigen nach Österreich.[6] Beide Wanderungen folgten einerseits der Logik von höheren Löhnen, der Nachfrage nach Arbeitskräften und besserer Arbeitsbedingungen in den entwickelteren Industriestaaten, andererseits war diese Migration bis in die 70er Jahre das Ergebnis einer staatlich geregelten Anwerbungs- und Kontingentierungspolitik.

Die zwischenstaatlich organisierte Ausländerbeschäftigung begann in Österreich deutlich später als in Westdeutschland, in der Schweiz oder in Skandinavien.[7] Ein erstes Anwerbeabkommen schloß Österreich 1962 mit Spanien, ein zweites 1964 mit der Türkei, ein drittes 1966 mit Jugoslawien. Das Abkommen mit Spanien blieb bedeutungslos. Die jährlichen Zuwächse der ausländischen Arbeitskräfte in Österreich belegen, daß erst die mittleren 60er Jahre als „Take-off-Phase" anzusehen sind (+10.000 bis +15.000 pro Jahr). Ende der 60er und Anfang der 70er Jahre nahm die Zahl ausländischer Arbeitskräfte jährlich um 20.000 bis 40.000 Personen zu. Damals kamen vor allem Jugoslawen ins Land. Mit 230.000 ausländischen Arbeitskräften erreichte die „Gastarbeiterbeschäftigung" 1973 ihren ersten Höhepunkt (vgl. Tabelle 8.3). Bezogen auf alle unselbständig Beschäftigten bedeutete dies damals einen Ausländeranteil von nicht ganz 10%.

Phasen ökonomischer Stagnation nach 1973 und das Nachrücken geburtenstarker Jahrgänge auf den Arbeitsmarkt führten in Österreich ab Mitte der 70er Jahre zu einem deutlichen Abbau der „Gastarbeiter"-Kontingente. Parallel zur Entwicklung in der für ihre Ausländerpolitik oftmals kritisierten Schweiz (siehe Fischer/Straubhaar in diesem Buch) wurde ab 1973/74 auch in Österreich die Zahl der beschäftigten Ausländer drastisch verringert. 1984 gab es in Österreich nur noch 138.710 registrierte ausländische Arbeitskräfte. Dies bedeutete einen Rückgang von fast 40% innerhalb von 10 Jahren. Ab Mitte der 80er Jahre stieg die Zahl der ausländischen Arbeitskräfte erneut an.

Im Jahresdurchschnitt 1995 arbeiteten wieder 291.044 Ausländer legal in Österreich, mehr als doppelt so viele wie 1984. Weitere 24.900 Ausländer waren arbeitslos gemeldet.[8] Von diesen Arbeitsmigranten ist derzeit nur noch ein kleiner Teil (ca. 20%) im Rahmen von Branchenkontingenten beschäftigt. Rund ein Drittel besitzt einen Befreiungsschein und kann sich damit den Arbeitgeber frei wählen. Der Rest arbeitet aufgrund individuell erteilter Beschäftigungsbewilligungen (für den Arbeitgeber zur Beschäftigung eines spezifischen Ausländers) oder auf der Basis von Arbeitsgenehmigungen (für den Migranten). Dazu kommt eine wachsende Zahl illegal beschäftigter oder auf eigene Rechnung arbeitender Zuwanderer aus Ostmitteleuropa und vom Balkan. Ein Großteil von ihnen übt temporäre Beschäftigungen aus und hält sich nur vorübergehend in Österreich auf.

Verändert hat sich seit der Mitte der 70er Jahre nicht nur die Anzahl der erwerbstätigen Ausländer, sondern auch deren Herkunft und Zusammensetzung. Jugoslawen waren in der Rezession nach 1973 überproportional von Abbau und freiwilliger oder unfreiwilliger Heimkehr betroffen, während die Zahl der beschäftigten Türken kaum zurückging. Die Zahl der Jugoslawen veränderte sich bis in die späten 80er Jahre stärker konjunkturabhängig als die anderer Herkunftsgruppen. Nur zu einem kleinen Teil kann dieser „Abbau" auf Einbürgerungen zurückgeführt werden, obwohl Ex-Jugoslawen aufgrund ihrer im Durchschnitt relativ langen Aufenthaltsdauer eine größere Chance hätten, die österreichische Staatsbürgerschaft zu erhalten und damit aus der Statistik der ausländischen Arbeitskräfte zu „verschwinden".[9] Seit 1990/91 überlagerten Kriege, Konflikte und ethnische Säuberungen in Bosnien, Kroatien und Serbien den zuvor weitgehend konjunkturabhängigen Verlauf der (ex)jugoslawischen Zu- bzw. Abwanderung.

Die Beschäftigung ausländischer Arbeitskräfte aus der Bundesrepublik Deutschland schwankte während der letzten 30 Jahre kaum. Die meisten Deutschen arbeiten auf qualifizierten Arbeitsplätzen in wirtschaftlich stabilen Branchen. Zugenommen hat in Österreich seit den 70er Jahren indes die Beschäftigung von Arbeitskräften „sonstiger" Nationalität. Darunter fallen sowohl Personen außereuropäischer Herkunft (Philippinen, Thailand etc.) als auch seit 1989/90 Migranten aus Ostmitteleuropa. Von den rund 73.500 „sonstigen" ausländischen Arbeitskräften kamen 1995 ca. 41.000 (13.9% an allen ausländischen Arbeitskräften) aus Polen, Ungarn, der Tschechischen Republik, der Slowakei und Rumänien.

Insgesamt kann man sagen: Auf Migranten aus Slowenien und Kroatien folgten solche aus Serbien, Bosnien und dem Kosovo. Nach Bürgern Jugoslawiens kamen Türken und Angehörige anderer Nationalitäten, zuletzt Neuzuwanderer aus Ostmitteleuropa. Auf alleinlebende männliche Arbeitsmigranten folgten Frauen und Kinder, auf legale Zuwanderer folgten illegale.

Tabelle 8.3: Ausländische Arbeitskräfte nach Herkunftsländern (Jahresdurchschnitte)

Jahr	BRD	Italien	Ex-Jugoslaw.	Spanien	Türkei	sonstige	insges.	Diff. zum Vorjahr
1963	5.205	3.549	4.917	984	1.520	5.325	21.500	-
1964	4.463	2.485	9.782	1.176	3.793	4.401	26.100	+4.600
1965	3.860	2.588	19.595	1.120	5.986	4.151	37.300	+11.200
1966	3.355	2.271	34.662	807	6.767	3.638	51.500	+14.200
1967	3.284	1.598	49.436	427	7.632	3.823	66.200	+14.700
1968	3.330	1.296	51.020	287	7.561	4.006	67.500	+1.300
1969	3.620	1.201	65.126	253	11.348	6.152	87.700	+20.200
1970	3.506	995	83.435	232	16.816	6.731	111.715	+24.015
1971	3.546	1.052	115.716	266	21.931	7.705	150.216	+38.501
1972	5.313	1.577	145.267	282	21.356	13.270	187.065	+36.849
1973	5.770	1.710	178.134	291	26.692	14.204	226.801	+39.736
1974	5.890	1.537	169.372	261	29.999	15.268	222.327	-4.474
1975	5.947	1.464	141.199	265	27.026	15.110	191.011	-31.316
1976	10.635	1.655	120.543	225	24.616	13.999	171.673	-19.338
1977	11.806	1.805	131.720	219	27.077	16.236	188.863	+17.190
1978	11.701	1.999	121.050	215	26.209	15.535	176.709	-12.154
1979	11.613	1.940	114.690	211	26.638	15.500	170.592	-6.117
1980	12.071	1.992	115.215	216	28.244	16.974	174.712	+4.120
1981	12.210	2.066	110.820	224	29.069	17.384	171.773	-2.939
1982	11.886	2.139	96.778	210	28.592	16.282	155.988	-15.785
1983	11.380	1.881	89.278	191	27.563	15.054	145.347	-10.641
1984	11.054	-	83.144	-	27.725	16.787	138.710	-6.637
1985	11.179	-	82.015	-	29.101	17.912	140.206	+1.496
1986	11.399	-	83.681	-	31.272	19.610	145.963	+5.757
1987	11.566	-	82.503	-	32.646	20.658	147.382	+1.419
1988	11.984	-	83.108	-	34.205	21.618	150.915	+3.533
1989	12.349	-	90.836	-	39.200	24.997	167.381	+16.466
1990	13.063	-	110.504	-	50.555	43.488	217.610	+50.229
1991	13.518	1.744	128.214	227	56.563	63.836	264.102	+46.492
1992	13.565	1.501	136.103	234	55.637	66.844	273.884	+7.423
1993	13.824	1.572	143.210	258	55.804	68.108	282.776	+8.892
1994	12.117	2.271	142.396	280	53.973	79.983	291.020	+8.244
1995	13.500	2.645	147.654	-	52.860	73.461	291.044	-920

Quellen: Zeitreihe bis 1983 lt. Biffl (1986: 40), 1984–1995: Statistisches Handbuch der Republik Österreich, Innenministerium.
Anmerkung: Italiener und Spanier 1984–1991 (bzw. Spanier 1995) unter „Sonstige".

Ungeachtet des verstärkten Zustroms von Asylbewerbern und Flüchtlingen nach Österreich wurden ab den späten 80er Jahren wieder neue Arbeitskräfte ins Land gelassen. Beides zusammen bewirkte enorme Wanderungsgewinne. 1989 betrug der Saldo +56.100, 1990 +71.900 und 1991 sogar +87.700. 1992 sank der Saldo auf +82.100, 1993 auf +40.300 und 1994 auf 13.100. Zu Österreichs 7,6 Mio. in- und ausländischen Einwohnern des Jahres 1988 kamen binnen fünf Jahren fast 350.000 Personen neu hinzu. Die hohen Wanderungssalden der Jahre 1989–1993 wurden anfangs durch die Zunahme ausländischer Arbeitskräfte und nachgeholter Familienangehöriger aus dem ehemaligen Jugoslawien, der Türkei und erst ab Mitte 1990 aus den angrenzenden Staaten Ostmitteleuropas bestimmt. Erst seit 1992 gehen sie mehrheitlich auf das Konto der Kriegsflüchtlinge aus Bosnien. Damit änderte sich die soziale und demographische Struktur der Ausländer erneut. Mit der Ostöffnung erhöhte sich wieder der Anteil der erwerbstätigen Männer: ein klares Zeichen für eine Frühphase von Migration. Aus den Krisen- und Kriegsgebieten in Kroatien und Bosnien flüchteten hingegen in erster Linie Frauen, Kinder und alte Leute nach Österreich.

8.3 Einwanderungsgesetzgebung

Österreich reagierte auf den Zustrom anfangs mit der Erteilung individueller Arbeitsgenehmigungen, später mit verschärften Einreise- und Zuzugsbestimmungen, einem restriktiver gefaßten Asylrecht, aber auch mit einer Neuregelung der rechtlichen Position jener Ausländer, die bereits länger legal im Land lebten.

Als eines der ersten europäischen Länder entschloß sich Österreich 1992, zukünftige Zuwanderung mittels eines eigenen Gesetzes zu regeln („Aufenthaltsgesetz"). Obwohl eine einschlägige Bezeichnung mit Rücksicht auf die vorherrschende öffentliche Meinung vermieden wurde, handelt es sich beim „Aufenthaltsgesetz" um ein Einwanderungsgesetz. Dieses teilt potentielle Zuwanderer in mehrere Gruppen.

Wer aus dem Ausland nach Österreich einwandern will, benötigt eine Aufenthaltsbewilligung sowie den Nachweis von Lebensunterhalt und Wohnmöglichkeit. Die Aufenthaltsbewilligungen sind seit 1993 kontingentiert. Der Erstantrag auf Erteilung einer Aufenthaltsbewilligung (= Bewilligung zur

Zuwanderung) muß vom Ausland aus gestellt werden. Nur für die in Österreich geborenen Kinder von Ausländern kann der Erstantrag auch im Inland gestellt werden. Bürger von EU- und EWR-Staaten sind von dieser Restriktion ausgenommen. Sie benötigen weder eine Bewilligung zur Zuwanderung noch eine Arbeitserlaubnis.[10]

Für Zuwanderer aus dem Rest der Welt und für Aufenthaltsbewilligungen für ausländische Neugeborene in Österreich legt die Bundesregierung alljährlich eine Höchstzahl fest.[11]

Personen, die erstmals aus dem Ausland neu zuwandern (und nicht aus einem EU- bzw. EWR-Staat kommen), unterliegen einem Auswahlverfahren. Priorität genießen einerseits ausländische Ehepartner, minderjährige Kinder und u.U. auch ausländische (Schwieger-)Eltern von in Österreich lebenden In- und Ausländern.[12] Priorität genießen andererseits Personen, die über bestimmte Qualifikationen verfügen, die auf dem österreichischen Arbeitsmarkt verstärkt nachgefragt werden.

Bei kurzfristig auftretenden Engpässen auf dem österreichischen Arbeitsmarkt kann das Bundesministerium für Arbeit und Soziales auch außerhalb der Einwanderungsquote Bewilligungen für die vorübergehende Beschäftigung von „Saisonniers" erteilen. Kriegsvertriebene und andere Personen, denen aus humanitären Gründen vorübergehend Aufenthalt in Österreich gewährt wird, fallen nicht unter die Einwanderungsquote.

Ob eine Erlaubnis zur erstmaligen Zuwanderung erfolgt, hängt sowohl von den vorgegebenen Prioritäten (Familiennachzug, Qualifikation) als auch vom Nachweis einer Wohnmöglichkeit und eines in Österreich gesicherten Lebensunterhalts ab. Im Klartext: Entweder müssen potentielle Zuwanderer von außerhalb des EU- bzw. EWR-Raumes einen Arbeitsplatz in Aussicht haben, oder sie müssen zum bereits in Österreich lebenden Familienerhalter ziehen. Voraussetzung ist überdies, daß die jährliche Einwanderungsquote noch nicht durch Neuzuwanderer ausgeschöpft wurde. Erwerbstätige bekommen bei erstmaliger Zuwanderung eine sechsmonatige Aufenthaltsbewilligung, die danach um weitere sechs Monate und nach einem Jahr um weitere zwei Jahre verlängert werden kann. Nach fünfjährigem Aufenthalt kann Ausländern – sofern sie nicht Bürger eines EU-Staates sind – ein unbefristeter Aufenthalt gestattet werden.

Sobald zugewanderte Nicht-EU-Ausländer den Arbeitsplatz, den Lebensunterhalt oder die Unterkunft verlieren und sich keinen Ersatz beschaffen können, erlischt auch die Aufenthaltsgenehmigung. Dabei kann es zu erheblichen Härtefällen kommen. Denn sowohl unmittelbar Betroffene als auch ihre Familienangehörigen können in dieser Situation zum Verlassen des Landes aufgefordert werden. In der Praxis führt dies dazu, daß etliche nichtprivilegierte Zuwanderer zwar Steuern und Sozialversicherungsbeiträge bezahlen, aber einen Teil ihrer sozialrechtlichen Ansprüche im Ernstfall nicht geltend machen können.

Die Aufenthaltsbewilligung für Ausländer in Österreich setzt zwar einen gesicherten Lebensunterhalt (Arbeitseinkommen, Stipendium, Unterhalt durch den Ehepartner etc.) voraus, sie ist jedoch nicht automatisch an eine Beschäftigungsbewilligung bzw. eine Arbeitserlaubnis gekoppelt. Denn auch diese sind (für Nicht-EU-Bürger) limitiert.

Falls die Erlaubnis zur Arbeitsaufnahme erteilt wird, bleibt der Zugang zum österreichischen Arbeitsmarkt für Ausländer in den ersten Jahren eingeschränkt. Nach den ersten zwei Jahren unselbständiger Erwerbstätigkeit (in dieser Zeit erhält der Arbeitgeber die Beschäftigungsbewilligung) bekommen ausländische Arbeitskräfte eine zweijährige Arbeitserlaubnis für das Gebiet eines Bundeslandes und können damit den Arbeitgeber wechseln. Nach fünf Jahren Berufstätigkeit während der letzten acht Jahre gibt es den „Befreiungsschein", der auch die freie Wahl des Arbeitsortes sichert. Hinzu kam die (bisher einmalige) Legalisierungsaktion des Jahres 1990, die anwesende Ausländer aus der Illegalität herausholen und ihre Integration ermöglichen sollte. Davon machten 29.098 Personen Gebrauch. Der Erfolg dieser Aktion war begrenzt, da nur jene Ausländer eine Arbeitsgenehmigung beantragen konnten, die bereits zuvor polizeilich gemeldet waren.

Als neues Steuerungsinstrument wurde 1990 erstmals eine absolute Obergrenze für die Beschäftigung von Ausländern in Österreich eingeführt. Damals wurde festgelegt, daß die Gesamtzahl der unselbständig beschäftigten und arbeitslos gemeldeten Ausländer einen festgelegten Anteil des österreichischen Arbeitskräftepotentials nicht übersteigen darf (Ausländerquote). Dieses Limit wird im Zuge einer Verordnung durch das zuständige Bundesministerium für Arbeit und Soziales festgelegt. Derzeit (1995) beträgt das Limit 9% des Arbeitskräftepotentials bzw. 295.000 Personen. EU- und EWR-Bürger fallen nicht unter diese Restriktionen.[13]

8.4 Integration und rechtlicher Status

Der rechtliche Rahmen stellt nicht nur bürokratisch-administrative Instrumente zur Verfügung, sondern prägt in entscheidendem Ausmaß auch die Integration der Zuwanderer. Politik kann ausgrenzend und desintegrativ wirken, genauso aber auch die Aufnahme und die Eingliederung von Migranten fördern. Österreichs Nachkriegsgeschichte liefert dafür gute Beispiele, die dies empirisch belegen.[14]

Die Gruppe der Zuwanderer aus den beiden für Österreich typischen Herkunftsländern von Arbeitsmigranten (Türkei und Ex-Jugoslawien) umfaßte 1988 rund ein Drittel aller im Ausland geborenen Personen. Sie kamen unter den rechtlichen Bedingungen der Rotationspolitik auf den österreichischen Arbeitsmarkt. Kurzfristige Beschäftigungsgenehmigungen, Rückkehr in die Heimat und regelmäßiger Austausch der ausländischen Arbeitskräfte sollten für eine flexible und anpassungsbereite Gruppe auf dem Arbeitsmarkt garantieren.

Tabelle 8.4: Stellung im Beruf in Abhängigkeit vom Herkunftsgebiet (in %)

	Berufstätige insgesamt	Zuwanderer aus				
		West- u. Südeuropa	Tschechien, Slowakei, Ungarn	sonst. Osteuropa	Ex-Jugoslawien, Türkei	Afrika, Asien
Lehrlinge	3,4	0,8	–	–	–	1,1
Hilfsarbeiter	8,9	4,1	3,7	16,4	37,5	4,3
angelernte Arbeiter	14,5	8,1	10,4	12	37,6	15,3
Fach- und Vorarbeiter	15,2	11,8	16,5	10,8	10,9	9
Arbeiter zus.	*42*	*24,8*	*30,6*	*39,2*	*86*	*29,7*
niedere Angstellte	12	11,1	19,8	12,7	3,6	22,3
mittlere Angestellte	7,8	9,4	9	11,2	0,8	2,3
höhere Angestellte	6,7	22,1	9,5	12,7	0,9	21,5
niedere Beamte	6,4	3,9	8,7	6,3	4,4	1,5
mittlere Beamte	5,2	3,9	4,2	4	1	
höhere Beamte	6,1	9,2	5,8	5,2	0,5	9,1
Angestellt, Beamte zus.	*44,2*	*59,6*	*57*	*52,1*	*11,2*	*56,7*
Selbständige	7,5	14,8	10,3	8,2	2,5	13,6
Landwirte	6,3	0,8	2,1	0,5	0,3	
Selbständige zus.	*13,8*	*15,6*	*12,4*	*8,7*	*2,8*	*13,6*
	100,0	100,0	100,0	100,0	100,0	100,0

Quelle: ÖSTAT Mikrozensus 1988.

Das Rotationskonzept scheiterte, weil viele Unternehmer in den Jahren der Hochkonjunktur an einer hohen Fluktuation wenig Interesse hatten und weil viele ausländische Arbeitskräfte für sich und ihre nachgeholten Familienangehörigen eine längerfristige Perspektive in Österreich sahen. Was sich nicht änderte, war jedoch der grundsätzliche rechtliche Rahmen. Die Ausländerbeschäftigung blieb trotz einiger Verbesserungen durch Kurzfristigkeit und durch das „Primat der Inländerbeschäftigung" gekennzeichnet. Dazu kamen weitere Beschränkungen, wie der Ausschluß vom aktiven und passiven Wahlrecht oder benachteiligte Zugänge zu öffentlichen Transferleistungen.

Die rechtliche und politische Marginalisierung dieser Zuwanderergruppe ist bei der Interpretation der sozioökonomischen Situation mit zu berücksichtigen. Sie verdeutlicht deren stark eingeschränkten Zugang zu privilegierteren Arbeitsmärkten und ihre geringen innerbetrieblichen Aufstiegschancen. Im Gegensatz zu Heimatvertriebenen, ehemaligen Flüchtlingen und Arbeitsmigranten aus dem „sonstigen" Ausland sind Ex-Jugoslawen und Türken in Österreich vorwiegend als Hilfsarbeiter (44%) und angelernte Arbeiter (37%) beschäftigt. Insgesamt sind über 80% aller klassischen „Gastarbeiter" in solch untergeordneten Positionen tätig. Nur 1% aller berufstätigen Zuwanderer aus Ex-Jugoslawien und der Türkei sind heute höhere Angestellte oder Beamte; nicht einmal 3% sind Selbständige.

Ex-jugoslawische und türkische Arbeitskräfte wurden in Phasen der Vollbeschäftigung ins Land geholt. Sie wurden in erster Linie für wenig attraktive Arbeiten und in beruflichen Positionen eingesetzt, deren Übernahme von der einheimischen Bevölkerung und den Zuwanderern der Nachkriegszeit aufgrund des damaligen Arbeitskräftemangels abgelehnt werden konnte. Die heutige sozioökonomische Position ex-jugoslawischer und türkischer Immigranten ist durch einen überdurchschnittlich hohen Anteil in den Bereichen Baugewerbe, Fremdenverkehr und Gastgewerbe sowie persönliche Dienstleistungen gekennzeichnet. Es sind dies Branchen, in denen Arbeiten mit großem physischem Einsatz und hohem Unfallrisiko (Schwerindustrie), Berufsausübung auch bei schlechter Witterung im Freien (Baugewerbe), „schmutzige" Arbeiten mit niedrigem Sozialprestige (Reinigungsberufe) und Arbeiten mit nicht klar definierter Arbeitszeit und eingeschränkter Freizeit (Gastgewerbe) dominieren. Insgesamt handelt es sich also um Tätigkeiten, bei denen sich die Attribute „unangenehm", „schlechte Bezahlung" und „geringes Prestige" zum Teil überschneiden. Zugleich gibt es in diesen Branchen eine hohe Fluktuation und starke saisonale Schwankungen bzw. Saisonarbeitslosigkeit, was eine kontinuierliche Beschäftigung wenig wahrscheinlich macht. Wer häufig seinen Arbeitsplatz verliert, ist als Ausländer überdies vom Verlust der Aufenthaltsgenehmigung bedroht.

Tabelle 8.5: Sektorale Gliederung der Berufstätigen in Abhängigkeit vom Herkunftsgebiet (in %)

	Berufstätige insgesamt	Zuwanderer aus				
		West- u. Südeuropa	Tschechien, Slowakei, Ungarn	sonst. Osteuropa	Ex-Jugoslawien, Türkei	Afrika, Asien
Landwirtschaft	8,2	1,9	5	0,5	1,3	
Energie,Bergbau	1,6	0,6	1	0,6	0,3	
primärer Sektor	*9,8*	*2,5*	*6*	*1,1*	*1,6*	*0*
trad.Konsumgüterind.	5,8	3,5	7,5	5,6	19,3	3,6
Grundstoffind.	7,5	5,9	5	9,1	12,1	2
Finalindustrie	14,3	11,7	12	15,7	14,7	8
Baugewerbe	8,4	4,1	3,1	9,7	9,2	3,7
sekundärer Sektor	*36*	*25,2*	*27,6*	*40,1*	*55,3*	*17,4*
Fremdenverkehr	4,6	7,7	5,2	6	6,3	16,8
Handel, Transport	20,1	22,4	29,6	25	14,6	30
Geld, Kredit, Rechtsw.	6,2	6,6	7,6	3,5	1,2	2,9
öffentl.Dienste	19,1	28,1	19,5	21,2	7	28,8
persönl.Dienste	4,2	7,5	4,5	3,1	14	4,1
tertiärer Sektor	*54,2*	*72,3*	*66,4*	*58,8*	*43,1*	*82,6*
	100,0	100,0	100,0	100,0	100,0	100,0

Quelle: ÖSTAT Mikrozensus 1988.

Die zweite Gruppe, die beispielhaft für den Effekt des rechtlichen Rahmens bei der gesellschaftlichen Integration herangezogen wird, umfaßt Zuwanderer aus den an Österreich grenzenden Nachbarstaaten Tschechische Republik, Slowakei und Ungarn (19%) und aus allen übrigen Staaten der östlichen Hälfte Europas inklusive der GUS-Staaten (14%). Zusammengezählt stammt rund ein Drittel aller im Ausland geborenen und zum Zeitpunkt der Befragung (1988) noch nicht verstorbenen Personen aus diesen Staaten. Sie kamen als Vertriebene in der unmittelbaren Nachkriegszeit oder als Flüchtlinge in Phasen des beginnenden Wirtschaftswunders (Ungarn 1956) bzw. der Hochkonjunktur (CSSR 1968/69). Rechtlich wurden diese Migranten grundsätzlich anders behandelt als ausländische Arbeitskräfte, die nur zum kurzfristigen Arbeitsaufenthalt berechtigt waren. Wer als Flüchtling in Österreich blieb, wurde als politisch verfolgt (im Sinne der Genfer Konvention) anerkannt und war damit Inländern in wesentlichen Bereichen gleichgestellt. Wer als Heimatvertriebener in Österreich blieb, der erhielt ebenfalls – unabhängig von der Staatsbürgerschaft – permanente Aufenthaltsrechte zugesichert.

Heute haben sich die Migranten der Nachkriegszeit und die Flüchtlinge des kalten Kriegs in die österreichischen Mittelschichten integriert. Die Zuwanderer aus der Tschechischen Republik, der Slowakei, Ungarn und den übrigen Staaten Ostmittel- und Osteuropas schneiden mit ca. 16% höheren Angestellten/Beamten und 10% Selbständigen relativ gut ab. Nur eine Minderheit von ihnen arbeitet als Hilfsarbeiter oder als Angelernte (Tschechen, Slowaken, Ungarn: 14%, sonstige Mittel- und Osteuropäer: 28%). Besonders gut integriert sind inzwischen jene, die nach dem Zweiten Weltkrieg oder in der Phase des „Wirtschaftswunders" ins Land kamen. Von ihnen befinden sich heute überdurchschnittlich viele als Angestellte oder Beamte in höherer oder sogar leitender Position. Relativ vielen dieser Zuwanderer ist es gelungen, sich im besonders geschützten Arbeitsmarktsegment des öffentlichen Dienstes zu etablieren, was bedeutet, daß sie längst die österreichische Staatsbürgerschaft erworben haben.

Für eine dritte Gruppe von Zuwanderern ist die rechtliche Stellung in Österreich von geringerem Einfluß. Zuwanderer aus Westeuropa (EU/EWR-Staaten) sowie aus den USA (rund 30%) werden explizit oder aufgrund der bürokratischen Praxis privilegiert behandelt, so daß die Staatsbürgerschaft keine zentrale Rolle spielt. Rund 31% aller Zuwanderer aus Westeuropa (EU, EWR) waren 1988 höhere Angestellte oder Beamte, weitere 15% selbständig, also weit mehr als im Durchschnitt der Bevölkerung. Dies ist sowohl ein Hinweis auf Leistungsbereitschaft und Aufstiegsorientierung der Zuwanderer als auch ein Indiz für den grenzüberschreitenden Elitentransfer in den oberen Etagen österreichischer, ausländischer sowie multinationaler Konzerne und internationaler Organisationen.

Die vorliegenden Daten belegen für Österreich zweierlei: einerseits einen engen Zusammenhang zwischen dem rechtlichen Status der Zuwanderer und dem Ausmaß der Integration in die Gesellschaft und andererseits eine „ethnische Segmentierung" des Arbeitsmarktes; ein Prozeß, der auch in anderen westlichen Industriegesellschaften zu beobachten ist. Neu daran ist nicht die Existenz sekundärer Arbeitsmärkte mit „flexiblen", konjunkturanfälligen, schlecht bezahlten und nicht auf Dauer eingerichteten Arbeitsplätzen. Historisch jüngeren Datums ist allerdings die vorrangige Beschäftigung von bestimmten Ausländergruppen in solchen Bereichen.[15] Die Dynamik dieser Unterschichtung des inländischen Arbeitskräftepotentials ist zugleich Ursache für den weiteren Zustrom ausländischer Arbeitskräfte und die Erklärung für die zunehmende „Flexibilisierung" von Arbeitsverhältnissen. Dies trifft zwar auch inländische Beschäftigte. Ein Großteil der ausländischen Arbeitnehmer ist davon jedoch ganz besonders betroffen, weil diese durch ihre schwächere sozial- und arbeitsrechtliche Position – oder im Fall von Schwarzarbeit durch ihre Rechtlosigkeit – am ehesten zur Manövriermasse betrieblicher Strategien und staatlicher Politik werden.

8.5 Ausblick

Neben kurzfristigen, durch wirtschaftliche Konjunkturen bzw. Arbeitslosigkeit im Inland und politische Krisen bzw. Konflikte jenseits der Grenzen hervorgerufenen Fluktuationen lassen sich langfristige Migrationstrends feststellen. Mit der zunehmenden Arbeitsteilung der europäischen Volkswirtschaften ist die Internationalisierung europäischer Arbeitsmärkte und damit die grenzüberschreitende Zu- bzw. Abwanderung verbunden. Als Folge dieser Entwicklung nimmt der Anteil ausländischer Arbeitskräfte sowohl in Österreich als auch europaweit tendenziell zu. Hinzu kommt eine wachsende Zahl von Personen aus Ostmittel- und Osteuropa und einzelnen Ländern der Dritten Welt, die aufgrund fehlender Berufschancen, ökonomischer Krisen, politischer Instabilität, ethnischer Konflikte oder kriegerischer Auseinandersetzungen in ihren Herkunftsländern nach Westeuropa wandert.

Heute – und darin besteht der entscheidende Unterschied zur jüngeren Vergangenheit – sind die Möglichkeiten der Ost-West-Wanderung nicht mehr durch Abschottung der Herkunftsländer erheblich eingeschränkt, sondern durch restriktive Maßnahmen der potentiellen Zielländer. Denn Migranten aus der östlichen Hälfte Europas werden in westlichen Staaten nur noch in Ausnahmefällen als Flüchtlinge anerkannt. Wer nach Übersee will, muß sich um ein amerikanisches, kanadisches oder australisches Einwanderungsvisum bemühen. Der EU-Raum ist für Osteuropäer kaum zugänglich. Israel und Deutschland nehmen im Prinzip nur jüdische bzw. deutschstämmige Zuwanderer auf. Für eine wachsende Zahl von Migranten stellt Österreich daher keine Zwischenstation mehr dar, sondern im günstigsten Fall das endgültige Aufnahmeland. Im ungünstigsten Fall, der zunehmend an Bedeutung gewinnt, werden potentielle Ostzuwanderer aus Österreich gegen ihren Willen sofort wieder abgeschoben oder erst gar nicht ins Land gelassen.

Österreich hat auf die neue Situation reagiert. Das 1992 beschlossene Aufenthaltsgesetz beschreitet im europäischen Kontext Neuland. Es bevorzugt oder exkludiert potentielle Migranten nicht in erster Linie nach ethnisch-nationalen Kriterien,[16] sondern sieht nach US-amerikanischem und kanadischem Vorbild Obergrenzen der Bruttozuwanderung vor, die mit Rücksicht auf die demographische und ökonomische Entwicklung Österreichs sowie auf den Zustrom anerkannter Flüchtlinge festgelegt werden. Und für jene, die länger als fünf Jahre im Land sind, eröffnet das Gesetz die Perspektive eines Daueraufenthalts in Österreich. Damit lassen sich zwar nicht alle Probleme lösen, aber die getroffenen Regelungen stellen einen ersten Schritt in die richtige Richtung dar: weg vom bloßen Krisenmanagement, hin zu einer konzeptiven und nicht bloß defensiven Migrationspolitik.

Anmerkungen

1 Die Zahl umfaßt (a) ausländische Berufstätige und deren Angehörige, (b) reguläre Flüchtlinge und Asylbewerber, (c) ausländische Ehepartner von Inländern und (d) alle sonstigen Ausländer mit ständigem Wohnsitz und legalem Aufenthalt in Österreich. Nicht enthalten sind die (im Prinzip nur temporär aufgenommenen) Kriegsflüchtlinge aus Bosnien (1996: ca. 70.000). Von diesen wird jedoch ein größerer Teil auf Dauer in Österreich bleiben, da ihnen schon 1994 die Arbeitsaufnahme im Inland gestattet wurde und, anders als in Deutschland, keine Rückkehr nach Bosnien erzwungen werden soll.

2 Dazu kommen (laut Auskunft des Bundesministeriums für Auswärtige Angelegenheiten) 21.300 Österreicher in Brasilien, 18.500 in den USA, 10.280 in Kanada, 32.200 in Mittel- und Südamerika, 19.000 in Südafrika, 10.800 in Australien, 10.000 in Italien, 7.000 in Argentinien und 6.500 in Großbritannien. Weitere 62.000 Österreicher (Volkszählung 1991) haben zwar ihren ordentlichen Wohnsitz im Inland, arbeiten aber als Tages- oder Wochenpendler im Ausland: ebenfalls überwiegend in Deutschland und in der Schweiz.

3 Von diesen Volksdeutschen wurden zwischen 1954 und 1961 rund 350.000 durch Option eingebürgert (Fassmann/Münz 1995; Stieber 1995).

4 Schon 1945–1950 war Österreich Durchgangsstation für fast 200.000 jüdische Emigranten aus Polen und Rumänien. Von ihnen blieben damals nur 3.500 im Land (Albrich 1995).
5 Manche Zuwanderer bzw. Flüchtlinge aus Osteuropa wandten sich direkt an die Behörden eines der klassischen Einwanderungsländer, andere fanden über Vermittlung der Internationalen Wanderungsorganisation IOM (früher ICM) ein Aufnahmeland.
6 Die Abgrenzung zwischen Arbeitsmigration, Flucht aus wirtschaftlicher Not und politisch motivierter Auswanderung fällt nicht immer leicht. Die historische Entwicklung seit 1945 zeigt, daß Flüchtlingsströme und Gastarbeiterwanderung einander zumindest teilweise substituieren. Am Beispiel der Asylbewerber aus dem ehemaligen Jugoslawien läßt sich dies belegen. 1960 bis 1967 stellten sie in Österreich unter allen Asylbewerbern die größte Gruppe. Mit dem massiven Zustrom jugoslawischer Arbeitsmigranten reduzierte sich der Flüchtlingsstrom. Ob sich das politische Klima in Ex-Jugoslawien damals tatsächlich verbessert hatte, oder ob die potentiellen Asylbewerber nun als „Gastarbeiter" nach Österreich kamen, läßt sich im nachhinein schwer beurteilen. Die Substitution von potentiellen Flüchtlingen durch Arbeitsmigranten aus demselben Herkunftsland verweist jedoch auf das „Etikettenproblem" der Ost-West-Wanderungen: Begriffe wie Asylbewerber, Wirtschaftsflüchtling, Gastarbeiter, arbeitsuchender Tourist oder illegal anwesender Ausländer beziehen sich oft auf den gleichen Personenkreis. Was sich ändert, sind oft nur die gesetzlichen und politischen Rahmenbedingungen im jeweiligen Zielland.
7 1961 sah eine Übereinkunft zwischen Gewerkschaften, Arbeitgebern und Regierung („Raab-Olah-Abkommen") erstmals ein Kontingent von 47.000 ausländischen Arbeitskräften vor, die den jeweiligen Branchen ohne Einzelfallprüfung zugeteilt werden konnten. Die Gewerkschaften stimmten unter der Voraussetzung gleicher Löhne, einer auf maximal ein Jahr beschränkten Arbeitsbewilligung und der vorrangigen Kündigung von Ausländern beim Verlust von Arbeitsplätzen zu (Wimmer 1986; Bauböck 1996).
8 1991 wurde eine maximale Obergrenze von 308.000 beschäftigten (bzw. arbeitslosen) Ausländern auf dem Arbeitsmarkt fixiert.
9 Ein Hauptgrund für die vor 1989 feststellbare höhere „Elastizität" der Arbeitskräfte aus dem ehemaligen Jugoslawien dürfte in der stärkeren ökonomischen und sozialen Bindung an die Herkunftsregionen liegen. Oftmalige Rückreisen in die Heimat, hohe monetäre Transfers und das Zurücklassen von Kindern und engen Familienangehörigen förderten diese Bindung. Dies hat sich durch den Zerfall Jugoslawiens, die Kriege in Kroatien und Bosnien sowie durch die Repression ethnischer Minderheiten auch in nicht umkämpften Gebieten erheblich verändert. Etliche Zuwanderer aus dem ehemaligen Jugoslawien haben inzwischen ihre Angehörigen nachgeholt und werden voraussichtlich für immer in Österreich bleiben. Anders war die Situation bei türkischen Arbeitsmigranten. Sie wanderten in der Regel sofort mit ihren Familien zu. Die große Distanz zu ihren Heimatregionen erschwerte den regelmäßigen Besuch, und die ökonomische Unterentwicklung machte die Reintegration auf dem türkischen Arbeitsmarkt in vielen Fällen unmöglich. Überdies war und ist bei türkischen Zuwanderern kurdischer Herkunft der Wunsch nach einer Rückkehr unter den derzeit vorherrschenden Rahmenbedingungen verständlicherweise nicht sehr stark ausgeprägt.

10 Einen ähnlichen Status haben (a) ausländische Bedienstete internationaler Organisationen mit Sitz in Wien (z.B. UN, UNIDO, UNRWA, IAEA), (b) sogenannte betriebsentsandte Ausländer (meist Fach- und Führungskräfte multinationaler bzw. ausländischer Konzerne), (c) Bedienstete ausländischer Informationsmedien (Korrespondenten von Zeitungen, Radio- und TV-Stationen, Presseagenturen), (d) ausländische reproduzierende Künstler (sofern sie ausschließlich Einkommen aus ihrer künstlerischen Tätigkeit beziehen), (e) anerkannte Flüchtlinge.

11 Die Festlegung einer Obergrenze der Bruttozuwanderung erfolgt in Absprache mit den Bundesländern nach Anhörung der Sozialpartner sowie des Städtebundes, des Gemeindebundes und des Wirtschaftsforschungsinstituts. Für 1993 war eine legale Zuwanderung von 20.000 Ausländern (inkl. in Österreich geborener Ausländerkinder) vorgesehen. Für 1994 wurde diese Zahl auf 26.300 angehoben (14.900 „echte" Neuzuwanderer, 11.400 Ausländerkinder). Dazu kamen 7.000 Beschäftigungsbewilligungen für Saisonarbeiter. Die Tendenz geht in die Richtung „Familienzusammenführung vor Neuzug". Für 1997 ist eine Absenkung der Neuzugänge auf 18.000 vorgesehen, die größtenteils dem Familiennachzug vorbehalten sein werden.

12 Ein Anrecht auf Familiennachzug besteht erst, wenn sich der Familienerhalter bereits über zwei Jahre legal in Österreich aufhält. Nachziehende Ehegatten müssen bereits mindestens ein Jahr lang mit ihren in Österreich lebenden Partnern verheiratet sein. Beide Fristen können im Einzelfall verkürzt werden. Voraussetzung ist in jedem Fall, daß das jährliche Kontingent der erstmalig erteilten Aufenthaltbewilligungen noch nicht ausgeschöpft ist.

13 Für 90% dieser Quote können in den neun Bundesländern nach festgelegtem Schlüssel Beschäftigungsbewilligungen bzw. Arbeitserlaubnisse erteilt werden. Die Zuteilung der restlichen 10% kann nach Bedarf durch den Bundesminister für Arbeit und Soziales erfolgen.

14 Die knappe empirische Analyse stützt sich auf den Mikrozensus 1988, der retrospektiv anhand einer 1%-Stichprobe der Haushalte die Wanderungsbiographien erfaßte. Der Mikrozensus ist daher in der Lage, die Wanderungsgeschichte bis 1988, dem ersten Jahr des Einsetzens einer neuen Zuwanderungswelle, zu erfassen.

15 In Ländern wie Großbritannien, Frankreich und den USA beschreibt der Begriff „ethnische Segmentierung" nicht bzw. nicht notwendigerweise eine Unterschichtung durch Zuwanderer der ersten Generation, sondern generell die Konzentration marginalisierter ethnischer Gruppen in sekundären Arbeitsmärkten, auch wenn die Angehörigen dieser Gruppen im Inland zur Welt kamen (z.B. Afroamerikaner und Indianer in den USA).

16 Dies stellt einen erheblichen Unterschied zu der beispielsweise von Deutschland, Israel und Ungarn praktizierten Politik der Privilegierung von Personen mit „richtiger" Volkszugehörigkeit dar.

9. Arbeitsmigration aus Ex-Jugoslawien

Janez Malačič

9.1 Einführung

Die Bevölkerung des bis 1991 bestehenden Bundesstaates Jugoslawien bestand aus sechs größeren slawischen Nationalitäten und vielen anderen nationalen Minderheiten. Jede der „großen" slawischen Nationalitäten (Slowenen, Kroaten, Serben, Moslems, Montenegriner und Mazedonier) hatte ihre eigene Republik im Bundesstaat. In Serbien gab es zwei autonome Provinzen: erstens Kosovo, das vorwiegend von ethnischen Albanern bewohnt wird, und zweitens die Vojvodina mit einer großen ungarischen und einer kleineren kroatischen Minderheit. Die Verfassung des Jahres 1974 erkannte Kosovo und der Vojvodina eine weitgehende Autonomie zu, die nur wenig unter dem Status von Republiken lag. In der zweiten Hälfte der 80er Jahre schaffte Serbien den autonomen Status dieser beiden Provinzen ab und leitete damit jene Änderungen ein, die schließlich zur Auflösung der jugoslawischen Föderation führten.

In Europa führten die Kriege und ethnischen Säuberungen in Kroatien (1991/92) und in Bosnien-Herzegowina (1992/95) sowie die Repression gegen die ethnischen Minderheiten in der Vojvodina, im Kosovo und in der Krajna zur größten Migrationswelle seit 1947. Zwischen 1991 und 1995 wurden ungefähr 4,6 Mio. Staatsbürger des früheren Jugoslawien zu Flüchtlingen oder Displaced persons. Nur rund 700.000 von ihnen gelang die Emigration nach Westeuropa: 344.000 nach Deutschland, 87.000 in die Schweiz, 80.000 nach Österreich, 70.000 nach Schweden, und 40.000 nach Frankreich. In den meisten Fällen wurden sie nicht als politische Flüchtlinge anerkannt, sondern bloß als Kriegsopfer bzw. als De-facto-Flüchtlinge toleriert. Ab 1993/94 hielten die meisten westeuropäischen Staaten ihre Grenzen für

Opfer des Krieges und der ethnischen Säuberungen in diesem Teil des Balkans geschlossen. Daher lebt die Mehrzahl der Flüchtlinge und Vertriebenen immer noch in einem der Nachfolgestaaten Jugoslawiens. Insgesamt betrug die Zahl der Flüchtlinge und Vertriebenen im ehemaligen Jugoslawien 1995 rund 3,5 Mio. In Bosnien und Herzegowina waren nach Schätzungen des UNHCR Ende 1995 rund zwei Drittel der Gesamtbevölkerung Flüchtlinge oder Vertriebene im eigenen Land: insgesamt 2.740.000 Personen. Trotz des Friedensabkommens von Dayton sieht es nicht so aus, als könnten diese Vertriebenen in näherer Zukunft wieder in ihre Herkunftsgebiete zurückkehren. In Kroatien lebten Ende 1995 rund 500.000, in Serbien über 600.000, in Montenegro etwa 80.000 und in Slowenien mehr als 20.000 Flüchtlinge und Vertriebene (vgl. Morokvasić 1993; UN-ECE 1995).

Seit dem 15. Januar 1992 existiert Jugoslawien nicht mehr, doch sind die Folgen der langjährigen Arbeitsmigration aus diesem Gebiet noch immer sichtbar, da diese die Verteilung der Ausländer in Westeuropa beeinflußt. Auch der Zustrom von Flüchtlingen aus dieser Region nach Westeuropa folgte weitgehend früheren Mustern der Arbeitsmigration. Daher ist das folgende Kapitel nicht nur von historischem Interesse, obwohl sich seine Analyse ausschließlich auf die internationale Migration von und nach Jugoslawien vor 1991 beschränkt.

Im früheren Jugoslawien waren zwei wesentliche Datenquellen für die Analyse der internationalen Arbeitsmigration vorhanden. Die erste Quelle bestand in den beiden Volkszählungen der Jahre 1971 und 1981. Sie ergaben ein relativ komplettes Bild, allerdings nur als Querschnitt dieses Prozesses. Die zweite Quelle waren die jährlichen Statistiken des Nationalen Arbeitsamtes über die legale Migration. Die Daten der zweiten Quelle waren unvollständig, weil sie keine Angaben über Personen enthielten, die emigrierten, ohne sich abzumelden. In diesem Kapitel werden beide Quellen in Kombination mit internationalem Datenmaterial benützt. Trotzdem liegt das Hauptaugenmerk auf den Daten der Volkszählungen.

Die jugoslawischen Volkszählungen erfaßten jene Arbeitsmigranten, die Verbindungen zu ihrem früheren Heimatland aufrechterhalten hatten und gegebenenfalls dorthin zurückkehren wollten.[1] Die bei der Volkszählung verwendete Definition für die zeitweilig Ausgewanderten war äußerst weit gefaßt. Hauptkriterium war die jugoslawische Staatsbürgerschaft, sogar in Fällen, in denen die Migranten inzwischen auch eine andere Staatsbürgerschaft angenommen hatten. Auf der anderen Seite war die Definition des Nationalen Anwerbebüros für Arbeitsmigranten wieder sehr eng gefaßt. Sie berücksichtigte nur Migranten, die auf Basis eines (bilateralen) Kooperationsabkommens zwischen dem jugoslawischen Anwerbebüro und ausländischen Arbeitgebern im Ausland angestellt worden waren. Nach Schätzungen jugoslawischer Forscher fanden aber nur ca. 50% der Wirtschaftsmigranten ihre ausländischen Jobs über offizielle Anwerbebüros.

9.2 Internationale Migration nach dem Zweiten Weltkrieg

Bis 1939 waren in Jugoslawien vor allem wirtschaftliche Gründe für die Auswanderung maßgeblich. Dieses Muster änderte sich mit dem Zweiten Weltkrieg. Am Ende des Krieges und kurz danach gewannen politische Auswanderung und Vertreibung aus Jugoslawien an Bedeutung. Kollaborateure, Träger des faschistischen Ustascha-Regimes und serbische Royalisten verließen das Land zusammen mit den Besatzungstruppen. Einige hunderttausend Personen volksdeutscher, italienischer und ungarischer Nationalität wurden ausgewiesen. Zur selben Zeit organisierte Titos Regierung die Repatriierung jugoslawischer Emigranten aus aller Welt. Diese Aktion war nicht sehr erfolgreich, wofür sowohl die kommunistische Ausrichtung des neuen Regimes als auch das Ausmaß an Zerstörung, Armut und Unterentwicklung im Land verantwortlich waren. Für die späten 40er und frühen 50er Jahre waren geschlossene Grenzen und niedrige Auswandererzahlen charakteristisch. Die wenigen Auswanderer jener Zeit versuchten, in Westeuropa um politisches Asyl anzusuchen. Die Liberalisierung während der 50er Jahre führte zu einem beträchtlichen Zuwachs der internationalen Migration aus dem früheren Jugoslawien. Zwischen den Volkszählungen der Jahre 1953 und 1961 betrug der jugoslawische Migrationssaldo –277.675 (Centar za demografska istraživanja 1971: 47). Die meisten Emigranten dieser Periode verließen ihr Heimatland für immer. Sie waren zum größten Teil Mitglieder der türkischen Minderheit aus dem Südosten des Landes. Ein Großteil der ethnischen Türken ging in die Türkei. Dadurch nahm z.B. die Bevölkerung Mazedoniens damals um 165.000 Menschen ab. Ende der 50er und Anfang der 60er Jahre veränderten sich die Muster der Migration und auch ihre Richtung. Arbeitsmigranten traten an die Stelle politisch oder ethnisch motivierter Auswanderer.

9.3 Die Entwicklung von den späten 60er bis in die 90er Jahre

Die jugoslawische Arbeitsmigration nach Westeuropa und Übersee läßt sich in vier Perioden einteilen. Während der ersten Periode bis 1964 war die Gesamtzahl der Migranten nicht hoch. Im Verlauf der zweiten Periode von 1964 bis 1973 kam es zu einem Emigrationsboom. In der dritten (von 1973 bis 1979) beschlossen die meisten Zielländer einen Anwerbestopp, worauf viele der im Ausland arbeitenden Jugoslawen ihren Job verloren. Dies brachte die Auswanderung zum Stillstand, zugleich erhöhte sich die Zahl der Rückwanderer. Erst im Laufe der 80er Jahre verlangsamte die tiefe ökonomische, soziale und politische Krise in Jugoslawien die Rückwanderungen und stellte die Weichen für eine neue Auswanderungswelle.

Bis 1964 erfolgte die jugoslawische Arbeitsmigration unkontrolliert. Für diese Periode sind keine offiziellen statistischen Informationen verfügbar. Die Auswanderung dieser Periode begann in den nordwestlichen Teilen des Landes und in Regionen, die schon eine Emigrationstradition hatten. Gegen Ende dieses Zeitraums lebten ungefähr 100.000 Wirtschaftsmigranten im Ausland.

Zwischen 1964 und 1973 erreichte die Auswanderung aus dem früheren Jugoslawien ein erhebliches Ausmaß. Dieser Boom war sowohl auf interne als auch auf externe Ursachen zurückzuführen. Die Ursachen hingen primär mit den Veränderungen im ökonomischen System Jugoslawiens und mit der veränderten Wirtschaftspolitik des Landes zusammen. Die Regierung akzeptierte die wirtschaftliche Notwendigkeit der Emigration, weil sie diese als Folge des Übergangs von der extensiven zur intensiven Wirtschaft interpretierte. Nach 1965 sank die Zahl der Angestellten im „sozialistischen Sektor" einige Jahre lang. Die statistischen Daten zeigen, daß die Zahl der Arbeiter und Angestellten in diesem Sektor von 3,66 Mio. im Jahr 1965 auf 3,56 Mio. im Jahr 1967 zurückging (Statistički godišnjak Jugoslavije 1970: 78).

Zur selben Zeit begannen die Jahrgänge aus der Zeit des Babybooms nach dem Zweiten Weltkrieg nach Arbeit zu suchen. Der jährliche Zuwachs an jungen Arbeitern verdoppelte sich zwischen den frühen und den späten 60er Jahren. Zu dieser Zeit war der äußere Hauptgrund für die Auswanderung aus

Jugoslawien die in Westeuropa bestehende Nachfrage nach ausländischen Arbeitskräften. Auch höhere Löhne und Gehälter sowie die relativ geringen Distanzen zwischen den Rekrutierungsgebieten in Jugoslawien und den Aufnahmeländern Deutschland, Österreich und der Schweiz spielten eine Rolle. Seit 1964 war auch das Nationale Anwerbebüro in diesen Auswanderungsprozeß involviert. Ihm oblag die Zusammenarbeit mit den ausländischen Arbeitgebern. Zwischen 1964 und 1990 schloß die Regierung eine Reihe bilateraler Verträge mit westeuropäischen Regierungen ab, um die Migrationsprozesse zu kontrollieren.

Tabelle 9.1: Jugoslawische Arbeitsmigranten in Europa 1964–1990, absolute Zahlen und Indices

Jahr	absolut	Index 1964 = 100	jährliche Veränderung (vorheriges Jahr=100)	Zahl der Ausgewanderten (Volkszählungsdaten)
1964	100.000	100,0	–	
1965	140.000	140,0	140,0	
1966	220.000	220,0	157,1	
1967	260.000	260,0	118,2	
1968	330.000	330,0	126,9	
1969	420.000	420,0	127,3	
1970	540.000	540,0	128,6	671.908
1971	660.000	660,0	122,2	
1972	740.000	740,0	112,1	
1973	850.000	850,0	114,9	
1974	710.000	710,0	83,5	
1975	670.000	670,0	94,9	
1976	590.000	590,0	88,0	
1977	578.000	578,0	98,0	
1978	570.000	570,0	98,6	
1979	564.000	564,0	98,9	
1980	558.000	558,0	98,9	625.069
1981	554.000	554,0	99,3	
1982	540.000	540,0	97,5	
1983	525.000	525,0	97,2	
1984	510.000	510,0	97,1	
1985	500.000	500,0	98,0	
1986	505.000	505,0	101,0	
1987	515.000	515,0	102,0	
1988	525.000	525,0	101,9	
1989	540.000	540,0	102,9	
1990	550.000	550,0	101,9	

Quellen: Für den Zeitraum 1964–1976 Schätzungen von Tanić (1979: 177); für 1981 Volkszählungsdaten; für die Zeiträume 1977–1980 und 1982–1990 eigene Schätzungen basierend auf der Statistik der Rückwanderung. Stand jeweils Jahresmitte.

Die geschätzte Anzahl jugoslawischer Arbeitsmigranten in europäischen Ländern in der Periode 1964 bis 1990 findet sich in Tabelle 9.1. 1973 erreichte die Zahl dieser Auswanderer Spitzenwerte: 850.000 Bürger lebten im Ausland. In den Jahren 1964 bis 1965 und 1968 bis 1971 war ihre Anzahl besonders angestiegen. Die von der Volkszählung 1971 berechnete Zahl der Wirtschaftsmigranten von 671.908 ist wahrscheinlich zu gering. Baučić schätzt, daß sie um ca. 15% höher lag (Baučić 1973).

In der dritten Periode (1974–1979) sank die Zahl der Auswanderer in einem einzigen Jahr (1973–1974) um 140.000. Während der ganzen Periode nahm die Zahl der jugoslawischen Arbeitskräfte in Westeuropa ab. Tabelle 9.1 läßt auf eine beträchtliche Anzahl von Rückwanderungen und eine geringe Zahl neuer Auswanderungen schließen. Die Rückwanderung dieser Periode war eine direkte Folge der westeuropäischen Rezession nach dem ersten und zweiten Ölpreisschock. Für Jugoslawien hieß das: Rückwanderung im großen Ausmaß. Gleichzeitig begannen die europäischen Aufnahmeländer ihre Einwanderungsbestimmungen zu verschärfen.

In der vierten Periode von 1980 bis 1990 nahm die Rückwanderung seit Mitte der 80er Jahre ab. Der Prozeß wurde anfangs durch die Restrukturierung der westeuropäischen Ökonomien weiter in Gang gehalten. Es gab einfach weniger Arbeitsplätze für ungelernte eingewanderte Arbeitskräfte. Trotzdem blieben eine große Anzahl jugoslawischer Wanderarbeiter und deren Familienmitglieder in den jeweiligen Aufnahmeländern. Aus zeitweiligen wurden permanente Auswanderer. Ende 1969 schätzte man, daß einer von acht temporären Migranten zu einem permanenten Auswanderer werden würde (Komarica 1970). Schon weniger als zwei Jahrzehnte danach, zu Beginn der 80er Jahre, schätzten Sozialwissenschaftler, daß nicht weniger als 50% der Arbeitsmigranten für immer in ihren Aufnahmeländern bleiben würden (Mulina u.a. 1981).

Das Jugoslawien der 80er Jahre war von einer tiefen ökonomischen, sozialen und politischen Krise gekennzeichnet, die schließlich zum Auseinanderbrechen des Landes führte. Die hohe Arbeitslosigkeit, die Stagflation und die Schuldenkrise motivierten die Arbeitsmigranten kaum zur Rückkehr. Ohne die westeuropäische restriktive Einwanderungspolitik wären noch mehr neue jugoslawische Arbeitsmigranten in den Westen gegangen. Das Ausmaß der Transformation von temporären Migranten in permanente kann aus der Volkszählung 1981 abgelesen werden. Nach deren Angaben befanden sich

1981 genau 625.069 Arbeitsmigranten mit 249.899 nicht erwerbstätigen Familienmitgliedern außerhalb Jugoslawiens, davon 553.656 Arbeitsmigranten und 197.964 Familienmitglieder in Westeuropa (Saopštenje 1983).

9.4 Die Selektivität der zeitlich begrenzten Wirtschaftsmigration im früheren Jugoslawien

Jede freiwillige Migration ist selektiv (Sauvy 1969: 43). Im allgemeinen finden sowohl Prozesse sozialer Selektion bei der Auswanderung statt als auch zusätzliche bürokratisch-administrative Selektion von seiten des Ziellandes. Letztere wird durch Auswahlkriterien bestimmt, die von der Einwanderungspolitik festgelegt werden. Aus analytischer Sicht können wir zwischen zwei Varianten der Migrationsselektion unterscheiden. Die erste gibt die Unterschiede in den Merkmalen der Migranten und der seßhaften Bevölkerung im Herkunftsland an. Die zweite bezeichnet die unterschiedlichen Charakteristika der Migranten und der Nichtmigranten im Zielland.

Unter den jugoslawischen Volkszählungen nach dem Zweiten Weltkrieg enthalten nur die Volkszählungen von 1971 und 1981 Daten über Wirtschaftsmigranten. Auf der Basis dieser Statistiken können die Indices der Selektivität berechnet und verglichen werden.[2] Trotzdem sind die Daten dieser beiden Volkszählungen nicht völlig vergleichbar.[3]

In der Tabelle 9.2 werden die Indices der Selektion der Wirtschaftsmigration aus dem früheren Jugoslawien für 1971 und 1981 nach Republiken und autonomen Provinzen, Alter, Geschlecht, Ausbildung, Tätigkeit und ethnischer Gruppe angegeben.[4] Der Index muß als Prozentsatz verstanden werden, der die Größe der positiven oder negativen Differenz zwischen den Anteilen einer bestimmten Gruppe oder Kategorie in der ausgewanderten und der nicht ausgewanderten Bevölkerung angibt.

Die ökonomische Emigration begann im früheren Jugoslawien in den nordwestlichen Regionen. Später dehnte sich die Anwerbung von Arbeitskräften auch auf die südöstlichen Teile des Landes hin aus. Mit einigen Ausnahmen illustrieren die Selektivitätsindices der damaligen Republiken und autonomen Provinzen diese Entwicklung. Die Auswanderung aus Kroatien und Bosnien-Herzegowina war die intensivste. Montenegro und Kosovo nahmen am wenigsten an diesem Prozeß teil. Die Selektivitätsindices lassen auch für

Tabelle 9.2: Ausgewanderte und nicht ausgewanderte Bevölkerung im früheren Jugoslawien 1971 und 1981 nach Republiken und autonomen Provinzen, Alter, Geschlecht, Bildung, Beruf und Nationalität, Indices der Migrationsselektivität

	1971			1981		
	Migranten	Nichtmig.	Index	Migranten	Nichtmig.	Index
Republiken und autonome Provinzen						
Slowenien	48.086	1.679.051	−15,4	41.826	1.838.381	−21,2
Kroatien	224.722	4.201.499	58,0	151.619	4.391.139	19,1
Serbien allein	114.581	5.135.784	−34,1	152.932	5.491.043	3,9
Vojvodina	60.545	1.891.988	−5,4	48.078	1.969.181	−15,4
Bosnien u. Herzeg.	137.351	3.608.760	12,3	133.902	3.941.316	16,0
Montenegro	7.829	521.775	−55,0	9.781	565.467	−38,5
Mazedonien	54.433	1.592.875	1,0	57.964	1.808.214	10,7
Kosovo	24.361	1.219.332	−41,0	28.965	1.544.976	−36,1
Altersgruppe						
0–19	54.276	7.430.923	−78,3	8.824	7.324.018	−95,8
20–24	165.151	1.589.176	207,5	42.061	1.818.274	−20,2
25–34	250.342	2.563.681	189,1	252.383	3.336.850	162,3
35–49	173.271	4.137.667	24,0	240.600	4.058.811	104,8
50–64	19.719	2.431.585	−76,2	55.811	3.154.510	−39,0
65+	3.296	1.611.606	−93,8	4.405	2.030.073	−92,6
Geschlecht						
Männer	460.747	5.225.585	8,0	405.555	5.710.970	5,0
Frauen	211.161	2.992.323	−13,9	219.512	3.534.717	−8,1
Bildung						
< 3 J. Grundschule	68.174	4.022.954	−59,3	49.546	2.874.769	−55,1
4–7 J. Grundschule	310.063	6.836.128	9,5	221.707	4.323.519	34,0
abgeschl.Grundsch.	133.112	2.414.677	32,9	185.098	3.918.333	23,3
3 J. mittl. Schulb.	113.318	1.403.941	93,0	131.521	4.191.772	−18,6
Gymnasium	7.793	325.804	−40,0			
sonst. höh. Schule	20.400	706.113	−30,2			
Universität	10.167	463.414	−46,6	15.578	928.340	−56,1
ausgewählte Berufe						
Landwirte u. ä. Ber.	304.131	3.516.096	155,9	196.472	2.321.509	190,7
Bergarb. u. Handw.	188.239	2.034.394	174,5	132.642	2.815.242	61,8
Verkäufer	7.684	274.126	−21,4	37.090	969.221	31,1
Dienstleistungsber.	18,365	349.330	50,0			
Bürokräfte	9.145	522.739	−48,0	7.833	882.858	−68,3
Beamte, Manager	579	91.539	−80,0	334	153.411	−85,7
Akademiker, Techniker u. verw. Berufe	20.902	646.640	−6,0	24.820	897.261	−4,8
ausgewählte ethnische Gruppen						
Montenegriner	5.260	503.585	−68,0	5.589	573.434	−66,7
Kroaten	261.721	4.265.061	80,9	169.998	4.258.007	37,4
Mazedonier	38.298	1.156.486	−1,7	36.466	1.303.263	−3,3
Slowenen	46.856	1.631.176	−16,6	35.409	1.718.145	−28,7
Serben	191.342	7.951.904	−28,7	203.101	7.937.351	−11,7
bosnische Moslems	40.565	1.689.367	−29,4	41.260	1.958.697	−27,5
Albaner	34.748	1.274.775	−18,7	44.692	1.685.672	−9,0
Ungarn	19.552	457.822	26,0	11.653	415.213	0,0
Rumänen	5.285	53.285	166,7	5.782	49.172	350,0
Türken	3.618	124.302	−16,7	2.549	98.642	0,0
insgesamt	671.908	19.851.064		625.067	21.549.747	

Quellen: Jugoslawische Volkszählungen 1971 und 1981.

die ethnischen Gruppen ähnliche Schlüsse zu. Es gibt nur drei ethnische Gruppen mit positiven Selektivitätsindexwerten: Kroaten, Rumänen und Ungarn.

Der Unterschied zwischen den Angaben von 1971 und denen von 1981 belegt den Alterungsprozeß der jugoslawischen Auswanderer und das bis in die späten 80er Jahre anhaltende Versiegen des Auswanderungsstroms.[5] Die Selektivität hinsichtlich Ausbildung und Beruf ist für diejenigen mit 4 bis 7 Jahren Grundschule und drei Jahren mittlerer Schulbildung sowie für die in der Landwirtschaft, im Handwerk und im Dienstleistungsbereich Arbeitenden positiv. Der niedrigere Bildungsgrad der Auswanderer ist die Folge des niedrigen Bildungsniveaus im früheren Jugoslawien. Die hohe Selektivität bei Migranten mit drei Jahren mittlerer Schulbildung war für das Land besonders negativ. Das heißt, daß vor allem ausgebildete Arbeiter aus Bergbau, Handwerk, Landwirtschaft, dem Transport- und Dienstleistungssektor sowie dem Handel im Ausland Anstellung fanden. In den entwickelteren Teilen des Landes wanderten die qualifizierten Arbeitskräfte aus, in vielen Fällen wurden ihre Stellen von ungelernten Arbeitern und Einwanderern aus den weniger entwickelten Teilen des früheren Jugoslawien besetzt.

9.5 Die Rückwanderungen

Mit dem ersten Ölpreisschock 1973/74 begann die Zahl der Rückwanderer ins frühere Jugoslawien anzusteigen. Viele westeuropäische Länder beendeten die Rekrutierung von Arbeitsmigranten und begannen die Rückwanderung zu forcieren.

Nach den Ziffern von Mikulić kehrten zwischen 1970 und 1981 ungefähr 625.000 Menschen nach Jugoslawien zurück, zwischen 1981 und 1985 waren es nochmals 110.000 (Mikulić 1987: 51). Die jugoslawische Volkszählung des Jahres 1981 zeigt nur 282.873 Rückwanderer für die Periode 1965 bis 1981 an (Saopštenje 1983). Diese Zensusdaten legen nahe, daß die Zahl der Rückwanderer zum Ende der 70er Jahre hin stark abfiel.

Die jugoslawischen Volkszählungsdaten über die Rückwanderung des Jahres 1981 ermöglichen die genaue Analyse der Rückkehrer.[6] 1981 unterschieden sich die Migrationsindices von Slowenien, Kroatien, Bosnien und Herzegowina positiv (Tabelle 9.3). Die Anteile der Rückwanderer in diese

Republiken waren größer als ihre respektiven Anteile an der Gesamtbevölkerung des früheren Jugoslawien. Offensichtlich war dies aber ein Resultat der Intensität der früheren Auswanderung. In jedem Fall zeigen die Daten aber, daß der Prozeß der Rückwanderung in den nordwestlichen Teilen des Landes intensiver war. Männliche Migranten und wirtschaftlich aktive Menschen waren in der zurückkehrenden Bevölkerung überrepräsentiert. Das Ausmaß der Angaben zur Geschlechtszugehörigkeit bezieht sich indirekt auf den Prozeß der Familienzusammenführung.

Tabelle 9.3: Indices der Migrationsselektivität jugoslawischer Rückwanderer nach Republiken, autonomen Provinzen, Geschlecht und der beruflichen Tätigkeit im Jahr 1981

	Rückwanderer	ansässige Bevölkerung	Migrationsselektivität
Republiken und autonome Provinzen			
Slowenien	26.190	1.850.038	9.4
Kroatien	97.338	4.449.850	68.6
Serbien allein	54.329	5.541.532	−24.7
Vojvodina	9.472	1.986.694	−15.4
Bosnien und Herzegowina	67.005	3.990.354	29.5
Montenegro	2.464	574.529	−65.4
Mazedonien	20.784	1.851.172	−13.1
Kosovo	5.291	1.555.445	−73.6
Geschlecht			
Männer	210.068	5.906.448	22.6
Frauen	72.805	3.681.424	−33.1
Berufstätigkeit			
berufstätige Bevölkerung	231.202	8.733.604	101.7
– in der Landwirtschaft	49.246	2.321.509	61.1
– außerhalb der Landwirtschaft	176.852	6.412.095	109.7
Personen mit Einkommen aus and. Quellen (Pensionisten etc.)	13.851	1.856.320	−43.0
abhängige Bevölkerung	28.730	10.491.511	−79.1

Quelle: Jugoslawische Volkszählung 1981.

9.6 Ziele der internationalen Migration aus dem früheren Jugoslawien

Im allgemeinen erfolgte die Auswanderung aus dem früheren Jugoslawien nur in einige wenige industrialisierte Länder Westeuropas (Tabelle 9.4). 1971 und 1981 arbeitete die Mehrzahl der jugoslawischen Arbeitsmigranten in

Deutschland und Österreich. Ihre Zahl sank jedoch während dieser Periode von 83,8% auf 76,2%.

In Tabelle 9.4 sind nur zwei Mittelmeerländer enthalten, nämlich Frankreich und Italien. Als Zielland für die jugoslawischen Arbeiter war Frankreich stets wichtiger als das benachbarte Italien. Frankreich steht an dritter Stelle bei den Einwanderungsländern jugoslawischer Arbeitnehmer des Jahres 1971 und an vierter Stelle im Jahre 1981. Man kann dieses Land aber nicht gänzlich dem mediterranen Raum zurechnen. Bekanntlich hat die Mehrzahl der jugoslawischen Einwanderer in Frankreich ihre Anstellungen außerhalb der französischen Mittelmeerregionen gefunden.

Tabelle 9.4: Jugoslawische Arbeiter und Angestellte (abs. und in %) in ausgewählten europäischen Ländern nach den Volkszählungsdaten von 1971 und 1981

Zielland	1971 abs.	in %	1981 abs.	in %	Index 1971=100
Deutschland	411.503	69,7	324.324	58,6	78,8
Österreich	82.957	14,1	97.618	17,6	117,7
Frankreich	36.982	6,3	32.903	5,9	89,0
Schweiz	21.201	3,6	59.624	10,8	281,2
Schweden	16.359	2,8	16.829	3,0	102,9
Beneluxländer	7.358	1,2	7.913	1,4	107,6
Italien			5.956	1,1	
Europa (insg.)	590.428	100,0	553.656	100,0	93,8

Quelle: Saopštenje 1983, Nr. 131.

Im Falle Italiens stellte sich die Lage gänzlich anders dar. Traditionell zählte dieses Land zur Gruppe der Länder mit hohen Auswanderungsraten. Während der 70er Jahre wurde es erstmals zu einem Land mit größerer Einwanderung. Trotz dieser Situation bildeten jugoslawische Staatsbürger nie eine zahlenmäßig wichtige Gruppe unter den in Italien beschäftigten Ausländern.[7] 1981 war die Anzahl der Wanderarbeiter immer noch niedrig. Andererseits sprechen inoffizielle Schätzungen in der Literatur Ende der 70er Jahre von 20.000 bis 40.000 zeitweilig in Italien beschäftigten Jugoslawen (Heršak 1983: 132). Die Mehrheit dieser Arbeiter fand in den nordöstlichen Regionen Italiens nahe der Grenze zu Jugoslawien Arbeit. Diese Schätzung war wahrscheinlich verläßlich, weil sie sowohl die legalen als auch die illegalen Anstellungsverhältnisse von jugoslawischen Arbeitern in Italien berücksichtigte.

9.7 Entwicklung und Effizienz von migrationspolitischen Maßnahmen im früheren Jugoslawien

Hinsichtlich der migrationspolitischen Maßnahmen in Jugoslawien können vier Phasen unterschieden werden. Bis 1964 gab es überhaupt keine Migrationspolitik. Spontane und inoffizielle Migration herrschten daher vor. In einer zweiten Phase, von 1964 bis zum Beginn der 70er Jahre, betrachtete man die Migration als Entscheidung auf Zeit. Sowohl Jugoslawien als auch die Zielländer erwarteten, daß das Rotationsprinzip funktionieren würde. Zu dieser Zeit führte das nationale jugoslawische Arbeitsamt die Verhandlungen mit den ausländischen Arbeitgebern. Die jugoslawische Regierung schloß bilaterale Abkommen mit den Aufnahmeländern ab, um die Anstellungsmodalitäten, die rechtlichen Bedingungen und die sozialen Rechte für jugoslawische Arbeitnehmer im Ausland auszuhandeln.

Während der dritten Phase – Anfang und Mitte der 70er Jahre – wurde die jugoslawische Migrationspolitik einer Revision unterzogen. Ab den frühen 70er Jahren konzentrierte sich die öffentliche Diskussion auf den Bedarf an stärkerem sozialen Engagement im Hinblick auf die Rückkehr und organisierte Reintegration der Arbeitsmigranten. Die letzte Phase ab Ende der 70er Jahre war eine Periode der Durchsetzung von sozialen Maßnahmen auf Gemeinde-, Bezirks- und Bundesniveau.

Die offizielle Position des früheren Jugoslawien war, daß die permanente Auswanderung für das Land nicht notwendig sei. Aus diesem Grund wurde der temporäre Charakter der laufenden Migration unterstrichen und die Migration als vorübergehendes Phänomen beschrieben, das im Zusammenhang mit einem bestimmten sozioökonomischen Entwicklungsstatus Jugoslawiens zu sehen sei. Migration wurde auch als Chance für die arbeitslose oder in prekären Arbeitsverhältnissen angestellte Bevölkerung gesehen: durch die temporäre Anstellung im Ausland würden sie zu ihrem eigenen ökonomischen Fortkommen beitragen können (Baletić/Baučić 1979: 85).

Die Zielvorstellungen der jugoslawischen Migrationspolitik waren natürlich in der ökonomischen und geopolitischen Situation des Landes begründet. Die Ziele waren vor allem: schnellere ökonomische Entwicklung durch die Rücküberweisungen in harter Währung, die Rückkehr von so vielen Auswanderern als möglich – darunter speziell die Rückkehr von gut ausgebildeten Arbeitern und Experten – und schließlich die Schaffung eines attraktiven Investitionsklimas, damit die Migranten auch ihre Ersparnisse in Jugoslawien investieren würden.

Das Ausmaß der Realisierung dieser politischen Ziele blieb aber enttäuschend. Die Haupthindernisse waren die inadäquaten Investitionsprogramme für die Rückwanderer, die unterentwickelten Beratungsdienste, der Mangel an politischer Unterstützung auf lokaler und kommunaler Ebene sowie das unzulängliche Rechtssystem mit zum Teil widersprüchlichen Gesetzen zur Regelung der gleichen Materie, restriktive Zollbestimmungen, zu häufige Änderungen im Rechtssystem sowie rechtliche und politische Einschränkungen für den privaten Sektor der Wirtschaft, wozu auch die Landwirtschaft gezählt wurde.

Ende der 70er Jahre sagten Baletić und Baučić voraus, daß um die Mitte der 80er Jahre „die Arbeitslosigkeit und die ungenügenden Arbeitsplätze der überzähligen agrarischen Bevölkerung kein Motiv mehr für Auswanderung sein werden" (Baletić/Baučić 1979: 49). Das Gegenteil ist eingetreten. Die tiefe ökonomische Krise der 80er Jahre, eine ineffiziente Rückkehrpolitik und der politische Zerfall Jugoslawiens schufen zahlreiche neue Gründe für die Auswanderung. Restriktive Einwanderungspolitiken der Aufnahmeländer blieben das einzige Hindernis zur Realisierung neuer potentieller Auswanderung. Gleichzeitig trugen die Rückwanderer nicht zur Schaffung neuer Jobs im Land bei, sondern schufen zusätzlichen Druck auf dem Arbeitsmarkt, wo sie mit den zuhausegebliebenen Arbeitssuchenden um Arbeitsplätze konkurrierten. Diese Situation dauerte bis 1991/92 an, als die gewaltsame Auflösung des Landes und die Kriege in Kroatien und Bosnien Europas größte Migrationswelle und die umfangreichste „ethnische Säuberung" seit dem Zweiten Weltkrieg auslösten.

Anmerkungen

1 Offizielle jugoslawische Statistiken verwendeten dafür den Ausdruck „Personen, die zeitweise im Ausland arbeiten". Im Zeitraum 1970 bis 1990 wurde diese Bezeichnung problematisch, weil viele der zeitweise Ausgewanderten zu permanenten Emigranten geworden waren.
2 Der Selektivitätsindex vergleicht Charakteristika von Migranten mit denen der Gesamtbevölkerung.

3 Um der Vergleichbarkeit mit der Volkszählung von 1971 willen wurden zur Berechnung der Indices der Migrationsselektivität 1981 nur Arbeitsmigranten herangezogen. Im Ausland lebende Familienmitglieder der Arbeitsmigranten werden von der Nichtmigranten-Bevölkerung des früheren Jugoslawien des Jahres 1981 abgezogen, sie werden aber in die Emigrantenpopulation des Jahres 1981 nicht eingerechnet.
4 Im früheren Jugoslawien waren Slowenien, Kroatien, Serbien (ohne bis 1989 autonome Provinzen) sowie die Vojvodina der entwickeltere Teil des Landes; Bosnien-Herzegowina, Montenegro und Mazedonien gehörten zum weniger entwickelten Teil, Kosovo war die Region mit dem ausgeprägtesten Entwicklungsrückstand.
5 Die Selektivitätsindices mit Angaben über das Geschlecht wurden auf der Basis der aktiven Nichtmigranten-Bevölkerung berechnet. Dieses Vorgehen führt bei Frauen zu verläßlicheren Resultaten.
6 Für die Rückwanderung wird der Selektivitätsindex fast in gleicher Weise wie für die Auswanderung erstellt. Trotzdem sind die Volkszählungsdaten weniger verläßlich und daher für den Fall der Rückwanderung weniger nützlich. Der Hauptgrund für die geringere Qualität der Daten für den Rückwanderungsfall wird durch die Veränderungen bei den Eigenschaften der Migranten bedingt, die während ihrer Abwesenheit vom Heimatland eintreten.
7 In der jugoslawischen Volkszählung von 1971 wurden die Wanderarbeiter nach Zielländern eingeteilt. Italien gehörte zur Gruppe der „anderen europäischen Länder". Es sind daher keine Daten für Italien für das Jahr 1971 in Tabelle 9.4 enthalten. Zehn Jahre später wurde Italien separat ausgewiesen.

10. Die polnische Auswanderung seit 1945

Piotr Korcelli

10.1 Vorgeschichte

Die Bedingungen und die Art der Auswanderung aus Polen haben sich im Laufe der Zeit verändert. Mitte und Ende des 19. Jahrhunderts, als Polen zwischen Rußland, Preußen und Österreich aufgeteilt war, gab es ein rapides Bevölkerungswachstum, mit dem die Nachfrage nach Arbeitskräften in der Industrie und in verwandten Wirtschaftsbetrieben nur zum Teil und auch nur lokal Schritt halten konnte. In der Folge nahm der Bevölkerungsdruck in Agrarregionen zu und führte zu steigender Zerstückelung des Bodens und zu einer weitverbreiteten ländlichen Armut. Dies wiederum führte bis 1914 zur Auswanderung von 3,5 Mio. Menschen und von weiteren 1,5 Mio. in der Zwischenkriegszeit (1919–1939). Die Vereinigten Staaten nahmen ein gutes Drittel der Migranten auf. Andere wichtige Zielgebiete waren Deutschland (vor allem das Ruhrgebiet), Frankreich, Kanada, Brasilien und Australien. Im Verlauf des 19. Jahrhunderts und besonders nach dem nationalen Aufstand von 1863/64 waren außerdem viele tausend Polen nach Sibirien und in andere Teile des Zarenreiches deportiert worden. Außerdem bildeten polnische Juden in Westeuropa eine politische Diaspora.

Der Zweite Weltkrieg brachte weitere Massendeportationen der polnischen Bevölkerung sowohl nach Deutschland als auch in die Sowjetunion. In den unmittelbaren Nachkriegsjahren wurden als Folge der neuen Grenzziehungen und massiver ethnischer Säuberungen ca. 1,5 Mio. Polen aus den bis 1939 polnischen Teilen der Ukraine, Weißrußlands und Litauens sowie ca. 6 Mio. Deutsche und 0,5 Mio. Ukrainer aus Polen und den ehemaligen deutschen Ostgebieten vertrieben. Zur selben Zeit entschlossen sich die meisten Angehörigen der außerhalb Polens stationierten polnischen Streitkräfte, im Westen zu bleiben, während mehrere hunderttausend geflüchtete oder deportierte Polen und Juden aus der Sowjetunion ins wiedererrichtete Nachkriegspolen zurückkehrten. Auch viele der ins nationalsozialistische Deutschland verschleppten polnischen Zwangsarbeiter kamen nach Polen zurück. Nach ersten antisemitischen Pogromen flüchtete ein großer Teil der eben erst zurückgekehrten jüdischen Bevölkerung 1946/47 nach Westeuropa, Palästina und Nordamerika (jüdische Auswanderung 1946–1970 ca. 250.000 Personen).

Abbildung 10.1: Auswanderung aus und Einwanderung nach Polen 1951–1994

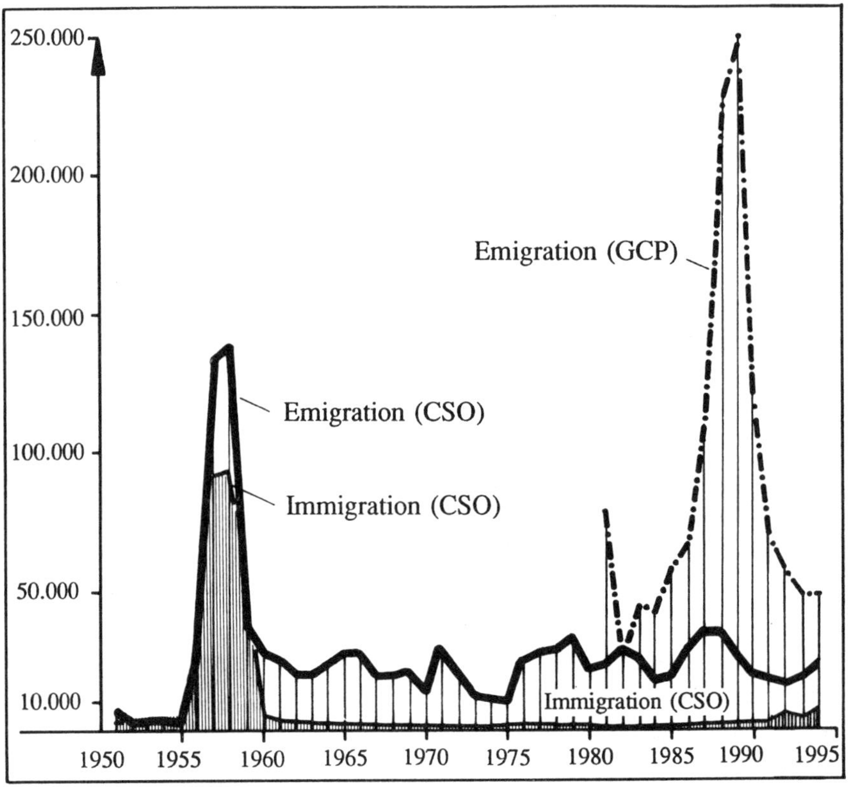

Quellen: Statistisches Zentralamt bis 1979, GCP 1989, Berechnungen Korcelli.

Während des kalten Krieges Anfang der 50er Jahre war jegliche Mobilität, also Auslandsreisen wie auch internationale Migration, aus und nach Polen so gut wie unmöglich. Mit der 1956 beginnenden politischen Liberalisierung

Tabelle 10.1: Wanderung aus und nach Polen 1951–1994 (in 1.000)

Jahr	Auswanderung lt. SZA-Daten	Einwanderung lt. SZA-Daten	Auswanderung lt. GCP-Daten	eigene Schätzung
1946–1950	1499,9	2543,6		
1951	7,8	3,4		
1952	1,6	3,7		
1953	2,8	2,0		
1954	3,8	2,8		
1955	1,9	4,7		
1956	21,8	27,6		
1957	133,4	91,8		
1958	139,3	92,8		
1959	37,0	43,2		
1960	28,0	5,7		
1961	26,5	3,6		
1962	20,2	3,3		
1963	20,0	2,5		
1964	24,2	2,3		
1965	28,6	2,2		
1966	28,8	2,2		
1967	19,9	2,1		
1968	19,4	2,2		
1969	22,1	2,0		
1970	14,1	1,9		
1971	30,2	1,7		
1972	19,1	1,8		
1973	13,0	1,4		
1974	11,8	1,4		
1975	9,6	1,8		
1976	26,7	1,8		
1977	28,9	1,6		
1978	29,5	1,5		
1979	34,2	1,7		
1980	22,7	1,5		50,0
1981	23,8	1,4	79,1	80,0
1982	32,1	0,9	27,3	
1983	26,2	1,2	45,5	
1984	17,4	1,6	41,4	
1985	20,5	1,6	55,8	
1986	29,0	1,9	67,4	
1987	36,4	1,8	108,3	
1988	36,3	2,1	228,0	
1989	26,6	2,2		250,0
1990	18,4	2,6		120,0
1991	21,0	5,0		70,0
1992	18,1	6,5		60,0
1993	21,3	5,9		50,0
1994	25,9	6,9		50,0

Anmerkung: Zahlen 1946–1950 ohne Vertriebene aus ehem. dt. Ostgebieten; offizielle Zahlen über Auswanderer seit 1980 liegen deutlich unter der Zahl der in Deutschland, Österreich und Übersee registrierten Zahlen von Aussiedlern, Asylbewerbern und Arbeitsmigranten aus Polen.
Quellen: Statistisches Zentralamt 1991, GCP 1989.

wurde die Auswanderung eines Teils der 1945–1947 nicht vertriebenen deutschen Bevölkerung und die Repatriierung von ca. 170.000 ethnischen Polen aus der Sowjetunion möglich. Wie der starke Rückgang der Migrationszahlen Ende der 50er Jahre zeigt, hielt dieses politische „Tauwetter" nicht an. Dennoch emigrierten während der 60er Jahre ungefähr 20.000 bis 30.000 Menschen jährlich nach Nordamerika, Westdeutschland, Israel, Schweden und in andere Länder. Nach einer sogenannten „antizionistischen" Kampagne verließen 1968/69 fast alle noch verbliebenen Juden das Land. In den frühen 70er Jahren wurde mit 10.000 bis 15.000 Auswanderern pro Jahr ein historisches Minimum erreicht (siehe Abbildung 10.1 und Tabelle 10.1).

Eine Auswanderung größeren Stils von Volksdeutschen in die Bundesrepublik Deutschland – offiziell als Familienzusammenführung bezeichnet – setzte Mitte der 70er Jahre ein. Dahinter standen politische Vereinbarungen zwischen den Regierungen in Warschau und Bonn. Der in den späten 70er Jahren deutlich gewordene Beginn einer politischen, sozialen und ökonomischen Krise bewirkte ein plötzliches Ansteigen der Ausreisezahlen nach Westeuropa, in die USA und nach Kanada. Vor allem die Solidarność-Bewegung und die Verhängung des Kriegsrechts lösten 1981/82 eine große Auswanderungswelle aus. Von den 200.000–250.000 Polen, die damals in den Westen gingen, kehrten jedoch etliche bald wieder zurück.

Wie vorhandene Statistiken beweisen, verließen zwischen 1980 und 1990 ungefähr 1 Mio. Polen ihre Heimat Richtung Westen. Diese Wanderung machte einen beträchtlichen Anteil der gesamten europäischen Ost-West-Migration der 80er Jahre aus. Seit 1990 ist die Auswanderung aus Polen zurückgegangen, obwohl sie sich immer noch auf einem hohen Niveau bewegt. Inzwischen spielen etliche politische Faktoren keine Rolle mehr, die bis 1989/90 einen Großteil der Auswanderung steuerten: vor allem die automatische Aufnahme von Volksdeutschen in Westdeutschland und die großzügige Gewährung politischen Asyls für polnische Emigranten in einer Reihe westlicher Staaten. Seither spielen ökonomische Push- und Pull-Faktoren eine zentrale Rolle. Tatsächlich vergrößerte sich seit 1990 die Zahl der polnischen Arbeitsmigranten in Westeuropa beträchtlich.

10.2 Daten über die internationale Migration

Offizielle Migrationsstatistiken stellen oft keine zuverlässige Informationsquelle über die internationalen Bevölkerungsbewegungen dar. Dies gilt auch für Polen, wo seit 1945 die Ein- und Auswanderung nur lückenhaft registriert wurde.

Die Hauptquelle für die Daten über internationale Migration ist das laufende Bevölkerungsregister, das den ständigen Wohnsitz neu nach Polen eingewanderter Personen erfaßt sowie Auswandernde streicht. Diese Daten werden jährlich vom Zentralen Statistischen Büro veröffentlicht und gehen in die offiziellen Bevölkerungsfortschreibungen ein. Sie werden auch als Basis für verschiedene Bevölkerungsprognosen verwendet.

Trotzdem reflektieren diese unvollständigen Daten die Dimension der Auswanderung aus Polen und aus anderen ostmittel- und osteuropäischen Ländern nicht in vollem Umfang. Zwischen den späten 40er und den späten 80er Jahren war diese an eine Genehmigung der zuständigen Behörde, nämlich des Innenministeriums, gebunden. Das Verfahren der Paßausstellung und die Erteilung eines Ausreisevisums waren recht kompliziert und dauerten lange. De facto war der einzige in den Augen des Ministeriums gerechtfertigte Grund zur Auswanderung die Familienzusammenführung. Daher gab es keinerlei Garantie für die Paßausstellung durch die Behörden. Zugleich wurde versucht, die öffentliche Meinung propagandistisch durch die Verbreitung eines negativen Bildes von Emigranten zu beeinflussen. Davon ausgenommen blieben allerdings Auswanderer aus dem „kapitalistischen" Polen der Zwischenkriegszeit. Diese politischen Anstrengungen konnten jedoch die Wunschvorstellungen vieler potentieller Migranten kaum verändern. Die Emigration in ein westliches Land wurde zu einem weithin akzeptierten biographischen Ziel. Vielen Polen dienten die erfolgreichen Auswanderer früherer Dekaden als Vorbild. Etliche hatten auch Verwandte im westlichen Ausland. Wieder andere „reaktivierten" ihre deutsche Herkunft, um in die Bundesrepublik auswandern zu können.

Da die „legale" Emigration zwischen den frühen 60er und den mittleren 80er Jahren sehr restriktiv gehandhabt wurde, blieb als wichtigste Alternative dazu die „illegale" bzw. undokumentierte Auswanderung (z.B. nach illegalem Grenzübertritt oder während einer Auslandsreise). Parallel zur stufenweisen Liberalisierung der Reisebeschränkungen nach 1956 und speziell seit den

70er Jahren (außer während der Geltungsdauer des Kriegsrechts 1982/83) stieg die Zahl der undokumentierten Auswanderungen ständig. Wenn diese Emigranten einmal in einem westlichen Land waren, beantragten sie in der Regel Asyl. Bis 1989/90 wurden die meisten von ihnen im Westen als Flüchtlinge aus einem kommunistischen Land anerkannt.

Ausreisen, die in Polen als „illegale Auswanderungen" galten, wurden entweder nicht vollständig dokumentiert (so wurde z.B. der Wohnsitz dann mit „Adresse unbekannt" angegeben), oder sie wurden erst erheblich später in das Bevölkerungsregister eingetragen, zumeist zum Zeitpunkt der nächsten Volkszählung. Die Kategorie „Migration in andere Länder" der offiziellen Bevölkerungsstatistiken spielte in den 70er Jahren zahlenmäßig kaum eine Rolle und wurde in den 80er Jahren vollkommen irrelevant, als mehrere hunderttausend Polen und Volksdeutsche „inoffiziell" und unkontrolliert in den Westen emigrierten.

All dies ist vermutlich für einen Großteil der Diskrepanzen zwischen den Zeitreihen des laufenden Bevölkerungsregisters und den Ergebnissen der Volkszählungen verantwortlich. Jedes Mal zwangen die Ergebnisse der Volkszählungen zu einer Korrektur der Bevölkerungszahl nach unten. Im Falle der Volkszählung 1970 betrug diese Differenz ungefähr 280.000 Personen, in der von 1978 ca. 82.000 Personen und in der Volkszählung 1988 ca. 85.000 Personen. Falls jedoch die Erfassung der Bevölkerung in den Volkszählungen unvollständig war, wäre nicht die Migration, sondern die jeweils anwesende Wohnbevölkerung unterschätzt worden. Ein Vergleich mit der deutschen Aussiedlerstatistik (1,5 Mio. aus Polen), den registrierten Asylbewerbern und der gestiegenen Zahl polnischer Arbeitsmigranten zeigt jedoch, daß in erster Linie die Abwanderung nicht vollständig dokumentiert wurde.

Die Daten des laufenden Bevölkerungsregisters (vgl. Tabelle 10.1) weisen einen Migrationssaldo aus, der zwei- bis sechmal geringer ist als die vermutete Größe des Nettowanderungsverlustes. Die Unterschiede zwischen den Daten aus dem laufenden Bevölkerungsregister und denen der Volkszählung dürften vor allem auf die undokumentierte Auswanderung zwischen den Volkszählungen zurückzuführen sein (vgl. Tabelle 10.2).

Für die Jahre 1978 bis 1988 ist eine andere Erklärung stichhaltig. Die Volkszählung von 1988 zählte auch diejenigen Personen zur Wohnbevölkerung, die zum Stichtag 6. Dezember mehr als zwei Monate „auf Zeit" verreist waren. Die amtliche Zahl belief sich auf 508.000. Nach Okolski (1991b) lag

Tabelle 10.2: Demographische Basisdaten über die polnische Bevölkerung 1968-1994 (in 1.000)

Jahr	Wohnbev. insgesamt	Veränderung	Geburten	Sterbefälle	internat. Nettomig.	statist. Differenz
1968	32.426	263	524	244	−17	263
1969	32.671	245	531	263	−20	248
1970	32.658	−13	546	267	−12	267
1971	32.909	251	562	284	−29	249
1972	33.202	293	576	265	−17	294
1973	33.512	310	599	277	−12	310
1974	33.846	334	621	277	−10	334
1975	34.185	339	644	297	−8	339
1976	34.528	343	670	304	−25	341
1977	34.850	322	603	313	−27	323
1978	35.081	231	666	325	−28	313
1979	35.414	333	688	323	−33	332
1980	35.735	321	693	350	−21	322
1981	36.062	327	679	329	−22	328
1982	36.399	337	702	335	−31	336
1983	36.745	346	721	349	−25	347
1984	37.063	318	699	365	−16	318
1985	37.341	278	678	382	−19	277
1986	37.572	231	635	376	−27	232
1987	37.764	192	606	378	−35	193
1988	37.862	98	588	371	−34	183
1989	37.963	101	563	381	−24	158
1990	38.119	156	546	388	−16	142
1991	38.245	126	548	406	−16	126
1992	38.365	120	515	395	−12	108
1993	38.459	94	494	392	−15	87
1994	38.544	85	481	386	−19	76

Anmerkung: Die statistische Differenz errechnet sich aus den Geburten weniger den Sterbefälle zuzüglich dem internationalen Migrationssaldo. Wenn konsistente Zeitreihen vorliegen, dann müßte die statistische Differenz genauso groß sein wie die jährliche Veränderung der Bevölkerungszahl.
Quelle: Statistisches Zentralamt 1991.

dieser Wert um mindestens 250.000 Personen niedriger als die wirkliche Zahl der nicht auf Dauer Ausgewanderten. Dies hängt mit dem spezifischen Charakter der Auswanderung in den späten 80er Jahren zusammen. Seit der letzten Auswanderungswelle ab 1988/89 zieht es eine beträchtliche Zahl von Auswanderern vor, zumindest formell einen ordentlichen Wohnsitz in Polen zu behalten, um sich die Möglichkeit zur Rückkehr offenzuhalten. Dieser Status garantiert ihnen oder ihren Verwandten beispielsweise weiterhin den

Zugang zu subventionierten Wohnungen. Daher könnte es bei der Volkszählung 1988 zu einer Überschätzung der Wohnbevölkerung durch gemeldete, aber de facto längst nicht mehr anwesende Personen gekommen sein. Zu einer Fehleinschätzung gegenteiliger Art kommt es bei der Interpretation der Aussiedlerzahlen. An die 170.000 Personen dürften sich zwar durch formelle Übersiedlung nach Deutschland die deutsche Staatsbürgerschaft gesichert haben, ihren Lebensmittelpunkt aber weiterhin in Polen haben und hier auch gemeldet sein.

Weitere Informationen über das Ausmaß der Migration (vgl. Tabelle 10.2) stammen von der Paßdatenbank, die das Innenministerium 1980 einrichtete. Sie enthält ein computerisiertes Registriersystem, das in den späten 70er Jahren zum Zwecke der umfassenden Polizeikontrolle eingeführt wurde. Diese Datenbank, in die seit Ende 1989 nichts mehr eingegeben wird, erfaßte jede Aus- und Einreise polnischer Staatsbürger von und nach Polen. Erste Schätzungen über den Umfang und die Zusammensetzung der Auswanderung aus Polen zwischen 1981 und 1987, die aus dieser Quelle stammen, wurden Anfang 1988 veröffentlicht.

10.3 Neueste Migrationstrends

In den 80er Jahren fand eine große Auswanderungswelle aus Polen statt, deren Ausmaß auf ungefähr 1 Mio. Menschen geschätzt wird. Die Auslöser lagen in der Verschlechterung der Einkommensverhältnisse und des Lebensstandards nach dem relativen Wohlstand der 70er Jahre sowie in ersten Anzeichen einer politischen Destabilisierung. Möglich wurde die Massenauswanderung durch eine Liberalisierung der Reisebeschränkungen auf polnischer Seite. Besonders groß war die Abwanderung 1980/81 (über 100.000), als die Kraftprobe zwischen Solidarność und kommunistischem Parteiapparat ihren ersten Höhepunkt erreichte. Als die Ausreisebestimmungen nach der Verhängung des Kriegsrechts 1982/83 wieder verschärft wurden, ging die Auswanderung zurück, schnellte aber in den späten 80er Jahren erneut nach oben, als die letzte „reformistische" kommunistische Regierung begann, allen Bürgern Reisepässe auszustellen. Mehrere westliche Staaten antworteten darauf mit der Einführung der Visumpflicht für polnische Staatsbürger.

Wie die verfügbaren Daten zeigen, wurden von polnischen Bürgern im Spitzenjahr der Auswanderung 1988 1,691.000 Auslandsreisen unternommen. Darunter waren 26.000 offizielle Auswanderungen und 1,664.000 zeitlich begrenzte Reisen. Nach eigenen Angaben verreisten diese Personen als Touristen, zum Zwecke von Verwandtenbesuchen, zur Teilnahme an sportlichen oder wissenschaftlichen Veranstaltungen oder aus beruflichen Gründen. Ungefähr ein Achtel dieser 1,664.000 Reisenden, also 280.000 Personen, verreisten länger als ursprünglich angegeben. Von diesen 280.000 „Langzeitreisenden" des Jahres 1988 waren bis Ende November 1989 202.000 nicht wieder nach Polen zurückgekehrt. Zusammen mit den 26.000 offiziellen Auswanderern betrug die Summe der 1988 Ausgewanderten also 228.000 Personen.

Da die Registrierung der Ausreisen an den polnischen Grenzen 1989 abgeschafft wurde, gibt es seither keine um die im folgenden Jahr Zurückgekehrten berichtigte Ziffer. Eine Analyse der Rückkehrer im Zeitraum Dezember 1988 bis November 1989 zeigt jedoch, daß rund 25% von ihnen Polen zwischen 1981 und 1987 verlassen hatten. Also müßte die dauerhafte Auswanderung aus Polen für das Jahr 1989 eher bei ca. 180.000 Personen liegen. Dies würde allerdings voraussetzen, daß sich die Verhältnisse der 80er Jahre auf die Jahre nach 1989 übertragen lassen, für die wir allerdings keine Statistik der Ein- und Ausreisen besitzen.

Wohin sind diese Emigranten ausgereist? Die Regierungskommission für Bevölkerungsfragen bezieht sich bei der Beantwortung dieser Frage auf die im Paßantrag jeweils erstgenannten Ziel- oder Transitländer, während die vom Statistischen Zentralamt 1989 veröffentlichten Daten die Auswandernden auf Basis der Paßanträge nach dem endgültigen Zielland auflistet. Nach der letztgenannten Quelle nahmen Westdeutschland 64% und die Vereinigten Staaten 12% der offiziell registrierten polnischen Auswanderer der Jahre 1981 bis 1988 auf. Laut Regierungskommission für Bevölkerungsfragen gingen in diesem Zeitraum 49% der offiziellen Auswanderer nach Westdeutschland und 14% in die USA. Auf Österreich, Griechenland und Italien entfielen ebenfalls 14%. Doch diese drei Länder fungierten auch als Transitländer für die polnische Emigration nach Nordamerika, Australien und Südafrika.

Insgesamt kann man die Zahl der Emigranten aus Polen in die Bundesrepublik Deutschland (einschließlich West-Berlin) auf 335.000 bis 360.000 schätzen; das wären 51 bis 55% der gesamten Emigration der Jahre 1981 bis

1988. Die Auswanderung in die Vereinigten Staaten kann auf 110.000 bis 125.000 geschätzt werden (17 bis 20%), die nach Kanada auf 60.000 bis 80.000 (9 bis 12%). Andere wichtige Zielländer waren Australien, Südafrika, Frankreich, Schweden, Italien und Österreich (siehe Korcelli 1991).

Nach offiziellen westdeutschen Quellen (siehe Münz/Ulrich 1996 und Rudolph in diesem Band) betrug die Nettoimmigration aus Polen während der Jahre 1954 bis 1988 insgesamt 790.500, davon 468.900 deutschstämmige „Aussiedler" und 321.600 ethnische Polen. Der Europarat (1991) nennt für die Zeit zwischen 1987 und 1990 eine Zahl von 608.300 Migranten zwischen Polen und Deutschland (siehe auch Rudolph in diesem Band).

Insgesamt nahm die Bundesrepublik Deutschland zwischen 1950 und 1995 rund 1,5 Mio. Aussiedler aus Polen auf. Zugleich hielten sich in den frühen 90er Jahren weitere 300.000 polnische Staatsbürger in Deutschland auf. Alle verfügbaren Quellen belegen, daß der Höhepunkt der jüngsten Emigrationswelle 1989 erreicht wurde. Aber auch danach blieb die Zahl der Ausreisenden hoch.

Hauptursache der Auswanderung von Polen und Volksdeutschen in den späten 80er Jahren war die sich zuspitzende innenpolitische und ökonomische Krise. Ermöglicht wurde die Massenmigration durch eine liberale Paßausgabe, die sowohl individuelles Reisen als auch unbürokratische Auswanderung erlaubte. Als sich Mitte 1988 der Fall der kommunistischen Regierung abzeichnete, entschlossen sich einige, die zu diesem Zeitpunkt noch bestehende Chance auf Beantragung politischen Asyls in einem westlichen Land in Anspruch zu nehmen. Außerdem wuchs die Zahl der Aussiedler rasch an. Unbürokratische Aufnahme fanden in (West-)Deutschland bis zu Beginn der 90er Jahre alle Personen deutscher Herkunft sowie deren unmittelbare Familienangehörige (Ehepartner, minderjährige Kinder). Anspruch auf Aufnahme in Deutschland hatten bis 1992 auch Personen mit ehemals deutscher Staatsangehörigkeit und deren Nachkommen sowie Angehörige deutscher Minderheiten.[1] Innerhalb der von Polen 1945 zuerst verwalteten und später annektierten deutschen Ostgebiete (Hinterpommern, Ostbrandenburg, Schlesien und der südliche Teil Ostpreußens)[2] sowie in Danzig umfaßte die nach 1947 verbliebene „autochthone" Bevölkerung rund 1 Mio. Menschen. 1939 hatten in diesem Teil des Deutschen Reichs rund 8,5 Mio. Menschen gelebt. Nicht vertrieben wurden nach 1945 deutsch- und mehrsprachige Personen katholischen Glaubens; die meisten von ihnen in Oberschlesien. Die polnische Regierung sah in ihnen germanisierte Menschen polnischer Abstammung. Unterschiedliche Interpretationen über die ethnische Zugehörigkeit der Einwohner dieser Region hatte es schon vor dem Zweiten Weltkrieg gegeben. 1925 lebten nach offiziellen reichsdeutschen Statistiken in den deutschen Ostgebieten rund 683.000 ethnische Polen, darunter 543.000 im westlichen Oberschlesien und in der Region Oppeln/Opole. Zur gleichen Zeit schätzten polnische Autoren (Romer und andere) ihre Zahl auf 1,2 Mio. (siehe Kosinski 1963: 24f.).

1970, nach der ersten Phase des sogenannten Familienzusammenführungsprogramms, wurde die Zahl der Volksdeutschen, die noch innerhalb polnischer Grenzen wohnten, vom deutschen Roten Kreuz auf 290.000 geschätzt (nach Korbel, zitiert von Okolski 1991a: 14). Die Zahl der Aussiedler polnischer Herkunft war jedoch in den 80er und frühen 90er Jahren rund viermal so hoch. Neuere Schätzungen der Größe der deutschen Minderheit in Polen belaufen sich auf ungefähr 440.000 Personen, darunter eine wachsende Zahl von Doppelstaatsbürgern, die als Aussiedler anerkannt wurden, aber in Polen blieben.

10.4 Ausgewählte Charakteristika polnischer Migranten

Eine Analyse der sogenannten „illegalen" Auswanderer[3] der 80er Jahre zeigt, daß sich unter ihnen ein hoher Anteil von Kindern zwischen 0 und 17 Jahren befand. Offensichtlich war es für Familien mit kleinen Kindern oder Schulkindern schwieriger als für ältere Personen, eine offizielle Ausreisegenehmigung zu erhalten. Unter den jungen Erwachsenen, die „auf Zeit" bzw. illegal ausreisten, befand sich auch ein höherer Prozentsatz von Frauen als von Männern.

Die beträchtliche Präsenz von Kindern und jungen Erwachsenen unter den Emigranten der späten 80er Jahre zog Auswirkungen auf die Altersstruktur der Wohnbevölkerung Polens nach sich. Gemäß Angaben der Regierungskommission für Bevölkerungsfragen (1989) sank die Gesamtzahl der Bevölkerung im arbeitsfähigen Alter (18–64 Jahre) zwischen 1986 und 1988 um 257.000.

Die Migranten der 80er Jahre waren gebildeter als der Durchschnitt der Bevölkerung. Von den über 18jährigen, die für immer oder für längere Zeit

Abbildung 10.2: Altersverteilung der legalen Daueremigranten

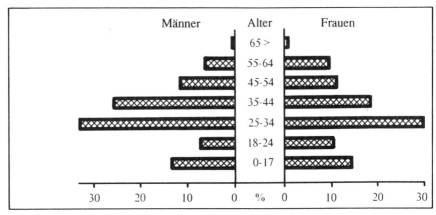

Quelle: Volkszählung 1988.

Abbildung 10.3: Altersverteilung der temporären Migranten

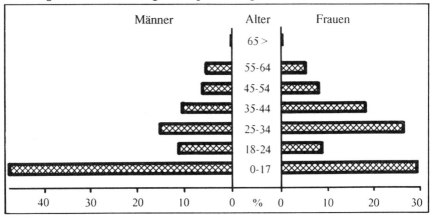

Quelle: Volkszählung 1988.

emigrierten, waren 13,3% Hochschulabsolventen, 46,4% hatten die Mittlere Reife. Im Vergleich dazu betrug der Anteil der Akademiker innerhalb der polnischen Bevölkerung nur 6,5% und jener der Personen mit Mittlerer Reife 31,3%. Unter den zwischen 1981 und 1988 Emigrierten waren 19.800 Ingenieure, 8.800 Natur- und Geisteswissenschaftler, 5.500 Ärzte und 6.000 KrankenpflegerInnen. Ungefähr 15.000 Studenten unterbrachen ihr Studium in Polen, um ins Ausland zu gehen, wo die meisten unter ihrer Qualifikation

Arbeit im informellen Sektor annahmen. Das sind typische Merkmale eines Brain-Drain, sowie eines Brain-Waste. Dieses Phänomen wird auch in nächster Zukunft nicht verschwinden, obwohl viele hochqualifizierte Emigranten in Deutschland, Österreich oder den USA in ihrem bisherigen Beruf nicht (bzw. nicht sofort) Arbeit finden.

Abbildung 10.4: Herkunftsregionen der Migranten 1981–1988 (in % der Gesamtbevölkerung von 1984)

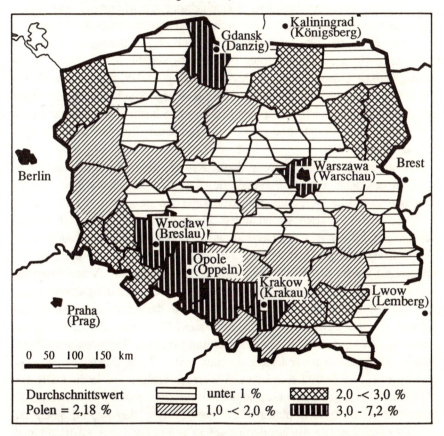

Quelle: Berechnung auf der Basis von GCP-Daten (1989).

Die Abbildung 10.4 zeigt die regionale Herkunft der Migranten des Zeitraums 1981 bis 1988. Klar erkennbar ist die starke Emigration aus dem Bezirk Opole/Oppeln, wo die zahlenmäßig größten Gruppen der noch verbliebenen deutschen Minderheit leben. Dasselbe gilt in etwas geringerem Ausmaß für den Westteil Oberschlesiens (Bezirk Kattowitz). Als Herkunftsgebiete überrepräsentiert sind auch die großen Städte. Neben der dicht besiedelten Region Kattowitz zählen vor allem die Agglomerationen von Warschau, Danzig, Krakau und Breslau zu den Regionen, in denen die Auswanderung während der 80er Jahre über dem nationalen Durchschnitt lag. Im Zeitvergleich zeigt sich eine langsame Verschiebung der Hauptauswanderungsregionen von den westlichen zu den mittel- und ostpolnischen Bezirken.

Bis in die späten 80er Jahre war die aktuelle Auswanderung vor allem aus politischen Gründen sowie infolge des Fehlens verläßlicher amtlicher Daten kein gängiges Thema der polnischen Forschung. Daher sind gerade für die Periode mit der stärksten Abwanderung nur wenige Studien vorhanden. Eine Ausnahme bildet die interessante Fallstudie von Sakson (1986) über die Auswanderung aus Warmia-Masurien, dem südlichen Teil des früheren Ostpreußens.

Die einheimische Bevölkerung dieser Region, die in der Zwischenkriegszeit auf ungefähr 500.000 Personen geschätzt wurde, bildete eine typische ländlich-agrarische Gesellschaft an der äußersten Peripherie des Deutschen Reichs. Charakteristisch waren unterschiedliche Wertsysteme und Verhaltensnormen für den privaten Bereich, wo zum Teil der lokale polnisch-masurische Dialekt gesprochen wurde, und für den öffentlichen Bereich, wo die deutsche Sprache die Norm war. Nach Krieg, Flucht bzw. Vertreibung der zur Gruppe der „Deutschen" gerechneten Personen sank die Einwohnerzahl auf 113.000 Menschen im Jahr 1948. Konflikte der masurischen Restbevölkerung mit neu zuwandernden Siedlern aus Mittel- und Ostpolen und die Diskriminierung durch die neu eingesetzten örtlichen Behörden verstärkten den Wunsch nach Auswanderung. In einer ersten Welle wanderten zwischen 1956 und 1958 37.000 Personen nach Westdeutschland und in die DDR aus. Am Ende des ersten Familienzusammenführungsprogramms 1958 wurde die Zahl der autochthonen masurischen Bevölkerung der Region noch auf 75.000 geschätzt. Die Auswanderung setzte sich in geringerem Ausmaß auch nach 1958 fort. Während der zweiten Welle verließen zwischen 1975 und 1983 weitere 36.000 Personen das Gebiet. Damals wanderte die Mehrheit in die Bundesrepublik aus.

Im Gegensatz zu Warmia-Masurien, wo in den Gemeinden eng miteinander verbundene Gemeinschaften lebten und die Auswanderung daher ganze Familien betraf, gab es in der oberschlesischen Region einen höheren Grad an „Mischehen" zwischen der autochthonen deutschstämmigen bzw. gemischten Bevölkerung des früheren deutschen Gebiets und der Bevölkerung der östlichen Nachbarregion sowie anderen Gebieten, die nach dem Ersten Weltkrieg zu Polen kamen (Rykiel 1989).

Die Kontakte zwischen den Gruppen wurden durch verstärkte Binnenwanderung, durch die Beschäftigung in Großbetrieben und durch das gemeinsame Erziehungssystem gefördert. Als Ergebnis griff die Emigration aus dieser Region erst seit den späten 70er Jahren sozial, ethnisch und territorial immer weiter um sich.[4] Gleichzeitig ist in Oberschlesien eine Renaissance des Bekenntnisses zur deutschen Herkunft festzustellen, was sich in Kulturvereinen, deutschsprachigen Gottesdiensten, regen Kontakten nach Deutschland und erfolgreichen ethnischen Listen bei kommunalen und nationalen Wahlen manifestiert.

10.5 Zukünftige Migrationstrends

Die seit 1989/90 grundlegend veränderten politischen und wirtschaftlichen Verhältnisse Polens haben auch Konsequenzen für die internationale Wanderung. Die Emigration aus politischen Gründen ist nicht mehr existent. Auch für Personen deutscher Volkszugehörigkeit besteht seit 1993 praktisch keine Möglichkeit mehr, den Aussiedlerstatus zu beantragen. Die ökonomischen Verhältnisse haben sich ebenfalls geändert. Es gibt neue Push-Faktoren (wie z.B. die Arbeitslosigkeit), die sowohl permanente als auch zeitlich begrenzte Emigration bewirken können. Der Brain-Drain wird sich sicherlich fortsetzen. Davon werden Gruppen mit hoher Qualifikation, z.B. Naturwissenschaftler, Mediziner, aber auch Krankenpflegepersonal, besonders betroffen sein. Verstärkt wird diese Tendenz zweifellos durch die große Zahl seit Mitte der 90er Jahre neu auf den Arbeitsmarkt drängender junger Menschen, eine Folge der geburtenstarken Jahrgänge der späten 70er und frühen 80er Jahre.

Trotzdem ist der Höhepunkt der polnischen Auswanderung, die in den 80er Jahren eine Hauptquelle der Ost-West-Migration in Europa darstellte, deutlich überschritten. Jüngste Umfrageergebnisse legen nahe, daß die Zahl der polnischen Staatsbürger, die gerne auswandern würden, de facto nicht größer als 2 bis 4% ist. Zum Vergleich: In den späten 80er Jahren standen ungefähr 70% der Gymnasiasten und Schüler höherer Schulen einer dauernden oder zeitlich befristeten Emigration positiv gegenüber. Allerdings empfiehlt auch heute ein beträchtlicher Anteil der Erwachsenen den jungen Polen einen längeren Auslandsaufenthalt.

Während die permanente Auswanderung aus Polen beträchtlich abgenommen hat, ist die Zahl der polnischen Bürger, die sich für eine gewisse Zeit im Ausland aufhalten, seit 1989/90 deutlich gewachsen. Ermöglicht wird dies durch den visafreien Reiseverkehr, der sowohl zwischen Polen und europäischen als auch mit vielen außereuropäischen Ländern vereinbart wurde. Wir sind in diesem Bereich auf Schätzungen angewiesen. Bekannt ist, daß Zehntausende Polen im informellen Sektor Deutschlands, der Vereinigten Staaten, Österreichs, Italiens, Belgiens und Griechenlands Arbeit finden. Auch unter den legal beschäftigten Saison- und Kontraktarbeitern in Deutschland gibt es überdurchschnittlich viele Polen. Die Polen waren auch die aktivsten und erfolgreichsten Teilnehmer an der Verlosung im Rahmen der Einwanderungslotterie der USA, bei der sie 1991 und 1992 jeweils etwa die Hälfte der verlosten „green cards" erhielten. Wenn man diese jüngsten Entwicklungen in Betracht zieht, kann man auch für die Zukunft ein gewisses Maß an Auswanderung aus Polen vorhersagen (siehe Korcelli 1991). Wäre die Zahl der langfristigen Auswanderer halb so groß wie in den 80er Jahren, dann würde dies einen Bevölkerungsverlust von 400.000 bis 500.000 Personen im Zeitraum 1995 bis 2000 bedeuten. Kurzfristig im Ausland beschäftigte Polen sind in dieser Zahl nicht enthalten. Die Gruppe der legalen Arbeitskräfte, die aufgrund bilateraler Abkommen in Westeuropa (vor allem in Deutschland) beschäftigt sind, wird gegen Ende der 90er Jahre nicht kleiner sein als 1993/94 (350.000 Personen).

Ein großer Teil der Menschen, die Polen in den 80er Jahren verließen, waren Volksdeutsche oder andere Personen, die einen Anspruch auf die deutsche Staatsbürgerschaft hatten. Die Mehrzahl von ihnen wird nicht wieder zurückkehren. Andere haben sich bloß die deutsche Staatsbürgerschaft gesichert, sind aber nicht wirklich abgewandert. Der kleinere Teil der Auswanderer der 70er und 80er Jahre waren junge Menschen, die sich als Polen fühlten. Einige wurden Unternehmer, die Kapital und Know-how in ihrem Heimatland investierten, andere wurden erfolgreiche Wissenschaftler und Forscher. So gut wie alle nordamerikanischen und viele westeuropäische Universitäten haben polnische Lehrkräfte. Eine dritte Gruppe bilden jene Tausenden polnischen Exstudenten, die in Städten wie z.b. New York in schlecht bezahlten Jobs am Bau oder in Restaurants arbeiten. Weil sie ihr Scheitern gegenüber ihren Familien und Freunden zu Hause nicht zugeben und nicht ohne Ersparnisse zurückkommen wollen, warten viele von ihnen weiterhin auf ihre „große Chance". Die größte Gruppe der Auswanderer bilden freilich jene Hunderttausende Arbeitsmigranten, die in Westeuropa, vor allem in Deutschland, Österreich und Skandinavien, kurz- oder mittelfristig einen Job gefunden haben. Von ihnen kehrt der Großteil früher oder später wieder nach Polen zurück. Die übrigen bleiben ihrer Heimat durch regelmäßige Besuche verbunden.

In jüngster Zeit gab es erste Anzeichen für die beginnende Einwanderung von Personen, die nicht polnischer Herkunft sind (nach offiziellen Statistiken kamen im Jahr 1994 6.100 Personen als Neuzuwanderer nach Polen). Gleichzeitig wurde Polen auch zu einem Hauptzielland zeitlich begrenzter Wirtschafts- und Arbeitsmigration aus der früheren Sowjetunion (Baltikum, GUS-Staaten) und aus Rumänien. Die Zahl der „Handel treibenden Touristen" aus den GUS-Staaten wird auf 350.000 Personen pro Jahr geschätzt. Ungefähr 50.000 bis 70.000 finden im informellen ökonomischen Sektor, vor allem am Bau, in Dienstleistungsberufen und in der Landwirtschaft Arbeit, die Mehrheit in und um Warschau.

Die zukünftige Einwanderung nach Polen wird auch eine größere Zahl ethnischer Polen aus Litauen, Weißrußland und der Ukraine umfassen. Insgesamt leben in diesen drei Ländern 2 bis 3 Mio. Angehörige polnischer Minderheiten. Sie stellen ein beträchtliches Einwanderungspotential dar. Mit einer Auswanderung dieser Personengruppe ist vor allem dann zu rechnen, wenn sich ihre Lebensverhältnisse deutlich verschlechtern oder wenn es in einem der östlichen Nachbarländer Polens zu gravierenden ethnischen oder politischen Konflikten kommt.

In Polen ist die Situation der polnischen Minderheiten in den Nachbarländern und der nach Zentralasien deportierten Polen Gegenstand öffentlicher Auseinandersetzungen. Immer wieder wird die Forderung aufgestellt, daß diese Menschen und ihre Angehörigen das Recht zur Wiedererlangung der polnischen Staatsbürgerschaft und damit das Recht auf Einwanderung bekommen sollen. Konkrete Schritte wurden aber bisher verzögert. Manche befürchten eine Massenzuwanderung aus dem Osten, andere sind der Meinung, daß es dringendere politische und ökonomische Probleme zu bewältigen gilt.

Anmerkungen

1 Seit 1993 gilt dieser Anspruch nur noch für Volksdeutsche, die auf dem Gebiet der ehemaligen Sowjetunion leben.
2 Posen, Westpreußen und Oberschlesien wurden aufgrund des Friedensvertrages von Versailles bereits nach dem Ersten Weltkrieg polnisch und das Memelland litauisch.
3 Dies sind Personen, die das Land im Rahmen einer Auslandsreise verlassen hatten, aber permanent oder zumindest länger als offiziell angegeben im Ausland geblieben waren.
4 Dies ist ein Beispiel eines von der „nichteuklidischen Demographie" bestimmten Phänomens (Brubaker 1991), wonach die Emigration aus einer bestimmten Gegend oder einem bestimmten Land eher zu einem Zuwachs als zu einer Verminderung der potentiellen Auswanderungsbevölkerung aufgrund der existierenden Familien- und Sozialbeziehungen führt.

11. Ungarn und die internationale Migration

Zoltán Dövényi und Gabriella Vukovich

11.1 Die vier Phasen der ungarischen Migrationsgeschichte

Bis vor kurzem war Ungarn vor allem ein Auswanderungsland, Einwanderung blieb die Ausnahme. In der modernen ungarischen Auswanderungsgeschichte lassen sich vier Perioden unterscheiden. Die erste begann mit dem Einsetzen der Massenmigration in der Mitte des 19. Jahrhunderts und dauerte bis nach dem Ende des Ersten Weltkriegs. Sie war durch eine starke Auswanderung – besonders nach Amerika – gekennzeichnet.

Die zweite Periode setzte gegen 1920 ein und endete 1948. Während dieser Zeit wurde die Migration von zahlreicheren Push-Faktoren als zuvor beeinflußt, gleichzeitig wurden die Migrationsströme durch drastische Einwanderungsbeschränkungen im wichtigsten Zielland, den USA, stark reduziert.

Die dritte Phase fällt in die Periode des kalten Krieges und dauerte bis zum Fall des Eisernen Vorhangs. Die Auswanderung während dieser Phase war nicht nennenswert, mit Ausnahme weniger Monate im Jahr 1956, als die Grenzen offen waren. Die Einwanderung fiel während dieser Periode quantitativ noch weniger bedeutend aus als die Auswanderung. Die Wahlen, die das Ende der kommunistischen Herrschaft in Ungarn herbeiführten, fanden 1989 statt, doch der Umschwung im Migrationsgeschehen fällt schon in das Jahr 1988.

Ungarn ist jetzt in die vierte Phase seiner Migrationsgeschichte eingetreten. Es ist zu einem Einwanderungsland geworden. Dieser Prozeß setzte ein, als Ungarn 1988 begann, Flüchtlinge aufzunehmen und beschloß, die Genfer Konvention zu unterzeichnen (März 1989). Seit damals ist die Situation, was Flüchtlinge und Einwanderer nach Ungarn anbelangt, komplexer geworden. Zu Anfang kamen die Flüchtlinge vor allem aus Rumänien. Die überwiegende

Mehrheit waren ethnische Ungarn. Inzwischen setzt sich der Zuwandererstrom aus diversen nationalen und ethnischen Gruppen zusammen.

Ein weiterer Faktor waren Kriege, ethnische Säuberungen und Repression im früheren Jugoslawien, in deren Folge Flüchtlinge in großer Zahl ins Land strömten. Sowohl viele dieser Flüchtlinge als auch das aufnehmende Gastland erwarten, daß sie sich nur zeitweilig in Ungarn aufhalten werden. Ähnliches gilt für Asylbewerber. Im Gegensatz dazu ist bei zuwandernden ethnischen Ungarn aus Siebenbürgen, der Vojvodina und der Westukraine, bei anerkannten Konventionsflüchtlingen und bei anderen Einwanderern, wie z.B. Arbeitsmigranten, davon auszugehen, daß ein Großteil für längere Zeit oder auch für immer bleiben wird.

Schließlich hat sich durch die demokratische Wende auch der Auswanderungsmodus für die Ungarn selbst verändert, weil ungarische Staatsbürger in Westeuropa und Nordamerika nicht mehr automatisch als Flüchtlinge anerkannt werden. Wenn Ungarn heute zeitweise oder auch für immer in ein anderes Land auswandern wollen, müssen sie sich den Einwanderungsreglements des Ziellandes unterwerfen, ohne irgendeine bevorzugte Behandlung zu genießen. Ein Beitritt Ungarns zur EU könnte hier in Zukunft zu mehr Freizügigkeit führen.

11.2 Die Migrationsströme des 19. und frühen 20. Jahrhunderts

Mitte des 19. Jahrhunderts wurde die Migration in Mittel- und Osteuropa zu einem Massenphänomen. Die Verkehrsmittel entwickelten sich technisch zu Massentransportmitteln. Auch die Kommunikationsmöglichkeiten verbesserten sich. In der zweiten Hälfte des 19. Jahrhunderts wurde Massenmigration zu einem wichtigen Instrument zur Ableitung von sozialen und politischen Spannungen. Es kam dadurch für die Herkunftsländer aber auch zum Verlust von Humankapital.

Tabelle 11.1: Österreicher bzw. Ungarn als Ausländer in der jeweils anderen Reichshälfte der österreich-ungarischen Monarchie 1900 und 1910 (in 1.000)

	Ungarn in Österreich	Österreicher in Ungarn
1900	270,8	207,6
1910	301,1	2276

Quelle: Österreichisch-ungarische Volkszählungen 1900, 1910; Statistisches Zentralamt.

Die charakteristische Richtung der geographischen Mobilität in Mittel- und Osteuropa war immer aus dem weniger entwickelten Osten in den entwickelteren Westen. Dies galt sogar für die Wanderung zwischen Österreich und Ungarn (vgl. Tabelle 11.1).

Die ungarische Auswanderung nach Übersee begann mit den politischen und/oder religionsbedingten Flüchtlingen, die nach Amerika migrierten. Diese waren aber nicht sehr zahlreich. Erst im letzten Viertel des 19. Jahrhunderts wurde die Migration aus der österreichisch-ungarischen Monarchie in die USA zu einem Massenphänomen. Zwischen 1900 und 1910 kamen die meisten Transatlantikmigranten aus der Donaumonarchie. Unter diesen Migranten waren Angehörige der politisch und kulturell dominanten Gruppen der Monarchie – also Deutschsprachige und Ungarn – gemessen an ihrem Bevölkerungsanteil unterrepräsentiert: 19% der Auswanderer aus der Habsburgermonarchie waren Polen, 16% Serbokroaten und Slowenen, 15% Slowaken, 15% Ungarn und nur 12% Deutschsprachige. Zwei Drittel dieser deutschsprachigen Migranten kamen aus dem ungarischen Teil der Monarchie, insbesondere aus dem heutigen Burgenland (Horvath 1988; John 1991).

Insgesamt dominierten unter den Überseeauswanderern Angehörige ethnischer Minderheiten aus der nordöstlichen, östlichen und südlichen Peripherie der Monarchie. In den westlichen Provinzen Ungarns war hingegen die Binnenwanderung größer als die internationale Migration (Fassmann 1991). Man kann sagen, daß sich interne und internationale Migration eher substituierten, als daß sie simultan beobachtbare Verhaltensmuster in ein und derselben Region der Monarchie gewesen wären.

Während des 19. und in der ersten Hälfte des 20. Jahrhunderts waren weder Ungarn noch Österreich Einwanderungsländer. In Summe wanderten aus beiden Teilen der Monarchie wesentlich mehr Menschen aus als ein. Trotzdem dominierten die Nahwanderungen. Die Volkszählung von 1910 zeigte, daß mehr als die Hälfte aller Einwanderer in den österreichischen Teil der Monarchie aus Ungarn und die nach Ungarn Eingewanderten zumeist (ca. 85%) aus Österreich kamen (Fassmann 1991).

Nach 1882 beschleunigte sich die Auswanderung nach Amerika. Die neuen Einwanderer, selbst zumeist bäuerlicher Abstammung, kamen zu einem Zeitpunkt an, als die „Eroberung" des amerikanischen Westens schon so gut wie abgeschlossen war. Sie siedelten sich daher trotz ihres biographischen Hintergrunds in Industrie- und Bergbauzentren an.

Obwohl ökonomische Push-Faktoren der Hauptgrund für die Auswanderung aus Ungarn waren, müssen auch soziale, politische und kulturelle Faktoren in Betracht gezogen werden, die sich z.B. an der ethnischen Zusammensetzung der Migranten ablesen lassen. Angehörige ethnischer Minderheiten waren, wie schon erwähnt, überrepräsentiert. Es gab ganze Dorfgemeinschaften, die gemeinsam oder nach und nach Richtung Amerika auswanderten. Bis zum Ersten Weltkrieg brachen viele mit der Absicht auf, für einen begrenzten Zeitraum Geld zu verdienen und später mit den angesammelten Ersparnissen wieder in die Heimat zurückzukehren.[1] Die Kanada-Auswanderer blieben eher dort, weil ihnen Boden zugewiesen wurde, auf dem sie Farmen errichten konnten. Daraus erklärt sich auch die starke Bindung dieser bäuerlichen Siedler an ihr neues Land. USA-Auswanderer kehrten etwas häufiger zurück.

Der Erste Weltkrieg bedeutete einen Umschwung im ungarischen Migrationsgeschehen. Durch den Krieg waren einige Jahre lang weder Ein- noch Auswanderung möglich. Dadurch blieben viele der ursprünglich nur für eine Übergangsperiode nach Amerika emigrierten Personen auf Dauer in ihrer neuen Heimat.

11.3 Migrationsmuster zwischen 1920 und dem Ende des Zweiten Weltkriegs

Die Motivation der Migranten der Zwischenkriegszeit läßt sich mit jener des 19. und frühen 20. Jahrhunderts, als vor allem ökonomische Push- und Pull-Faktoren vorherrschten, kaum vergleichen.

Nach dem Ende des Ersten Weltkriegs ebbte die europäische Migration nach Nordamerika ab. Die niedrigsten Zahlen wurden während der 30er Jahre registriert, als durchschnittlich nur 139.000 Personen pro Jahr von Europa nach Amerika emigrierten und eine erhebliche Zahl an Rückkehrern zu verzeichnen war.

Diese Verringerung des Migrationsstroms beruhte im wesentlichen auf zwei Faktoren: der Einschränkung der Arbeitsmigration und der Weltwirtschaftskrise. Die Restriktionen für die Einwanderung in die USA wurden mit dem Quota Act von 1921 verhängt, der die jährliche Zahl offizieller Migranten auf 3% der 1910 in den Vereinigten Staaten ansässigen ethnischen Gruppe reduzierte. 1924 wurde mit dem Immigration Restriction Act eine weitere Beschränkung eingeführt, weil ab da die Volkszählung von 1890 als Kalkulationsbasis herangezogen wurde. Die damals eingeführten Quoten beschränkten weniger die Migrationsströme aus Westeuropa als die aus Osteuropa, da sich die Migration aus Westeuropa zum Zeitpunkt der Einführung der Restriktionen bereits verlangsamt hatte. Der Zuzug aus den mittel- und osteuropäischen Ländern, darunter auch Ungarn, wurde eher durch die verringerten Aufnahmequoten als durch eine verringerte Wanderungsbereitschaft eingeschränkt.

Andererseits hatte sich mit der Auflösung der österreich-ungarischen Monarchie und durch den Friedensvertrag von Trianon das ungarische Territorium zwischen 1918 und 1921 auf ein Drittel und die Größe der ungarischen Wohnbevölkerung auf weniger als die Hälfte reduziert. Die Mehrheit der nichtungarischen ethnischen Gruppen lebte also 1919 in Gebieten, die den Nachbarländern angeschlossen worden waren. Durch die neuen Grenzen wurden jedoch große ungarischsprachige Bevölkerungsgruppen zu ethnischen Minderheiten in diesen Ländern. In der Folge sank die Emigration der Nichtungarn aus diesen neuen Nationalstaaten, während die Auswanderung jener Ungarn anstieg, die in den Nachbarländern zu Angehörigen ethnischer Minoritäten geworden waren. Nach damaligen Schätzungen emigrierten zwischen 1922 und 1927 70.000 Ungarn nach Amerika, darunter 40.000 aus Ungarn und 30.000 aus den Nachbarländern.[2]

Die Migration der 20er und 30er Jahre umfaßte auch neue Zielländer. Wegen der restriktiven Maßnahmen der USA wurde jetzt die Migration nach Kanada, Südamerika und Australien wichtiger. So siedelten sich z.B. zwischen 1924 und 1930 30.000 Ungarn in Kanada an. Mehrheitlich waren sie Bauern und Landarbeiter aus dem unterentwickelten Nordosten Ungarns. Kanada und Südamerika hatten noch Bedarf an landwirtschaftlichen Arbeitskräften, ganz im Gegensatz zu den stärker industrialisierten USA.

Die sozioökonomische Zusammensetzung der Migranten ist aufgrund der spärlichen Informationsquellen nur schwer zu rekonstruieren. Doch es ist klar, daß Auswanderer aus ländlichen Gegenden bis in die 30er Jahre dominierten. Obwohl der Anteil der Migranten aus städtischen Ballungsräumen ständig wuchs, überstieg ihre Zahl die der ländlichen Migranten erst in den späten 30er Jahren. Die Hauptherkunftsgebiete blieben weiterhin der unterentwickelte Norden und Osten Ungarns.

Abbildung 11.1: Migration ethnischer Ungarn ins verkleinerte Ungarn nach dem Ersten Weltkrieg

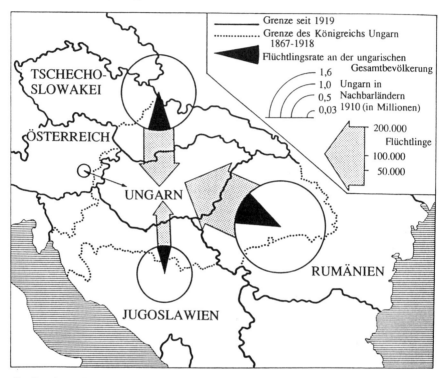

Quelle: eigene Berechnungen.

Zusätzlich zur Arbeitsmigration gab es politische Flüchtlinge und auch Zwangsemigration, außerdem beschleunigte sich während der 20er und 30er Jahre die Emigration von Intellektuellen, Freiberuflern und Führungskräften sowie anderen Angehörigen der Mittelschicht.

Vor dem Ersten Weltkrieg befanden sich nur sehr wenige Mittelschichtangehörige unter den ungarischen Auswanderern; wesentlich weniger als unter den Migranten anderer Nationen. Der Grund dafür lag wahrscheinlich in ihrem äußerst geringen Anteil an der ungarischen Bevölkerung. Und diese wenigen konnten ihre ökonomischen Ambitionen weitgehend innerhalb der österreich-ungarischen Monarchie verwirklichen. In den Jahren 1920 bis 1924, nach dem Vertrag von Trianon, zogen 350.000 ethnische Ungarn aus den ungarischsprachigen Gebieten der jetzt größeren Nachbarländer in das neue, viel kleinere ungarische Territorium (siehe Abbildung 11.1). Doch für viele von ihnen waren im Ungarn der Hórthy-Zeit keine entsprechenden Beschäftigungsmöglichkeiten vorhanden. Aus dieser Gruppe stammten in der Folge viele Auswanderer.

Die Mehrheit dieser Migranten hatte früher in der öffentlichen Verwaltung oder in anderen Mittelschichtberufen gearbeitet. Hinzu kam das restaurative politische und ideologische Klima nach der Niederschlagung der Revolution von 1919/20, das sich in den Jahren vor und während des Zweiten Weltkriegs noch verschärfte, was zur wachsenden Emigration von Intellektuellen und anderen Mittelschichtangehörigen beitrug. Viele von ihnen waren jüdischer Herkunft (Puskás 1981). Trotzdem war diese Emigration – quantitativ betrachtet – weniger wichtig als frühere Emigrationswellen.

11.4 Migration zwischen dem Ende des Zweiten Weltkriegs und 1988

Das Ende des Zweiten Weltkriegs löste massive Flucht- und Migrationsbewegungen in ganz Europa aus. Diese wurden sowohl durch die Kriegshandlungen selbst als auch durch die politischen Veränderungen danach hervorgerufen, beispielsweise durch den erzwungenen Bevölkerungsaustausch und die Vertreibungen, die die Alliierten 1945 auf der Konferenz von Potsdam beschlossen hatten. Letzteres betraf vor allem Angehörige ethnischer Minderheiten. Ungarn war davon in größerem Ausmaß betroffen (Abbildung 11.2).

In den Jahren 1945/46 wanderten fast genauso viele ethnische Ungarn aus den Nachbarstaaten nach Ungarn ein wie nach dem Ersten Weltkrieg: 125.000 aus Rumänien, 120.500 aus der Tschechoslowakei, 45.500 aus Jugoslawien und 25.000 aus der UdSSR. Zur selben Zeit verließ eine beträchtliche Zahl von Personen Ungarn. Die größte zwangsweise ausgesiedelte Gruppe waren die Volksdeutschen, die kollektiv für die Kriegsverbrechen verantwortlich gemacht wurden. Ungefähr 20.000 von ihnen hatten sich der abziehenden deutschen Armee angeschlossen. Weitere 185.000 der etwa 450.000 Volksdeutschen wurden 1945/46 gezwungen, Ungarn zu verlassen. Nach der Vereinbarung über einen Bevölkerungsaustausch zwischen der Tschechoslowakei und Ungarn wurden 73.000 ethnische Slowaken in die Slowakei abgesiedelt (Fassmann/Münz 1994b). Verglichen mit diesen ethnischen Säuberungen war die Zahl der politischen Flüchtlinge, die das Land in den späten 40er Jahren verließen, nachdem die kommunistische Partei an die Macht gekommen war, relativ bescheiden.

Abbildung 11.2: Zwangsmigration – Einwanderung und Auswanderung 1945–1948

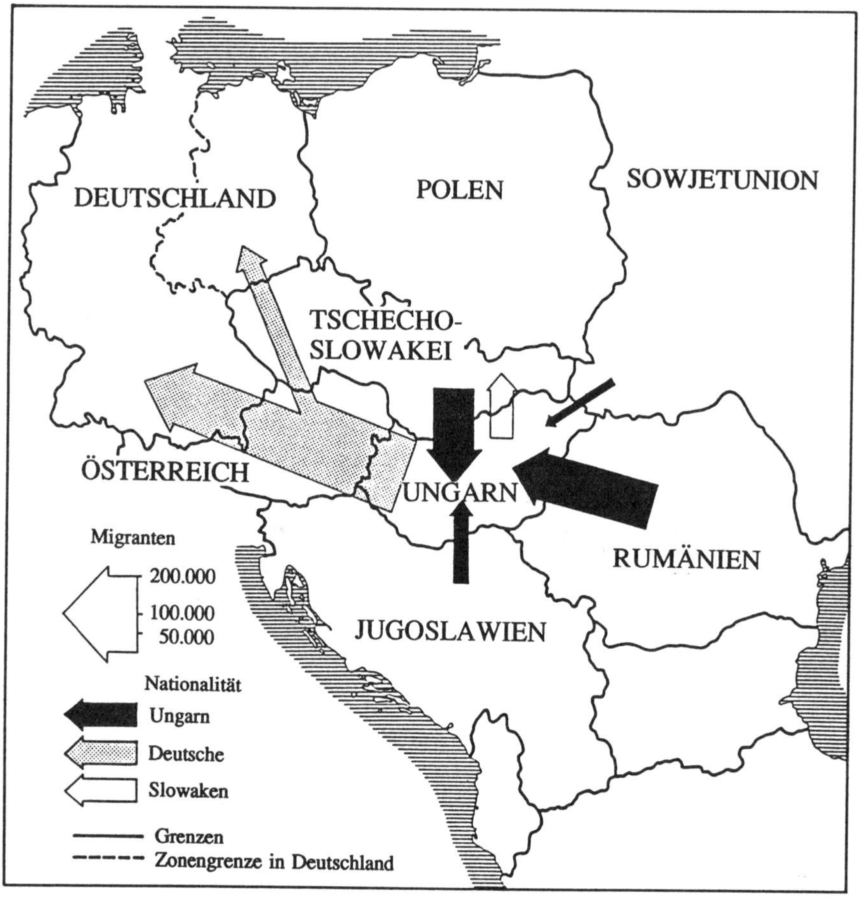

Quelle: eigene Berechnungen.

Verläßliches Zahlenmaterial über die internationale Migration während des Bestehens des „Eisernen Vorhangs" nach 1948 sind noch schwerer zugänglich als Daten über die Periode davor. Gemäß einer Schätzung emigrierten in den zehn Jahren von 1945 bis 1955 ca. 196.000 Personen aus Ungarn nach Westeuropa und Übersee; die meisten von ihnen in den Jahren 1945 bis 1948 (Randé 1987).

Nach 1948 wurden alle Reisen ins Ausland de facto unterbunden. Das kommunistische Regime setzte den Wunsch, außerhalb Ungarns leben zu wollen, mit der Manifestation antikommunistischer Ansichten gleich. Man glaubte aber auch jenen, die die Grenze offiziell überschreiten durften, ihren Rückkehrwillen nicht. Daher mußten Einzelreisende oder Familien, die Pässe und Ausreisevisa bekamen, normalerweise nahe Angehörige als „Geiseln" zurücklassen, die die Rückkehr der Reiseberechtigten garantieren sollten.

Gegen jene, die es schafften, die Grenze illegal zu überschreiten, und jene, die legal ausreisten, aber nicht nach Ungarn zurückkehrten, wurden Strafverfahren eröffnet. Die meisten wurden in Abwesenheit zu Gefängnisstrafen verurteilt oder ihr Eigentum konfisziert. Die Abgesprungenen mußten sich mit ihrer permanenten oder zumindest langfristigen Emigration abfinden, da sie bis in die frühen 80er Jahre nicht einmal als Touristen nach Ungarn einreisen durften. Noch dazu wurden ihre Verwandten Opfer von Belästigungen, Verhören und allgemeinem Mißtrauen. Unter diesen Umständen war die Entscheidung, bei sich bietender Gelegenheit in „den Westen" zu gehen, womöglich attraktiv, aber schwer zu treffen.

Trotzdem gab es ein gewisses Ausmaß an illegaler Emigration, wenngleich hier die Bestimmung des genauen Umfangs schwierig ist, da keine verläßlichen statistischen Quellen über die internationale Migration zwischen 1948 und 1988 existieren. Bekannt ist jedenfalls, daß jährlich 1.000 bis 1.200 Antragsteller mit einem „Emigrationspaß" legal ausreisten. Viele der legalen und illegalen Emigranten waren Deutschstämmige, die sich in der Bundesrepublik Deutschland und in Österreich ansiedeln konnten.

Durch die Revolution von 1956 öffneten sich die ungarischen Grenzen für einige Monate, auch während der darauffolgenden sowjetischen Militärintervention blieben die Grenzen offen; Massenemigration war daher möglich. 1957 wurde ein Bericht des Ungarischen Statistischen Zentralamts mit dem Titel „Hauptmerkmale der illegal ausgewanderten Personen" angefertigt, der als „streng geheim" bezeichnet und bis 1991 in den Archiven des Zentralamtes verwahrt wurde. In diesem Dokument wurden österreichische und jugoslawische Quellen zitiert, die von 193.900 Ausgewanderten zwischen dem 23. 10. 1956 und dem 30. 4. 1957 berichteten.[3] Dies entsprach ca. 1,5% der ungarischen Bevölkerung, darunter wesentlich mehr Bewohner städtischer als ländlicher Räume. Allein die Stadt Budapest verlor 4,2% ihrer Einwohner. Der zweite Auswandererstrom entstammte den westungarischen Provinzen. Wegen ihrer gemeinsamen Grenze mit Österreich verloren diese einen wesentlich höheren Anteil ihrer Bevölkerung als die zentralen und östlichen Teile des Landes (siehe Abbildung 11.3).

Abbildung 11.3: Regionale Herkunft und Zielländer ungarischer Flüchtlinge des Jahres 1956

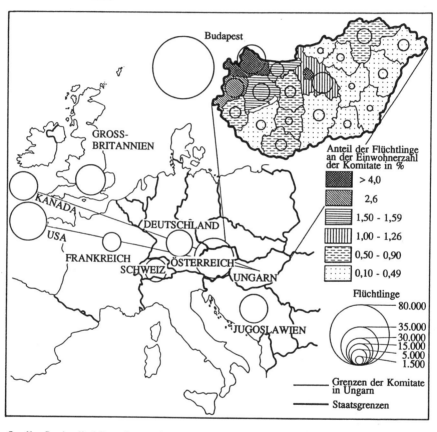

Quelle: Statisztikai Szernie 1990/12, eigene Berechnungen.

1956/57 waren zwei Drittel der ungarischen Emigranten Männer (66%) und ein Drittel Frauen (34%). Die Mehrheit der Emigrantinnen und Emigranten war jung, ungefähr 40% befanden sich im Alter zwischen 15 und 24 Jahren,

30% waren zwischen 25 und 39 Jahre alt. Die Emigration war vor allem bei Ingenieuren (10,6% der ungarischen Ingenieure verließen das Land), anderen höheren Angestellten mit technischen Qualifikationen (6,8% aller Angehörigen dieser Berufsgruppen emigrierten) und Ärzten (4,9% aller ungarischen Ärzte wanderten aus) ausgeprägt. Von den Facharbeitern gingen 4,2% weg, das waren 35.500 Personen. Unter den anderen Berufsgruppen war die Auswanderungsrate wesentlich geringer. Diese Zahlen demonstrieren einen deutlichen Verlust an Humankapital in Ungarn, da vor allem junge, flexible und hochqualifizierte Personen emigrierten.

Abgesehen von den zitierten historischen Materialien über die Emigration während und nach der Revolution von 1956 sind die ungarischen Statistiken über die internationale Migration lückenhaft und teilweise unzuverlässig. Die statistischen Angaben zur Migration wurden – mit Ausnahme der Tourismusstatistik – vom Innenministerium erstellt. Bis 1988 mußte ein Statistikblatt in doppelter Ausfertigung von all jenen ausgefüllt werden, die die Grenze passierten. Eine Kopie war bei der Ausreise aus Ungarn abzugeben, das andere Blatt bei der Rückkehr. Dieses enthielt neben Fragen zur Person auch solche nach dem Reiseziel, der beabsichtigten Aufenthaltsdauer und dem Anlaß der Reise. Das Innenministerium konnte daher jene Personen, die dieses Schriftstück nicht wieder abgaben, behördlich verfolgen und war zugleich imstande zu überprüfen, ob eine Person illegal im Ausland weilte. Die gleichen Statistikblätter bildeten auch die Grundlage für alle ungarischen Reise- und Migrationsstatistiken.

Die gewonnenen Informationen über die illegale Auswanderung blieben geheim. Auch dem Ungarischen Statistischen Zentralamt wurde der Zugang zu diesen Daten verweigert. Die veröffentlichten Emigrationszahlen basierten nur auf jenen Personen, die legal um Emigrationserlaubnis angesucht und diese offiziell erhalten hatten. Durchschnittlich 1.700 bis 2.000 Emigranten pro Jahr fielen zwischen 1958 und der Mitte der 70er Jahre in diese Kategorie. Dies entsprach im Durchschnitt 1.900 legalen Auswanderern im Zeitraum 1958 bis 1972. Mitte der 70er Jahre sank diese Zahl auf 1.200 pro Jahr ab. Die durchschnittliche jährliche Einwandererzahl betrug gemäß derselben Quelle 950 Personen pro Jahr; zwischen 1975 und 1987 stieg sie auf 1.600 pro Jahr. Bis in die frühen 70er Jahre wies die offizielle Migrationsbilanz einen Negativsaldo von ca. 1.000 Personen pro Jahr auf. Während der 70er

Jahre veränderte sich der Umfang der Wanderungen, die Bilanz wurde positiv. Der Zuwachs betrug damals zwischen 200 und 1.200 Personen pro Jahr. Ein weiterer Datensatz über die Jahre 1979 bis 1988 wurde von der Paß- und Fremdenbehörde erstellt. Auf der Basis dieser Angaben betrug die jährliche Zahl der Einwanderer während des angeführten Zeitraumes im Schnitt 22.300 pro Jahr, was zehn- bis fünfzehnmal mehr wäre, als aus den Zahlen der Grenzstatistik hervorging. Die durchschnittliche Zahl an Auswanderern betrug in jenem Zeitraum, in dem sich Grenzstatistik und Angaben der Paßbehörde überlappten, laut Paß- und Fremdenbehörde 4.400 pro Jahr. Dies würde für die Jahre 1979 bis 1987 eine drei- bis viermal größere Emigrantenzahl bedeuten, als die Grenzbehörden bekanntgaben.

Von allen Auswanderern scheinen jährlich ca. 2.800 illegal und 1.500 legal die Grenze überschritten zu haben. Es ist bemerkenswert, daß die Zahl illegaler Auswanderer 1987, also kurz vor dem Ende des sozialistischen Regimes, am höchsten war. Ein zweiter Spitzenwert wurde im Jahr 1980 mit 4.600 Emigranten erreicht. Die niedrigste Zahl illegaler Auswanderer entfiel auf das Jahr 1984, als nur 2.100 ungarische Staatsbürger auf diese Weise das Land verließen.

Eine weitere Quelle bildet eine inoffiziell verbreitete Statistik für den Zeitraum 1980 bis 1985. Die Datengrundlage dazu wurde vom Büro des Bevölkerungsregisters geliefert. Darin enthalten waren nicht alle Einwanderer, sondern nur die Rückwanderer. Ihre jährliche Zahl schwankte zwischen 40 und 170, außer im Jahr 1982, für das 3.148 Rückkehrer im Bevölkerungsregister aufscheinen. Die Zahl der Auswanderer, die vom Büro des Bevölkerungsregisters zusammengestellt wurde, unterschied sich wiederum von den entsprechenden Angaben in allen anderen Quellen. Die Zahl der legalen Auswanderer ist darin jährlich um durchschnittlich 1.300 niedriger, als die von den Paßbehörden registrierte. Die Angaben des Bevölkerungsregisters über illegale Auswanderer lagen in einigen Jahren unter, in anderen aber über den von der Paßbehörde veröffentlichten Zahlen. Der Durchschnitt lag allerdings ebenfalls bei 2.800 Personen pro Jahr.

Das letzte Jahr, in dem internationale Migration auf die hier skizzierte Weise erfaßt wurde, war 1987. Danach wurde das System der Migrationsevidenz mittels an der Grenze gesammelter Statistikblätter abgeschafft.

Es ist trotz des erheblichen Aufwandes nicht genau feststellbar, wie viele Auswanderer das Land wirklich verlassen haben bzw. wie viele Einwanderer eingereist sind. Trotzdem steht fest, daß die Migration im Zeitraum 1948 bis 1988 – mit Ausnahme der kurzen Zeit der Revolution und der sowjetischen Militärintervention 1956/57 – keine sehr große Rolle spielte. Dies deutet auf eine gewisse räumliche Immobilität der ungarischen Gesellschaft hin, die sogar in Zeiten vorherrschte, als die Lebensumstände eher beschwerlich waren (Push-Faktor) und gleichzeitig ein idealisiertes Bild des Westens (Pull-Faktor) bestand. Außerdem konnten alle ungarischen Auswanderer bis 1989 darauf bauen, als politische Flüchtlinge anerkannt zu werden und sich in einem westeuropäischen Land niederlassen zu dürfen, da die Emigration aus kommunistischen Staaten automatisch zu dieser bevorzugten Behandlung führte.

Einige zusätzliche Faktoren sollten also unbedingt berücksichtigt werden, um die relativ geringe Emigration im Zeitraum vor 1988/89 zu erklären. Die strafrechtliche Verfolgung wegen illegaler Auswanderung betraf die Migranten zwar nicht mehr persönlich, da sie sich außer Reichweite der ungarischen Behörden befanden, doch die Tatsache, daß ihr Fall vor Gericht abgeurteilt und nach dem Strafgesetz geahndet wurde, bedeutete auch, daß sie Ungarn auf unbestimmte Zeit keinen Besuch abstatten konnten. Daher waren persönliche Beziehungen zu Freunden und Verwandten nur schwer oder gar nicht aufrechtzuerhalten. Nur wenn die Auswanderung sehr sorgfältig geplant und erfolgreich durchgeführt werden konnte, verloren die illegalen Auswanderer dabei nicht ihr gesamtes Hab und Gut. Neben den üblichen Überlegungen, die die Entscheidung pro und kontra Emigration beeinflussen, gaben die letztgenannten Argumente in vielen Fällen den Ausschlag, von einer Auswanderung aus Ungarn Abstand zu nehmen.

Daß bis in die frühen 80er Jahre die Einwanderung nach Ungarn eine vernachlässigbare Größe bildete, ist leicht einzusehen, da das politische, ökonomische und soziale System nicht sehr anziehend wirkte, das Land nicht als geeignete Zuflucht für Flüchtlinge galt und Ungarisch außerdem eine schwer zu erlernende Sprache ist. Die zahlenmäßig wichtigsten Einwanderer waren griechische Flüchtlinge, die nach Ende des griechischen Bürgerkriegs in den späten 40er Jahren ins Land kamen, sowie Flüchtlinge aus Chile, die nach dem Sturz Allendes 1973 Aufnahme fanden. Da Ungarn die Genfer Konvention damals noch nicht unterzeichnet hatte, bestanden keine rechtlichen Voraussetzungen für die Unterbringung dieser Flüchtlinge. Ihre Einreise und ihr legaler Status wurden daher mittels eigener Regierungsdekrete geregelt.

Es ist nicht klar, welche Definitionen von „Einwanderung" in den oben genannten unterschiedlichen Quellen jeweils benutzt wurden. Einige könnten die temporäre Arbeitsmigration miteingeschlossen haben, andere nicht. In jedem Fall war Mobilität zwischen den osteuropäischen Ländern leichter zu bewerkstelligen als jene zwischen Ost- und Westeuropa, aber sie blieb dennoch limitiert. Die Arbeitsmigration in diesem Raum war niemals sehr ausgeprägt. Normalerweise wurde sie mittels bilateraler Regierungsabkommen, über technische Kooperationsprojekte im Bauwesen, über Verträge zwischen den Firmen und mittels individueller Arbeitsgenehmigungen organisiert.

Das erste diesbezügliche bilaterale Abkommen wurde 1967 zwischen den Regierungen der DDR und Ungarns abgeschlossen. Es war mit seinen Zusätzen bis Ende 1983 in Kraft. Zwischen 1974 und 1983 arbeiteten ungefähr 1.000 DDR-Bürger in Ungarn. Ein zweites bilaterales Abkommen existierte mit Kuba. Es galt zwischen 1985 und 1987. Auf der Basis dieser Vereinbarung kamen jährlich 2.000 bis 3.000 Kubaner zur Ausbildung oder als Arbeitskräfte nach Ungarn. Ein weiteres Arrangement wurde mit der Tschechoslowakei getroffen. Mit einem 1.000 Personen umfassenden Kontingent wurde der Arbeitskräftebedarf auf beiden Seiten der Grenze reguliert. Die Anwerbung von polnischen Arbeitskräften wurde mit Hilfe von Außenhandelsabkommen geregelt. 1985 befanden sich ungefähr 8.000 polnische Arbeiter in Ungarn (Hárs 1992).

11.5 Neue Migrationsstrukturen seit 1988

Ungarns Position im internationalen Migrationsgeschehen hat sich seit 1988 deutlich verändert. Schon die letzten Jahre des kommunistischen Regimes waren durch einen radikalen Wandel der internationalen Beziehungen gekennzeichnet. Flüchtlinge aus Rumänien wurden in großer Zahl ins Land gelassen, Bürger der DDR fanden in Ungarn zeitweise Aufnahme. Ihnen wurde auch erlaubt, die österreichisch-ungarische Grenze zu überschreiten. Ziemlich schnell tauchten Einwanderer aus afrikanischen und asiatischen Ländern auf. Viele von ihnen wollten sich nicht in Ungarn ansiedeln, sondern beabsichtigen, weiter nach Westeuropa zu ziehen.

In den späten 80er Jahren wurden alle noch verbliebenen Reisebeschränkungen für ungarische Staatsbürger abgeschafft. Sie können jetzt die Grenze ohne jegliche Beschränkungen seitens der ungarischen Behörden überschreiten und benötigen keine Sichtvermerke für Kurzzeitbesuche in anderen europäischen Staaten. Von ungarischer Seite bestehen auch keine administrativen Schranken mehr in bezug auf die Arbeitsmigration in andere Staaten.

Tabelle 11.2: Einwanderer aus Ungarn nach den Angaben von Zielländern (1987–1990)

Zielland	1987	1988	1989	1990
Kanada	717	1.201	1.003	806
Tschechoslowakei	39	55	44	45
Dänemark	33	39	69	80
Finnland	49	40	–	129
Frankreich	53	66	124	97
BRD	8.938	12.966	15.372	12.523
Island	5	7	–	5
Niederlande	129	206	321	346
Norwegen	–	–	36	40
Polen	14	30	10	12
Rumänien	–	–	–	162
Schweden	390	507	713	567
Schweiz	298	351	413	403
GUS	–	–	17	4
Großbritannien	–	–	–	300
USA	641	701	844	946
Ex-Jugoslawien	1	–	2	–
Australien	100	130	110	140
Neuseeland	11	15	8	7
insgesamt	11.418	16.314	19.086	16.612

Quelle: UN-ECE 1991a.

Trotz dieser Liberalisierungen existieren keine Anzeichen für ein dramatisches Ansteigen der Auswanderung aus Ungarn. Die Erfassung ungarischer Einwanderer in europäischen und einigen nichteuropäischen Ländern zeigt, daß die Gesamtzahl der ungarischen Migranten zwar von rund 11.400 im Jahr 1987 auf 16.300 im darauffolgenden Jahr und 19.100 im Jahr 1989 anstieg, jedoch bereits 1990 wieder auf 16.612 zurückging (Tabelle 11.2). Für die Jahre danach wurden keine offiziellen Daten über das Ausmaß der Emigration aus Ungarn publiziert (OECD 1995: 142). Von Bedeutung ist auf jeden Fall die temporäre Emigration von Kontraktarbeitern und anderen Arbeitskräften nach Deutschland und Österreich (vgl. die Beiträge von Rudolph und Fassmann/Münz in diesem Buch). Insgesamt jedenfalls dürfte die Zahl der Abwanderer nicht sehr hoch sein. Entweder sind die Push-Faktoren nicht wirksam genug oder die Beschränkungen seitens der Zielländer zu stark. Trotz des Mangels an ungarischen Daten liegen Belege über das Ausmaß des Migrationsstroms aus den Einwanderungsstatistiken anderer Länder vor. Diese Angaben sollten aber aus zwei Gründen vorsichtig interpretiert werden: Erstens sind die Definitionen, die von den verschiedenen Aufnahmeländern verwendet werden, nicht direkt vergleichbar, und zweitens spezifizieren die aggregierten Zahlen nach Nationalitäten nicht immer die Einwanderer aus einem bestimmten Herkunftsland. „Ungarische" Migranten sind nicht notwendigerweise ungarische Staatsbürger. Rumänische Auswanderer z.B. reisen oft zuerst nach Ungarn und versuchen dann von dort, nach Deutschland zu gelangen. Die Zahl der Auswanderer aus Ungarn und die Summe der ungarischen Einwanderer in verschiedenen Ländern entsprechen einander also keineswegs. Da es keine ungarischen Migrationsstatistiken gibt, existiert auch keine Methode, die Differenz genauer zu beziffern. Es muß aber festgehalten werden, daß das Gros der in den späten 80er Jahren gestiegenen Zahl ungarischer Migranten nach Deutschland ging (82% der Steigerung zwischen 1987 und 1988 und 87% der Steigerung zwischen 1988 und 1989). Unterschiedliche Definitionskriterien betreffen diesen speziellen Fall daher nicht.

Tabelle 11.3: Asylbewerber nach Herkunftsland in Ungarn 1988–1993

	Rumänien	Ex-UdSSR	Ex-Jugoslawien	sonstige	insgesamt
1988	13.173				13.173
1989	17.365	50		33	17.448
1990	17.416	488	48.485	379	18.283
1991	3.728	738	15.021	408	53.359
1992	844	241	4.593	98	16.204
1993	548	168		57	5.366

Quelle: OECD 1995.

Über die aktuelle Zahl der Einwanderer nach Ungarn, der Arbeitsmigranten und anderer Zuwanderer sind nur wenige zugängliche Informationen vorhanden. Jede Einwandererkategorie wird von verschiedenen Behörden bearbeitet; die von diesen verwendeten Kategorien, Klassifikationen und Definitionen sind weder homogen, noch enthalten sie adäquate Informationen für die statistische und demographische Analyse, obwohl jede Behörde ein administratives Register führen sollte. Erst 1991 begann das Ungarische Statistische Zentralamt die verschiedenen Registrierungs- und Berichtssysteme zu harmonisieren.

Abbildung 11.4: Entwicklung der registrierten Flüchtlinge in Ungarn 1988–1992

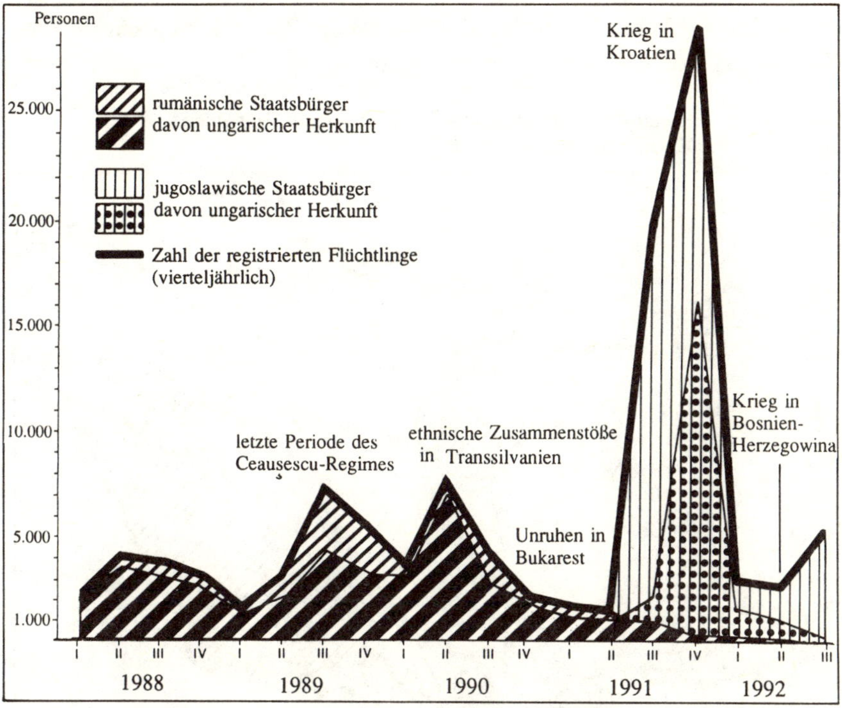

Quelle: eigene Berechnungen.

Allen Einschätzungen zufolge kann Ungarn inzwischen als Einwanderungsland bezeichnet werden. Es ist schwierig, den genauen Beginn dieser neuen Phase in der Migrationsgeschichte festzulegen. Der erste große Einwanderungsstrom aus Rumänien setzte während der letzten Wochen des Jahres 1987 ein. Bis Mitte 1991 handelte es sich bei den Flüchtlingen und Asylbewerbern in Ungarn vor allem um rumänische Staatsbürger. Ihre Zahl wurde von den Behörden mit 13.173 für das Jahr 1988, 17.448 für 1989 und 18.283 für 1990 angegeben. Die beträchtlichen Fluktuationen zeigten, daß das Ausmaß der Migration stark von politischen Turbulenzen und ethnischen Konflikten in Rumänien beeinflußt war.

Gemäß einer zuverlässigen Schätzung, die der Chef des ungarischen Flüchtlingsbüros (Tóth 1991) veröffentlichte, gab es in Ungarn Anfang 1991 3.000 Flüchtlinge, 20.000 Asylbewerber, 80.000 andere Ausländer, die als Einwanderer ins Land gekommen waren, schließlich 20.000 Arbeitsmigranten und Saisonarbeiter.[4] Tóth (1991) schätzte die Zahl der illegalen Einwanderer auf das Doppelte der legalen Immigranten.

Abbildung 11.5: Räumliche Verteilung von Flüchtlingen aus Rumänien und Ex-Jugoslawien Anfang 1992

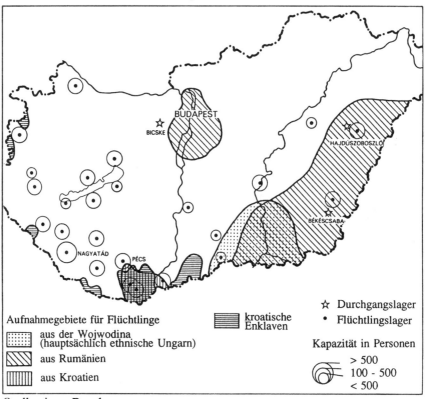

Quelle: eigene Berechnungen.

Als die massive Zuwanderung aus Rumänien nachließ, brachten der Zerfall Jugoslawiens, die Kriege in Kroatien und Bosnien sowie die ethnische Repression gegen die nichtserbische Bevölkerung der Vojvodina und des Kosovo neue Flüchtlingswellen nach Ungarn. Nach offiziellen Angaben wurden

1991 53.359 und 1992 immerhin noch 16.204 Asylanträge gestellt; 1993 fiel die Zahl auf 5.366. Fast 90% aller Asylbewerber kamen aus dem ehemaligen Jugoslawien. Im November 1992 schätzte der UNHCR, daß ungefähr 90.000 Personen entweder als registrierte oder als nichtregistrierte Kriegsflüchtlinge und Vertriebene in offiziellen Unterkünften oder bei Verwandten und Freunden in Ungarn lebten. Die zeitliche Fluktuation der ankommenden Flüchtlinge hing jeweils von den politischen Ereignissen in Zentral- und Osteuropa ab (siehe Abbildungen 11.4 und 11.5).

Ein Vergleich der Flüchtlinge und Einwanderer aus dem früheren Jugoslawien mit denjenigen aus Rumänien zeigt folgendes: Die letztgenannte Gruppe bestand größtenteils aus ethnischen Ungarn, während nur ca. 25% der jugoslawischen Flüchtlinge und Vertriebenen der Jahre 1991/92 ethnische Ungarn waren. Die Mehrheit der Immigranten aus dem früheren Jugoslawien waren Frauen und Kinder, während aus Rumänien vorwiegend junge Männer zuwanderten.

Wer sind nun aber die in Ungarn tätigen Arbeitsmigranten?[5] Die Zahl der Arbeitsbewilligungen für Ausländer betrug Ende September 1991 36.623, Mitte 1994 waren es nur noch 18.607. Der Anteil der rumänischen Staatsbürger unter den Arbeitsmigranten sank in diesem Zeitraum von rund 70% auf etwas über 40%. Andere wichtige Herkunftsländer sind Ex-Jugoslawien, die GUS-Staaten (insbesondere Rußland und die Ukraine) sowie Polen.

Tabelle 11.4: In Ungarn erteilte Arbeitsbewilligungen nach Staatsbürgerschaft 1989–1994

Staatsbürgerschaft	1989	1990	1991	1992	1993	1994
Rumänien	16.456	21.583	22.944	8.303	7.560	7.970
Ex-Jugoslawien			558	1.416	2.247	2.027
ehem. UdSSR		1.782	1.951	1.216	3.785	2.989
Polen	5.635	2.875	456	1.103	1.102	1.057
China			1.034	762	434	709
sonstige	8.803	2.658	4.269	2.670	4.970	3.855
insgesamt	30.894	28.898	31.212	15.470	20.098	18.607

Anmerkung: Angaben jeweils zum Jahresende, 1994: erste Jahreshälfte.
Quelle: OECD 1995.

Abgesehen von den im Lande lebenden Arbeitsmigranten gibt es eine große Zahl von Personen, die als Asylbewerber kamen bzw. als Flüchtlinge anerkannt wurden, aber um keine Arbeitserlaubnis ansuchen müssen. Die geographische Verteilung der Arbeitsmigranten innerhalb des Landes ist sehr uneinheitlich. Sie konzentrieren sich vor allem auf Budapest und die großen industriellen Zentren. Die räumliche Verteilung der anderen Einwandererkategorien und der Flüchtlinge folgt dagegen einem anderen Muster. Budapest repräsentiert eines der bevorzugten Ziele für Einwanderer. Aufgrund der Nähe zu den Hauptherkunftsländern Rumänien, Kroatien, Bosnien und der serbischen Vojvodina bestehen auch höhere Konzentrationen von Ausländern in den östlichen und südlichen Grenzregionen.

Der berufliche Hintergrund der Einwanderer kann nicht genau analysiert werden, da die diesbezüglichen Klassifikationen der Behörden schwer vergleichbar sind. Die Mehrheit der legal beschäftigten Ausländer ist jedoch als an- und ungelernte Arbeiter tätig. Die erheblichsten Anteile sind in der Bauwirtschaft (37% aller ausländischen Arbeitnehmer) oder in der industriellen Produktion (36%) beschäftigt. Nur sehr wenige Ausländer (2%) üben eine Tätigkeit im landwirtschaftlichen Sektor aus.

Die öffentliche Akzeptanz dieser Arbeitsmigranten ist nicht einheitlich. Die Arbeitslosigkeit beträgt in Ungarn derzeit rund 11% (1995) und weist keinerlei rückläufige Tendenz auf. Die Tatsache, daß Zehntausende Ausländer unter diesen Bedingungen in Ungarn Arbeit finden konnten, führte bei einigen Ungarn zu Feindseligkeiten. Manche der aggressiven Reaktionen und der Gewalttaten müssen auch dem gestiegenen ungarischen Nationalismus zugeschrieben werden. Jedenfalls bleibt es zweifelhaft, ob sich die Arbeitslosen oder die von der Arbeitslosigkeit Bedrohten der Tatsache bewußt sind, daß ihre unsichere Situation in erster Linie auf strukturelle Gründe zurückzuführen ist und nicht primär von den Einwanderern verursacht wird.

11.6 Schlußbemerkungen

Die Zuwanderung, ihre Folgen und der Umgang mit Migranten stellen eine neue Herausforderung für Ungarn dar. Wenn eine relativ große Zahl von Migranten in ein Land strömt, spricht dies zwar für die Attraktivität des betreffenden Landes, die ökonomischen und sozialen Spannungen im Kontext des Übergangs zur Marktwirtschaft wirken sich aber ungünstig auf die Toleranz gegenüber der Einwanderung aus. Denn heute müssen Flüchtlinge innerhalb gewisser quantitativer Grenzen aus humanitären Gründen, Arbeitsmigranten sowie andere, die sich im Land ansiedeln wollen, aus ökonomischen Erwägungen akzeptiert werden. Da aber die Arbeitslosigkeit steigt, ist die Einstellung vieler Ungarn gegenüber der neuen Migration keineswegs immer eine positive. Außerdem existiert, ganz ähnlich wie in Deutschland und Österreich, eine gewisse Furcht vor einem möglichen Massenexodus aus Rußland, der Ukraine oder aus anderen GUS-Staaten. Die Sorge aber, daß Ungarn ein Hauptzielland für Migranten aus diesen Ländern werden könnte, ist wahrscheinlich unbegründet. Ein großer Teil der Zuwanderer würde sicherlich in den Westen reisen wollen und Ungarn allenfalls als Transitland benützen.

Anmerkungen

1 Es gibt Berichte über slowakische Dörfer in Ungarn, in denen im Alltag Englisch gesprochen wurde, weil die Dorfbevölkerung überwiegend aus Amerikarückwanderern bestand.
2 Die transatlantische Migration aus Ungarn nahm in den 30er Jahren wieder ab. 1935 wurden z.B. in den Vereinigten Staaten nur 130 neue ungarische Einwanderer registriert. Die Anzahl der Rückwanderer überstieg die Zahl der Auswanderer in die USA während der ganzen 30er Jahre (Puskás 1981).
3 Die Basis der ungarischen Statistiken war das Ausreiseblatt des ungarischen Innenministeriums, das in den ersten Monaten des Jahres 1957 für jeden Ausreisenden eingeführt wurde. Dieses Formular enthielt auch ein statistisches Beiblatt, das an das Statistische Zentralamt weitergeleitet wurde. 151.700 dieser statistischen Blätter erreichten das Zentralbüro, das entspricht 42.000 Ausgereisten weniger als aus den jugoslawischen und österreichischen Quellen hervorgeht. Die offiziellen ungarischen Angaben dürften also die Zahl der emigrierten Personen unterschätzen.
4 Diese Angaben beziehen sich auf den Zeitraum vor der Zuwanderung von Flüchtlingen und Vertriebenen aus dem früheren Jugoslawien.
5 Der folgende Überblick über die in Ungarn ansässigen Ausländer enthält nur Personen mit legalem Aufenthalt. Er beruht vor allem auf den Arbeitsbewilligungen, die vom ungarischen Nationalen Ausländerbeschäftigungsregister erfaßt werden. Vgl. dazu die Studie von A. Hárs (1992) sowie OECD (1995: 144).

12. Vom Vielvölkerstaat zum Nationalstaat – Migration aus und nach Rumänien im 20. Jahrhundert

Rainer Ohliger

12.1 Politisch-geographischer und ethnodemographischer Hintergrund

12.1.1 Territoriale Veränderungen Rumäniens zwischen 1920 und 1945

Das historische Rumänien, das aus den 1859 vereinigten Fürstentümern Moldau und Walachei und der 1913 hinzugewonnenen Dobrudscha bestand, verdoppelte nach dem Ersten Weltkrieg sein Territorium und seine Bevölkerungszahl. Aus der Konkursmasse der Donaumonarchie fielen dem neu gegründeten Staat Großrumänien Siebenbürgen und die Bukowina zu. Bessarabien, bis 1917 Bestandteil des Zarenreichs, und die südliche Dobrudscha, die im Verlauf des Ersten Weltkrieges wieder kurzfristig an Bulgarien gefallen war, wurden ebenfalls dem rumänischen Staat angegliedert. Dadurch wurde Rumänien von einem ethnisch homogenen zu einem multiethnischen Staat. Knapp 30% der Bevölkerung Rumäniens von 1920 waren keine ethnischen Rumänen. Die neu erworbenen Gebiete wiesen zum Zeitpunkt der Volkszählung von 1930 zwischen 30% und 60% nichtrumänische Bevölkerung auf. Darauf gründeten sich in der Folge territoriale Revisionsforderungen Ungarns, Bulgariens und der Sowjetunion, die als Fürsprecher ihrer in Rumänien lebenden nationalen Minderheiten auftraten. Die machtpolitische Konstellation zu Beginn des Zweiten Weltkriegs führte zum Verlust einiger 1919 und 1920 neu erworbener Gebiete. Die UdSSR annektierte als Folge des Hitler-Stalin-Pakts im Juni 1940 Bessarabien und die nördliche Bukowina. Die Süddobrudscha fiel im September 1940 an Bulgarien zurück. Im „Zweiten Wiener Schiedsspruch" vom August 1940 wurde die Rückgabe des nördlichen Siebenbürgen an Ungarn beschlossen, was allerdings nicht lange Bestand hatte. 1947 wurde dieses Gebiet im Pariser Friedensvertrag wieder Rumänien zugesprochen, während Bessarabien, die nördliche Bukowina und die Süddobrudscha auch nach 1945 bei der UdSSR bzw. bei Bulgarien verblieben.

12.1.2 Ethnodemographische Entwicklungen 1920 bis 1992 im Spiegel offizieller Daten

Rumänien ging im Laufe des 20. Jahrhunderts den Weg von ethnischer Homogenität über ethnische Pluralität hin zu ethnischer Homogenisierung. Neben den politisch-geographischen Veränderungen und dem Genozid an Juden und Roma in den Jahren 1941–1945 waren Migration und Vertreibung die treibenden Kräfte hinter diesem Prozeß. Einzige bedeutende Minderheiten im historischen Rumänien waren vor 1918 die Juden mit 2,9% der Wohnbevölkerung (Georgescu 1995: 206) und Roma. Die rumänischen Juden waren zum großen Teil seit Beginn des 19. Jahrhunderts aus Bessarabien, der Bukowina und Galizien zugewandert (Zach 1991a: 258f.). Erst die Angliederung der gemischtethnischen Regionen Siebenbürgen, Bukowina, Bessarabien und der Dobrudscha, in denen ca. 6,1 Mio. ethnische Rumänen und 4,8 Mio. Angehörige anderer Nationalitäten lebten, führte zu ethnischer Pluralität im neu gegründeten Großrumänien. Unter den knapp 30% Angehörigen ethnischer Minderheiten in der Bevölkerung stellten die Magyaren[1] mit 1920 1,4 Mio. Personen (9,1%) die größte Gruppe, gefolgt von Juden (778.000 Personen bzw. 4.9%) und den Rumäniendeutschen (ca. 713.000 Personen bzw. 4,5%). Diese drei Gruppen, auf die sich das Hauptaugenmerk dieses Kapitels richtet, machten in der Zwischenkriegszeit ca. 60% der in Rumänien lebenden ethnischen Minderheiten aus. Darüber hinaus lebten vor dem Zweiten Weltkrieg Ukrainer in Bessarabien und der Bukowina, Türken in der Dobrudscha sowie Bulgaren in der Dobrudscha und in Bessarabien. Die Volkszählung 1930 ermittelte 582.000 Ukrainer (3,2%), 409.000 Russen (2,3%), 366.000 Bulgaren (2,0%), 154.000 Türken (0,9%) und 105.000 Gagausen (0,6%). Bei den Gagausen handelt es sich um eine türkischsprachige Gruppe christlichen Glaubens. Durch Gebietsabtretungen und Bevölkerungsaustausch im Jahre 1940 verschwanden diese Minderheiten aus Rumänien. Außerdem gab es 1930 kleinere Minderheiten wie Serben, Tschechen, Slowaken, Polen usw., die zusammen 1,5% der Wohnbevölkerung ausmachten. Die Volkszählung ermittelte außerdem 260.000 Roma (1,5%), eine Zahl, die viel zu niedrig lag. Bei Angaben über die Zahl der Roma ist in rumänischen Volkszählungen von einer deutlichen Untererfassung auszugehen. Gar nicht erfaßt wurden nicht seßhafte Roma. Ein anderer Teil war assimiliert oder entzog sich möglicher Diskriminierung durch Angabe einer anderen ethnischen Zugehörigkeit. Es ist auch nicht auszuschließen, daß in den Zählungen 1948 bis 1977 manipulierte Zahlen auftauchen.

Tabelle 12.1: Zusammensetzung der rumänischen Bevölkerung nach ethnischen Gruppen 1920 bis 1992

	Rumänen	Magyaren	Deutsche	Juden	Roma	sonstige	insgesamt
1920	11.545.300	1.463.600	713.600	778.100	133.000	1.411.700	16.045.300
in %	71,9	9,1	4,5	4,9	0,8	8,8	100,0
1930	12.981.324	1.425.507	745.421	728.115	262.501	1.914.160	18.057.028
in %	71,9	7,9	4,1	4,0	1,5	10,6	100,0
1948	13.597.613	1.499.851	343.913	138.795	53.425	239.027	15.872.624
in %	85,7	9,4	2,2	0,9	0,3	1,5	100,0
1956	14.996.114	1.587.675	384.708	146.264	104.216	270.473	17.489.450
in %	85,7	9,1	2,2	0,8	0,6	1,6	100,0
1966	16.746.510	1.619.592	382.595	42.888	64.197	247.381	19.103.163
in %	87,7	8,5	2,0	0,2	0,3	1,3	100,0
1977	19.003.544	1.706.874	358.732	25.686	229.986	234.594	21.559.416
in %	88,1	7,9	1,7	0,1	1,1	1,1	100,0
1992	20.352.980	1.620.199	119.436	8.955	401.087	257.792	22.760.449
in %	89,4	7,1	0,5	0,1	1,8	1,1	100,0

Anmerkung: Die Daten für 1948 basieren auf der Muttersprache, alle anderen auf der angegebenen ethnischen Zugehörigkeit.
Quellen: Volkszählungen 1930, 1948, 1956, 1966, 1977, 1992 (Recensămîntul populaţiei); die Daten für 1920 beruhen auf Rückrechnungen und Schätzungen nach Kendi 1992 und Illyés 1981. Von den Angaben von Illyés und Kendi für 1920 weichen jene von Bohmann (1969: 108) ab, der die Bevölkerung Rumäniens auf 17.393.100 Personen statt auf 16.045.300 beziffert.

12.2 Migrationsphasen

Die rumänische Migrationsgeschichte seit 1920 läßt sich in vier deutlich voneinander abgegrenzte Perioden unterteilen. In den einzelnen Perioden wanderten Angehörige ethnischer Gruppen aus ganz unterschiedlichen Gründen ein bzw. aus. Vier Hauptperioden lassen sich chronologisch unterscheiden.

- 1920 bis 1939: Grenzverschiebungen; Rumänien als Aus- und Einwanderungsland.
- 1940 bis 1947: Migration unter dem Vorzeichen völkisch-nationalistischer Politik.
- 1948 bis 1989: das kommunistische System der staatlich reglementierten Migration.
- Seit 1989/90: neue Offenheit Rumäniens und neue Abschottung des Westens.

Zwischen 1918 und 1939 war Rumänien sowohl Ein- als auch Auswanderungsland. Zuerst verließen die ungarischen Staats- und Verwaltungseliten Siebenbürgen, das bis 1919 zur ungarischen Hälfte der Donaumonarchie gehört hatte, während aus dem nachrevolutionären Rußland eine größere Zahl von Flüchtlingen in das vormals russisch-ukrainische, dann rumänische Bessarabien und in die angrenzende Bukowina zogen. Darüber hinaus spielte in der Dekade zwischen 1920 und 1930 die Überseeauswanderung eine Rolle.

In der zweiten Phase dominierten die Folgen der Grenzverschiebungen, die Rumänien durch den Hitler-Stalin-Pakt und den Wiener Schiedsspruch von 1940 aufgezwungen worden waren. Daß Rumänien die nördliche Bukowina, Bessarabien und die südliche Dobrudscha verlor, war Auftakt zu planmäßigem Bevölkerungsaustausch bzw. Zwangsmigrationen. Das nationalsozialistische Deutschland nutzte die territorialen Umgestaltungen zur Durchsetzung seiner „Volkstumspolitik", die auf „Repatriierung" eines Teils der Rumäniendeutschen zielte. Ethnische Rumänen verließen 1939/40 Bessarabien und die nördliche Bukowina, nachdem diese von der UdSSR annektiert worden waren. Zwischen Bulgarien und Rumänien kam es zu einem Bevölkerungsaustausch.

In der dritten Phase, zwischen dem Ende des Zweiten Weltkriegs und 1989, wurde Rumänien zum reinen Auswanderungsland. Sie stand im Zeichen einer durch den kommunistischen Staat strikt kontrollierten Bevölkerungs- und Migrationspolitik. Rumänien entwickelte sich seit den späten 40er Jahren zum Prototyp einer geschlossenen Gesellschaft, die die räumliche Mobilität ihrer Bürger streng kontrollierte. Für ethnische Rumänen war das Verlassen dieses Systems auf legalem Wege nahezu umöglich. Angehörige der Minderheiten jedoch, insbesondere Juden und Deutsche, machte das nationalkommunistische rumänische System zu einer Art „Handelsware". Ihre Ausreise nach Israel bzw. Deutschland wurde gegen ökonomische Vorteile oder Devisen gewährt. Das lukrative Geschäft mit dem Export der den Minderheiten angehörenden eigenen Staatsbürger fand erst mit der Revolution 1989 sein Ende.

Nach dem Sturz des Ceaușescu-Regimes, mit dem die vierte, bis heute andauernde Migrationsphase einsetzte, wurde Freizügigkeit, die in der Verfassung von 1991 garantiert wird, theoretisch für alle rumänischen Staatsbürger möglich. So weit es die Minderheiten betrifft, setzte sich das Migrationsmuster der dritten Phase fort. Quantitativ war die Migration jedoch beträchtlich größer als in der vorangegangenen Phase. Hinzu kommt, daß die Staatsbürger Rumäniens seit 1990 keine Möglichkeit der freien Einreise in westeuropäische Staaten mehr haben. Um einer durch das Wirtschaftsgefälle zwischen Ost- und Westeuropa ausgelösten Migration vorzubeugen, besteht seither eine restriktiv gehandhabte Visumpflicht für Rumänen, die als Besucher oder Touristen nach Westeuropa reisen wollen. De facto ist eine legale Einwanderung nach Westeuropa (bzw. Nordamerika) für rumänische Staatsbürger weitgehend unmöglich, es sei denn, sie gehören zu den wenigen Tausend Arbeitsmigranten pro Jahr, die temporär als Kontraktarbeiter beschäftigt werden, oder es gelingt ihnen, Asyl zu beantragen. Zuwanderung nach Westeuropa über Asylverfahren hatte für Rumänen ab 1990 größere Bedeutung. In den Jahren 1990 bis 1994 stellten über 360.000 rumänische Staatsbürger in Westeuropa und Nordamerika, den bevorzugten Zielregionen der gegenwärtigen Auswanderung aus Rumänien, einen Asylantrag. Die meisten dieser Anträge wurden abgelehnt.

12.3 Migrationsströme und Migrationsmuster 1919/20 bis 1994/95

12.3.1 Auswanderung von Angehörigen ethnischer Minderheiten

Von den vier quantitativ bedeutendsten Minderheiten Rumäniens, den Magyaren, den Roma, den Deutschen und den Juden, haben zwei, nämlich Juden und Deutsche, in der Mehrzahl das Land verlassen, während die anderen zum größten Teil im Land blieben.

Juden

Laut offiziellen Angaben der Volkszählungen verringerte sich die Anzahl der Juden in Rumänien von 1930 bis 1948 von 728.000 auf 138.000 Personen (Zach 1991b: 404). Die Daten der beiden Volkszählungen sind allerdings umstritten. Kritiker machen geltend, die Volkszählungen unterschätzten die Zahl der rumänischen Juden. Zu berücksichtigen ist, daß die Volkszählung 1948 weder die nördliche Bukowina mit 1930 ca. 70.000 Juden noch Bessarabien mit 206.000 Juden umfaßte. Außerdem wurden die ethnischen Gruppen im Zensus von 1948 nur nach der Muttersprache erhoben, die bei den rumänischen Juden aber neben Jiddisch oft auch Rumänisch oder Ungarisch, in der Bukowina Deutsch war. So gaben bei der Volkszählung 1930 nur 70% der rumänischen Juden Jiddisch als Muttersprache an. Auch dürften viele Juden nach dem Krieg aus Angst vor erneuter Diskriminierung Ungarisch oder Rumänisch als Nationalität angegeben haben. Die Anzahl der rumänischen Juden lag demnach 1948 eher bei ca. 260.000 Personen, wofür es Anhaltspunkte aus der Einwanderungsstatistik Israels gibt. Zwischen 1948 und 1956 wanderten 122.000 rumänische Juden nach Israel ein. Trotzdem kam es zwischen den Volkszählungen von 1948 und 1956 zu einem Anstieg der jüdischen Bevölkerung um 10.000 Personen (1948: 138.000, 1956: 148.000). Die quantitativen Angaben zur rumänisch-jüdischen Bevölkerung nach Beendigung des Zweiten Weltkrieges sind umstritten. Insbesondere die Zahlen der rumänischen Juden, die der Vernichtung in deutschen Konzentrationslagern, Erschießungskommandos der rumänischen Armee, Deportationsmaßnahmen durch rumänische Behörden und der Internierung in rumänischen Lagern zum Opfer fielen bzw. sich dieser durch Flucht entziehen konnten, sind alles andere als sicher (Zach 1991b: 407). Die Juden des 1940–1945 ungarischen Nordsiebenbürgens wurden 1944 von Ungarn ans Deutsche Reich ausgeliefert und fielen somit dem Holocaust zum Opfer. Rumänien, das – anders als Ungarn – keine Juden an Deutschland auslieferte, errichtete eigene Lager in Transnistrien, in denen zwar kein systematischer Völkermord begangen wurde, wo aber dennoch von geschätzten 150.000 deportierten rumänischen Juden über 90.000 durch Willkürmaßnahmen, Hunger und Krankheit ums Leben kamen. Bereits seit 1938 war es in Rumänien zu diskriminierender Gesetzgebung gegenüber Juden gekommen, in der Folge zu staatlichen Zwangsmaßnahmen und zu spontanen Pogromen mit Todesopfern, so z.B. 1941 in Jassy und Bukarest.

Die Angaben für 1945 schwanken zwischen 356.000 und 430.000 überlebenden Juden in Rumänien (Manuila/Filderman 1957; Raul Hilberg 1990). Nach Zach (1991b) lag die Zahl der jüdisch-rumänischen Opfer zwischen 1940 und 1945 bei ca. 211.000 Personen, von denen 121.000 unter rumänischer Verwaltung ums Leben kamen und 90.000 von Ungarn an deutsche Behörden ausgeliefert wurden. Nimmt man diese Zahlen als Bezugsgröße und geht von 765.000 Juden in Rumänien im Jahre 1939 aus, so müssen während des Krieges weitere 120.000 bis 200.000 rumänische Juden geflüchtet oder deportiert worden sein. Allein 100.000 bis 130.000 Juden flohen seit dem Juni 1941 aus Bessarabien und der nördlichen Bukowina ins Innere der UdSSR, um Diskriminierung, Verfolgung und Deportation zu entgehen, nachdem Rumänien auf seiten Deutschlands gegen die Sowjetunion in den Zweiten Weltkrieg eingetreten war und die beiden Gebiete annektiert hatte (Kulischer 1943: 85 und 106). Einigen tausend Juden gelang die Flucht nach Palästina (Hilberg 1990: 851).

Nach den historischen Erfahrungen der Juden in Rumänien war die Bereitschaft, nach 1945 auf eine Zukunft in Rumänien zu setzen, äußerst gering. Zwar genoß die kommunistische Partei Rumäniens überproportionale Unterstützung bei rumänisch-jüdischen Intellektuellen, doch wollte die Mehrzahl der überlebenden Juden das Land verlassen, zumal der rumänische Antisemitismus nach dem Ende des Zweiten Weltkriegs nichts von seiner Heftigkeit eingebüßt hatte und auch Eingang in das politische Arsenal der kommunistischen Partei fand. Mit dem Ende des Zweiten Weltkriegs setzte die Auswanderung der überlebenden rumänischen Juden, insbesondere nach Israel und in die USA, ein. In den ersten drei Nachkriegsjahren verließen zwischen 65.000 und 130.000 Juden Rumänien. 1945 bis 1948, als Palästina noch britisches Mandatsgebiet war, erfolgte die Einwanderung illegal. Erst nach der Staatsgründung Israels 1948 nahm die Einwanderung einen geregelten Verlauf. Neben dem Push-Faktor des rumänischen Antisemitismus wurde die aktive Einwanderungspolitik Israels, die zionistische Bewegungen unterstützte, als Pull-Faktor wirksam. Mitte 1948 lebten 41.000 Juden rumänischer Herkunft in Israel. Danach stieg ihre Zahl rapide an. Zwischen der Staatsgründung Israels im Mai 1948 und dem Jahr 1951 emigrierten 117.000 rumänische Juden nach Israel. Allerdings war Israel nicht immer Zielland der Einwanderer, sondern oft nur Durchgangsstation für jene, die eigentlich in die USA wollten. So weist die israelische Statistik für die Jahre 1948 bis 1951 117.000 rumänische Juden als Einwanderer nach Israel aus. Als Geburtsland gaben 1952 aber nur 56.000 israelische Staatsbürger Rumänien an. Für mehr als die Hälfte der Einwanderer war Israel nur Transitland (Statistical Abstract of Israel 1951/52: 22 und 26). In den 50er Jahren schränkte Rumänien die Möglichkeit der Emigration für Juden ein. Erst ab 1961, nachdem Vereinbarungen getroffen worden waren, die Rumänien ökonomische Vorteile einbrachten, setzte die Auswanderung von Juden in größerem Umfang wieder ein. Die Auswanderungswelle der 60er Jahre führte in Rumänien zum nahezu völligen Verschwinden der einstmals bedeutenden jüdischen Gemeinden. Von den 1956 noch über 140.000 rumänischen Juden hatten zehn Jahre später über 100.000 das Land in Richtung Israel und USA verlassen. 1966 war die jüdische Minderheit Rumäniens auf 40.000 Personen zusammengeschrumpft, während die Gesamtzahl der in Israel lebenden rumänischen Juden zu Beginn der 70er Jahre mit 200.000 Personen bzw. 6% der damaligen israelischen Bevölkerung ihren Höchststand erreichte. Die Anzahl der Juden in Rumänien sank auch durch hohe Sterblichkeit in der überalterten Gruppe und durch Assimilation auf 25.000 Personen im Jahr 1977 und noch 9.000 im Jahr 1992. In den 80er Jahren emigrierten pro Jahr zwischen 1.200 und 1.600 rumänische Juden nach Israel. Seit Beginn der 90er Jahre sind es nur noch einige hundert (Anuarul Statistic al României 1994: 150f.).

Rumäniendeutsche

Die Auswanderung der Rumäniendeutschen erfolgte in drei Phasen: erstens ab 1940 durch Umsiedlung aufgrund zwischenstaatlicher Abkommen, zweitens durch Flucht, Umsiedlung und Deportation in den Jahren 1944/45 im Anschluß an den Abzug der deutschen Wehrmacht aus Rumänien, drittens durch Emigration seit den späten 60er Jahren.

Die laut Volkszählung 1930 rund 200.000 Personen zählende rumäniendeutsche Bevölkerung aus der Bukowina, aus Bessarabien und aus der Dobrudscha wurde nahezu vollständig in einige von deutscher Wehrmacht besetzte polnischen Gebiete, den sogenannten Warthegau, nach Oberschlesien, nach Westpreußen, zum geringen Teil auch nach Elsaß-Lothringen, Böhmen und Mähren, ins Sudentenland und in die Untersteiermark umgesiedelt (Jachomowski 1984: 150–197; Kulischer 1943: 16f.). Die Umsiedlung erfolgte, nachdem 1939 und 1940 entsprechende Abkommen zwischen Moskau und

Berlin bzw. Bukarest und Berlin ausgehandelt worden waren. Sie stand in Zusammenhang mit dem Holocaust sowie der Vertreibung und Versklavung der polnischen Bevölkerung als Zwangsarbeiter. Die Ansiedlung der Rumäniendeutschen erfolgte in zuvor „entleerten" polnischen und jüdischen Dörfern und Häusern (Aly 1995: 59). Auch der Rückzug der deutschen Wehrmacht im Jahre 1944 war von einer Umsiedlungsaktion begleitet. Dies betraf 20.000 Deutsche aus Nordsiebenbürgen und veranlaßte weitere 66.000 Volksdeutsche aus dem Banat zur Flucht nach Westen (Statistisches Bundesamt 1958: 474f.).[2] Im Januar 1945 wurden auf sowjetische Weisung hin ca. 70.000 Personen der verbliebenen arbeitsfähigen rumäniendeutschen Bevölkerung zur Zwangsarbeit in die Sowjetunion deportiert. Ein Teil der Deportierten kehrte zwischen 1947 und 1949 nach Rumänien zurück, ein Teil wurde in die sowjetisch besetzte Zone entlassen, einige sogar in die Westzonen.

Die Zahl der Deutschen in Rumänien verminderte sich zwischen 1930 und 1948 durch Kriegs- und Kriegsfolgeeinwirkungen auf weniger als die Hälfte. Bei der Volkszählung 1948 gaben nur noch 340.000 Personen an, zur deutschen Minderheit zu gehören. Bis in die späten 60er Jahre hinein blieb dieser Bevölkerungsstand nahezu konstant, bevor die Auswanderung in die Bundesrepublik Deutschland einsetzte. Krieg und Kriegsfolgen führten nicht nur zu einer quantitativen, sondern auch zur sozialen, ökonomischen und politischen Schwächung dieser einstmals privilegierten Minderheit.[3] Umsiedlung, Flucht und Deportation veränderten die bis in die späten 30er Jahre hinein intakten Sozialstrukturen und Milieus der Deutschen in Rumänien erheblich. Familien wurden auseinandergerissen, ihre Mitglieder fanden sich in verschieden Ländern – Deutschland, Österreich oder USA auf der einen, Rumänien auf der anderen Seite – wieder. Die Enteignung der Deutschen, die als Vergeltungsmaßnahme für die Kollaboration weiter Kreise der deutschen Minderheit mit Nazi-Deutschland bereits 1945, also drei Jahre vor den ersten allgemeinen Enteignungen und Sozialisierungen, durchgeführt wurde, und die Deportation in die Sowjetunion beschleunigten die Entwurzelung der verbliebenen Minderheit.

Familienzusammenführung wurde nach 1945 erste Grundlage einer gesteuerten Migration. Ende der 50er Jahre, in der Hochphase des kalten Krieges, gelang es einigen tausend Rumäniendeutschen, mit Hilfe des Roten Kreuzes aus Rumänien in die Bundesrepublik auszuwandern. Insgesamt emigrierten zwischen 1950 und 1966 15.000 Deutsche aus Rumänien nach

Westdeutschland (Info-Dienst 1995: 2). Doch erst die Aufnahme diplomatischer Beziehungen zwischen Rumänien und der Bundesrepublik Deutschland 1967 und die Ära der Entspannungspolitik erlaubten eine Auswanderung größeren Umfangs. Seit Beginn der 70er Jahre emigrierten pro Jahr durchschnittlich 8.000 Deutsche aus Rumänien in die Bundesrepublik. 1978, als zwischen Deutschland und Rumänien ein zwischenstaatliches Abkommen geschlossen wurde (Schmidt-Ceausescu-Abkommen), das die Auswanderung regelte, waren bereits 69.000 Rumäniendeutsche ausgewandert. Das Abkommen legte eine Aussiedlungsquote von 10.000 Personen pro Jahr fest. Die Bundesrepublik verpflichtete sich im Gegenzug zur Zahlung von DM 8.000 pro Kopf; ein Muster, das das sozialistische Rumänien schon bei der Auswanderung der Juden erfolgreich erprobt hatte: Freizügigkeit gegen wirtschaftliche Vorteile. Deutschland nutzte den Verhandlungsspielraum, den die Kreditvergabe an Rumänien einräumte, um Einfluß auf die Verhandlungspartner in Bukarest zu nehmen (Braun 1987: 191). Nebeneffekt der Devisenbeschaffung war die ethnische Homogenisierung der rumänischen Bevölkerung.

Seit dem Beginn der 80er Jahre verselbständigte sich die Auswanderung der Deutschen und entwickelte ihre Eigendynamik. Kontinuierliche Auswanderung zerriß Familien, Dorf- und Kirchengemeinden. Der Anreiz, das Land zu verlassen, stieg, sobald sich funktionsfähige Sozialstrukturen auflösten. Die Abwanderung hatte auch einen Effekt auf die Bleibewilligen, die sich nicht mehr in der Lage sahen, das soziale und kulturelle Leben der Minderheit aufrechtzuerhalten. Der Massenexodus nach der Grenzöffnung 1989, als innerhalb von drei Jahren 150.000 der 250.000 Rumäniendeutschen auswanderten, hatte somit seine innere Logik (Sterbling 1994: 66–74). Nach dieser Auswanderungswelle reduzierte sich die Minderheit auf ca. 50.000 bis 60.000 Personen (Ende 1995). Die noch in Rumänien lebende deutsche Bevölkerung ist überaltert und wird innerhalb einer Generation als Minderheit weitgehend verschwunden sein.

Magyaren

Die Abwanderung der magyarischen Bevölkerung aus Rumänien vollzog sich im 20. Jahrhundert in drei Wellen. Allerdings führte die Abwanderung der Rumänienungarn im Gegensatz zu den Rumäniendeutschen und den rumänischen Juden nicht zum Verschwinden der Minderheit.

Die erste Phase des ungarischen Exodus setzte nach Beendigung des Ersten Weltkriegs ein. Durch die Rumänisierung von Verwaltung, Politik und Kultur in den bis zum Ende des Ersten Weltkriegs ungarischen Landesteilen verloren die Träger der ungarischen Verwaltung ihre staatstragende Rolle und zum Teil auch ihre berufliche Existenz.

Überdies kam es im neu geschaffenen Großrumänien zur rechtlichen und wirtschaftlichen Privilegierung der Rumänen auf Kosten der Minderheiten. Das in den Karlsburger Beschlüssen 1918 abgegebene Versprechen eines toleranten Minderheitenschutzes wurde nach 1918 nicht eingelöst (Illyés 1981: 100). Der Kampf um die kulturelle Hegemonie in Siebenbürgen leistete das übrige, um die ungarische Minderheit dem rumänischen Staat zu entfremden und die Bereitschaft zur Abwanderung zu erhöhen. Nach offiziellen ungarischen Angaben verließen 1919 bis 1924 ca. 200.000 Ungarn Siebenbürgen (Kulischer 1948: 149; siehe auch Dövényi und Vukovich in diesem Buch).

Die Wiederangliederung Nordsiebenbürgens an Ungarn durch den Zweiten Wiener Schiedsspruch 1940 bewirkte zwar eine erneute Einwanderung ungarischer Staatsbeamter, doch war dieser Prozeß nur von kurzer Dauer. In den Jahren 1945/46 wanderten wiederum ca. 125.000 Magyaren aus Siebenbürgen nach Ungarn aus. Die dritte Welle der ungarischen Abwanderung setzte Mitte der 80er Jahre ein. Zwischen 1985 und 1989 verließen infolge der ökonomischen Misere in Rumänien und der Hinwendung Ungarns zur Marktwirtschaft zwischen 30.000 und 40.000 Magyaren Siebenbürgen, um sich in Ungarn niederzulassen. Das Statistische Jahrbuch Rumäniens gibt für die Jahre 1985 bis 1989 32.248 legale rumänienungarische Auswanderer an, während ungarische und internationale Quellen von über 40.000 Emigranten bis 1989 sprechen (Anuarul Statistic al României 1994: 150f.; Kendé 1989; OECD 1995: 142f.). Das Anwachsen der illegalen Auswanderung von Rumänienungarn über die grüne Grenze führte im Frühjahr 1988 dazu, daß Rumänien begann, einen Zaun entlang der ungarisch-rumänischen Grenze zu errichten. Das Projekt wurde aber schon im Laufe des Jahres wieder aufgegeben (The Minority Rights Group 1990: 19). Nach dem säkularen Umbruch des Jahres 1989 schnellte die Zahl der magyarischen Auswander noch einmal in die Höhe. Verstärkt durch antiungarische Ausschreitungen, die 1990 in blutigen Auseinandersetzungen mit Todesopfern in Tirgu-Mureş ihren Höhepunkt fanden, verließen bis 1993 noch einmal 22.000 Magyaren Rumänien. Seit 1992 ist die Auswanderung der Rumänienungarn stark rückläufig. Derzeit verlassen pro Jahr nur noch wenige tausend Rumänienungarn auf Dauer das Land. Hingegen steigt die Zahl legaler und illegaler temporärer rumänienungarischer Arbeitsmigranten im ungarisch-rumänischen Grenzgebiet und in Budapest (OECD 1995: 144). Es bleibt abzuwarten, wie sich die bestehenden und die sich verstärkenden ethnischen Spannungen zwischen Rumänen und Rumänienungarn und der unbefriedigend geregelte rechtliche Schutz ethnischer Minderheiten in Rumänien auf die Auswanderungsbereitschaft der Magyaren auswirken werden. Ein Minderheitenschutzgesetz wird noch immer vom rumänischen Parlament diskutiert, ohne bislang eine Mehrheit gefunden zu haben. Ein von den Minderheiten abgelehntes Unterrichtsgesetz trat im Juni 1995 in Kraft (Wittstock 1995: 201–216).

Trotz der Auswanderungswellen leben laut offiziellen Daten derzeit mehr als 1,6 Mio. Ungarn in Rumänien, inoffizielle Daten sprechen von mehr als 2 Mio. Ein wesentlicher Grund für das geringere Maß an internationaler Wanderung der Rumänienungarn ist deren räumliche Konzentration. Die Kreise Harghita (1992: 84,7%) und Covasna (75,2%) im Landesinneren Rumäniens sind mehrheitlich von Rumänienungarn bewohnt, sodaß nicht nur das Alltagsleben, sondern auch Bildung und Kultur in diesen Kreisen weitgehend ungarischsprachig sind und Assimilation dort kaum eine Bedrohung für die Minderheit darstellt.

Roma

Statistisch schwer zu fassen sind die Wanderungsbewegungen der zweiten großen ethnischen Minderheit in Rumänien, der Roma (Zigeuner). Die diesbezüglichen Zahlen in den Volkszählungen sind zweifellos wenig zuverlässig, was sich auch an den großen Schwankungen zwischen den Angaben der einzelnen Zählungen ablesen läßt. Die rumänische Volkszählung des Jahres 1992 ermittelte 400.000 Roma in Rumänien. Schätzungen gehen allerdings von einer größeren Zahl aus. Nach Angaben der „Ethnischen Föderation der rumänischen Roma" beträgt die Anzahl der Roma in Rumänien 2,5 Mio. (OECD 1995: 147). Diese Angabe deckt sich mit Daten, die eine unter Geheimhaltung vorgenommene Zählung des rumänischen Staatssicherheitsdienstes Securitate Mitte der 80er Jahre ergab. Damals ermittelte die Securitate ca. 2 Mio. rumänische Roma. Da das Datenmaterial ungenau ist und Roma bei internationalen Wanderungen in Zielländern in der Regel nicht als ethnische Minderheit erfaßt werden, ist es schwer möglich, zur Auswanderung der Roma quantitativ zuverlässige und detaillierte Angaben zu machen. Schätzungen gehen davon aus, daß bis zu 50% der Rumänen, die nach 1989 in Westeuropa Asyl beantragt haben, Roma sind (OECD 1995: 149).

12.3.2 Auswanderung ethnischer Rumänen

Die Gruppe der ethnischen Rumänen beteiligte sich im 20. Jahrhundert relativ und absolut am geringsten an der Auswanderung. Vor 1914 und in der Zwischenkriegszeit spielte für sie die Auswanderung nach Übersee eine größere Rolle. 1920 gaben 102.823 Personen in den USA an, in Rumänien geboren worden zu sein, 1930 waren es 146.393. Nach 1930 weisen die US-Daten eine Nettoabwanderung von Rumänen aus den USA aus (The Statistical History of the United States 1976: 118). Nach der Errichtung des kommunistischen Systems in Rumänien wurde die Möglichkeit, nach Übersee auszuwandern, stark eingeschränkt. Zwar migrierten zwischen 1951 und 1989 noch einmal 84.000 Personen aus Rumänien in die USA, doch handelte es sich bis in die 70er Jahre hinein zu einem erheblichen Teil um rumänische Juden. In den 80er Jahren, als sich die Anzahl der rumänischen US-Einwanderer auf über 34.000 belief, galten drei Viertel (26.000) von ihnen als politische Flüchtlinge.

Seit 1990 stieg die Zahl rumänischer Asylbewerber in Westeuropa sprunghaft an. Da den meisten rumänischen Staatsbürgern (Ausnahme Rumäniendeutsche in Deutschland, Rumänienungarn in Ungarn) andere Wege legaler Einwanderung nach Westeuropa versperrt sind, konzentrierte sich die Zuwanderung auf Asylbewerber. In den Jahren 1990 bis 1994 beantragten über 360.000 rumänische Staatsbürger in Westeuropa oder Nordamerika politisches Asyl. Hauptziel für Asylbewerber aus Rumänien war Deutschland mit 1990–1994 ca. 263.000 rumänischen Asylbewerbern, gefolgt von Österreich mit 23.000 Personen. Bereits seit Mitte der 80er Jahre war ein leichter Anstieg des Stroms rumänischer Asylbewerber in Westeuropa zu verzeichnen. Er erreichte 1989 5.079 Personen. Nach dem Fall des Eisernen Vorhangs 1989 entwickelte sich der Asylantrag zum vorrangigen Weg der (zumindest temporären) Einwanderung von Rumänen nach Westeuropa und Nordamerika.

Tabelle 12.2: Rumänische Asylbewerber in Westeuropa und Nordamerika 1990-1994

	1990	1991	1992	1993	1994
Westeuropa	62.123	61.688	116.218	87.390	21.537
davon Deutschland	35.345	40.504	103.787	73.717	9.581
Nordamerika	2.130	3.210	2.850	1.750	1.530

Quelle: UNHCR nach Regierungsangaben.

Die Anerkennungsquote rumänischer Asylbewerber ist gering. Sie lag in Westeuropa und Nordamerika im Zeitraum 1990 bis 1994 im Durchschnitt bei 2%. Deutschland schloß im Jahre 1992 ein Rückführungsabkommen, in welchem sich Rumänien verpflichtete, abgeschobene Asylbewerber gegen entsprechende finanzielle Kompensationen von deutscher Seite zurückzunehmen. Daß diese Zahlungen, wie vereinbart, zur Eingliederung abgeschobener Personen verwendet werden, ist nicht nachgewiesen (Oschlies 1993: 21–24).

Einen quantitativ eher unbedeutenden Strom temporärer rumänischer Auswanderung bilden Kontraktarbeiter rumänischer Herkunft, die als Arbeitnehmer Engpässe auf ungarischen oder westeuropäischen Arbeitsmärkten decken. Ungarn gab 1990 bis 1993 im Durchschnitt pro Jahr 13.000 Anträgen rumänischer Staatsbürger auf Arbeitserlaubnis statt. Unter den Antragstellern befanden sich vorwiegend Rumänienungarn. Die Anzahl rumänischer Kontraktarbeiter in Deutschland bewegte sich 1993/94 zwischen 10.000 und 15.000. Kontraktarbeit ist von vornherein nicht als Einwanderungsmöglichkeit gedacht, sondern zielt auf vorübergehenden Aufenthalt, der auf die Dauer des Beschäftigungsverhältnisses befristet ist.

Im postsozialistischen Rumänien ist der Wunsch nach temporärer Arbeitsmigration weit verbreitet. So gaben im April 1996 in einer repräsentativen Meinungsumfrage 45,8% der Befragten an, mit Sicherheit oder wahrscheinlich temporär das Land verlassen zu wollen, um im Ausland zu arbeiten, sofern sich die Möglichkeit biete. 20,2% der Befragten erwogen eine permanente Auswanderung (România Liberă vom 1. 4. 1996). Der Wunsch, das Land auf Dauer zu verlassen, ist in der Zeit des politischen, sozialen und ökonomischen Wandels nach 1989 gestiegen. Während 1991 nur 6% der Bevölkerung meinte, für junge Menschen sei ein anderes Land als Rumänien vorzuziehen, so bejahten 1994 diese Frage bereits 17% (Sandu 1996: 206).

12.3.3 Einwanderung nach Rumänien

Auslandsrumänen

Nachdem im Juni 1940 Bessarabien und die nördliche Bukowina von der Sowjetunion annektiert worden waren, setzte eine Massenflucht von ca. 35.000 bis 40.000 Rumänen in das verkleinerte rumänische Staatsgebiet ein. Hierbei handelte es sich vor allem um Staatsbeamte, die nach der Angliederung der Bukowina und Bessarabiens an Rumänien 1918/20 zum Aufbau der rumänischen Verwaltung dorthin entsandt worden waren. Im Gegensatz dazu blieb die auch schon vorher dort ansässige rumänischsprachige bäuerliche Bevölkerung nach der russischen Annexion großenteils in den Regionen. Die meisten Flüchtlinge aus Bessarabien gingen in die Moldau, während die Zielregion der Bukowinaflüchtlinge Siebenbürgen war (Kulischer 1943: 85).

Der Vertrag von Craiova vom September 1940, der die Angliederung der südlichen Dobrudscha an Bulgarien bestimmte, führte zu einem Bevölkerungsaustausch zwischen Rumänien und Bulgarien. Ca. 60.000 Bulgaren aus der bei Rumänien verbliebenen nördlichen Dobrudscha wurden nach Bulgarien umgesiedelt, während 100.000 bis 110.000 Rumänen aus der südlichen Dobrudscha ins verkleinerte Rumänien auswandern mußten (Jackson 1987: 79).

Zu der geplanten Umsiedlung von ca. 20.000 Bulgaren aus dem Banat und von 300.000 Bulgaren aus Bessarabien, das 1941–1944 wieder von Rumänien verwaltet wurde, kam es nicht, obwohl 1942 ein entsprechendes Abkommen zwischen Rumänien und Bulgarien unterzeichnet worden war. Im Gegenzug sah dieses Abkommen die Aussiedlung der rumänischen Minderheit aus dem bulgarischen Vidim südlich der Donau nach Rumänien vor (Jackson 1987; Bohmann 1969; 111; Schechtman 1946: 409 und 412f.). Das zwischen 1940 und 1945 Ungarn angegliederte nördliche Siebenbürgen verließen in dieser Zeit ca. 200.000 Rumänen, um sich in Restrumänien anzusiedeln (Bohmann 1969: 111).

Politische Flüchtlinge aus der UdSSR

Ein bedeutender Zustrom von Einwanderern kam von 1919 bis in die 20er Jahre nach Rumänien, weil dieses Land seine Grenzen für russische Flüchtlinge offenhielt. Zwischen 60.000 und 100.000 Personen aus dem vom Bürgerkrieg erschütterten nachrevolutionären Rußland suchten Zuflucht im benachbarten Rumänien. Insbesondere die Grenzregionen Bessarabien und die Bukowina waren von dem Flüchtlingsstrom betroffen. Die genaue Zahl der Flüchtlinge ist strittig. Nach Kulischer schätzte der Völkerbund die Zahl der Flüchtlinge auf 100.000, während das Internationale Rote Kreuz von 60.000 ausging (Kulischer 1948: 54 und 149).

Zuwanderung seit 1989

Seit der Grenzöffnung 1989 spielt auch die Zuwanderung nach Rumänien wieder eine gewisse Rolle. Allerdings ist Rumänien nach wie vor ein Netto-Auswanderungsland. Die Zuwanderung erfolgt durch Remigration und durch Einwanderung von Funktionseliten westlicher Investoren. Den größten Teil der Remigranten machen abgewiesene und z.T. auch abgeschobene rumänische Asylbewerber aus Westeuropa und Nordamerika aus. Von den 360.000 Asylanträgen in den Jahren 1990 bis 1994 wurden bislang über 255.000 abgelehnt. Der Großteil der abgelehnten Antragsteller wurde bereits nach Rumänien abgeschoben. Unter den Remigranten befinden sich auch einige tausend Rumänienungarn und einige hundert Rumäniendeutsche, die freiwillig nach Rumänien zurückkehrten. Wirtschaftlich motivierte Zuwanderung erfolgt in geringem Ausmaß durch Fachkräfte, die im Auftrag westeuropäischer, nordamerikanischer und südostasiatischer Unternehmen nach Rumänien gelangen. Zur Zeit sind Südkorea, die USA und Deutschland die größten ausländischen Investoren in Rumänien. Jedoch liegt das Land in der Gunst von Investoren deutlich hinter Ungarn, Polen oder der Tschechischen Republik. In Bukarest ist auch eine chinesische Kolonie im Entstehen begriffen, die sich auf den Handel mit billigen Konsumgütern aus Asien spezialisiert hat.

12.4 Resümee

Rumänien ist im 20. Jahrhundert ein Netto-Auswanderungsland und fügt sich somit in das Muster der ostmitteleuropäischen Länder, die für den Verlauf dieses Jahrhunderts alle eine negative Wanderungsbilanz aufweisen. Dem ostmitteleuropäischen Muster entspricht der Verlauf der Migration, die vor-

Tabelle 12.3: Rumänien 1919/20 bis 1994/95: Ein- und Auswanderung nach Herkunfts- und Zielregion

Zielregion	Anzahl	Zeitraum	ethn. Gruppe
Ungarn	200.000	1919–1924	Ungarn
Ungarn	125.000	1945/46	Ungarn
Ungarn	60.000	1985–1992	Ungarn
USA	45.000	1918–1929	Rumänen, Ungarn, Dt., Juden
Bulgarien	60.000	1940	Bulgaren
Deutschland	200.000	1940	Deutsche
UdSSR	100.000–130.000	1941/42	Juden
Palästina	5.000	1941–1944	Juden
Deutschland, Österreich, USA	86.000	1944	Deutsche
UdSSR	70.000	1945	Deutsche
Ungarn	125.000	1945/46	Ungarn
Palästina, Westeuropa	65.000–130.000	1945–1948	Juden
Israel, USA	117.000	1948–1951	Juden
Deutschland	15.000	1951–1965	Deutsche
USA	84.000	1951–1989	Rumänen, Juden
Israel/USA	100.000	1961ff.	Juden
Deutschland	227.000	1966–1989	Deutsche
Ungarn	60.000	1985–1992	Ungarn
Westeuropa, Nordamerika	360.000 (davon 263.000 nach Deutschland)	1990–1994	Rumänen, Roma
Herkunftsregion			
Rußland/UdSSR	60.000–100.000	1919–24	Russen, Ukrainer, Juden
Bulgarien (Dobrudscha)	100.000–110.000	1940	Rumänen
UdSSR (Bessarabien/ Bukowina)	35.000–40.000	1940	Rumänen
Nordsiebenbürgen (Ungarn)	keine Angabe	1940	Rumänen

Anmerkung: Es liegen keine Angaben über Remigration in den 30er Jahren aus den USA und aus Westeuropa seit 1990 vor.

nehmlich in Ost-West-Richtung verlief. Auffallend an der rumänischen Migrationsgeschichte ist die große Bedeutung, die politisch motivierter und ethnischer Migration zukommt. Erzwungene Grenzrevisionen und ethnische Spannungen zwischen Mehrheits- und Minderheitsbevölkerung waren die treibenden Kräfte hinter diesen Prozessen. Langfristig war Auswanderung ein Ventil für die ethnopolitischen Spannungen in Rumänien; allerdings um den Preis zunehmender ethnischer Homogenisierung, die den rumänischen Vielvölkerstaat ostmitteleuropäischen Typs mehr und mehr dem einheitlichen Nationalstaat westeuropäischen Typs anglich. Das Diktum der rumänischen Verfassung von 1923, daß Rumänien ein einheitlicher Nationalstaat sei, wurde und wird somit im Verlauf des 20. Jahrhunderts unter völlig unterschiedlichen politischen Regimen sukzessive in die Realität umgesetzt.

Anmerkungen

1 Die ungarischsprachige Bevölkerung Rumäniens besteht aus zwei Subgruppen: erstens aus Grenzungarn, zweitens aus den Szeklern, eine im inneren Siebenbürgens beheimatete magyarische Minderheit, die eine eigene Volksgruppe innerhalb der Magyaren bildet.
2 Die Angaben sind strittig.
3 Eigentlich müßte hier von Minderheiten die Rede sein, da es sich bei den Deutschen, die nach 1918 in Rumänien lebten, um historisch, sozial, ökonomisch und konfessionell unterschiedliche Gruppen handelte: sog. Siebenbürger Sachsen, Banater Schwaben, Bukowinadeutsche, Zipser und andere kleinere Gruppen.

13. Migration aus und nach Bulgarien in Vergangenheit, Gegenwart und Zukunft

Daniela Bobeva

13.1 Historischer Überblick

Bis zum Zweiten Weltkrieg waren die wechselnden Grenzen Bulgariens sowie ethnische Säuberungen bzw. der Austausch ethnischer Minderheiten Hauptgründe der Migration. Fünf Jahrhunderte lang war Bulgarien Teil des Osmanischen Reiches. 1878 wurde der bulgarische Staat wiedergegründet und seine Grenzen danach mehrmals geändert. Die intensivsten Aus- und Einwanderungsbewegungen fanden in den ersten Jahrzehnten danach statt. Der Friedensvertrag von San Stefano (1878) sah vor, daß alle Territorien, die zumindest teilweise von Bulgaren bewohnt wurden – wie Mazedonien, Ostthrakien, die Dobrudscha – von der Türkei an den bulgarischen Staat abzutreten waren. Ein Jahr später wurde das Territorium Bulgariens von den Großmächten Europas auf dem Berliner Kongreß (1879) stark reduziert. Eine Masseneinwanderung ethnischer Bulgaren aus den genannten Gebieten war die Folge. Einige Jahrzehnte lang waren diese von den Bulgaren beanspruchten Nachbarregionen eine ständige Quelle der Einwanderung nach Bulgarien. So siedelten sich z.B. nach dem St.-Elias-Aufstand in Mazedonien (1903) rund 30.000 mazedonische Bulgaren auf bulgarischem Staatsgebiet an (vgl. N.N. 1955: 190).

In der Zeit vor dem Ersten Weltkrieg war die ethnische Einwanderung größer als die Auswanderung von Angehörigen ethnischer Minderheiten, z.B. Türken, was mit der Konsolidierung des bulgarischen Nationalstaats und dem wachsenden Nationalismus in diesem Staat sowie in den benachbarten Ländern zusammenhing. Dennoch verblieben einige größere Gruppen ethnischer Bulgaren außerhalb der Grenzen des Landes. 1918 lebten über 1,5 Mio. Bulgaren in Mittelasien, Ostthrakien, Epirus, im Südosten Jugoslawiens und in Moldawien.

Während des Ersten Weltkriegs war Bulgarien mit Deutschland und der Türkei verbündet und damit auf der Verliererseite. Als Konsequenz mußte Bulgarien 1918/19 einige Teile seines Territoriums an Griechenland und Rumänien abtreten. In der Folge kam es zu einer Zwangsumsiedlung von Minderheitenangehörigen. Ethnische Griechen, Türken und Pomaken[1] wurden aus Bulgarien vertrieben, ethnische Bulgaren aus Griechenland und der Türkei (v.a. Thrakien). Im weiteren Verlauf der Zwischenkriegszeit und besonders während der Weltwirtschaftskrise 1929–1933 hatte die Auswanderung vor allem ökonomische Ursachen. Die meisten Migranten wollten nach Übersee. In den USA vergrößerte sich die Zahl bulgarischer Einwanderer bis 1930 auf ca. 70.000 Personen (Petrov/Nikolov 1988: 178).

Tabelle 13.1: Ethnische Zusammensetzung der bulgarischen Bevölkerung (in % der Gesamtbevölkerung)

	Bulgaren	Türken	Roma	Pomaken	andere	insg.
1900	77,1	14,2	2,4		6,3	100,0
1905	79,8	12,4	1,7		6,1	100,0
1910	81,1	10,8	2,8		5,3	100,0
1920	83,3	10,7	2,0		4,0	100,0
1926	83,2	10,5	2,5		3,8	100,0
1946	86,4	9,6	2,4		1,6	100,0
1956	85,5	8,6	2,6		3,3	100,0
1965(1)	87,9	9,5	1,8		0,8	100,0
1991(2)	82,6	7,0	5,9	2,9	1,6	100,0
1992	85,5	9,7	3,4		1,4	100,0

Anmerkungen: (1) Nach 1965 wurde die Publikation von Statistiken über die ethnische Zusammensetzung der Bevölkerung abgebrochen. (2) Die Angaben für 1991 und 1992 besitzen nur vorläufigen Charakter, da seit 1985 keine Zählungen stattfanden. Vor 1991 wurden die Pomaken (i.e. ethnische Bulgaren moslemischen Glaubens) entweder den ethnischen Bulgaren oder den Türken zugerechnet.

Massenmigration aus Bulgarien betraf seit der endgültigen Unabhängigkeit des Landes vom Osmanischen Reich vor allem ethnische Türken. Im Zeitraum 1878 bis 1913 verließen ca. 250.000 Türken freiwillig das Land oder wurden vertrieben. Eine beträchtliche Zahl aber blieb in Bulgarien. Im Jahr 1900 bildeten Türken und slawische Moslems (Pomaken) eine beträchtliche Minderheit: rund 14% der Bevölkerung Bulgariens. Durch Emigration, aber auch durch Zwangsbulgarisierung fiel ihr Anteil bis 1992 auf unter 10% (siehe Tabelle 13.1).

Nach dem Zweiten Weltkrieg und der Errichtung des kommunistischen Regimes wurde jede Emigration von Arbeitskräften, politischen Dissidenten oder Intellektuellen weitgehend unterbunden. Dennoch gab es Ausnahmen. Der Umfang dieser Migration läßt sich zwar nicht exakt quantifizieren, aber anhand von biographischem Material studieren. Dadurch wissen wir, daß es einigen Intellektuellen und politischen Gegnern des Regimes trotz weitgehender Abschottung gelang, das Land zu verlassen. Für die große Mehrheit der Bevölkerung aber war es unmöglich, in den Westen zu reisen oder auszuwandern. Das Regime machte auch ideologisch gegen die Emigration mobil und kriminalisierte Ausreisewillige. In keinem anderen Land Osteuropas wurden die Emigranten als „nie wiederkehrende Personen" bezeichnet. Kein anderes Land hat sie in einem solchen Ausmaß verfolgt. Einige wurden sogar ermordet. Andererseits unterdrückte das Regime nationale Minderheiten in Form der Zwangsbulgarisierung, die den erzwungenen Wechsel von Vor- und Familiennamen mit einschloß. Diese Politik führte einige Male zur Massenauswanderung von moslemischen Roma, Pomaken und ethnischen Türken. Sowohl die politische Unterdrückung als auch die ethnische Diskriminierung trugen zur Bildung eines großen Emigrationspotentials bei, das in den ersten Jahren nach dem Ende der Herrschaft der kommunistischen Partei einen regelrechten Massenexodus bewirkte.

Unter dem Druck der Perestroika und infolge des geänderten politischen Klimas in Europa wurde 1988 der Zugang zu Pässen und Ausreisevisa für bulgarische Staatsbürger erleichtert. Die Öffnung der Grenzen ließ gleichsam „den Geist aus der Flasche" und führte zu einem unvorhergesehenen Anwachsen der internationalen Migration aus diesem Teil des Balkans.

13.2 Die Auswanderung in die Türkei

Seit Anfang des 20. Jahrhunderts versuchte Bulgarien, den Umfang der türkischen Minderheit zu reduzieren. Einige Anstrengungen wurden unternommen, diesen Prozeß durch Auswanderung zu beschleunigen. Vor allem die ersten Auswanderungswellen sind als Teil eines Prozesses der Entkolonialisierung zu verstehen. Zunächst migrierten osmanische Verwaltungsbeamte, ehemalige Militärs sowie Teile der moslemischen Oberschicht. Dann folgte eine Phase der Assimilationsversuche. Zwischen 1912 und 1918 wurden die Pomaken zum Ziel einer staatlich verordneten Zwangschristianisierung, danach folgten Zwangsumsiedlungen: zuerst 1919 bis 1923 als Antwort auf den Ersten Weltkrieg und die neue Grenzziehung zwischen Bulgarien, Griechenland und der Türkei. 1935 wurde ein weiterer bulgarisch-türkischer Vertrag unterzeichnet, der die Massenauswanderung der Jahre 1936 bis 1938 zur Folge hatte. Durchschnittlich verließen damals 12.000 Türken pro Jahr das Land. 1938 begann die Regierung schließlich mit der Bulgarisierung türkischer Namen.

Abbildung 13.1: Bulgarische Auswanderung in die Türkei 1935–1992

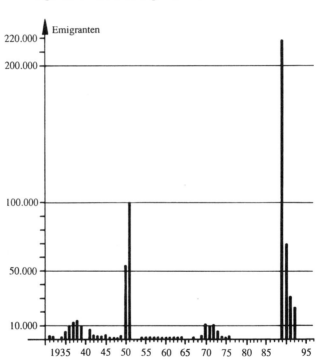

Anmerkung: Entsprechend den bilateralen Abkommen mit der Türkei handelt es sich ausschließlich um legale Auswanderer. Diese Personen haben dauerhaft das Land verlassen, um sich in der Türkei anzusiedeln.
Quelle: Daten des Innenministeriums.

Die Auswanderung in die Türkei in den Jahren von 1944 bis 1988/89, also während der Herrschaft der kommunistischen Partei, erfolgte auf Basis von Emigrationsabkommen, die von den zwei Staaten ausgehandelt wurden. Im Zeitraum von 1950–1953 durften 250.000 Angehörige der türkischen Minderheit und andere Moslems das Land verlassen, 1954–1968 nur gezählte 25 Personen. Nach den Bestimmungen des Abkommens von 1968 wurde es 95.210 Personen gestattet, in die Türkei auszuwandern. Von diesen blieben allerdings 14% freiwillig in Bulgarien (unveröffentlichte Zahlen des Innenministeriums). Die türkische Regierung handelte in der Folge ein jährliches Kontingent von 10.500 Ausreisegenehmigungen aus, löste jedoch ihren Teil der Verpflichtungen nicht ein. 1975 wurde beispielsweise nur 338 bulgarischen Türken die Einreise gestattet, während in ca. 14.250 Fällen die Einreise verweigert wurde.

Die Bulgarisierungsversuche der kommunistischen Regierung (erzwungene Namensänderungen und radikale Beschneidung der Rechte aller Minderheiten) lösten in der letzten Phase der kommunistischen Herrschaft 1988/89 schwere Unruhen und eine Auswanderungswelle von Türken und Pomaken in die Türkei aus. Diese Welle war politischer und ethnischer Natur und fand mit der Wiedereinführung des Rechts auf die ursprünglichen Namen und der Wiederherstellung der Bürgerrechte von Türken und Pomaken ein Ende. Zu diesem Zeitpunkt wurde in etlichen Schulen der Unterricht in türkischer Sprache wieder eingeführt und erstmals seit 1944/45 die Religionsfreiheit gewährt.

Zusätzlich zum ethnisch-religiösen Hintergrund wurde diese Emigrationswelle auch durch die relative Attraktivität der Türkei bedingt, einem Land mit höherem Pro-Kopf-Einkommen als in Bulgarien und einer stärkeren Nachfrage nach qualifizierten Arbeitskräften. Die instabile politische Situation und die einsetzende Transformationskrise Bulgariens trugen ebenfalls zur Massenauswanderung in die Türkei und später auch in andere, vor allem westeuropäische Länder bei. Ein wesentlicher Pull-Faktor bestand in der Haltung der türkischen Regierung und jener türkischen Staatsbürger, die sich dafür aussprachen, die Einwanderer aufzunehmen. Integrationsprogramme wurden entwickelt und von verschiedenen internationalen Institutionen finanziell unterstützt.

1989 widmete die US-Regierung 9,5 Mio. Dollar für das „Bulgarian Immigrants' Education and Employment Program" in der Türkei. Der Bau von

21.488 Unterkünften für bulgarische Einwanderer wurde vom Siedlungsfonds des Europarats bezahlt, der dafür einen Kredit von 250 Mio. US-$ gewährte. Für denselben Zweck schoß die türkische Regierung weitere 15 Mio. US-$ zu. Zur gleichen Zeit wurden die Regelungen zum Erwerb der türkischen Staatsbürgerschaft liberalisiert.

Tabelle 13.2: Auswanderer nach dem Geschlecht (absolut und in %)

	1988/89	1990[1]	1991	1988/89	1990[1]	1991
Männer	106.432	68.759	19.112	48,8	78,2	47,5
Frauen	111.568	19.136	21.152	51,2	21,8	52,5
insg.	218.000	87.895	40.264	100,0	100,0	100,0

Anmerkung: (1) Seit 1990 verwendet das Nationale Institut für Statistik die UN-Definition für Emigranten. Es handelt sich dabei um Personen, die in dem betreffenden Herkunftsland bereits länger als ein Jahr lebten und dieses mindestens für ein Jahr verlassen haben. Die Zahl der Emigranten betrug 1992 somit 65.000.

Gemäß den Daten des Nationalen Instituts für Statistik betrug die Zahl der bulgarischen Staatsbürger, die 1988 und 1989 in die Türkei emigrierten, 218.000 (Tabelle 13.2).[2] 1990 und 1991 verringerte sich die Zahl der Ausreisenden in die Türkei (Abbildung 13.2), stieg jedoch 1992 nochmals an (65.000). Es fand aber auch eine Rückwanderung statt. Eine valide Schätzung des Umfangs der Auswanderung im gesamten Zeitraum von 1988 bis 1992 spricht von 400.000 Personen. Angesichts der nachfolgenden Rückkehr eines Teils dieser Auswanderer dürfte die Nettoabwanderung nur 280.000 Personen betragen haben.[3] Diese Schätzungen entsprechen etwa Daten über die legale Einwanderung, die aus türkischen Quellen zitiert wurden (Gokder 1992).

Nach türkischen Angaben betrug die Gesamtzahl der Bulgaren, die zwischen Mitte 1989 und Mitte 1992 die türkische Staatsbürgerschaft erhielten, 247.959 Personen. Davon waren 32,4% Männer, 32,0% Frauen und 35,6% Kinder (Gokder 1992). 1992 hatten 73.400 dieser Einwanderer bereits eine Anstellung gefunden. Experten schätzen überdies eine Zahl von 160.000 irregulären Migranten aus Bulgarien, die mit einem Touristenvisum in die Türkei kamen. Auch aus diesem Personenkreis dürften sehr viele wieder nach Bulgarien zurückgekehrt sein. Diese Remigration reduzierte die negative Migrationsbilanz.

Nach der politischen „Wende" entwickelte sich Bulgarien zu einem Land mit einer relativ hohen Beteiligung ethnischer Minderheiten – besonders der

Abbildung 13.2: Auswanderung aus Bulgarien nach Zielländern, 1990

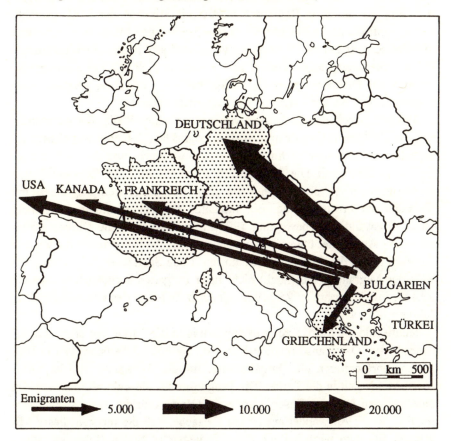

Quelle: Nationales Institut für Statistik.

Türken – am tagespolitischen Geschehen. Als Resultat der Wahlen von 1991 wurde die Bewegung für Rechte und Freiheiten (MRF), die die türkische und pomakische Minderheit repräsentiert, die dritte führende politische Kraft im Lande nach der (antikommunistischen) Union der Demokratischen Kräfte (liberal-konservativ) und der Sozialistischen Partei (Exkommunisten). Aufgrund der Patt-Stellung zwischen Liberalkonservativen und Sozialisten führte die MRF 1994/95 sogar für kurze Zeit eine Minderheitsregierung, bevor 1995 bei den zweiten freien Parlamentswahlen die Sozialisten wieder an die Macht kamen. Eine wichtige Rolle spielen Türken und Pomaken auch auf kommunaler Ebene. Seit 1991 wählten 58 Gemeinden Moslems zu Bürgermeistern, die nationale Regierung wurde mit Stimmen der MRF gewählt. Diese politisch starke Präsenz der türkischsprachigen Minderheit reduzierte die ethnische Spannung im Land ein wenig und senkte den Auswanderungsdruck. Allerdings klagen Türken und Pomaken nach wie vor über diverse Formen der Diskriminierung im Alltag, bei der Restitution verstaatlichten Eigentums und bei der Zuteilung von Agrarsubventionen.

1992/93 berichteten die Medien von einer „zweiten Welle" der Auswanderung in die Türkei. Diese wurde auch in politischen Debatten verbalisiert. Es ist sehr schwierig, deren Dimensionen zu bestimmen, was politischen Spekulationen Raum gab. Die Türkei führte jedenfalls strengere Einwanderungsregelungen ein, in deren Folge die Zahl der irregulären Migranten mit Touristenvisa etwas anstieg. Ein Indikator für den quantitativen Umfang dieser Auswanderungsbewegung 1992 in die Türkei ist die Differenz zwischen der Anzahl der bulgarischen Staatsbürger, die Bulgarien verließen und der Zahl derer, die dorthin zurückkehrten. Ende September 1992 betrug die Zahl der Migranten, die (noch) nicht nach Bulgarien zurückgekehrt waren, 29.119, im Gegensatz zu 25.139 im gleichen Zeitraum des vorangegangenen Jahres.

Heute sind die Motive zur Auswanderung in die Türkei vor allem ökonomischer Art. Die Transformationskrise und die hohe Arbeitslosigkeit in Bulgarien repräsentieren die Hauptfaktoren für die Auswanderung der türkischen Minderheit in die Türkei. Die Prognosen für die Zukunft sprechen von einer stetigen Ausreise dieser Gruppe. Der Beweis für die ökonomische Motivation dieser Auswanderung ist die Tatsache, daß die meisten dieser Migranten aus dem wirtschaftlich darniederliegenden Süden Bulgariens kommen, wo die regionale Konzentration der türkischen und pomakischen Minderheiten höher ist. Die Abwanderung aus türkischen Siedlungsgebieten im Norden des Landes ist geringer. Die demographischen Auswirkungen dieser Entwicklungen sind bereits sichtbar. Die Massenemigration in die Türkei in den Jahren 1988 bis 1992 bewirkte eine beträchtliche Reduktion der Bevölkerungszahl in Südbulgarien. Einige Gemeinden wurden dadurch gänzlich entvölkert. Im Gegensatz dazu war die Anzahl der Auswanderer aus Nordostbulgarien in den Jahren 1991 bis 1992 bereits viel niedriger als zwischen 1988 und 1990.

Die demographische Zusammensetzung der ethnischen Migranten zeigt, daß ungefähr die gleiche Anzahl Männer und Frauen (Tabelle 13.2) auswanderten und daß sich ihre Altersstruktur nicht wesentlich von jener der Gesamtbevölkerung unterschied (Tabelle 13.3). Beide Tatsachen lassen vermuten, daß in vielen Fällen ganze Familienverbände auswanderten und ein größerer Teil dieser Migranten beabsichtigt, sich permanent in der Türkei niederzulassen. Unter den Migranten der Jahre 1988 bis 1992 befanden sich gemäß türkischen Statistiken 9.000 Universitätsabsolventen. Der Brain-Drain der türkischen Minderheit in Bulgarien beeinflußt die Entwicklung dieser Gruppe in der neuen Situation nach dem politischen und ökonomischen Systemwandel negativ. Das Defizit an Ingenieuren, Lehrern und Ökonomen in den von bulgarischen Türken und Pomaken bewohnten Regionen dürfte ein zusätzliches Hindernis für den ökonomischen Wiederaufbau dieser unterentwickelten und in der Vergangenheit systematisch benachteiligten Gebiete des Landes bilden.

Tabelle 13.3: Altersverteilung der Auswanderer 1989–1991 (absolut und in %)

Altersgruppen	1989	1990	1991	1989	1990	1991
0–4	10.612	–	467	4,9	–	1,2
5–9	14.044	–	1.426	6,4	–	3,5
10–14	12.800	1.111	2.350	5,9	1,3	5,8
15–19	14.372	5.576	2.805	6,6	6,3	7,0
20–24	21.293	11.847	3.217	9,8	13,5	8,0
25–29	28.234	12.877	4.927	13,0	14,7	12,2
30–34	28.569	14.480	5.632	13,1	16,5	14,0
35–39	22.433	14.051	5.162	10,3	16,0	12,8
40–44	12.926	11.478	4.618	5,9	13,1	11,5
45–49	10.759	8.442	3.255	4,9	9,6	8,1
50–54	9.815	4.618	2.221	4,5	5,2	5,5
55–59	10.071	2.310	1.796	4,6	2,6	4,5
60+	22.072	1.105	2.388	10,1	1,2	5,9

Quelle: Nationales Institut für Statistik.

In einigen südlichen Regionen, z.B. in den Rhodopen, beträgt die Arbeitslosigkeit inzwischen über 40% der aktiven Bevölkerung. Ein wirtschaftlicher Aufschwung dieser Gebiete würde beträchtliche Investitionen zur Verbesserung der Infrastruktur und der Produktion notwendig machen, die jedoch vom Staat nicht finanziert werden können. Die von der Türkei betriebene Handels- und Investitionshilfe für Regionen, die von bulgarischen Türken bewohnt werden, repräsentiert eine der spezifischen Maßnahmen, um die Krise zu überwinden. Diese reicht jedoch bei weitem nicht aus. Die wirtschaftliche Entwicklung dieser Regionen ist auch das Ziel von verschiedenen Projekten des PHARE-Programms der Europäischen Union (z.B. das Projekt für den regionalen Wiederaufbau und die Entwicklung der Rhodopenregion, für das 7,5 Mio. ECU bereitgestellt wurden) und einiger direkter Investitionsprojekte. Der Aufbauprozeß wird jedoch noch sehr lange Zeit in Anspruch nehmen. Sowohl der geringe Lebensstandard als auch die wachsende Arbeitslosigkeit werden daher die Emigration auf einem beträchtlichen Niveau halten.

13.3 Auswanderungswellen

Die Öffnung der Landesgrenzen verursachte eine erhebliche Steigerung der Auslandsreisen. Im Jahr 1989 reisten 921.987 Bulgaren ins Ausland. 1990 wuchs die Zahl auf 2,4 Mio., was statistisch heißt, daß jeder vierte Bulgare eine Auslandsreise unternahm. Diese hohe Intensität der Auslandsreisen blieb in den Jahren seit 1991 stabil. Im allgemeinen kann dies als positive Entwicklung gewertet werden, da Begegnungen aller Art (kulturelle, ökonomische und politische) wesentlicher Teil der gesellschaftlichen Transformation sind und diese festigen helfen. Die Reisen zu touristischen Zwecken überwiegen (1992: 55%), während Besuche des Auslands auf Einladungsbasis den zweiten Platz einnehmen (1992: 38%). Geschäftsreisen fielen in absoluten und relativen Zahlen kaum ins Gewicht (1992: 5,6%). Es könnte sein, daß die große Zahl von Auslandsreisen gleichsam eine Schneise für zukünftige Migration schlägt.

Die „zweite" Auswanderungswelle nach der Ankündigung erster Reformen und der Abkehr vom Kommunismus unterschied sich sowohl hinsichtlich der Motivation und Intensität als auch in bezug auf die demographische und strukturelle Zusammensetzung der Migranten substantiell von der ersten „ethnischen" Welle. Die Auswanderungswelle des Jahres 1990 wurde von den folgenden Hauptfaktoren bestimmt: erstens durch die Enttäuschung eines großen Teils der Bevölkerung, besonders junger Menschen, über die Resultate der Wahlen von 1990, bei denen die exkommunistische sozialistische Partei eine solide Mehrheit der Parlamentssitze gewann; zweitens durch die

Furcht vor einem Mangel an Heizmaterial und Nahrungsmitteln. Viele fürchteten den eiskalten Winter und ein mögliches Verhungern. In dieser Situation gewann der Westen beträchtlich an Attraktivität (Dimova u.a. 1990). Diese zweite, nicht ethnische Auswanderungswelle unterschied sich erheblich von der zuerst analysierten Migration von ethnischen Türken und Pomaken. 92% der Auswanderer nach Westeuropa befanden sich im aktiven Arbeitsalter, 75% waren Männer (Tabelle 13.2), ein Großteil verfügte über höhere Bildung. Mehr als die Hälfte dieser Auswanderer hatte eine weiterführende Schule besucht (Mittelschule oder Gymnasium), über 10% waren Universitätsabsolventen (Tabelle 13.4). Unter den hochqualifizierten Arbeitskräften dominierten die technischen Spezialisten (10%), gefolgt von Ökonomen und Landwirten (6%) sowie Ingenieuren (5%). Unter den Emigrationsmotiven dieser hochqualifizierten Arbeitnehmer rangierten sicherlich auch der Wunsch nach Erweiterung und Anwendung ihrer professionellen Kenntnisse sowie die Angst vor dem Verlust des Arbeitsplatzes aufgrund der Schließung von Wissenschafts- und Forschungseinrichtungen.

Im Gegensatz zur ersten Welle 1988/89 gingen die Auswanderer dieser zweiten Welle vor allem in die hochentwickelten westeuropäischen Länder und in die USA. Nur 6,3% dieser Emigranten machten sich in die Türkei auf. Deutschland war das bevorzugte Ziel für die meisten (20%). Der Großteil der Auswanderer nach Deutschland suchte dort um politisches Asyl an; und zwar nicht, weil in Bulgarien eine neue Ära politischer Repression begonnen hätte, sondern weil sie keinen anderen Weg sahen, sich legal in Deutschland anzusiedeln. Ein bilaterales Übereinkommen zwischen der deutschen und der bulgarischen Regierung über die Rückkehr und die Reintegration dieser Migranten wurde im November 1992 unterzeichnet. Das Projekt sah die Gründung von drei Berufsausbildungszentren für arbeitslose Rückwanderer vor. Diese Programme werden als guter Ansatz zur Bewältigung des Reintegrationsproblems angesehen. Außerdem bekam Bulgarien ein kleines Kontingent zur Entsendung von Gastarbeitern zugestanden, die in Deutschland befristet Know-how erwerben und Geld verdienen dürfen.

Während des hier untersuchten Zeitraumes gewann auch die Wanderung von Saisonarbeitern in die Nachbarländer, vor allem nach Griechenland und in die Türkei, an Bedeutung. Unveröffentlichte Daten des Innenministeriums belegen, daß bereits 1990 33.000 bulgarische Staatsbürger als Saisonarbeiter nach Griechenland gingen. Die meisten nahmen Jobs im landwirtschaftlichen

Sektor an. Da die Saisonarbeit von Personen übernommen wird, die pro forma als Touristen einreisen, ist es schwierig, die wirkliche Größe dieses Stroms abzuschätzen.

Tabelle 13.4: Bildungsmäßige Zusammensetzung der Auswanderer 1990–1991 (absolut und in %)

	1990	1991	1990	1991
nicht abgeschlossene Grundschule	176	–	0,2	–
Grundschule	21.006	16.025	23,9	39,8
Sekundarschule	20.919	7.127	23,8	17,7
Berufsschule	31.818	4.751	36,2	11,8
höhere Schule	3.955	7.368	4,5	18,3
Universität	10.021	4.993	11,4	12,4
insgesamt	87.895	40.264	100,0	100,0

Quelle: Nationales Institut für Statistik.

Im Gegensatz zu 1990 war die Zahl der weiblichen und männlichen Emigranten 1991 fast gleich groß. Bei jugendlichen Auswanderern, die noch nicht im aktiven Arbeitsalter stehen (15%), gab es einen leichten Anstieg. Die intensive Auswanderung von hochqualifizierten Kräften setzte sich fort. Von den gesamten Auswanderern des Jahres 1991 waren ungefähr 12% Universitätsabsolventen, 18% hatten eine höhere Schule besucht (Tabelle 13.4).

1991 und 1992 waren durch eine geringere Auswanderungsintensität gekennzeichnet als das Jahr 1989. 1991 emigrierten 40.264 und 1992 nur 38.000 Personen. Die Gesamtauswanderung aus Bulgarien nahm ab, nicht aber die Motivation der zukünftigen Auswanderer, in den Westen zu gehen. Der Hauptgrund für die inzwischen viel kleinere Zahl von Auswanderern liegt in der inzwischen erheblich besseren Abschottung Westeuropas. So basiert z.B. die bulgarische Assoziierung mit der Europäischen Union auf einem 1993 unterzeichneten Abkommen, in dem sich die bulgarische Regierung verpflichten mußte, Maßnahmen zur Kontrolle der Ost-West-Mobilität ihrer Bürger einzuführen und die Zahl der Transitmigranten zu reduzieren.

Die Emigration während der ersten vier Jahre der ökonomischen und politischen Reformen (1989–1992) nach dem Ende des kommunistischen Systems führte zu einem beträchtlichen Bevölkerungsverlust. Gemäß vorläufigen Daten der Volkszählung vom Dezember 1992 nahm die Bevölkerung während dieser vier Jahre um ca. 400.000 Menschen ab.[4] Zählt man noch das Jahr 1988 hinzu, so muß der Gesamtverlust mit 600.000 angesetzt werden.

Diese Massenemigration zeigte bisher keine positive Wirkung, weil ein wesentlicher Teil der Emigranten weder zurückkommen wird noch Geld nach Bulgarien überweist. Und von jenen, die zurückkehrten, haben viele während ihres Auslandsaufenthalts keine beruflichen Erfahrungen, Fähigkeiten oder Finanzmittel erworben. Dies gilt insbesondere für abgelehnte Asylbewerber. Das heißt, daß die Versuche zu kurzzeitiger Emigration vielfach die Zukunft der Rückwanderer in Bulgarien nicht sichern können. Trotz aller Restriktionen führte die bulgarische Emigration der Jahre 1989–1992 zur Bildung erster größerer Gruppen von Bulgaren in westlichen Ländern (bulgarische Diaspora), vor allem in Deutschland.

Die konsistente Politik der westeuropäischen Regierungen, die Zuwanderung zu beschränken und die Rückkehr der Einwanderer in ihre Heimatländer zu forcieren, hat ein neues Problem geschaffen: Wie soll Bulgarien mit diesen Rückkehrern umgehen? Das Problem wird durch die Tatsache verschärft, daß diese Menschen bei ihrer Rückkehr mit einem höheren Niveau an Arbeitslosigkeit, geringerer industrieller Produktion und schärferer Konkurrenz auf dem Arbeitsmarkt konfrontiert sind als zur Zeit ihrer Abreise.

13.4 Einwandererströme

Durch den Fall des Eisernen Vorhangs intensivierte sich aber nicht nur die Auswanderung, sondern auch die Einwanderung nach Bulgarien, vor allem aber setzte ein hohes Ausmaß an Transmigration ein. Trotz des instabilen Zustands der Ökonomie des Landes wurde Bulgarien für etliche Ein- und Durchwanderer attraktiv. Belege dafür können in den amtlichen Statistiken über die Einreise von Fremden nach Bulgarien gefunden werden. Die Zahl der Bulgarienbesucher steigt stark an. 1991 erreichte sie mit 7 Mio. Personen einen Höhepunkt. Es handelte sich dabei größtenteils um Touristen und Geschäftsleute. 1992 reisten 6,12 Mio. Fremde ein, darunter 28% Türken, 27% Rumänen, 6% Griechen und 6% Bürger von GUS-Staaten. Verglichen mit den Einreisezahlen des Jahres 1991 sank die Zahl der Besucher aus den früher sozialistischen Ländern Ostmitteleuropas: die der Polen um 80%, die der Ungarn um 20%, bei den Besuchern aus der ehemaligen Tschechoslowakei setzte ein Rückgang um 30% ein. Die Besucher aus den USA, aus Deutschland und anderen westlichen Ländern nahmen aufgrund der intensiveren Geschäftsbeziehungen zu.

Die Zahl der Transitreisenden stieg ebenso: von 4,42 Mio. 1990 und 4,33 Mio. 1991 auf 4,80 Mio. 1992. Der Transit wurde der wichtigste Weg für die illegale Einwanderung nach Bulgarien und Westeuropa. Sehr oft wird Bulgarien als Ausgangspunkt für den weiteren Migrationsweg benutzt. Das gilt besonders für Bürger Marokkos, Nigerias und anderer afrikanischer Staaten. Aufgrund der gewaltsamen Konflikte und politischer Repression in der Türkei, im Irak und im Iran versuchen auch Bürger dieser drei Länder diesen Migrationskanal zu benutzen. Die Polizei und das Innenministerium entdeckten bei mehreren Gelegenheiten kriminelle Organisationen, die sich mit dem Transfer von Menschen aus Afrika und dem Mittleren Osten nach Westeuropa befaßten. Doch Bulgarien wird auch zu einem Transitland für die Migration aus einigen GUS-Ländern, der Türkei und einigen arabischen Staaten nach Europa. Nur sehr wenige dieser Migranten versuchen, in Bulgarien zu bleiben.

Die verfügbaren Informationen über die Anzahl und den Status der Einwanderer sind in Bulgarien nur sehr limitiert vorhanden und wurden bisher nicht publiziert. Das Niederlassungsgesetz für Ausländer bestimmt zwei Kategorien von ausländischen Staatsbürgern: solche mit permanentem und solche mit zeitweiligem Niederlassungsstatus. Im Jahre 1993 waren 33.000 ständig Niedergelassene in Bulgarien registriert (Daten des Innenministeriums): 22.000 aus der früheren UdSSR (GUS-Länder, Georgien und die baltischen Staaten), 1.100 Bürger aus dem früheren Jugoslawien, 1.200 Polen, 800 Tschechen, 700 Deutsche und 5.300 andere Ausländer. Rund 13.000 der zeitweilig Niedergelassenen werden als illegal angesehen. Unter den irregulären Einwanderern stammen 4.300 aus Syrien, 2.300 aus dem Iran, rund 2.000 aus Sri Lanka, Bangladesch und Pakistan, 1.000 aus Bosnien etc.[5]

Tabelle 13.5: Ausländer mit Aufenthaltsrecht in Bulgarien nach Herkunftsland (1993)

GUS	21.950
Polen	1.183
Ex-Jugoslawien	1.104
Ex-CSFR	769
Deutschland	688
Syrien	418
Staatenlose	1.183
andere	5.345
insgesamt	32.640

Quelle: Bulgarisches Innenministerium.

Eine Ursache für die beträchtliche irreguläre und zum Teil illegale Einwanderung sind die liberalen Regelungen für die Einreise nach Bulgarien. Die Bürger der meisten Herkunftsländer benötigen kein Visum. Eine Reservierung für ein Hotel oder eine andere Unterkunft genügt, um nach Bulgarien einreisen und dort als Tourist bleiben zu können. In den frühen 90er Jahren verstärkte das Innenministerium seine Versuche, die illegal im Land verbleibenden Ausländer zu kontrollieren. Einige Abschiebeverfahren von Bürgern Nigerias, Moçambiques, Ghanas, Marokkos und Sri Lankas wurden bereits durchgeführt. 1992/93 erreichte eine Einwanderungswelle aus Rumänien, der früheren UdSSR und dem früheren Jugoslawien das Land. Dieses Problem ist durch keinerlei Abkommen mit den betreffenden Ländern geregelt.

Wie in Westeuropa besteht auch in Bulgarien die Furcht, daß eine beträchtliche Einwanderungswelle aus der früheren Sowjetunion das Resultat der Einführung der legalen Reisefreiheit in einigen GUS-Ländern, darunter Rußland, sein könnte. Daher beschloß Bulgarien bereits 1993 einige Restriktionen, die darauf abzielten, sowohl die Einwanderung als auch den Transit von Russen und Bürgern anderer GUS-Staaten nach Europa via Bulgarien zu unterbinden.

Relativ neu für Bulgarien ist die Arbeitsmigration. Die Bevölkerung reagiert aufgrund der hohen Arbeitslosigkeit empfindlich auf jede zusätzlich ins Land kommende Arbeitskraft. Bis jetzt beschränkt das Gesetz über die Niederlassung von Ausländern in Bulgarien (Art. 9) den Zugang von Ausländern zum heimischen Arbeitsmarkt nicht. Dieser Zugang wird außerdem durch Gesetze über die zulässigen ökonomischen Aktivitäten von Ausländern und den Schutz ausländischer Investitionen erleichtert. Demnach dürfen Ausländer bulgarische und ausländische Arbeitnehmer anstellen. Letztere haben dieselben Rechte und Pflichten wie bulgarische Arbeitskräfte.

Trotz liberaler Gesetze, die die Zahl ausländischer Arbeitskräfte nicht regulieren, bewog die hohe Arbeitslosigkeit die Behörden, die Anstellung ausländischer Arbeitnehmer einzuschränken. Seit Mitte 1991 werden vom Ministerium für Arbeit und Soziales spezielle Arbeitserlaubnisse ausgegeben. Gemäß den Daten dieses Ministeriums wurden zwischen 26. 6. und 31. 12. 1991 nur 58 Arbeitserlaubnisse erteilt, zwischen 1. 1. 1992 und März 1993 nur 380. Das heißt, daß die Mehrheit der in Bulgarien arbeitenden Ausländer keine entsprechende Bewilligung besitzt. Der Grund dafür ist, daß keine klare Unterscheidung zwischen der Erteilung von Arbeitserlaubnissen und

Geschäftsbesuchserlaubnissen getroffen wird. Für letztere ist die Prozedur vereinfacht, es gibt überhaupt keine Beschränkungen, und die Erlaubnis wird für drei Monate erteilt. Sie kann danach erneuert werden. Der Mangel an klaren rechtlichen Unterscheidungen und an administrativer Überwachung seitens staatlicher Institutionen erleichtert die Zuwanderung von Arbeitskräften vor allem aus der Türkei, aus Rußland und aus anderen GUS-Staaten. Es ist nicht ohne Ironie, daß die Massenauswanderung bulgarischer Staatsbürger in die Türkei von einer Einwanderung türkischer Arbeitskräfte nach Bulgarien begleitet wird.

Die ausländischen Arbeitnehmer verteilen sich beruflich folgendermaßen: ungefähr 75% sind im Dienstleistungssektor und hier vor allem im Handel beschäftigt, 6% im Bauwesen und 7% im Showbusineß. Ausländische Arbeitnehmer werden vor allem von kleinen und mittleren Unternehmen, z.B. von Bäckereien und Konditoreien und kleinen Handwerksbetrieben, angestellt. Sie arbeiten auch in Handelsagenturen. Die Arbeitsimmigration vollzieht sich zum Teil über gewerbsmäßig operierende Vermittler. Deren Tätigkeit ist legal; 1993 gab es bereits 112 von ihnen. Ihre Dienste bieten sie vor allem Interessenten aus den GUS-Staaten und aus China an.

Die Arbeitsmigration nach Bulgarien ist kein völlig neues Phänomen. Bereits unter dem kommunistischen Regime wurden auf der Basis bilateraler Abkommen Arbeitskräfte aus Vietnam, Nicaragua und aus einigen anderen „befreundeten" Ländern angeworben. Diese Anwerbungen fanden statt, um ein Defizit an manuell tätigen Arbeitskräften, das durch die Übersättigung des Arbeitsmarktes zustande kam, auszugleichen. Diese ausländischen Arbeitskräfte wurden „überflüssig", als sich Anfang der 90er Jahre herausstellte, daß kein Defizit an Arbeitskräften existierte, sondern vielmehr unnötig aufgeblähte Belegschaften in einigen Sparten der Produktion und somit eigentlich versteckte Arbeitslosigkeit. Die Bevölkerung entwickelte eine negative Haltung gegenüber vietnamesischen Arbeitern. Alle vietnamesischen und nicaraguanischen Arbeitnehmer wurden vor Ablauf des bilateralen Abkommens auf Kosten der bulgarischen Regierung repatriiert. Ende 1993 betrug die Zahl der legal niedergelassenen Ausländer in Bulgarien rund 32.600 Personen. Von ihnen stammten zwei Drittel aus Rußland und anderen GUS-Staaten. Daneben gab und gibt es eine nicht unbeträchtliche Zahl von Transitmigranten vor allem aus dem ehemaligen Jugoslawien, Albanien, der Türkei, Nordafrika und dem Mittleren Osten. Viele von ihnen warten in Bulgarien auf die Gelegenheit zur Weiterreise nach Griechenland oder Westeuropa.

13.5 Flüchtlinge und Asylbewerber

Wegen seiner ökonomischen und sozialen Probleme wurde Bulgarien bisher zu keinem attraktiven Ziel für Asylbewerber und Flüchtlinge. 1993 hielten sich nur 120 Personen aus Kroatien mit legalem Flüchtlingsstatus im Land auf. Es waren vor allem Mütter mit kleinen Kindern, die vom Ministerium für Arbeit und Soziales untergebracht wurden. Sie durften keiner beruflichen Tätigkeit nachgehen, ihre Aufenthaltskosten wurden vom Notfonds und damit aus dem Staatsbudget bezahlt. Im Jahr 1994 stieg die Zahl der Asylbewerber auf 900, darunter etwa die Hälfte aus Afghanistan (OECD 1995: 136). Solange die Prozedur rechtlich nicht geregelt war, bekamen die Asylbewerber ihren Flüchtlingsstatus aufgrund von Entscheidungen zugestanden, die das UNHCR-Büro in Sofia traf. Seit 1994 ist das Flüchtlingsbüro des Innenministeriums für die Entscheidung verantwortlich, ob der Flüchtlingsstatus gewährt wird oder nicht.

Der Entwurf eines Flüchtlingsgesetzes wurde vom Völkerrechtsausschuß der bulgarischen Nationalversammlung ausgearbeitet. Das Gesetz definiert den Begriff „Flüchtling" in Übereinstimmung mit der Genfer Konvention, die Bulgarien 1991 ratifizierte. Auch das Verfahren wurde geregelt. Es soll nicht länger als 90 Tage dauern. Die Kosten des Aufenthalts trägt während dieser Zeit der Staat. Das Gesetz sieht eine Bevorzugung der Flüchtlinge gegenüber anderen sich im Inland aufhaltenden Fremden vor. Überdies kann die Regulierung des Flüchtlingsstatus auch auf Basis des Gesetzes über den Aufenthalt von Ausländern in Bulgarien geschehen.

13.6 Aus- und Einwanderungspolitik

Bulgarien hat Schwierigkeiten, eine kohärente Migrationspolitik zu formulieren und umzusetzen. Dies hat nicht zuletzt damit zu tun, daß sich die Einstellung zur Migration seit Beginn der politischen und ökonomischen Reformen gravierend geändert hat. Unter der Herrschaft der kommunistischen Partei war die Auswanderung für die große Mehrzahl der Bulgaren unmöglich und wurde auch negativ bewertet, zugleich hatte die Gesellschaft kaum Erfahrung mit Einwanderung.

Auch heute noch wird Auswanderung nicht als ein „normales" soziales Phänomen betrachtet. In einer Meinungsumfrage äußerten sich nur 35,5% der Befragten positiv zur Auswanderung, 35,8% standen ihr negativ gegenüber, 28,7% äußerten keine Meinung (Bezlov 1991). In diesen Interviews verwarfen Menschen im Alter über 60 Jahre Auswanderung wesentlich öfter (43,3%) als jüngere Befragte. Positive Ansichten wurden vor allem von Universitätsabsolventen (48,5%) und von jungen Menschen unter 25 Jahren (52%) vertreten. Eine große Mehrheit der Arbeitslosen und der Wissenschaftler sprach sich für die Auswanderung aus.

Die bulgarische Migrationspolitik der Jahre 1989–1993 beinhaltete:

– den Beitritt zur Menschenrechtskonvention, der Bewegungsfreiheit für bulgarische Staatsbürger und für Ausländer brachte, die im Land leben oder reisen;
– die Abschaffung fast aller Reisebeschränkungen für bulgarische Staatsbürger und die Einführung visafreien Reiseverkehrs mit vielen Ländern;
– die Ratifizierung von Konventionen, die Flüchtlinge und Asylbewerber betreffen, speziell der Genfer Konvention;
– die Förderung der kulturellen Entwicklung und der Bildung von bulgarischen Minderheiten (bulgarische Diaspora) im Ausland;
– neue Gesetze, die sowohl Auswanderung wie Einwanderung regeln.

Mehrere aufeinanderfolgende Regierungen versuchten, die Arbeitsmigration in Übereinstimmung mit den internationalen Normen und der Gesetzgebung der Aufnahmeländer zu regeln. Bilaterale Vereinbarungen über die Arbeitsmigration wurden und werden als Instrumente zur Regelung des Zutritts zum Arbeitsmarkt und gleichzeitig zur Beseitigung der Diskriminierung legal beschäftigter bulgarischer Staatsbürger auf ausländischen Arbeitsmärkten gesehen. Zur Zeit sind Abkommen mit Deutschland (ca. 2.000 Arbeitnehmer), Belgien, Frankreich, der Schweiz und Griechenland in Kraft.

13.7 Zukünftige Entwicklung der Migration

Seit den späten 80er Jahren wurden einige Studien durchgeführt, um das bulgarische Auswanderungspotential zu quantifizieren. Ökonomische Härten und politische Instabilität wurden als die Hauptfaktoren identifiziert, die einen beträchtlichen Teil der bulgarischen Bevölkerung eine Auswanderung in Erwägung ziehen lassen.

Zu Beginn der 90er Jahre war das bulgarische Emigrationspotential hoch. Gemäß NSI-Daten für die Jahre 1990 und 1991 (Kalchev/Tzvetarsky 1991: 6f.) und auf der Basis der Ergebnisse von Studien, die für die Jahre 1990 bis 1992 vom Zentrum für das Studium der Demokratie durchgeführt wurden, wären ungefähr 26% bis 28% der Bevölkerung im arbeitsfähigen Alter bereit auszuwandern.

Daten der International Organization for Migration (IOM 1993: 71) sprechen von einem Migrationspotential, das maximal 36% der erwachsenen Bevölkerung umfaßt. 5% aller Menschen zwischen 18 und 60 wären, wie aus an den Grenzen durchgeführten Befragungen hervorgeht, bereit, aus Anlaß ihrer Reise gleich im Ausland zu bleiben. Männer sind eher geneigt auszuwandern als Frauen. Auch das Alter spielt eine Rolle: je älter, desto geringer die Bereitschaft zu emigrieren. Jeder dritte Bulgare zwischen 18 und 29 Jahren äußert zumindest den Wunsch nach Auswanderung, während dies nur 7% der über 60jährigen tun. Das größte Emigrationspotential manifestiert sich in der Gruppe der höher Gebildeten. Diejenigen, die die Auswanderung – unter welchen Bedingungen auch immer – verwerfen, sind relativ am seltensten in der Gruppe mit höherer Schulbildung zu finden (55%), gefolgt von Personen mit Realschulbildung (63%), Hauptschulabsolventen (78%) und Volksschulabgängern (82%).

Als Hauptmotiv für die Emigration wird von potentiellen Emigranten das „individuelle Wohlergehen" angeführt. Ungefähr 60% der Emigrationsbereiten haben dieses Motiv geäußert. Die anderen Gründe sind dynamischer und variieren je nach Bildungs- und Berufsgruppe. Die niedriger Qualifizierten erwähnen an zweiter Stelle den Wunsch, in einem entwickelteren Land zu leben und es kennenzulernen, während Ingenieure, Wissenschaftler und Intellektuelle ihre Karriere und Selbstverwirklichung an die zweite Stelle setzen.

Auch politische Faktoren sind für das hohe Mobilitätspotential der bulgarischen Bevölkerung verantwortlich. Das Hauptmotiv für die Auswanderung sei, wie 33% der Interviewten im aktiven Arbeitsalter meinten, die instabile politische Situation.

13.8 Schlußfolgerung

Die Migrationssituation in Bulgarien kann kursorisch wie folgt beschrieben werden: abnehmende Auswanderung, zunehmende Einwanderung und Rückwanderung, intensive Arbeitsmigration in und aus benachbarten Ländern und eine nur zögernd darauf reagierende Migrationspolitik.

Die Migration ist zu einem gängigen Thema der politischen Diskussionen geworden. Meinungsumfragen zeigen, daß das Emigrationspotential aufgrund der ökonomischen Schwierigkeiten während des politischen und ökonomischen Übergangsprozesses hoch ist, während ethnische Spannungen, die von 1989 bis 1991/92 eine Massenauswanderung von Angehörigen der moslemischen Minderheit in die Türkei bewirkten, offenbar an Bedeutung verloren haben. Zugleich wächst die Zahl der Immigranten aus den GUS-Staaten.

Anmerkungen

1 Pomaken sind ethnische Bulgaren mit islamischer Religionszugehörigkeit. Ihre Siedlungsgebiete befanden sich historisch in Regionen mit einem hohen Anteil ethnischer Türken.
2 Diese Zahl umfaßt die gesamte Emigrationswelle dieses Zeitraums. Sie beinhaltet zum überwiegenden Teil die Auswanderung in die Türkei, da die meisten bulgarischen Staatsbürger damals noch nicht in andere Länder ausreisen durften. Die Reisebeschränkungen wurden erst Ende 1990 aufgehoben.
3 Da keine Informationen zugänglich sind, handelt es sich hier um Schätzungen der Autorin, die auf den offiziellen Ausreisezahlen und dem Unterschied zwischen den Ausreisenden und den Zurückgekehrten beruhen.
4 Aus der Zeitschrift Money 24/1993.
5 Illegale Migranten sind Personen, welche die Grenze ohne Visum überschreiten oder deren Visum bzw. Aufenthaltsrecht abgelaufen ist. Die Daten stammen vom bulgarischen Innenministerium.

14. Migration von und nach Rußland seit Mitte der 80er Jahre

Christian Dornis

14.1 Einleitung

Als Folge der radikalen politischen und gesellschaftlichen Veränderungen in der Sowjetunion und ihren Nachfolgestaaten kam es seit den späten 80er Jahren zu einer grundlegenden Änderung der Migrationssituation in Rußland. Folgende Hauptmigrationsströme sind seither zu beobachten:

1. Durch die Liberalisierung der Ausreisebestimmungen unter Gorbatschow setzte eine Massenauswanderung von Volksdeutschen, Juden und Griechen aus Rußland (und einigen anderen Sowjetrepubliken) nach Deutschland, Israel, Griechenland und in die USA ein.
2. Aufgrund des Zerfalls der Sowjetunion und der damit verbundenen ethnischen Konflikte kommt es zu einer starken Ein- und Rückwanderung von Russen aus den anderen ehemaligen Sowjetrepubliken nach Rußland.
3. Bürgerkriege und bürgerkriegsähnliche Unruhen erzeugen Flüchtlingsströme insbesondere im Kaukasus (formal zum Teil russische Binnenwanderungen, zum Teil grenzüberschreitend), im transkaukasischen Raum und in Mittelasien.
4. Der wirtschaftliche Niedergang Rußlands und anderer Nachfolgestaaten der UdSSR löste verschiedene Migrationsbewegungen aus:
   – Arbeitswanderungen aus Rußland in die westlicheren Länder mit vorübergehendem oder auch dauerhaftem Charakter;
   – temporäre Gastarbeiterwanderungen aus der Ukraine und Weißrußland, aber auch aus Georgien und Kasachstan nach Rußland. Hierbei handelt es sich entweder um Saisonarbeiter oder um Pendler, die während der Woche in Rußland arbeiten und am Wochenende zu ihren Familien fahren.

5. Durch den Zerfall des Warschauer Paktes und den Abzug der Roten Armee aus Mittel- und Osteuropa gab es auch eine bedeutende Rückwanderung von Soldaten und Zivilpersonal.

Dieses Kapitel untersucht Umfang und Ursachen dieser Migrationsbewegungen, welche Rußland vor große Probleme stellen.

14.2 Nationalitäten und ethnische Minderheiten in Rußland; russische Minderheiten in den anderen Staaten der früheren Sowjetunion

Rußland ist, wie schon die frühere Sowjetunion, ein Vielvölkerstaat. Die Volkszählung von 1989 ergab, daß von 147 Mio. Einwohnern der RSFSR 120 Mio. Russen und 27 Mio. Angehörige anderer Nationalitäten waren. Die größten Minderheiten bildeten die 5 Mio. Tataren und die 3,6 Mio. Ukrainer (Ryan 1993: 17).

In den früheren Autonomen Sowjetrepubliken (ASSR) und Autonomen Gebieten (AO) Rußlands stellen meist andere ethnische Gruppen als Russen die Mehrheit der Bevölkerung, doch gab und gibt es in allen diesen Autonomen Verwaltungsgliederungen (AGR – Autonome Gebiete und Republiken) bedeutende russische Minderheiten.

Bereits im russischen Zarenreich waren ethnische Minderheiten häufig einer gezielten Unterdrückung und einem Russifizierungsdruck ausgesetzt.[1] Nach der Oktoberrevolution 1917 wurde schrittweise die Russische Föderation als ein Bestandteil der Sowjetunion gebildet. Sie war jedoch spätestens unter Stalin eine zentralistisch regierte Scheinföderation (Sajzev 1992: 6). Keine Grenze eines Autonomen Gebiets entspricht wirklich einer ethnischen Grenze. Zu einer echten Autonomie ethnischer Gruppen konnte es daher nicht kommen.

Gleichzeitig leben große Minderheiten russischer Nationalität in den früheren nichtrussischen Sowjetrepubliken, seit sie unter Stalin und Chruschtschow bewußt dort angesiedelt wurden. Diese koloniale Ansiedlungspolitik (Angehörige der „Kolonialmacht" Rußland wanderten in die kolonisierten Gebiete) führte quasi die zaristische Politik der Unterwerfung der nichtrussischen Völker im Russischen Reich fort. Russen nahmen in der Sowjetunion auch in den nichtrussischen Republiken vorwiegend führende Positionen in Verwaltung und Wirtschaft ein, was die nichtrussischen Minderheiten schrittweise entmachtete.

Seit Ende der 50er Jahre verzichtete die sowjetische Führung auf Gewalt zur Unterdrückung ethnischer Gruppen und national-religiöser Bewegungen. Dies führte zu einem kontinuierlich wachsenden Selbstbewußtsein der verschiedenen Völker und zu antirussischen Einstellungen, die sich bald öffentlich bemerkbar machten (Knabe 1994: 30).

Zur Zeit leben in den anderen Nachfolgestaaten der UdSSR ca. 25 Mio. Russen (Endres 1994: 65). Ihr Bevölkerungsanteil in den neuen Republiken reicht von 2% (in Armenien) bis zu 38% (in Kasachstan). Diese „Russen im nahen Ausland"[2] bilden ethnische Minderheiten, die zu sowjetischen Zeiten entsprechend der kolonialen Logik häufig Privilegien genossen. Sie übten Funktionen aus, zu denen den einheimischen ethnischen Gruppen der Zugang oft verwehrt wurde.

Diese Russen befinden sich heute, nach dem Zusammenbruch der Sowjetunion, in einer besonderen Migrationssituation. Waren sie auf dem Gebiet der Sowjetunion im Rahmen ihres Staatswesens Binnenmigranten, so wurden sie mit dem Zerfall der Sowjetunion in einen Minderheitenstatus gedrängt. Sie verloren ohne räumlich-geographische Veränderung ihre individuelle Position und ihren Platz in der sozialen Hierarchie. Es kommt ohne Ortswechsel zum Bedeutungsverlust sozialer Beziehungen, zu Entwertungen oder wenigstens Umwertungen ethnischer Zugehörigkeit. Die einst Zugewanderten und ihre Kinder werden sozial und national ausgegrenzt. Etliche entschlossen sich daher zur Remigration oder mußten sogar fliehen (Brie/Böhlke 1992: 227f.).

Die Abwanderung von Russen und anderen slawischen Minderheiten aus Mittelasien und den Kaukasusrepubliken setzte nicht erst ab 1991, sondern bereits Ende der 70er Jahre ein (Rowland 1993: 152 ff.). Nach 1985/86 wurden die nationalistischen Tendenzen in der Sowjetunion manifest. Sie äußerten sich in zunehmendem Haß gegen slawische Minderheiten und in der wachsenden Zahl und Stärke anderer Nationalitätenkonflikte. Die ersten größeren Flüchtlingsströme betrafen Mescheten aus dem Ferganatal sowie Aseris und Armenier im Karabach-Konflikt. Gleichzeitig verstärkte sich die Abwanderung von Russen aus dem Kaukasus und Mittelasien (Endres 1994: 64).

14.3 Flüchtlinge in Rußland

14.3.1 Wer ist ein Flüchtling?

Infolge ethnischer Spannungen und politischer Konflikte kam und kommt es in verschiedenen Nachfolgestaaten der Sowjetunion zu bürgerkriegsartigen Auseinandersetzungen. Aus diesen Krisengebieten flüchten große Teile der Zivilbevölkerung in benachbarte Regionen, häufig nach Rußland.

Die russische Gesetzgebung unterscheidet seit Februar 1993 zwischen Flüchtlingen und Zwangsumsiedlern. Als Flüchtlinge gelten Menschen, die „versuchen, sich einer Gefahr zu entziehen"; Zwangsumsiedler sind „Immigranten, die die russische Staatsbürgerschaft oder einen Anspruch auf diese haben". Hierbei handelt es sich in der Regel um Menschen russischer Nationalität oder Menschen aus den anderen Teilen der ehemaligen Sowjetunion, die ihren festen Wohnsitz in Rußland nehmen wollen (Staatsduma 1993a: 1, 1993b, 1993c: 1).

Diese gesetzliche Definition bereitet insofern Schwierigkeiten, als sie nicht auf das Wanderungsmotiv abzielt, sondern auf Staatsbürgerschaft und ethnische Zugehörigkeit. In diesem Kapitel wird hingegen analytisch nach der Motivation der Immigranten unterschieden. Flüchtling ist, wer vor der Bedrohung seines Lebens durch Krieg oder Katastrophen flieht. Wer nicht direkt in seinem Leben oder seinen unmittelbaren Existenzgrundlagen bedroht ist, gilt im folgenden nicht als Flüchtling. Eine solche Definition des Flüchtlings führt zur Einbeziehung des überwiegenden Teils der Immigranten mit dem gesetzlichen Status von Zwangsumsiedlern in den Flüchtlingsbegriff.

Aufgrund dieses von den russischen gesetzlichen Definitionen abweichenden Flüchtlingsbegriffs können die im Text zu findenden Zahlen zu denen des Föderalen Migrationsdienstes (FMD)[3] Differenzen aufweisen. Es wird jedoch auch in der russischen Migrationsliteratur und Presse meist eine ähnliche Flüchtlingsdefinition verwendet, so daß trotz der abweichenden gesetzlichen Begriffsbestimmung brauchbare Zahlen vorliegen.

Rußland hat, beginnend mit dem Armenien-Aserbeidschan-Konflikt um die Kontrolle über die armenisch besiedelte Enklave Berg-Karabach und dem Massaker an den Mescheten im Ferganatal (Usbekistan) Ende der 80er Jahre, eine zunehmende Welle von Flüchtlingen zu bewältigen, welche das Land vor große soziale Probleme stellt. Welchen Umfang diese Flüchtlingsströme aufweisen, zeigen die folgenden Zahlen: Am 31. 12. 1993 gab es nach Angaben des FMD 377.982 Menschen mit juristisch anerkanntem Status als Flüchtling oder Zwangsumsiedler (Makarova 1995: 100).[4] Die Direktorin des FMD, Tatjana Regent, nannte gleichzeitig die Zahl von 2 Mio. Immigranten aus aller Welt, die bis zum Jahreswechsel 1993/94 legal eingereist waren und bei denen das Verfahren um ihren rechtlichen Status noch nicht abgeschlossen war (zit. nach Slater, Fn. 14). Im September 1994 waren beim FMD bereits 600.000 Flüchtlinge registriert (UN-ECE 1994b: 20). Ursache für diese stark angestiegene Zahl war aber nicht die wachsende Immigration, sondern die Tatsache, daß die Arbeit des 1992 gegründeten FMD erst 1993/94 richtig anlief.

Der UNHCR schätzte, daß in Rußland zum Jahreswechsel 1993/94 allein 2 Mio. Flüchtlinge aus Transkaukasien lebten (Slater 1994: 753). Diese erheblich unterschiedliche Einschätzung der Zahlen durch den FMD und den UNHCR ist im wesentlichen dadurch zu erklären, daß der UNHCR auch die sich illegal in Rußland aufhaltenden Immigranten in seine Schätzung einbezieht, Tatjana Regent aber nur die registrierten Immigranten berücksichtigt. Sie geht für die Jahre 1994 und 1995 von 2 bis 6 Mio. Immigranten (darunter nicht nur Flüchtlinge) aus, davon mindestens 400.000 aus dem Kaukasus, 3 Mio. aus Mittelasien und 500.000 aus dem Baltikum (ebd. Fn. 14). Diese Zahl umfaßt jedoch nur die grenzüberschreitende Immigration. Die faktische Immigration durch beispielsweise die tschetschenischen Bürgerkriegsflüchtlinge ist in dieser Schätzung noch gar nicht enthalten.

14.3.2 Flüchtlinge aus dem Kaukasus

Der Kaukasus ist ein Flickenteppich von Nationalitäten und Religionen. Hier siedeln Georgier, Turkvölker, kaukasische Ethnien und iranische Völker auf engem Raum. Georgisch-orthodoxe Christen, armenisch-gregorianische Christen, sunnitische und schiitische Moslems, ja selbst Buddhisten leben nebeneinander. Man zählt ca. 20 unterschiedliche Ethnien mit jeweils mehr als 25.000 Angehörigen. Es gibt überdies eine große Zahl weiterer kleiner Volksgruppen, so daß eine „nationale" Gliederung der einmaligen ethnischen Differenzierung auch nicht annähernd gerecht werden könnte (Tabelle 14.1).

Aus diesem einmaligen Ethnomix entsteht eine Fülle von Konflikten und Kriegen, die bedeutende Flüchtlingsströme auch nach Rußland oder innerhalb

Rußlands auslösen. Im folgenden sollen diese Flüchtlingsströme im einzelnen untersucht werden.

Tabelle 14.1: Die größten Kaukasusvölker und ihre Religion

Volk	Gruppe	Religion	Größe
Aseri	Turkvolk	75% schiit. /25%sunn. Moslems	6.770.000
Armenier	eigene Volksgruppe	armen.-gregorian. Christen	4.620.000
Georgier	eigene Volksgruppe	orthodoxe Christen	3.980.000
Tschetschenen	Kaukasier	sunnitische Moslems	555.000
Osseten	iranisches Volk	Christen/sunn. Moslems	545.000
Kumyken	kauk./türk. Mischvolk	sunnitische Moslems	230.000
Inguschen	Kaukasier	sunnitische Moslems	199.000
Kalmücken	Westmongolen	lamaistische Buddhisten	150.000
Karatschaier	Turkvolk	sunnitische Moslems	135.000
Abchasen	Kaukasier	sunnitische Moslems	95.000

Anmerkung: Die Zahlen über die Größe der Völker nach Oswald (1993: 44), die Einordnung in Volksgruppe und Religion nach Mark (1992). Die Abgrenzung der Völker untereinander ist jedoch schwierig und die Einordnung einer Volksgruppe in den Kontext eines größeren Ethnos oder als eigenes Volk nicht immer möglich. Verschiedene Quellen nehmen die Einordnung sehr unterschiedlich vor. So sind hier, nach Oswald, die Lesghinen, ein 171.000 Personen zählendes muslimisches Turkvolk in Aserbeidschan, nicht angeführt, auch die 380.000 Personen zählende Minderheit der Adscharen in Georgien (muslimische Georgier) ist nicht als selbständige Volksgruppe erwähnt. Die ethnischen und religiösen Verhältnisse sind also noch komplizierter, als in der Tabelle angedeutet.

Der Tschetschenien-Konflikt

Die Tschetschenen sind eines der ältesten Völker des Nordkaukasus und dort die größte autochthone Ethnie. Die Konfrontation zwischen Tschetschenen und Russen hat eine lange Vorgeschichte: die Eroberungsversuche Rußlands Ende des 18. Jahrhunderts, gegen die alle Kaukasusvölker erbitterten Widerstand leisteten, die endgültige Eroberung des Kaukasus 1864 und der Bürgerkrieg 1917–1921 sind Ursachen für eine tiefsitzende Feindschaft. Die Deportationen des tschetschenischen Volkes nach Kasachstan unter Stalin 1943/44 und die „Rehabilitierung" und Rücksiedlung ab 1956 sind ebenfalls prägende Ereignisse, welche das russisch-tschetschenische Verhältnis belasten.

In sowjetischer Zeit bestand seit 1956 die binationale Tschetscheno-Inguschische Autonome Sowjetrepublik (ASSR) innerhalb der Russischen Föderation. Ihre 1,27 Mio. Einwohner (Stand 1989) setzten sich aus 734.000 Tschetschenen, 164.000 Inguschen, 294.000 Russen und 79.000 Angehörigen anderer Nationalitäten (Ukrainer, Armenier u.a.) zusammen (Volkswirtschaft der RSFSR 1989: 80ff.).

Bis 1989 war das gesamte politische Leben der Republik russisch dominiert. 1989 gelangte schließlich mit Doku Savgajev ein (allerdings moskautreuer) Tschetschene an die Spitze des lokalen Parteiapparats. Seit November 1990 gibt es eine nationaldemokratische Oppositionsbewegung („Allnationaler Kongreß") unter Führung Dochdar Dudajevs. Im Oktober 1991 hielten die Tschetschenen trotz Moskauer Verbots Präsidentenwahlen ab, und Dudajev gewann gegen drei andere Kandidaten 85% der Stimmen. Am 2. November folgte die Unabhängigkeitserklärung der Tschetschenischen Republik.[5] Daraufhin zog Rußland seine Truppen aus der abtrünnigen Republik ab und initiierte schließlich die Gründung einer moskautreuen inguschischen Republik, die am 4. Juni 1992 durch ein russisches Gesetz konstituiert wurde, aber bis heute auf äußerst eingeschränkten und ungesicherten territorialen und wirtschaftlichen Grundlagen beruht (Götz/Halbach 1993: 198).

1993/94 bildete sich ein von Moskau unterstützter oppositioneller „Provisorischer Rat", der seinen Sitz im Tereker Bezirk hatte und nach eigener Darstellung Vertreter aller Siedlungen, Clans, Parteien und gesellschaftlichen Organisationen vereinte (zit. n. Halbach 1995: 178).

Am 25. 11. 1994 begann diese tschetschenische Opposition mit dem Angriff auf die Hauptstadt Grozny. Am 30. 11. 1994 griff russisches Militär ein. Es begann ein blutiger Krieg. Am 12. 2. 1995 fiel Grozny, der Krieg im Land geht seither weiter. Dieser Krieg, der seit Dezember 1994 mehreren tausend Menschen, darunter auch Zivilisten, das Leben kostete (AI 1995: 462), hatte große Flüchtlingsströme zur Folge. Über die Anzahl derer, die vor den Kriegshandlungen geflohen sind, gibt es keine zuverlässigen Zahlen. Es läßt sich aber ungefähr schätzen, wie viele Menschen in Inguschien, dem übrigen Rußland oder auch in anderen kaukasischen Republiken Schutz gesucht haben.

Zum Jahreswechsel 1994/95, also nach nur anderthalb Monaten Krieg, wurde bereits die Zahl von über 250.000 Flüchtlingen genannt, die nach Inguschien, Dagestan, Ossetien, Georgien oder Rußland geflüchtet waren (Mrozek/Siegert 1995: 157). Allein 80.000 Menschen davon flüchteten nach Inguschien, welches zuvor bereits 40.000 Flüchtlinge aus dem Ossetien-Konflikt aufnehmen mußte (o.V. 1995a). Im Juli 1995 sprach der damalige russische Menschenrechtsbeauftragte Kovaljev von mehr als einer halben Mio.

Flüchtlingen, die der Tschetschenienkrieg insgesamt ihrer Heimat beraubte (Kovaljev 1995).

Der ossetisch-inguschische Konflikt

Ossetien ist in eine Nordossetische Autonome Republik innerhalb der Russischen Föderation und eine Südossetische Autonome Republik innerhalb Georgiens geteilt.

Nachdem sich Tschetschenien für selbständig erklärt hatte und Inguschien im Juni 1992 per Dekret zum Mitglied der Russischen Föderation geworden war, versuchten die Inguschen, sich die unter Stalin den (Nord-)Osseten zugeschlagene Landschaft Prigorodnyj „zurückzuholen". Im Hintergrund standen bereits lange schwelende Konflikte um knappes Acker- und Weideland.

Der Angriff Inguschiens wurde jedoch von Nordossetien zurückgeschlagen. Unklar ist die Rolle Moskaus in dieser Auseinandersetzung. Es wird vermutet, daß die inguschische Führung durch Rußland zum Krieg ermutigt wurde (Oswald 1993: 45). Rußlands Absicht lag darin, daß sich Inguschien vom Verbund mit dem abtrünnigen Tschetschenien trennen sollte. Dafür durfte es sich, quasi als Gegenleistung, das Land, das ihm einst von Stalin genommen worden war, zurückholen (o.V. 1992a: 194). Dennoch schlug Ossetien, offenbar mit Moskauer Hilfe, den inguschischen Angriff zurück (o.V. 1995a).

Gleichzeitig begann die gewaltsame Vertreibung der in Nordossetien lebenden Inguschen. Fast die gesamte inguschische Bevölkerung Nordossetiens – 40.000 Menschen – mußte nach Inguschien fliehen (Oswald 1993: 45; o.V. 1992a: 194).

Der Südossetien-Konflikt

Ende 1990 übernahm Swiad Gamsachurdia, der für einen kompromißlosen georgisch-nationalistischen Kurs bekannt war, in Georgien die Macht. Im Dezember 1990 wurde als Reaktion darauf die „Südossetische Demokratische Sowjetrepublik" proklamiert, die den Anschluß an Nordossetien und den Verbleib in der Sowjetunion (später den Anschluß an die Russische Föderation) anstrebte. Georgien entzog Südossetien daraufhin alle Autonomierechte. Daraufhin kam es zu einem Bürgerkrieg zwischen georgischen Milizen und ossetischen Verbänden, in denen auch viele nordossetische Kämpfer organisiert waren.

Nach dem Amtsantritt Eduard Schewardnadses als georgischer Präsident im März 1992 traten die Konfliktparteien in Friedensverhandlungen ein. Seitdem hat sich die Lage weiter entspannt, wenngleich eine dauerhafte Friedenslösung noch weit entfernt ist.

Wie viele Menschen vor den Bürgerkriegshandlungen in Südossetien flohen, ist unklar. Halbach spricht von 20.000 Georgiern, die Richtung Süden nach Zentralgeorgien flohen (Halbach 1992: 26), und von Tausenden Osseten, die in Nordossetien vor den Bürgerkriegshandlungen Schutz gesucht hätten (Halbach 1995: 134). Genauere Zahlen liegen wegen der anarchischen Zustände in der Region nicht vor. Die Situation der Flüchtlinge in Nordossetien ist nicht so extrem problematisch, da infolge der Vertreibung der Inguschen vergleichsweise gute Bedingungen für ihre Unterbringung bestehen.

Die anderen georgischen Konflikte

In den Jahren 1991/92 entstanden in Georgien weitere Konflikte, die Flüchtlingsströme nach Rußland auslösten: der ethnische Konflikt in Abchasien und der Bürgerkrieg unter Swiad Gamsachurdia.

Wie es angesichts der ethnischen Verhältnisse in Abchasien zum abchasisch-georgischen Bürgerkrieg kommen konnte, ist nicht ohne weiteres nachzuvollziehen: 1992 erklärte die Autonome Region Abchasien ihre Unabhängigkeit von Georgien. Die Titularnation der Abchasen, eine Minderheit von 90.000 unter 500.000 Menschen auf abchasischem Territorium, kann als Basis für eine solche Unabhängigkeitserklärung nicht ausgereicht haben. Rußland hat den Konflikt bewußt geschürt, indem es die Abchasier zur Separation ermutigte, um den Beitritt Georgiens zur GUS zu erzwingen (Stratenschulte 1995). Auch die 70.000 Russen in Abchasien, die die Separation wohl aufgrund der Position Rußlands unterstützten, können jedoch gemeinsam mit den Abchasen keine ausreichende Basis gegenüber den zahlenmäßig weit überlegenen Georgiern gebildet haben. Trotzdem konnte die Unabhängigkeitserklärung durchgesetzt werden.

Daraufhin kam es zu bewaffneten Kämpfen zwischen Abchasen und georgischen Regierungstruppen. Die abchasischen Separatisten wurden dabei zunächst von Rußland unterstützt (Halbach 1994: 17). Ab 1994, nachdem der

Beitritt Georgiens zur GUS erreicht worden war, unterstützte Rußland dann Georgien im Kampf gegen Abchasien (Harenberg 1995: 140), dennoch unterlagen die Georgier den abchasischen Truppen. Hierfür gibt es zwei wesentliche Ursachen: erstens entsandte eine „Konföderation kaukasischer Bergvölker" bewaffnete Freiwillige zur Unterstützung der Abchasen (hierzu ausführlich Kudrjavzev 1993); zweitens war die georgische Seite vom Bürgerkrieg im eigenen Land geschwächt.

Dieser entstand, als Swiad Gamsachurdia, der 1990 die Macht übernommen hatte, die ethnischen Konflikte in Abchasien und Südossetien zum Anlaß nahm, die politische Opposition in Georgien zu verbieten und sich selbst quasi zum Alleinherrscher zu machen. Nach bewaffneten Kämpfen siegte schließlich die Opposition, und Eduard Schewardnadse übernahm im März 1992 das Präsidentenamt. Der Bürgerkrieg dauerte aber danach noch einige Monate an.

Die größten Flüchtlingsströme aus beiden Kriegen (dem abchasischen und dem zentralgeorgischen) hatte Georgien selbst zu bewältigen. Aber auch Rußland hat einen bedeutenden Teil der Flüchtlinge aufgenommen. Ungefähr 300.000 Menschen, meist Georgier (60% der Bevölkerung!), flüchteten aus Abchasien nach Zentralgeorgien. Die meisten befinden sich heute noch dort, wenngleich erste Versuche einer Rückführung unternommen wurden (Harenberg 1995: 140). Aufgrund der Flucht der ethnischen Georgier stellen die ethnischen Abchasen wieder die Mehrheit der abchasischen Bevölkerung.

Wie viele Menschen der innergeorgische Bürgerkrieg zu Flüchtlingen gemacht hat, ist nicht bekannt. Sie waren im allgemeinen nur kurzzeitig vertrieben und sind vermutlich alle wieder zurückgekehrt.

In Rußland waren am 31. 12. 1993 insgesamt knapp 91.000 Flüchtlinge aus Georgien registriert (Makarova 1995: 100). Bei den Flüchtlingen aus Südossetien ist davon auszugehen, daß sie nur zu einem geringen Teil als Flüchtlinge registriert wurden, da die meisten von ihnen über lokale oder informelle Strukturen in Nordossetien Aufnahme gefunden haben. Mindestens 70.000 bis 80.000 Menschen, die sich als Flüchtlinge registrieren ließen, müssen also vor den anderen georgischen Konflikten nach Rußland geflohen sein. Da es auch hier vermutlich eine hohe „Dunkelziffer" nicht registrierter Flüchtlinge gibt, wird der reale Umfang der Fluchtbewegung wahrscheinlich deutlich über 100.000 Menschen liegen. Die offizielle Migrationsbilanz zwischen Georgien und Rußland weist von 1991, als die Konflikte ausbrachen, bis 1993 ein Plus von ca. 140.000 Menschen auf russischer Seite aus (Makarova 1995: 96). Auch dies spricht dafür, daß sich die Flüchtlingsströme in einer Größenordnung von über 100.000 bewegen.

Der Bergkarabach-Konflikt und das armenische Erdbeben von 1988

Der seit 1987/88 schwelende Konflikt zwischen Armenien und Aserbeidschan um die armenisch besiedelte Enklave Bergkarabach ist bis heute nicht beigelegt. Armenien versuchte seit Anfang 1988, unter Ausnutzung der von Gorbatschow proklamierten Perestrojka, das mehrheitlich von Armeniern bewohnte Gebiet zurückzuverlangen. Daraufhin kam es zu pogromartigen Übergriffen von Aseris auf Armenier in Aserbeidschan. Es begann ein langer Konflikt, der phasenweise als blutiger Krieg ausgetragen wurde und der bis heute ungelöst ist. Der Konflikt forderte bis 1995 ca. 40.000 Tote und verursachte nach russischen Schätzungen 1 Mio. Flüchtlinge in Aserbeidschan und eine halbe Mio. Flüchtlinge in Armenien (o.V. 1994a: 14).

Armenische Truppen haben bis 1995 ca. ein Drittel aserbeidschanischen Staatsgebietes erobert. Präsidentenwahlen in der „Republik Bergkarabach" im Dezember 1994, die der Führer der Unabhängigkeitsbewegung Robert Kotscharjan gewann, erschweren eine politische Lösung.

Einige 10.000 Menschen flohen über die Jahre verteilt vor den armenisch-aserbeidschanischen Kämpfen um Bergkarabach aus Aserbeidschan nach Rußland. Zum Jahreswechsel 1993/94 waren 77.000 Flüchtlinge aus Aserbeidschan in Rußland registriert, mehr waren es nur aus Georgien und Tadschikistan (Makarova 1995: 100). Dabei ist davon auszugehen, daß die realen Zahlen wesentlich höher liegen, da sich viele Menschen nicht als Flüchtlinge registrieren ließen.

Ende 1988 ereignete sich in Armenien ein verheerendes Erdbeben, bei dem Zehntausende Menschen ihr Leben verloren. Die Angaben über die Zahl der Opfer schwanken zwischen 25.000 (Sowjetrepubliken 1991: 7) und 100.000 (o.V. 1988a: 142), darunter viele armenische Flüchtlinge aus Aserbeidschan. Die zunächst genannte Zahl von 2,5 Mio. Menschen, die ihr Obdach verloren hatten (o.V. 1988a: 142), scheint angesichts einer Gesamteinwohnerzahl Armeniens von ca. 3,5 Mio. zu hoch gewesen zu sein. Dennoch waren im Jahre 1992 noch ca. 500.000 Menschen, die durch das Beben obdachlos geworden waren, ohne feste Wohnung (Morozova 1993a: A 120).

Der Flüchtlingsstrom, der auf das Erdbeben folgte, verschonte Rußland jedoch weitgehend. Die meisten Flüchtlinge blieben innerhalb Armeniens oder begaben sich (seltener) nach Georgien. Nur eine geringe Anzahl ging nach Rußland, Aserbeidschan oder in die Türkei. Da Armenien keine direkte Grenze zu Rußland hat und der Anteil der ethnisch russischen Bevölkerung im Land zum Zeitpunkt des Erdbebens bei nur 2% lag, ist der geringe Flüchtlingsstrom nach Rußland verständlich. Dennoch muß davon ausgegangen werden, daß einige tausend Menschen im Zusammenhang mit dem Erdbeben nach Rußland geflüchtet sind.

14.3.3 Flüchtlinge aus Mittelasien

Der Fergana-Konflikt

Im Mai 1989 gab es die ersten schweren ethnischen Zusammenstöße in Mittelasien. In der usbekischen Provinz Fergana kam es zu Pogromen an den hier siedelnden Mescheten, bei denen 115 Menschen ihr Leben verloren (Martin 1994: 40, Fn. 25). Die Mescheten sind eine türkischsprachige Volksgruppe des Kaukasus,[6] welche unter Stalin 1944 aus Südgeorgien nach Usbekistan in das Ferganatal deportiert worden war. Die Ursachen des Konflikts sind bis heute nicht ganz geklärt und umstritten (Götz/Halbach 1993: 298). Die Turk-Mescheten, mehr als 60.000 Menschen, wurden ausnahmslos aus ihrer Heimat vertrieben (Halbach 1991: 5). Russische Quellen sprechen sogar von bis zu 100.000 Angehörigen muslimischer Turkvölker, die im Zusammenhang mit den Ereignissen im Ferganatal zu Flüchtlingen wurden (Novikov 1991: 30). Bereits zu Sommeranfang 1989 gab es keine Turk-Mescheten mehr in Usbekistan (o.V. 1994a: 14).

Die Einreise in ihre historische Heimat wurde den Turk-Mescheten jedoch von Georgien verweigert. So flüchteten die Menschen nach Rußland und Aserbeidschan (ebd.: 14).

Der Bürgerkrieg in Tadschikistan

Tadschikistan besteht historisch-kulturell aus zwei sehr unterschiedlichen Teilen. Die nördlichen, in der Ebene lebenden Tadschiken und die Bergbewohner im Süden sind durch tiefgreifende historische, politische, religiöse und kulturelle Unterschiede gekennzeichnet. Während der Norden sunnitisch geprägt ist, herrscht im Süden die ismailitische Religion – eine schiitische Variante des Islam – vor. Der Norden ist stärker urbanisiert und industrialisiert als der Süden. Und obwohl die Hauptstadt Duschanbe im Süden liegt, hatten Vertreter des Nordens seit den Anfängen der tadschikischen Unionsrepublik 1929 stets die Staatsgewalt (neben den Russen) inne. Die südlichen Bergtadschiken waren nie adäquat in den Machtstrukturen vertreten (Halbach 1994: 26).

Im September 1992 begann ein bewaffneter Machtkampf zwischen der Regierung und der süd- und osttadschikischen Opposition, in dessen Verlauf mindestens 50.000 Menschen ihr Leben verloren (Kogelfranz 1993: 28). Es kam zu mehreren Machtwechseln, bis schließlich die alte nördliche Elite unter Präsident Rachmanov wieder die Macht übernehmen konnte.

Der Bürgerkrieg bewirkte, daß es nach Angaben des UNHCR im Dezember 1993 520.000 Binnenflüchtlinge („internally displaced persons") auf tadschikischem Boden gab (UN-ECE 1994a: 21). Weitere 70.000 bis 100.000 Tadschiken flohen vor den Bürgerkriegshandlungen nach Afghanistan (Halbach 1995: 134). Ungeklärt ist die Frage, wie viele Menschen in die Russische Föderation geflüchtet sind.

Insgesamt wanderten von 1989 bis 1993 mehr als 350.000 Russen aus Tadschikistan nach Rußland aus (Latypova 1994; Kuschko 1994). Nur noch 80.000 Russen befinden sich heute in Tadschikistan (Latypova 1994), einschließlich der anderen russischsprachigen Minderheiten sind es ungefähr 100.000 (Juschin 1994). Mehr als 100.000 Auswanderer haben Tadschikistan allein während des Bürgerkrieges in Richtung Rußland verlassen. Es ist allerdings nicht klar, wie viele davon echte Flüchtlinge bzw. Opfer von Bürgerkriegen sind, da die meisten Russen in den relativ friedlichen nördlichen Landesteilen lebten. Dennoch ist davon auszugehen, daß ein bedeutender Teil aus Angst oder wegen direkter Bedrohung des Lebens nach Rußland flüchtete.

Der Bürgerkrieg in Afghanistan

1975 kam es in Afghanistan zu einem Staatsstreich, bei dem der afghanische König von überwiegend in der Sowjetunion ausgebildeten Militärs (unter Führung von M. Daud) gestürzt und die Republik ausgerufen wurde. Dabei wurde ein Reformprogramm verkündet, das eine enge Anlehnung an die UdSSR unter Beibehaltung der Blockfreiheit vorsah. 1978 gab es erneut einen Militärputsch, mit dem die kommunistische Demokratische Volkspartei Afghanistans die Macht übernahm. Das neue Regime verkündete Revolutionsgesetze, die eine Alphabetisierung (bisher 90% Analphabeten), eine Bodenreform und das Verbot islamischer Bräuche und Traditionen beinhalteten. Als Reaktion auf diesen radikalen Bruch mit der traditionellen Gesellschaftsstruktur entstand die oppositionelle Nationale Afghanische Befreiungsfront. Im Dezember 1979 erfolgte ein weiterer Militärputsch, in dem der (ebenfalls marxistische) B. Karmal die Macht übernahm. Gleichzeitig marschierte sowjetisches Militär in Afghanistan ein, um die neue Regierung zu stützen. Ein blutiger Bürgerkrieg begann, der auch nach dem Abzug der sowjetischen Truppen[7] 1989 kein Ende fand.

Der afghanische Bürgerkrieg ist bisher für Rußland nicht in gleicher Weise migrationsrelevant wie die anderen mittelasiatischen Konflikte. Grund dafür ist, daß Afghanistan nicht zur Sowjetunion gehörte und es dort auch keine russische Minderheit gab. Da außerdem keine gemeinsame Grenze mit Rußland besteht, erfolgten die großen Flüchtlingsströme in andere Länder. Ungefähr 5 Mio. Menschen flohen nach Pakistan und in den Iran (o.V. 1988b: 86). Obwohl die Zahl der nach Rußland gewanderten Menschen wesentlich kleiner ist, bilden die Afghanen hier eine der größten Flüchtlingsgruppen (Harenberg 1995: 356). Sie halten sich zumeist illegal im Land auf, so daß über ihre genaue Zahl keine Angaben existieren. Es dürfte sich aber um mehr als 100.000 Menschen handeln.[8]

14.3.4 Migrationspotential durch ethnische Spannungen

Zur Zeit leben auf dem Boden der ehemaligen Sowjetunion 60 Mio. Angehörige ethnischer Minderheiten, darunter 25 Mio. Russen und knapp 7 Mio. Ukrainer (Endres 1994: 65). In Regionen, die vom Bürgerkrieg bedroht sind, bilden sie ein Migrationspotential, das sich von heute auf morgen auf den Weg nach Rußland oder in die Ukraine machen könnte. Die drohenden Konflikte, die eine Massenflucht auslösen könnten, reichen räumlich gesehen von Moldawien bis Mittelasien (vgl. Tabelle 14.2).

Tabelle 14.2: Migrationspotentiale durch drohende Konflikte

Region	Konflikt	Migrationspotential
Krim	Forderung der russischen Bevölkerungsmehrheit nach Wiederanschluß an Rußland	> 1,5 Mio.
Nordkasachstan	dito	> 7 Mio.
Inguschien	„Überschwappen" des tschetschenischen Bürgerkriegs	bis zu 500.000
Ossetien	Wiederaufflammen des Bürgerkriegs	mehrere Zehntausend
Moldawien	dito	300.000–500.000 (vorw. jedoch in Richtung Ukraine)
Mittelasien	verschiedenste ethnische Konflikte und wechselseitige Gebietsansprüche	mehrere Mio.
Wolgagebiet[9]	verschiedene ethnische Konflikte und Gebietsansprüche	mehrere Mio.

14.4 Immigration nach Rußland ohne Fluchtcharakter

Viele Immigranten kommen nach Rußland, ohne vor einem Bürgerkrieg geflohen zu sein. Ihre Herkunft und ihre Wanderungsmotive sind sehr vielschichtig und eine Klassifizierung ist daher nur schwer möglich. Ihre Migrationsmotive lassen sich nur schwer analysieren, da verschiedene Motive oft kaum voneinander zu trennen sind.

So ist beispielsweise nicht eindeutig zu entscheiden, ob ein früherer Angestellter der öffentlichen Verwaltung in Estland, der aufgrund mangelnder Estnischkenntnisse entlassen wird und daher nach Rußland auswandert, ein ethnischer Migrant oder ein Arbeitsmigrant ist. Daher erfolgt die Klassifizierung der Migranten in diesem Zusammenhang nicht nach der Motivation der Migration, sondern nach der Zugehörigkeit zu einer ethnischen Gruppe und dem zeitlichen Aspekt der Wanderung (temporär oder dauerhaft).

Der Strom der „heimkehrenden" Russen aus Ländern der ehemaligen Sowjetunion ist der größte Immigrantenstrom, mit dem Rußland derzeit konfrontiert ist. Bereits seit Mitte der 70er Jahre, in größerem Maße aber erst seit Ende der 80er Jahre, steigt die Zahl der russischen Immigranten aus dem „nahen Ausland" ständig an. Ethnische Diskriminierungen, bürgerkriegsartige Zustände und wirtschaftliche Krisen führen in den Herkunftsländern zu einem Vertreibungsdruck, der die russischen Minderheiten zunehmend zur Auswanderung drängt. Ein weiterer Immigrationsstrom manifestiert sich in der temporären Zuwanderung von Arbeitskräften aus den angrenzenden Staaten, insbesondere aus Georgien, Kasachstan und der Ukraine. Pendler und Saisonarbeiter wandern wegen des bestehenden Lohngefälles nach Rußland, um hier zu arbeiten.

In zunehmendem Maße gibt es auch eine Einwanderung aus Entwicklungsländern. Sie kann legal oder illegal erfolgen, den Charakter einer Transitmigration, einer Flüchtlingsmigration, einer Arbeits- oder Ausbildungsmigration aufweisen. Bereits im wesentlichen abgeschlossen ist die Rückverlegung von Truppen der Roten Armee aus den Ländern des früheren Warschauer Paktes und Teilen der GUS.

14.4.1 Einwanderung von ethnischen Russen aus ehemaligen Sowjetrepubliken

Die Einwanderungssituation Rußlands

Im Prinzip kann davon ausgegangen werden, daß fast alle Immigranten, die aus den Ländern der früheren Sowjetunion nach Rußland immigrieren, ethnische Russen sind. Insbesondere die Immigranten aus dem Baltikum, aus Mittelasien und dem Kaukasus sind, abgesehen von den echten Bürgerkriegsflüchtlingen, im wesentlichen ethnische Russen. Bei Weißrussen und Ukrainern kann diese Annahme jedoch nicht mit Bestimmtheit aufrechterhalten werden. Es ist nicht sicher, daß Russen nach Rußland und Ukrainer in die Ukraine bzw. Weißrussen nach Weißrußland wandern. Gerade bei diesen so eng verwandten Völkern ist eine ethnische Grenze nur schwer zu ziehen. Eine ethnische Motivation der Migration liegt bei ihnen folglich in wesentlich geringerem Maße vor als bei den Einwanderern aus den anderen Gebieten.[10] Sie werden daher in einem separaten Abschnitt behandelt.

Tabelle 14.3: Migrationsbilanzen Rußlands mit anderen GUS-Staaten und dem Baltikum 1990–1993 (in 1.000)

	1990	1991	1992	1993
Baltikum	12,2	14,4	56,7	53,5
Mittelasien	187,1	105,2	311,5	354,0
Transkaukasien	67,9	53,5	109,0	136,0
Ukraine, Weißrußland, Moldawien	20,1	-68,3	-121,4	10,4
insgesamt	287,3	104,8	355,8	553,9

Quellen: Makarova 1995: 96; eigene Berechnungen.

Der aus Tabelle 14.3 erkennbare Wachstumstrend der Migration setzte sich auch 1994 fort. Im ersten Halbjahr 1994 wanderten noch einmal wesentlich mehr Menschen nach Rußland (Tabelle 14.4).

Gegenüber der Nettoeinwanderung nach Rußland aus dem sogenannten „nahen Ausland" im Jahre 1991 in Höhe von 105.000 Personen ergab sich im ersten Halbjahr 1994 eine Erhöhung auf das Sieben- bis Achtfache (UN-ECE 1994a: 4f.).

Tabelle 14.4: Migrantionsbilanz Rußlands im 1. Halbjahr 1994 (in 1.000)

	Immigranten	Emigranten	Saldo
Baltikum	21	2	19
Zentralasien	255	33	222
Transkaukasien	81	6	75
Ukraine, Weißrußland, Moldawien	147	69	78
insgesamt	504	110	394

Quelle: UN-ECE 1994a: 4f.

Die Motivation zur Migration der Russen aus dem Baltikum, dem Kaukasus und Mittelasien liegt vorwiegend in der ethnischen Diskriminierung der russischen Minderheit begründet. Die Gesetzgebung der neuen Nationalstaaten auf dem Gebiet der ehemaligen Sowjetunion ist häufig auf die nationale und soziale Ausgrenzung der Russen ausgerichtet. Mit der Entstehung der neuen Nationalstaaten kommt es sehr häufig zu einem mit Frustration gepaarten nationalen Chauvinismus der Titularnationen, oft verbunden mit „Russophobie" (Bischof 1991: 31). Während die Russen früher eine privilegierte Gruppe waren, kommt es nun zu einer zunehmenden Entwertung ihres sozialen Status. Ihnen bleibt der Zugang zu öffentlichen Ämtern und zur Armee oft verschlossen. In einigen Staaten (v.a. Estland, Lettland) haben sie nicht einmal das Recht auf die Staatsbürgerschaft des Landes, in dem sie leben. Sie werden zunehmend aus wirtschaftlichen Leitungspositionen verdrängt. Und auch im Kampf um die wenigen lukrativen Arbeitsmöglichkeiten sind sie zunehmend aus ethnischen oder sprachlichen Gründen unterlegen (Brie/Böhlke 1992: 228).

Die Ursache hierfür liegt zum Teil im neokolonialistischen Verhalten der Russen. Als Angehörige der „Kolonialmacht" Rußland in Mittelasien, dem Kaukasus oder dem Baltikum hielten sie es meist nicht für nötig, die Sprache der einheimischen Bevölkerung zu lernen. Russisch galt als die „die Völker der Sowjetunion verbindende Sprache", war Amts- und Verkehrssprache. Tabelle 14.5 verdeutlicht, daß die Unkenntnis der Landessprache bei ethnischen Russen in den mittelasiatischen Republiken besonders gravierend ist.

Tabelle 14.5: Anteil der Russen (in %), die als Zweitsprache die Amtssprache der Republik beherrschen, in der sie leben (1989)

Republik	Anteil	Republik	Anteil
alle 14 Republiken	*19*	*Transkaukasien*	*19*
Baltikum	*22*	Georgien	23
Estland	14	Armenien	32
Lettland	21	Aserbeidschan	14
Litauen	33	*Mittelasien*	*3*
westl. Republiken	*31*	Kasachstan	1
Weißrußland	25	Kirgisien	1
Ukraine	33	Usbekistan	5
Moldawien	11	Turkmenistan	3
		Tadschikistan	3

Quelle: Klatt 1994: 40.

Heute sind die Titularsprachen oft die einzigen Amtssprachen und noch weit häufiger auch die allgemeinen Verkehrssprachen. Somit ist die Beherrschung dieser Sprachen Voraussetzung für ein öffentliches Amt oder eine mittlere bzw. leitende Stellung in der Wirtschaft. Da jedoch die zugewanderten Russen diese Sprachen nicht mehr lernen können oder nicht lernen wollen, ist Auswanderung, also Remigration nach Rußland für sie oft die einzige Chance, wieder einen akzeptablen sozialen Status zu erringen.

Ein weiteres Wanderungsmotiv kommt hinzu: Obwohl die wirtschaftliche Lage in Rußland nicht stabil und z.T. sogar kritisch ist, schneidet dieses Land im Vergleich mit den anderen Staaten der GUS wesentlich besser ab. In Rußland werden die höchsten Löhne in der GUS gezahlt, die Arbeitslosigkeit ist vergleichsweise gering.

Überdies werden russische „Heimkehrer" in bestimmten Gebieten gebraucht, um die Wirtschaft am Leben zu erhalten. Insbesondere in den klimatisch unattraktiven Gebieten, in denen die Erdöl- und Erdgasförderung eine bedeutende Rolle spielt, z.B. im Gebiet Orenburg, werden russische Einwanderer gesucht. Ihnen wird nicht nur finanzielle Unterstützung gewährt, sondern auch Wohnraum zur Verfügung gestellt. In vielen ländlichen Gebieten erhalten sie sogar Land zur Bewirtschaftung (o.V. 1994b). Nur die Großstädte des Westens und Südens verweigern diesen Umsiedlern und Vertriebenen aus sozialen Gründen die Aufnahme.

Aus dieser Gemengelage von Push- und Pull-Faktoren (ethnische Diskriminierung, verlorener sozialer Status, wirtschaftliche Ungleichgewichte, Förderung der „Heimkehr") resultiert eine Wanderungsbewegung, die sowohl die Auswanderungsländer als auch das Einwanderungsland Rußland vor große Probleme stellt.

Ethnische Diskriminierung und Emigration russischer Minderheiten aus dem Baltikum

Lettland ist seit 1991 eine selbständige Republik außerhalb der GUS. Von den 2,6 Mio. Einwohnern 1993 sind ca. 54% Letten und 34% Russen (Harenberg 1995: 256).

Offenbar aus Angst, sich als Nation gegenüber den Russen nicht behaupten zu können, wurde die russische Minderheit von den Letten seit der endgültigen Selbständigkeit schrittweise entrechtet. Bereits im Oktober 1991 wurden restriktive Kriterien für den Erwerb der Staatsbürgerschaft für Russen und andere Einwohner nichtlettischer Nationalität (Polen, Ukrainer, Weißrussen u.a.) festgelegt: Der Bewerber muß seinen Wohnsitz mindestens 16 Jahre ununterbrochen in Lettland gehabt haben, gute Kenntnisse der lettischen Sprache nachweisen und einen Loyalitätseid auf den lettischen Staat ablegen. 1992 wurden diese Regelungen durch eine ergänzende Verordnung verschärft: Die lettische Staatsangehörigkeit könne nicht erwerben, wer chauvinistische, faschistische oder kommunistische Ideen verbreitet hat, wer alkohol- oder drogensüchtig ist oder wer keine legale Einkommensgrundlage hat (Aasland 1994: 235). Noch dazu verabschiedete das Parlament Ende 1993 den Entwurf eines Staatsbürgerschaftsgesetzes, in dem alle nach 1940 zugezogenen Russen zu illegalen Einwanderern[11] erklärt worden wären. Ab dem Jahr 2000 sollten pro Jahr an jeweils 2.000 Menschen (0,1% der lettischen Bevölkerung!) Staatsbürgerrechte verliehen werden (Harenberg 1995: 256). Präsident Ulmanis weigerte sich jedoch, den Gesetzentwurf zu unterschreiben. Nach massiver Kritik durch Rußland, durch die KSZE/OSZE, die EU und den Europarat genehmigte das Parlament am 22. 7. 1994 eine Neufassung des Gesetzes, in der die umstrittene Quotenregelung nicht mehr enthalten war (ebd.: 256).

Der administrative Feldzug gegen die russische Sprache führt faktisch zum Ausschluß der Russen von Führungspositionen und sogar von der Staatsbürgerschaft. Die Russen stehen vor der Alternative, entweder schnellstmöglich die lettische Sprache zu erlernen oder nach Rußland zu emigrieren. Da die gesellschaftliche Atmosphäre in Lettland wie auch in den anderen baltischen Staaten von einem massiven Antirussismus geprägt ist (Lane 1994: 58ff.), wandern die Russen „zurück" nach Rußland. Selbst junge Leute, die bereits in Lettland geboren wurden, beherrschen in der Regel die Sprache nicht oder kaum und identifizieren sich ebensowenig mit Lettland wie die Älteren (Aasland 1994: 237). Die Folge ist, daß auch sie sich der Wanderung anschließen.

In Estland ist die Situation ähnlich wie in Lettland. Auch hier besteht eine bedeutende russische Minderheit (29,4% der Bevölkerung sind Russen, 63,2% Esten). Parlament und Regierung verfolgen ebenfalls eine restriktive Sprachenpolitik, die nur Estnisch als Amts- und Verkehrssprache zuläßt. Das Staatsbürgerschaftsrecht ist ähnlich diskriminierend wie das lettische.

Litauen nimmt unter den baltischen Republiken eine Sonderstellung ein, weil seine russische Minderheit vergleichsweise klein ist (1993: 8,5%). Wohl aus dem Selbstbewußtsein heraus, daß Litauen sich trotz dieser relativ unbedeutenden Minderheit national behaupten kann, gibt es keine ähnlich restriktiven Staatsangehörigkeitsgesetze wie in Estland und Lettland. Jeder, der zum Zeitpunkt der Unabhängigkeitserklärung Litauens am 11. 3. 1989 seinen Wohnsitz hier hatte, kann die litauische Staatsbürgerschaft auf Antrag erhalten (Oswald 1993: 60).

Tabelle 14.6: Wanderungssaldo Rußlands mit den baltischen Republiken 1990–1993 (in 1.000)

	1990	1991	1992	1993
Lettland	3,9	5,8	23,2	23,7
Estland	3,3	4,2	21,8	12,8
Litauen	5,0	4,4	11,7	17,0

Quelle: Makarova 1995: 96.

Da es sich bei diesen Zahlen nur um die offiziellen Auswandererzahlen handelt, es jedoch aus allen ehemaligen Republiken zusätzlich eine bedeutende, nicht über staatliche Stellen abgewickelte Migration gibt, ist davon auszugehen, daß die realen Dimensionen noch deutlich darüber liegen.

Überraschend ist, daß sich in Litauen trotz einer weniger restriktiven Gesetzgebung im Vergleich zu Lettland und Estland eine ebenso starke Emigration ethnischer Russen vollzieht. Der Grund hierfür liegt im Fehlen geschlossener russischer Siedlungsgebiete, wie sie in Lettland und Estland bestehen. Diese Siedlungen wirken in den beiden Nachbarrepubliken als „Emigrationsbremse", da sich durch das Zusammenleben mit Russen die antirussische Stimmung und Gesetzgebung leichter ertragen und eine Gegenidentität aufbauen läßt. In Litauen ist die russenfeindliche Gesinnung für die verstreut lebenden Russen trotz formaler Besserstellung nur schwer zu ertragen.

Immigration von Russen aus Mittelasien

Die Lage für die Russen in den nicht von Bürgerkrieg betroffenen ehemaligen Sowjetrepubliken in Mittelasien und im Kaukasus ist noch schlechter als im Baltikum. Zum Problem des Alltagsnationalismus kommt in den meisten der mittelasiatischen und kaukasischen Republiken eine katastrophale Wirtschaftssituation. Allein aus ökonomischen Gründen lohnt sich die Auswanderung nach Rußland, zumal die alltäglichen Entbehrungen immer schwerer zu ertragen sind. Aufgrund der gravierenden politischen, wirtschaftlichen und auch ökologischen Probleme wurde diese Region bereits 1991 als „innersowjetische Dritte Welt" bezeichnet (Halbach 1991: 15). Es liegt auf der Hand, daß eine solche Situation die ethnische Migration beschleunigt. Es kommt zu einer Überlagerung von ethnischer und Wirtschaftsmigration, die sich analytisch nicht trennen lassen. In der Diskussion um die Wanderungsprozesse innerhalb der früheren Sowjetunion wird immer wieder auf dieses Thema hingewiesen (so T. Regent, zit. nach Volovin 1994).

Hauptauswanderungsland für ethnische Russen wird in Zukunft *Kasachstan* sein. Hier lebt die zweitgrößte russische Diaspora (nach der ukrainischen). Der kasachische Präsident Nasarbajev, der sehr lange für den Erhalt der Sowjetunion eingetreten war, versprach nach deren endgültigem Zerfall, in Kasachstan eine multiethnische Gesellschaft zu erhalten, die Gleichheit vor dem Gesetz für alle gewährleistet (Olcott zit. nach Klatt 1994: Fn. 71). Dennoch wurde Kasachisch bereits 1990 zur offiziellen Amtssprache erklärt. Allerdings ist in Gebieten mit überwiegend russischer Bevölkerung Russisch als zweite Amtssprache anerkannt. Seit der Unabhängigkeitserklärung 1991 wurden schrittweise die Eliten ausgetauscht. Russen wurden in Leitungspositionen durch Kasachen ersetzt. Kasachstan wurde, wie es im offiziellen Sprachgebrauch heißt, das „Land der Kasachen" (Klatt 1994: 41).[12]

Tabelle 14.7: Wanderungssaldo Rußlands mit den mittelasiatischen Republiken 1990–1993 (in 1.000)

	1990	1991	1992	1993
Kasachstan	54,6	29,5	96,6	127,0
Usbekistan	65,9	35,9	86,4	70,6
Kirgisien	21,2	17,7	49,8	86,7
Tadschikistan	40,3	17,6	66,7	62,9
Turkmenistan	5,1	4,5	12,0	6,8

Quelle: Makarova 1995: 96.

In den nördlichen Regionen, in denen die Russen die Bevölkerungsmehrheit stellen, gehören ethnische Auseinandersetzungen inzwischen zum Alltag. Die Politik der „Neulandgewinnung" der 50er und 60er Jahre, in deren Rahmen Millionen von Russen nach Kasachstan übersiedelten, wird heute von vielen Kasachen nicht mehr als Wirtschafts- oder Strukturpolitik, sondern als Politik der Völkerumsiedlung und Unterwerfung Kasachstans verstanden (Slater 1994: Fn. 6). Andererseits rufen immer öfter Führer russischer Bewegungen dazu auf, ein Referendum über die Loslösung der stark russisch besiedelten nördlichen Provinzen von Kasachstan abzuhalten.

Die Spannungen zwischen kasachischen und russischen Nationalisten nehmen ständig zu. Diese Situation sowie die schlechte wirtschaftliche Lage führten dazu, daß immer mehr Russen aus Kasachstan nach Rußland auswandern. Auf eine Befragung zum Thema Auswanderung antworteten Russen in den mittelasiatischen Republiken im Herbst 1990 wie folgt:

Tabelle 14.8: Umfrage unter der russischen Diaspora: Würden Sie gern nach Rußland auswandern oder lieber für immer in Ihrer Republik bleiben? (in %)

Antwort	Kasachstan	Kirgisien	Tadschikistan	Usbekistan
auswandern	20	31	37	38
bleiben	63	42	38	36
unsicher	17	26	25	26

Quelle: Kolsto 1993: 202.

Diese Umfrage fand im Jahre 1990 statt, also zu einem Zeitpunkt, als die Situation in Mittelasien noch vergleichsweise ruhig war. Es wird deutlich, welch gewaltiges Migrationspotential sich in den mittelasiatischen Republiken befindet. Von 6 Mio. Russen, die hier leben, zogen schon vor dem Zerfall der UdSSR 20% die Emigration in Erwägung. Dennoch hat sich nach kasachischen Angaben die Zahl der in Kasachstan lebenden Russen von 1989 bis 1994 nur um 200.000 verringert (Akpambajeva 1994: 16).

Die Quellen widersprechen einander jedoch, und je nach politischer Intention werden verschiedene Größen genannt. Nach offiziellen Angaben wanderten 1992 129.000 Russen aus Kasachstan aus (gegenüber 123.000 Einwanderern), während die Bewegung „Lad", eine slawische Organisation in Kasachstan, die Abwanderung von „Russischsprachigen" mit 260.000 für das Jahr 1992 angibt (Halbach 1994: 11). 1994 sollen sogar mehr als 400.000 Russen Kasachstan verlassen haben (Aubakirov 1995).[13]

Verbunden mit der Emigration der Russen findet ein massiver Brain-Drain nach Rußland statt. Denn es wandern insbesondere die aus der Verwaltung und aus wirtschaftlichen Spitzenpositionen verdrängten Russen aus, die keine ihrer Bildung und ihren Fähigkeiten angemessene Lebensperspektive mehr sehen (Gundareva 1994).

Die Situation in *Kirgisien* ist der in Kasachstan sehr ähnlich. Seit der Einführung einer neuen Währung Anfang 1993 hat sich die wirtschaftliche Lage stetig verschlechtert. Die ethnischen Spannungen nehmen zu. Russen in Leitungspositionen werden durch Kirgisen ersetzt und verlieren dadurch ihren sozialen Status. Bei einer in Kirgisien durchgeführten Bodenreform haben die kirgisischen Clans das Land unter sich aufgeteilt. Vormals reiche, von Deutschen und Russen geführte Kolchosen brechen zusammen, weil die Russen und Deutschen entlassen werden (Fic 1994). Die unvermeidliche Folge ist, daß Abwanderung einsetzt. Im Jahre 1993 verließen zwischen 100.000 und 200.000 Russen Kirgisien. Die publizierten Zahlen sind allerdings widersprüchlich: Ivanov (1993) spricht von über 100.000 im Jahre 1993, Berezovskij (1994) von 104.800 allein im ersten Halbjahr 1993.

Um die Abwanderung insbesondere von Fachleuten aus Industrie und Wissenschaft aufzuhalten, kündigte Präsident Akajew 1994 an, daß Russisch zweite Amtssprache werden solle. Zunächst wurde es im Juni 1994 offizielle Verkehrssprache in der Industrie (Harenberg 1995: 232, 355). Die Auswanderung war daraufhin auch im Jahre 1994 tatsächlich leicht rückläufig (Berezovskij 1994). Dennoch bleibt Tatsache, daß sich die Russen in Kirgisien zunehmend unterdrückt fühlen. Hauptursache ist weniger der sogenannte Alltagsnationalismus, sondern vielmehr und in immer stärkerem Maße die extrem schlechte wirtschaftliche Lage, die es gerade ethnischen Russen schwer macht, Arbeit zu finden (Ivanov 1993). Die Zahl der in Kirgisien lebenden Russen wird sich voraussichtlich in den nächsten Jahren auf ein Minimum reduzieren.

Die Abwanderung von Russen aus *Tadschikistan* setzte schon lange vor Ausbruch des Bürgerkrieges 1992 ein. 1990/91 hatten bereits 100.000 Angehörige der „russischsprachigen" Minderheit das Land verlassen (Halbach 1994, Teil I: 11, Fn. 28). Bei einer Größe der slawischen Bevölkerung von 400.000 bis 500.000 Personen (lediglich ca. 8% der Gesamtbevölkerung) ist dies ein gewaltiger Migrationsstrom. Die Gründe für die Auswanderung sind in der zunehmenden „Tadschikisierung" und Islamisierung der Gesellschaft zu suchen, aber auch die ökonomische Situation und das Lohngefälle zu Rußland spielten eine große Rolle (ebd.: 11).

Mit dem Beginn des Bürgerkrieges im September 1992 nahm die Auswanderung den Charakter einer Fluchtbewegung an, obwohl die Russen im allgemeinen nicht direkt in ihrem Leben bedroht waren. Die vorrangigen Siedlungsgebiete der Russen liegen im relativ friedlichen Norden, während die Bürgerkriegshandlungen vorwiegend im Süden und Osten stattfanden. Die rapide angestiegene Zahl der Abwandernden deutet jedoch darauf hin, daß es sich um fluchtähnliche Bewegungen handelt. Novikov spricht bereits 1991, also noch vor Beginn des Bürgerkriegs davon, daß Russen zunehmend Opfer von Ausschreitungen würden (Novikov 1991: 29). Es ist anzunehmen, daß sich diese Tendenz unter den Bedingungen der relativen Anarchie während des Bürgerkrieges noch verschärft hat. Zumindest herrschte unter der russischen Bevölkerung große Angst vor antirussischen Ausschreitungen. Bis Ende 1993 hatten mehr als 350.000 Russen Tadschikistan verlassen, nicht einmal 80.000 sind dort geblieben (Latypova 1994).

Die Situation der Russen in *Usbekistan* gleicht der in Tadschikistan. Auch hier gab es keinen russischen Siedlungskolonialismus wie in Kasachstan und Kirgisien, auch hier war die russische Minderheit mit ca. 8% im Jahre 1989 relativ klein (Götz/Halbach 1991: 66). Nationalismus und Islamisierung führten zu ethnischen Spannungen zwischen Russen und Usbeken. Dadurch kam und kommt es zu einer immer stärkeren Emigration von Russen aus Usbekistan. Diese bereits seit den 70er Jahren zu beobachtende Tendenz nahm 1989 akuten, fast fluchtartigen Charakter an (Götz/Halbach 1993: 299). Der Anteil der russischen Bevölkerung ging von 8 auf 5,5% zurück (Götz/Halbach 1991: 66; Harenberg 1995: 462). Das entspricht einem Bevölkerungsrückgang um ungefähr 500.000 Menschen in vier Jahren. In etwa dieser Größenordnung muß die Auswanderung stattgefunden haben, wenngleich die offiziellen Einwandererzahlen für Rußland deutlich darunter liegen.

Obwohl *Turkmenistan* sehr ähnliche politische und historische Gegebenheiten aufweist wie Usbekistan, gibt es hier kaum russische Emigration. Das politische System in Turkmenistan ist ebenfalls diktatorisch-autokratisch. Auch hier gab es keinen russischen Siedlungskolonialismus, so daß die russische Minderheit mit 9,5% im Jahre 1989 (Götz/Halbach 1991: 62) relativ klein war.

Es besteht jedoch ein ganz entscheidender Unterschied zwischen Turkmenistan und allen anderen mittelasiatischen Republiken: Um die Abwanderung russischer Spezialisten zu verhindern, wurde ein Abkommen mit Rußland geschlossen, das die doppelte Staatsbürgerschaft ermöglicht. Auch die militärische und wirtschaftliche Anbindung an Rußland ist sehr eng (Harenberg 1995: 440).

Es gibt kaum ethnische Auseinandersetzungen; einziger bekanntgewordener Fall waren antiarmenische Unruhen in Aschchabad und Nebit-Dag im Mai 1989. Trotzdem gibt es auch in Turkmenistan Voraussetzungen für ethnische Konflikte (sozialökonomische Ungleichheiten zwischen ethnischen Gruppen, ökologische Großprobleme im Zusammenhang mit dem Austrocknen des Aralsees). Doch das autokratische System mit sehr vorsichtigen Wirtschaftsreformen garantiert politische Stabilität und „Ruhe und Ordnung".

Aufgrund dieser Voraussetzungen hat es Turkmenistan als einzige mittelasiatische Republik geschafft, die Russen zum größten Teil im Land zu halten. Der russische Bevölkerungsanteil vergrößerte sich nach offiziellen Angaben sogar von 1989 bis 1993 von 9,5 auf 9,8% (Götz/Halbach 1991: 62; Harenberg 1995: 439). Hiernach lebten im Jahre 1989 320.000 Russen in Turkmenistan; Anfang 1995 waren es bereits 420.000 (Kaplun 1995: 50). Russische Beobachter führen diese Zahlen jedoch auf propagandistische Manipulation zurück. Von 1991 bis 1994 hätten 44.000 Russen Turkmenistan verlassen, ohne daß eine nennenswerte Einwanderung stattgefunden hätte oder eine hohe Geburtenrate zu verzeichnen gewesen wäre (ebd.: 50). Dafür spricht auch die Migrationsbilanz Rußlands mit Turkmenistan (Tabelle 14.7).

Tatsache ist, daß Turkmenistan kein Paradies frei von ethnischen Konflikten ist. Auch hier ist Turkmenisch einzige Amtssprache, Russisch hatte bis 1992 den Status einer „Sprache des zwischennationalen Umgangs" – seit 1992 aber nicht einmal mehr das. Die Behörden weigern sich, eine Organisation der Russen in Turkmenistan zuzulassen. Sie stützen sich dabei auf ein Gesetz, welches nationalistische Organisationen verbietet. Damit ist Turkmenistan der einzige Nachfolgestaat der UdSSR, der keine Organisation der Russen hat.

Eine Befragung unter den Russen der Republik ergab, daß 55% zu einer Ausreise entschlossen sind, 26% ziehen sie in Erwägung (ebd.: 51). Aber auch das Ergebnis dieser Befragung muß kritisch betrachtet werden, da sie von russischen Behörden in Auftrag gegeben und daher mit einer bestimmten politischen Absicht durchgeführt wurde. Fazit ist, daß Turkmenistan zwar ebenfalls mit dem Problem der Abwanderung von Russen konfrontiert ist, diese Emigration aber deutlich geringer ausfällt, weil es keine offen ethnischen Auseinandersetzungen gibt.

Einwanderung aus dem Kaukasus

Die großen ethnischen Konflikte in den drei Kaukasusrepubliken Armenien, Aserbeidschan und Georgien wurden bereits erläutert. In allen drei Republiken existieren kleinere russische Minderheiten (1989 bei durchschnittlich 5,1%, Rywkin 1994: 191), die im wesentlichen aufgrund ethnischer Konfliktkonstellationen schon seit Mitte der 70er Jahre die kaukasischen Republiken verlassen.

Tabelle 14.9: Wanderungssalden Rußlands mit den kaukasischen Republiken (in 1.000)

	1990	1991	1992	1993
Georgien	14,5	28,7	46,2	65,0
Aserbeidschan	52,0	20,7	50,8	43,1
Armenien	1,4	4,1	12,0	27,9

Quelle: Makarova 1995: 96.

Alle drei Länder haben überdies gravierende Wirtschaftsprobleme. Die Inflationsrate in Georgien erreichte 1993 11.000%, in Armenien 3.750% (Harenberg 1995: 139 und 47). In Georgien gibt es im Winter weder Strom noch Gas, oft keine Heizung und auch kein Wasser, in Tiflis fahren dann weder U-

Bahn noch Trolleybusse, viele Menschen leiden sogar Hunger (Stratenschulte 1995). Durch enorme Flüchtlingsströme aus den Bürgerkriegsgebieten wird die Situation noch verschärft. Aufgrund der radikalen Verschlechterung der Lage seit dem Beginn des Bergkarabach- und des Abchasienkonflikts (stärkerer Nationalismus und katastrophale Wirtschaftssituation) wandern die russischen Minderheiten verstärkt aus (Tabelle 14.9).

14.4.2 Einwanderung aus Weißrußland und der Ukraine

Die Rußland ethnisch verwandten Republiken Weißrußland und Ukraine stehen in einem besonderen Migrationsverhältnis zu Rußland. Nach offiziellen Angaben war der Migrationssaldo gegenüber diesen Republiken noch 1992 negativ. Damit sind die Ukraine und Weißrußland die einzigen Republiken, in die mehr Menschen aus Rußland ausgewandert sind als umgekehrt. Das Verhältnis hat sich allerdings in den letzten zwei Jahren umgekehrt (vgl. Tabelle 14.10 für 1990–1993, Tabelle 14.4 für das 1. Halbjahr 1994).

Tabelle 14.10: Wanderungssalden Rußlands mit der Ukraine und Weißrußland (in 1.000)

	1990	1991	1992	1993
Ukraine	–4,1	–66,1	–110,0	17,3
Weißrußland	23,3	–4,7	–21,3	–11,4

Quelle: Makarova 1995: 96.

Die Ursache für die relativ ausgeglichene Migrationsbilanz ist offensichtlich: In Weißrußland gibt es keine ethnischen Spannungen zwischen der Titularnation und den Russen. In der Ukraine herrschen zwar vereinzelt Spannungen, etwa auf der Krim, wo die russische Mehrheit einen antiukrainischen Nationalismus pflegt, aber auch in der Westukraine, wo sich zunehmend ein ukrainischer Nationalismus mit antipolnischen, antisemitischen, aber auch antirussischen Elementen verbreitet (o.V. 1994c: 166). Dennoch gibt es keine gewalttätigen ethnischen Konflikte. In beiden Ländern existiert kein Vertreibungsdruck, weder kultureller Art noch dergestalt, daß Russen aus Leitungspositionen verdrängt würden. Zudem ist das Sprachproblem marginal, da das Ukrainische und das Weißrussische dem Russischen sehr ähnlich sind.

All dies führte dazu, daß die Emigration aus der Ukraine und Weißrußland nach Rußland bis 1992 geringer war als die Einwanderung aus Rußland in diese Länder. Dies hat sich jedoch inzwischen geändert. Die Auswanderung nach Rußland könnte sich in Zukunft sogar noch verstärken. Es könnte ein verstärkter Strom von Umweltflüchtlingen aus beiden Ländern nach Rußland entstehen. Wahrscheinlich sind es schon jetzt überwiegend Umweltflüchtlinge, die die Migrationsbilanz zwischen Rußland einerseits und der Ukraine und Weißrußland andererseits in den letzten zwei Jahren umgekehrt haben. Insbesondere in der Ukraine sprechen viele Anzeichen dafür.

In Tschernobyl bekommt der Betonsarkophag, der um den Unglücksreaktor gegossen wurde, zunehmend Risse. Ein Zehntel der Fläche der Ukraine ist stark radioaktiv belastet (Harenberg 1995: 447). In Weißrußland leben 1,4 Mio. Menschen, ein Siebtel der Gesamtbevölkerung, in von der Tschernobylkatastrophe verseuchten Gebieten (ebd.: 473). Jedes dritte weißrussische Kind leidet unter Kreislauf-, Lungen- oder Herzbeschwerden.

Die Umweltprobleme infolge verseuchten Abwassers werden vor allem in der Ukraine immer gravierender und tragen fast schon Katastrophencharakter. So wurde Mitte Juli 1995 die Bevölkerung der 1,6-Millionenstadt Charkov in der Nähe der russischen Grenze aufgerufen, ihre Stadt zu verlassen, weil die Kläranlage der Stadt ein Leck aufwies und das Abwasser ungeklärt in die Flüsse floß. Trinkwasser gab es fast nur noch aus Wasserwagen, und die Fabriken der Stadt mußten die Produktion einstellen, um kein zusätzliches Abwasser zu produzieren (o.V. 1995b). Die Industriegebiete Donezk, Dnepropetrovsk und Lugansk, die 14% des ukrainischen Territoriums ausmachen, zählen zu den am stärksten verschmutzten Gebieten in Europa. In Odessa erreicht die Erdölbelastung des Wassers das Fünfzigfache der zulässigen Werte (Harenberg 1995: 447). In der Südukraine brach eine Choleraepidemie aus, die Anfang Juni 1995 durch die Verseuchung des Südlichen Bug ausgelöst wurde (o.V. 1995b).

Alle diese Umweltprobleme könnten bei weiterer Verschärfung zu großen Strömen von Umweltflüchtlingen nach Rußland führen. Insbesondere, wenn sich die Situation in der Stadt Charkov nicht verbessert, könnte es einen Exodus der 1,6 Mio. Einwohner geben, von denen ein Großteil Russen sind. Eine Verschärfung der Lage ist angesichts der desolaten Wirtschaftssituation nicht unwahrscheinlich. Hier könnte auf Rußland ein weiteres großes Migrationsproblem zukommen.[14]

14.4.3 Pendler und Saisonarbeiter aus der früheren Sowjetunion

Infolge des Lohngefälles zwischen Rußland und den übrigen ehemaligen Nachfolgestaaten der Sowjetunion und der hohen Arbeitslosigkeit in den Ländern des „nahen Auslandes" gibt es immer mehr Menschen, die zeitweise in Rußland arbeiten, ohne aber ihren Wohnsitz ganz zu verlegen. Diese Pendler arbeiten in der Regel während der Woche in Rußland und fahren am Wochenende wieder nach Hause (in Grenzgebieten kommt es auch vor, daß sie nur tagsüber in Rußland bleiben und abends nach Hause pendeln), zum Teil arbeiten sie aber auch saisonal oder für eine bestimmte Zeit in Rußland und überweisen das verdiente Geld an ihre in der Heimat gebliebenen Familien. Solche zeitlich begrenzten Arbeitswanderungen finden aus allen angrenzenden Republiken, besonders aber aus der Ukraine, Georgien und Kasachstan statt.

Es gibt bislang keine wissenschaftlichen Untersuchungen über den Umfang dieser Migrationsbewegungen. Presse- und Fernsehberichten zufolge müssen sie sich aber in volkswirtschaftlich relevanten Dimensionen bewegen. Auch diese Form der Arbeitsmigration ist problematisch, da zum einen die russische Gesellschaft ohnehin bereits eine hohe Arbeitslosigkeit bekämpfen muß und zum anderen diese Arbeitsmigranten das Lohnniveau senken. Selbst ein für russische Verhältnisse deutlich unterdurchschnittlicher Lohn ist wesentlich höher als das Einkommensniveau in den angrenzenden Ländern.

14.4.4 Einwanderung aus Entwicklungsländern

Es existieren zwei wesentliche Immigrationsbewegungen aus Entwicklungsländern: die legale Arbeitsimmigration (vorwiegend Vietnamesen) und die illegale Immigration. Sie kann ebenfalls den Charakter einer Arbeitsimmigration aufweisen (vor allem aus China), oder sie tritt als Flüchtlings- bzw. als Transitmigration auf (aus Afrika, Süd- und Westasien).

Weniger als 0,1% der Arbeitnehmer in der Russischen Föderation sind Nicht-GUS-Ausländer (Krasinez/Barinova 1995: 83). Seit die mittel- und osteuropäischen Arbeitskräfte, die beim Bau der Erdöl- und Erdgastrassen angestellt waren, in ihre Heimatländer zurückkehren mußten, stellen Vietnamesen im Prinzip die einzige Ausländergruppe dar, die noch legal in Rußland arbeitet. Daneben sind lediglich eine Handvoll westlicher Geschäftsleute, chinesischer Gastronomen, politischer Berater und Angehöriger von Hilfsorganisationen legal in Rußland beruflich tätig.

Die Immigration aus der Dritten Welt nach Rußland nimmt trotzdem ständig zu. Nach Angaben von Juan Amunategui, dem Vertreter des UNHCR in Rußland, hielten sich 1994 allein in Moskau 20.000 Afghanen, 6.000 Iraker und 2.000 Somalis mit ungeklärtem Rechtsstatus auf. Russische Quellen sprechen von allein über 50.000 Chinesen in Moskau (beide zit. nach Slater 1994: 751). Sie alle warten auf die Zuerkennung des Flüchtlingsstatus – die sie aber häufig nicht bekommen – und halten sich unter zum Teil menschenunwürdigen Bedingungen in Rußland auf. Seit die russische Regierung die Genfer Flüchtlingskonvention unterzeichnet und ratifiziert hat – sie gilt seit Mai 1993 –, werden diese Menschen nicht mehr in ihre Herkunftsländer abgeschoben. Doch sie erhalten auch kaum Unterstützung von staatlichen Stellen.

Über den Umfang der Transitmigration aus Entwicklungsländern sind, da diese in der Regel auf illegalem Wege erfolgt, keine zuverlässigen Zahlenangaben verfügbar. Lediglich immer wieder vorkommende spektakuläre Festnahmen berechtigen zu der Annahme, daß es sich um Bewegungen in der Höhe von mehreren Tausenden Menschen im Jahr handeln muß. Kommerzielle Schlepperorganisationen und „Paß- und Visaverkäufer" versuchen, diese Menschen aus Entwicklungsländern über Rußland nach Westeuropa zu schleusen.[15]

Eine weitere Art von Migration aus Entwicklungsländern mit vorwiegend temporärem Charakter ist die Studentenimmigration. Sie bringt Rußland jedoch finanziellen Gewinn. Ausländische Studenten müssen für einen Studienplatz an der Moskauer Universität der Völkerfreundschaft zwischen 150 und 700 Dollar pro Jahr bezahlen (Ermitscheva 1995). Es kommen jährlich mehrere tausend Studenten, da eine qualitativ gleichwertige Ausbildung bei ähnlich geringen Lebenshaltungskosten in keinem anderen Land geboten wird. Insbesondere an den technischen und medizinischen Akademien studieren Tausende Ausländer. Allein in Moskau halten sich beispielsweise über tausend Inder zum Zwecke des Studiums auf (ebd.). Diese ausländischen Studenten leisten mit ihren Studiengebühren einen Beitrag zur Finanzierung des russischen Bildungssystems.

14.4.5 „Rückwanderung" der russischen Soldaten aus den Staaten des ehemaligen Warschauer Paktes

Mit dem Zerfall des Warschauer Paktes, der Auflösung der UdSSR und der Loslösung der mittel- und osteuropäischen Länder von Moskau entstand ein weiteres gravierendes Migrationsproblem für Rußland – der massenhafte Abzug von Teilen der Roten Armee aus Mittel- und Osteuropa, aus den ehemaligen Sowjetrepubliken und aus Kuba.

Bereits 1987 begann ein Abzug von Truppen aus den Staaten des Warschauer Paktes. Diese Truppen wurden in aller Regel nur bis in die westlichen Sowjetrepubliken umgruppiert: in die Ukraine, nach Weißrußland, ins Baltikum oder nach Moldawien (Trenin 1994: 220). 1991 wurden diese Staaten faktisch über Nacht zum Ausland, und die Truppen mußten weiter nach Osten, v.a. nach Rußland verlegt werden. Von 1989 bis Anfang 1994 wurden insgesamt 595.000 Soldaten umgruppiert und bis Ende 1995 weitere 250.000 Soldaten nach Rußland verlegt. Ende 1995 hatte Rußland nur noch in Moldawien (Transnistrien), Weißrußland, Armenien und Zentralasien eigene Truppen stationiert (ebd.: 220f.).[16]

Insgesamt wurden bis Ende 1995 ca. 850.000 Soldaten verlegt. Über die mitreisenden Angehörigen und Zivilbeschäftigten gibt es keine offiziellen Zahlen. Nach einer deutschen Schätzung wurden die 340.000 aus Deutschland abziehenden Soldaten von ca. 210.000 Zivilbeschäftigten und Angehörigen begleitet, so daß der Abzug 550.000 Personen betraf (o.V. 1991a: 202). Die Hochrechnung dieser Schätzung auf die insgesamt verlegten 850.000 Soldaten ergibt eine Gesamtzahl von ca. 1,3 bis 1,4 Mio. abziehenden Personen.

Die Soldaten und ihre Familien zogen nach Rußland, ohne daß dort die Voraussetzungen für eine angemessene Unterbringung geschaffen worden wären. Notunterkünfte und Zeltlager sind für viele ein Dauerzustand.

14.5 Emigration aus Rußland

14.5.1 Emigration ethnischer Minderheiten in westliche Länder

Mit den Reformen unter der Regierung Gorbatschow wurde ethnischen Minderheiten zunehmend die Ausreise gestattet. So wanderten seit 1987 immer mehr Angehörige der Volksdeutschen, Griechen und Juden nach Deutschland, Griechenland, Israel und in die USA aus.

Die Motivationen der Auswanderer zum Verlassen Rußlands und zur Aussiedlung in ethnische oder historische Heimatländer sind vielfältig. Entscheidend sind zum einen ethnische Spannungen oder Auseinandersetzungen. Insbesondere unter den auswandernden Juden beeinflußt der zunehmende Antisemitismus die Wanderungsentscheidung stark. Zum anderen spielen auch wirtschaftliche Gründe eine Rolle. Sie sind häufig der Hauptauswanderungsgrund. In Anbetracht der extrem schlechten russischen Wirtschaftssituation ist die Anziehungskraft der funktionierenden Volkswirtschaften Israels, Deutschlands, Amerikas und selbst Griechenlands groß. Bei den unter Stalin deportierten Volksdeutschen kommt Heimatlosigkeit als Motiv hinzu. Menschen, die seit ihrer Deportation in den 40er Jahren in Kasachstan leben, ohne dort eine neue Heimat gefunden zu haben, fällen den Entschluß zur Auswanderung leichter als solche, die eine emotionale Bindung an seit Jahrhunderten besiedelte Räume haben.[17]

Tabelle 14.11: Emigration aus Rußland in das „ferne Ausland" 1987–1992

	Deutschland	Griechenland	Israel	USA	andere	gesamt
1987	3.866	87	3.523	235	1.986	9.697
1988	9.988	178	8.088	667	1.784	20.705
1989	21.128	1.831	21.956	676	1.930	47.521
1990	33.753	4.177	61.022	2.317	2.345	103.614
1991	33.697	2.088	38.742	11.016	2.738	88.281
1992	62.690	1.855	21.975	13.200	3.190	102.910

Anmerkung: Die Darstellung umfaßt die staatlich genehmigte und über staatliche Stellen abgewickelte Auswanderung.
Quelle: Vojnova/Uschkalov 1994: 45.

Die Hochrechnung der obigen Zahlen auf die Gesamtzahl der in Rußland lebenden Minderheiten der Juden, Deutschen und Griechen ergibt für den Zeitraum von 1989–1992 eine Auswanderung von 15% aller Volksdeutschen, 9% aller Griechen (Vojnova/Uschkalov 1994: 45) sowie 13% aller Juden.[18]

Die Auswanderung der jüdischen, deutschen und griechischen Minderheiten aus Rußland in die westlichen Länder ist aber nur ein Teil der ethnischen Emigration aus Rußland. Der zweite wichtige ethnisch motivierte Migrationsstrom manifestiert sich in der Auswanderung von Minderheiten in andere Nachfolgestaaten der Sowjetunion. Hierbei sind zwei Wanderungsbewegungen zu unterscheiden: die Remigration deportierter Völker in ihre alte Heimat (fast ausschließlich Krimtataren) sowie die Wanderungen von Angehörigen der Titularnationen anderer früherer Sowjetrepubliken in ihre nun unabhängigen Länder.

14.5.2 Emigration ethnischer Minderheiten in andere (ehemalige) Sowjetrepubliken

Rückwanderung von Krimtataren auf die Krim

Derzeit leben auf dem gesamten Gebiet der ehemaligen Sowjetunion ca. 300.000 bis 500.000 Krimtataren, größtenteils in Sibirien, Fernost oder Usbekistan (Sasse 1995: 338). Die Krimtataren wurden 1944 auf Stalins Befehl in diese Gebiete deportiert. Als Vorwand diente auch in diesem Fall angebliche Kollaboration mit den Deutschen. Bisher kehrten etwa 200.000 (Endres 1994: 64) bis 250.000 (Sasse 1995: 338) Menschen auf die Krim zurück. Zehntausende wollen noch dorthin.

Die Motivation der Krimtataren zur Rückkehr ist für Außenstehende schwer nachvollziehbar. Die meisten sprechen heute nur noch Russisch. Trotz der sprachlichen Assimilation kam es jedoch nie zu einer ethnischen Assimilation. Die krimtatarische Nationalbewegung geht auf das Jahr 1956 zurück.[19] Für die ethnische Selbstdefinition der Krimtataren ist die Heimat auf der Krim derart wichtig, daß sie heute ein Leben in notdürftigen Siedlungen in der Nähe der Städte in Kauf nehmen. Viele haben keine Aufenthaltsgenehmigung; auch beträgt die Arbeitslosigkeit unter ihnen mindestens 40% (Sasse 1995: 339). Übergriffe der Polizei und krimineller Banden gegen die tatarischen Einwanderer werden häufiger (Savtschenko 1995). Dennoch ist ein Ende dieser Rückwanderungsbewegung nicht abzusehen.

Migration von Titularnationen anderer Nachfolgestaaten der UdSSR in ihre Republiken

Genauso, wie Russen aus den ehemaligen Sowjetrepubliken nach Rußland zurückwandern, wandern Angehörige der Titularnationen der anderen Republiken aus Rußland in ihre „Heimatrepubliken" zurück. Diese Migrationsströme sind jedoch nicht so umfangreich wie die der Russen nach Rußland.

Dies hat verschiedenen Ursachen: Erstens gibt es in Rußland weit weniger Angehörige von Titularnationen anderer früherer Sowjetrepubliken, als es Russen in diesen Republiken gibt und zweitens ist der Vertreibungsdruck für Minderheiten in Rußland im allgemeinen nicht so hoch wie für die Russen in den neuen Republiken. Rußland versteht sich nach wie vor als Vielvölkerstaat, die anderen Republiken tun das durchwegs nicht. Auch Sprachprobleme haben die in Rußland lebenden Minderheiten nicht, da Russisch als Staatssprache der Sowjetunion von fast allen gesprochen wird. Drittens ist die wirtschaftliche Lage in Rußland besser als in den anderen Sowjetrepubliken, sodaß eine Auswanderung in die „ethnische Heimat" in der Regel mit einer Verschlechterung des Lebensstandards verbunden wäre.

Anfang der 90er Jahre gab es zwar eine Auswanderung von Minderheitenangehörigen in das Baltikum, den Kaukasus und nach Mittelasien (vgl. hierzu Morozova 1993a: 99), mit der Verschlechterung der wirtschaftlichen Lage in den nichtrussischen GUS-Staaten und im Baltikum nahm diese Emigrationsbewegung jedoch stark ab und hat sich teilweise sogar umgekehrt. Das heißt, es wandern aus einigen Regionen (z.B. Kaukasus und Baltikum) bereits mehr Angehörige der dortigen Titularnationen nach Rußland aus, als aus Rußland einwandern (ebd.: 99).

14.5.3 Arbeitsemigration

Neben der ethnischen Emigration (die durchaus auch den Charakter einer Arbeitsemigration haben kann) findet eine zunehmende nichtethnische Arbeitsemigration aus Rußland statt. Russische Quellen gehen davon aus, daß im Jahre 1992 bereits 20% aller Emigranten aus Rußland ethnische Russen waren, die im Ausland arbeiten wollten (Krasinez/Barinova 1995: 81). Die Tendenz ist steigend. Die ethnische Emigration wird zunehmend von einer Arbeitsemigration ethnischer Russen begleitet.

Auch hier liegen die Migrationsmotive auf der Hand. Bevorzugte Zielländer sind die westlichen Industriestaaten. Das Lohngefälle ist eklatant, ebenso sind die allgemeinen Lebensbedingungen in den westlichen Ländern wesentlich besser. Das Migrationspotential wird von verschiedenen Seiten sehr unterschiedlich eingeschätzt. Presseberichten zufolge sind es zwischen 2 Mio. (der Parlamentarier Goldanskij) und 25 Mio. (UNHCR) ehemalige Sowjetbürger, die ihr Land in Richtung Westen verlassen wollen (beide zit. nach Dietz/Segbers 1995: 12). Von diesem Migrationspotential entfällt etwa die Hälfte auf Rußland.

Einige westliche Länder nehmen inzwischen befristet eine geringe Zahl von Gastarbeitern auf. So hat auch Deutschland mit Rußland eine Regierungsvereinbarung getroffen, nach der seit 1994 jährlich 2.000 Russinnen und Russen befristet als Kontraktarbeiter vermittelt werden. Die Aufenthaltsdauer darf nicht mehr als 12 bis 18 Monate betragen (o.V. 1994d: 122f.).

Ein Großteil der Arbeitsmigration erfolgt auf illegalem Wege. Die Folge ist, daß viele der Migranten gezwungen sind, halblegalen oder irregulären Beschäftigungen nachzugehen. Zunehmend kommt es zu Prostitution und Menschenhandel.

Aber auch Schwarzarbeiter aus Rußland spielen eine immer stärkere Rolle, insbesondere in der Baubranche. Nicht nur in Westeuropa und den USA sind sie ein relevanter Wirtschaftsfaktor, sondern auch in Ländern Ostmitteleuropas, die heute ökonomisch besser dastehen als Rußland. Über das Ausmaß dieser illegalen, in aller Regel temporären Arbeitsmigration gibt es keine zuverlässigen Zahlenangaben oder seriösen Schätzungen. Sicher ist, daß sich ihre Größe in einem volkswirtschaftlich relevanten Bereich bewegt. Auch die Zahl russischer Händler auf den Märkten der mittel- und südosteuropäischen Staaten wird bereits mit mehreren Zehntausenden angegeben. Viele von ihnen bewegen sich an der Grenze von temporärer zu dauerhafter Migration (Salt 1992: 1101), häufig sind auch sie illegale Immigranten.

Neben diesen Migrantengruppen, deren Auswanderung für Rußland kein großes Problem darstellt, gibt es aber auch Arbeitsemigranten, deren Weggang für Rußland einen erheblichen volkswirtschaftlichen Verlust bedeutet. Dies sind die hochqualifizierten Fachleute aus Wissenschaft, Industrie und Wirtschaft, die sich zunehmend für eine Arbeit im Ausland entscheiden.

Russische Spezialisten werden von den verschiedensten Staaten der Welt angeworben. In Brasilien gibt es beispielsweise die Idee eines 100-Millionen-

Dollar-Programms, mit dem ehemalige sowjetische Wissenschaftler – vor allem Juden – aus Rußland und Israel angeworben werden sollen, weil man sich davon einen Innovationsschub für die Wirtschaft verspricht (o.V. 1991b).

Auch China versuchte, sowjetische Fachleute aus den verschiedensten Wirtschafts- und Wissenschaftszweigen anzuwerben (Holman 1992). Die meisten der Wissenschaftler gehen jedoch in die USA (Mansurov/Semjonova 1992: A 77) oder als Teil der ethnischen Emigration nach Israel bzw. nach Deutschland (Rhode 1993).

Niemand weiß genau, wie viele Wissenschaftler sich unter den Emigranten befinden (Dickman 1991: 1716). Einige Quellen liefern Schätzungen, die ungefähr die Dimension deutlich machen, in deren Ausmaß der Brain-Drain stattfindet. 1990–1992 verließen demnach ungefähr 100.000 Wissenschaftler und Experten mit Hochschulausbildung die Nachfolgestaaten der ehemaligen Sowjetunion (Simanovsky 1994: 18; Geneive 1992). Dabei wird davon ausgegangen, daß mindestens 75.000 für immer ihren Wohnsitz im Ausland genommen haben (Allachverdjan 1991). 1991 waren es nach EG-Schätzung 90.000 Emigranten mit Hochschulbildung, die allein Rußland verließen (Rhode 1993).

60% aller Anfang der 90er Jahre aus Moskau emigrierten Personen waren Fachleute mit einer Spezialausbildung; unter den russischen Auswanderern nach Israel waren 40% Wissenschaftler, Ingenieure, Ärzte und Architekten (Krasinez u.a. 1993: 42).

Einen besonderen Verlust für die russische Gesellschaft bedeutet die Emigration vieler junger Menschen mit gerade erworbenem Hochschulabschluß. Russische Autoren sprechen von der Gefahr der „Senilität" für die russische Wissenschaft bereits in wenigen Jahren (so Frolov 1993).

Zu den allgemeinen Beweggründen der Arbeitsmigranten (vorwiegend das Lohngefälle) kommt hier ein weiteres wichtiges Motiv, nämlich die Unzufriedenheit mit den Arbeits- und Forschungsbedingungen. Die Ausstattung ist mangelhaft, es fehlen grundlegende Materialien. Die Bibliotheken verfügen nicht einmal mehr über ausreichend Geld für die Beschaffung der wissenschaftlichen Standardzeitschriften (Mansurov/Semjonova 1992: A 77). Viele Wissenschaftler arbeiten zusätzlich in Nebenjobs, weil sie von ihrem Gehalt allein nicht leben könnten. Viele der Ausreisenden geben an, daß sie in westlichen Ländern wesentlich effektiver arbeiten als in Rußland, weil es die existentiellen Probleme des Alltags nicht gibt (Morozova 1993b: 95).

Hinzu kommt, daß das Sozialprestige der Wissenschaftler in Rußland zunehmend sinkt (o.V. 1992c). Viele haben das Gefühl, daß ihre wissenschaftlichen Ergebnisse nicht gebraucht werden und auch niemanden interessieren (Abrikosov/Leskov 1993). Die Konsequenz, die viele Wissenschaftler ziehen, ist die Auswanderung in Länder, in denen die Forschung einen höheren Stellenwert besitzt. Allerdings ist es für die meisten nicht möglich, im Ausland eine Daueranstellung zu bekommen. Sie sind entweder in zeitlich befristeten Arbeitsverhältnissen beschäftigt oder arbeiten unter ihrem Qualifikationsniveau (Abrikosov/Leskov 1993).

Das besondere Interesse der westlichen Staaten gilt der Emigration von Atomwissenschaftlern der früheren Sowjetunion. Es wird befürchtet, daß Atomwaffenkonstrukteure von Entwicklungsländern abgeworben werden könnten, um dort den Bau von Atomwaffen voranzutreiben. Die Gefahr der Emigration von Waffenkonstrukteuren aus der Sowjetunion wird jedoch allgemein überschätzt (Stanley 1994). Die Zahlen und Sensationsmeldungen am Anfang der 90er Jahre, daß 60% der sowjetischen Kernwaffenkonstrukteure Rußland mit dem Ziel Mittlerer Osten verlassen wollten (so Traynor 1993) oder daß einige hundert sowjetischer Atomwissenschaftler jetzt in Chinas Militärfabriken forschen würden (so o.V. 1993b), lassen sich nicht belegen und entsprechen nicht der Realität.

Es ist bei der großen Zahl von Nuklearwaffenkonstrukteuren aber nicht auszuschließen, daß vereinzelt Angebote aus Staaten der Dritten Welt angenommen wurden und werden. So gibt Simanovsky unter Berufung auf den BND an, daß 10 Kernwaffenspezialisten der früheren Sowjetunion in Algerien, fünf in Indien, 50 im Irak, 15 im Iran, und einige Dutzend in Libyen arbeiten (Simanovsky 1994: 20).

Umfragen unter den russischen Atomwissenschaftlern deuten darauf hin, daß eine Migration aus materiellen Gründen kaum in Betracht gezogen wird. Vielmehr steht bei den potentiellen Migranten an erster Stelle der Wunsch, weiterhin forschen zu können (Stanley 1994).

Um der Auswanderung vorzubeugen, wurde aus dieser Erkenntnis heraus 1992 ein gemeinsam von der EU, Japan, den USA und Kanada mit je 20 Mio. Dollar finanziertes Technologiezentrum in der Nähe von Moskau gegründet, welches eine größere Zahl von Arbeitsplätzen für Atomwissenschaftler bietet. Es gibt weitere Programme staatlicher und auch privater Initiativen, die mit einigen 100 Mio. US-Dollar versuchen, russischen Wissenschaftlern im eigenen Land eine Beschäftigung zu bieten. Durch Verträge mit westlichen Institutionen wurden für die Waffenexperten gute Arbeitsplätze geschaffen oder erhalten, so daß eine Abwanderung dieser Gruppe kaum stattfindet.

Die generell negative Wertung der Brain-Drain-Prozesse in der Presse muß insgesamt relativiert werden. Die Schätzung der UNO, daß jeder auswandernde Wissenschaftler einen volkswirtschaftlichen Verlust von 300.000 US-Dollar bedeuten würde (zit. nach Simanovsky 1994: 18), läßt sich angesichts der gegenwärtigen Bedingungen nicht generell aufrechterhalten.

Ein Wissenschaftler, dessen geistiges Potential nicht genutzt werden kann, weil die Rahmenbedingungen für produktive Forschung nicht vorhanden sind, bringt seinem Land keinen volkswirtschaftlichen Nutzen, sondern verursacht im Gegenteil hohe Kosten. Daher ist es kein wirtschaftlicher Schaden, wenn er auswandert. Ein nach einigen Jahren aus dem Ausland heimkehrender Wissenschaftler kann dagegen insbesondere für ein Land wie Rußland, das jahrelang von der internationalen „scientific community" isoliert war, ein großer Gewinn sein. Der Remigrant bringt bei seiner Rückkehr wissenschaftliche Netzwerke mit und oft auch ausländisches Know-how. Und es ist sicher, daß ein bedeutender Teil der auswandernden russischen Wissenschaftler nach einigen Jahren im Ausland zurückkehren wird, wenn sich die Möglichkeit zu produktiver Arbeit in Rußland bietet (Regent 1992a).

14.6 Resümee

Die Migrationsprobleme Rußlands gefährden den gesellschaftlichen Umbau und die politische Stabilität. Ein Land wie Rußland, welches ohnedies substantielle politische, wirtschaftliche, soziale und ökologische Probleme zu bewältigen hat, wird durch die massive ungesteuerte Immigration und Emigration zusätzlich belastet. Viele Probleme werden durch die unterschiedlichen Migrationsprozesse deutlich verschärft.

Die Emigration führt zum massiven Verlust wichtiger Fachkräfte aus Wirtschaft und Wissenschaft. Das größte Problem stellen die Immigrations- und Flüchtlingsströme dar, denn die „Aufnahmekapazität" Rußlands ist angesichts der Umbruchsituation mit allen ihren Schwierigkeiten begrenzt. Es fehlt an finanziellen Mitteln, die Einwanderer und Flüchtlinge zu unterstützen. Es fehlt an geeignetem Wohnraum, sie adäquat unterzubringen. Die extrem schlechte Lebenssituation der Flüchtlinge und deren negative Konsequenzen (Kriminalität, Bettelei, wildes Campieren usw.) fördern soziale und ethnische Spannungen sowie Fremdenhaß und tragen möglicherweise zum Erstarken des Rechtsextremismus bei.

Diese Probleme können die demokratische Entwicklung in Rußland derart gefährden, daß nicht nur Rußland selbst, sondern auch die internationale Sicherheit nachhaltigen Schaden nehmen könnten. Aus diesem Grunde müssen die westlichen Länder schon im eigenen Interesse Rußland helfen, die Migrationsprobleme zu lösen oder wenigstens zu mildern. Dies geht nicht ohne finanzielle Hilfen, die an Projekte zu Migrationsfragen gebunden sein müssen. Diese können die Bekämpfung von Migrationsursachen oder auch die Bewältigung von Migrationsfolgen zum Gegenstand haben.

Sollte es gelingen, die Migrationsursachen wirksam zu bekämpfen und damit die Migrationsströme einzudämmen, wäre dies ein wichtiger Beitrag zur Förderung der politischen und ökonomischen Umgestaltung der russischen Gesellschaft. Natürlich stellen die Migrationsprobleme nur einen kleinen Teil der Transformationsprobleme Rußlands dar. Da aber die Migrationsprozesse Rückwirkungen auf das politische, das soziale und das Wirtschaftssystem – quasi auf alle gesellschaftlichen Sphären – haben, ist ihre Lösung besonders wichtig für einen erfolgreichen gesellschaftlichen Umbauprozeß.

Anmerkungen

1 Zur Nationalitätenpolitik im Zarenreich vgl. Rywkin 1988.
2 „Nahes Ausland" – ist offizielle russische Terminus, wenn über die anderen Nachfolgestaaten der ehemaligen Sowjetunion gesprochen wird.
3 Der Föderale Migrationsdienst (FMD) Rußlands wurde aufgrund eines Parlamentsbeschlusses im Jahre 1992 gebildet. Er beschäftigt sich mit den Flüchtlingen und Immigranten, die sich in Rußland aufhalten, aber auch mit Auswanderung und Binnenmigration. Hauptaufgabe ist die Organisation von Maßnahmen zur Versorgung von Flüchtlingen und Zwangsumsiedlern wie auch von Einwanderern aus dem Ausland. Der weitgefaßte Aufgabenbereich des FMD bereitet besondere Probleme. Er hat aus seinem ihm zugewiesenen Haushalt alle Maßnahmen zu bestreiten, die der Unterstützung von einwandernden russischen Minderheiten und von Kriegsflüchtlingen aus der

Ex-UdSSR sowie von Flüchtlingen aus der Dritten Welt dienen. Zusätzlich hat der FMD zahlreiche Aufgaben im Zusammenhang mit der Binnenmigration zu erfüllen.

4 Unklar ist, warum die UN-ECE nur von 45.000 Flüchtlingen und 11.000 Binnenflüchtlingen zum 31. 12. 1993 innerhalb der russischen Föderation spricht (UN-ECE 1994b: 21).

5 Die Kompromißlosigkeit, mit der Tschetschenien seine Loslösung von Rußland betrieb, hat seine Basis wahrscheinlich auch in dem „Antitschetschenismus" Rußlands seit Ende der 80er Jahre. Selbst hochrangige Politiker reden immer wieder von der tschetschenischen Mafia. Gerade in den 90er Jahren galt das Wort Tschetschene oft als Synonym für Verbrecher (Batalov 1995: 5).

6 Der Terminus „Mescheten" entstand erst in den 50er Jahren für die türkischsprachigen Kaukasier, die unter Stalin 1944 deportiert worden waren (dazu ausführlich Ermolov 1990: 16–25; Osipov 1994).

7 Zeitweise waren hier bis zu 120.000 sowjetische Soldaten stationiert, mindestens 30.000 Soldaten sind in diesem Krieg gefallen.

8 Eigene Hochrechnung beruhend auf Schätzungen des UNHCR und kommunaler Politiker über Flüchtlinge in bestimmten Regionen (Moskau, St. Petersburg u.a.).

9 Das Konfliktpotential, welches die „Unabhängigkeit" der Republik Tatarstan in sich birgt, wird von vielen Autoren überschätzt. Sie befürchten, daß hier ein ethnischer Konflikt großen Ausmaßes mit unabsehbaren Folgen für die Stabilität Rußlands entstehen könnte (so Salmin 1994: 50f.; Senatova/Kasimov 1994: 157ff.). Diese Befürchtung ist aber objektiv unbegründet. Zwar hat Tatarstan formell die Verfassung eines souveränen Staates, dennoch ist die Bindung an Rußland so eng, daß von echter Souveränität nicht gesprochen werden kann. Ethnische Diskriminierung kommt kaum vor und ist bei etwa gleich starken Bevölkerungsteilen von Tataren (1991: 48%) und Slawen (1991: 43%) auch kaum möglich. Außerdem gibt es eine gewisse Identifikation der ethnischen Russen und Ukrainer mit dem tatarischen Staat: 61,7% Zustimmung zur Souveränität in der Volksabstimmung vom März 1992 (Ehlers 1994: 24) sind bei einem Bevölkerungsanteil von nur 48% Tataren ein Hinweis dafür. Der Anteil von Mischehen zwischen Tataren und Slawen von 37% (Eheschließungen zwischen 1980 und 1987, Raviot 1993: 173f.) macht ebenfalls deutlich, daß ethnische Konflikte vermutlich keine ausreichende Basis haben. Ausführlich zu ethnischen Konflikten im Wolgagebiet Senatova/Kasimov 1994.

10 Dies soll nicht heißen, daß ethnische Wanderungsmotive keine Rolle spielen. Insbesondere in bestimmten westlichen Regionen der Ukraine ist auch ethnische Diskriminierung von Russen ein Wanderungsmotiv. Diesem kommt jedoch keine so dominante Stellung zu wie beispielsweise bei Emigranten aus Mittelasien oder dem Baltikum.

11 Die Argumentation ist die folgende: Die Besetzung der baltischen Staaten nach dem Hitler-Stalin-Pakt durch Rußland 1940 ist von den Großmächten des Westens völkerrechtlich seinerzeit nie anerkannt worden. Aus heutiger Sicht der Letten war auch die Einwanderung von Russen und Ukrainern illegal, weil sie den Letten aufgezwungen wurde.

12 Bis heute werden Menschen kasachischer Volkszugehörigkeit aus China, der Mongolei, dem Iran, Afghanistan und anderen Ländern nach Kasachstan geholt, um sie hier insbesondere in den russisch geprägten Gebieten anzusiedeln. Die „Heimkehr" von Kasachen aus dem Ausland ist in der kasachischen Presse ein vielbeachtetes Thema (so

o.V. 1993a über türkische Kasachen, die in ihre historische Heimat übersiedeln; Dobrota 1993 über iranische Kasachen u.v.a.). N. Nasarbajev sprach von über 100.000 Einwanderern allein im Jahre 1992, davon 50.000 aus der Mongolei, 24.000 aus Rußland, 27.000 aus Mittelasien und 14.000 aus der übrigen GUS (zit. nach Skorochodov 1993).

13 Einen Sonderfall in der ethnischen Emigration aus Kasachstan stellen die Volksdeutschen dar, die zunehmend Kasachstan in Richtung Rußland verlassen. Sie übersiedeln aufgrund der schlechten Versorgungslage in die von Deutschland geförderten Deutschengebiete Asowo und Halbstadt in Rußland.

14 Ein Szenario massiver Auswanderung infolge der Verschlechterung der ökologischen Situation und eines Zusammenbruchs der Wirtschaft in der Ukraine findet sich bei Shamshur und Malinovska 1994.

15 Letzte spektakuläre Festnahme war die Verhaftung von 110 Kurden in Lettland, die über Rußland und Lettland nach Skandinavien geschleust werden sollten (Shdannikov 1995).

16 Hinzu kommen die „Friedenstruppen" in Georgien und Moldawien.

17 Daher sind auch die Versuche von deutscher Seite, die Deutschen durch Wiederansiedlung in den wolgadeutschen Gebieten von der Auswanderung abzuhalten, von vornherein zum Scheitern verurteilt. Wiederansiedlungsprojekte für deportierte Völker haben immer dann eine schlechte Aussicht auf Erfolg, wenn es eine „Heimat" außerhalb der Grenzen Rußlands gibt, die eine Grundlage ethnischer Selbstdefinition sein kann und in die es sich auszuwandern lohnt. Dies trifft sowohl bei den Deutschen als auch bei Juden und Griechen zu. Daher werden sie nicht (wie beispielsweise die Krimtataren) in ihre traditionellen Siedlungsgebiete innerhalb Rußlands zurückkehren.

18 Die Emigration nach Israel stellt einen Spezialfall der ethnischen Emigration dar. Denn nach Israel wandern nicht nur Juden, sondern auch Angehörige anderer Nationalitäten, in deren Stammbaum sich jüdische Vorfahren finden. Von den über 150.000 Emigranten, die von 1987 bis 1992 nach Israel auswanderten, waren nur schätzungsweise 70.000 ethnische Juden. Aber diese Schätzung muß relativiert werden, da in der Sowjetunion viele Juden bei Volkszählungen eine andere Nationalität angaben, um nicht antisemitischen Anfeindungen ausgesetzt zu sein. Selbst in Israel geht man ebenfalls davon aus, daß sich unter den Emigranten ein sehr hoher Anteil Nichtjuden befindet. Diese Personen wandern in erster Linie wegen der schlechten Lebensbedingungen aus den GUS-Staaten nach Israel aus. Doch auch unter Zugrundelegung der Zahl von 70.000 emigrierten Juden zwischen 1989 und 1992, beträgt die Auswanderung 13% der Juden Rußlands (Vojnova/Uschkalov 1994: 45).

19 Zur Entwicklung der krimtatarischen Nationalbewegung bis 1988 siehe Halbach 1988.

15. Auswanderung aus der früheren Sowjetunion und den GUS-Staaten

Anatoli Vishnevsky und Zhanna Zayonchkovskaya

15.1 Die ersten Auswanderungswellen

Das vorrevolutionäre Rußland war im späten 19. und frühen 20. Jahrhundert eine wichtige Herkunftsregion von Migranten. Es wird geschätzt, daß zwischen 1861 und 1915 ungefähr 4,3 Mio. Menschen das zaristische Rußland verließen, darunter 2,6 Mio. während der ersten 15 Jahre des 20. Jahrhunderts. Zwei Drittel der Auswanderer gingen in die USA (Obolenskiy 1928: 20), unter ihnen auch viele Juden, die vor Pogromen flohen. Gemessen an der Gesamtbevölkerung des zaristischen Rußland war die Zahl der Auswanderer allerdings nicht sehr hoch. In dieser Epoche dienten vor allem die innere agrarische Kolonisierung und die Besiedelung Sibiriens und Zentralasiens dazu, die Massenemigration aus Rußland zu verhindern.

Nach der Revolution von 1917 erlebte die UdSSR mehrere massive Auswanderungswellen. Sie hingen größtenteils mit spezifischen politischen Ereignissen zusammen und unterschieden sich sehr von dem vorrevolutionären Auswanderungsmuster. Man schätzt, daß zwischen 1917 und 1938 ungefähr 4 bis 5,5 Mio. Menschen das Land verlassen haben (Heitman 1987: 10; 1991: 2; Vishnevsky/Zayonchkovskaya 1991: 5f.; Tsaplin 1989: 177). Unter ihnen waren politische Flüchtlinge, Angehörige der traditionellen Oberschichten, Weißgardisten, aber auch Angehörige von Minderheiten, die über die 1918–1921 gezogenen Grenzen in die jeweiligen Nachbarländer übersiedelten oder flüchteten.

Die zweite Auswanderungswelle war Folge des Zweiten Weltkriegs und der 1939/40 bzw. 1945 gezogenen Grenzen der UdSSR. Nach neueren russischen Schätzungen emigrierten zwischen 1939 und 1947 aus dem Gebiet der Sowjetunion rund 5,5 Mio. Menschen. Ein Teil von ihnen wurde zwangsweise umgesiedelt. Nicht alle Wanderungen dieser Periode wurden analysiert, da die Migrationsforschung in der früheren Sowjetunion keine besondere Rolle spielte. Erst jetzt bekommen Forscher Zugang zu den Archiven und können neue Erkenntnisse über die Migrationsgeschichte jener Zeit gewinnen. Allerdings muß man bedenken, daß wahrscheinlich nicht alle Wanderungsbewegungen dieser Zeit dokumentiert wurden. In den Jahren nach dem Ende des Zweiten Weltkriegs gab es nicht nur Bevölkerungsverluste infolge Flucht, Vertreibung und organisierter Umsiedlung, es kamen in diesem Zeitraum auch rund 600.000 bis 700.000 Umsiedler (Armenier u.a.) und Einwanderer (Ukrainer, Weißrussen) in die UdSSR. Außerdem kehrte in den Jahren 1945/46 eine größere Zahl von Kriegsgefangenen, Zwangsarbeitern und Flüchtlingen aus Deutschland und Österreich in die Sowjetunion zurück; etliche von ihnen gegen ihren Willen.

15.2 Die dritte Welle (1948–1990)

Die dritte Emigrationswelle war wesentlich kleiner. Sie umfaßte rund 1,1 Mio. Emigranten, in der Regel Personen, die mehr oder minder freiwillig aus der UdSSR auswanderten (Tabelle 15.1).

Tabelle 15.1: Auswanderung aus der ehemaligen Sowjetunion 1948–1990

Zeitraum	Juden	Deutsche	Armenier	Griechen	sonstige	insgesamt
1948–1970	25.200	22.400	12.000	–	–	59.600
1971–1980	248.900	64.300	34.100	–	–	347.300
1981–1986	16.900	19.500	6.300	1.300	–	44.000
1987–1990	301.300	308.200	31.700	23.000	20.200	685.400
1948–1990	592.300	414.400	84.100	24.300	20.200	1.136.000
insg. in %	52,1	36,5	7,4	2,1	1,9	100,0

Quelle: Heitman 1991: 2.

Auch die Analyse dieser Periode beruht zum Teil auf Schätzungen. Erst seit 1961 sind offizielle Daten aus dem Statistischen Zentralamt der UdSSR verfügbar (siehe Abbildung 15.1). Aus ihnen geht hervor, daß sich in den 60er Jahren, während des Chruschtschow-Regimes und zu Beginn der Breschnjew-Ära, sogar eine nennenswerte Einwanderung in die UdSSR vollzog. Damals kamen besonders Armenier, die in die Heimat ihrer Vorfahren zurückkehrten, Flüchtlinge vor allem aus dem zentralasiatischen Teil Chinas sowie eine beträchtliche Zahl von Studenten aus Asien und Afrika, die für

Abbildung 15.1: Nettomigration der Bevölkerung der ehemaligen Sowjetunion 1961–1990

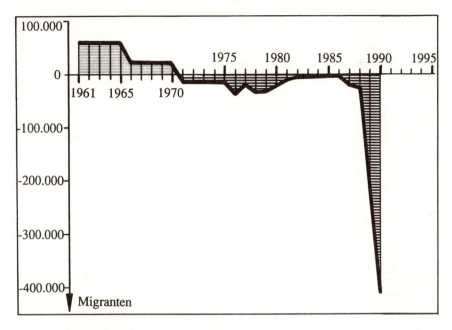

Quelle: Vishnevsky/Zayonchkovskaya 1991.
Anmerkung: Für 1961–1970 sind nur Fünfjahres-Durchschnittswerte verfügbar.

längere Zeit in der UdSSR blieben. Es fand zwar auch eine gewisse Auswanderung statt, doch sie wurde durch die Zahl der Einwanderer mehr als ausgeglichen. Die Migrationsbilanz der 60er Jahre war insgesamt positiv.

Während der 70er und 80er Jahre sank die Einwanderung beträchtlich. Auswanderung kam auch vor, jedoch in einem politisch und administrativ höchst eingeschränkten Ausmaß. Dennoch wurde die Migrationsbilanz negativ. Während der 70er Jahre lag die Auswanderung bei durchschnittlich 10.000 bis 15.000 Personen pro Jahr. Nur in Ausnahmejahren stieg sie auf bis zu 45.000. Auf politischen Druck der USA wurde ab 1973 vor allem sowjetischen Juden, später auch Armeniern, die Ausreise gestattet. Auch die Bundesrepublik Deutschland bemühte sich um Ausreisemöglichkeiten für Rußlanddeutsche. Nach einem kurzfristigen Wiederaufleben des kalten Krieges als Folge der sowjetischen Intervention in Afghanistan sanken die Zahlen während der 80er Jahre wieder.

Eine grundlegende Veränderung trat 1988 ein, als die freie Ausreise von sowjetischen Juden, Volksdeutschen und Griechen möglich wurde, und alle, die eine private westliche Einladung vorweisen konnten, Reisefreiheit erhielten. Die Bevölkerung reagierte schnell auf die größere Bewegungsfreiheit. Die sowjetische Auswanderung war 1988 (108.000) zweieinhalbmal größer als 1987 (39.000) und verdoppelte sich in den Folgejahren nochmals auf 235.000 (1989) und 452.000 (1990). 1991, im letzten Jahr des Bestehens der Sowjetunion, verließen 328.000 Personen das Land. Der Strom in der Gegenrichtung war dagegen nicht groß. Charakteristisch für die internationale Migration in den letzten Jahren des Bestehens der Sowjetunion waren die großen Steigerungen bei der Emigration, während die Einwanderung stets minimal blieb.[1]

Tabelle 15.2: Auswanderung aus dem Gebiet der ehemaligen Sowjetunion nach Herkunftsgebieten

Sowjetrep. bzw. Nachfolgestaaten	1987	1988	1989	1990	1991	1992	1993
Armenien	5.932	15.815	12.188	5.221	8.099	7.743	2.189
Aserbeidschan	322	501	2.976	12.082	6.503	2.919	2.390
Weißrußland	757	3.204	14.612	34.094	22.017	9.727	6.901
Georgien	730	867	3.449	6.386	–	–	–
Kasachstan	7.113	23.579	52.927	92.307	77.990	110.062	70.287
Kirgisien	1.391	10.618	16.757	18.035	13.895	14.287	13.458
Moldawien	1.794	2.219	7.488	21.036	18.218	7.144	6.397
Rußland	9.697	20.705	47.521	103.614	88.281	102.910	113.723
Tadschikistan	1.650	6.000	10.463	12.468	8.552	5.336	2.583
Turkmenistan	9	56	57	302	235	796	–
Ukraine	6.643	17.746	50.020	95.375	69.000	–	–
Usbekistan	1.112	3.580	10.099	41.934	15.534	16.274	–
Estland	770	1.582	1.575	892	–	–	–
Lettland	525	1.051	3.066	4.910	–	–	–
Litauen	684	666	1.796	3.611	–	–	–
insgesamt	39.129	108.189	234.994	452.267	328.324	277.198	217.928

Anmerkung: Anzahl der ausgestellten Ausreisegenehmigungen; die Tabelle enthält keine Migration zwischen den aufgelisteten Staaten.
Quelle: Vishnevsky/Zayonchkovskaya 1994.

Die Trends der späten 80er Jahre führten zu der verbreiteten Annahme, daß die Auswanderung weiter stark zunehmen würde. Tatsache ist aber, daß dies auch nach Inkrafttreten des russischen Auswanderungsgesetzes von 1993 nicht der Fall war. Zweifellos muß man davon ausgehen, daß die offiziellen

Zahlen zu niedrig sind, da viele, die das Land für einen kürzeren Zeitraum verlassen wollten, zu permanenten Emigranten werden. Trotzdem kann man nicht von einer explosionsartigen Entwicklung der Auswanderung sprechen (vgl. Tabelle 15.2).

Der Strom der Auswanderer kam in den Jahren 1988 bis 1990 fast zu gleichen Teilen aus Rußland (22%), der Ukraine (21%) und Kasachstan (21%; Tabelle 15.2). Beträchtliche Auswandererzahlen wurden auch aus Weißrußland (7%) und Usbekistan (7%) registriert. Die Auswanderer aus dem europäischen Teil der Sowjetunion waren vor allem Juden, jene aus Zentralasien vor allem Volksdeutsche. Der Anteil der Emigranten aus Zentralasien betrug mehr als ein Drittel.

Das Jahr 1990 ist das letzte, für das Daten für die gesamte ehemalige Sowjetunion zur Verfügung stehen. Die nachfolgenden Jahre sind nur für einen Teil der GUS-Staaten dokumentiert. Trotzdem zeigen sich in den verschiedenen Ländern unterschiedliche Migrationsmuster. Die Auswanderung aus dem Gebiet der UdSSR erreichte in allen Republiken im Jahr 1990 ihren Höhepunkt. Die einzige Ausnahme bildet Armenien, wo dies schon 1988 der Fall war. Nach 1990 blieb die Auswanderung nur in Kasachstan, Rußland und Kirgisien auf dem Niveau von 1990. In den restlichen GUS-Staaten reduzierte sich die Auswanderung nach Europa und Übersee.

Die intensivste Migration erfolgte aus den Metropolen und ihrem Umland. 1989 und 1990 stammten 40% der russischen Auswanderer aus Moskau, St. Petersburg und der Provinz St. Petersburg. Die ukrainischen Auswanderer des Jahres 1990 kamen aus Kiew und der Provinz Odessa, die weißrussischen aus der Gomel-Provinz und der Stadt Minsk, die kasachischen aus der Provinz Karaganda sowie aus Stadt und Provinz Alma-Ata. Diese Situation hat sich jedoch in der Zwischenzeit geändert: 1994 waren nur mehr 14% der Auswanderer aus Rußland in Moskau oder St. Petersburg wohnhaft.

Trotz der erheblichen quantitativen Veränderungen während der späten 80er Jahre kann man die Auswanderung dieser Phase immer noch zur dritten Emigrationswelle zählen. Denn es emigrierten nahezu ausschließlich Angehörige ethnischer oder religiöser Minderheiten, die das Recht auf freie Auswanderung erhalten hatten und in ein Land ausreisen konnten, das sie als privilegierte „Rückkehrer" behandelte (Deutschland, Griechenland, Israel) oder in dem sie über eine starke Lobby verfügten (Juden und Armenier in den USA). Tatsächlich war diese dritte Emigrationswelle nur aufgrund von politischem und ökonomischem Druck auf internationalem Niveau und durch ausländische Unterstützung für die jeweiligen Minderheiten möglich. Ein bereits existierender „Brückenkopf" im Ausland ist das hervorstechendste Merkmal dieser Emigrantengruppen, bei denen jeweils ganz unterschiedliche ökonomische, politische, ethnokulturelle und religiöse Motive zur Entscheidung für die Auswanderung führten.

Tabelle 15.3: Auswanderer aus Rußland nach Zielländern (in 1.000)

Zielland	1989	1990	1991	1992	1993	1994
insgesamt	47,6	103,6	88,3	102,9	113,7	105,2
Deutschland	20,6	33,1	33,9	62,7	64,2	66,1
Israel	22,0	61,0	38,8	22,0	17,9	16,1
USA	0,7	2,3	11,0	13,2	13,1	13,1
sonstige	4,3	7,2	4,6	5,0	4,8	4,7

Quelle: Vishnevsky/Zayonchkovskaya 1994.

Fast alle Volksdeutschen, die das Land verlassen (99,8%) gehen nach Deutschland, während Israel bis jetzt nur für die Hälfte der Juden das Ziel bildete. 35% reisen in die USA aus, etliche auch nach Deutschland.[2] Eine bei weitem größere regionale Streuung weisen die Auswanderungsziele ethnischer Russen auf. 56% wanderten nach Deutschland aus, darunter viele als Mitglieder deutsch-russischer Familien, 14% gingen nach Israel, 18% in die USA, 1,6% nach Kanada, 1,1% nach Australien, 1,5% nach Finnland und etwas mehr als 3% in die Länder Ostmitteleuropas.

In den letzten drei Jahren ist auch hier eine gewisse Stabilisierung eingetreten: Zwei Drittel der ethnisch russischen Emigranten wandten sich Mitte der 90er Jahre nach Deutschland, 16% nach Israel und 13% in die USA (1994). Während sich der Anteil derer, die nach Deutschland emigrierten, weiter erhöhte, verringerte sich gleichzeitig die Emigration nach Israel.

Tabelle 15.4: Ethnische Zusammensetzung der Emigranten aus den GUS-Staaten (in %)

ethnische Zugehörigkeit	1993	1994
Russen	24,0	26,4
Volksdeutsche	53,5	51,5
Juden	15,8	12,4
sonstige	6,7	9,7
insgesamt	100,0	100,0

Quelle: Vishnevsky/Zayonchkovskaya 1994.

Dieser spezifische „ethnische" Charakter der dritten Auswanderungswelle wird auch einen Teil der zukünftigen Auswanderung aus der früheren UdSSR bestimmen, doch er verliert zunehmend an Bedeutung. Obwohl die ethnisch begründete Auswanderung mit mehr als 50% Volksdeutschen und 12% jüdischen Auswanderern noch immer den Hauptanteil an der Emigration ausmacht, nimmt die Beteiligung der Russen rasch zu. Ihr Anteil ist mittlerweile doppelt so hoch wie derjenige der Juden (Tabelle 15.4). So wandelt sich die dritte Auswanderungswelle langsam in eine vierte.

Es ist heute schon möglich, die Zusammensetzung der nun beginnenden nächsten Auswanderungswelle zu prognostizieren.

1. Sie wird zum Teil eine Fortsetzung der ethnischen Auswanderung der dritten Welle sein und Menschen umfassen, die entweder mit ihrer Lage in den Nachfolgestaaten der UdSSR unzufrieden sind oder bestimmten nationalen oder religiösen Minderheiten angehören.
2. Es wird verstärkt zu neuen Formen der ethnischen Auswanderung kommen, die „postkolonial" genannt werden können. Dies betrifft die größeren ethnischen Gruppen der ehemaligen Sowjetunion – vor allem Russen, die bereits jetzt jene Gebiete verlassen, in denen sie nicht zum neuen Staatsvolk gehören.
3. Es könnte überdies zunehmend zu einer rein ökonomisch motivierten Auswanderung kommen. Aufgrund der sich verschlechternden wirtschaftlichen Situation und wegen der profitableren Arbeitsbedingungen im Ausland findet ein Brain-Drain aus Rußland und den europäischen GUS-Staaten statt. Dieser schließt die Auswanderung von Facharbeitern mit ein. Darüber hinaus wird es zur Auswanderung von vorwiegend unausgebildeten Arbeitern aus den asiatischen GUS-Republiken kommen; nicht zuletzt als Reaktion auf das dortige hohe Bevölkerungswachstum, den Überschuß an landwirtschaftlichen Arbeitskräften und infolge des niedrigen Entwicklungsstandards in den nichtagrarischen Sektoren der Wirtschaft. Falls es für diesen Personenkreis unmöglich ist, nach Rußland oder in die europäischen GUS-Republiken zu emigrieren, wird ein Teil von ihnen versuchen, in andere Teile Europas oder sogar nach Übersee auszuwandern.
4. Schließlich gibt es bereits jetzt politische oder ökologische Flüchtlinge, die ihre Heimat aufgrund schwerer politischer Krisen oder ökologischer Katastrophen verlassen müssen. Brennpunkte gewaltsamer ethnischer und politischer Konflikte waren bisher Tadschikistan und die gesamte Kauka-

susregion. Bislang halten sich die meisten Flüchtlinge und Vertriebenen jedoch in benachbarten Regionen auf.

15.3 Fortsetzung der dritten Welle: alte ethnische Migration

Das neue Auswanderungsgesetz betrifft alle Bürger der früheren UdSSR, darunter natürlich auch diejenigen, die den Hauptanteil der dritten Emigrationswelle ausmachten.

Nach unseren Schätzungen umfaßten jene nationalen Minderheiten, die über ein Aufnahmeland verfügten und daher als privilegierte Auswanderer in Frage kamen, Ende der 80er Jahre ungefähr 8 Mio. Menschen. Darunter waren laut Volkszählung von 1989 ca. 2 Mio. Deutsche, 1,5 Mio. Juden und 1,1 Mio. Polen. Außer diesen ethnischen Gruppen zählt Chesnais noch die 178.000 Finnen und Karelier, 439.000 Koreaner, 385.000 Griechen, 171.000 Ungarn, 40.000 Perser, 25.000 Tschechen und Slowaken, 262.000 Roma sowie 208.000 Türken zur potentiell mobilen Diaspora (Chesnais 1991a: 8).

Seit der Volkszählung 1989 haben mehr als 1 Mio. Volksdeutsche, 900.000 Juden und ca. 100.000 Armenier bzw. Familienmitglieder von Angehörigen dieser Minderheiten das Land verlassen. Das heißt, daß das 1989 auf 8 Mio. geschätzte maximale Migrationspotential um 25% gesunken ist. Die vier größten potentiellen ethnischen Auswanderergruppen sind nach wie vor Volksdeutsche, Juden, Polen und Armenier außerhalb der Republik Armenien (Abbildung 15.2); derzeit ungefähr 4 Mio. Menschen. Jede dieser nationalen Minderheiten hat ihre eigenen Motive für die Auswanderung, aber es sind auch Faktoren wirksam, die für das Dableiben sprechen. Viele sind an ihrem jetzigen Aufenthaltsort gut integriert oder sogar tief verwurzelt, die meisten wurden dort geboren. Sie sind niemals in ihrer früheren Heimat gewesen, beherrschen oft nicht einmal deren Sprache und halten auch keine ständigen Kontakte mit diesem Land aufrecht. Außerdem sind sie im potentiellen Aufnahmeland nicht immer willkommen.

In diesem Sinn gewinnt ein von der *Iswestja* unter dem Titel „Der Marsch der sowjetischen Polen nach Polen findet nicht statt" veröffentlichter Artikel an Bedeutung. Bekanntlich kam es in der Nachkriegszeit (1945/46) zur Massenumsiedlung ethnischer Polen nach Polen in seinen Nachkriegsgrenzen. Die polnische Volkszählung des Jahres 1950 zeigte, daß 2,1 Mio. Einwohner aus

Abbildung 15.2: Auswanderung aus der UdSSR im Jahr 1990 nach Zielländern (Anzahl der Ausreisegenehmigungen)

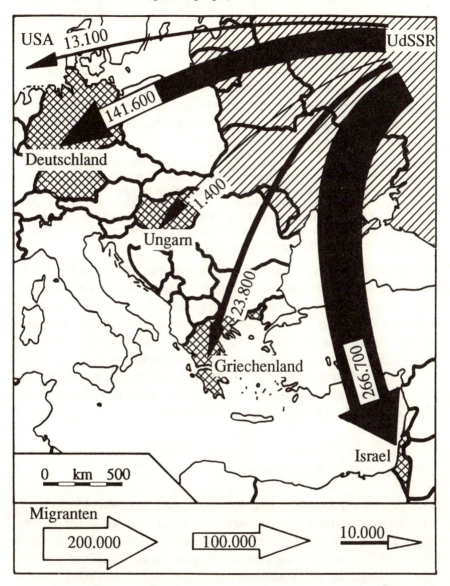

Quelle: Vishnevsky/Zayonchkovskaya 1991.

den nach 1945 zur UdSSR gehörenden Teilen des Landes nach Polen ausgesiedelt worden waren (Mariansky 1969: 128). Zwischen 1955 und 1958 kamen weitere 200.000 Polen hinzu. Aber nach der sowjetischen Volkszählung von 1989 lebten noch immer 1,1 Mio. Polen auf dem Gebiet der (ehemaligen) UdSSR, vor allem in zusammenhängenden Siedlungsgebieten in Weißrußland, der Ukraine und Litauen. Nur 30,5% dieser Menschen gaben 1989 Polnisch als ihre Muttersprache an. Sie haben weder an der Zwangsumsiedlung zwischen 1944 und 1947 noch an der Aussiedlung der Jahre 1956 und 1957 teilgenommen. Die polnische Stellungnahme zu diesem Problem ist nicht weniger interessant: Die *Iswestja* zitiert dazu den *Courier Polsky*:

> „Nach der Konsular- und Flüchtlingsabteilung des Außenministeriums ist es beim gegenwärtigen finanziellen Zustand unmöglich, einer Massenauswanderung von Polen aus der (ehemaligen) UdSSR zuzustimmen. Wenn man annimmt, daß 1 Mio. Polen innerhalb von fünf Jahren nach Polen zurückkehren wollen, würden dafür 20 bis 30 Trillionen polnischer Zloty (3–4,5 Milliarden DM) gebraucht. Die Auswanderung einer beträchtlichen Zahl Polen nach Polen würde den politischen Interessen des Staates Polen widersprechen" (Iswestja 1991).[3]

Obwohl die dritte Emigrationswelle keineswegs zu Ende ist, dürfen wir davon ausgehen, daß die Zahl der tatsächlichen Migranten sehr viel kleiner ist, als die ursprünglich von westlichen Experten geschätzten 500.000 Menschen (Chesnais 1991a: 11). Nicht einmal in den Jahren 1989–1993 wurde dieses Niveau erreicht. Dennoch ist klar, daß gewaltsame Konflikte wie jene in Abchasien, Bergkarabach, Südossetien, Tschetschenien und in Tadschikistan jeweils zu Flucht und Vertreibung von mehreren Hunderttausenden Personen führten. Keiner dieser Konflikte hat jedoch bis jetzt zu größeren Flüchtlingsströmen in Länder außerhalb der GUS geführt.

15.4 Neue ethnische Auswanderung

Die Auswanderungstendenz jener ethnischen und nationalen Minderheiten, die zur Zeit die höchste Mobilität aufweisen, wird in Zukunft sinken, da diese Migration die Zahl der potentiellen Auswanderer ständig verringert. Damit ist aber nicht gesagt, daß die ethnische Wanderung zur Gänze verschwinden wird. Im Gegenteil, die Hauptnationalitäten der ehemaligen UdSSR– vor allem Russen, aber auch Ukrainer und Weißrussen – wurden in vielen autonomen Regionen Rußlands, in anderen GUS-Staaten und im Baltikum zu neuen

Minderheiten. Früher oder später wird ein Teil von ihnen im Rahmen eines Prozesses der „Entkolonisierung" nach Sibirien, in den europäischen Teil Rußlands sowie in die Ukraine und nach Weißrußland emigrieren.

Die territoriale Expansion der Russen begann schon vor Jahrhunderten und beruhte auf dem Streben des Russischen Reiches nach Ausweitung seiner Grenzen. Mit der Okkupation neuer Territorien kam es vor allem im 19. Jahrhundert als Resultat militärischer sowie auch landwirtschaftlicher Kolonisierung zu einer erheblichen Siedlungsmigration. Verstärkter demographischer Druck, Agrarkrisen und politische Unterdrückung, die viele Menschen dazu bewegten, nach Übersee auszuwandern, führten in Rußland auch zu einer „internen" Kolonisierung, da es innerhalb des Zarenreiches genug menschenleere oder nur spärlich bevölkerte Gebiete gab.[4] Russen und viele andere ethnische Gruppen beteiligten sich an der Besiedlung von Novorossia, den Regionen nahe des Urals, Sibiriens, des russischen Fernen Ostens, der Steppen von Kasachstan etc. Diese interne Kolonisierung bildete eine reale Alternative zur Auswanderung ins Ausland. Daher existiert bis heute keine nennenswerte russische Diaspora in Westeuropa und Nordamerika.

Im 20. Jahrhundert nahm die Binnenmigration von Russen in die peripheren Regionen des Landes durch die planmäßige Urbanisierung einen neuen Aufschwung. Vor dem Ersten Weltkrieg und in den Jahren des ersten sowjetischen Fünfjahresplans wurden vor allem russische und ukrainische Gebiete urbanisiert. Nach dem Zweiten Weltkrieg ergriff die Urbanisierung das ganze Land, also auch die wirtschaftliche und geographische Peripherie. Am mobilsten waren damals die Bürger der zentralrussischen Regionen, die in die wachsenden Städte Weißrußlands, Moldawiens, Kasachstans, anderer Teile Zentralasiens und in verschiedene autonome Regionen der Russischen Föderation zogen. Ein Teil dieser Wanderungen hing mit der Förderung von Rohstoffen und der Urbarmachung agrarisch nutzbarer Gebiete zusammen.

Nach dem Zweiten Weltkrieg gingen viele Russen auch nach Estland und Lettland, wo das natürliche Bevölkerungswachstum ab den 60er Jahren gering, der Lebensstandard aber höher als in den anderen Landesteilen war. Das hatte letztlich eine völlige Veränderung der ethnischen Zusammensetzung dieser Gebiete zur Folge. Mitte der 30er Jahre waren 76,2% der Bevölkerung Lettlands ethnische Letten und 90,7% der Bevölkerung Estlands ethnische Esten. Die dort ansässigen Russen machten 9,7% bzw. 5,6% der Gesamtbevölkerung aus (Mariansky 1969: 167). Bis 1989 aber war die Zahl der autochthonen Letten in Lettland auf 52% gesunken, die der Esten in Estland auf 62%, während die russische Bevölkerung auf 34% bzw. 30% anwuchs.

In den 60er Jahren war das Wachstum der russischen Bevölkerung außerhalb der Russischen Republik 2,4mal so groß wie im russischen Teil der UdSSR. Dieser Zuwachs war vor allem auf Migration zurückzuführen. In den 70er Jahren kam es zu einem Trendbruch. Weniger Russen siedelten sich in anderen Sowjetrepubliken an, ihre Zahl außerhalb Rußlands wuchs nur noch langsam. Die Auswanderung aus Rußland war praktisch beendet und die Remigration setzte ein (Tabelle 15.5).

Tabelle 15.5: Wachstum der russischen Bevölkerung in und außerhalb der russischen Föderation 1959–1989 (in Mio. und in %)

Jahr	ethnische Russen			Zuwachs der russischen Bev. zwischen den betreffenden Jahren (in %)		
	in der ehemaligen SU	in Rußland	außerhalb Rußlands	in der SU	in Rußland	außerhalb Rußlands
1959	114,1	97,9	16,2			
1970	129,0	107,7	21,3	13,1	10,0	31,5
1979	137,4	113,5	23,9	6,5	5,4	12,2
1989	145,2	119,9	25,3	5,7	5,6	5,9

Quelle: Vishnevsky/Zayonchkovskaya 1994.

Die Migrationsprozesse der 60er und 70er Jahre bereiteten die Ereignisse der 80er und 90er Jahre vor, als die Rückwanderung der Russen ihren Höhepunkt erreichte. Begonnen hatte der Prozeß der Remigration in Georgien, wo ethnische Russen schon in den 60er Jahren in größerer Zahl auszuwandern begannen. Von 1959 bis 1988 sank ihre Zahl in Georgien um 18%, was bedeutet, daß die Auswanderung von Russen das natürliche Wachstum dieser Bevölkerungsgruppe bei weitem übertraf. Eine analoge Entwicklung erfolgte in Aserbeidschan. Dort begann die Auswanderung der Russen ungefähr zur selben Zeit. Ihre Zahl sank seit 1959 um 22%. Die Auswanderung der Russen aus Zentralasien begann erst in der zweiten Hälfte der 70er Jahre (Tabelle 15.6).

Zwischen 1979 und 1988 sank die Zahl der Russen in Zentralasien und in Transkaukasien. Aber die Auswanderung von Russen in die Ukraine, nach Weißrußland, in die baltischen Republiken und nach Moldawien setzte sich fort. 1989 verließen Russen Rußland nur mehr in Richtung Ukraine und Weißrußland. Aus den übrigen Republiken gab es fast nur noch Rückwanderung.

Tabelle 15.6: Wachstumsindex der russischen Bevölkerung in (früheren) Sowjetrepubliken (UdSSR = 1)

Sowjetrepubliken	1959–1970	1970–1979	1979–1989
Rußland	0,97	0,99	1,00
Ukraine	1,14	1,08	1,02
Weißrußland	1,26	1,14	1,02
Moldawien	1,25	1,15	1,05
Litauen	1,03	1,06	1,07
Lettland	1,12	1,09	1,04
Estland	1,23	1,15	1,10
Georgien	0,86	0,88	0,86
Aserbeidschan	0,90	0,88	0,78
Armenien	1,04	1,00	0,69
Usbekistan	1,19	1,06	0,94
Kirgisien	1,21	1,00	0,95
Tadschikistan	1,16	1,08	0,93
Turkmenistan	1,05	1,05	0,91
Kasachstan	1,23	1,02	0,98

Quelle: Vishnevsky/Zayonchkovskaya 1994.

Diese Rückwanderung repräsentiert kein neues Phänomen, sondern eine Tendenz, die sich seit den frühen 70er Jahren entwickelt hat. Doch in jüngster Zeit wird der Verlauf dieses Prozesses mehr und mehr von den sozialen und politischen Entwicklungen in den verschiedenen GUS-Republiken bestimmt. Als Resultat der langjährigen Wanderungen vom russischen Zentrum in die sich entwickelnden Peripherien leben heute 17% aller Russen der ehemaligen UdSSR außerhalb Rußlands, davon fast 70% in unmittelbar an die Russische Föderation angrenzenden Regionen der Ukraine und Kasachstans. In Kasachstan ist ihr Anteil heute am höchsten, gefolgt von Lettland, Estland und Kirgisien (Abbildung 15.3).

Seit 1991 hat sich die Situation der russischsprachigen Bevölkerung außerhalb Rußlands deutlich verschlechtert. Die Auswanderungsraten der Russen aus Zentralasien und Transkaukasien haben sich im Vergleich mit der Periode 1979 bis 1988 verzehnfacht. Mehr als drei Viertel der Russen, die diese Regionen verlassen, migrierten nach Rußland, ungefähr ein Fünftel in die Ukraine. 1995 lebten noch immer ca. 24 Mio. Russen in anderen Republiken der ehemaligen Sowjetunion. In der Ukraine und in Weißrußland hat ihre Zahl sogar leicht zugenommen (2 bis 3%).

Im Zeitraum 1990 bis 1994 wanderten 1,7 Mio. Russen, die in nichtslawischen Republiken lebten, nach Rußland ein. Das waren 14% aller Russen, die

Abbildung 15.3: Anzahl der ethnischen Russen außerhalb der Russischen Föderation 1989

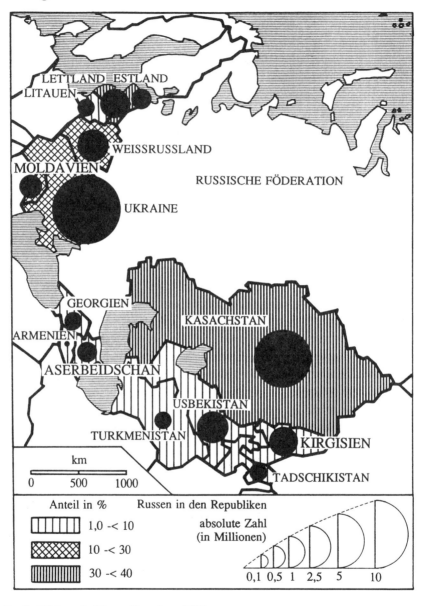

Quelle: Vishnevsky/Zayonchkovskaya 1991.

in nichtslawischen GUS-Republiken lebten. Die Auswanderung aus Gebieten, in denen Bürgerkrieg herrschte, war noch eklatanter: 42% der Russen verließen Tadschikistan, 37% kamen aus Transkaukasien. Vor diesem Hintergrund erscheinen die Rückgänge in den restlichen GUS-Staaten als eher bescheiden. Die baltischen Staaten und Kasachstan verloren 1990–1994 8% und Moldawien 4% ihrer russischen Bevölkerung.

Tabelle 15.7: Nettomigration von ethnischen Russen nach Rußland (in 1.000)

	1989	1990	1991	1992	1993	1994
Ukraine	-34,0	-4,9	-24,7	-12,3	38,5	101,3
Weißrußland	-5,5	5,6	-2,0	-4,6	1,2	13,3
Moldawien	0,0	3,1	4,1	11,1	4,0	7,6
Litauen	0,4	5,1	4,5	10,2	13,4	5,4
Lettland	0,5	3,5	5,2	19,7	19,4	19,3
Estland	-0,3	2,8	3,6	18,7	10,6	8,2
Georgien	4,4	9,5	18,0	29,6	33,8	24,2
Aserbeidschan	7,1	42,9	17,6	35,1	22,9	19,0
Armenien	8,4	3,6	3,3	5,6	6,4	4,6
Usbekistan	21,5	40,2	27,9	65,2	50,7	93,5
Kirgisien	1,6	16,1	15,5	41,4	66,4	42,9
Tadschikistan	2,2	31,7	14,4	47,1	40,9	25,8
Turkmenistan	0,4	4,4	4,7	10,9	6,7	13,0
Kasachstan	10,5	36,3	25,6	82,4	104,4	234,3
insgesamt	-3,3	199,9	117,7	360,1	419,4	612,4

Quelle: Vishnevsky/Zayonchkovskaya 1994.

Selbst wenn Russen eine Region nicht wegen gewaltsamer interethnischer Zusammenstöße, sondern in einer relativ ruhigen innenpolitischen Situation verlassen, erfolgt ihre Ausreise oft nicht freiwillig. Ein diffuses Gefühl drohender Gefahr bewegt ethnische Russen und andere Russischsprechende, also Menschen, die an die russische Kultur assimiliert sind, Zentralasien und einige andere GUS-Staaten zu verlassen.

Parallel zur russischen Ansiedlung (z.B. in Sibirien und Zentralasien) erfolgte seit dem 19. Jahrhundert auch die Ansiedlung von Ukrainern, Weißrussen, Juden, Armeniern, Tataren usw. in den peripheren Gebieten des zaristischen Rußland und der späteren Sowjetunion. In ähnlicher Weise führt auch die jetzige Rückwanderung der Russen zur Emigration dieser anderen genannten Gruppen. So wanderten im Jahr 1994 per Saldo 44.000 Tataren, 79.000 Ukrainer, 61.000 Armenier und 15.200 Volksdeutsche (zumeist aus Kasachstan und Zentralasien) nach Rußland zu (Tabelle 15.8).

Tabelle 15.8: Ethnische Zusammensetzung der Nettomigration nach Rußland aus den übrigen Teilen der ehemaligen UdSSR (in 1.000)

	1990	1991	1992	1993	1994
Russen	199,9	117,7	360,1	419,4	612,4
Ukrainer	22,0	-25,9	-64,3	11,0	79,2
Weißrussen	19,4	-0,9	-10,6	-5,9	10,1
Moldawier	-2,1	-2,0	-3,0		3,2
Litauer	-0,7	-0,8	-0,1	0,2	0,4
Letten	-0,4	-0,3		0,3	0,5
Esten	-0,03	-0,1	0,2	0,3	0,3
Georgier	-2,7	-3,1	0,4	6,1	12,5
Aserbeidschaner	-3,9	-3,8	-2,9	4,7	13,1
Armenier	16,1	10,5	23,6	42,7	60,7
Usbeken	-3,2	-4,5	-2,9	0,3	3,7
Kirgisen	-1,5	-2,1	-2,1	-1,0	0,1
Tadschiken	-0,4	-0,6	0,5	2,9	3,9
Turkmenen	-0,5	-1,6	-2,1	-1,2	
Kasachen	-2,9	-6,6	-10,8	-6,8	1,1
sonstige	49,3	29,0	69,7	80,8	113,4
insgesamt	288,3	104,9	355,7	553,8	914,6

Quelle: Vishnevsky/Zayonchkovskaya 1994.

Zum gegenwärtigen Zeitpunkt ist es klar, daß der Exodus von Russen und Angehörigen anderer Minderheiten aus nichtslawischen GUS-Staaten und dem Baltikum weitergehen wird. Dies wird besonders Staaten betreffen, in denen Russen nur eine kleine Minderheit bilden und nicht in kompakten Siedlungsgebieten, sondern verstreut leben. Prognosen für die Migrationsentwicklung in Gebieten wie der Ostukraine, dem nördlichen Kasachstan, Estland usw., wo es eine zahlenmäßig bedeutende russische Bevölkerung in zusammenhängenden Siedlungsgebieten gibt, sind wesentlich unsicherer.

Der Zusammenbruch der UdSSR und die Bildung von 14 neuen Nationalstaaten neben der russischen Föderation hat 60 Mio. Menschen zu neuen ethnischen Minderheiten gemacht. Das wird in vielen Fällen zur freiwilligen oder erzwungenen Migration oder sogar zu ethnischer Säuberung führen, ein Prozeß, der die ethnische Heterogenität der GUS-Staaten und des Baltikums reduzieren wird. Die größte betroffene Gruppe sind die 24 Mio. Russen außerhalb Rußlands, die sich zum ersten Mal in der Position einer nationalen Minderheit befinden. Viele von ihnen wären bereit, nach Rußland zu emigrieren. Doch Rußland ist weder materiell noch psychologisch darauf vorbereitet, eine größere Anzahl von „Landsleuten" aus den Nachbarrepubliken aufzunehmen, ganz zu schweigen von den Angehörigen anderer Nationalitäten. Schwierigkeiten haben Rußland und die Ukraine heute sogar bei der Unterbringung aus anderen Ländern abgezogener Truppen der Roten Armee. Immer noch eingeschränkt ist die Niederlassungsfreiheit innerhalb Rußlands. Nicht nur Moskau und St. Petersburg, sondern fast alle größeren Städte und viele regionale Zentren versuchen, den Zustrom an Binnenmigranten und ethnischen Zuwanderern klein zu halten. Das Fehlen eines funktionierenden Wohnungsmarktes verkompliziert die räumliche Mobilität und den Prozeß der Wiederansiedelung erheblich. Das Resultat besteht darin, daß viele Russen, die ihren früheren Wohnsitz außerhalb Rußlands hatten, nach ihrer Einwanderung keine Wohnung bzw. keine feste Unterkunft erhalten. Viele können auch nicht zur Selbsthilfe greifen. In den Vororten der großen Städte ist es äußerst schwierig, ein Stück Land zu erwerben, um ein Haus zu bauen. Daher ziehen viele Rückwanderer in abgelegene ländliche Gebiete mit rückläufiger Bevölkerung. Es ist klar, daß Menschen, die bisher an ein urbanes Leben gewöhnt waren, große Probleme haben, sich an die Lebensbedingungen in diesen ländlichen Gegenden anzupassen.

Wenn sich die Lage nicht ändert, werden viele Russen, Ukrainer, Weißrussen und Angehörige anderer nationaler Minderheiten, die sich in einer ähnlichen Lage befinden, nach Möglichkeiten suchen, aus dem Baltikum, Zentralasien und der Kaukasusregion auszuwandern. Dies wird durch mehrere Umfragen bestätigt. Gemäß den Resultaten einer dieser Erhebungen planen 18% der Angehörigen ethnischer Minderheiten, ihr Land zu verlassen (Meschdunarodnaja Gasjeta 1991: 159). Eine Feldstudie des Zentrums für Demographie und Humanökologie des Instituts für Arbeitsstudien (G. Vitkovskaja) ergab nach der Befragung von 945 ethnischen Migranten, daß 27% von ihnen gerne in ein anderes Land weiterwandern würden. Von diesen potentiellen Auswanderern aus Rußland sind 42% gut ausgebildete Akademiker. 16% würden nur emigrieren, wenn sie die Chance hätten, im Ausland einen Job zu bekommen. Dabei ist es interessant, daß unter armenischen Migranten der Wunsch, das Gebiet der früheren UdSSR zu verlassen, fünfmal so hoch ist wie unter ethnischen Russen.

15.5 Wirtschafts- und Arbeitsmigration

Trotz der Aussicht auf neue Wellen „ethnischer" Wanderung ist es nicht sehr wahrscheinlich, daß sie die zukünftige Auswanderung auf Dauer bestimmen werden. Die ökonomische Krise, die alle GUS-Staaten erfaßt hat, verstärkt das Potential für eine Massenauswanderung in den Westen, also eine Auswanderung, die nicht mit ethnischen Spannungen, Bürgerkriegen und dem erwähnten Entkolonialisierungsprozeß zusammenhängt. Die Hauptmotive für diese zu erwartende vierte Auswanderungswelle sind ökonomischer und bis zu einem gewissen Grad sozialer Natur. Es geht um eine Verbesserung des Lebensstandards, des individuellen Einkommens, der Arbeitsbedingungen und der Chancen für die eigenen Kinder.

Unter den gegenwärtigen Bedingungen werden vor allem Personen mit höherer Qualifikation in den Westen emigrieren. Man kann das auch Brain-Drain nennen. Diese Emigranten stammen vor allem aus dem Baltikum, der Ukraine und dem europäischen Teil Rußlands, weniger aus dem asiatischen Teil (Sibirien und Ferner Osten) oder den zentralasiatischen GUS-Staaten. Die Bevölkerung der erstgenannten Gebiete ist besser auf die Anpassung an die westlichen Wirtschafts- und Lebensverhältnisse vorbereitet, sowohl räumlich als auch beruflich mobiler und beherrscht am ehesten eine westeuropäische Sprache.

Es ist extrem schwierig, das mögliche Ausmaß dieses „europäischen" Wanderungstyps zu schätzen. Bis jetzt gehört diese Migration noch nicht zur internationalen Arbeitsmigration. Derzeit gibt es bereits erste zwischenstaatliche Abkommen, die es einer begrenzten Zahl von Russen, Ukrainern, Weißrussen und Balten ermöglichen, für eine beschränkte Zeit in ein westeuropäisches Land zu gehen. Von diesen Abkommen profitieren jedoch höchstens einige zehntausend Menschen, während gemäß Meinungsumfragen eine viel größere Zahl bereit wäre, das Land als Arbeitsmigranten zumindest für eine gewisse Zeit zu verlassen.[5]

1991 führte V. Tichonow vom Zentrum für Demographie und Humanökologie des Instituts für Arbeitsstudien eine Delphi-Studie unter 30 Experten durch (hohe Beamte des Staatsapparats, Direktoren von sozial- und wirtschaftswissenschaftlichen Instituten, sowie Manager und Unternehmer aus dem Devisen- und Geldhandel), um das Migrationspotential der gesamten früheren UdSSR abzuschätzen. Die Hälfte dieser Experten sprach von 2 bis 4 Mio. Auswanderern im Zeitraum 1992 bis 1997. 20% der Experten schätzten, daß die Auswanderung in diesem Zeitraum die 2-Mio.-Grenze nicht überschreiten wird, 30% erwarteten sogar 4 bis 5 Mio. Die Schätzungen für den darauffolgenden Fünfjahreszeitraum um die Jahrtausendwende waren weniger präzise: Sie variierten zwischen 400.000 und 2 Mio. pro Jahr, obwohl ein beträchtlicher Teil der Forschergruppe (40%) seine Schätzungen auf 400.000 bis 800.000 begrenzte. Die meisten Experten stimmten darin überein, daß sich der ethnische Charakter der Emigration abschwächen wird. Nicht die ethnische Herkunft, sondern die Fähigkeiten und das Ausbildungsniveau werden die Grundlage für die nächste Auswanderungswelle bilden. Die meisten Experten glauben, daß in Zukunft die Vertreter spezialisierter Berufe und hochqualifizierte Menschen unter den Emigranten dominieren werden.

Aus heutiger Sicht ist klar, daß sich die Experten verschätzt haben. Zwar verließen 1989 rund 70.000 Wissenschaftler die Sowjetunion. Auch 1990 war einer von sechs Sowjetemigranten Wissenschaftler, Ingenieur oder Arzt, doch die meisten gingen als ethnische Emigranten.

Weiterführende Erhebungen von V. Tichonow zeigten, daß derzeit nur 5 bis 7% aller Wissenschaftler Rußlands ernsthafte Absichten hegen, das Land zu verlassen. Dasselbe gilt auch für Studenten.

Die Wirtschaftsemigration aus den asiatischen GUS-Staaten und Teilen des Kaukasus könnte ganz anders verlaufen. Hauptgrund dafür ist das Bevölkerungswachstum in ländlichen Regionen und der Wettbewerb auf dem Arbeitsmarkt bei ständig steigender Zahl von Personen im arbeitsfähigen Alter. In den neuen Nationalstaaten hat diese Konstellation bisher zur Vertreibung von Minderheiten und im „Ausland" geborenen Menschen geführt. So hat sich z.B. in Zentralasien die Anzahl der Arbeitnehmer aus den jeweiligen Titularnationen bzw. Staatsvölkern zwischen 1977 und 1987 verdoppelt, wohingegen die Zahl der Arbeitnehmer anderer Nationalitäten nur um 3 bis 9% stieg, in Turkmenistan sogar um 12% fiel. Der Anteil von Angehörigen der Staatsvölker an der arbeitsfähigen Bevölkerung übertraf ihren Anteil an der Gesamtpopulation. Die räumliche und sozioökonomische Mobilität von Angehörigen dieser Staatsvölker bzw. majoritären Nationalitäten nimmt stark zu, nicht zuletzt wegen der agrarischen Überschußbevölkerung. Immer weniger Jobs stehen für Angehörige anderer Nationalitäten zur Verfügung. Zweifellos löst die Vertreibung der Zuwanderer von gestern und der neuen Minderheiten nicht alle Probleme, sondern mündet über kurz oder lang in die Auswanderung von Teilen der Mehrheitsbevölkerung.

Diese Entwicklung begann schon in der früheren UdSSR. Allerdings ging sie relativ friedlich und unbemerkt vor sich. Es gab zwanzig Jahre lang eine Auswanderungswelle von Armeniern aus Armenien, von Moldawiern, kasanischen Tataren und Nordkaukasiern aus ihren jeweiligen Siedlungsgebieten. Das wurde im Zeitraum zwischen den Volkszählungen 1979 bis 1989 deutlich. Am mobilsten waren die Moldawier, die sich im ganzen europäischen Teil der UdSSR niederließen. Rußland, die Ukraine und die baltischen Staaten waren damals Zielgebiete.[6]

Trotz allem war die Auswanderung aus den erwähnten Gebieten geringer, als man dies angesichts der ökonomischen und demographischen Entwicklung erwartet hätte. Der Hauptgrund dafür scheint die geringe soziale und räumliche Mobilität der zentralasiatischen Bevölkerung gewesen zu sein. Das führt zu folgendem, z.B. in einem Artikel der *Iswestja* vom 15. Juni 1991 beschriebenen Paradoxon:

„Taschkent braucht Arbeitskräfte. Für die örtlichen Firmen und Bauvorhaben werden 15.000 Arbeiter gebraucht. Allein die Flugzeugfabrik hat Bedarf nach 2.000 Arbeitskräften und der textile Sektor nach 1.500. Die Textilindustrie von Taschkent ist gezwungen, Arbeitskräfte aus dem benachbarten Kasachstan auf Zeit zu „mieten" und sie einpendeln zu lassen. Zur gleichen Zeit sind aber in der Stadt selbst ungefähr 25.000 Menschen arbeitslos."

Die beschriebene geringe berufliche Mobilität kann nur unter den Bedingungen einer landwirtschaftlichen Ökonomie mit unentwickelten Geld- und Marktbeziehungen existieren, einer traditionellen Ökonomie, die vom sogenannten sozialistischen System aufrechterhalten wurde. Früher oder später werden räumliche und berufliche Mobilität auch in Zentralasien zu einer ökonomischen Notwendigkeit werden. Dann werden Angehörige der Staatsvölker, also Usbeken, Tadschiken, Kirgisen, Turkmenen und Kasachen stärker auf dem internen Arbeitsmarkt vertreten sein. Sie werden dann aber auch beginnen, in größerer Zahl über die Grenzen ihres eigenen Landes hinaus zu pendeln.

Die meisten dieser Arbeitskräfte werden vom Wirtschaftsraum Rußlands, der Ukraine und anderen etwas entwickelteren Teilen der GUS absorbiert werden, denn es ist für Usbeken oder Kasachen leichter, sich an die Bedingungen Rußlands oder der Ukraine anzupassen, als an die des westeuropäischen Arbeitsmarktes. Es sind aber auch andere Szenarien denkbar.

Die Wanderungsströme reagieren auch heute sehr sensibel auf wirtschaftliche Verschlechterungen, das Aufflackern des Nationalismus, ethnische Zusammenstöße, lokale Kriege und auf das Sinken des Lebensstandards. Die Analyse von Daten aus jüngster Zeit zeigt jedoch, daß sich Wanderungen in engen geographischen Grenzen abspielen. Die wachsende räumliche Mobilität der Bevölkerung, die bei den zentralasiatischen Nationalitäten gerade begonnen hatte und die bei den transkaukasischen Völkern, Moldawiern und Kasachen einen Spitzenwert erreichte, verringert sich seit 1991 deutlich. Der Warenverkehr und die Arbeitsmigration zwischen den neu entstandenen GUS-Staaten reduzierten sich. All das führt zu einem Anwachsen der Arbeitslosigkeit in Zentralasien sowie im Kaukasus und zu einer weiteren Verschärfung der ökonomischen, ethnischen und nationalen Spannungen.

Seit 1988/89 haben der Wettbewerb auf den Arbeitsmärkten und Auseinandersetzungen um die Staatsbürgerschaft, um die politische Vorherrschaft, Landbesitz und Landnutzung usw. in vielen Gegenden zu nationalistischen und ethnischen Konflikten und sogar zu Kriegen geführt, nicht nur zwischen den Russen und den neuen Bevölkerungsmehrheiten, sondern auch zwischen kleinen lokalen Nationalitäten und religiösen Gruppen innerhalb der neuen Staaten. Beispiele sind die Konflikte in der Osch-Region zwischen Kirgisen und Usbeken, im Fergana-Tal zwischen Usbeken und meschetischen Türken und im nördlichen Kaukasus zwischen Tschetschenen und Inguschen sowie die Bürgerkriege zwischen Moldawiern, Russen und gagausischen Türken in Moldawien, zwischen Osseten, Abchasen und Georgiern in Georgien, und zwischen Armenien und Aserbeidschan um Bergkarabach sowie zwischen Russen und Tschetschenen.

Die politische Instabilität, die zumeist einen ethnischen, manchmal auch einen ethnoreligiösen Hintergrund hat, wurde zum wichtigsten Push-Faktor, der Angehörige verschiedenster ethnischer und religiöser Gruppen zur Flucht veranlaßte. Aus historischen Gründen sind Rußland und die anderen europäischen Teile der früheren UdSSR Hauptziele vor allem der kaukasischen und transkaukasischen Flüchtlinge und Vertriebenen. Das trifft für Armenier, Georgier und Aserbeidschaner, aber auch für Awaren, Darjengen, Abchasen, Tschetschenen, Osseten, Inguschen und andere Kaukasier zu.

Diese Nationalitäten sind sehr mobil, sie haben einen hohen Urbanisierungsgrad erreicht, viele ihrer Angehörigen suchen aktiv nach Jobs und wirtschaftlichen Möglichkeiten in Osteuropa. Im Gegensatz dazu sind die Völker

Zentralasiens weniger mobil: Trotz des niedrigen Lebensstandards und der Arbeitslosigkeit verlassen sie ihre Republiken seltener. Durch interethnische Konflikte, die sowohl ethnische Säuberungen als auch eine schrittweise Wiederbesiedlung bedingen könnten, könnte sich diese Situation aber in Hinkunft ändern.

Da die großen Städte Rußlands kein sicherer Aufenthaltsort mehr für potentielle nichtrussische Zuwanderer sind, haben sich viele nach anderen Zielorten umgesehen. So zum Beispiel ist heute die Wahrscheinlichkeit höher, daß meschetische Türken in die Türkei emigrieren, in zahlreichen anderen Fällen orientieren sich die Migranten nach Westen.

Die ökonomischen Chancen sind für die verschiedenen Gruppen möglicher Migranten äußerst unterschiedlich. Alle Nationen und Nationalitäten in Zentralasien, Kasachstan, Georgien, Armenien, Aserbeidschan und im nördlichen Kaukasus verfügen über Eliten mit hoher beruflicher Qualifikation und Schulbildung. Ihre Auswanderung würde zur selben Art von Brain-Drain führen, wie die Auswanderung von hochqualifizierten Arbeitskräften aus dem europäischen Rußland, der Ukraine und den baltischen Staaten. Doch diese Eliten können nicht alle nur in den Westen migrieren. Einige Spezialisten werden deshalb wahrscheinlich auch in die Türkei, in den Iran und einige arabische Länder auswandern. Für die Bevölkerungsmehrheit dieser Regionen aber sieht die Lage ganz anders aus. Wenn sie ihr Heimatland verlassen, befinden sie sich in einer ähnlichen Lage wie unqualifizierte Arbeitsmigranten aus der Dritten Welt.

Zusammenfassend läßt sich sagen: Aus einer Reihe von Gründen wird Arbeitsmigration aus zentralasiatischen Ländern in den Westen oder in die Golfstaaten in den späten 90er Jahren und zu Beginn des 21. Jahrhunderts nur eine geringe Rolle spielen:

1. Die Mobilität der Mehrheitsbevölkerung Zentralasiens und Aserbeidschans ist immer noch niedrig und kann kaum schnell wachsen.
2. Die geographische und ökonomische Position Zentralasiens und Kasachstans begünstigt Verbindungen mit dem Westen und den Golfstaaten nicht.
3. Die Bevölkerung dieser Regionen besitzt traditionell nur wenige Verbindungen mit dem Westen. Dies unterscheidet sie von Bewohnern ehemaliger britischer und französischer Kolonien, deren Zugang zu den europäischen Arbeitsmärkten leichter möglich war. Abgesehen von den Armeni-

ern verfügen die überwiegend islamischen Nationalitäten Zentralasiens über keine ethnische Diaspora, die im Westen als Brückenkopf fungieren könnte. Daher werden die Arbeitsmärkte und ökonomischen Nischen Rußlands und der Ukraine zuerst entdeckt – und „erobert".
4. Die Anforderungen der westlichen Wirtschaft ändern sich, die Nachfrage nach unqualifizierten Arbeitsmigranten sinkt, was es noch unwahrscheinlicher macht, daß Menschen ohne jegliche Englisch-, Französisch- oder Deutschkenntnisse Wege und Möglichkeiten finden werden, sich im Westen anzusiedeln.

15.6 Auf der Suche nach einer vernünftigen Strategie

In der Vergangenheit haben sowohl exsowjetische bzw. russische als auch westliche Medien Schätzungen über die mögliche Anzahl der Ost-West-Migranten veröffentlicht. Sie basierten entweder auf der Extrapolation von Tendenzen ethnischer Migration der jüngsten Vergangenheit und können, wie wir gesehen haben, nicht automatisch auf andere Migrationstypen übertragen werden, oder sie entstanden auf der Grundlage von Meinungsumfragen, die unausweichlich das Fehlen individueller Erfahrungen mit dem Phänomen Wanderung widerspiegeln. Die meisten Schätzungen waren in der Regel weit übertrieben. So wurde z.B. behauptet, daß fünf bis sechs oder sogar 20 Mio. potentielle Auswanderer nur auf eine sich bietende Gelegenheit warteten, in den Westen zu gehen. Der Schluß liegt nahe, daß diese Schätzungen mit dem Ziel erstellt worden sind, dem Westen einen Schrecken einzujagen, um die Finanzhilfe an die frühere UdSSR und die GUS-Staaten zu erhöhen und zu beschleunigen. De facto bestehen aber bis heute ernstzunehmende Restriktionen der Mobilität sowohl in Rußland als auch in den anderen GUS-Staaten. Sie werden die Ost-West-Migration zweifellos beschränken.

Anhaltende wirtschaftliche Rezession und andauernde politische Krisen bringen es mit sich, daß sich immer mehr Menschen nach besseren Einkommensmöglichkeiten, Arbeitsbedingungen und Lebensverhältnissen umsehen. Allerdings können neue politische und ökonomische Realitäten auch in entgegengesetzter Richtung wirksam werden. So kann z.B. in einigen der neuen Nationalstaaten die Euphorie über die Unabhängigkeit und das Wachsen von nationalen Gefühlen als Gegengewicht zu den ökonomischen Push-Faktoren wirken. Die baltischen Staaten, die bereits über eine zahlenmäßig große Diaspora im Ausland verfügen, befürworten sogar die Rückkehr ihrer früheren Landsleute sowie deren Kinder und Enkel aus den USA, Kanada, Australien und Westeuropa. Nur in Rußland kann der neue Staat infolge der politischen Situation die Push-Faktoren kaum reduzieren.

Zur Auswanderung sind gewisse psychische und soziale Voraussetzungen notwendig, die, wie wir gesehen haben, aufgrund der mangelnden Migrationstradition in Rußland nicht sehr weit verbreitet sind. Zur Zeit sind die Auswanderung und sogar das bloße Reisen in den Westen aus Rußland, Kasachstan oder Zentralasien für die große Mehrheit der Bevölkerung so gut wie unmöglich. Die Kapazitäten von Bussen, Bahnen und Flugzeugen sowie der für die Visumerteilung zuständigen Botschaften und Konsulate sind limitiert. Auch die seit 1990 verringerten Kapazitäten der Grenz- und Zollbehörden beschränken die Zahl der Menschen, die eventuell reisen oder emigrieren möchten.

Auch der Mangel an Brückenköpfen im Westen bedingt einen erheblichen Effekt. Normalerweise ist zur Emigration ein Netzwerk notwendig. Dieses System baut sich graduell und parallel zur Erhöhung der Einwandererzahl im Zielland, ihrer Selbstorganisation, der Bildung von Heimatverbänden und Einwanderergemeinden etc. auf. Bis jetzt können die meisten nationalen Gruppen und Minderheiten, die auf dem Territorium der früheren Sowjetunion leben, nicht auf solche Netzwerke zurückgreifen. Dies stellt einen Negativfaktor dar, der jede Ausweitung der derzeitigen Emigrationswelle in den kommenden Jahren begrenzen wird. Der Mangel an unterstützenden Netzwerken wird die Auswanderung nicht nur für die Migranten erschweren, die sich im Westen niederlassen können, deren Erfahrungen werden auch zu größerer Vorsicht unter den potentiellen Auswanderern führen. Damit wird auch dieser Effekt die Auswanderungsströme beschränken.

Die Antizipation dieser Schwierigkeiten wirkt sich bereits auf die öffentlichen Diskussionen und die politischen Maßnahmen, die die Schaffung neuer Auswanderungsstrategien zum Ziel haben, aus. Eine wachsende Anzahl von älteren Beamten, Politikern und anderen meinungsbildenden Persönlichkeiten setzt sich dafür ein, Auswanderung nicht durch Reisebeschränkungen oder andere Maßnahmen zu behindern, sondern durch aktive Maßnahmen zu gestalten und zu kanalisieren. Eine neue Strategie seitens der Ausreiseländer sollte die krisenhafte Emigration von Teilen der Arbeitnehmerschaft langsam in eine „normale", größtenteils temporäre, verwandeln, indem alle Behinderungen der Aus- und Wiedereinreise beseitigt und stabile Auswanderungs- und Rückkehrströme ermöglicht werden. Aus der Sicht der meisten GUS-Staaten und des Baltikums sollten zwischenstaatliche Abkommen zwischen den Sender- und Empfängerländern ein Element dieser Strategie werden.[7]

All das verweist nicht nur auf die Komplexität der Probleme, die durch eine mögliche Massenauswanderung aus der früheren Sowjetunion entstehen, sondern auch auf die spezielle geopolitische Bedeutung der Lösung dieses Problems. Das Phänomen der Emigration selbst muß besser verstanden werden. Es genügt nicht, es unter die Kategorien „ökonomische" oder „ethnische" Auswanderung zu klassifizieren. Es ist wesentlich, die Auswanderung in erster Linie als notwendigen und sehr wichtigen Schritt zur Transformation eines der größten Industrieländer der Welt von einer geschlossenen zu einer offenen Gesellschaft, als einen Schritt zu dessen Anschluß an die westliche Zivilisation zu begreifen. Wenn diese Transformation nicht erfolgt, wenn innere Spannungen in der früheren sowjetischen Gesellschaft erneut zu einer Abschottung führen sollten, hätte das gravierende Konsequenzen für die ganze Welt.

Anmerkungen

1 Nach Angaben des Innenministeriums der früheren UdSSR verließen z.B. 1989 235.000 Menschen das Land, um sich anderswo auf Dauer niederzulassen, 1990 waren es gemäß dieser Quelle 452.000. Dagegen sind nur 2.000 Menschen mit dem selben Ziel in die UdSSR gekommen. Als Resultat stieg die Nettoauswanderung 1989 mit 204.000 auf den siebeneinhalbfachen Wert von 1988 (27.000), und im Jahr 1990 wurden 413.000 erreicht.
2 Nach Zählungen des deutschen Außenministeriums wurden 1991 bis 1995 ca. 47.000 Personen als jüdische Kontingentflüchtlinge bzw. deren Angehörige aufgenommen. Weitere 110.000 Personen hatten einen Antrag gestellt, darunter ca. 40.000 positiv erledigte Anträge von bis Ende 1995 noch nicht nach Deutschland ausgewanderten Personen.
3 Ein anderes charakteristisches Beispiel wird in einem Interview eines Vertreters der südkoreanischen Botschaft in der *Literaturnaja Gasjeta* angeführt. Auf die Frage: „Würden Sie gerne repatriierte sowjetische Koreaner in Seoul haben?" antwortete er: „Eher nein als ja. Wir sind ein kleines Land, in dem mehr als 40 Mio. Menschen leben. Natürlich verschließen wir unsere Türen nicht für unsere Landsleute, die in das Land ihrer Vorfahren kommen wollen. Dennoch würden wir lieber keine Massenein-

wanderung von ausländischen Koreanern haben. Sowjetische Koreaner sind Bürger der UdSSR, und wir zögen es vor, wenn sie in ihrem eigenen Land blieben" (Literaturnaja Gasjeta 1991: 6).

4 Das Ausmaß dieser Kolonisierung war daher beträchtlich. Kein Wunder also, daß der polnische Geograph A. Mariansky unterstreichen konnte, daß das Bevölkern der südrussischen Steppe „eine Massenkolonisation war, die nur mit dem Bevölkern der nordamerikanischen Prärie verglichen werden kann" (Mariansky 1969: 152).

5 Das Allunionszentrum für das Studium der öffentlichen Meinung (Moskau) und die Internationale Migrationsorganisation (IOM/Genf 1993) führen solche Umfragen durch.

6 Die Zahl der Moldawier in Rußland stieg somit zwischen 1979 und 1988 um 69%, verglichen mit einer Steigerung um 10,5% in ihrer eigenen Republik, die der ethnischen Georgier und Armenier um 46% (in ihren Heimatrepubliken um 10,3 bzw. 13,2%), die der Aserbeidschaner um 220% (24%), der Usbeken und Turkmenen um 180% (34%), der Kirgisen um 29% (33%) und der Tadschiken um 210% (46%).

7 Andere Aspekte der Auswanderung aus der früheren UdSSR, die im internationalen politischen Geschehen wichtig werden, sollten aber nicht übersehen werden. Hier soll an die Reaktion der arabischen Nachbarn Israels auf die massive sowjetische Einwanderung nach Israel und ihre Ansiedlung in Gebieten, die nach arabischer Ansicht nicht zu Israel gehören, erinnert werden. Ein weiteres Beispiel ist die Angst der westlichen Länder vor der möglichen Auswanderung exsowjetischer Spezialisten, die über atomares oder anderes militärisches oder industrielles Geheimwissen verfügen, in den Irak oder nach Libyen.

16. Migration aus der früheren UdSSR nach Israel

Eitan F. Sabatello

16.1 Die jüdische Emigration aus dem zaristischen Rußland und der früheren Sowjetunion

Im 19. und frühen 20. Jahrhundert stammten die meisten jüdischen Migranten in Europa und Nordamerika aus dem Zarenreich bzw. der entstehenden Sowjetunion. Die größte Auswanderungswelle, die ungefähr 2,5 Mio. Menschen umfaßte,[1] fand im Zeitraum 1880 bis 1920 statt. Die Spitze der Auswanderung (ungefähr 200.000 Menschen pro Jahr) wurde im ersten Jahrzehnt des 20. Jahrhunderts erreicht. Das Ziel dieser Auswanderer war in erster Linie der amerikanische Kontinent. Viele gingen auch nach Mittel- und Westeuropa. Nur einige Tausend siedelten sich in Palästina an, das damals eine wenig beachtete Provinz des Osmanischen Reiches war. Dort schufen sie die Basis für erste jüdische Gemeinden in damals mehrheitlich arabisch besiedelten Städten, gründeten erste Kollektivdörfer auf freiwilliger Basis (Kibbuzim) und landwirtschaftliche Siedlungen (Moshavoth).

Die zweite Welle von einigem Umfang setzte in den frühen 70er Jahren des 20. Jahrhunderts ein, als 200.000 Juden die Sowjetunion verließen, fast 70% davon mit dem Ziel Israel, die meisten anderen mit dem Ziel USA (Tabelle 16.1): Bis 1974 ging die Mehrheit der 100.000 jüdischen Migranten nach Israel, während weniger als die Hälfte der 115.000 Juden, die die UdSSR zwischen 1975 und 1979 verließen, dorthin emigrierten. Während der 80er Jahre wählten nur ca. 30% der ungefähr 110.000 jährlich auswandernden Juden Israel als Zielland (CBS 1991a; HIAS 1992). Seit Beginn der 90er Jahre gibt es sogar eine nennenswerte jüdische Auswanderung nach Deutschland (1990–1995: 48.000; 110.000 offene Anträge).

1948, im Jahr der Gründung Israels, lebten rund 650.000 zumeist kurz zuvor eingewanderte Juden und rund 250.000 Araber im Land. Der größere Teil der arabischen Bevölkerung war 1947/48 geflohen oder vertrieben worden. In den ersten dreieinhalb Jahren seines Bestehens nahm der Staat Israel weitere 700.000 Einwanderer vor allem aus Polen, Rumänien, Nordafrika und dem Jemen auf (1948–1951). Diese wurden zum größten Teil rasch integriert. Bis 1993 absorbierte Israel weitere 2,3 Mio. Einwanderer aus aller Welt. Zur Zeit hat es fast 5,5 Mio. Einwohner (Stand Ende 1995), darunter fast 80% Israelis jüdischer und 19% arabischer Herkunft. 39% der Bevölkerung sind Migranten der ersten Generation. Seit 1989 ist Israel zum zweiten Mal innerhalb von 45 Jahren wieder Ziel einer Masseneinwanderung. Über 9% der Gesamtbevölkerung und ungefähr 11% der israelischen Juden immigrierten zwischen Ende 1989 und Ende 1992, davon rund 400.000 aus der früheren UdSSR.

Tabelle 16.1: Wanderung sowjetischer Juden nach Israel und in die USA 1965–1992

Zeitraum	insgesamt	Israel	USA	% nach Israel
1965–1969	8.000	7.600	400	95,4
1970–1974	101.500	95.800	5.700	94,3
1975–1979	112.600	54.000	58.700	47,9
1980–1984	37.400	10.900	26.500	29,1
1985–1989	70.300	17.900	52.300	25,4
1990	216.500	185.200	31.300	85,6
1991	182.600	147.800	34.700	81,0
1992	113.400	65.100	48.300	57,3

Quellen: Statistisches Zentralamt Israel; HIAS.

Die jüngste Einwanderungswelle (1989–1992), die mehr als 400.000 Menschen umfaßte, ist eine der drei größten jüdischen Einwanderungswellen in diesem Jahrhundert und die größte, die jemals aus einem einzigen Gebiet nach Israel strömte. Sie stellt 17% der gesamten Bruttowanderung seit der Unabhängigkeit dar.

Die von den USA seit den späten 80er Jahren applizierte Einwanderungsquote für die UdSSR/GUS und die Tatsache, daß osteuropäischen Auswanderern im Westen kein politisches Asyl mehr gewährt wird, haben die relative Größe des Migrationsstroms in die USA deutlich reduziert. Zur Zeit ist Israel das Ziel für 80% der jüdischen Auswanderer aus Rußland und anderen GUS-Staaten. Tatsächlich erreichte die jüdische Emigration aus der Sowjetunion in die USA in den Jahren 1990 und 1991 nicht einmal die festgesetzte Obergrenze von 40.000 pro Jahr.

Seit 1948 stellen Einwanderer aus der UdSSR in manchen Jahren einen erheblichen Anteil der Gesamteinwanderung nach Israel (Abbildung 16.1). In anderen Jahren war dieser Einwandererstrom dagegen so gut wie irrelevant. Diese Schwankungen hingen jeweils mit der in der UdSSR betriebenen Auswanderungspolitik zusammen. 1990/91 erreichte der Anteil der sowjetischen Emigranten mit 95% ein historisches Maximum.

Abbildung 16.1: Einwanderer nach Immigrationszeitraum und Ursprungsland (Jahresdurchschnitt in %)

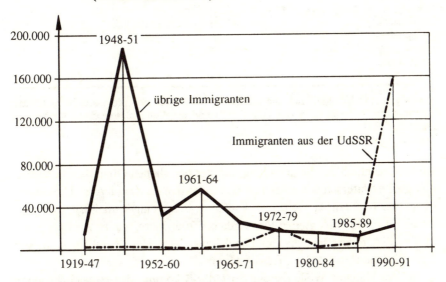

Die Altersverteilung der sowjetischen Einwanderer nach Israel und die von Einwanderern in andere Gebiete unterschied sich während der 70er und 80er Jahre deutlich: Nach Israel kamen höhere Prozentanteile sowohl älterer Menschen als auch von Kindern als in die USA. Im Gegensatz dazu gingen proportional mehr junge Erwachsene in die USA als nach Israel (Tabelle 16.2). Insgesamt waren die jüdischen Einwanderer, die nach Israel gingen, im Durchschnitt älter als jene mit dem Zielland USA. Bei den in den 90er Jahren nach Israel Eingewanderten änderte sich dieses Muster zugunsten jüngerer Leute.

Tabelle 16.2: Jüdische Bevölkerung in der UdSSR und Migration sowjetischer Juden nach Israel und in die USA nach Altersgruppen 1971–1991 (in %)

Zeitraum	0–14	15–44	45–64	65+
sowjetjüdische Bevölkerung (1)				
1970 (nur Rußland)	10	39	31	20
1979 (nur Rußland)	8	35	33	24
1989 (UdSSR)	8	33	35	24
sowjetjüdische Emigranten nach Israel				
1971–1975	23	45	22	10
1976–1978	23	42	21	13
1979–1980	21	40	23	16
1981–1988	21	42	20	17
1989–1991	23	47	18	12
sowjetjüdische Emigranten in die USA				
1971–1975	20	53	21	6
1976–1978	20	48	22	10
1979–1980	19	45	22	12
1981–1988	21	45	21	13
1989–1991	19	44	23	14

Anmerkung: (1) Volkszählung; die Zahlen für 1989 sind eine provisorische Schätzung aufgrund der Teilergebnisse von Tolz (1992) und der Volkszählungsdaten für Moskau (Altshuler 1991).
Quellen: Israel, CBS; HIAS.

Auch hinsichtlich der Schulbildung und der beruflichen Qualifikation bestanden große Unterschiede zwischen den jüdischen Einwanderern. Diejenigen, die in den 70er Jahren nach Israel kamen, waren weniger qualifiziert als jene, die direkt in die USA gingen. Am Ende der 70er Jahre, als die Zahl derer, die in die USA migrierten, die der Israeleinwanderer klar überstieg, hatte sich diese Situation umgekehrt (Tabelle 16.3).

Mit der jüngsten Welle der aus der UdSSR kommenden Israeleinwanderer wurde ein beträchtlicher Anteil der jüdischen Bevölkerung der früheren UdSSR und der jetzigen GUS-Staaten „verpflanzt". Im Rahmen der sowjetischen Volkszählung des Jahres 1989 wurden 1.450.000 deklarierte Juden gezählt. Wenn man dazu noch jene Juden rechnet, die unter anderen Nationalitäten registriert waren (wie Russen und Ukrainer), und wenn man die nichtjüdischen Familienmitglieder dieser Juden hinzuzählt, so belief sich das Migrationspotential nach Israel in der damaligen sowjetischen Bevölkerung zum Zeitpunkt der Zählung auf 2 bis 2,25 Mio. Menschen. Seitdem haben ungefähr 750.000 Juden bzw. Angehörige von Juden die GUS-Staaten verlassen.

Zur Zeit können nur mehr 1 Mio. Juden und einige hunderttausend mit Juden verwandte Personen in der GUS zurückgeblieben sein (Florsheim 1991).

Tabelle 16.3: Sowjetjüdische Migranten nach Israel und in die USA nach Berufsgruppen zum Migrationszeitpunkt 1971–1975 und 1989–1991 (in %)

Zeitraum	Akademiker, Wissenschaftler, Techniker, freie Berufe	Büro- und Handelsberufe	Arbeiter in Industrie, Dienstleistungssektor und Landwirtschaft
sowjetjüdische Emigranten nach Israel			
1971–1975	43	15	42
1989–1991	72	4	24
sowjetjüdische Emigranten in die USA			
1971–1975	51	14	33
1989–1991	60	10	30

Quellen: Israel CBS; HIAS.

Der Kollaps der Sowjetunion und das Auftreten neuer Nationalstaaten könnte eine Ausweitung der US-Quoten für Migranten aus diesen Gebieten bewirken. Es ist ziemlich schwierig, die Folgen dieser Nationalstaatenbildung auf die israelische Einwanderung vorherzusagen: Während etliche zukünftige Auswanderer die USA vorziehen dürften, haben die meisten inzwischen Verwandte und Freunde in Israel und könnten daher für die Familienzusammenführung optieren.

Die zur Zeit stattfindende Auswanderung aus den GUS-Staaten hat beträchtliche Auswirkungen auf den Wohnungsmarkt und die Bauindustrie Israels. Sie bewirkt eine Renaissance der russischen Sprache und Kultur in Israel und beeinflußt die Qualifikationsstruktur der Gesamtbevölkerung. Während der Wahlkampagne 1992 interessierten sich auch die traditionellen politischen Parteien für diese Einwanderer, da in Israel alle drei Monate vor der Wahl gemeldeten Einwanderer wählen dürfen. 1996 kandidierte bereits eine eigene Partei der Emigranten aus der ehemaligen Sowjetunion und errang sieben von 120 Parlamentssitzen.

Neben der Einwanderung aus den GUS-Staaten und anderen osteuropäischen Ländern gibt es derzeit auch eine staatlich organisierte Zuwanderung von Gastarbeitern aus Südostasien (z.B. Thailand). Die neu angeworbenen Arbeitskräfte sollen palästinensische Tagespendler von der Westbank und aus Gaza ersetzen, deren Einreise nach Israel als Sicherheitsrisiko gilt und die aufgrund periodisch verhängter Grenzsperren nicht regelmäßig an ihren Arbeitsplätzen in Israel erscheinen können.

16.2 Die Integrationspolitik und das Datensystem

Alle, die in Israel ankommen und sich als Einwanderer niederlassen, werden registriert. Sie bekommen eine Identitätsnummer (ID), so wie alle ständig niedergelassenen Einwohner des Landes bei ihrer Geburt oder bei der Einwanderung, und werden in das Bevölkerungsregister eingetragen. Durch dieses Verfahren werden die Einwanderer Teil der ständigen Bevölkerung des Landes. Die Eintragung im Bevölkerungsregister enthält neben der ID-Nummer folgende Informationen: Familienname, Vorname und Name des Vaters, Geschlecht, Geburtsjahr, Familienstand, Geburtsland, Einwanderungsjahr, Adresse in Israel, Religion, ethnische Zugehörigkeit sowie legaler Status (israelischer Staatsbürger, Niedergelassener oder zukünftiger Niedergelassener). Das Personenfile wird – wenn vorhanden – mit dem von Ehegatten und Kindern zu einem Familienfile zusammengefaßt.

Entgegen der in den meisten europäischen Ländern üblichen Praxis – aber analog zur Behandlung deutschstämmiger Aussiedler in der Bundesrepublik Deutschland – bekommen Ausländer, die nach dem Rückkehrgesetz von 1950 als Einwanderer zugelassen wurden, automatisch die israelische Staatsbürgerschaft, außer sie verweigern sie formell innerhalb von drei Monaten nach Ankunft oder Niederlassung. Das Rückkehrgesetz wird auf alle jüdischen Einwanderer und deren Familienmitglieder angewendet. Im Gesetz angeführte Ausnahmen betreffen Träger ansteckender Krankheiten oder verurteilte Kriminelle. Menschen, die sich nicht mit Hilfe der Vorschriften des Rückkehrgesetzes ansiedeln können, oder diejenigen, die es vorziehen, es nicht in Anspruch zu nehmen, können um das Niederlassungsrecht oder die Staatsbürgerschaft ansuchen und diese aufgrund des Staatsbürgerschaftsrechts von 1952 erhalten.

Die Registrierung im Bevölkerungsregister ermöglicht es den Einwanderern und ihren Familien, eine Identitätskarte und während eines bestimmten Zeitraums nach der Ankunft eine Reihe von Vergünstigungen in Anspruch zu nehmen. Bis 1990 reichten diese individuellen oder familiären Vergünstigungen von der Zahlung der Aufwendungen für die erste Unterbringung (in billigen Hotels ein paar Tage oder Wochen lang) über die Bezahlung der Wohnungsmiete (zumeist ein oder zwei Jahre lang), niedrig verzinste Kredite zum Erwerb einer Wohnung (Laufzeit mehrere Jahre), gebührenfreie Hebräischkurse, Hilfe und Spezialunterricht für die Kinder, Krankenversicherung, Berufsorientierungs- und Umschulungskurse, bis zur Befreiung von der Einkommenssteuer und einer verringerten Mehrwertsteuer für den Kauf von Einrichtungsgegenständen und Autos.

Mitte 1990 wurden die meisten Sozialleistungen und Steuerbefreiungen abgeschafft. Sie werden seither als Teil einer Gesamtleistung direkt ausgezahlt. Diese Transfers (sog. „absorption basket") bekommt eine Familie ein Jahr lang zur Verwendung nach eigenem Belieben. Andere Leistungen, wie z.B. Steuererleichterungen beim Autokauf, wurden der geänderten Situation angepaßt.

Auf der Basis der Eintragung der Einwanderer bei der Registrierung, der Änderung der persönlichen Angaben im Bevölkerungsregister und der Grenzübertrittsangaben (durch das Grenzkontrollsystem des Landes) bereitet das Statistische Zentralamt Israels (im folgenden als CBS abgekürzt) statistische Daten über die Ein- und Auswanderung auf (CBS 1991a). Während der 70er und frühen 80er Jahre vervollständigte das CBS diese Datenquellen mit einer Serie von speziellen Follow-up-Befragungen. Repräsentative Stichproben von erwachsenen Einwanderern aus den wichtigsten Herkunftsländern wurden in einem zeitlichen Abstand von drei bis fünf Jahren nach ihrer Ankunft wiederholt.

Details über ihren persönlichen Hintergrund, Änderungen der Wohnsituation, Erfolg oder Mißerfolg auf dem Arbeitsmarkt, Gebrauch und Beherrschung der hebräischen Sprache sowie Daten über soziale und kulturelle Integration wurden gesammelt und zu einer Tiefenanalyse und zur Erarbeitung von sozialen und politischen Maßnahmen verwendet. Die Einwanderung aus der UdSSR wurde immer mit besonderer Aufmerksamkeit verfolgt (siehe z.B. CBS 1982).

Seit Beginn der 90er Jahre führt das Israelische Statistische Zentralamt eine ähnliche, aber weniger detaillierte Untersuchung unter UdSSR-Einwanderern durch. Über einige Ergebnisse dieser ersten Runde der neuen Studie, die Anfang 1991 mit einem Sample von 1.200 Einwandererhaushalten (diese Einwanderer kamen zwischen Januar und Juni des Jahres 1990 nach Israel) durchgeführt wurde, wird hier berichtet (CBS 1991b). Eine zweite Runde wurde im Winter 1991/92 mit einem ähnlichen Einwanderer-Sample aus der größeren Kohorte der im Zeitraum Oktober bis Dezember 1990 Angekommenen (mehr als 83.000 Menschen) durchgeführt und im Jahr darauf wiederholt.

Als weitere offizielle Informationsquellen über den Aufnahmeprozeß von Einwanderern in Israel können so gut wie alle laufenden oder speziellen Studien verwendet werden, die das CBS durchführt. Ein typischer israelischer Fragebogen enthält nämlich immer Routinefragen über das Einwanderungsjahr und den Geburtsort. Die Volkszählung der Haushalte und der Bevölkerung von 1994 ist, ähnlich der von 1983 (CBS 1989a), eine weitere ergiebige Quelle für direkte Informationen über die Lebensbedingungen der neuen Einwanderer aus der ehemaligen Sowjetunion.

16.3 Demographische Charakteristika

Israel hat zwar eine langsam alternde Bevölkerung, doch immer noch eine der jüngsten aller entwickelten Industrieländer. Der Anteil der über 65jährigen beträgt derzeit nur 9%. Die in der früheren UdSSR lebenden Juden sind im Schnitt wesentlich älter. Laut Volkszählung 1989 erreichte der Anteil von Senioren bei ihnen fast 24%. Die Einwanderer der 90er Jahre aus der ehemaligen Sowjetunion wiesen anfangs eine Altersstruktur auf, die der aufnehmenden israelischen Bevölkerung ähnlich war, sich jedoch später der des Herkunftslandes annäherte. So stieg der Anteil der über 65jährigen kontinuierlich von 10,4% auf 14,6% (1992). Dasselbe gilt für den Anteil der sehr Alten (75 Jahre und darüber). Diese Entwicklung dürfte eine Folge zweier Faktoren sein: Erstens könnte es sein, daß die Selbstselektivität zuerst die Einwanderung relativ junger Leute bedingte und erst später auch die Älteren mit einschloß. Zweitens ist zu vermuten, daß die jüdische Bevölkerung und ihre Verwandten, die in der GUS zurückblieben, im Durchschnitt ständig älter werden.

Letzteres ist auch das Resultat der relativ niedrigen Fertilität (durchschnittliche Kinderzahl pro Frau: 1,6–1,7; Darsky 1991) jüdischer Ehepaare in der früheren Sowjetunion und der geringeren Neigung auszuwandern, solange die Kinder noch klein sind (CBS 1991c).

Frauen, die nach Israel kommen, sind im Schnitt älter als Männer. 15% waren 1990/91 über 65 Jahre alt. Dem stehen rund 10% an Männern in dieser Altersgruppe gegenüber. Trotzdem ist die Migrantenpopulation aus der UdSSR altersmäßig immer noch jünger als der Durchschnitt der Bevölkerung, aus der sie stammt.

Tabelle 16.4: Demographische Charakteristika der sowjetischen Einwanderer in Israel 1990–1992 (in %)

	1990	1991	1992
insgesamt	185.234	147.810	65.100
Männer	47,3	46,7	47,2
Altersverteilung			
0–14	22,8	20,6	20,0
15–65	65,1	65,7	65,4
65+	12,1	13,7	14,6
Familienstand (15 Jahre und älter)			
niemals verheiratet	15,0	17,1	18,5
verheiratet	69,3	63,8	59,3
geschieden	6,3	8,6	11,2
verwitwet	9,4	10,5	11,0

Quelle: Israelisches Statistisches Zentralamt, Daten aus dem Bevölkerungsregister.

Die Einwanderer des Jahres 1990 aus verschiedenen Nachfolgestaaten der ehemaligen Sowjetunion wiesen jeweils unterschiedliche Altersmuster auf: Verglichen mit dem Gesamtdurchschnitt von 13% entfielen auf Migranten aus der Ukraine und Moldawien die höchsten Anteile alter Menschen (17–18%). Jene aus Weißrußland und dem Baltikum lagen etwas über dem Durchschnitt, während nur ungefähr 11% der Migranten aus Rußland und nicht einmal 9% derer aus den asiatischen Republiken 65 Jahre und älter waren.

Da die Fruchtbarkeit niedrig und das Alter relativ hoch ist, sind die Familien (die den überwiegenden Teil der sowjetischen Einwanderer nach Israel stellen) ziemlich klein. Trotzdem können die Haushalte wesentlich größer als die Kernfamilie sein, da oft mehr als zwei Generationen im selben Haushalt zusammenleben. Ein dafür typisches Beispiel ist das Ehepaar mit einem Kind und einem (oder mehreren) älteren Familienmitgliedern. Familienkerne mit einem Elternteil und zwei oder drei Generationen sind ebenfalls ziemlich häufig, verglichen mit ihrem seltenen Vorkommen (weniger als 5%) unter den schon länger ansässigen Israelis. Dementsprechend waren 87% der erwachsenen Frauen unter den Migranten 1990–1991 verheiratet gewesen (verglichen mit 76% in Israel), aber fast 30% von ihnen waren entweder geschieden (9–10%) oder verwitwet (15–16%).

Die demographische und sozioökonomische Struktur der sowjetischen Einwanderer nach Israel änderte sich während der Jahre 1990/91. 1990, als der Strom anwuchs, waren die Strukturen hinsichtlich des Alters, des Familienstatus, der Ausbildung und der früheren Beschäftigung bis zu einem gewissen Grad „günstiger" als 1991/92, als die Zahl der Neuangekommenen langsam sank.

16.4 Beruflicher Hintergrund und gegenwärtige Beschäftigungssituation

Die laufende Einwanderungswelle aus der früheren UdSSR umfaßt einen ungewöhnlich hohen Anteil gut ausgebildeter Menschen. Dementsprechend wurden bei der Einreise viele (74% der Erwachsenen im Alter über 15 im Jahr 1990 und immer noch 68% im Jahr 1991) als für eine akademische, wissenschaftliche oder einem verwandten Bereich angehörende Anstellung geeignet registriert. Bei Juden aus dem europäischen Teil der ehemaligen Sowjetunion gibt es ähnlich hohe Anteile hochqualifizierter Wissenschaftler und Akademiker. Bei den aus zentralasiatischen Republiken stammenden Einwanderern ist dieser Anteil zwar geringer, macht aber immer noch mehr als 60% aus. Sogar wenn die Angaben bei der Registrierung übertrieben waren und das hochqualifizierte Segment geringer sein sollte, bedeutet der große Zustrom von Akademikern, Wissenschaftlern, Ingenieuren und Künstlern potentiell einen außergewöhnlichen Brain-Gain für Israel. Es wäre daher eine wichtige Aufgabe der politischen Entscheidungsträger Israels, den möglichen Brain-Waste zu minimieren. Trotzdem entsprechen etliche Qualifikationen einfach nicht den Anforderungen der israelischen Wirtschaft und Gesellschaft. Das ist z.B. bei Ingenieuren der Fall, die vielfach auf sehr spezifische oder in Israel nicht mehr gebrauchte Fachgebiete spezialisiert sind. Natürlich braucht Israel keine Ingenieure für den Bau transsibirischer Eisenbahnen oder Agronomen für subarktische Bauernhöfe. Teilweise besteht aber auch das Problem des beruflichen Überangebots. So kamen z.B. innerhalb von nur zwei Jahren 10.000 Menschen nach Israel, die ihren Beruf mit Arzt angaben.

Das entsprach ungefähr 3.000 pro 100.000 Einwanderern oder 4% aller Ärzte der früheren UdSSR.

Obwohl diese Zahl relativiert werden muß (wie die Anzahl der sich tatsächlich um das ius practicandi Bewerbenden und die Frequentierung der beruflichen Weiterbildungskurse für Ärzte beweisen), werden sich dennoch 6.000 bis 7.000 in die bereits 14.000 Personen umfassende aktive Ärzteschaft Israels eingliedern wollen. Wenigstens kurzfristig erscheint es unrealistisch, eine Steigerung um 50% bei den medizinischen Berufen in einem kleinen Land wie Israel zu erwarten, das von einem Netz von ca. 190 Spitälern und Hunderten Erste-Hilfe-Stationen (die immer mit einem der über 100 öffentlichen, halböffentlichen oder gemeinnützigen Spitäler in Verbindung stehen) versorgt wird. 1989 waren die meisten Parameter für die medizinische Grundversorgung nach jeglichem westlichen Standard zufriedenstellend, darunter auch das Arzt-Einwohner-Verhältnis von 1 zu 320.

Tabelle 16.5: Vor ihrer Emigration erwerbstätige sowjetische Einwanderer nach Israel (15 Jahre und älter) nach Berufen 1990–1992

	1990	1991	1992
über 15jährige insgesamt	142.900	117.400	52.000
in der UdSSR berufstätig	96.000	79.700	33.700
Erwerbsquote (in %)	67,2	67,9	64,8
Berufe (in %)			
Wissenschaftler und Akademiker	39,4	36,2	32,7
davon: Ingenieure und Architekten	25,6	23,3	20,0
Ärzte, Zahnärzte	6,2	4,4	3,8
anderes hochqual. u. techn. Personal	34,6	33,2	32,9

Quelle: Israelisches Statistisches Zentralamt, Daten aus dem Bevölkerungsregister.

Dasselbe gilt für die 43.000 gemeldeten eingewanderten Ingenieure und Architekten, die 1990 und 1991 ankamen, und von denen einige hofften, sofort zu den 27.000 bereits vor 1989 in Israel niedergelassenen Ingenieuren und Architekten stoßen zu können. Analog präsentiert sich die Situation auch für etliche tausend Musiker, Schauspieler und andere Künstler. Eine wichtige Ausnahme könnten die 4.000 bis 5.000 eingewanderten Krankenschwestern darstellen, die zu einer Gruppe von 40.000 Kolleginnen stoßen werden. Krankenpflegeberufe sind eine Sparte, in der ein häufiger Wechsel stattfindet und in der die Nachfrage normalerweise das Angebot übersteigt.

Die Probleme und Dilemmatas der Integration neuer Einwanderer in den israelischen Arbeitsmarkt werden anhand der Struktur der Geschlechtszugehörigkeit und des Alters in der untersuchten Stichprobe von Einwanderern, die zwischen Januar und Juni 1990 ankamen, nur teilweise offengelegt. Es könnte sich hier auch um eine spezielle Gruppe handeln, die die Chance hatte, mit der ersten Auswanderungswelle nach Israel zu kommen, als berufliche Positionen noch weitgehend offenstanden.

Tabelle 16.6: Sowjetische Einwanderer des Zeitraums Januar bis Juni 1990 im Alter ab 15 Jahren nach Dauer des Aufenthalts in Israel, Stellung im Erwerbsleben und Geschlecht (in %)

	Aufenthaltsdauer in Israel (in Monaten)			
	6–8	9–11	12+	insgesamt
Erwerbspersonen insgesamt	51,9	57,4	59,3	56,6
davon: beschäftigt	68,4	69,3	76,3	70,6
nicht beschäftigt	31,6	30,7	23,7	29,4
nicht erwerbstätige Bevölkerung	47,9	42,4	40,7	43,6
Männer	64,6	67,7	70,6	67,0
davon: beschäftigt	74,5	77,1	85,5	78,1
nicht beschäftigt	25,5	22,9	14,5	21,9
nicht erwerbstätige Bevölkerung	35,4	32,3	29,4	32,5
Frauen	41,1	48,4	50,5	46,8
davon: beschäftigt	60,2	59,7	66,2	61,4
nicht beschäftigt	39,8	40,3	33,8	38,6
nicht erwerbstätige Bevölkerung	58,9	51,6	49,5	53,2

Anmerkung: Die Werte des 95%-Konfidenzintervalls liegen zwischen 1,7 und 4,2% in der Summenspalte und unter 8,9% in den anderen Spalten.

Zwei Drittel der erwachsenen Männer und 47% der erwachsenen Frauen in diesem Sample waren schon 6 bis 13 Monate nach ihrer Ankunft in den Arbeitsmarkt integriert (Tabelle 16.6), doch das Niveau der Arbeitslosigkeit war mit 30% immer noch hoch, gemessen an der Arbeitslosenrate von 9% in der sonstigen Bevölkerung. Unter den Einwanderern der 90er Jahre war die Arbeitslosigkeit in jeder Altersklasse sehr hoch, am höchsten aber bei Frauen und bei über 45jährigen (CBS 1991b).

Vielen in der ohnehin schon kleinen Gruppe bereits angestellter Akademiker und Hochqualifizierter gelang es nicht, einen Job zu bekommen, in dem sie ihre Qualifikationen nutzen konnten. So arbeiteten z.B. 10 Monate nach ihrer Ankunft nur 20% der männlichen und nur 5% der weiblichen Ingenieure und Architekten[2] in ihrem ursprünglichen Beruf. 50% der männlichen Ingenieure waren in anderen Fachgebieten beschäftigt, und 20% waren immer noch arbeitslos. Diese Erfahrung unterscheidet sich gravierend von derjenigen der in den frühen 70er Jahren nach Israel gekommenen sowjetischen Einwanderer. Zu dieser Zeit hatte nur eine Minderheit der gut Ausgebildeten ihr Fachgebiet ein Jahr nach ihrer Ankunft gewechselt (CBS 1982; Sabatello 1979). Verglichen mit den hochqualifizierten ex-sowjetischen Einwanderern von 1990 und 1991 hatten die „Halbgebildeten" eher die Möglichkeit, überhaupt angestellt zu werden und eine ähnliche Beschäftigung wie in der Heimat zu finden (CBS 1991b).

Tabelle 16.7: In Israel erwerbstätige sowjetische Einwanderer der Phase Januar bis Juni 1990 im Alter über 15 Jahre nach dem in Israel und vor der Emigration ausgeübten Beruf und nach Geschlecht (in %)

	in Israel erwerbstätig			vor der Einw. erwerbstätig		
	Männer	Frauen	insg.	Männer	Frauen	insg.
Zuwanderer insg. (1)	9.100	5.800	14.900	13.700	13.200	26.900
Wissenschaftler und akadem. Personal	9,0	8,7	8,9	30,5	37,6	34,0
anderes qual. u. akadem. Personal	10,5	18,1	13,4	16,3	27,4	21,8
leitende Ang. u. Manager	–	–	–	11,3	4,1	7,7
Büropersonal	(1,4)	6,9	3,5	2,4	13,4	7,8
Beschäftigte im Handel	(2,3)	–	2,2	3,4	4,5	4,0
Beschäftigte im Dienstleistungssektor	12,4	36,4	21,8	2,9	5,8	4,3
Beschäftigte in d. Landw.	(1,9)	(2,3)	(2,0)	–	–	–
Facharb. in d. Industrie	48,4	18,1	36,6	32,5	6,4	19,6
andere Industriearbeiter und Hilfsarbeiter	13,3	7,4	11,0			(0,8)

Anmerkung: (1) In der Zabelle sind auch Migranten mit unbekannter Beschäftigung enthalten. Das 95%-Konfidenzintervall für jeden Wert liegt unter 5,2%. Die Werte in Klammern sind Schätzungen mit höheren relativen Stichprobenfehlern.

Zehn Monate nach der Ankunft der Migranten in Israel unterschied sich die Struktur ihrer beruflichen Stellung substantiell von den Positionen und Jobs, die sie innegehabt hatten, bevor sie die UdSSR verließen (Tabelle 16.7). Die Unterschiede spiegeln größtenteils die Selektion beim Eintritt in den israelischen Arbeitsmarkt wider. Viele Einwanderer mußten Arbeitsplätze annehmen, die unter dem Niveau ihrer früheren Beschäftigung lagen. Bei diesen

„niedrigen" Tätigkeiten ersetzten sie oft Arbeitskräfte ohne israelische Staatsbürgerschaft, vor allem Palästinenser von der Westbank und aus Gaza. Trotzdem fällt auf, daß es Einwanderern, die kurz vor 1990 nach Israel kamen, viel eher gelang, Positionen zu erreichen, die ihren zuvor erworbenen Fähigkeiten entsprachen.

16.5 Erneute Auswanderung von Immigranten

Die Auswanderung war und ist in Israel viel geringer als die Einwanderung, aber dennoch kein zu vernachlässigender Faktor. Seit der Unabhängigkeit haben mindestens 10% aller Einwanderer das Land wieder verlassen (Sabatello 1994). Diese Auswanderung geschieht zumeist in den ersten Jahren nach der Ankunft im Land. Daher gilt: Je größer die Einwanderung in einem bestimmten Zeitraum war, desto größer war ein paar Jahre später auch die aus dieser Bevölkerungsgruppe stammende Zahl der Auswanderer. Aus dem Grenzkontrollregister des Landes[3] läßt sich jederzeit ersehen, wer das Land auf Dauer verlassen hat, wer zurückgekommen ist und wer sich noch dort aufhält. Ein ununterbrochener Auslandsaufenthalt von mehr als einem Jahr ist ein zuverlässiger Indikator für eine beabsichtigte längerfristige beabsichtigte Emigration (CBS 1991d). Für neu angekommene Einwanderer kann jedoch schon ein kürzerer Zeitraum kontinuierlicher Abwesenheit genügen, um ihre Absicht zu bestärken, sich nicht in Israel niederzulassen (CBS 1989b).

Die vorhandenen Daten zeigen, daß die Zahl der bereits mehr als ein Jahr im Ausland lebenden Israelis während des letzten Jahrzehnts um 10.000 bis 15.000 zugenommen hat. Bezogen auf die Einwanderer der 70er Jahre aus der UdSSR und aus anderen früher kommunistischen Ländern läßt sich sagen, daß sich 3 bis 7% der erwachsenen Einwanderer aus Osteuropa nach drei Jahren Israelaufenthalt bereits mehr als drei Monate lang im Ausland aufhielten. Nach fünf Jahren betrug diese Auswanderungsrate je nach Migrationskohorte 9 bis 11%. Hochqualifizierte Einwanderer wanderten eher aus als andere (CBS 1989b). Die Anteile sind allerdings wesentlich niedriger als diejenigen für israelische Einwanderer aus westlichen Ländern.

Für die jüngste Einwanderungswelle der 90er Jahre aus der UdSSR kann man natürlich noch keinen klaren Trend zur Wiederauswanderung feststellen. Aber die auf den Daten der 90er Jahre basierenden israelischen Bevölkerungsprognosen bis 2005 (CBS 1992a) berücksichtigen die bisherigen Auswanderungstrends bei den osteuropäischen und sowjetischen Einwanderern sowie die bildungs- und berufsspezifische Zusammensetzung der neuen Einwanderer. Dementsprechend wird geschätzt, daß die Auswanderungsrate 15% aller zwischen 1990 und 1995 eingewanderten Personen ausmachen wird. Die meisten dieser Auswanderer werden nicht zurück in die GUS-Staaten gehen, sondern versuchen, in einem westeuropäischen Land oder in Nordamerika Fuß zu fassen.

16.6 Schlußfolgerungen

Die statistische Registrierung der Einwanderer nach Israel belegt nicht nur den erheblichen Umfang der letzten Einwanderungswelle, sondern auch die sozioökonomischen Charakteristika der sowjetischen und postsowjetischen Neuankömmlinge der 90er Jahre. Zur Zeit ist die Hauptfrage noch, wie Israel diese Einwanderer integrieren und den möglichen Brain-Gain ausnützen kann, mit dem sich das Land konfrontiert sieht.

Zwischen 1989 und 1992 nahm die israelische Bevölkerung durch die Einwanderung aus der UdSSR bzw. den GUS-Staaten um 10% zu. Unter den neuen Einwanderern beträgt der Anteil an Akademikern und hochqualifizierten Technikern 65 bis 70%, wodurch sich der Anteil der Bewohner Israels mit diesen Qualifikationen um rund ein Drittel erhöhte. Es scheint unausweichlich, daß ein Teil derer, die in der früheren Sowjetunion in hochqualifizierten Berufen arbeiteten, für eine gewisse Zeit gezwungen sein wird, weniger qualifizierte Arbeit in Israel anzunehmen. Das trifft insbesondere auf Migranten zu, die bei ihrer Ankunft über 40 Jahre alt sind, auf Frauen und auf all diejenigen, für die eine geeignete Umschulung schwer oder unmöglich ist. Das war zumindest die Erfahrung der sowjetischen Einwanderer der 70er Jahre, wobei das Ausmaß und die Auswirkungen dieser Migrationsbewegung auf den bereits bestehenden israelischen Arbeitsmarkt geringer waren, wodurch diese Einwanderer schneller eingegliedert werden konnten als der derzeitige Einwanderungsstrom.

Anmerkungen

1 Verschiedene Quellen sind bei Kuznets (1960) zitiert.
2 In der Befragung ließen sich Beschäftigungsverhältnisse besser feststellen als durch Registrierung an der Grenze (siehe oben).
3 Jede/r Ansässige muß beim Verlassen oder Betreten des Landes ein Aus- und Einreiseformular ausfüllen, welches im computerisierten Grenzkontrollregister erfaßt wird.

Literatur

AA. VV. (1991), *Atti della Conferenza Internazionale sulle Migrazioni*. OCSE e Presidenza Del Consiglio dei Ministri. Rom

Aasland, A. (1994), „The Russian Population in Latvia: An Integrated Minority?", in: *The Journal of Communist Studies and Transition Politics* 1994, S. 233–260

Abrikosov, A./V. Leskov (1993), „Academian Abrikosov finds Pluses in 'Brain Drain' to the West", *Datenbank SVNW 93-NW-00023717 930506* (englische Übersetzung des russischen Artikels aus Isvestija vom 5. 5. 1993, S. 5)

AI (1995), *amnesty international Jahresbericht 1995*. Frankfurt/M.

Airey, C. (1984), „Social and Moral Values", in: R. Jowell/C. Airey (Hg.), *British Social Attitudes: The 1984 Report*, Aldershot, S. 121–145

Akpambajeva, S. (1994), „Nationale Zusammensetzung Kasachstans". *Central Asia & Kasakhstan* 4. 8. 1994, S. 16–17 (russisch)

Albrich, T. (1995), „Zwischenstation des Exodus. Jüdische Displaced Persons und Flüchtlinge nach dem Zweiten Weltkrieg", in: G. Heiss/O. Rathkolb (Hg.), *Asylland wider Willen. Flüchtlinge im europäischen Kontext seit 1914*, Wien

Allachverdjan, A. (1991), „The Presidents Decree Hasn't Stopped the Brain Drain from the USSR Academy of Sciences", *Datenbank SVNW 91-BE-00000851 911128* (englische Übersetzung des russischen Artikels aus Nezavissimaja Gazeta vom 26.11.1991, S. 6)

Altshuler, M. (1991), „Socio-demographic Profile of Moscow Jews", in: L. Dymerskaya-Tsigelman/I.E. Cohen (Hg.), *Jews and Jewish Topics in the Soviet Union and Eastern Europe*. Center for Research and Documentation of East European Jewry 3/16, Hebrew University, Jerusalem, S. 24–40

Altzinger, W. (1992), „Ost-West-Migration ohne Steuerungsmöglichkeiten?", in: *Working Paper des Instituts für Volkswirtschaft der WU Wien 15*, Wien

Aly, G. (1995), *Endlösung. Völkerverschiebung und der Mord an den europäischen Juden*, Frankfurt/M.

Ambrosini, M. (1992), „L'inserimento lavorativo degli immigrati: il caso della Lombardia", *Quaderni ISMU* 4, Mailand

Angenendt, St. (1992), *Ausländerforschung in Frankreich und der Bundesrepublik Deutschland. Gesellschaftliche Rahmenbedingungen und inhaltliche Entwicklung eines aktuellen Forschungsbereiches*, Frankfurt/M. – New York

Anuarul Statistic al României 1994 (Statistisches Jahrbuch Rumäniens 1994), Bukarest

Aubakirov, B. (1995), „Craving for Renewal", *The Current Digest of the Post Soviet Press* vom 29.3.1995, S. 23 (englische Übersetzung des Artikels aus Segodnja 1.3.1995, S. 3)

Bade, K.J. (1983), „Vom Auswanderungsland zum Einwanderungsland? Deutschland 1880–1980", in: *Beiträge zur Zeitgeschichte* 12, Berlin

Bade, K.J. (Hg.) (1990), *Neue Heimat im Westen: Vertriebene, Flüchtlinge, Aussiedler*, Münster

Bade, K.J. (Hg.) (1992a), *Deutsche im Ausland – Fremde in Deutschland. Migration in Geschichte und Gegenwart*, München

Bade, K.J. (Hg.) (1992b), *Migration in Geschichte und Gegenwart*, München

Baletić, Z/I. Baučić (1979), „Population, Labour Force and Employment in Yugoslavia", *Forschungsberichte des Wiener Instituts für Internationale Wirtschaftsvergleiche* 54, Wien

Basok, T./ R.J. Brym (Hg.) (1991), *Soviet-Jewish Emigration and Resettlement in the 1990s*, Toronto

Batalov, E. (1995), „Tschetschenien ist wie ein Spiegel Rußlands", in: *Rossijskaja Federacija* 4, S. 4–5 (russisch)

Bauböck, R. (1991), „Einwanderungs- und Minderheitenpolitik: Ein Plädoyer für neue Grundsätze", *Österreichische Zeitschrift für Soziologie* 3, S. 42–56

Bauböck, R. (1994), *Transnational Citizenship Membership and Rights in International Migration*, Aldershot

Bauböck, R. (1996), „'Nach Rasse und Sprache verschieden'. Migrationspolitik in Österreich von der Monarchie bis heute", *Reihe Politikwissenschaft* 31, IHS

Baučić, I. (1973), „Radnici u inozemstvu prema popisu stanovništva Jugoslavije 1971. Godine" (Jugoslawische Arbeitskräfte im Ausland nach den Ergebnissen der Volkszählung 1971), *Migracije radnika knj.* 4, Radovi instituta za geografiju Sveučilišta u Zagrebu, Zagreb

Berezovskij, V. (1994), „Der Flüchtlingsstrom schwillt ab", *Rossijskaja gazeta* vom 21.9. 1994, S. 6 (russisch)

Bethlehem, S. (1982), *Heimatvertreibung, DDR-Flucht, Gastarbeiterzuwanderung. Wanderungsströme und Wanderungspolitik in der Bundesrepublik Deutschland*, Stuttgart

Bezlov, T. (1991), „Political Attitudes in the Preelection Situation", *Cultura Newspaper* 58

Bhagwati, J.N. (1984), „Incentives and Disincentives: International Migration", *Weltwirtschaftliches Archiv* 4, S. 678–701

Biffl, G. (1986), „Der Strukturwandel der Ausländerbeschäftigung in Österreich", in: H. Wimmer (Hg.), *Ausländische Arbeitskräfte in Österreich*, Frankfurt/M. – New York, S. 33–88

Biffl, G. (1990), „Wandel in der Ausländerpolitik als Folge der Öffnung Osteuropas", *WIFO-Monatsberichte* 10, S. 557–561

BIGA (Bundesamt für Industrie, Gewerbe und Arbeit) (Hg.) (1987), *Die arbeitsmarktlichen Vorschriften*, Bern

BIGA/BFA (Bundesamt für Industrie, Gewerbe und Arbeit/Bundesamt für Ausländerfragen) (Hg.) (1991), *Bericht über Konzeption und Prioritäten der schweizerischen Ausländerpolitik der neunziger Jahre*, Bern

Birrel, R./T. Birrell (1990), *An Issue of People*, Melbourne

Bischof, H. (1991), *Das Ende der Perestrojka? Systemkrise in der Sowjetunion*, Forschungsinstitut der Friedrich-Ebert-Stiftung, Bonn

Black, R./R. Vaughan (Hg.) (1993), *Geography and Refugees: Patterns and Processes of Change*, London – New York

Blattner, N./H. Schwarz/G. Sheldon (1985), „Die Ausländerbeschäftigung als Determinante von Wirtschaftswachstum und Produktivität in einem Industrieland: Das Beispiel der Schweiz", in: H. Giersch (Hg.), *Probleme und Perspektiven der weltwirtschaftlichen Entwicklung*, Jahrestagung des Vereins für Socialpolitik, Berlin

Bohmann, A. (1969), *Menschen und Grenzen*, Band 2: Bevölkerung und Nationalitäten in Südosteuropa, Köln

Böhning, W.R. (1991), „International Migration to Western Europe: What to Do?", Vortrag im Rahmen der *European Population Conference*, 21. bis 25. 10., Paris

Bolkestein, F. (1991), „Integratie van minderheden moet met lef worden aangepakt", *De Volkskrant* vom 12.9.1991

Booth, H. (1992), *The Migration Process in Britain and West Germany. Two Demographic Studies of Migrant Populations*, Hongkong – Singapur – Sidney

Borner, S./A. Brunetti/Th. Straubhaar (1990), *Schweiz AG? Vom Sonderfall zum Sanierungsfall?*, Zürich

Borner, S./A. Brunetti/Th. Straubhaar (1994), *Die Schweiz im Alleingang*, Zürich

Braun, A. (1987), „Structural Change and its Consequences for the Nationalities in Romania", in: R. Schönfeld (Hg.), *Nationalitätenprobleme in Südosteuropa*, München, S. 181–196

Brie, M./E. Böhlke (1992), *Rußland wieder im Dunkeln. Ein Jahrhundertstück wird besichtigt*, Berlin

Brubaker, R. (1991), „Immigration and Ethnic Questions in Eastern Europe: Historical and Comparative Perspectives", Vortrag im Rahmen der Konferenz *The New Europe and International Migration*, 25. bis 27. 11, Turin

Brubaker, R. (1994), *Citizenship and Nationhood in France and Germany*, Cambridge/Mass.

Brüschweiler, C. (1939), „Bevölkerung", in: *Handbuch der Schweizer Volkswirtschaft*, Band 1, Bern, S. 251–254

Bundesamt für Statistik (Hg.) (1990), *Statistisches Jahrbuch der Schweiz 1990*, Zürich

Bundesamt für Statistik (Hg.) (1995), *Statistisches Jahrbuch der Schweiz 1995*, Zürich

Bundesanstalt für Arbeit (Hg.), *Amtliche Nachrichten der Bundesanstalt für Arbeit*, Nürnberg

Bundesanstalt für Arbeit (Hg.) (1995), „Arbeitsmarkt 1994", in: *Amtliche Nachrichten*, Sondernummer vom 16. 5. 1995, Nürnberg

Bundesblatt (1988), „Bericht über die Stellung der Schweiz im europäischen Integrationsprozess" vom 24. 8. 1988, in: *Bundesblatt IV/1988*, S. 121ff.,Bern

Bundesblatt (1990), „Informationsbericht des Bundesrates über die Stellung der Schweiz im europäischen Integrationsbericht" vom 26. 11. 1990, in: *Bundesblatt IV/1990*, S. 291ff., Bern

Bundesblatt (1991), „Bericht des Bundesrates zur Ausländer- und Flüchtlingspolitik" vom 15. 5. 1991, *Bundesblatt III/1991*, S. 291ff., Bern

Bunle, H. (1943), „Mouvements migratoires entre la France et l'étranger", in: *Études démographiques* 4, Service national de la statistique, Paris

Carrier, N./J.R. Jeffery (1953), *External Migration: A Study of the Available Statistics 1815–1950*, HMSO, London

Castles, St. (1989), *Migrant Workers and the Transformation of Western Societies*, Ithaca, N.Y.

Castles, St. (1992), *Mistaken Identity: Multiculturalism and the Demise of Nationalism in Australia*, Sidney
Castles, St./M.J. Miller (1993), *The Age of Migration. International Population Movements in the Modern World*, Basingstoke – London
Cattacin, S. (1987), „Neokorporatismus in der Schweiz – Die Fremdarbeiterpolitik", in: *Kleine Studien zur Politischen Wissenschaft* 243/244, Forschungsstelle für Politische Wissenschaft, Universität Zürich
CBS (Israel Central Bureau of Statistics) (Hg.) (1982), „Immigrants from USSR – The First Five Years in Israel" *Special Series* 682, Jerusalem
CBS (Hg.) (1988), „Evaluation de l'émigration d'Israel: mesures actuelles et perspectives", in: Aidelf (Hg.), *Les migrations internationales*, Paris
CBS (Hg.) (1989a), „Immigrants from USSR 1970–1983", in: *Special Series* 846, Jerusalem
CBS (Hg.) (1989b), „Immigrants Who Left Israel and Did Not Return (Immigrants 1969/70–1986)", in: *Supplement to the Monthly Bulletin of Statistics* 2, S. 3–26
CBS (Hg.) (1991a), *Statistical Abstract of Israel 42*, Jerusalem
CBS (Hg.) (1991b), Employment of Immigrants from the USSR Who Arrived in Israel in January–June 1990. *Supplement to the Monthly Bulletin of Statistics* 9, Jerusalem, S. 111–146
CBS (Hg.) (1991c), „Immigration to Israel 1990", *Special Series* 900, Jerusalem
CBS (Hg.) (1991d), „Indicators of the number of Israeli residents abroad", in: *Supplement to the Monthly Bulletin of Statistics* 11, Jerusalem, S. 23–44
CBS (Hg.) (1992a), „Projection of Population of Israel up to 2005" (Based on the Population in 1990), in: *Special Series* 913, Jerusalem
CBS (Hg.) (1992b), „Abortion Patterns among Soviet Immigrants in Israel", in: *Studies in Family Planning* 23/4
CENSIS (Centro studi investimenti sociali) (Hg.) (1990), *Migrare ed accogliere*, Rom, S. 86–87
CENSIS (Hg.) (1993), *I movimenti migratori in Italia*, Rapporto Sopemi, Rom
Centar za demografska istraživanja (Hg.) (1971), *Migracije stanovništva Jugoslavije* (Wanderungen der jugoslawischen Bevölkerung), Institut društvenih nauka, Belgrad
Center for Migration Studies (Hg.) (1989), „International Migration: An Assessment for the 90's", in: *International Migration Review* (Special Silver Anniversary Issue 87)
Central Statistical Office (Hg.) (1989), *Demographic Yearbook 1989*, Warschau
Central Statistical Office (Hg.) (1991), *Demography 1991*, Statistical Yearbooks, Warschau
Chesnais, J.-C. (1986), *La transition démographique: Etapes, formes, implications économiques*, PUF/INED, Paris
Chesnais, J.-C. (1991a), *The USSR Emigration – Past, Present and Future*, OECD, Paris
Chesnais, J.-C. (1991b), „Migration from Eastern to Western Europe, Past (1946–1989) and Future (1990–2000)", Vortrag im Rahmen der *Conference of Ministers on the Movement of Persons Coming from Central and Eastern European Countries* (Council of Europe, 24. bis 25 1., Wien), Straßburg
Chesnais, J.-C. (1992), „Introduction", in: *People on the Move. New Migration Flows in Europe*, Strasbourg, S. 11–40
Chesnais, J.-C. (1995), *Le crepuscule de l'occident. Démographie et politique*, Paris

Citizens' Forum (Hg.) (1991), *Citizens' Forum in Canada's Future: Report to the People and Government of Canada*, Ottawa

Coleman, D.A. (1985), „Interethnic Marriage in Great Britain", in: *Population Trends* 40, S. 4–10.

Coleman, D.A. (1987), „United Kingdom Statistics on Immigration: Development and Limitations", in: *International Migration Review* 21/4, S. 1138–1169

Coleman, D.A. (1992a), „Does Europe Need Immigrants? Population and Workforce Projections", in: *International Migration Review* 26/2, S. 413–461, Special Issue: The New Europe and International Migration

Coleman, D.A. (1992b), „Ethnic Intermarriage", in: A.H. Bittles/D.F. Roberts (Hg.), *Minority Populations: Genetics, Demography and Health*, Proceedings of the Twenty-seventh Annual Symposium of the Galton Institute, London 1990, London, S. 208–240

Coleman, D.A. (1994a), „Trends in Fertility and Intermarriage Among Immigrant Populations in Western Europe as Measures of Integration", in: *Journal of Biosocial Science* 26/1, S. 107–136

Coleman, D.A. (1994b), „Integration and Assimilation Policies in Europe", in: M. Macura/D.A. Coleman (Hg.), *International Migration and Integration: Regional Pressures and Processes*, Economic Studies 7, United Nations Economic Commission for Europe New York – Genf

Coleman, D.A. (1994c), „The United Kingdom and International Migration: A Changing Balance", in: H. Fassmann/R. Münz (Hg.), *European Migration in the Late Twentieth Century*, Aldershot, S. 37ff

Coleman, D.A. (1994d), „The World on the Move? International Migration in 1992", in: UN-ECE, Council of Europe, UNFPA, *European Population Conference, Proceedings*, vol. 1, New York – Geneva, S. 281–368

Coleman, D.A. (1995a), „Spouse Migration From the Indian Sub-Continent to the UK: A Permanent Migration Stream?", in: *People and Place* 3/1, S. 1–8

Coleman, D.A. (1995b), „International Migration: Demographic and Socio-economic Consequences in the UK and Europe", in: *International Migration Review* 29/1, S. 155–206.

Coleman, D.A./J. Salt (1992), *The British Population: Patterns, Trends and Processes*, Oxford

Coleman, D.A./J. Salt (Hg.) (1996), The Ethnic Group Question in the 1991 Census, vol. 1, *General Demographic Chracteristics*, HMSO, London

Council of Europe (Hg.) (1991), *Recent Demographic Developments in Europe*, Straßburg

Council of Europe (Hg.) (1993), *Recent Demographic Developments in Europe and North America 1992*, Straßburg

Darsky, L.E. (1991), „Fertility in the USSR – Basic Trends" EAPS/IUSSP/INED, *Proceedings of the European Population Conference* Paris, 1991

Delcroix, C. (1991), „Politique d'intégration locale aux Pays-Bas", in: D. Lapeyronnie (Hg.), *Les politiques locales d'intégration des minorités immigrées en Europe et aux États-Unis*, Paris, S. 151–214

Department of International Economic and Social Affairs, Centre for Social Development and Humanitarian Affairs (Hg.) (1986), *Migrant Workers. The Social Situation of Migrant Workers and their Families*, New York

Dhima, G. (1991), *Politische Ökonomie der schweizerischen Ausländerregelung, eine empirische Untersuchung über die schweizerische Migrationspolitik und Vorschläge für ihre künftige Gestaltung*, Chur – Zürich

Dickman, S. (1991), „Soviet Science: A Struggle for Survival", in: *Science* 1991, S. 1716–1720

Dietz, B. /K. Segbers (1995), *Does an Existing or Emerging Migration Potential Play a Role in Germany's Policy Towards Russia and Other Successor States of the Soviet Union?* unveröffentlichtes Manuskript

Dimova, L. et al. (1990), „Emigration is Increasing", in: *Troud Newspaper* vom 10.10.1990

Dobrota, L. (1993), „Einzugsfeier iranischer Kasachen", in: *Kasachstanskaja Pravda* vom 13. 10. 1993, S. 2 (russisch)

Dohse, K. (1981), *Ausländische Arbeiter und bürgerlicher Staat. Genese und Funktion von staatlicher Ausländerpolitik und Ausländerrecht*, Königstein/Ts.

Dövényi, Z./G. Vukovich (1994), „Hungary and International Migration", in: H. Fassmann/R. Münz (Hg.), *European Migration in the Late Twentieth Century*, Aldershot, S. 187–206

Ehlers, K. (1994), „Rußlands Türken", in: *Die Neue Gesellschaft/Frankfurter Hefte* 1, S. 24–27

Elzner, C./A. Mitschele/S. Quack (1992), *Probleme und Strategien der beruflichen Integration von Aussiedlerinnen in der BRD*, Studie im Auftrag der Berliner Senatsverwaltung für Arbeit und Frauen, Berlin

Endres, D. (1994), „Schutz für Flüchtlinge und Vermeidung weiterer Flüchtlingsbewegungen – Zur Arbeit des UNHCR in Osteuropa", in: Friedrich-Ebert-Stiftung (Hg.), *Ost-West-Migration. Fluchtursachen und Handlungsperspektiven*, Bonn

Entzinger, H. (1985), „The Netherlands", in: T. Hammar (Hg.), *European Immigration Policy*, Cambridge, S. 50–88

Entzinger, H.B. (1994), „Shifting Paradigms: An Appraisal of Immigration in the Netherlands", in: Fassmann, H./R. Münz (Hg.), *European Migration in the Late Twentieth Century*, Aldershot, S. 93–112

Entzinger, H.B./P.J.J. Stijnen (Hg.) (1990), *Etnische minderheden in Nederland*, Meppel/Heerlen, Boom/Open Universiteit, Amsterdam

Ermitscheva, E. (1995), „Gibt es tatsächlich Ausländer, die bei uns studieren wollen?", in: *Argumenty i fakty* vom 20. 7. 1995, S. 11 (russisch)

Ermolov, L.B. (1990), „Die Turk-Mescheten. Historisch-ethnographische Problemanalyse", in: *Sovietskaja etnografija* 1, S. 16–25 (russisch)

Europarat (Hg.) (jährlich), *Recent Demographic Developments in Europe*, Council of Europe, Strasburg:

EUROSTAT (Hg.) (1996), *Demographic Statistics*, Brüssel

Eversley, D.E.C./F. Sukdeo (1969), *The Dependents of the Coloured Commonwealth Population of England and Wales*, Institute of Race Relation, London

Fassmann, H. (1985), „A Survey of Patterns and Structures of Migration in Austria, 1850–1900", in: D. Hoerder (Hg.), *Labor Migration in the Atlantic Economies: The European and North American Working Classes during the Period of Industrialization* (Contributions in Labor History 16), Westport–London, S. 69–95

Fassmann, H. (1991), „Einwanderung, Auswanderung und Binnenwanderung in Österreich-Ungarn um 1910", in: *Demographische Informationen* 1990/1991, S. 92–101.
Fassmann, H./P. Findl/R. Münz (1991), *Die Auswirkungen der internationalen Wanderungen auf Österreich. Szenarien zur regionalen Bevölkerungsentwicklung 1991–2031*, ÖROK-Schriftenreihe 89, Wien
Fassmann, H./R. Münz (1990), „Migration und Bevölkerungspolitik. Österreich im internationalen Vergleich", in: B. Felderer (Hg.), *Bevölkerung und Wirtschaft. Jahrestagung des Vereins für Socialpolitik 1989*, Berlin, S. 519–537
Fassmann, H./R. Münz (1993), „Österreich: Einwanderungsland wider Willen", in: *Migration* 1, S. 11–38
Fassmann, H./R. Münz (Hg.) (1994a), *European Migration in the Late 20th Century*, Aldershot
Fassmann, H./R. Münz (1994b), „European East-West Migration, 1945–1992", in: *International Migration Review*, 28/3: 520–538
Fassmann, H./R. Münz (1995), *Einwanderungsland Österreich? Historische Migrationsmuster, aktuelle Trends und politische Maßnahmen*, Wien
Federal Ministry for Foreign Affairs (Hg.) (1990), *Foreign Policy Report 1990*, Wien
Feichtinger, G./G. Steinmann (1992), „Immigrants into a Population with Fertility Below Replacement Level: The Case of Germany", in: *Population Studies* 46, S. 275–284
Felderer, B. (1989), „Immigration, Geburtenentwicklung und Wirtschaft", in: *Politik und Zeitgeschichte* 18, S. 16–22
Ferruzza, A./M. Ricci (1991), „Socio-demographic Characteristics of the Immigrants in Italy: a Multivariate Analysis", Paper presented at the *European Congress of Demography*, Paris
Fic, P. (1994), „Die Leute hier sind gut", in: *Neue Zeit – Novoe vremja* vom 13. 9. 1994, S. 4 (russisch)
Findl, P./R. Holzmann/R. Münz (1987), *Bevölkerung und Sozialstaat. Szenarien bis 2050*, Wien
Findlay, A./A. Stewart (1985), „The New Nomads: a Survey of British Expatriates Returning from the Middle East", *Population Geography Study Group Conference*, Liverpool University.
Fischer, P.A. (1991), „Migration, its Determinants and Integration: Some Presumptions about the Nordic Experience", in: J. Korkiasaari/I. Söderling (Hg.), *Migrationen och det framtide Norden*, Nordisk Ministerrad, Kopenhagen
Fischer, P.A./T. Straubhaar (1991), „Integration und Migration in Nordeuropa: Freizügigkeit im Gemeinsamen Nordischen Arbeitsmarkt", Zwischenbericht zum Projekt *Freizügigkeit im Gemeinsamen Nordischen Arbeitsmarkt*, Institute of Economics, Universität Bern
Fits, P. (1994), „Lyudy zdes dobrye", in: *Neue Zeit – Novoe vremya* vom 13. 9. 1994, S. 4
Florsheim, J. (1991), „Immigration to Israel from the Soviet Union in 1990", in: L. Dymerskaya-Tsigelman/I.E. Cohen (Hg.), *Jews and Jewish Topics in the Soviet Union and Eastern Europe*, Center for Research and Documentation of East European Jewry 2/15, The Hebrew University Jerusalem, S. 5–14
FMS (1993), *Polozhenie o poryadke priznanya lits vynuzhdennymi pereselentsami, ikh registratsii i ucheta na territorii Rossijskoj Federatsii*, Data Service of the State Duma, Moskau

Forti, M. (1992), „Due anni dopo. Un bilancio della legge Martelli", in: *Politica ed Economia* 23/3, S. 68–76

Frolov, D. (1993), „Brain Drain, Russian Style", *Datenbank SVNW* 93-NW-0002601093 1102 (englische Übersetzung des russischen Artikels aus Segodnya vom 28.10.1993, S. 8)

Geneive, A. (1992), „Scientists Urge Yeltsin to Put Lid on Brain Drain", in: *Reuter News Service USSR and East Europe* vom 18. 2. 1992

Georgescu, V. (1995), *Istoria Romanilor. De la origini pina in zilele noastre* (Geschichte der Rumänen. Vom Anfang bis in unsere Tage), o. O.

Gnehm, A. (1966a), *Ausländische Arbeitskräfte – Ihre Bedeutung für Konjunktur und Wachstum dargestellt am Beispiel der Schweiz*, Bern – Stuttgart

Gnehm, A. (1966b), *Ausländische Arbeitskräfte – Vor- und Nachteile für die Volkswirtschaft*, Bern

Gokalp, A. (1989), „Population, parenté et nouvelles pratiques matrimoniales en Turquie", in: J. Peristiany (Hg.), *Le prix de l'alliance en Méditerrannée*, Editions du CNRS, Paris

Gokder, A. (1992), *Report on Migration Situation in Turkey*, SOPEMI – OECD, Paris

Goldanskij, V.I. (1993), „Russia's 'Red-brown' Hawks", in: *Bulletin of the Atomic Scientists* Juni 1993, S. 24–27

Gordon, I. (1989), „The Role of International Migration in the Changing European Labour Market", in: I. Gordon/A. P. Thirlwall (Hg.), *European Factor Mobility. Trends and Consequences*, Basingstoke, London, S. 13–52

Götz, R./U. Halbach (1991), „Daten zur Geographie, Bevölkerung, Politik und Wirtschaft der Republiken der ehemaligen UdSSR", in: *Aus Politik und Zeitgeschichte* 52/53, S. 45–68

Götz, R./U. Halbach (1993), *Politisches Lexikon GUS*, München

Governmental Commission on Population (Hg.) (1989), *Demographic Situation of Poland, 1989 Report*, Warschau

Granaglia, E./M. Magnaghi (1993), *Immigrazione: quali politiche pubbliche?*, Mailand

Grundmann, S. (1994), „Wanderungen", in: K. Freitag et al. (Hg.), *Regionale Bevölkerungsentwicklung in den neuen Bundesländern*, Berlin, S. 81–122

Gundareva, I. (1994), „Der Brain Drain geht weiter", in: *Kasachstanskie novosti* vom 17. 9. 1994 (russisch)

Hagmann, H.M. (1991), „La Suisse/Switzerland", in: J.L. Rallu/A. Blum (Hg.), *European Population I, Country Analyses*, Montrouge – London – Rome

Halbach, U. (1988), „Aktuelle Entwicklungen in der nationalen Bewegung der Krimtataren", in: *Bericht des BIOst* 11, Köln

Halbach, U. (1991), „Weißes Gold, weißer Tod... Materielle Krise und ethnische Unruhe in Sowjetisch-Zentralasien", in: *Bericht des BIOst* 2, Köln

Halbach, U. (1992), „Ethno-territoriale Konflikte in der GUS", in: *Bericht des BIOst* 31, Köln

Halbach, U. (1994), „Failing States? Nationale, staatliche und ökonomische Festigung der südlichen GUS-Länder", in: *Bericht des BIOst* Teil I/20, Köln

Halbach, U. (1995), „Ethno-territoriale Konflikte in der GUS", in: *Internationale Politik und Gesellschaft* 2, S. 131–140

Hammar, T. (1990), *Democracy and the Nation State. Aliens, Denizens and Citizens in a World of International Migration*, Aldershot
Harenberg, B. (Hg.) (1995), *Länderlexikon '95/96*, Dortmund
Hárs, A. (1992), *Migráció és munkaerőpiac* (Migration und Arbeitsmarkt). Unveröffentlichtes Manuskript, Budapest
Haskey, J. (1990), „The Ethnic Minority Populations of Great Britain: Estimates by Ethnic Group and Country of Birth", in: *Population Trends* 60, S. 35–38
Häsler, A.A. (1967), *Das Boot ist voll*, Zürich
Haug, W. (1980), *...und es kamen Menschen: Ausländerpolitik und Fremdarbeit in der Schweiz 1914 bis 1980*, Basel
Haug, W. (1995), *Vom Einwanderungsland zur multikulturellen Gesellschaft*, Bundesamt für Statistik, Bern
Hauser, H. (1991), *EWR-Vertrag, EG-Beitritt, Alleingang: Wirtschaftliche Konsequenzen für die Schweiz* (unter Mitarbeit von Sven Bradke), Gutachten zu Handen des Bundesrates, Bundesamt für Konjunkturfragen, Bern
Haut Conseil à l'Intégration (Hg.) (1995), *Liens culturels et intégration. Rapport au premier ministre*, La documentation française, Paris
Heckmann, F. (1981), *Die Bundesrepublik – ein Einwanderungsland?*, Stuttgart
Heesch, G./J. Siegert/P. Hinze/S. Paetow (1995), „Weltmarkt Sex", in: *FOCUS* 2, S. 111–118
Heitman, S. (1987), „The Third Soviet Emigration: Jewish, German and Armenian Emigration from the USSR since World War II", in: *Berichte des Bundesinstituts für ostwissenschaftlische und internationale Studien* 21, S. 1–108
Heitman, S. (1991), „Soviet Emigration in 1990: A New 'Fourth Wave'?" in: *Innovation* 3/4, S. 1–15, Wien
Heitman, S. (1987), „The Third Soviet Emigration: Jewish, German and Armenian Emigration from the USSR since World War II", in: *Berichte des Bundesinstituts für ostwissenschaftliche und internationale Studien*, S. 1–108
Herbert, U. (1986), *Geschichte der Ausländerbeschäftigung in Deutschland 1880–1980. Saisonarbeiter, Zwangsarbeiter, Gastarbeiter*, Berlin – Bonn
Heršak, E. (1983), „Migracijska razmjena izmedju Italije i Jugoslavije" (Veränderungen der Wanderungen zwischen Italien und Jugoslawien), in: *Migracije*, Centar za istraživanje migracija Zagreb, S. 131–139
HIAS (1992), *Statistical Abstract*, New York
Hilberg, R. (1990), *Die Vernichtung der europäischen Juden*, Frankfurt/M.
Hoerder, D. (Hg.) (1985), *Labor Migration in the Atlantic Economies. The European and North American Working Classes During the Period of Industrialization*, Westport–London
Hoffmann-Nowotny, H.J. (1991), „Die neue Völkerwanderung – Ursachen und Konsequenzen", in: *Conturen* 15-III, S. 29–48
Hoffmann-Nowotny, H.J./M. Killias (1979), „Labour Importing Countries: Switzerland", in: R.E. Krane (Hg.), *International Labour Migration in Europe*, New York, S. 45–62
Höhn, Ch./D.B. Rein (Hg.) (1990), „Ausländer in der Bundesrepublik Deutschland". Deutsche Gesellschaft für Bevölkerungswissenschaft, 24. Arbeitstagung, *Schriftenreihe des Bundesinstituts für Bevölkerungsforschung* 20, Wiesbaden

Hönekopp, E. (1997), „New Labour Migration to Germany: A Policy Instrument Towards Central and Eastern Europe", in: R. Münz/M. Weiner (Hg.), *Migration and International Politics*, Oxford – Providence, R.I.

Hollifield, F.J. (1992), *Immigrants, Markets, and States: The Political Economy of Postwar Europe*, Cambridge, Mass.- London

Hollifield, F.J. (1995), „Entre droit et marché", in: B. Badie/C. Wihtol de Wenden (Hg.), *Le défi migratoire*, Presse de la Fondation nationale des sciences politiques, Paris

Holman, R.L. (1992), „China Wants ex-Soviet Science", in: *The Wall Street Journal* vom 13. 3. 1992, A7–A8

Home Affairs Committee (Hg.) (1982), *Fifth Report from the Home Affairs Committee: Immigration from the Indian Sub-Continent*, HMSO, London

Home Office (Hg.) (1977a), *British Nationality Law: Discussion of Possible Changes*, HMSO, London

Home Office (Hg.) (1977b), *A Register of Dependants: Report of the Parliamentary Group on the Feasibility and Usefulness of a Register of Dependants*, HMSO, London

Home Office (Hg.) (1991), *Immigration and Nationality Department: A Report on the Work of the Department*, HMSO, London

Home Office (Hg.) (1994a), „Asylum Statistics 1993", in: *Home Office Statistical Bulletin* 17

Home Office (Hg.) (1994b), *Immigration and Nationality Department Annual Report 1994*, Home Office, London

Home Office (Hg.) (1995), *Control of Immigration: Statistics United Kingdom 1994*, HMSO, London

Horvath, T. (1988), „Die Rückkehrer", in: T. Horvath/R. Münz (Hg.), *Migration und Arbeitsmarkt*, Eisenstadt, S. 59–74

Hovy, B./H. Zlotnik (1994), „L'Europe sans frontières intérieures et les migrations internationales", in: *Bulletin démographique des Nations Unies* 36, New York

Huber, K. (1963), *Die ausländischen Arbeitskräfte in der Schweiz*, Solothurn

Hullen, G./R. Schulz (1994), „Bericht 1993 zur demographischen Lage in Deutschland", in: *Zeitschrift für Bevölkerungswissenschaft* 1, S. 3–70

Illyés, E. (1981), *Nationale Minderheiten in Rumänien. Siebenbürgen im Wandel*, Wien

Info-Dienst Deutsche Aussiedler (1995), *Zahlen, Daten, Fakten*, hg. vom Beauftragten der Bundesregierung für Aussiedlerfragen, Bonn

IOM (Hg.) (1993), *Profiles and Motives of Potential Migrants. An IOM Study in Four Countries: Albania, Bulgaria, Russia, and Ukraine*, International Organization on Migration. Genf

Ivanov, A. (1993), „Russisches Drama in einem Randgebiet", in: *Literaturnaja Gazeta* vom 17. 11. 1993, S. 10 (russisch)

Jachomowski, D. (1984), *Die Umsiedlung der Bessarabien-, Bukowina- und Dobrudschadeutschen. Von der Volksgruppe in Rumänien zur „Siedlungsbrücke an der Reichsgrenze"*, München

Jackson, M.R. (1987), „Changes in Ethnic Populations of Southeastern Europe", in: R. Schönfeld (Hg.), *Nationalitätenprobleme in Südosteuropa*, München, S. 73–104

John, M. (1991), „Die Zuwanderung im Mitteleuropäischen Raum", in: *Informationen zur Politischen Bildung* 2, Flucht und Migration, S. 19–32

Jones, C. (1977), *Immigration and Social Policy in Britain*, London
Jones, K./A.D. Smith (1979), *The Economic Impact of Commonwealth Immigration*, National Institute for Economic and Social Research, Cambridge
Jones, P.R. (1982), „Some Sources of Current Migration", in: D.A. Coleman (Hg.), *The Demography of Immigrants and Minority Groups in the UK*, London
Jones, P.R./S. Shah (1980), „Arranged Marriages: A Sample Survey of the Asian Case", in: *New Community* 8/3, S. 339–343
Juschin, V. (1994), „Interview mit dem Vorsitzenden der russischen Gemeinde in Tadschikistan V. Juschin", in: *Litaraturnaja gazeta* vom 7. 9. 1994 (russisch)

Kalchev, J./S. Tzvetarsky (1991), „The Potential Emigration of Bulgarian Citizens Travelling Abroad", in: *National Institute of Statistics Publication*, Sofia, S. 6–7
Kaplun, J. (1995), „Verlassen die Russen die Republik?", *Wostok* 4, S. 50f.
Kayser, B. (1977), The Effects of International Migration on the Geographical Distribution of Population in Europe, in: Council of Europe: *Population Studies* 2, Straßburg
Kendé, P. (1989), *Flüchtlinge aus Rumänien in Ungarn*, Budapest
Kendi, E. (1992), *Minderheitenschutz in Rumänien*, München
King, R. (Hg.) (1993), *Mass Migration in Europe: The Legacy and the Future*, London
King, R.L. (1976), „The Evolution of International Labour Migration Movements Concerning the E.E.C.", in: *Tijdschrift voor Economische en Sociale Geografie* 2, S. 66–82
Kirk, D. (1946), „Europe's Population in the Interwar Years", in: *Demographic Monographs* 3, London
Kirwan, F.X./A. G. Nairn (1983), „Migrant Employment and the Recession: the Case of the Irish in Britain", in: *International Migration Review* 17, S. 672–681
Klatt, M. (1994), „Russians in the 'Near Abroad'", in: *RFE/RL Research Report* vom 19. 8. 1994, S. 33–44
Knabe, B. (1994), „Migrationen in und aus Osteuropa", in: Friedrich-Ebert-Stiftung (Hg.), *Ost-West-Migration. Fluchtursachen und Handlungsperspektiven*, Bonn
Kogelfranz, S. (1993), „'Epidemie des Wahnsinns'. Die Wiederkehr des Nationalismus und seine Folgen", in: *Die Erde 2000. Wohin sich die Erde entwickelt*, Spiegel Spezial 4, S. 26–33
Kolsto, P. (1993), „The New Russian Diaspora", in: *Journal of Peace Research* vom 2. 5. 1993, S. 195–204
Komarica, Z. (1970), *Jugoslavija u suvremenim evropskim migracijama* (Jugoslawien und die aktuelle europäische Migration), Ekonomski institut, Zagreb
Komitee für ein ausländerfreundliches Österreich (Hg.) (1984), *O du gastlich Land. Vom Leben der Ausländer/innen in Österreich*, Wien
Korcelli, P. (1991), „International Migration in Europe: Polish Perspectives for the 1990s", Paper presented at the conference on: *The New Europe and International Migration*, Turin, 25.–27. 11. 1991
Körner, H. (1976), *Der Zustrom von Arbeitskräften in die Bundesrepublik Deutschland 1950–1972. Auswirkungen auf die Funktionsweise des Arbeitsmarktes*, Frankfurt/M. – München
Kosinski, L. (1963), „Demographic Processes in the Recovered Territories from 1945 to 1960", in: *Prace Geograficzne* 40, Warschau
Kosinski, L. (Hg.) (1993), *Impact of Migration in the Receiving Countries: Italy*, CECRED/IOM, Genf

Kosinski, L.A. (1982), „International Migration of Yugoslavs during and Immediately after World War II", in: *East European Quarterly* 2, S. 183–199
Kovaljev, S.A. (1995), „Kovaljev klagt an. Interview mit Sergej A. Kovaljev und Ausschnitte aus seinem Auftritt vor dem russischen Verfassungsgericht", in: *Argumenty i fakty* vom 20. 7. 1995, S. 3 (russisch)
Krane, E.R. (Hg.) (1979), *International Labor Migration in Europe*, London – New York
Krasinez, E./N. Barinova (1995), „Besonderheiten der Migrationsprozesse in Rußland", in: *Ekonomist* 5, S. 79–85 (russisch)
Krasinez, E./N. Barinova/E. Tjurjukanova (1993), „Die demographische Situation in Rußland", in: *Ekonomist* 2, S. 35–43 (russisch)
Kudrjavzev, A. (1993), „Solidarität auf der Grundlage welcher Ziele", in: *Azija i Afrika segodnja* 7, S. 2–6 (russisch)
Kuijsten, A. (1994), „International Migration in Europe: Patterns and Implications for Receiving Countries", in: Macura, M./D. Coleman (Hg.), *International Migration: Regional Processes and Responses,* UN-ECE, UNFPA, Economic Studies 7, New York – Geneva, S. 21–40
Kulischer, E. (1943), *The Displacement of Population in Europe*, Montreal
Kulischer, E. (1948), *Europe on the Move. War and Population Changes 1917–1947*, New York
Kunz, K.L. (1989), „Ausländerkriminalität in der Schweiz – Umfang, Struktur und Erklärungsversuch", in: *Zeitschrift für Strafrecht* 106, S. 373–392
Kupiszewski, M. (1992), „Sources and Usefulness of Information on Mobility in Poland", *Working Paper 10, School of Geography*, University of Leeds
Kuschko, J. (1994), „Ethnische Minderheiten sind unzufrieden", in: *Golos Ukrainy* vom 4. 8. 1994, S. 10 (russisch)
Kuznets, S. (1960), „Economic Structure and Life of the Jews", in: L. Finkelstein (Hg.), *The Jews*, New York, S. 1597–1666

Lane, T. (1994), „Nationalism and National Identity in the Baltic States", in: *Journal of Area Studies* 4, S. 57–69
Latuch, M. (1989), „Dilemmas and Problems of Contemporary Migration of Poles Abroad", in: Academy of Planning and Statistics (Hg.), Monografie i Opracowania 287, Warschau
Latypova, L. (1994), „Für alle sind sie Stiefkinder", in: *Literaturnaja gazeta* vom 29. 6. 1994, S. 11 (russisch)
Layard, R. et al. (1992), *East-West Migration: The Alternatives*, Cambridge/Mass.
Leciejewski, K. (1990), „Zur wirtschaftlichen Eingliederung der Aussiedler", in: *Aus Politik und Zeitgeschichte* 3, S. 52–68
Lee, E.S. (1966), „A Theory of Migration", in: *Demography* 3/1, S. 47–57
Leggewie, C. (1990), *MultiKulti. Spielregeln für die Vielvölkerrepublik*, Berlin
Legoux, L. (1995), *La crise de l'asile politique en France*, CEPED, Paris
Lehmann, S. (1949), *Grundzüge der schweizerischen Auswanderungspolitik*, Bern
Leskelä, J. (1990), *EFTA Countries' Foreign Direct Investment, in the European Free Trade Association: EFTA trade 1990*, Genf
Lewis, A.W. (1954), „Development with Unlimited Supplies of Labour", in: *The Manchester School of Economic and Social Studies* 22, S. 129–191

Lichtenberger, E. (unter Mitarbeit von H. Fassmann) (1984), *Gastarbeiter – Leben in zwei Gesellschaften*, Wien
Lijphart, A. (1975), *The Politics of Accommodation: Pluralism and Democracy in the Netherlands*, Berkeley
Linke, W. (1976), The Demographic Characteristics and the Marriage and Fertility Patterns of Migrant Populations, in: Council of Europe (Hg.), *Population Studies* 1, Straßburg
Lucassen, L./A.J.F. Köbben (1992), *Het parti le gelijk*, Leiden
Lucassen, J./R. Penninx (1993), *Nieuwkomers, nakomelingen, Nederlanders. Immigranten in Nederland 1550–1993*, Amsterdam

Macioti, M.I./E. Pugliese (1991), *Gli immigrati in Italia*, Bari
Mackensen, R. (1991), „Wanderungsbewegungen in Europa aus der Sicht der Bundesrepublik Deutschland", in: *Gesellschaft für Regionalforschung, Seminarberichte* 30, Heidelberg
Maillat, D. (1987), *Long-term Trends of International Migration Flows: Experiences of European Receiving Countries. The Future of Migration*, OECD, Paris
Majava, A. (1991), „Towards an Equitable Sharing of the Benefits of International Migration", in: *Yearbook of Population Research in Finland* 29, Helsinki, S. 93–98
Makarova, L.V. (1995), „Rußland und das neue Ausland. Der Austausch von Migration", in: *Sociologičeskie issledovanija* 3, S. 95–100 (russisch)
Malchow, B./K. Tayebi/U. Brand (1990), *Die fremden Deutschen. Aussiedler in der Bundesrepublik*, Hamburg
Mammey, U. (1990), *The Demographic and Socio-Economic Impact of the Recent European East-West-Migrations in Germany*, Bundesinstitut für Bevölkerungsforschung, Wiesbaden
Mansurov, V.A./L.A. Semjonova (1992), „Perspektiven der Auswanderung und der Reimmigration sowjetischer Fachleute", in: *Osteuropa-Archiv* 2, A76–A78
Manuila, S./W. Filderman (1957), *Regional Development of the Jewish Population in Rumania*, Rom
Mariansky, A. (1969), *Sovremennye migratsii naseleniya* (Die aktuelle Migration der Bevölkerung), translated from Polish, Moscow
Mark, R.A. (1992), *Die Völker der ehemaligen Sowjetunion. Ein Lexikon*, Opladen
Martin, K. (1994), „Central Asia's Forgotten Tragedy", in: *RFE/RL Research Report* vom 29. 7. 1994, S. 35–48
Matuschek, H. (Hg.) (1991), *Minderjährige auf der Flucht. Situation und Probleme unbegleiteter minderjähriger AsylwerberInnen in Österreich*, Wien
Mauco, G. (1932), *Les étrangers en France, leur rôle dans l'activité économique*, Paris
Mauron, T. (1991), *Rapport du Correspondant Suisse*, Report for the Continuous Reporting System of Migration of OECD (SOPEMI), Bern – Paris
Meningen over Medelanders (1992), *Integratie of assimilatie?*, Weert
Mikulić, B. (1987), „Aktuelni problemi povratka i zapošljavanja vanjskih migranata Bosne i Hercegovine" (Current Problems of Return Migration and Employment of Temporary Economic Emigrants from Bosnia and Herzegovina), in: *Ekonomski glasnik* 37/1-2, S. 51–75
Ministerie van Binnenlandse Zaken (1983), *Minderhedennota*, 's-Gravenhage, Den Haag

Morokvasić, M. (1993), *Flucht und Vertreibung im ehemaligen Jugoslawien*, Demographie aktuell 2, Berlin

Morozova, G.F. (1993a), „Verschiedene Arten von Wanderungsbewegungen", in: *Osteuropa-Archiv* März 1993, A116–A118

Morozova, G.F. (1993b), „Der Einfluß der Migration auf die Bildung eines Arbeitsmarktes", in: *Sociologičeskie issledovanija* 55, S. 92–96 (russisch)

Moulier Boutang, Y./D. Papademetriou (1994), *Typologie, évolution et performances des principaux systèmes migratoires. Migration et développement, un nouveau partenariat pour la coopération*, Conference de Madrid, OECD, Paris

Mrozek, G./J. Siegert (1995), „Jelzins Stalingrad", in: *FOCUS* 2, S. 155–157

Mühlgassner, D. (1984), „Die Sonderstellung Österreichs in Europa: Aufnahme- und Abgabeland von Gastarbeitern", in: E. Lichtenberger unter Mitarbeit von Heinz Fassmann (Hg.), *Gastarbeiter – Leben in zwei Gesellschaften*, Wien, S. 89–93

Mulina, T./M. Macura/M. Rašević (1981), *Stanovništvo i zaposlenostu dugoročnom razvoju Jugoslavije* (Bevölkerung und Beschäftigung in der langfristigen Entwicklung Jugoslawiens), Ekonomski institut, Belgrad

Münz, R. (1995), *Where Did They All Come From? Typology and Geography of European Mass Migration in the Twentieth Century*, Demographie aktuell 7, Berlin

Münz, R./R. Ulrich (1995), *Changing Patterns of Migration. The Case of Germany, 1945–1994. Ethnic Origins, Demographic Structure, Future Prospects*, Berlin

Münz, R./R. Ulrich (1996), „Internationale Wanderungen von und nach Deutschland 1945–1994", in: *Allgemeines Statistisches Archiv* 1, S. 5–35

Muus, P./H. Cruijsen (1991), „International Migration in the European Community", Paper presented at the *International Conference EUROSTAT Human Resource in Europe*, Luxembourg, November 1991

Muus, P.J. (1991), *Migration, Minorities and Policy in the Netherlands; Recent Trends and Developments* (SOPEMI Netherlands 1991), Universität Amsterdam, Centre for Migration Research

Muus, P. (1993), *Internationale migratie naar Europa. Een analyse van internatonale migratie, migratiebeleid en mogelijkheden tot sturing van immigratie, met bijzondere aandacht voor de Europese Gemeenschap en Nederland*, Amsterdam

Nabholz, R./M. Artho (1992), *Auswanderung aus der Schweiz als Folge einer Freizügigkeit im EG-Raum*, Lizentiatsarbeit, Universität Bern (mimeographisch)

Nanten, P. (1992), „Official Statistics and Problems of Inappropriate Ethnic Categorisation", in: *Policy and Politics* 20/4, S. 277–285

Narodnoe khozyajstvo RSFSR (Hg.) (1989), *Goskomstat RSFSR: Narodnoe khozyajstvo RSFSR*, Statisticheskiy yezhegodnik, Moskau

Natale, M. (1990), „L'immigrazione straniera in Italia: consistenza, caratteristiche, prospettive", in: *Polis* 4, S. 5–40

National Statistical Institute (Hg.) (1992), *Domestic and Exterior Migration of the Population at the End of the 1990s*, Sofia

Nederlands Gesprek Centrum (1992), „De toekomstkansen van allochtone jongeren", in: *Ministerie van Binnenlandse Zaken, Maatschappelijk debat integratie*, Den Haag, S. 15–76

Neuhoff, H. (1979), „Der Lastenausgleich aus der Sicht der Vertriebenen", in: H.J. Merkatz, *Aus Trümmern wurden Fundamente. Vertriebene, Flüchtlinge, Aussiedler. Drei Jahrzehnte Integration*, Düsseldorf, S. 129–149

Novikov, N. (1991), „Nationalitätenkonflikte im Kaukasus und Mittelasien", in: *Aus Politik und Zeitgeschichte* 52-53, S. 24–34

Nydegger, A. (1963), „Das Problem der ausländischen Arbeitskräfte im Rahmen der schweizerischen Konjunkturpolitik", in: *Schweizerische Zeitschrift für Volkswirtschaft und Statistik* 99

o.V. (1952) Statistical Abstract of Israel 1951/52. Jerusalem

o.V. (1955), *History of Bulgaria Vol. 2*, Sofia

o.V. (1976) The Statistical History of the United States. From Colonial Times to the Present, New York

o.V. (1988a), „'im Schmerz sind wir vereint'. Das verheerende Erdbeben im türkisch sowjetischen Grenzgebiet", in: *Der Spiegel 50*, S. 142–145

o.V. (1988b), „Afghanistan: Schwere Fehler", in: *Der Spiegel* 1, S. 85–87

o.V. (1989), „*Goskomstat RSFSR: Die Volkswirtschaft der UdSSR*", Statistisches Jahrbuch, Moskau (russisch)

o.V. (1991a), „Statthalter des Zaren. Die Sowjettruppen, von Warschau als lästige Besatzungsarmee empfunden, sollen so schnell wie möglich nach Hause", in: *Der Spiegel* 12, S. 202–204

o.V. (1991b), „Israel Fears Brain Drain to Brazil of Soviet Scientists", in: *Reuter News Service Middle East* vom 15. 7. 1991

o.V. (1991c), „Die Sowjetrepubliken. Daten zu Geschichte und Gegenwart", in: *Der Spiegel* Dokument, Oktober 1991

o.V. (1992a), „Nation oder Vieh. Der kaukasische Bürgerkrieg ist nicht einzudämmen", in: *Der Spiegel* 47, S. 193–194

o.V. (1992b), „Russia: Government Draws Up Programme to Regulate Brain Drain", in: *Novecon* vom 2. 6. 1992

o.V. (1992c), „Russia: Brain Drain Accelerating", in: *BBC Monitoring Service Soviet Union* vom 18. 12. 1992

o.V. (1993a), „Umsiedler aus der Türkei", in: *Deutsche Allgemeine Zeitung* (Almaty/Kasachstan) vom 27. 11. 1993, S. 1

o.V. (1993b), „Russian Academy of Sciences Denies Allegations of Nuclear Brain Drain to China", in: *BBC Monitoring Service Soviet Union* vom 8. 1. 1993

o.V. (1994a), „Ex-UdSSR: die große Völkerwanderung", in: *Informationsdienst für die Deutschen in der Sowjetunion* 19, S. 13–15

o.V. (1994b), „Die Russen fliehen", in: *Argumenty i fakty* 47, S. 3 (russisch)

o.V. (1994c), „Gesegnetes Schwert. Nationalisten feiern einen Partisanen", in: *Der Spiegel* 47, S. 165–166

o.V. (1994d), „Milch und Honig. Hunderttausende Russen suchen Arbeit im Westen", in: *Der Spiegel* 34, S. 122–124

o.V. (1995a), „Eine Art Freibrief. Die Inguschen haben Moskaus Zorn erregt. Werden sie das nächste Opfer der russischen Aggression?", in: *Der Spiegel* 7, S. 146

o.V. (1995b), „Der Abwasser-GAU nach jahrzehntelanger Schlamperei", in: *Der Tagesspiegel* vom 15. 7. 1995, S. 24

Obolenskiy V.V. (Osinskiy) (1928), *Mezhdunarodnyie i mezhkontinentalnyie migratsii v dorevolutsionnoi Rossii i v SSSR* (Internationale und interkoninentale Wanderungen im vorrevolutionären Rußland und in der UdSSR), Moskau

OECD (Hg.) (1987), *The Future of Migration*, Paris

OECD (Hg.) (1988), *The Social Policy Implications of Ageing Populations*, Paris

OECD (Hg.) (1991a), *Labour Force Statistics, 1968–88*, ann. Paris

OECD (Hg.) (1991b), *OECD Economic Surveys 1990/91: Switzerland*, Paris

OECD (Hg.) (1991c), *National Accounts, Main Aggregates 1*, Paris

OECD (Hg.) (1991d), *Quarterly Labour Force Statistics 2*, Paris

OECD (Hg.) (1991e), „The Swiss Delegation's Contribution", Paper presented at the *International Conference on Migration*, Rom, 13. bis 15. März, Paris

OECD (Hg.) (1991f), *Historical Statistics 1960–89. OECD Economic Outlook*, Paris

OECD (Hg.) (1991g), *SOPEMI. Trends in International Migration, Annual Report 1990*, Paris

OECD (Hg.) (1991h), *Migration – The Demographic Aspects*, Paris

OECD (Hg.) (1992), *SOPEMI. Trends in International Migration, Annual Report 1991*, Paris

OECD (Hg.) (1993), *SOPEMI. Trends in International Migration, Annual Report 1992*, Paris

OECD (Hg.) (1994), *SOPEMI. Trends in International Migration, Annual Report 1993*, Paris

OECD (Hg.) (1995), *SOPEMI. Trends in International Migration, Annual Report 1994*, Paris

O'Grada, C. (1985), *On Two Aspects of Post-War Irish Immigration*, Centre for Economic Policy Research, London

Okolski, M. (1991a), *Eastern Europe: A Region of Emigration, Immigration or Transitory Movements?* (CERI/CNRS Papers) Paris

Okolski, M. (1991b), *Migration and Skilled Labour Mobility*, OECD, Paris

Olson, M. (1965), *The Logic of Collective Action*, Cambridge

OPCS (1988), „International Migration 1986", in: *Series MN* 13, HMSO, London

OPCS (1992), „International Migration 1990", in: *Series MN* 17, HMSO, London

OPCS (1995), „International Migration 1993", in: *Series MN* 20, HMSO, London

Opitz, P.J. (1991), *Das Weltflüchtlingsproblem zu Beginn der 90er Jahre*, München

Oschlies, W. (1993), *Asylbewerber aus dem Karpatenbogen. Versuch über Geschichte, Gegenwart und soziale Probleme der Zigeuner Rumäniens*, Köln

Osipov, A.G. (1994), „Der Einfluß der Ideologie auf das Selbstverständnis und die Aktivität von Minderheiten (am Beispiel der Turk-Mescheten)", in: *Etnografičeskoe Obozrenie* 2, S. 35–40 (russisch)

ÖSTAT (diverse Jahrgänge), *Statistische Übersichten* (Beilage zu den Statistischen Nachrichten), Wien

Oswald, I. (1993), *Nationalitätenkonflikte im östlichen Teil Europas*, Landeszentrale für politische Bildung, Reihe Politik kurz und aktuell 49, Berlin

Oversea Migration Board (1954), *First Annual Report of the Oversea Migration Board*, HMSO, London

Palidda, S./E. Reyneri (1995), *Immigrazione e mercato del lavoro*, IRES, Rom

Pavlík Z./J. Rychtaříková/A. Šubrtová (1986), *Základy demografie* (Die Grundlagen der Demographie), Academia, Prag
Peach, G.C.K. (1968), *West Indian Migration to Britain*, Oxford
Peach, G.C.K. (1979), „British Unemployment Cycles and West Indian Immigration 1955–74", in: *New Community* 7, S. 40–44
Peach, G.C.K. (1981), „Ins and Outs of Home Office and IPS Immigration Data", in: *New Community* 9, S. 117–119
Peach, G.C.K. (1991), *The Caribbean in Europe: Contrasting Patterns of Migration and Settlement in Britain, France and the Netherlands*, Centre for Research in Ethnic Relations, Warwick
Penninx, R. (1984), „Immigrant Populations and Demographic Development in the Member States of the Council of Europe", in: *Population Studies* 13, Straßburg
Petrov, D. /T. Nikolov (1988), *Bulgarians in South America*, National Statistical Institute, Sofia
Potts, L. (1988), *Weltmarkt für Arbeitskraft. Von der Kolonisation Amerikas bis zu den Migrationen der Gegenwart*, Hamburg
Poulain, M. (1990), „Towards a Harmonization of Migration Statistics within the Scope of the European Community", Paper presented to the *Demographic Consequences of International Migration*, Wassenaar
Prins, C.J.M. (1991), *Registertelling naar nationaliteit en geboorteland, 1 januari 1990*, Maandstatistiek van de bevolking (CBS), Den Haag
Pugliese, E. (1990), „Gli immigrati nel mercato del lavoro", in: *Polis* 4, S. 71–93
Puskás, J. (1981), „A magyarországi kivándorlás sajátosságai a két világháboru között (1920–1940)" (Merkmale der Auswanderung aus Ungarn zwischen den beiden Weltkriegen, 1920–1940), in: *Magyar Tudomány* 10, S. 735–745

Rabut, O. (1973), „Les étrangers en France", in: *Population* 3, S. 620–649
Rallu, J.-L./A. Blum (Hg.) (1991), *European Population, vol. I: Country Analysis*, Montrouge–London–Rome
Randé, J. (1987), „Magyarok külföldön" (Ungarn im Ausland), in: *Kölpolitika* 5, S. 114–126
Rath, J. (1993), „Construction des minorités ethniques aux Pays-Bas et ses effets pervers", in: M. Martiniello/M. Poncelet (Hg.), *Migrations et minorités ethniques dans l'espace européen*, Brüssel
Ravenstein, E.G. (1885), „The Laws of Migration (I)", in: *Journal of the Royal Statistical Society* 48, S. 167–337
Ravenstein, E.G. (1889), „The Laws of Migration (II)", in: *Journal of the Royal Statistical Society* 52, S. 241–301
Raviot, J.-R. (1993), „Territoire et ethnicitè au Tatarstan", in: *Archives européennes de sociologie* 1993, S. 169–195
Regent, T. (1992), „Russen sind ihrer Natur nach keine Emigranten. Interview mit der Vorsitzenden des Föderalen Migrationsdienstes Tatjana Regent", in: *Argumenty i fakty* 33, S. 4 (russisch)
Reichling, G. (1986), *Die deutschen Vertriebenen in Zahlen, Teil I: Umsiedler, Verschleppte, Vertriebene, Aussiedler 1940–1985*, Kulturstiftung der deutschen Vertriebenen, Bonn

Rohde, B. (1991), *East-West Migration/Brain Drain*, COST Social Sciences, EC Commission, Brussels

Rhode, B. (1993), „Interview von Barbara Rhode (EG-Kommission) mit der APA am Rande der Wien-Laxenburg-Konferenz", in: *APA* vom 18. 2. 1993

Rist, M. (1996), „Belebungsversuche für die bilateralen Verhandlungen", in: *Neue Zürcher Zeitung* (NZZ) 33 vom 9. 2. 1996 (internationale Ausgabe)

Roberts, A. (1994), *Eminent Churchillians*, London

Robertson, D.B. (1992), „The Cost of Commonwealth", in: D.A. Coleman (Hg.), *Dis-United Kingdom? The Political Economy of Cultural Pluralism*. Institute of Economic Affairs, London, S. 129–149

Rogers, A./L. Castro (1981), *Model Migration Schedules*, Research Report 81-30, International Institute for Applied Systems Analysis, Laxenburg

Rowland, R. (1993), „Regional Migration in the Former Soviet Union during the 1980s: the Resurgence of European Regions", in: R. King (Hg.), *The New Geography of European Migrations*, London, S. 152–174

Royal Society (Hg.) (1987), *The Migration of Scientists and Engineers to and from the UK*, The Royal Society and Fellowship of Engineering, London

Royal Society (Hg.) (1995), *The Migration of Scientists and Engineers 1984–1992*, London

Rudolph, H.(1994), „Dynamics of Immigration in a Non-Immigrant Country: Germany", in: Fassmann, H./R. Münz (Hg.), *European Migration in the Late Twentieth Century*, Aldershot, S. 113–126

Rudolph, H./F. Hillmann (1995), „Arbeitsmigration zwischen Ost- und Westeuropa", in: *Beschäftigungsobservatorium Ostdeutschland* 14, S. 3–7

Ruffin, J. (1993), *Das Reich und die neuen Barbaren*, Berlin

Ryan, M. (Hg.) (1993), *Social Trends in Contemporary Russia. A Statistical Source-Book*, New York

Rykiel, Z. (1989), „Intermarriage and Social Integration in the Katowice Region", in: *Prace Geograficzne* 152, Warschau

Rywkin, M. (1994), *Moscows Lost Empire*, New York – London

Rywkin, M. (Hg.) (1988), *Russian Colonial Expansion to 1917*, London

Sabatello, E.F. (1979), „Patterns of Occupational Mobility among the New Immigrants to Israel", in: *International Migrations* 17/3–4, S. 267–278

Sabatello, E.F. (1994), „Migrants from the Former Soviet Union to Israel in the 1990s", in: H. Fassmann, H./R. Münz (Hg.), *European Migration in the Late 20th Century*, Aldershot, S. 261–274

Sajzev, S. (1992), „Separatismus in Rußland", *Bericht des BIOst* 41, Köln

Sakson, A. (1986), „Migration of the Population of Warmia and Mazury to the FRG", *Monografie i Opracowania* 212, Academy of Planning and Statistics, Warschau

Salmin, A. (1994), „Zerfällt Rußland? Analyse und Wandlungsvorschläge", in: K. Segbers (Hg.), *Rußlands Zukunft: Räume und Regionen*, Baden Baden, S. 47–57

Salt, J. (1991), *International Migration and the United Kingdom*, Migration Research Unit, University College London, London

Salt, J. (1992a), *International Migration and the United Kingdom: Report of the United Kingdom SOPEMI Correspondent to the OECD*, Migration Research Unit, University College, London

Salt, J. (1992b), „The Future of International Labour Migration", in: *International Migration Review* 1992, S. 1077–1111

Salt, J. (1995), *International Migration and the United Kingdom. Report of the United Kingdom SOPEMI Correspondent 1995*, Migration Research Unit, University College, London

Salt, J./H. Clout (Hg.) (1976), *Migration in Post-War Europe*, Oxford

Sandu, D. (1996), *Sociologia tranziţiei. Valori şi tipuri sociale în România*, Bukarest

Saopštenje (Statistische Informationen), (div. Jahrgänge), Savezni zavod za statistiku, Belgrad

Sasse, G. (1995), „Die Rückkehr-Bewegung der Krimtataren", in: *Osteuropa* 4, S. 338–348

Sauvy, A. (1969), „The Economic and Political Consequences of Selective Migrations from One Country to Another. Population Growth and Brain Drain", Edinburgh, S. 43–56

Savtschenko, V. (1995), „Racketeers and Special Police against Crimean Tatars", *The Current Digest of the Post Soviet Press* vom 26. 7. 1995, S. 8 (englische Übersetzung eines Artikels in der Moskovskije Novosti vom 25. 6. 1995, S. 1–10).

Schechtman, J.B. (1946), *European Population Transfers 1939–1945*, New York

Schwarz, H. (1988), *Volkswirtschaftliche Wirkungen der Ausländerbeschäftigung in der Schweiz*, Chur – Zürich

Seifert, W. (1995), *Die Mobilität der Migranten. Die berufliche, ökonomische und soziale Stellung ausländischer Arbeitnehmer in der Bundesrepublik*, Berlin

Seifert, W. (1996), „Zunehmende Arbeitsmarktintegration bei anhaltender sozialer Segregation", in: *Informationsdienst soziale Indikatoren* 15, S. 7–11

Senatova, O./A. Kasimov (1994), „Zwischennationale Beziehungen und die Souveränisierung im Wolgagebiet", in: K. Segbers (Hg.), *Rußlands Zukunft: Räume und Regionen*, Baden Baden, S. 157–173

Sexton, J.J. (1994), *A Review of Irish External Migration, Past and Present*, Economic and Social Research Institute (ESRI), Dublin

Shamshur, O./O. Malinovska (1994), „Ukrainian Migration in Transition", in: *Innovation* 2, S. 165–175

Shdannikov, D. (1995), „Flight from 'Train of Despair'", in: *The Current Digest of the Post Soviet Press* vom 10. 5. 1995, S. 20 (englische Übersetzung des russischen Artikels aus Segodnja vom 13. 4. 1995, S. 4).

Shevtsova, L. (1992), „Post-Soviet Emigration Today and Tomorrow", in: *International Migration Review* 2, S. 241–257

Siebert, H./M.J. Koop (1991), „Institutional Competition. A Concept for Europe?", in: *Außenwirtschaft* 45

Sik, E. (1992), „Transsylvanian Refugees in Hungary and the Emergence of Policy Networks to Cope with Crisis", in: *Journal of Refugee Studies* I

Sillitoe, K./P. White (1992), „Ethnic Group and the British Census: the Search for a Question", in: *Journal of the Royal Statistical Society* Series A, 155/2

Simanovsky, S. (1994), „Brain Drain from the Former Soviet Union and the Position of the International Community", in: *Osteuropa Wirtschaft* 1, S. 17–25

Skorochodov, S. (1993), „Wir haben nicht auf euch gewartet und wir halten euch nicht", in: *Rossijskaja Gazeta* 16. 6. 1993, S. 7 (russisch)

Slater, W. (1994), „Le problème de l'immigration en Russie", in: *Politique Étrangère* 1994, S. 749–759

Social and Cultural Planning Office (Hg.) (1986), „Ethnic Minorities", *Social and Cultural Report*, S. 367–399, Rijswijk

Social and Cultural Planning Office (Hg.) (1992), *Sociale en Culturele Verkenningen 1992*, Rijswijk

Spencer, S. (Hg.) (1994), *Strangers and Citizens: a Positive Approach to Migrants and Refugees*, Institute for Policy Research, London

Staatsduma (Hg.) (1993a), Erlaß: „Decree of the President of the Russian Federation No. 2145 of December 16, 1993 on Measures to Introduce Immigration Control", *Datenbank der Staatsduma*, englisch

Staatsduma (Hg.) (1993b), „Flüchtlingsgesetz 1993", Law on Refugees and Forced Migrants, *Datenbank der Staatsduma*, englisch

Staatsduma (Hg.) (1993c), „Lagebericht über den Stand der Anerkennung von Zwangsumsiedlern, ihrer Registrierung und Erfassung auf dem Territorium der Russischen Föderation", gegeben vom FMD der RF am 25.11.1993, *Datenbank der Staatsduma* 2775/93, russisch

Stalker, P. (1994), *The Work of Strangers: A Survey of International Labour Migration*, Geneva: ILO

Stanek, E. (1985), *Verfolgt – verjagt – vertrieben. Flüchtlinge in Österreich 1945–84*, Wien–München–Zürich

Stanley, R. (1994), „Atomsöldner in der Dritten Welt?", in: *FU:N* 6, S. 20

Stark, O. (1989), *The Migration of Labor*, Cambridge

Statistical Office of the European Community (Hg.) (1987), *Demographic and Labour Force Analysis Based on Eurostat Data Banks*, Luxemburg

Statistical Office of the European Community (Hg.) (1991), *Demographic and Labour Force Analysis Based on Eurostat Data Banks*, Luxemburg

Statistički godišnjak Jugoslavije – SGJ (Statistisches Jahrbuch Jugoslawiens), verschiedene Jahrgänge, Belgrad

Statistisches Bundesamt (Hg.) (1958), *Die deutschen Vertreibungsverluste*, Wiesbaden

Sterbling, A. (1994), „Die Aussiedlung der Deutschen aus Rumänien: Motive, Randbedingungen und Eigendynamik eines Migrationsprozesses", in: R. Münz/H. Korte/G. Wagner (Hg.), *Internationale Wanderungen*, 28. Arbeitstagung der Deutschen Gesellschaft für Bevölkerungswissenschaft 1994, Demographie aktuell 5, Berlin, S. 66–74

Stieber, G. (1995), „Volksdeutsche und Displaced Persons", in: G. Heiss/O. Rathkolb (Hg.), *Asylland wider Willen. Flüchtlinge in Österreich im europäischen Kontext seit 1914*, Wien

Stratenschulte, E. (1995), „Das Land der Zauberer. Georgien begründet die Anschlußsuche im Westen nicht materiell, sondern kulturell", in: *Der Tagesspiegel* vom 7. 9. 1995, S. 6

Straubhaar, T. (1988), *On the Economics of International Labour Migration*, Bern – Stuttgart

Straubhaar, T., (1991a), *Schweizerische Ausländerpolitik im Strukturwandel. Strukturberichterstattung*, Bundesamt für Konjunkturforschung, Bern

Straubhaar, T. (1991b), „Migration Pressure", in: W.R. Böhning/P.V. Schaeffer/T. Straubhaar (Hg.), *Migration Pressure: What Is It? What Can One Do about It?* Working Paper, International Migration for Employment, ILO, Geneva

Straubhaar, T./P.A. Fischer (1994), „Economic and Social Aspects of Immigration and Emigration", in: Fassmann, H./R. Münz (Hg.), *European Migration in the Late Twentieth Century*, Aldershot, S. 127–148

Straubhaar, T./A. Lüthi (1990), „EG-Freizügigkeit und schweizerische Ausländerpolitik", in: *Schweizerische Zeitschrift für Volkswirtschaft und Statistik* 126, S. 293–309

Tabah, L. (1989), *World Demographic Trends and Their Consequences for Europe*, Straßburg

Tanić, Z. (1979), „Yugoslavia", in: R.E. Krane (Hg.), *International Labour Migration in Europe*, London – New York

Tannahill, J.A. (1958), *European Volunteer Workers in Britain*, Manchester

Tapinos, G. (1975), *L'immigration étrangère en France*, INED/PUF, Paris

Tapinos, G.P. (1991), „Les migrations extra-communautaires et l'avenir des populations etrangéres", Paper presented at the International EUROSTAT *Conference on Human Resources in Europe*, Luxemburg

The Minority Rights Group (Hg.) (1990), *Romania's Ethnic Hungarians. A Minority Rights Group Report*

Todaro, M.P./J.R. Harris (1970), „Migration, Unemployment and Development", in: *American Economic Review* 60/3

Todd, E. (1994), *Le destin des immigrés. Assimilation et ségrégation dans les démocraties occidentales*, Paris

Tolz, M. (1992), „Balance of Births and Deaths among Soviet Jewry", in: L. Dymerskaya-Tsigelman/I.E. Cohen (Hg.), *Jews and Jewish Topics in the Soviet Union and Eastern Europe*. Center for Research and Documentation of East European Jewry 2/18, The Hebrew University, Jerusalem

Tóth, J. (1991), „A politikai migrációtól a migrációs politikáig" (Von politischer Migration zu einer Migrationspolitik), in: *Mozgó világ* 11, S. 111–115

Traynor, I. (1993), „Anxiety Grows that Middle East May Reap Soviet Nuclear Experience", in: *The Guardian* vom 3. 1. 1992, S. 7

Trebici, V (1990), „Sa vorbim despre dinamism demografic", in: *Tribuna Economica* 8, S. 22–23

Trenin, D.W. (1994), „Rußlands Weg zur Militärmacht ersten Ranges", in: H.-J. Giessmann/ F.S. Rödiger (Hg.), *Militärische Neuordnung in Mittel-Ost-Europa*, Baden Baden, S. 205–226

Tribalat, M. (1989), „Immigrés, étrangers, Français: l'imbroglio statistique", in: *Population & Sociétes* 241, Paris

Tribalat, M. (Hg.) (1991), *Cent ans d'immigrations, étrangers d'hier, français d'aujourd'hui*, INED/PUF, Paris

Tribalat, M. (1994), „Mise au point", in: *Population & Sociétés* 291, Paris

Tribalat, M. (1995a), „L'enquête MGIS: une anomalie dans la statistique française ou un changement de cap", in: *Journées européennes, Démographie, statistique et vie privée*, cinquantenaire de l'INED, Paris

Tribalat, M. (1995b), *Faire France*, La Découverte, Paris

Tsaplin, V. (1989), „Statistika zhertv stalinizma v 30e gody" (Statistik über die Opfer des Stalinismus in den 30er Jahren), in: *Voprosy istorii* 4

Tuchtfeldt, E. (1978a), „Die schweizerische Arbeitsmarktentwicklung – Ein Sonderfall?", in: O. Issing (Hg.), *Aktuelle Probleme der Arbeitslosigkeit*, Berlin, S. 165–199

Tuchtfeldt, E., (1978b), „Das Problem der ausländischen Arbeitskräfte in der Schweiz", *Wirtschaftsdienst* 45/7, S. 643–647

UN-ECE (Hg.) (1991a), *Long-term Migration among the Member Countries of the EC and Selected Other Countries and Areas*, Genf
UN-ECE (Hg.) (1991b), „International Migration in Europe: Adjustment and Integration Processes and Policies", *Proceedings of the UN ECE / UN FPA Expert Group Meeting on International Migration*, Juli 1991, Genf
UN-ECE (Hg.) (1993), *Rapid Information Bulletin 2*, Genf
UN-ECE (United Nations Economic Commission for Europe) (Hg.) (1994a), *International Migration Bulletin*
UN-ECE (United Nations Economic Commission for Europe) (Hg.) (1994b), *Population Trends and Population – Related Issues in Countries in Transition: The Need for International Assistance*, Genf
United Nations (Hg.) (1970), „Methods of Measuring Internal Migration, Manual VI", in: *Population Studies* 47, New York
United Nations (Hg.) (1989), *World Population Prospects 1988*, New York
United Nations (Hg.) (Department of International Economic and Social Affairs; Centre for Social Development and Humanitarian Affairs) (1986), *Migrant Workers 2: The Social Situation of Migrant Workers and Their Families*, New York
United Nations High Commissioner for Refugees (Hg.) (1994), *Population of Concern to UNHCR: A Statistical Overview*, Genf

Van de Kaa, D.J. (1991), „European Migration at the End of History", in: EAPS/ IUSSP/INED (Hg.), *European Population Conference* (Tagungsband), Paris
Vasileva, D. (1992), „Bulgarian Turkish Emigration and Return", in: *International Migration Review* 26
Vichnevsky, A./I. Oussova/T. Vichnevskaia (o.J.), *Les consequences des changements intervenus a l'est sur les comportements demographiques*, Paris
Vichnevsky, A./J. Zayonchkovskaya (1991), „L'émigration de l'ex-Union soviétique: premices et inconnues", in: *Revue Européenne des Migrations Internationales* 7/3
Vichnevsky, A./J. Zayonchkovskaya (1994), „Emigration from the Former Soviet Union: The Fourth Wave", in: H. Fassmann, H./R. Münz (Hg.), *European Migration in the Late 20th Century*, Aldershot, S. 239–260
Vogler-Ludwig, K. (1988), „Europäischer Binnenmarkt und Beschäftigung. Ein Problemaufriß", in: *Beiträge zur Arbeitsmarkt- und Berufsforschung* 127, Nürnberg
Vojnova, V.D./I.G. Uschkalov (1994), „Neuere Emigrationsprozesse in Rußland", in: *Sociologičeskie issledovanija* 1, S. 39–49 (russisch)
Volovin, G. (1994), „Das Migrationstempo ist das gleiche, aber ihr Charakter ist ein anderer", in: *inostranec* vom 16. 10. 1994, S. 27 (russisch)

Wehrli, C. (1996), „Will man eine Migrationspolitik?", in: *Neue Zürcher Zeitung* (NZZ) 22 vom 27./28. 1. 1996
Weil, P. (1991), *La France et ses étrangers*, Paris
Weil, P. (1995a), „Racisme et discrimination dans la politique française de l'immigration. 1938–45 / 1974–95", in: *Vingtième siècle*, Paris

Weil, P. (1995b), „Pour une nouvelle politique d'immigration", in: *Notes de la Fondation*, Fondation Saint Simon, Paris

Widgren, J. (1990), „International Stability and Regional Stability", in: *International Affairs* 4, S. 749–766

Wimmer, H. (Hg.) (1986), *Ausländische Arbeitskräfte in Österreich*, Frankfurt/M.–New York

Winkler, B. (Hg.) (1992), *Zukunftsangst Einwanderung*, München

Wittmann, W. (1962), „Wachstums- und Konjunkturaspekte des Fremdarbeiterproblems", in: *Wirtschaft und Recht* 14, S. 276–286

Wittstock, W. (1995), „Zur gegenwärtigen Lage der nationalen Minderheiten in Rumänien", in: H. Roth (Hg.), *Minderheit und Nationalstaat. Siebenbürgen seit dem Ersten Weltkrieg*, München, S. 201–216

WRR (Dutch Scientific Council for Government Policy) (Hg.) (1979), *Ethnic Minorities*, The Hague

WRR (Hg.) (1989), *Immigrant Policy*, The Hague (English version published in 1990)

Yugoslav Statistical Office (Hg.) (1971), „Lica na privremenom radu u inostranstvu" (Temporäre Arbeitsmigration), in: *Statistical Bulletin* 679

Zach, K. (1991a), „Die Juden Rumäniens zwischen Assimilation und Auswanderung", in: G. Seewann (Hg.), *Aspekte ethnischer Identität*, München S. 257–298

Zach, K. (1991b), „Rumänien", in: W. Benz (Hg.), *Dimensionen des Völkermords. Die Zahl der jüdischen Opfer des Nationalsozialismus*, München, S. 381–409

Zanfrini, L. (Hg.) (1992), *Il ritratto della solidarietà: le iniziative del privato-sociale per l'accoglienza degli stranieri a Milano*, Quaderni ISMU 5, Mailand

Zelinsky, W. (1971), „The Hypothesis of the Mobility Transition", in: *Geographical Review* 61, S. 219–249

Zucchetti E. (Hg.) (1992), *La formazione profesionale per immigrati nella realtà lombarda: esperiente e prospettive*, Quaderni ISMU 1, Mailand

Verzeichnisse

Abbildungen

Abbildung 1.1: Herkunft der ausländischen Wohnbevölkerung in der Bundesrepublik Deutschland — 32
Abbildung 1.2: Herkunft der ausländischen Wohnbevölkerung in Frankreich — 34
Abbildung 1.3: Herkunft der ausländischen Wohnbevölkerung in Großbritannien — 35
Abbildung 1.4: Herkunft der ausländischen Wohnbevölkerung in der Schweiz — 37
Abbildung 1.5: Verteilung der türkischen Staatsbürger in Westeuropa — 40
Abbildung 1.6: Verteilung der ehemals jugoslawischen Staatsbürger in Westeuropa — 41
Abbildung 1.7: Verteilung der italienischen Staatsbürger in Westeuropa — 42
Abbildung 1.8: Verteilung der marokkanischen Staatsbürger in Westeuropa — 43
Abbildung 1.9: Verteilung der polnischen Staatsbürger in Westeuropa — 44
Abbildung 2.1: Einwanderung, Auswanderung und Nettozuwanderung in Großbritannien 1966–1990, alle ausländischen Staatsbürger (ausgenommen jene aus Irland) — 65
Abbildung 2.2: Nettowanderung nach Großbritannien 1962–1992 — 67
Abbildung 2.3: Einwanderung aus dem New Commonwealth 1962–1993 — 70
Abbildung 2.4: Einreisegenehmigungen für vom indischen Subkontinent stammende Personen 1977–1994 (in 1.000) — 76
Abbildung 2.5: Verlobte und Ehepartner aus dem New Commonwealth, vorläufige Einreisegenehmigungen 1974–1993 — 77
Abbildung 4.1: Ausländer in Italien nach Herkunftskontinent 1970–1993 — 120
Abbildung 4.2: Zuwanderung aus Europa: Gegenüberstellung von EU- und Nicht-EU-Bürgern 1970–1993 — 122
Abbildung 7.1: Zielpyramide der schweizerischen Ausländerpolitik — 189
Abbildung 7.2: Ausländerbestand in der Schweiz 1850–1995 (in % der Gesamtbevölkerung) — 192
Abbildung 7.3: Ausländische Bevölkerung nach Staatsangehörigkeit 1900, 1930, 1960 und 1994 — 193
Abbildung 7.4: Ausländerbeschäftigung im Konjunkturverlauf 1956–1995 — 196
Abbildung 7.5: Ausländer in der Schweiz 1965–1995 (in Millionen) — 197

Abbildung 7.6: Ausländische Arbeitskräfte in der Schweiz nach Staatsbürgerschaft 1995 — 198

Abbildung 7.7: Interkantonale Wanderungstendenzen von Ausländern der Einwanderungskohorte 1981 — 203

Abbildung 10.1: Auswanderung aus und Einwanderung nach Polen 1951–1994 — 246

Abbildung 10.2: Altersverteilung der legalen Daueremigranten — 256

Abbildung 10.3: Altersverteilung der temporären Migranten — 256

Abbildung 10.4: Herkunftsregionen der Migranten 1981–1988 (in % der Gesamtbevölkerung von 1984) — 257

Abbildung 11.1: Migration ethnischer Ungarn ins verkleinerte Ungarn nach dem Ersten Weltkrieg — 268

Abbildung 11.2: Zwangsmigration – Einwanderung und Auswanderung 1945–1948 — 270

Abbildung 11.3: Regionale Herkunft und Zielländer ungarischer Flüchtlinge des Jahres 1956 — 272

Abbildung 11.4: Entwicklung der registrierten Flüchtlinge in Ungarn 1988–1992 — 279

Abbildung 11.5: Räumliche Verteilung von Flüchtlingen aus Rumänien und Ex-Jugoslawien Anfang 1992 — 280

Abbildung 13.1: Bulgarische Auswanderung in die Türkei 1935–1992 — 306

Abbildung 13.2: Auswanderung aus Bulgarien nach Zielländern, 1990 — 309

Abbildung 15.1: Nettomigration der Bevölkerung der ehemaligen Sowjetunion 1961–1990 — 367

Abbildung 15.2: Auswanderung aus der UdSSR im Jahr 1990 nach Zielländern (Anzahl der Ausreisegenehmigungen) — 373

Abbildung 15.3: Anzahl der ethnischen Russen außerhalb der Russischen Föderation 1989 — 378

Abbildung 16.1: Einwanderer nach Immigrationszeitraum und Ursprungsland (Jahresdurchschnitt in %) — 393

Tabellen

Tabelle 1.1: Ausländische Wohnbevölkerung in 18 westeuropäischen Staaten, 1950–1992/93 (ausl. Wohnbevölkerung in 1.000 und Anteil an der Bevölkerung) — 17

Tabelle 1.2: Migrationssalden der Hauptregionen Europas 1950–1993 (in Mio.) — 29

Tabelle 1.3: Ausländische Wohnbevölkerung in den 10 wichtigsten Staaten Westeuropas 1990/94 (nach Herkunftsland) — 31

Tabelle 1.4: Ausländische Wohnbevölkerung in den 10 wichtigsten Staaten Westeuropas 1990/94 (nach Zielland) — 39

Tabelle 2.1: Britische Bevölkerung in Übersee nach Zielländern — 54

Tabelle 2.2: Zuerkennung der britischen Staatsbürgerschaft 1979–1994 (in 1.000) — 60

Tabelle 2.3: Geburtsorte der Bevölkerung von England und Wales nach Herkunftsländern 1901–1991 (in 1.000) — 61

Tabelle 2.4: Ethnische Minderheiten in Großbritannien nach Geburtsländern bzw. ethnischer Zugehörigkeit 1987 — 63

Tabelle 2.5: Dauerarbeitsgenehmigungen und befristete Genehmigungen 1984–1990 nach wichtigen Herkunftsländern — 72

Tabelle 2.6: Berufsverteilung von Ein- und Auswanderern, Großbritannien 1992 (in 1.000) — 73

Tabelle 2.7: Anträge um Flüchtlingsstatus oder Asyl 1988–1994, ausgewählte Länder — 74

Tabelle 3.1: Personen in Normalhaushalten nach dem Alter sowie nach den Kategorien Ausländer, Zuwanderer und in einem Haushalt mit zugewandertem Haushaltsvorstand wohnhafte Personen — 92

Tabelle 3.2: Entwicklung der ausländischen Bevölkerung nach Herkunftsstaaten 1906–1946 (in 1.000) — 94

Tabelle 3.3: Entwicklung der zugewanderten Bevölkerung 1946–1968 nach Staatsbürgerschaft (französisch oder ausländisch) — 96

Tabelle 3.4: Entwicklung der Zahl der Zuwanderer nach Herkunftsland und Staatsbürgerschaft 1975–1990 — 98

Tabelle 3.5: Asylanträge und Entscheidungen 1981–1994 — 103

Tabelle 3.6: Vergleich der Quote der in der ersten Instanz (OFPRA) anerkannten Asylanträge mit der auf Basis des Bearbeitungsstandes vom Jänner 1994 kalkulierten Quote (in %) — 104

Tabelle 3.7: Zuwanderung von Ausländern nach Herkunftskontinent und -staat sowie Typ des Verfahrens 1990–1994 — 111

Tabelle 4.1: Ausländer in Italien nach Herkunftskontinent 1970–1993 — 121

Tabelle 4.2: Aufenthaltsgenehmigungen von Europäern aus Nicht-EU-Staaten 1993 — 122

Tabelle 4.3: Ausländer mit Aufenthaltsgenehmigung nach Herkunftsregion 1990–1993 — 123

Tabelle 4.4: Die 20 wichtigsten außereuropäischen Zuwanderergruppen in Italien (ohne Länder mit hohem Entwicklungsniveau) 1991, 1992 und 1993 — 124

Tabelle 4.5: Aufenthaltsgenehmigungen in Italien nach Aufenthaltsgründen 1993 — 125

Tabelle 4.6: Aufenthaltsgenehmigungen nach Herkunftsland: Lateinamerika 1993 — 127

Tabelle 4.7: Aufenthaltsgenehmigungen nach Herkunftsland: Asien 1993 — 129

Tabelle 4.8: Definition der Aufenthaltsgünde — 138

Tabelle 5.1: Ausländische Bevölkerung in den Niederlanden, absolut und in % der Gesamtbevölkerung, 1899–1994 — 140

Tabelle 5.2: Ausländische Wohnbevölkerung der Niederlande nach ausgewählten Herkunftsländern, 1976–1994 — 141

Tabelle 5.3: Ein- und Auswanderung von Ausländern 1980–1993 — 143

Tabelle 5.4: Haupteinwanderergruppen und ethnische Minderheiten in den Niederlanden nach Herkunftsländern — 145

Tabelle 5.5: Ethnische Zusammensetzung der Bevölkerung der vier größten Städte der Niederlande (Stand 1. 1. 1994) — 150

Tabelle 6.1: Migration zwischen der BRD und der DDR 1950 bis 1990 (in 1.000) — 164

Tabelle 6.2: Volksdeutsche Aussiedler nach Herkunftsland 1950 bis 1994 (in 1.000) — 166

Tabelle 6.3: Ausländer und ausländische Arbeitskräfte in Westdeutschland (einschließlich West-Berlin) nach ausgewählter Staatsbürgerschaft 1954–1994 (in 1.000) — 169

Tabelle 6.4: Berufliche Stellung von ausländischen und deutschen Beschäftigten 1984–1994 (in %) — 171

Tabelle 6.5: Deutsche und ausländische Arbeitnehmer nach Branchen (in %) — 172

Tabelle 6.6: „Neue Gastarbeiter" aus Mittel- und Osteuropa 1991–1995 — 177

Tabelle 6.7: Rücküberweisungen ausländischer Arbeitskräfte aus Deutschland nach Mittel- und Osteuropa (in Tsd. DM) — 178

Tabelle 7.1: Erwerbstätige nach Wirtschaftsabteilungen, Alter, Beschäftigungsgrad, Erwerbsstatus, Geschlecht und Heimat (in 1.000 und in % zur Jahresmitte 1994) — 199

Tabelle 8.1: Bevölkerungsentwicklung und Wanderungssalden in Österrreich 1951–1991 — 211

Tabelle 8.2: Asylbewerber in Österreich nach dem Herkunftsland(jährl. Neuzugänge) — 213

Tabelle 8.3: Ausländische Arbeitskräfte nach Herkunftsländern (Jahresdurchschnitte) — 218

Tabelle 8.4: Stellung im Beruf in Abhängigkeit vom Herkunftsgebiet (in %) — 222

Tabelle 8.5: Sektorale Gliederung der Berufstätigen in Abhängigkeit vom Herkunftsgebiet (in %) — 224

Tabelle 9.1: Jugoslawische Arbeitsmigranten in Europa 1964–1990, absolute Zahlen und Indices — 235

Tabelle 9.2: Ausgewanderte und nicht ausgewanderte Bevölkerung im früheren Jugoslawien 1971 und 1981 nach Republiken und autonomen Provinzen, Alter, Geschlecht, Bildung, Beruf und Nationalität, Indices der Migrationsselektivität — 238

Tabelle 9.3: Indices der Migrationsselektivität jugoslawischer Rückwanderer nach Republiken, autonomen Provinzen, Geschlecht und der beruflichen Tätigkeit im Jahr 1981 — 240

Tabelle 9.4: Jugoslawische Arbeiter und Angestellte (abs. und in %) in ausgewählten europäischen Ländern nach den Volkszählungsdaten von 1971 und 1981 — 241

Tabelle 10.1: Wanderung aus und nach Polen 1951–1994 (in 1.000) — 247

Tabelle 10.2: Demographische Basisdaten über die polnische Bevölkerung 1968–1994 (in 1.000) — 251

Tabelle 11.1: Österreicher bzw. Ungarn als Ausländer in der jeweils anderen Reichshälfte der österreich-ungarischen Monarchie 1900 und 1910 (in 1.000) — 264

Tabelle 11.2: Einwanderer aus Ungarn nach den Angaben von Zielländern (1987–1990) — 277

Tabelle 11.3: Asylbewerber nach Herkunftsland in Ungarn 1988–1993 — 278

Tabelle 11.4: In Ungarn erteilte Arbeitsbewilligungen nach Staatsbürgerschaft 1989–1994 — 281

Tabelle 12.1: Zusammensetzung der rumänischen Bevölkerung nach ethnischen Gruppen 1920 bis 1992 — 287

Tabelle 12.2: Rumänische Asylbewerber in Westeuropa und Nordamerika 1990–1994 — 298

Tabelle 12.3: Rumänien 1919/20 bis 1994/95: Ein- und Auswanderung nach Herkunfts- und Zielregion — 301

Tabelle 13.1: Ethnische Zusammensetzung der bulgarischen Bevölkerung (in % der Gesamtbevölkerung) — 304

Tabelle 13.2: Auswanderer nach dem Geschlecht (absolut und in %) — 308

Tabelle 13.3: Altersverteilung der Auswanderer 1989–1991 (absolut und in %) — 311

Tabelle 13.4: Bildungsmäßige Zusammensetzung der Auswanderer 1990–1991 (absolut und in %) — 314

Tabelle 13.5: Ausländer mit Aufenthaltsrecht in Bulgarien nach Herkunftsland (1993) — 316

Tabelle 14.1: Die größten Kaukasusvölker und ihre Religion — 328

Tabelle 14.2: Migrationspotentiale durch drohende Konflikte — 337

Tabelle 14.3: Migrationsbilanzen Rußlands mit anderen GUS-Staaten und dem Baltikum 1990–1993 (in 1.000) — 338

Tabelle 14.4: Migrantionsbilanz Rußlands im 1. Halbjahr 1994 (in 1.000) — 339

Tabelle 14.5: Anteil der Russen (in %), die als Zweitsprache die Amtssprache der Republik beherrschen, in der sie leben (1989) — 340

Tabelle 14.6: Wanderungssaldo Rußlands mit den baltischen Republiken 1990–1993 (in 1.000) — 342

Tabelle 14.7: Wanderungssaldo Rußlands mit den mittelasiatischen Republiken 1990–1993 (in 1.000) — 344

Tabelle 14.8: Umfrage unter der russischen Diaspora: Würden Sie gern nach Rußland auswandern oder lieber für immer in Ihrer Republik bleiben? (in %) — 344

Tabelle 14.9: Wanderungssalden Rußlands mit den kaukasischen Republiken (in 1.000) — 348

Tabelle 14.10: Wanderungssalden Rußlands mit der Ukraine und Weißrußland (in 1.000) — 349

Tabelle 14.11: Emigration aus Rußland in das „ferne Ausland" 1987–1992 — 354

Tabelle 15.1: Auswanderung aus der ehemaligen Sowjetunion 1948–1990 — 366

Tabelle 15.2: Auswanderung aus dem Gebiet der ehemaligen Sowjetunion nach Herkunftsgebieten — 368

Tabelle 15.3: Auswanderer aus Rußland nach Zielländern (in 1.000) — 370

Tabelle 15.4: Ethnische Zusammensetzung der Emigranten aus den GUS-Staaten (in %) — 370

Tabelle 15.5: Wachstum der russischen Bevölkerung in und außerhalb der russischen Föderation 1959–1989 (in Mio. und in %) — 376

Tabelle 15.6: Wachstumsindex der russischen Bevölkerung in (früheren) Sowjetrepubliken (UdSSR = 1) — 377

Tabelle 15.7: Nettomigration von ethnischen Russen nach Rußland (in 1.000) — 379

Tabelle 15.8: Ethnische Zusammensetzung der Nettomigration nach Rußland aus den übrigen Teilen der ehemaligen UdSSR (in 1.000) — 380

Tabelle 16.1: Wanderung sowjetischer Juden nach Israel und in die USA 1965–1992   392

Tabelle 16.2: Jüdische Bevölkerung in der UdSSR und Migration sowjetischer Juden nach Israel und in die USA nach Altersgruppen 1971–1991 (in %)   394

Tabelle 16.3: Sowjetjüdische Migranten nach Israel und in die USA nach Berufsgruppen zum Migrationszeitpunkt 1971–1975 und 1989–1991 (in %)   395

Tabelle 16.4: Demographische Charakteristika der sowjetischen Einwanderer in Israel 1990–1992 (in %)   399

Tabelle 16.5: Vor ihrer Emigration erwerbstätige sowjetische Einwanderer nach Israel (15 Jahre und älter) nach Berufen 1990–1992   401

Tabelle 16.6: Sowjetische Einwanderer des Zeitraums Januar bis Juni 1990 im Alter ab 15 Jahren nach Dauer des Aufenthalts in Israel, Stellung im Erwerbsleben und Geschlecht (in %)   402

Tabelle 16.7: In Israel erwerbstätige sowjetische Einwanderer der Phase Januar bis Juni 1990 im Alter über 15 Jahre nach dem in Israel und vor der Emigration ausgeübten Beruf und nach Geschlecht (in %)   403

Autorenverzeichnis

Daniela BOBEVA, Leiterin der Abteilung „Beschäftigung und Arbeitsmarkt" im Ministerium für Arbeit und Soziales in Sofia; Forschungsschwerpunkte: Brain Drain, internationale Migration, Arbeitsmarktforschung.

David Anwyll COLEMAN, Lehrbeauftragter für Demographie an der Universität Oxford; Forschungsschwerpunkte: Demographie der industrialisierten Welt, insbesondere Migration und ethnische Minderheiten.

Christian DORNIS, Doktorand am Institut für Sozialwissenschaften der Humboldt-Universität in Berlin; Forschungsschwerpunkte: Transformation in Osteuropa, Migration in den GUS-Staaten.

Zoltán DÖVÉNYI, Abteilungsleiter am Institut für Geographie der Ungarischen Akademie der Wissenschaften in Budapest; Forschungsschwerpunkte: Kleinstädte, internationale Migration, Arbeitsmarkt.

Han ENTZINGER, Professor an der Universität Utrecht („multi-ethnic studies") und Direktor eines Forschungsinstituts für Sozial- und Wirtschaftspolitik; Forschungsschwerpunkte: internationale Migration, Integrationsforschung, Ethnizität und Komparatistik.

Heinz FASSMANN, Professor für Geographie an der Technischen Universität München, Dozent an der Universität Wien; Forschungsschwerpunkte: Migration, Stadtentwicklung, Arbeitsmarkt.

Peter A. FISCHER, Forschungsassistent am Institut für Wirtschaftspolitik der Universität der Bundeswehr in Hamburg; Forschungsschwerpunkte: internationale Ökonomie, Migration und Bevölkerungsökonomie.

Piotr KORCELLI, Professor und Direktor des Instituts für Geographie und räumliche Organisation der Polnischen Akademie der Wissenschaften; Forschungsschwerpunkte: Stadtentwicklung, Bevölkerungsprognosen, Regionalökonomie und Regionalplanung.

Natale LOSI, Mitarbeiter bei der Fondazione Capriolo - I.S.MU. in Mailand; Forschungsschwerpunkte: Ethnizität, internationale Migration.

Janez MALAČIČ, Professor an der Fakultät für Ökonomie der Universität Ljubljana; Forschungsschwerpunkte: Demographie, Ökonometrie, Migration.

Rainer MÜNZ, Professor für Demographie an der Humboldt-Universität in Berlin, Dozent an der Universität Wien; Forschungsschwerpunkte: Bevölkerungsentwicklung, Sozialpolitik, Migration und Ethnizität.

Rainer OHLIGER, Wissenschaftlicher Mitarbeiter am Lehrstuhl für Bevölkerungswissenschaft der Humboldt-Universität in Berlin; Forschungsschwerpunkte: Transformationsprozesse in Rumänien, Ost-West-Migration.

Hedwig RUDOLPH, Professor an der Technischen Universität Berlin und Direktor am Wissenschaftszentrum WZB; Forschungsschwerpunkte: Beschäftigungssystem, Klassenstruktur, Frauenforschung.

Eitan F. SABATELLO, Abteilungsleiter für Bevölkerung, Demographie, Gesundheit und Zuwanderung im Statistischen Zentralbüro in Jerusalem, Israel.

Thomas STRAUBHAAR, Professor für Ökonomie und Direktor des Instituts für Wirtschaftspolitik der Universität der Bundeswehr, Hamburg; Forschungsschwerpunkte: internationale Ökonomie, Migration und Bevölkerungsökonomie.

Michèle TRIBALAT, Wissenschaftliche Mitarbeiterin am INED (Institut für demographische Studien) in Paris; Forschungsschwerpunkte: internationale Migration, Integrationsforschung, „zweite Generation".

Anatoli VISHNEVSKY, Direktor des Zentrums für Ökonomie und Humanökologie des Instituts für ökonomische Prognosen der Russischen Akademie der Wissenschaften in Moskau; Forschungsschwerpunkte: Demographie Rußlands, Familienpolitik und Sozialpolitik.

Gabriella VUKOVICH, Leiterin der Bevölkerungsabteilung des Ungarischen Statistischen Amtes in Budapest; Forschungsschwerpunkte: ökonomische und soziale Implikationen demographischer Prozesse, Bevölkerungspolitik.

Zhanna ZAYONCHKOVSKAYA, Leiterin der Forschungsabteilung für Migration des Instituts für ökonomische Prognosen der Russischen Akademie der Wissenschaften in Moskau; Forschungsschwerpunkte: internationale Migration, Demographie und Siedlungssystemforschung.